实战网络营销

网络推广经典案例战术解析

第2版

张书乐　著

电子工业出版社·
Publishing House of Electronics Industry
北京·BEIJING

内 容 简 介

全书分为 3 篇，共 14 章，分别从理论到实战，在社交网络下，以内容营销为核心的口碑雪崩营销方法论作为线索，以海量网络营销案例为突破口，覆盖微信、微博、二维码等新兴营销手段，辐射自媒体、视频、电子书、电子邮件、网络广告、网络新闻等诸多传统网络营销渠道，以及网络危机公关的具体解决办法。通过层层解析，破解网络营销奥秘，阅读此书，可以让网络营销者从策划、执行、维护和引爆口碑形成销量，形成一整套解决方案。

本书适用于网络营销人员、企业管理人员，同时对于自主创业人士和一些特色化网络自媒体爱好者进阶提高，也有一定的补益。

图书在版编目（CIP）数据

实战网络营销：网络推广经典案例战术解析/张书乐著．—2 版．—北京：电子工业出版社，2015.1
ISBN 978-7-121-25015-6

Ⅰ．①实…　Ⅱ．①张…　Ⅲ．①网络营销　Ⅳ．①F713.36

中国版本图书馆 CIP 数据核字（2014）第 280488 号

责任编辑：徐津平

印　　　刷：涿州市般润文化传播有限公司

装　　　订：涿州市般润文化传播有限公司

出版发行：电子工业出版社
　　　　　　北京市海淀区万寿路173信箱　　　邮编：100036

开　　本：787×1092　1/16　印张：29.25　字数：702千字

版　　次：2010年7月第1版
　　　　　　2015年1月第2版

印　　次：2025年1月第14次印刷

定　　价：65.00元

凡所购买电子工业出版社图书有缺损问题，请向购买书店调换。若书店售缺，请与本社发行部联系，联系及邮购电话：（010）88254888，88258888。

质量投诉请发邮件至zlts@phei.com.cn，盗版侵权举报请发邮件至dbqq@phei.com.cn。

本书咨询联系方式：（010）51260888-819，faq@phei.com.cn。

前　言

你可能是个网民，对，没错，你就是个网民，在现今社会，还有谁不是一个网民呢？工作累了一天，走进现实的百货商场里，想用购物消解一下一天的疲劳，这几乎是都市人十分热衷的一种消遣方式。走进鞋店，在优惠公告牌旁边，有个小贴纸，上面有该鞋子品牌的微信公众号二维码，还写着"加公众号，立减 10 元"，走到服装店、茶叶店、电影院、咖啡店等，都有类似的提示出现，而在卖场的显著位置，亦有加卖场公众号、绑定会员卡、轻松加积分、享受超值优惠等诱惑性提示。

O2O 已经进入身边，而你似乎没有什么兴趣，这样的微信公众号营销已经太普遍了，普遍到已经审美疲劳，而所谓线上和线下的结合，对你来说，也不过是一种促销手段而已。

而在一个美甲店门口，一连串的大大小小的手印海报却吸引了你的目光，"找到你适合的手型，扫一扫手印状的二维码，或许你会发现惊喜"。原本无聊的你，或许也乐意做一下无聊之事来消遣一下无聊的生活。找到和自己手掌大小相似的那个手印，扫一下，结果发现了美甲店的微信公众号，粉一下之后，一个有关自己这个手形今天会有什么运数的内容出现了，以及搭配你的手形可以做什么美甲图片。

如果你是男人，你会觉得这个很有趣，但不会去尝试美甲，如果你身边有女伴，或许就会心动了，好奇地尝试不同的手印，所得到的图片和内容也不一样；第二天，再次来到这里，扫一扫给朋友看，结果发现，内容变化了……

这或许给你带来了启发，尽管没有给美甲店带来生意。如果每个小时都能有不同的惊喜，如果再附上各种自助美甲教程或者指甲保护知识，会更有趣。如果，也许只是如果，美甲店的老板经常会语音提供这些建议，又会如何？

而在另　头，美甲店老板真的用微信私号在扩散着宣传，每天在朋友圈里炫耀着自己义创新出了什么美甲妆，每天想收集朋友们的美甲建议，每天转发着自己公众号里面的一些内容等。

据说还因为你，以及其他朋友的推荐，美甲店老板成了当地媒体上的创业新星，成为了论坛上的主持人，成为了……

很快，顾客变成了朋友，而朋友也变成了顾客。

其实网络营销就是如此，一个用创意、服务和社交组成的营销网络。推广是无时无刻的，同时也是润物无声的；推广是定时定点的，同时也是如雪崩一样奔流直下的。其实，网络营销很简单，是一个潜伏和突击的游戏。

最精致、传播最广的视频来自推广者的创意，最及时更新、最热议的微博来自推广者的创意，点击最大的论坛帖子和博文来自推广者的创意，最贴心、最自在的微信服务来自推广者的创意，甚至当地媒体的报道和网络媒体的跟进，也是来自推广者的策划……其实一切都早已布局好，而你在不知不觉之中，成为了事件的推动者之一，一个成功的策划成功地引爆了口碑。

更重要的是，网络营销推广不再是仅仅停留在网络上虚拟的炒作，它可以走入地面，实现真正的交互，真正把口碑点爆。网络营销其实是一个创意推广，用比广告更真实、比 SEO 更有技术含量、比传统媒体更能抓住人们内心诉求的方式打开市场。

网络营销绝不是发个帖、制造噱头那么简单，它是一门网络传播的控制学问，如果你觉得有趣，那么我们就开始探讨吧。

目　录

上篇　大战略：如何让口碑雪崩

第1章　零成本推广总体战 ·········· 2

1.1　网上卖东西有讲究 ·········· 3

1.1.1　忽悠不是网络营销 ·········· 4

1.1.2　任何东西都能在网上推销吗 ·········· 5

1.1.3　扫地老太太的营销经 ·········· 7

1.1.4　再贵的东西也卖得动 ·········· 9

1.1.5　特色化永远是营销的卖点 ·········· 12

1.1.6　网络营销推广特色鲜明 ·········· 13

1.2　莫陷入推广黑洞 ·········· 18

1.2.1　花钱买不来影响力 ·········· 19

1.2.2　莫陷入点击和评论陷阱 ·········· 21

1.2.3　花钱也删不完负面消息 ·········· 23

1.2.4　网络公信力依然不足 ·········· 24

1.2.5　卖萌的背后其实是卖产品 ·········· 25

1.2.6　线上营销不应排斥线下营销 ·········· 26

1.2.7　别把网络营销想得太简单 ·········· 26

1.3　实现零成本在于口碑 ·········· 27

1.3.1　网络推广是一场伏击战 ·········· 28

1.3.2　小龙女彤彤和游戏共赢 ·········· 30

1.3.3　一个又一个的推广伏击圈 ·········· 32

1.3.4　西单女孩上春晚的推广连环套 ·········· 33

1.3.5　网易印象派"末日营销"重在口碑 ·········· 37

1.4　网络推广重在执行 ·········· 40

1.4.1　建立"值周生"制度 ·········· 40

1.4.2 建立完美账号系统 ·· 42

1.4.3 强大推广的执行特征 ··· 44

第2章 口碑雪崩超限战 ·· 46

2.1 口碑永远第一位 ··· 47

2.1.1 没什么比口碑更能打动人 ·· 47

2.1.2 口碑传播通常都很慢 ·· 48

2.1.3 社交网络时代口碑被加速 ·· 50

2.1.4 你了解你的粉丝吗 ··· 50

2.2 互动之下的终极口碑 ··· 52

2.2.1 便捷性 ··· 52

2.2.2 背对面 ··· 53

2.2.3 原创性 ··· 53

2.3 负向口碑的破坏性极强 ·· 54

2.3.1 虚假口碑做不得 ·· 54

2.3.2 "杜甫很忙" 不是口碑营销 ·· 55

2.4 你不知道的口碑雪崩 ··· 58

2.4.1 "留几手" 撬起口碑雪球 ·· 58

2.4.2 《饥饿游戏》的非饥饿口碑营销 ······································ 59

2.4.3 "哈利·波特的秘密" 只告诉7个人 ··································· 61

2.4.4 这就是口碑雪崩 ·· 62

2.4.5 口碑雪崩不是病毒营销 ·· 63

2.4.6 超级 "搅拌棍" ·· 64

2.4.7 鸟叔告诉你社交口碑其实不难 ··· 67

2.4.8 从微漫画看 "众包" 思维 ··· 70

2.5 被人忽视的口碑盲点 ··· 74

2.5.1 没人在乎你的产品 ··· 75

2.5.2 不靠胁迫或利诱制造口碑 ·· 75

2.5.3 货真价实是基础 ·· 78

2.5.4 巧妙创造引爆点 ·· 78

2.5.5 别刻意控制口碑传播 ·· 80

2.5.6 学会和你的顾客 "调情" ·· 81

2.5.7 善于给顾客制造意外 ·· 84

2.5.8 一定要考虑转换率 ··· 87

2.5.9 营销为何不能 O2O ···87

第 3 章 策划创意战 ···91

3.1 好策划让推广零成本 ···91

3.1.1 《榜样魔兽》的别样叫卖 ···92

3.1.2 AMD 送给英特尔巧克力 ···95

3.1.3 你的营销创意足够草根吗 ···96

3.1.4 "零成本"的网络推广策划 ···98

3.2 宏观策划需要三步走 ···99

3.2.1 第一步：赋予多种性格 ···99

3.2.2 第二步：选定主攻方向 ···101

3.2.3 第三步：执行也要计划 ···102

3.3 微观策划重在创意 ···106

3.3.1 好创意必须找准结合点 ···107

3.3.2 C 罗引爆"猜球营销"联想 ···108

3.3.3 用竞猜来引发互动 ···109

3.3.4 "大菠萝"引发的营销秀 ···111

3.3.5 不要总想着病毒营销 ···113

3.3.6 引爆求知欲营销 ···116

3.4 好创意要有大局观 ···117

3.4.1 必须考虑品牌 ···118

3.4.2 必须分析市场 ···122

3.4.3 必须持之以恒 ···123

3.4.4 必须打组合拳 ···124

中篇 社交媒介：搅动口碑的棍子

第 4 章 微博零距离沟通 ···128

4.1 所谓微博 ···128

4.1.1 高转发未必有高影响力 ···129

4.1.2 百万粉丝不一定是"国家大报" ···130

4.1.3 微博不是缩小版博客 ···131

4.1.4 企业为何要建微博 ···131

4.2 微博一定要定位 ···132

4.2.1 你的微博是用来做什么的 ·· 133

4.2.2 微博装修很重要 ·· 135

4.2.3 争取实名加 V ·· 136

4.2.4 不要到处撒网 ·· 136

4.3 140 字大攻略 ·· 136

4.3.1 将写微博当作发短信 ·· 137

4.3.2 交流增强凝聚力 ·· 138

4.3.3 抓住热点快速上位 ·· 139

4.3.4 不断置顶 ··· 141

4.3.5 巧用@和私信 ·· 142

4.4 企业微博个人化 ·· 144

4.4.1 与粉丝做朋友 ·· 144

4.4.2 在商不言商 ·· 146

4.4.3 企业微博的 9 条铁律 ·· 148

4.4.4 让自己的企业微博像一个 "人" ···································· 152

4.4.5 个人微博 "企业化" ·· 153

4.4.6 上班下班都要 "微" ·· 154

第 5 章 微信是个朋友圈 ·· 155

5.1 移动时代的微信需求 ·· 156

5.1.1 微信会取代微博吗 ·· 156

5.1.2 微信首先是聊天 ·· 159

5.1.3 好好利用 LBS ·· 161

5.1.4 性感的语音服务 ·· 163

5.1.5 "类微信" 营销 ·· 165

5.2 微信交友法则 ··· 166

5.2.1 第一要义：交个朋友 ·· 167

5.2.2 第二要义：交好朋友 ·· 170

5.2.3 第三要义：哄好朋友 ·· 173

5.3 微信终极玩法 ··· 176

5.3.1 语音可以很有情趣 ·· 176

5.3.2 疯狂猜图营销 ·· 178

5.3.3 社交营销需要 "调情" ·· 181

5.3.4 微信需要建立 "圣斗士体系" ······································ 185

5.3.5 利用个人微信号加强交流 ·· 187

　　5.3.6　O2O 的微信实验 ···································· 188

　　5.3.7　"私人订制"开放接口 ···························· 189

第 6 章　二维码让你"码到成功" ···························· 192

　6.1　二维码的特点 ·· 192

　　6.1.1　二维码就是简易网址 ···························· 193

　　6.1.2　拉客模式不能太急功近利 ······················ 195

　　6.1.3　吸引大家扫一扫 ································· 197

　6.2　属于自己的二维码 ······································· 200

　　6.2.1　二维码的生成有讲究 ···························· 200

　　6.2.2　让二维码动起来 ································· 202

　　6.2.3　对准目标受众需求 ······························ 203

　　6.2.4　二维码营销必须"利诱" ······················ 205

第 7 章　锻造论坛最强帖 ······································ 208

　7.1　草根就要在论坛推 ······································· 209

　　7.1.1　第一生命力：互动 ······························ 209

　　7.1.2　让你的帖子活起来 ······························ 210

　　7.1.3　在论坛中走群众路线 ···························· 213

　7.2　锻造史上最强帖 ·· 214

　　7.2.1　教父 or 朋友 ···································· 214

　　7.2.2　原创为王 ··· 215

　　7.2.3　广告帖要实用更要有趣 ························· 216

　　7.2.4　直播帖是个好东西 ······························ 218

　7.3　玩转论坛营销 ·· 220

　　7.3.1　别小看了注册 ··································· 220

　　7.3.2　选个合适的论坛 ································· 221

　　7.3.3　"三板斧"杀入草根 ···························· 223

　　7.3.4　管理帖子很重要 ································· 224

　　7.3.5　回帖也能玩营销 ································· 225

下篇　基础渠道：让口碑厚起来

第 8 章　自媒体靠观点取胜 ···································· 228

　8.1　自媒体不是媒体 ·· 229

8.1.1 自媒体的生存逻辑 …………………………………………………… 229

8.1.2 自媒体不能取代传统媒体 …………………………………………… 232

8.1.3 从自媒体的分野找出路 ……………………………………………… 234

8.1.4 给自媒体划一个成分 ………………………………………………… 235

8.1.5 自媒体发布原则 ……………………………………………………… 237

8.2 别用点击量来衡量自媒体价值 ………………………………………… 239

8.2.1 观点才是自媒体最值钱的东西 ……………………………………… 240

8.2.2 将博客看作专业报纸 ………………………………………………… 241

8.2.3 只有一千个意见领袖 ………………………………………………… 243

8.2.4 自媒体之王：意见领袖 ……………………………………………… 244

8.2.5 对号入座的自媒体 …………………………………………………… 247

8.3 怎样炼成顶级自媒体 …………………………………………………… 247

8.3.1 你想用自媒体做什么 ………………………………………………… 248

8.3.2 给博客取个特别的名字 ……………………………………………… 248

8.3.3 真实是自媒体的生命线 ……………………………………………… 249

8.3.4 观点取胜是持久战 …………………………………………………… 250

8.4 推销自媒体有诀窍 ……………………………………………………… 250

8.4.1 意见领袖也能速成 …………………………………………………… 250

8.4.2 给管理员"送礼" ……………………………………………………… 252

8.4.3 善待每一个评论和留言 ……………………………………………… 252

8.4.4 邀请客座讲师 ………………………………………………………… 253

8.5 博文登龙术 ……………………………………………………………… 253

8.5.1 内容绝对原创 ………………………………………………………… 254

8.5.2 每天看新闻 …………………………………………………………… 254

8.5.3 找个好角度来写作 …………………………………………………… 255

8.5.4 字数一定要控制好 …………………………………………………… 255

8.5.5 别有错别字 …………………………………………………………… 256

8.5.6 不要只做"标题党" …………………………………………………… 257

8.5.7 周五更新博文事半功倍 ……………………………………………… 258

8.5.8 坚持不懈保持日常更新博文 ………………………………………… 258

8.5.9 不要将博客做成黑板报 ……………………………………………… 258

8.5.10 图片上传有诀窍 …………………………………………………… 259

8.6 如何让你的自媒体赢利 ………………………………………………… 259

8.6.1　国外博客硬广告收入不错 ································· 260

8.6.2　自媒体广告基本无效 ····································· 261

8.6.3　口碑营销风格鲜明 ······································· 262

8.6.4　自媒体口碑营销已成趋势 ································· 263

8.6.5　口碑写作法则 ··· 264

8.7　口碑营销的误区 ·· 266

第9章　打出史上最牛广告 ··· 269

9.1　网络广告不要太硬 ·· 269

9.1.1　网络广告可以这样发布 ··································· 270

9.1.2　广告轰炸在"瘦身" ····································· 273

9.1.3　社交时代广告也可以O2O ································· 275

9.1.4　网络广告的劣势 ··· 280

9.1.5　如何激发广告活性 ······································· 281

9.1.6　新颖的网络广告类型 ····································· 282

9.2　善用百科做广告 ·· 283

9.2.1　真正的润物细无声 ······································· 284

9.2.2　创建百科不容易 ··· 286

9.2.3　宣布对此事件负责 ······································· 288

9.2.4　"问答"让你直击消费者 ································· 290

9.3　另类的游戏内置广告 ·· 292

9.3.1　奥巴马借助游戏当选总统 ································· 292

9.3.2　在游戏中营销 ··· 294

9.3.3　品牌如何"寓教于乐" ··································· 295

9.3.4　饮料和游戏"双飞" ····································· 298

9.3.5　游戏里面可以卖实物 ····································· 300

第10章　别把电子书当废柴 ··· 303

10.1　电子书消费群体能力分析 ······································ 303

10.1.1　别把电子书不当书 ····································· 304

10.1.2　最给力的读者群体 ····································· 304

10.1.3　电子书营销的优势 ····································· 305

10.2　我们需要怎样的电子书 ·· 305

10.2.1　版权自给的电子书 ····································· 306

10.2.2 无限免费的电子书 ·· 306

10.2.3 电子书应该期刊化 ·· 306

10.2.4 打破电子书的内容瓶颈 ·· 307

10.2.5 口碑传播效力更强 ·· 307

10.2.6 产品推广写成小说也不错 ····································· 308

10.3 制作电子书并不难 ·· 308

10.3.1 找本杂志瞧一瞧 ·· 308

10.3.2 全书版式要一致 ·· 309

10.3.3 图片又大又小巧 ·· 309

第 11 章 电子邮件还能这样玩 ·· 311

11.1 电子邮件营销不比社交营销差 ······································ 311

11.1.1 电子邮件营销不比在社交网络上投放广告效果差 ······· 312

11.1.2 接近完美的营销链条 ··· 313

11.1.3 如何规避邮件风险 ··· 314

11.1.4 许可式邮件营销才是王道 ···································· 316

11.2 让人心甘情愿订邮件 ··· 317

11.2.1 用户为什么要订阅你的邮件杂志 ··························· 317

11.2.2 要主动多做活动吸引用户订阅 ······························ 320

11.2.3 为何不多做亲情营销 ··· 322

11.2.4 何不试试社交模式 ··· 324

11.2.5 内部邮件曝光也是种营销 ···································· 325

11.2.6 让邮件变得更有传播力 ······································ 326

第 12 章 视觉冲击不一定"微" ·· 328

12.1 一个视频引发的风暴 ··· 329

12.1.1 网络视频"钱景"广阔 ·· 329

12.1.2 网络视频具有极高的票房价值 ······························ 331

12.1.3 网络视频效果可监测 ··· 333

12.1.4 打破电视广告的瓶颈 ··· 334

12.1.5 精准营销是网络视频的绝招 ································· 335

12.1.6 视觉战的五大主要优势 ······································ 337

12.2 网络视频制作其实很简单 ··· 338

12.2.1 拍摄时切勿长镜头 ··· 339

12.2.2 拍摄时请深呼吸 ·· 340

12.2.3 视频采集有讲究 ·· 341

12.2.4 选个最好用的剪辑软件 ····································· 342

12.2.5 导入素材到 Premiere 软件 ·································· 342

12.2.6 剪辑视频 ··· 343

12.2.7 输出视频有讲究 ·· 344

12.2.8 截取视频有讲究 ·· 345

12.3 创意为王 ··· 346

12.3.1 创意的基本原则 ·· 346

12.3.2 猎奇和搞笑是必杀技 ······································· 349

12.3.3 互动你的视频 ··· 350

12.3.4 挺立"潮"头，自然融入 ··································· 352

12.3.5 利益永远是不变的主题 ····································· 354

12.3.6 为何不做视频综艺 ·· 355

12.3.7 为啥不拍连续剧 ·· 356

12.4 微视频没退潮 ··· 358

12.4.1 微视频很乱套 ··· 358

12.4.2 微视频需要快速切入主题 ··································· 360

12.4.3 个性化创意和连续剧模式很有用 ······························ 361

12.4.4 广告含量 vs.广告含蓄 ····································· 362

第 13 章 网络新闻引爆公信力 ·· 365

13.1 网络新闻的影响力 ·· 365

13.1.1 网络新闻是品牌之魂 ······································· 366

13.1.2 网络新闻主流受众需求分析 ·································· 368

13.1.3 制造新闻是网络营销的不二选择 ······························ 370

13.2 超越传统媒体 ··· 371

13.2.1 强悍的时效性 ··· 371

13.2.2 猛烈的传播力 ··· 372

13.2.3 不板着脸说话 ··· 373

13.2.4 互动升级为"共生" ······································· 374

13.3 一定要有个好标题 ·· 375

13.3.1 别发统一的标题 ·· 376

13.3.2 标题长度一定要适当 ······································· 376

13.3.3　标题重实不重虚 ··· 377

13.3.4　争夺眼球很重要 ··· 378

13.3.5　不要加盟"标题党" ··· 380

13.4　内容一定要有冲击力 ··· 382

13.4.1　长篇大论没人看 ··· 382

13.4.2　倒金字塔+导语写作 ··· 383

13.4.3　正文写作要有主次 ··· 386

13.4.4　关键词写作要突出 ··· 388

13.4.5　专家点评很重要 ··· 390

13.4.6　擅长使用超文本 ··· 392

13.5　多快好省网络新闻传播 ··· 393

13.5.1　不同新闻不同投放 ··· 393

13.5.2　投放时间有讲究 ··· 394

13.5.3　投放数量要控制 ··· 396

13.5.4　巧妙制造新闻 ··· 397

13.5.5　网络新闻要形成系列报道合力 ··· 399

第14章　你的危机从哪里来 ··· 401

14.1　从3Q大战看危机公关的实质 ··· 401

14.1.1　失去公信力是最危险的事 ··· 402

14.1.2　缺乏人情味的危机公关 ·· 403

14.1.3　"三说主义"让危机变机遇 ··· 408

14.1.4　你的危机从哪里来 ··· 409

14.1.5　从狸猫换太子到黄金8小时 ··· 414

14.2　网络危机无坚不摧，唯快不破 ··· 416

14.2.1　删帖只会加剧危机 ··· 416

14.2.2　等等吧，危机公关的马奇诺防线 ··· 418

14.2.3　以快打慢的"风林火山" ··· 419

14.2.4　其疾如风 ··· 420

14.2.5　其徐如林 ··· 422

14.2.6　侵掠如火 ··· 424

14.2.7　不动如山 ··· 426

14.2.8　乾坤大挪移 ··· 428

14.3　预警机前来护航 ··· 431

14.3.1　找到危机策源地 ··· 432

14.3.2　分析危机，寻找病因 ··· 433

14.3.3　建立一般性危机处理机制 ··· 434

14.3.4　建立网络舆情监控链条 ··· 435

最完美的口碑雪崩 ··· 438

案例索引 ··· 439

上 篇

大战略：如何让口碑雪崩

上篇一共有 3 章，分别解析如何开展超低成本的网络营销推广、如何利用社交网络实现口碑雪崩一样的传播，以及如何做好网络营销的策划创意。这是整个网络营销的基本，所以称之为大战略。

网络营销区别于传统营销理念的核心，就在于改变了过去单项式传播的瓶颈，从灌输变成了互动，而这一改变，则让过去通过传统营销难以传递扩散，或需要许久时间才能扩散的口碑，可以通过社交网络实现光速传播，而如何实现口碑的高速传递呢？

笔者在上篇总结了 3 个方法论：完美账号体系、口碑雪崩理论、搅拌棍子。

所谓完美账号体系就是在各种网络推广渠道中，各注册一个账号，如微博中选择腾讯和新浪各注册一个用户名，论坛中选择天涯和猫扑各注册一个账号，视频站覆盖优酷、酷 6 等……其核心就是在每一个推广渠道都要有一个火力支撑点，一旦发起攻击，可以形成全网络渠道全面压迫的态势。

很显然，这是一个执行体系。有执行体系，就一定要有顶层设计来让其发挥功效，而这就关键靠口碑雪崩。

所谓网络口碑雪崩理论，就是在产品的品质确实过硬的前提下，通过包括微博、微信等社交网络在内的各种网络营销渠道，和一定用户的真实产品使用体验先期积淀下强大的口碑积雪，当积累到一定程度时，策划者以一个极具互动性的传播创意活动，以自有的完美账号体系为基础信息发源地，将视频、新闻、博客、论坛乃至图片等各类信息聚合在微博、微信等社交网络之上，通过和粉丝的强有力互动和粉丝们自发自主的传播，让呼唤不断回荡于互联网之上，不断扩大远山的呼唤，让其最终促成之前预埋的所有积雪以迅雷不及掩耳之势冲荡而下，形成口碑雪崩，奠定品牌在粉丝心中真正的地位。

很显然，这个方法论的关键是运用社交网络，而这个社交网络，可以是微博，可以是微信，也可以是论坛，亦可以是还没有出现的其他社交网络形态，只有社交才能让口碑得到真实的传递，而社交网络则是快速传递的最佳地盘。

所谓搅拌棍子，其实就是口碑雪崩的撬棒，让撬棒撬起整个雪球，形成雪崩。我们可以将搅拌棍子看作是微博或微信这样的社交网络，通过这个棍子的搅拌，以话题引爆的方式，让起初预埋在各种网络营销渠道中的信息被用户暴露出来。和口碑雪崩一样的根基就是要有原始积累，不然搅拌棍子怎么动、怎么通都不会有效果。

第1章
零成本推广总体战

本章将解决下列问题：

- 网络营销有什么商品不能推广？

- 为什么网络营销具有长尾特征？

- 网络营销推广具有何种优势？

- 网络推广一定要好评如潮吗？

- 花大笔钱做推广定能收获超值影响力？

- 最基本的网络推广流程怎么做？效果如何？

- 有没有可能实现推广零成本？

- 为何说执行力才是营销推广中的第一件大事？

- 完美的网络推广执行力模型应该如何？

网络世界对所有的人都是公平的，以至于名不见经传的小公司或淘宝店铺比大企业还好推广一些，因为网民们不想看广告，而大企业的东西，看到名字就会让人觉得是广告。

特别是在互联网从 PC 扩大到移动端之后，网络营销成为所有人关注的焦点，超低的物流，超广阔的推广半径，超前卫的营销手段，乃至超可观的利润收益。通过卖廉价衣服而成为日本首富的优衣库老总，依靠销售便宜的衣服而成功，开发了平民市场，但真正让优衣库成功的，还是网店，一个基于长尾理论的网上销售神话，就如同亚马逊、淘宝、易趣等的成功一样。而在其背后，是极为有效的网络营销策略，是一个又一个让平民心动和行动的网络推广创意。

但归于原点，如果你的品牌没有人关注会如何？这种事情是很常见的。有数不清的网站在同一天建立起来，有数不清的淘宝、有啊之类的网店涌现出来，有数不清的同类产品在竞争着。可网站建在那里了，店子开在那里了，商品质量好的没话说，就是没人来。花了大笔钱在其他网站上打广告，花了大笔钱去搜索引擎争取竞价排名，依然无济于事。其实原因很简单，是你没有掌握在网络上进行营销推广的正确方式。

网络世界就是这样，你或许花了很多钱，但推广效果为零，也许不花一分钱，却能推广出一个"财富"世界。我希望每个看这本书的人都能收获如何少花钱却能获得大效益。

1.1　网上卖东西有讲究

【本节要点】

货品一定要好，不管你卖的是有形的商品，还是无形的理念，或者只是想借助网络点亮品牌，传播口碑。在网络营销的起步阶段，第一定律依然是东西必须好。好东西+好推广=成功的网络营销，好东西+差推广=无人问津，坏东西+好推广=大忽悠。此外，网络营销≠电子商务。

网络营销，是一个可能实现零成本的传播世界……

或许你会在心里犯嘀咕，网络营销会不会很难做？是不是只能是名人、名企或者至少是相当有网络人脉的人才能玩得转？如果真是这样，这本书就写不下去了。

【在论坛发什么帖能让茶叶店有销路】

就如同我的一个朋友那样，她有一家茶叶实体店，生意一般，能够维持而已。她想到了网上销售，开了个淘宝店，价格自然优惠，货品也很齐全，可就是没人来，一个月下来，成交量为零。虽然她也花钱在网站上打了广告，可依然无效。当问起我该怎么办时，我只是说了"论坛"二字。

我让她到一些茶叶爱好者聚集的论坛里去发帖子，发些关于自己创业的经历，还有如何选择好茶叶的经验，发一个帖子后，隔几天再更新内容。那个月她正好去浙江收春茶，每天都让她固定到论坛里去发布关于自己如何选茶叶的过程，而且还发布了一些照片，让大家看看茶叶，品评一下是否选对了，价格是不是合适。自然会故意留下些破绽，让那些茶叶爱好者认为小丹同志的茶叶买贵了，这个茶叶不值这个价！

当然，事实上并不是真的买错了，这不过是个破绽，当然破绽绝对不会是原则性的，而是要让大家觉得都在帮助她进步，帮助她创业。一来二去，她和这些论坛里的人都成为了朋友，她"成长"得很快，短短半个月的收茶过程，让她成为论坛里的茶道高手。自然她的店也就在这些人中有了口碑，一个真正茶道高手的店，价格又便宜，自然受欢迎。而这些论坛里的朋友也开始喜欢到她的网店里订购一些茶叶，同时介绍自己的朋友去买茶。

刚开始不过是一包茶叶的小单，之后逐步开始有大单，一订就是几万。这样短短几个月，生意红火起来了，来自全国各地的订单让朋友每天都在发货，忙得不亦乐乎。其实就这么简单，这一次推广营销基本没花钱，效果却比花钱好上百倍。

目前，她的营销阵地换过很多次了，从最初的论坛，到后来的微博，乃至现在的微信以及团购，但究其实质，玩儿法并没有多少变化，作为一个商家，招揽回头客，就要通过社交网络交朋友。

论坛、微博和微信都是社交网络，以后或许还有更多、更新鲜的社交网络出现，但交朋友的方式，几千年来，其实都没有变化，只是载体不同而已。

1.1.1 忽悠不是网络营销

这就是网上营销的魅力，只要你的东西确实不错，就要考虑如何成功地去推广它。在网络世界里，有太多的广告，你所要做的是如何不用那些传统的广告方式，而是用网民最能接受的方式，去赢得他们的信任，从而把自己的产品卖出去。

当然，一切都是有前提的，那就是你的产品或服务确实很好。这是最基本的，如果你的一切营销努力都建立在欺骗的基础之上，那么无论你多么成功地推广了你的产品，那都是一次性消费。别人被你的推广吸引来了，也会因为你的产品质量太次而选择离去。所以，在开始网络营销推广之前，第一个要明确的就是你所要卖的东西，必须价廉物美，而不是和电视购物广告中卖的那些所谓的真钻手表和超强功能山寨手机一样，只是一锤子买卖，靠欺骗顾客来赚钱。网络营销推广不仅仅是把你的产品推销给顾客，更关键的是要树立良好的口碑，不仅仅让他们成为回头客，更要让他们的朋友都成为你的顾客，如果能够让他们在现实生活中的朋友（哪怕是不上网的朋友），也成为你的顾客，那更将是一次完美的营销推广。

我们来看看另一个有趣的案例。

 【 为何"奥巴马奶奶内衣中国造"没被炒热 】

微博营销刚刚流行的 2011 年，某个晚上当我打开微博的时候，迎面而来的是三封私信。打开一看，三封信尽管发信人不同，尽管都是认证的实名用户，且其中一个是网络推广企业的官方微博，但目标都指向一个：就是让我转发一条微博，微博的内容也很简单，是说奥巴马奶奶竟然穿着中国品牌保暖内衣，为什么 87 岁的老人偏偏热衷中国制造，想探究一下原因。

尽管这条微博在我打开的时候，已经有了超过 600 个转发，其中不乏一些认证用户的点评，但很显而易见，这是一条带有隐藏广告的微博，目的就是推出这个国产保暖内衣。在微博炒热了之后，自然会有某企业宣布对奥巴马奶奶的内衣负责，那时候效果就水到渠成了，一个内衣借助奥巴马奶奶红了，就和早前的奥巴马女郎一样，而之后的发展，也确实顺着这个轨迹在运行，只是没红。

但如果我没有这些私信，仅仅是在微博上看到这则信息的话，我想我十有八九也会被忽悠一下，毕竟每个人都有好奇心，包括我在内，都会去想一下为什么奥巴马奶奶会想要穿中国保暖内衣呢？当然可能她是无意识地从超市里随意选购了一件。其实，这个营销也有一个很大的破绽，没有人去脱她的内衣，又如何知道是中国品牌？当然，到底是不是，谁也无法证实。尽管十有八九是个假新闻，但作为中国人，多少会被所谓的民族自豪感给冲击一下，乐意相信虚假的神话，就和早前被方舟子揭批的荣获美国总统奖的华人女孩神话一样。

之后呢？其实没有之后了。因为尽管表面上微博很红火，但这个看似很有噱头的策划，却并没有引起更大的连锁反应，没有任何媒体对此事进行报道，这个品牌之后也没有看到过更多的信息，毕竟这也太看低公众的鉴别能力了。毕竟这个忽悠太低劣，只要稍微思考下，就觉得太过做作了。后来，通过搜索引擎检索，也仅仅发现过几个所谓的网络营销培训讲师们在其课程中选用了这个案例，当然是做为成功案例进行介绍。

从某种程度上来说，我们面前的网络营销确实泥沙俱下，有太多的商品，都希望借助噱头的魔力一夜成功，以至于走入"魔道"。或许有人会举出反例，比如时髦如苹果的饥饿营销，就着实让其产品更加畅销，而效仿者如小米，通过各类饥饿营销和网络抢号手法，也成功地奠定了在中国手机行业的地位。但有一点别忘记了，苹果的产品口碑绑定着让对手无法企及的创新精神，而小米的产品口碑则绑定着让同行很不爽的低价格和好质量。没有这种好产品的积淀，它们的营销术就很难成功。不然，为何其他许多不注重产品品质，一味饥饿营销的模仿者，最终使消费者一点都不饿，反倒是把企业自己给饿着了呢？

如上所述，我们就可以掌握网络营销推广的两个基本原则：一个是你要营销推广的确实是好商品，另一个是在营销推广的过程中不能带有诈骗的味道。如果你想做的仅仅是以次充好和欺骗消费者，那么你现在该做的是放下这本书。

1.1.2 任何东西都能在网上推销吗

网络营销有产品限制吗？或许有，也或许没有。

号称一切都可以卖的电子商务其实是有一定的产品限制的。比如，快递的配送尚无法达到十全十美的冷链服务，生鲜产品的网购就比较麻烦，比如鲜肉，你在网上买一斤上好的猪肉，通过千里之外的飞机送过来时，或许已经开始发臭了。

但网络营销并不是电子商务，这个概念，很多人都混淆了，包括许多开班授课的网络营销讲师。电子商务是让东西在网上卖出去，偏重于实物。而网络营销则是让东西通过网络推广出去，它可以是实物，也可以是理念，比如口碑或品牌。

在这个概念下，网络营销的领域就广大了。突然想到周星驰的经典喜剧《国产凌凌漆》，我们不妨套用时髦的互联网卖肉模式来致敬一个网络营销版的《国产凌凌漆》。

【周星驰如果在互联网上卖肉该如何】

> 周星驰依然还是个"肉贩"，只不过，现在他每天在微信上分享自家的肉如何新鲜，偶尔也会分享一下自己特别的经历和高超的刀法，"附近的人"里有些家庭主妇，闲来无聊就看到了他的微信。于是乎，"像你这么出色的男人，无论躲在什么地方，都好似漆黑中的萤火虫那样闪亮。你忧郁的眼神，唏嘘的须根，神乎其技的刀法，还有那杯 Dry Martin，都彻底将你出卖。"这段电影里妓女形容周星驰的经典台词便互联网化了，成为了他微信粉丝们和朋友之间谈论的又一个闺蜜话题。很快，他凭借"猪肉王子"的雅称和真正货真价实的猪肉质量，赢得了更多的粉丝，当然，也卖出了更多的肉……

这样的剧情是否似曾相识？如果你关注互联网话题的话，就会发现诸如玉器妹、馅饼哥之类的网络红人大多都是如此走进关注的焦点的。当然，他们可能不是用微信平台，而是通过微博或其他网络营销渠道，抑或他们原本没有主动推销自己，而是有背后推手，且推动的过程中并没有想着帮忙叫卖玉器或馅饼，而只是想打造纯粹的网络红人。结果是引发了现实中许多人到他们所在的店铺围观，但光看可不好，难免要买点东西，边吃边看，如此一来二往，就带来了销量，而且未必支持网上订货。

他们在网络上营销的是什么？或许我们可以称之为无形的口碑和品牌。

也由此，我们可以确立一个观点，从网络营销的角度来说，没有什么不能在网上推广的。试着看看小众一点的商品，比如助听器，老年人专用产品，它的市场很小，而且网络看起来并不是它合适的推广地，毕竟上网的老年人还是太少了，不如在电视上打广告更有效。但下面这个案例会让你改变看法。

 【为何助听器多几个颜色就卖断货】

但为什么不能让助听器变得更酷一些呢？比如借助世界杯。

2010年的世界杯是一场噪音大战，无比喧嚣的嗡嗡祖拉成全了另一个行当——耳塞商人。一场小投入的网络推广让本来属于老人的助听器变成了年轻人的宠儿。全球顶尖的听力设备生产商瑞士锋力集团，通过Facebook和网络新闻进行了一场传播，将这种时下最流行的球迷助威工具拿到隔音棚做了检测。这家志在让人们意识到听力的重要性和失聪后果的机构得出结论：嗡嗡祖拉超高的音量，能够对世界杯球迷和球员们的健康造成直接的损害。

与之相对应的是锋力在网络宣传中没有再使用助听器这个让年轻人听起来极端刺耳的词汇，而是换了个说法"私人交流助理"，与之相对应的是助听器也不再是古板的老三样，而是全新设计、有着多种亮丽颜色、造型时尚的全新款式，锋力借助世界杯的噪音，很容易地，让自己顺势飙升，还特意定做了一套保护设备，该设备使用了目前最先进的助听技术，可以帮助使用者过滤掉呜呜组拉的声音，打开了一个空前的市场。助听器不只是个扩音器，它还可以调节音量。

这就是网络营销的魅力，只要你的东西确实不错，那么你就要考虑如何成功地去推广它。在网络世界里有太多的广告了，你所要做的是如何用网民们最能接受的方式，去推广你的产品，去赢得他们的信任。比如前面提到卖茶叶的交流方式和买主挺起的借势，一个好的网络推广创意可以让自己的产品快速地卖出去，而且花费还很低，比如锋力的这个创意推广，如果在过去，没有上千万美金在报纸、电视上打广告，根本无法做到家喻户晓。而且，别忘记了，世界杯期间广告更贵，而当它通过SNS社交网络来发布信息时，这个营销的花费，比在传统媒体上宣传的零头还要少得多。当然，一切都是有前提的，那就是你的产品或者服务确确实实还不错。这个前提，必须重复强调，因为这是一切营销的基本立足点。

现在，我们可以给网络营销下个定义了。网络营销是什么？从狭义上说，就是在网上卖东西，把你的商品卖给网民，这是最直白的网络营销；而从广义上来说，不仅仅是要在网上卖东西，更要让网民们对你的产品建立口碑，建立信心，网上推广只是一部分，吸引网民到现实生活中去购买你的产品，将是另外的一部分。总而言之，网络营销就是让你的产品被所有的网民所接受，不管他们是在网上购买还是在线下购买，他们对你的品牌的熟悉，以及对商品的购买欲望，将有很大部分是来自于网络。只要不是违禁品，都可以在网上卖。

6

我们会发现，在网络营销中有着一个突出的特点，那就是长尾。一个超长的尾巴，让任何商品都有可能通过网络推广，成为一部分人选择的需求所在。原则上，只要存储和流通的渠道足够大，需求不旺或销量不佳的产品共同占据的市场份额就可以和那些数量不多的热卖品所占据的市场份额相匹敌，甚至更大。实际上，这个理论存在很大的扩展空间，长尾理论的要点应该是"许许多多的小市场聚合成一个大市场"。

这种趋势在传播上的投射就是：畅销书依然存在，但是远不如以前，出版物的品种却越来越多，读者也更为小众；广告由"广告"时代逐渐进入了"窄告"时代，传播的技术越来越复杂，制造大热点越来越难；媒体从大众媒体进入了"小众媒体"或是"分众媒体"，网络的本质也是一种自助媒体，无数的业余人士自己制作评论、新闻、小道消息、见闻、感想、视频等，这些正在聚合并上升为能和大众媒体抗衡的力量。

在营销市场上，我们会更加深切地发现这一利好。过去我们要买一本书，除非它是畅销书，否则很难在书店里找到。比如张恨水的小说很多，可他的《八十一梦》基本上在书店里难以找到，因为它不畅销，而且已出版半个世纪了，早就没有多少读者知道了，书店不会将它放在书架上。但网络给了我们机会，比如用百度去搜索，去淘宝网或卓越网上查阅，总能看到《八十一梦》，也能买到它。对，它的销量很少，但如果几十种《八十一梦》这样的非畅销书聚合在一个网络古旧书店之中呢？那么它们加在一起的销量也可能会超过这个店里的其他畅销书，比如《激荡三十年》。网络给了我们一种可能，就是那些小众的商品一样能够卖得好。特别是对于一些创业者来说，在网上卖宝洁的产品，或许根本就卖不动，但是如果卖的是特色化的个性饰品呢？尽管每个购买者的要求数量都不会很大，但积少成多，网络能提供无限可能。当然，畅销的热门商品效果更加显著。

我们应该注意到，长尾定律尽管较多地在电子商务层面被应用，但其实在网络营销上，其应用的范围更广，因为我们想要推广所销售的产品，并不一定非要在网上出售，从而使得推广可以摆脱当下电子商务的产品局限，真正实现一切都可以推广的全能上帝模式。

那么在这个"长尾巴"上，我们在网上还有什么不能卖的，还有什么不能推广的呢？哪怕是十分个性化的产品，也一样有市场，因为网民数以亿计，总会有人喜欢你的东西。关键是你如何让别人，让足够多的人，特别是对你所卖的产品有需求的人知道你有这个东西，这就是网络推广的真正含义，让长尾上所有的人，都能够看到这个尾巴，哪怕是最末端的尾巴上那一丁点非主流商品，只要你成功推广了，就可以从中获利。

1.1.3　扫地老太太的营销经

或许你会说，之前说到的东西都便宜得很，便宜的东西在网络上总是有市场的，哪怕它再稀奇古怪。比如，趣玩网能够得以比较好的维持，就因为这一点，单个有趣的商品肯定难以形成大批量的利润点，但趣玩网上有数以千计有趣的玩意儿，总有一款是你喜欢的。表面上单件销售都不是很理想，但集了成百上千个单品销量不理想但多少有一定受众的产品，网站的整体收益就上来了，自然就活过来了。

实战网络营销——网络推广经典案例战术解析（第2版）

但贵的东西会怎样呢？通常来说，大部分网民都会有一个惰性思维，认为上网就是买便宜货，哪怕就是贵一点商品的广告，也兴趣索然。当这种心理是网络上普遍泛滥的情绪时，网络上最为喧嚣的内容就成了打折和团购，放眼看过去，尽管现实社会物价在飞，但网络世界，似乎一切商品都在贬值，尽可能的便宜。几百元的商品在网上很难给力，几十元的所谓团购价让网民有点发烧了。而相对应的，曾经一度被炒得很热的奢侈品网站，却围观者多而消费者少。贵的东西，哪怕品牌再吸引人，质量再好，是不是在网上都会遇到不可避免的挫折呢？

表面上看起来是，在2010年年末的一段时间，笔者加盟的电子商务公司代理了一个新款服装，在淘宝上开了一家网店，但运营了一个多月，也没看到特别大的销量。为此我也出了不少营销的主意，但却依然遇到了不小的阻力。

不是营销推广上不得力，毕竟电子商务已经打成了红海，想要成功，并非一两个有创意的策划能够实现的。尽管产品本身没有多少知名度，推广起来颇为费力，但几个比较成功的推广多少让他们的围观量提高了不少。

 【为何扫地老太太能引发造句热】

其中一个策划是扫地老太太，这个在当年颇为红火的无厘头式话语，其最初的发源地，恰恰是他们给这款服装做的策划。当然，最原始的版本是程序员中流行的一段话：

"据说在每一个互联网公司里，都有一个扫地的老太太。很偶然地，当她经过一个程序员的身边，扫一眼屏幕上的代码，会低声提醒对方说：小心，栈溢出了。"

而在某个下午5点半左右，在他们的官方微博上发出了一条无厘头的信息："据说在每一个女装店里，都有一个扫地的老太太。很偶然地，当她经过一个选购女装的客人身边时，看了看其选购的女装，会低声提醒说：小心，这件衣服是仿制XX的。"这条微博起初不会有多少影响力，但龙博微巧妙地联络了一大批微博用户，开始泛滥地制造着类似的信息。如：

1. 据说在每一个保险公司里，都有一个扫地的老太太。很偶然地，当她经过一个内勤员工身边时，看了一会电脑上的每日业绩龙虎榜，会低声提醒对方说：小心，别高兴得太早，预收保费任务是完成了，可是你再看看柜面实收保费的数字。

2. 据说在每一个报社采编区，都有一个扫地的老太太。很偶然地，当她经过一个记者身边，扫一眼屏幕上的文字，会低声提醒对方说：小心，标题歧义。

3. 据说在每一个编辑部，都有一个扫地的老太太。很偶然地，当她经过编辑身边，扫一眼屏幕上的CMS，会低声提醒：小心，专题链接应用 target=_blank。

4. 据说在每一个部委里，都有一个扫地的老太太。很偶然地，当她经过一个处长的身边，扫一眼屏幕上正在起草的批复文件，会低声提醒对方说：小心，送报告的这主儿刚刚被双规。

当然，为了让这个事件更有娱乐价值，最初的舆论引导依然将最早的策源地误导在程序员的那段流行语之中，而将龙博微的商业目的隐藏起来。通过巧妙的引导，2011年1月，"扫地老太太"在新浪微博话题榜中一度攀升至第五位，共计约13 000条微博提到这位神秘的民间高手。

而此刻就是解密的时候了，通过第三方表述，公司巧妙地在博客、论坛和网络新闻上发布了一条《爆红网络的"扫地老太太"元凶找到了》的消息，并撰写了相关的百度百科进行造势，将舆论的焦点转移到了这个服装上，并同时发布了相关的扫地老太太漫画，如图 1-1 所示，很快该淘宝店的到访率从每天一百多一下子飙升到了每天四千以上。但遗憾的是，商品转换率并不高，只有百分之一而已。之后，通过总结，我们发现，在淘宝上销售此类价格在五百元以上乃至上千元的女装，对于主流是来淘便宜货的网民来说，确实不给力。尽管在微博推广的时候，目标人群高度集中，主要是白领阶层，但效果依然不太明显。

图 1-1 龙博微制作的扫地老太太漫画

但这并不代表贵的东西就难以在网络上销售。虽然登录淘宝网站的消费者并不是冲着奢侈品来的，但如果配合以合适的平台，通过合适的营销手段，就能够获得成功。

那么该如何做呢？难道贵一点的东西，就真的无法在网络上进行推广了吗？未必如此，推不动是因为你没找到入口而已。国外的奢侈品推广，或许能够给你带来一点点启示。

1.1.4 再贵的东西也卖得动

在国外，对于奢侈品品牌而言，网购已经不陌生了。创建于 2000 年的 Net-a-Porter.com 用网络杂志的形式展示商品，赢得了大批冲动购物消费者。只要坐在家里刷刷信用卡，一辆黑色小车就会把东西送到你家门口。"十几年前，谁都不信有人竟然愿意在网上购买那么贵的东西。

Net-a-Porter 做到了。"在伦敦的一位奢侈品行业咨询顾问 ImranAmed 如此评价正在刮起的奢侈品网上营销风潮。

当然，奢侈品的网上专卖也不是一成不变的。它们采取了针对网上群体特色的方式进行推广。比如，网民对于产品外包装的需求不是很强烈，确实，网民在这方面的需求不怎么强烈，如果在现实中购物，当然有个不错的包装袋，提着满大街闲逛，让别人都知道我买了这么棒而且这么贵的东西，是一种炫耀。可在网上购买，一切都是邮寄过来的，不再拥有这一层炫耀的内涵。

一家以销售昂贵皮具的奢侈品公司就针对这一点，在细节上做了一次巧妙的营销。

【为何包装纸盒变牛皮袋就能刺激购物欲】

他们从 2008 年年末开始采取了更为节俭的包装手段——把用丝带包扎好的黑色纸盒改成了可循环牛皮纸袋。当然，这个是他们的营销策略，他们在网络上到处打广告，给老客户们发电子邮件，甚至在平民论坛里面发了许多惊爆眼球的帖子，目的就是告诉消费者，如果选择丝带包装盒，将享受现实消费的 9 折优惠，如果你用牛皮纸袋，为环境保护做一点贡献，公司将因为你的贡献，给你更多的优惠，同时还将把赢利所得的 10% 赠给环保机构，并且是以你的名义。

这一策略很容易打动更多的消费者，通过网络推广，这一信息通过网络新闻、论坛、电子邮件，甚至是购物者进行炫耀的网络视频上进行着疯狂的传播，几乎所有的推广都是免费的，因为各个网络媒体对于奢侈品牌都很关注，特别是这一有趣的动向，以最快的速度传递到了每一个网民面前，而这会极大地激发消费者的热情，原本被奢侈品的价格所困扰的人们，会因为网购和实体店销售的价格差，外加简易包装的更大优惠，以及附带的环保公益，而产生相当强烈的购买欲。最起码，执行这一政策之后，这个公司的网上销售很快达到了和实体店一样的水平。至于中间损失的差价，其实较之实体店的门面租金来说，根本就是九牛一毛，要知道这个奢侈品的实体店都是开在华尔街、第五大道、银座这样的国际顶级地段之上。是不是觉得这一幕有点像我们很熟悉的成语——买椟还珠？

上面这个例子是网络推广带动消费的，你或许会说，这个品牌或许有强大的会员体系，而且有庞大的地面店进行支撑，有强有力的口碑积淀，所以运作起来就十分容易了。如果是个全新的品牌，或者就是个单纯的网店，没有任何老顾客组成的会员，更谈不上消费者心中的口碑，尽管货品质量极好，但同时也极贵，那还能推得动吗？

确实，这样的忧虑并非没有道理，但却未必就能阻止网络营销的脚步。

另一个在国外很有名的案例则颇为生动地说明了网络营销推广的强大力量，也说明了网络推广其实大有"钱途"。

【为何奢侈品网购一小时就断货】

　　GiltGroupe 是国外一个新兴的奢侈品网购网站，当这个网站的创始人 NatalieMassenet 开始筹划一切的时候，她一贫如洗地前往世界各地的工作室和时装展厅，乞求设计师们把作品放在她的网站上卖。她所能够给出的承诺只有一样，那就是会尽全力在网上推广这些品牌，使用各种推广手段，而且她确实费尽了心力在网上为这些产品进行了卓有成效的推广。结果，短短几年后，这个网站几乎拥有所有的重要品牌，包括 BottegaVeneta、Fendi 和 MiuMiu。

　　当然，网上购物体验与在实体店购物完全不同，这是不争的事实。要买便宜货，你就要做好充分的准备。

　　GiltGroupe 会在每天上午 11:50 准时向大量会员发出一封邮件，其中列出了部分即将在正午抢购时间上架的货品照片。到 11:59，该网站的访客人数将达到 3 万至 5 万，只等正午 12 点钟声一响，就开始下手。大部分货品都会在一小时内售罄。几乎这个网站上的所有会员都会把这个时间段让出来，去收看邮件。

　　这是一个颇为成功的电子邮件营销策略，在会员许可的前提下，进行的一场目的性极强的邮件公关。而消费者对此乐此不疲。这恰恰是创始人承诺的网络推广策略之一，即通过电子邮件进行一场挺进消费者内心的战斗。

【明星怎么只说一句话就让降价家喻户晓】

　　在最近一次减价销售中，标价 3 万美元的礼服只卖到 3500 元，原价 2 万美元的钻石项链则只卖 9000 元。折扣额很高，总的销售金额也相当惊人。在位于纽约布鲁克林的公司总部，工人们忙着上传一大堆抢手货的图片。每个款式有多少存货、分别是哪一季的设计——这些信息在网站上都找不到。顾客需要了解的是，所有货品的抢购时间只有短短 36 小时。而这次的降价销售，是通过社交网络维持和 Facebook 进行的一次信息传递。当一个明星在其微博上讲述了一句关于她今天上午在该网站上低价购买到了一件晚礼服，准备参加几天后举行的电视节目时，有几十万个微博用户关注了，并进行了转播，很快无数人知道了这一次 36 小时的降价。当然，这次微博营销是有花费的，因为这个明星恰恰是网站的代言人之一。

　　在调查中，受访者需要谈一谈他们对奢侈品品牌与互联网关系的看法——奢侈品品牌应当怎样在互联网上进行推广和营销？

　　34%的受访者认为"新型广告"是最有效的途径——在品牌官网上播放网络短片即是其中的代表，在 gucci.com 和 tods.com 上面都能看到这类短片。

　　排名第二的方法则是与时尚相关的博客写手合作推广，以及灵活运用维持和 Facebook 等社会化媒体——有 27.4%的受访者推荐这类方法。

　　一个信息从中被透露出来，那就是其实网络推广的成本可以很低，这位网站创始人在起步之初一贫如洗，自然也没有能力为自己的网站去打广告，而她却成功了，很简单，因为她运用了非常成功的网络推广策略，从而让自己的网站即使是卖奢侈品，也可以门庭若市。这就给了我们一个机会，连奢侈品都可以在网上卖得很好，连这种原本很小众的产品都在网上变得有点大众化了，而且并不是一味以降价来吸引，那么还有什么不能通过网络进行营销呢？所需要的是一个切合实际的创意和推广方式罢了。

因此，在网络营销中，我们可以确定一个关于产品的结论——东西的属性是奢侈还是廉价并不会影响到推广效果，特色与否，或能否在寻常产品中挖掘出特色卖点，才是影响到推广效果的关键。

1.1.5 特色化永远是营销的卖点

在淘宝网上有一个店铺很有趣，我也喜欢去光顾一下，据说老板毕业于高等艺术专业院校，知道她的网店，是因为某一次情人节，我想给女朋友购买一盒特别的巧克力，既不是金帝的，也不是德芙的。原因很简单，因为女朋友的网名恰好是一个巧克力的牌子，在上一个年度的情人节，就给她买了这个牌子的巧克力。当然这个情人节希望有点创新，不能总拿着同一个点子去忽悠人。

我随意在百度上搜了一下，关键词是 DIY 巧克力，有一百多万个搜索结果，有点惊人，然后我选了"百度知道"，关键词是 DIY 巧克力、北京，我知道在湖南是很少有这种店铺的，就算有也不会做得很有特色。北京既然是大都市，自然选择性大一些。结果就看到了这个淘宝店，在"百度知道"中的一个关于北京是否有 DIY 巧克力店铺的问答中看到了链接。

 【为何小众的 DIY 照片巧克力卖得如此火】

那么货比三家吧，从店铺里给出的图片，可以看出店主是个很有品位的女人。但我为什么选择这个网店呢？原因很简单，在那个问答中给了我一个兴趣点，那就是"DIY 照片巧克力"，问答中很明确地说出这个店铺的招牌特色"菜"就是让你把照片也 DIY 在巧克力上。

在这个网店里，看到了许多用照片 DIY 出来的巧克力，各具特色，通过聊天软件和店主聊了一会儿，她告诉我，可以定制各种造型的巧克力，如果我的女朋友喜欢听歌，可以将她或我俩的合影做在一个 CD 造型的巧克力上，如果她喜欢篮球这样的运动，还可以做个篮球造型的巧克力。如果有需要，甚至可以让我在北京的朋友去她的实体店现场看制作效果。看来她对自己的手艺很自信。

因为我自己对网络营销也比较感兴趣，便在定制了一个由两个嘻哈猴的外形配上我俩大头贴的巧克力之后，对这个店铺的情况进行了一些了解，才知道原来她的网店是当年度淘宝网上的十大新锐网商之一。

或许很多人会说，这个店铺卖 DIY 制品很小众，这种定制费时费工夫，而且价格又便宜，成本降不下来，并不会有多少利润可图，她如何能成功？我们仔细分析一下店主的营销推广策略就不难发现网络推广的好处。

如果仅仅是实体店，当然这样的 DIY 会很有局限，就算是在北京这样的千万人口城市，也很难有大的"钱"途，毕竟有 DIY 需求的人太少了，都是一些比较讲求生活情趣的都市白领，而且还未必知道这个店铺。但在网络上就不一样了，它的市场空间很大，不仅仅面对北京，而且面对整个网络上数以亿计的网民。如果产品确实很不错，肯定是有市场的，关键是如何让网民们都知道店铺的存在。

　　而店主很有策略地在网络推广上下了一番工夫，她的产品不需要进行大规模的网络广告，那样得不偿失。毕竟在一万个浏览网页的网民中，可能只有十几个甚至几个人会对 DIY 照片巧克力感兴趣。因此她不需要被动接受式的网民群体。而搜索引擎的使用者肯定是主动检索的，也是确确实实有这方面需求的顾客，只要她成功地进行了搜索引擎优化（简称 SEO），将 DIY 巧克力和 DIY 照片巧克力的搜索结果指向她的网店，就万事 OK 了。

　　很简单的营销策略其实蕴含着一个大道理，那就是长尾理论，互联网提供了一个长尾理论的舞台，通过搜索引擎和网络广告，将非热门产品和非热门需求巧妙地结合起来，将分散的需求和分散的供应结合在一起，从而开拓出一个市场。或许在现实世界中，你要购买一个自己特定需求的产品很难，比如我要定制这样一个个性化巧克力，在我所处的这个小城市，将不可能实现，一个单纯的 DIY 实体店很难在这么小的需求环境下生存。但网络却可以很容易地将非热门商品展示在我的面前，从而让千千万万个像我这样的消费者，成为她的网店的忠实顾客。聚沙成塔，非热门商品就这么出炉了。

　　只要你成功地运用了合适的推广策略，即使是非热门商品也能够在网上卖得不错。那么热门商品会怎么样呢？答案是显而易见的。因此，要成功地进行网络营销，制定一个适当的网络推广策略，绝对是第一位的。因为在网络上，酒香就怕巷子深，你躲在一个谁也找不到的地方，你的产品肯定是卖不出去的。

1.1.6　网络营销推广特色鲜明

　　从 DIY 照片巧克力的实例中，我们可以看到网络营销推广的一个核心概念——创意。仔细研究一下每一个在网络上成功推广的案例和通过成功推广带来巨大实际利益的案例，会发现一个创意的幽灵是每一个案例的共同支点。

　　DIY 照片巧克力的创意在哪？就在于如何在推广中结合自己的产品卖点，进行特色化的营销，巧克力并不稀奇，DIY 巧克力也不是特别新鲜的事情，店主人却将照片这个特色融入 DIY 巧克力，让巧克力真正个性化了，这就是她的卖点，也是她推广的主旋律。有了这个卖点，在推广中，再制定一个配合她消费群体需求的推广途径，即不选择大而化之的网络广告，也不选择没有针对性的网络新闻，而是利用搜索引擎强大的一对一功效，再配合一定的网络视频，比如 DIY 巧克力的制作现场，一定的博客口碑宣传，让人们在搜索过程中看到，更加强化对这个店铺的信赖程度，也有助于这个店铺在网络搜索中优化搜索引擎结果，从而让每一个对这类产品有需求的消费者都可以看到该网店的推广。

　　这是几年前的案例，那时候还没什么人用社交网络。若换到当下的环境，SEO 可以继续保持，毕竟这是一个可以带来效益的推广渠道，但同类竞争者已经很多了，再加入微博、微信上的推广，和一些新老顾客进行"作品"上的交流，当然在对方允许的条件下，能公开在社交网络上聊聊，将会更加吸引眼球。

综合这一节的几个案例，我们可以看到网络推广的几大特征。

1．不受时空限制

互联网能够超越时间约束和空间限制进行信息交换，使得营销推广脱离时空限制进行交易变成可能，每时每刻都有人上网，而每时每刻你的推广可以展现在网民的面前。比如，任何时候搜索 DIY 巧克力，都能看到有关她的网店的搜索结果。

2．多种营销形式

互联网可以传输多种媒体信息，如文字、声音、图像等，使得为达成交易进行的信息交换能以多种形式存在和交换，比如，DIY 的过程可以变成网络视频，增加人们的直观感受；茶叶买卖时可以给茶叶拍照，供人仔细查看成色；旅游风景区可以做成一个 Flash 小动画或小游戏，让别人在游戏中去参观，香港旅游局就这么做过。反正网络的表现形式异常多样化，不怕做不到，关键在于是否想得到。必须充分发挥营销人员的创造性和能动性。

 【 枯燥的嫦娥奔月数据科普也可以看图说话 】

　　许多营销人早前颇为热衷一种在互联网上讲故事的模式，叫做信息图，即用图像的形式表现需要传达的数据、信息和知识。这些图形可能由信息所代表的事物组成，也可能是简单的点、线、基本图形等。它的特点就是直观，形象。比如腾讯新闻就推出了一个叫新闻百科的栏目，用图解的方式来说新闻，哪怕是非常枯燥的嫦娥登月数据信息，也能让人很容易接受，如图 1-2 所示。

但现在这种模式有了升级版本，随着移动互联网带宽的增加，以及视频营销手段的普及，越来越多的市场人不再满足于信息图。他们开始尝试用视频的手法来讲故事，尤其是那些内容颇为枯燥的故事，因为视频中动画、配音等不同的表现手法可以让这些内容看上去更加有趣些。

 【 可口可乐的信息视频很酷很好看 】

　　一个有名的案例要算是可口可乐的《内容营销2020》了，2012 年，可口可乐公司制作了两段题为"Content 2020"的视频，概述了 2020 年前可口可乐内容营销的新举措以及如何执行其计划。在这两段视频中，可口可乐令人兴奋地把与内容相关的词汇，如"创意"、"对话"、"创意文化"等，与谈论投入的词，如"资源"、"利用"等放在上下文中。

　　分为上下两段共 18 分钟的视频，用手绘漫画，外加一些动画效果，就把原本很枯燥的内容营销战略的内容表现得非常之"酷"，如图 1-3 所示。

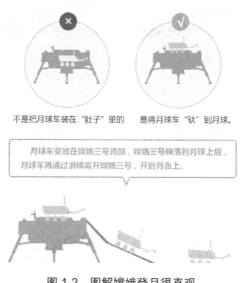

图 1-2 图解嫦娥登月很直观

那么是不是这样的模式，就难度高许多呢？在这里介绍一个简单的办法，针对这种信息视频，当然不一定非要做成可口可乐的模式，还可以有其他的实现形式：比如沙画（价格稍贵），用沙画的方式来表现，时下已经成为企业宣传的一种方法，不过相对成本还算低廉，同时长的沙画制作价格，相当于同类专题片的 1/10；再比如 PPT，将 PPT 制作得更有动感一些，以自动播放+配音配乐的方式出现，然后通过视频转换工具转变成视频即可。如果还想省事，就直接用屏幕截取视频软件，在播放 PPT 的同时，将其截成视频就 OK 了。

图1-3 可口可乐信息视频很有特点

3. 个性化的交互式沟通

互联网通过展示商品图像，通过商品信息资料库提供有关的查询，来实现供需互动与双向沟通。还可以进行产品测试与消费者满意调查等活动。互联网为产品联合设计、商品信息发布及各项技术服务提供最佳工具。互联网上的促销是一对一的、理性的、消费者主导的、非强迫性的、循序渐进式的，传统现实中推销员强势推销的模式不可能存在，比如我可以通过聊天工具和店主对 DIY 的方式进行明确探讨，也可以在论坛中详细浏览茶叶店老板在选购茶叶时的辛酸，就好像朋友一样在了解对方，在聊天和信息提供中，营销人员很容易与消费者建立长期良好的关系。

宝洁公司和联合利华各为旗下的分支品牌开设了许多微博，而其中两家的两个主要微博的粉丝量天差万别，为什么呢？就在于沟通。

【106 万粉丝的海飞丝比 16 万粉丝的力士强在哪】

截至 2013 年 4 月，"海飞丝中国达人秀"的微博账户上，5000 条微博的总粉丝数目为 106 万。相比之下，联合利华旗下的"力士闪耀秀发"的微博账户只有仅仅 16 万粉丝。为什么会差距将近 10 倍之巨呢？一个微博用户给出了一个非常简单的理由：海飞丝的微博，写得很生动，更关键的是，只有宝洁的微博会给我回复。

仅此一项，就足以逆转一切，而这也是网络营销的奥义，能够互动交流，而不是传统媒介那样单向灌输。

4. 最基础的计算机技术是网络营销中不可或缺的

网络营销推广是建立在以高技术作为支撑的互联网的基础上的，要进行推广，必须要有一定的技术支持，如果你自己不是这类人才，那么就要找既懂营销又熟悉计算机技术的复合型人才，否则网络营销推广工作将无法开展。最起码你要会上网，如果只会 QQ 聊天、只懂得装饰

16

你的 QQ 空间，或者只知道如何在网上打麻将或德州扑克，那么赶快补课吧。

当然，有技术的话，在网络营销中，可实现的空间更大。同样以宝洁公司的微博为例。

 【海飞丝实力派靠游戏一个月增 57 万粉丝】

"以前做微博，就是@好友，然后发奖品，很快大家就忘了这条微博。对品牌美誉度没有任何好处。"宝洁大中华区传播及技术市场部高级经理乌维宁在 2013 年如此评价之前的微博营销。而他们是如何突围的呢？很简单，他将海飞丝的另一微博——"海飞丝实力派"，设计为一个可以供网民们随时参与的游戏应用，这款游戏应用很实际，就是"打怪、升级、爆装备"：鼓动粉丝完成层出不穷的任务，是谓"打怪"；成功后给予粉丝可积累的回报以应对更重的任务，此为"升级"；至于"爆装备"，就是通关之后获得实物奖励。在这样的诱惑下，其粉丝数目在一个月内增加了 57 万。

这里面有技术的力量，当然，也必须依靠创意和网络。

5. 群体消费能力强大且数量众多

互联网使用者数量快速成长并遍及全球，使用者大多属于年轻的中产阶级，受教育水平高，由于这部分群体购买力强而且具有很强的市场影响力，因此互联网是一项极具开发潜力的市场渠道。所以，进行网络营销推广，必须深刻掌握这部分受众的心理，知道他们想要什么，想买什么，想看什么。假如你是卖首饰的，想在网上售卖中老年人的结婚纪念饰品的话，那么最好放弃这个推广计划，因为目前那部分人群并不是网民主力。当然如果你修改一下方案，变成儿女孝敬父母的饰品礼物，主打孝心牌，那么巧妙结合网络推广的方案，将又是另一番天地。

因此，可以得出这样的结论，即网络推广的载体是互联网，离开了互联网的推广就不能算是网络推广。而且利用互联网必须是进行推广，而不是做其他的事情。很多人将网络推广和网络营销混为一谈，其实不然，网络营销偏重于营销层面，更重视网络营销后是否产生实际的经济效益。而网络推广重在推广，更注重的是通过推广后，给企业带来的品牌效应，目的是扩大被推广对象的知名度和影响力。可以说，网络营销中必须包含网络推广这一步骤，而且网络推广是网络营销的核心工作。如果没有成功的推广，将很难让你的产品在网络中营销出去。

6. 在欢乐中传播并创造产品

网络营销有一个很有趣的现象，就是它的传播过程可能是欢乐的，而且可能会创造产品。下面看看小米的一个案例。

 【小米豆浆机如何诞生】

2013 年 11 月 18 日，雷军在微博中说"小米新玩具，即将发布"，还附加了一个圆筒形产品的图片。这条微博顿时引发"米粉"的猜测：台式机？手电筒？路由器？还有"果粉"猜测是豆浆机，能直接从网上下单买豆子，还带有 Wi-Fi 功能，甚至能接电话。网友写了深情的文案：慵懒的清晨、加班的深夜一杯浓浓的豆浆给你如家的温暖！全部顶配：骁龙 600 四核 1.7GB、2GB 内存、8GB 闪存；手机遥控颠覆性的交互方式；Wi-Fi 双频蓝牙 4.0；深度定制的 MIUI V5 豆浆版……"

两天后，雷军揭秘，这只是一款路由器。面对"果粉"关于豆浆机的猜测，雷军称："如果大家这么喜欢，我们可以考虑做小米豆浆机。"

小米的员工甚至坦言："我们自己都想不到怎么才能做出一款智能豆浆机，豆浆机需要智能吗？需要 CPU 吗？需要操作系统吗？这种事情太奇怪了，我们自己想不出来，但是当我们让用户参与进来，无数用户天马行空地帮忙出主意，就总能遇到一些很好玩的点子。最后，这个'小米豆浆机'在微博、微信、QQ 空间和论坛里面传播得很多。用户觉得很好玩，我们自己看了也觉得很好玩。大家都觉得好玩，就乐于主动去分享它，去传播它。不知不觉间，虽然产品到底是什么还没人知道，但是品牌的口碑已经传播开来了。"

故事的结局更有趣，豆浆机品牌"九阳"借势推出了一款和"小米豆浆机"一模一样的机器在网上销售。页面显示，这款豆浆机将公开售卖，使用的名词是"公测"——这也是小米公司发布手机时使用的词汇。同样足够欢乐，也赚足了眼球和销售，同时，雷军再发微博称："豆浆机行业老大九阳公司的老板王旭宁真的找我合作豆浆机，咋办？我们真的要做豆浆机吗？你要啥功能？我现在满头大汗……"

在整个案例中，我们看到了什么？是一种参与感，同时也是快乐传播，这其实是小米一直在做的，在早前产品发布和销售中，他们就发现，用户会积极通过社交网络进行二次传播。而在此次路由器发布中，这一点也同样出现了，小米路由器工程机的测试用户，100%都会全程拍照记录下他们打开箱子，亲手组装这台独一无二的路由器的全过程，并通过社交网络分享给他的朋友们。他们分享的不是小米路由器，而是他们参与其中的那种成就感。

但更为重要的是，在互联网思维之下，来自网民的奇思妙想可以让整个营销更有趣和更具有创造性，甚至创造出一个全新的产品出来。这同样是传统推广单向式传播所不具备的。

在这个基础原则之上，你是否要开展一场网络营销推广呢？你的产品是否适合在网络上进行推广？你是否具备开展网络营销推广的条件呢？

【思考一下】

如果你是一个二线城市的汽车配件经销商，很显然，你的产品不大可能在网上直接进行销售，那么你会选择在网络上进行推广吗？请注意，你的销售目标群体可是在本地哦，而网络的覆盖面可是非常有可能会跑到你意想不到的城市和你根本就不可能做到的销售服务的人群哪里去的哦。

1.2 莫陷入推广黑洞

【本节要点】

网络营销应该是一个影响力+效益同时彰显的过程。但由于推广和最后转换成效益之间有一个时间差，因此许多网络营销者往往只是根据营销的影响力来判断营销是否成功，结果往往就变成了你推你的、我卖我的，各行其是。

怎样的网络营销才能摆脱这种困境呢？用一双慧眼，别再雾里看花了！

有着无数疑问的读者或许又要提问了，综上所述，确实无论什么样的东西都可以进行网络营销，无论是奢侈品还是廉价品，而且费用也可以在推广者的独具匠心之下，实现低成本甚至是零成本，但仅仅如此，就可以成就奇迹了吗？有那么多一夜成名的东西，最后也几乎一夜消失，就如同流星一样，网络营销似乎能够造星，但也许造就更多的是这种流星，而不是明星，为什么会如此？怎么破？

1.2.1　花钱买不来影响力

通过百度随意搜索一下"网络推广"和"网络营销"，能够看到数以千万计的链接，其中有很多都是介绍如何进行网络推广和各个公关公司的广告。而为数众多的网络推手也自称能够让企业的产品在网上提高影响力，所需要你做的事情只有一件：花钱。而潜台词则是：花得越多，效果越好。但是否真的如此呢？

仅仅靠花钱来制造影响力，其实是网络营销推广的一种"魔道"。有一个开淘宝店的朋友这样和我诉苦：现在想要给自己的淘宝店引进流量，似乎只有花钱这一个办法，购买直通车、买站内广告位、参加帮派活动，都要花钱，而花钱的结果往往是，投入一千元的广告费用，收获两百到三百不等的收益，得不偿失。但如果不花钱呢？因为淘宝店屏蔽了百度搜索，外部宣传推广很难有直接效果，哪怕是很不错的商品也一样无人问津，毕竟淘宝店数量太多，自己会完全被淹没在信息海洋之中。

就算是自建的电子商务平台，如果使用竞价排名，往往也是同样的效果，若是单纯地选择SEO 的方式，根据一些推广团队的报价，一个月时间内百度指数在 1000 左右热度的单个关键词，费用均是以万元计算。很多时候，如果用户本身对这个电子商务平台并没有什么使用习惯的话，引进的流量转换率也低得可怕，1000 个到站的网民，浏览时间在几秒的占到了九成，而极有可能只有个位数的网民会选购商品。

 【eBay 谷歌广告一美元只能换回 25 美分】

eBay 和亚马逊等电商巨头是谷歌搜索广告的大买家。但 2013 年 eBay 进行的一项研究发现，谷歌搜索广告宣传增加的收入比预期少很多，eBay 的用户可能更多来自于直接访问网站或其他营销渠道（而非点击谷歌广告链接）。研究方认为，实际上 eBay 每花费一美元购买谷歌广告，只获得 25 美分的附加收入，等于是个亏本买卖。

这个案例说明了什么？即使是在营销上运用最为娴熟的电子商务企业，也无法直接靠花钱获得想要的效果。但至少这还是正面效果，而且 eBay、亚马逊等强势品牌，当他们建立了消费忠诚度之后，也不再那么需要谷歌广告了。

但有时候一些品牌推广、事件营销往往会出现花钱未必见效果，甚至反效果的状态。

【为何网吧电脑上都是你的玉照，你却红不了】

另一个有趣的例子是数年前，有一个想出名的富二代演艺新人，依靠家里庞大的财力，和网吧客户端供应商达成了一项合作，用近百万资金，在该客户端覆盖的网吧中的所有电脑，都换上她的玉照。当地媒体对这一还颇有些别样味道的事情进行了报道（也可能是事主自己主动爆料），结果呢？很快烟消云散。

庞大的花销，就如同梦幻泡影一样，这位新人也没有取得想象中的一夜成名的成就感。其实这类看似红火营销的营销，因为缺乏创意和执行力的不足，有过很多失败的案例。

比如，我们常用的 Windows XP，内置的示例音乐我们很熟悉，其中有一首名为《人云亦云》的单曲，是歌手戴维伯恩的作品，在数字音乐兴起的 2001 年年初，这首曲子搭载在 XP 平台上，立刻被数以千万计的 Windows 用户所熟悉。按理来说，如此强大的宣传效果，比每天上 MTV 更好，但结果呢？当年这首歌在用户电脑上不断唱响的同时，在其成为当年度最热门的网络歌曲第十五强时，收录了这首歌的戴维伯恩专辑却连全美销量百强都没有进去。不信你自己想想看，你是否真的知道 XP 内置的示例音乐中，每首歌都是谁唱的呢？

其原因何在？同样都是搭载在强而有力的宣传平台之上，前一个案例中的演艺新人的失败或许可以归咎为知名度不够，所以成为"流星"，而后者本身就是美国流行乐坛的知名人物，传声头乐队的灵魂，追星之人众多，说其影响力弱就说不过去了。其实失败的关键在泛营销层面上，即无目标性地面向任何用户，尽管影响力很大，但没有明确的受众指向性，尽管形成了影响力，但却无法形成聚合力。而更为关键的是其营销推广没有在泛营销之后巧妙地通过进一步的营销策划和推广来吸引受众目光，点爆用户的兴趣点，从而为自己创造所需要的最大效果。

那么反过来看另外一个例子。

【为何跳舞机歌曲比 XP 示例音乐更畅销】

不知道你是否还记得 20 世纪 90 年代一度非常盛行的第一代跳舞机。它的第一个关卡的音乐曾经因为跳舞机的风行，而成为大街小巷里随处可闻的流行音乐，在某种程度上，这和前面的两个案例都很相似，但结果呢？这首名为《Butterfly》的快歌，让瑞典的微笑姐妹（Smile.DK）这个组合，一夜之间大红大紫，微笑姐妹更在全世界掀起了一阵"青春无敌"的旋风，原本微笑姐妹的知名度当时并不算高，但因为跳舞机的风靡，她们成功地借势上位，但若仅仅如此，她们一样可能会陷入戴维伯恩的烦恼之中，而破解之道就在于她们立刻在演唱会和所有活动中，均以这首歌和她们自己的联系作为衔接，甚至还模仿跳舞机的动作，不断强化人们对她们和这首歌的记忆，并最终形成了口碑效应；结果她们的很多歌都入选跳舞机的热门舞曲，其中《Butterfly》堪称是最经典的跳舞机舞曲。

这其实说明了一个问题，即哪怕是借势，也要借得巧妙，并要不断地扩大借势后的效果，不断加深受众的印象，而不是停留在原地无所作为。毕竟，再轰动的新闻，再有力的营销，如果没有不断强化其效果，很快就会被忘记。人就是一个健忘的族群，由此，我们需要记住一点，无论是怎样的网络推广，都是一个长期持之以恒的过程。

只有持续不断地推广，并且是有意义地推广，才能够不断地制造影响力，缔造明星。如果从一开始就梦想着一夜成名，那么再高明的网络营销，也不过是制造流星。网络营销就是如此简单，但也由此，不再是大家想象中的那么简单！

1.2.2　莫陷入点击和评论陷阱

很多时候，在网络营销中，我们很容易被表象所迷惑。

> **【为何一本书在卓越上排名超前，在当当上却无人问津】**
>
> 　　我的朋友新书发售，因为是第一本书，所以很是兴奋，也有不少疑惑向我咨询。销售一周后，我们闲谈到他这本书，其书籍的目标受众是非常有购买力和针对性的，但由于种种原因，他很难及时了解自己这本书在读者中的口碑好不好，毕竟是第一本书，难免有点忐忑不安。当他向我问起此事时，我便仔细帮他做了一番参谋，也共同发现了一些"笑果"。即来自其他方面的"自造"影响力。
>
> 　　点开他这本书在卓越和当当网上的销售页面，一个很有趣的现象摆在了面前，卓越网上不过上架三天，便已显示销售一空，在所有书籍的即时销售排行榜上杀入前两百名，俨然是极好的成绩，让同样也出过书的我佩服再三；而奇怪的是，在当当上则是另一番天地，这本书连同类书的新书热卖榜都没进，更不要说畅销榜了。一个天上一个地下，但两边书的价格是一样的，怎么回事呢？

很快我的这位朋友发现了一个新情况，在卓越和当当销售页面上，这本书的评论接近百条，其中大多数评论都是集中在一个时间发布的，而且内容还出奇的一致，只是评论的 ID 不一样罢了。甚至有的评论还玩起了穿越，说是在我朋友的签售会上得到的书，并立刻在网上补买了若干本，但评论时间却比签售会时间更早……

原因其实就是卓越网上的评论需要购书才能发布，而当当上则不需要，结果就出现了某种网络营销的潜规则，而尽管他的书非常优秀，也有很多网民在早前看过部分内容后口耳相传，但这种刷评论的方式，评论者只为完成任务，而无所谓书籍是什么，大范围地"节选"书的相关介绍和媒体书评，造成画虎不成反类犬，甚至造成读者的不信任。我就在当当上看到有读者评论我的书的时候写道："如此多的好评，不是自己刷的吧？看过书后再来评论"。随着网民对这种自己刷点击、刷评论的方式越来越熟悉，自说自唱的行为还能有多大效力呢？只怕反而让网民对所有的好评都抱着不予信任的心态了。

类似这样的问题实在太多了，而且很多时候，都还是商家自己灌水所致。稍微一打假挤水，对假评论减个肥，搞不好就把顾客给吓怕了。

【为何好评如潮的减肥产品没人敢买】

　　我是个胖子，因此对减肥产品特别情有独钟。为此，我成为了网上商城健身减肥专区的常客。当然对减肥茶、减肥药屡试无效后，我更关心比较新颖的减肥产品。一款名为 3D 强力推脂塑身按摩仪在促销区出现时，极大地刺激了我的购买欲。按照这个产品的介绍，可以不用做任何运动，只要每天拿那产品在要减肥的部位按摩十几分钟，就会消耗大量卡路里，光这一点，就足以让我心动。而其产品销售页下面有 226 个用户给出了评价，好评率为 100%。这还犹豫什么？

　　可我却担心起来，一是产品介绍的大段文字总让我有似曾相识的感觉，但一时还说不上来在哪见过；二是当我注意到 226 个用户的评论时，却发现，所有用户清一色都叫"无昵称用户"，且有 224 条评论竟然是同一天的半个小时内留下的。我突然恍然大悟，那似曾相识的感觉是源自这些文字介绍，其实我偶尔看电视购物的时候，也曾听到过客服美女声嘶力竭地叫卖过。

　　结果如何？不言而喻。不管这个产品是否真的有功效，就看着"好评如潮"，也让人感到厂家的自信不足和产品的乏人问津了。

　　其实在很多网络上的商品销售都有同样的问题，淘宝上自己刷好评或者换马甲留下虚假评论的事情早不是什么秘闻。甚至网络推广中，很多时候都是水军泛滥。随意搜索下网络营销或直接搜索水军，就会有大量的公关公司发布的商业信息，均号称水军十万且保你网络推广无忧。

　　但实际上呢？因为宣传和其所能带来的效果之间是有一个时间差的，在行话中叫做宣传的滞后性，因此很难检测宣传所能带来的直接效果，而且企业更难知道到底是什么营销手段最终左右了消费者的购买欲望，就好比你在大街上看到很多楼市广告，手机上收到过楼盘垃圾信息，上网查过楼盘价格，但你不一定立刻去买房子，但当买房子的时候，其实很难说得清到底是因为哪个推广让你最终下了决定，可能是朋友介绍，口碑影响，也可能是当时正好在合适的时间收到了合适的广告……

　　恰恰是这种效果的难以衡量，给予了水军兜售其网络营销偏方的机会，而大规模使用水军来制造虚假的影响力，在网络营销中早已经成为一个常见现象，但实际传播效果则大打折扣。

　　其实我自己的博客和微博也经常有水军光顾，偶尔帮忙发篇软文，回过头一看，咦？点击一百多，评论五六十，再过一会，评论没提高，点击过了万，显然是被广告公司背后帮了忙。而识别水军的方法，目前看来也很简单。因为都是拿人钱财的事情，所以水军灌水大多都是集中一个时段发力，十几分钟"关注度"暴涨，回帖猛烈。毕竟，水军也没时间模仿真实的网络发帖那样，慢慢给你灌水。而现在这种营销方式已经成为了某些公关公司快速致富的捷径，利用企业不熟悉网络的弊端，宣称可以花少量钱（比投放传统媒体广告费少很多）获得更大影响力，而大肆地发一些根本无人问津的广告帖，然后自造影响力，掩耳盗铃。由于无法用数字准确衡量推广效果，这种类似骗术的推广方法，往往能够得逞，也进一步搞乱了整个网络营销的市场环境。

当然，并不是说水军完全没用，只是要合理利用，不要被其营造的虚假火爆所迷惑。比如在论坛营销上，不妨为了省去一些人工，让水军帮忙在各大论坛上发主帖，然后每隔半个小时左右回一帖，避免帖子沉底，让更多人有机会看到帖子……

1.2.3 花钱也删不完负面消息

【游戏名女人排名不容更改】

某天午饭的时候，我接到了一个上海的电话，对方称我之前写的一篇游戏圈三大女名人的博文中，所列举的陈晓薇、李瑜、刘伟三人，其中之一是她们公司的老总，文章并没有什么错误，只是排名不正确，应该把她们公司老总排在第一。我回答说本身这篇文章并没有涉及排名，只是有的人提得多一点，有的人提得少一点罢了。但对方依然和我继续讲道理摆事实，一定要我务必修改一下博文。当时我正在吃饭，这电话一打，饭菜都冷了；再者说，这篇博文发布两个多月了，早就被很多网络媒体转载过，也不可能做什么修改，最后没办法，只能调侃对方一句："要不我在文章上面加一句排名不分先后或是按笔画排名？"对方知道不可能要我修改文章，只能作罢。

这个例子说明什么？尽管我那篇博文并非什么负面文章，但一些公司的公关总是有点神经过敏，但凡碰到疑似负面消息、文章，所想到的第一个解决办法就是删除。类似这样的事件，在我多年的网络生涯中还碰到了许多。而在网络上，最臭名昭著的并非水军自造影响力，而是删帖，通过各种手段来删除那些对自己不利的帖子。类似这类号称可以删除任何帖子的公关公司报价，在网上随处可见，俨然已经成为网络世界一个极为不正常的状态。

在过去传统媒体和传统营销方式的时代，是企业决定受众的时代，你可以花费万亿来开展媒体公关和宣传，但因为传统媒体的局限，受众很难有机会表达对产品的看法和意见。这种单项式宣传，让负面消息很难有发散的空间和渠道。

在互联网时代，传播从单向变为双向，由灌输变为互动乃至众动。任何一个对产品的负面意见，都可以在互联网的任意角落，比如论坛、博客、微博乃至视频、语音聊天中弹出，除非是恶意诽谤，否则无法从根本上消除别人对你的产品的负面批评，从及控制网民的意见，哪怕花再多的钱来做营销和推广也无法做到。

而删帖更是万万不可行，除非是对恶意攻击和诽谤的文章，通过正常合理的渠道，向网站提交相应证据，并予以公开。从根本上来说，花钱删帖的结果，只会让自己的名声越来越臭。尽管你可能通过公关公司的旁门左道删掉了一两个看似"毒舌"的帖子，或许一次两次没事，但如果碰到一个较真的主，对方原本可能只是发泄一下不满，却遭遇蛮不讲理的删除，反而可能会到其他网站上去投诉。要知道，在网络时代，投诉无门的状况是不可能出现的。而发帖容易，删帖难，而且还会让更多看帖之人对这个公司寒心，品牌形象毁于一旦。最终，无论多么财雄势大的公司，都会在这场和消费者的角力中败下阵来。

想象一下，或许你所在的公司富可敌国，也花了大笔的钱，通过极为强有力的广告公司在网络上进行了卓有成效的宣传。而某一天，在天涯上出现了一个帖子，声称你的客服态度不好，原本这个帖子已经沉底很久了，但随后被你发现，并找人删帖，但可能因此反而引起了瞩目，结果在各个博客和论坛，甚至是视频网站中都大量出现了针对此事件的评论，那时候你靠删帖岂能堵住悠悠众口？三聚氰胺事件中，三鹿已经犯过的错误，谁会继续犯下去？总有一天会得到一个因为你的删帖而积聚的怨恨所引发的爆炸。可以这么说，用删帖的方式在网上犯众怒，纯属花钱买罪受。而仅靠花钱，就赢得好评，也是不现实的。

1.2.4　网络公信力依然不足

网络营销还有一个致命伤，就是公信力，较之传统媒体上的硬广告来说，这种公信力都略有不足。

据2012年4月到8月在13个欧洲国家中进行的，超过700名消费者参加的一项调查表明，尽管媒体类消费近几年发生了许多重大变化，但消费者仍然最信任印刷媒体中的广告。当被问及寄托多少信任于不同的媒休广告时，消费者给报纸和杂志的分数为63%，给电视的分数为41%，互联网为25%。虽然广告用户正将广告预算转移到数字渠道，但消费者继续视印刷媒体为最信任，将杂志和报纸中的广告视为支撑他们购买决定最为重要的信息来源。

虽然这个调查偏重于单纯的硬广告，但多多少少也说明了一定的问题，加上互联网上监管松弛，一些泛滥的欺诈行为也在不断地损害着其他在网络上进行营销的企业和个人的能力施展。即使是被认为公信力最强的社会化媒体营销，也同样遭遇类似问题。

【印刷广告比社交营销对可口可乐的销路更有效】

2013年，可口可乐公司一位高管对外宣称，社交媒体营销并没有带来短期收入的增长，至少可口可乐是这种情况。印刷广告是可口可乐最有效的促进销售的途径。他的说法来自可口可乐的一个研究，该研究显示，网上口碑对短期销售没有"可测量的影响"。尽管，该研究只考虑了口碑这一个层面（可口可乐将其定义为"社交网络上产生的对话"，即"单纯计算在诸如 Facebook、YouTube 上产生的公开评论"），并没有包含分享、视频观看或社交媒体的其他方面。但可口可乐也指出，其遇到的一个麻烦是如何决定口碑是正面的还是负面的。该公司随机找出1000多个社交媒体信息，用人工方式和机器方式（自然语言分析）进行比较，结果差别很大。

这个案例说明了什么？说明了哪怕是朋友间进行传播的社交媒体营销，也显得公信力不足，很难形成短期销量，或者更简单地说，很难如硬广告那样，直接诱使消费者看到广告后就购买。

这种公信力的不足，并非是不可逆的。随着互联网的深度推进，这种公信力势必会加强，并超越传统媒介，但更重要的是，企业和个人，必须爱惜羽毛，长期坚持在网络上保持自己的公信力，有时候做错了一次，就可能千年道行一朝丧。

而且，以网络进行内容营销，并非直接广告的方式，也越来越被品牌所接受。据 2013 年的调查显示，全球现在有 70％的品牌从事内容营销，因为内容营销较之广告更有公信力，且更有互动性。当然，同时，对内容营销感兴趣的营销者和广告主也面临着找到合适的品牌内容形式的挑战。绝大部分营销者表示投资回报率最好的内容形式是特色文章（62％）、视频（52％）和白皮书（46％）等。

如何进行深度内容营销，而非赤裸裸的广告，将是本书的一大亮点。

1.2.5　卖萌的背后其实是卖产品

由此，我们可以进一步看出一个问题，可口可乐的社交媒体营销并没有带来短期收入增长，其原因关键在于，以社交营销为其中一种类型的网络营销最合适的状态绝不是直接的叫卖行为，它更多的时候是一种口碑的塑造，这种塑造需要一定时间的沉淀，也不容易对短期销售带来曲线图式的增长（当然，直接的网上促销、硬广等，还是可以带来销量的，只是效果不一定比传统手段好，应该是一个互相配合的方法）。

 【"三只松鼠"微博问候"主人"】

　　2013 年，微博被一阵"松鼠之风"席卷，它的制造者是坚果类食品品牌"三只松鼠"。在微博上，"三只松鼠"官微的原创微博并不多，而是将更多的精力放在了与网友沟通上。"三只松鼠"在微博上时不时会转发一条@他的微博并与顾客卖萌互动，除此之外，它最大的工作是主动与顾客沟通，一旦你在微博上提到"三只松鼠"，它便会很快来与你对话，当然说话前都会加上一句"主人……"比如，它会这样回复："在山的那边、海的那边有群小松鼠，（提及某款松鼠造型的产品），主人们想复活它吗？"，又或者"原来琥珀核桃可以这么吃，没吃过，好想吃！主人，我饿啊！"

各种卖萌的背后，其实都是在卖产品。

这就足够了，这本身就和他的品牌契合得非常紧密，据介绍，"三只松鼠"系列的产品和包装都有卖萌的卡通松鼠形象；店铺的客服名字都叫"鼠某某"，管买家们叫"主人"——这便一下将顾客推到了一个极高的位置。在送给顾客的包裹里，"三只松鼠"放置了果壳袋、湿巾、封口夹等物品，做好每一个细节，并且其口袋上的问候语也温暖人心，比如果壳袋子上的提示是："主人，我是鼠小袋，吃的时候记得把果壳放进袋子里哦。"

为了做好与顾客的沟通，据说创始人章燎原还亲自编写了一个上万字的"松鼠客服秘籍"，而这个秘籍和主人问候，最终让"三只松鼠"在 2013 年的双十一以全天售出 220 万袋食品，创造出 3562 万的日销售额稳坐天猫全网食品电商销量第一的宝座。"三只松鼠"没有叫卖什么，仅靠贴心的服务和暖心的话语，就赢得了消费者。当然，这个不可能是短期收入增长，做成这个"松鼠之风"，需要一定的时间，但这可以使收入长期增长，因为一旦"松鼠之风"刮起来，销售也会步步高。

真正长久而持续的网络营销，必然也只能是一种深度的口碑塑造，它需要长期坚持，不是一两个成功的策划活动和推广案例就能够解决，应该是波浪式前进，不断冲向高峰的一种状态。

1.2.6 线上营销不应排斥线下营销

很多营销者习惯性把网络营销和线下营销对立起来，总有种水火不相容，生死不两立的味道。网络营销者总在抨击线下营销的日薄西山，而传统营销者则指责网络营销缺乏实效，太过空洞，或太过忽悠，转换率低等。其实，线上线下的营销推广应该进行有机的统一。我们不妨看看经济观察报早前的一则报道。

 【宝洁线上线下同步推流水席】

宝洁推出的一条在线广告：@新闻晨报V："神秘人士末日庆生，设三天三夜免费流水席"神秘人士斥巨资庆2012年重生。他将从2012年12月28日开始，召开三天三夜免费流水席，邀请大家白吃白喝。如此大手笔高调行善，神秘人身份引发全民猜测。

当上文提到的匿名广告同时出现在《羊城晚报》、《南方都市报》、《广州日报》时，两天内，微博上关于神秘人开免费流水席的话题获得了近30万次讨论。随后，微博热议又引发报纸、电视等传统媒体对事件的进一步跟进。

一周以后，当广州市民仍在讨论神秘人是谁时，宝洁在广州100多块公交站台广告、广州最热民生电视新闻、大众点评网等团购网站和汰渍微博相继推出流水席报名方式。神秘人"汰渍"终于现身，不到十天便吸引了3.6万市民报名抢票。

至此，微博和论坛讨论话题被引导到每一轮流水席的翻场过程中对于海量餐布、桌布的洗涤工作处理上。"流水席"话题演变成了"流水洗"。

到了2012年12月28日，连续三天的免费"流水席"开始，"舌尖上的中国"里的均安蒸猪被请上宴席，而在电视剧《后厨》中担任大厨的汰渍代言人海清，则在宴席结束后邀请2000名消费者用汰渍全效洗衣液清洗之前沾满炸鸡油渍的餐布。活动现场设置微博互动环节，使得仅在新浪微博单一平台就能检索到接近50万条"汰渍流水席"微博。

从这个案例，可以很清晰地看出，一个品牌的推广，可以借助线上线下两个营销管道，取长补短、相辅相成、并行不悖。

那么为何还要互相排斥呢？联袂出演岂不更好？

1.2.7 别把网络营销想得太简单

在社交网络上，杜蕾斯一直扮演着"都教授"的角色，挺立在整个社交网络的潮头上，然而，弄潮儿也有被浪打翻的时候。

【把杜蕾斯送给"蝙蝠侠"】

　　2013 年，杜蕾斯发起的一项活动，请 Facebook 用户来投票，决定哪座城市应享有"紧急避孕套"送货服务，这项服务是为了让那些手头没有避孕用品的恋人，能够通过智能手机应用程序或笔记本享受到快速送货服务。得票最多的是巴特曼市（Batman，英文拼写与"蝙蝠侠"相同）。

　　巴特曼是土耳其东南部一个省份的首府，这里盛产石油，居住着保守的穆斯林居民。对于这场闹剧，当地居民并不感兴趣，在杜蕾斯的活动中胜出"是个天大的笑话"。社交媒体专家认为，这场投票的结果几乎毫无疑问是被网络流氓所主导。Facebook 投票活动页面显示，巴特曼的得票数为 1577 票，超过了巴黎和伦敦。只要它将投票限定在少数几个城市，而不是让投票人任意选择城市，杜蕾斯就可以避免这场尴尬。这让许多受众非常不满，因此决定恶搞一下杜蕾斯。

　　更关键的是，杜蕾斯原本是想借助这样的社交活动精准对几座城市进行推广，目标是社交网络的精准营销，并激发起这些目标城市年轻人的兴趣，可它把网络营销想得太过简单，没有策划好行动步骤就贸然行动，结果偷鸡不成蚀把米。

　　【思考一下】

　　如果你拥有一个淘宝网店，甭管卖啥吧，总之销量还不错。但最近新上架了一个商品，为了打开销路，你会如何去做呢？先拿出一笔钱来，和"托们"联手，刷下销量，来上一大堆好评？只怕很多淘宝店主都默认了这个游戏潜规则。然后呢？万一哪天你碰到真顾客买了，然后给了你差评，又会如何？寄死老鼠恶心对方？还是不断电话骚扰对方？难道没有更好的办法了吗？

1.3　实现零成本在于口碑

　　【本节要点】

　　网络营销在很多人看来是一个非常花钱的活计，诚然，对于一个品牌来说，网络营销必然是一场持久战（战役级乃至战略级），且需要复合多种多样的营销渠道，进行总体战，不可能实现真正意义上的零成本。但就单次网络营销行动（战斗级），只要构思巧妙，变遭遇战为伏击战，却完全可以实现低成本或零成本撬动庞大的口碑，形成雪崩。当然，如果算上你花的精力和脑力这样的人力资源成本，依然不可能是零成本。

　　网络推广给了我们在网络上销售一切的可能。下面要提到的是一个比较具有轰动性的网络推广例证，充当了一个极佳的范例，因为它虽然有极强的轰动性，但并没有带来更多的附带价值，恰恰充当了一个极佳的正反面双重教材。

【轰动一时的网上卖蚊子，只有眼球没有钱】

2008年6月19日晚，"范泥泥的润"第一次发布了卖蚊子的信息。"家蚊标本，可供学术研究、装饰、收藏，每只6元。本人售出的蚊子标本，一律全手工，不借助任何工具击毙，故不能保证完整性。如果要花蚊子的，可能要等很久，花蚊子60元一只。此蚊子无任何作用，就是可以恶心人。客户若有特殊要求，如通过杀虫剂及蚊香、电蚊拍、苍蝇拍等工具获取，本人也可以满足，但请加上30%的材料损耗费。"如此强悍的商品介绍，很快就被网民们发现，网民对于这样新奇的介绍表现出了浓郁的兴趣，一个自发性的推广立刻成为现实。

几乎在短短几个小时内，在各大论坛上都出现了这个网店的截图，当然关键还是这段文字。如此强悍的叫卖让很多网民都禁不住诱惑，打开这个网店的链接，前往观摩学习。这就形成了一次网络推广的蝴蝶效应。从一开始不打眼的网店销售页面，到全国所有中文论坛的关注，乃至网络媒体的即时新闻播报，都使得这个卖蚊子的信息一夜成名。

第二天，当店主再次打开页面时，发现有近10万人次的浏览量。这是他开店以来所有浏览量加在一起也不及的。到6月21日晚上，已经有20万人次的浏览量，上万人拍下了他的蚊子。但值得注意的是，这位仁兄赚到了眼球，却没有赚到钱。

卖蚊子当然只是一个噱头，不过在网络上，死蚊子都可以卖，还有什么不能卖呢？

1.3.1 网络推广是一场伏击战

卖蚊子的例子其实只是网络推广中一个过于特色的个案，在这个个案中出现了两个特性：

第一是轰动性，这是推广所希望达到的目标，让自己的产品达到家喻户晓的效果，也是通过网络推广来进行的一种结果所在。

第二是无效性，表面上看起来，如此噱头推广让这个网店具有极强的人气，但却没有转换成效益。诚然，确实有不少人拍下了他的蚊子，但并没有持久，这仅仅只是一笔小钱，或许对个人来说已经不错了，但对于如此强大的推广影响力来说，这样的销售业绩其实是微不足道的。而且这种恶搞性质的营销，对于真正想从事网络推广的个人和企业来说，其实会是一个噩梦，一夜成名将伴随着对品牌美誉度的毁灭性打击。因为网络推广是把双刃剑，如果你运用得当，或许不花一分钱就能够让品牌家喻户晓；但如果你运用得不好，要么没办法把自己的品牌推广出去，要么推广成功了，但却成了笑柄，把品牌赔了进去，比如卖蚊子，如果是李宁在网上进行这样一种推广会如何？只怕在产生眼球效益的同时，也会让李宁成为低级趣味的代表，让所有人把李宁当做蚊子衫，而放弃购买。

因此我们需要明确一点，网络推广不是恶搞、不是恶性炒作，也不是运用一些恶性的、非常不友好的方式来进行推广。比如群发垃圾邮件、骗点、恶意网页代码，甚至在软件里插入病毒等。通常这种方法效果奇好，但对于品牌形象可能会有极其负面的影响，所以使用时，要把握好尺度。对于一些特别恶性的，尽量不要用。

就好比所有的商家都知道，如果请××姐姐做代言人，会产生巨大的眼球效益，会被网民聚焦和围观，但结果呢？人们只会将你的品牌和××姐姐这样一个本身带有网络低级趣味的笑料级人物联系起来，让所有人都认为你的品牌真的品位低下，难道有谁愿意去穿××姐姐代言的衣服和鞋子吗？

 【为何有人出新书就要出绯闻】

我们湖南有个年轻的作家，姑且叫他作家吧，每逢新书出版，总会在网络上炒作一下自己，比如说和某个湖南知名的女主持人发生恋情，然后向她求婚，如果求婚不成，就裸奔。当然他在博客上发表的这些言论，对于网络媒体来说会很受用，正愁没有娱乐新闻可以炒作，供大家乐呵乐呵。然后呢，在事件的结尾，他也会践行一下诺言，比如说求婚失败，在家里裸奔一下。当然顺道也提一下自己即将要出版的新书。类似这样，在出新书、出唱片的时候，闹点绯闻或主动爆出些轰动性的偏激话语的情况，实在太多了。

其结果呢？反正我是没有在书店看到过他的小说，每个月都有几天泡在书店的我应该不至于出现如此的盲区，特别是对这个同姓的人名来说，不至于会忽略。

无论是买书还是买别的，其实在网络营销之中，还是要有一个好口碑。当然，如果你的产品就那样，只想做一锤子买卖，那么进行恶意炒作，倒无关紧要。反正你又不需要回头客，或许过几天你换个标牌又卷土重来。当然，这种行为，不在本书的讨论范围之内。

好产品要靠良性的推广，尽可能做到家喻户晓。那么什么是良性的推广方式呢？它是指一些良性的、非常友好的推广方式，比如正常的广告、软文等。不过随着竞争的加剧，这种方式的效果越来越不明显了，通常需要开发新的推广方法，或是在细节上狠下工夫，认真研究已有的网络推广方式，才能达到更好的效果。

但这并不代表一切都很困难，如果觉得困难，那只是因为对网络推广不够了解。网络推广从本质上来说，是一个创意产业，需要你有百分之百的创新精神，加上百分之百的努力，当然还要外加一点点运气，来为你要推广的产品和服务打开一条坦途。

再分享一个真实有趣的例子。

 【互联网时代买吉他怎样货比三家】

奥美互动全球CEO布莱恩是一位业余吉他爱好者，到目前为止他已经收藏了7把吉他，其中前6把吉他的购买过程基本上是一样的：翻阅《吉他英雄》杂志，找到自己心仪的款式，然后到乐器商店挑选、试弹和购买。

去年他购买第7把吉他的时候情况有了变化，他还是从《吉他英雄》杂志上发现了一款看上去很酷的吉他，但是之后就开始通过雅虎和吉他制造商的网站搜集这款吉他的相关信息；此外他还访问了一些提供第三方评估及跨厂商比价的独立购物社区和网站，还通过交互式在线吉他，用不同的特效及音乐风格"试弹吉他"，并录制了一张在线吉他试听带。最后他才到乐器店购买了这把吉他，还在店员的建议下订阅了制造商的电子目录，后来通过这种电子目录购买了一些吉他配件。

从这个例子中我们看到了什么？一个典型的网民特征。传统媒体时代信息传播是"教堂式"，信息自上而下单项传播，是我告诉你的，你接不接受是你的事情，就如同他过去靠杂志的介绍来买产品一样。而 2.0 数字媒体时代信息传播是"集市式"，草根消费者有了强烈的"觉醒意识"和属于自己的"耳朵"、"嘴巴"，他们能主动地通过多种网络途径，多方面地收集信息，甚至生产并传播内容。这些消费者正形成巨大长尾，强力地影响乃至左右他人。

那么你所要掌握的网络推广是什么？很简单，就是渗透到网民自觉接受的网络传播途径中去，在他们了解信息的每一个网络途径中埋伏好，隐蔽起来，等着网民进入伏击圈，然后将他们的消费欲望引入自己的地盘之中，让他们为你的财富积累打下基础。但如何打好这场伏击战呢？你必须知道网民在每一个网络信息传播途径中最想知道什么，最愿意得到什么，同时最容易被什么引诱！如果你能够成功地做到这一点，你将获得战役的胜利。

1.3.2　小龙女彤彤和游戏共赢

如何选好伏击点呢？最关键的就是你如何去读懂网民的心理，摸清楚哪里才是你最需要的推广所在。以网络游戏为例，我们来看看如何正确地选好角度进行营销推广吧。通过这个案例，我们来看看一个成功的网络推广从策划到实施如何运作。

在 2006 年年末，我开始尝试将网络红人的推广和网络游戏结合在一起，当时我手上有一个模特，名叫林柯彤，网名是小龙女彤彤，形象很不错，现在在网络上也比较有名。但在推广初期，如何在众多网络美女之中独树一帜呢？我想到了自己最熟悉的网络游戏。

通过和一个新兴的网络游戏厂商建立联系，对方的媒介主管是我的朋友，我们共同制定了一个双赢的推广计划，即让小龙女彤彤作为其游戏的代言人出现，从而确立其游戏玩家的身份，但游戏公司要提供媒体和营销方面的支援。在达成推广计划之后，一切开始有条不紊地进行。

 【小龙女彤彤怎么靠 COS 成名】

小龙女彤彤本身是一个很不错的模特，但问题是模特圈里美女太多了。仅仅靠常规宣传没有多大作用，通过网络来包装她效果就完全不一样了。但要让她被网民熟悉，需要一定地包装，在这一步上，我不希望带有企业营销的烙印，因此我让彤彤以《神雕侠侣》中的小龙女为参照，穿上古装，拍摄了一组小龙女 COS，以我的博客为载体，先期发布在网络上，当时新浪博客的点击率为 8 万左右，这是一次初步推广。

我不希望一开始就如同芙蓉姐姐那样雷人，或者太过于暴露，那样对于模特未来的发展并没有好处，同时也让小龙女彤彤这个名字一出现在网络上时，就实至名归。当然，博客的成功开始让彤彤和游戏挂上了钩，因为我在博文中不断地提示，她是一个网络游戏玩家。然后游戏公司在幕后发力，让彤彤的这组图片在各个论坛上流传，特别是游戏玩家聚集的论坛。很简单，美丽的事物，任何人都会喜欢。且仅仅以美女玩家出现，不会让玩家有太多不适应之感，也容易让玩家逐步对彤彤产生印象。

说明：COS 是英文 Costume 的简略写法，其动词为 COS，而玩 COS 的人则一般被称为

COSER。从一般意义上来说的 COSPLAY 最早的中文译名出自中国台湾，指角色扮演。

之后在每周五，都会通过博客发布一组图片。这其实是利用了星期五效应，因为在周五上推荐，那么周六和周日都会在网站上比较好的位置出现，但这样远远不够，我们适时发布了一组讨论，即"她的 COS 你做主"，让网友们特别是游戏玩家来决定她下一组图片将发布什么，通过在文章后面发布的电子邮件地址来表达网友的希望。当然，这多少有点暗箱操作，因为下一期的图片早就准备好了，只要到时候按照玩家的需求拍摄这一结果来呈现即可。

这样做了几期以后，彤彤的知名度提高了，也吸引了网站的目光，包括网易都提出想要给她做视频专访。在此，我们的第一个埋伏做好了，针对网民对于美女一贯以来的欣赏，我们就以美女来吸引他们的目光，在论坛和博客上给彤彤树立影响力，同时邀请其他的博客给予一定的正面评价。然而这时游戏厂商还是不要出手，因为如果一开始游戏厂商就明显地表现出急切地和彤彤合作，那么网民会认为彤彤不过就是给游戏厂商代言的模特，而并非游戏玩家，那么他们对于彤彤的期待程度将不会很高。反而恰恰是游戏玩家中的美女，会让网民有很多亲近感。

当影响力得到进一步确认时，是时候让游戏公司来说点什么了。他们发布了一则新闻，关于他们发现在自己的游戏中有个叫小龙女彤彤的 ID 号很是活跃，而且在该游戏的官网还上传了和网络红人小龙女彤彤一样的照片，有的照片甚至比网络发布时间更早，以至于他们怀疑在该游戏中的这位玩家是不是真的就是刚刚有点名气的网络红人小龙女彤彤。网络新闻的发布时间选在了周三。

这样一个网络新闻在各个游戏网站上开始流传，自然引起了玩家的热议，很多人指责游戏公司想借机炒作，借别人的名气来让自己上位。当然这样的效果恰恰是我们想要的，因为不议论就不会形成焦点。其实在炒作之初，我们甚至讨论过让游戏企业"盗用"彤彤的照片来宣传，然后借机打一场所谓的名誉权官司，后来考虑到容易穿帮就作罢了。那么此刻，彤彤先是保持沉默，等这个新闻传了两天之后，也就是周五，我们以彤彤的个人博客和厂商自己发布的新闻一道确认了这一点，表明彤彤确实是这个游戏的玩家，并有游戏截图为证。

这样的结果让这篇博文和这则新闻都很快登上了游戏网站最重要的位置，当然同时也有彤彤发布的最新照片。其实彤彤当时在 17173 上的个人博客就是厂商自己建立的。这样厂商就建立了和彤彤的直接"联系"，企业的名字自然也和彤彤联系在了一起。而这一切看起来都毫不生硬，之前做了许多的铺垫，让一切都很自然，这一营销当然是最低成本的。

与此同时，我们已经建立了彤彤的几个粉丝 QQ 群，让热心关注彤彤的人都活跃在 QQ 群中，甚至于在游戏官网上，还建立了彤彤的专题页面，从而让人们更容易掌握彤彤的动态。当时据观察，这则新闻发布之后，游戏的注册量同比增加了许多，效果开始初步显现。

之后按部就班，开始通过彤彤在 17173 上的博客发布了一些关于她玩游戏的心得，从而让人们更加确信彤彤是一个游戏玩家，而且正在玩这款游戏，玩得还颇有心得，自然会吸引不少人去玩游戏。这恰恰抓住了玩家的心理，在此之前，很少有游戏让来自民间的玩家代言，而那些代言的明星，多半不玩游戏，这一点玩家都清楚。既然有可能在游戏中遇见这样的美女，为什么不去呢？又一个埋伏圈完成。

在确定了游戏和美女的关系之后，游戏公司开始了一个活动，从草根玩家中选拔代言人，当然彤彤就是候选人之一。这就需要拉票了，彤彤开始在博客上发布拉票帖，很多网民"自发"地在各个游戏论坛中发布拉票帖，附上彤彤的大幅照片，以及拉票的地址链接。当然投票是有限定规则的，需要在网站上注册账号。但这依旧吸引了不少人去投票，因为我们在论坛帖子中告诉大家，在投票页面上，有更多精彩的彤彤图片等待着大家。在活动页面上也设计了不少东西，比如彤彤的游戏故事、生活经历、内心独白等，都会让玩家很有兴趣地去看，自然在看的过程中也会看到不少游戏截图、一些游戏的玩法和特征，这些都很隐性地通过彤彤的游戏截图和游戏心情展示出来，从而进一步让前来投票或来看照片的网民和玩家被游戏吸引，成为用户。

1.3.3　一个又一个的推广伏击圈

当然这一切在现在的网络游戏推广中已经屡见不鲜，然而在当时，将网络美女和游戏巧妙结合起来却还很少见。很多公司至今不过是发布点美女图，然后说是自己游戏的宣传照，那样依旧没有互动。其实推广就是要互动，让网民进入你的伏击圈，和你互动起来。

　【节日里发美女图怎么就宣传了企业】

在圣诞节前夕，利用节日进行推广可以取得相当不错的效果，正因如此，我们发布了一组彤彤的性感图片，这组图片在博客上发布之后，一举突破了百万点击量，转载更是不计其数。而游戏厂商的名字自然一起被宣传出去。同时，游戏厂商开始制作彤彤的第2年电脑壁纸挂历，以这组图片为模板，当然也有厂商的Logo，这些都让网民自由下载，从而进一步占据了电脑桌面。此外我们还用这组图片制作了视频，利用当时刚刚兴起的播客，进行了一次营销，效果也非常理想，点击率也相当可观。然后通过厂商的力量，将这些内容广泛地发布在网站新闻、论坛之上，从而最大限度地提高影响力。这又是一个埋伏，即用美女图片进一步占据电脑桌面，在玩家完全自愿的前提下，让游戏的名字变成网民每天一开机就会注意的标志性物件。

之后，我们进一步提高影响，在游戏中设置了以彤彤形象为特征的NPG（非玩家控制游戏角色），玩家可以通过和游戏中的这个彤彤聊天、领取任务。然后通过网络新闻，宣称这是中国网游史上第一次将草根玩家的名字和形象制作到游戏之中，进一步扩大游戏的影响力。当然，随后我通过自己的博客发布了一系列文章，逐步给彤彤做了一个定性，称她为网络游戏第一美女玩家，这时候已经没有人会提出反对意见了，一个冠名也完成了，而网络游戏第一美女玩家喜欢的游戏，也已经成功推广，余下的只是一些日常维护性的推广工作。

至此，一次成功的网络推广告一段落。游戏的名气推广出去了，花费非常有限，得到的却是十多万玩家同时在线，之后不久，这个游戏被卖给了香港财华社，卖了个好价钱。而我则巧妙地借助了游戏企业的财力，没有花费一分钱，成功地将小龙女彤彤这个模特推广了出去，然后继续在其他领域给彤彤进行更广泛的包装，而不是局限于游戏世界。时至今日，她已经是网络上响当当的红人，给很多品牌做了代言或拍摄了形象照片，她的腾讯博客，在短短几个月内就达到了千万级的访问量。有时候我还发现在腾讯博客当日排名中，她会跃居榜首，日点击率超百万。

通过彤彤和游戏的这次推广可以看出，只要抓住网民的心理，抓住媒体的心理，花少量的钱就可以很巧妙地进行一次网络推广，只要精心设计好每一个步骤，每一个营销的概念只要巧妙地隐藏好广告的味道，其实就设好了埋伏，最好的广告就是要达到一种"润物细无声"的境界，要自然而然地产生。巧妙营销，精确推广，就是那么简单。

1.3.4　西单女孩上春晚的推广连环套

据说，网络营销方法有近百种，但是任何一个阶段的营销方法，需要企业在多样化的营销方法中，挖掘最优的组合来综合运用。搜索引擎做几个关键词；加入几个贸易平台发布信息；购买邮箱地址群发邮件。这是纯粹的营销手段组合，而不是真正的整合营销。

那么将网络推广真正浓缩在一起，其实就是九大战役，九个不同的网络推广途径的分工合作。之前我们已经看过了小龙女彤彤的案例，对于网络推广从策划到实施的全过程有了一个初步了解。那么我们以盛大游戏在西单女孩上兔年春晚的这一次成功营销再看一下，这次推广是如何利用这几种网络推广的具体途径来进行的。

当然，西单女孩的成功，有着自己努力的结果，但在这个结果背后，还有一个不为人所知的手在指挥。我们且看一下这次西单女孩上春晚的幕后推广中的细节。如果我们把前面提到的小龙女彤彤的推广视作是一个中长期的持续营销，那么此次西单女孩上春晚的炒作，则是一场短平快的短期营销定向爆破。

 【西单女孩上春晚助力《星辰变》营销】

大年三十：春晚时分的微博攻势

2011 年春晚，网友们讨论最多的就是赵本山的小品，以及草根凭什么上春晚。那么如何巧妙利用这个话题呢？在大年三十春节晚会之时，我发布了一条微博："兔年春晚大家讨论最多的就是赵本山的小品和西单女孩凭什么上春晚。赵本山的小品还没看到，但看完西单女孩的演唱，我终于想明白了。西单女孩凭什么，呵呵，本人愚见早早画了张关系图（如图 1-4所示），和大家分享"。

表面上看起来，这个微博发布的时间并不好，春晚时分正是大家合家欢聚之时，会有多少人在上微博呢？但没有想到的是，这条微博最后在新浪上有了近 800 次转发，在腾讯上则有 120 余次，这样的效果是怎么练就出来的呢？

我当时大约有 5 万粉丝，发布之后，因为微博上同样聚集了一批一边看春晚一边发微博的人，所以在几乎发布的瞬间这条微博就得到了回应，大多数人表示不敢相信。很快，来自正反两方面意见在微博上爆发，并且有更多的人群因为盛大朋友的发言，开始加入战圈。

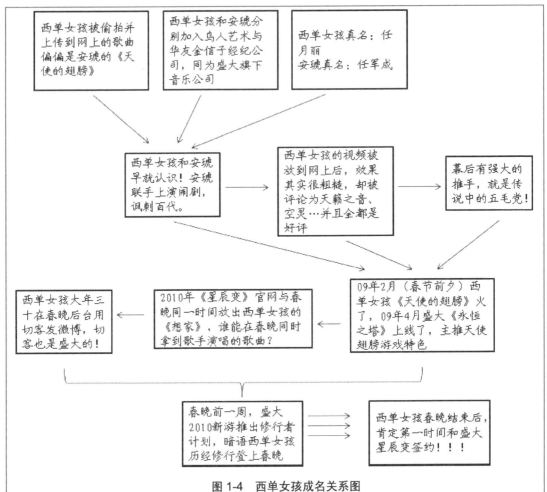

图1-4　西单女孩成名关系图

随后则是西单女孩自己在微博上（此刻距离她从春晚舞台上走下来不到半个小时）发布消息，称自己加入盛大《星辰变》的修行者计划，而自己在西单地下通道的表演，其实就是一种修行。由此，盛大和西单女孩的合作昭然若揭，西单女孩到底是不是盛大切入春晚的一个内置广告呢？众多微博开始讨论和转发这一话题，一切悬念，都被留在了第二天，也就是大年初一，进一步发酵。

【为何西单女孩上春晚会内置游戏营销】

看过2011年春晚的朋友们应该可以发现，西单女孩在春晚独唱时身后的大屏幕放出了星辰图。这时就有人说这是星辰变的广告图，当然，如果盛大真的在春晚投放了广告，那么此次营销，不能算成功，因为成本过高。于是盛大有了下一步动作，放出了第二张图，春晚植入广告图。当然，这是大年初一的工作了，毕竟一天之内搞太多定向爆破，网民和媒体会吃不消的。

大年初一：网络新闻和微博齐飞

大年初一是休息时间，大多数媒体都在此刻选择了停工。当然，还有少量新闻工作者活跃在工作第一线，那么此刻最关注的话题是什么呢？春晚，毫无疑问这是最热门的话题。而在大年初一凌晨，春晚还没有结束的时刻，盛大的公关人员已经准备好了相关的新闻稿，即刚刚登上春晚舞台的西单女孩和盛大游戏《星辰变》的合作。之前的一系列炒作，让西单女孩很红，而媒体也很关注这个所谓的草根女孩未来的星途是否会因为上了春晚而更加顺畅。

也正因为如此，盛大这一条官方稿件自然非常符合媒体的需要。而盛大也非常巧妙，只是将这些稿件提供给了一些熟悉的网络媒体，特别是一些游戏网站。道理很简单：

一是游戏站点的用户群体和娱乐媒体的读者群高度重合。

二是假期中网民上网大多比较容易集中在游戏站点，寻找过节的佳游，这使得这些站点的信息传播比平常时期更好。

三是纸质媒体此刻尽管大多数已经停刊，但电视媒体还在继续着节目，无论是尚未休刊的纸质媒体，还是永不消逝的电视媒体，那些留守的编辑大多会选择通过网络寻找新闻素材。

也因此，此刻加强网络宣传，其实也就自然吸引了传统媒体的注意。而加上本身在春节期间，新闻素材不多，信息更新较平常缓慢，自然也让这样的新闻，能够占据更好的版面和页面位置，其影响力再一次加大。

而春节期间，最给力的还是微博，西单女孩在自己的微博中，也不断切入星辰变的内容："站在春晚的舞台上，就像站在星空里唱歌一样，让我想起有时在地下道唱歌时，总感觉抬头就会有漫天星辰。"《星辰变》三个字自然暗含其中，当然，微博的配图更加明显。这些动作，都让网民在微博上讨论得更加猛烈。

谁说春节期间都应该休息？网络推广，其实就应该在别人休息的时候战斗。

大年初二：博客、论坛引发热议

在大年初一其实还有一件事，那就是博客发布，在大年初一晚上，我发布了一篇名为《兔年春晚潜伏广告详单》的博文，针对的就是大年初一很多媒体报道说今年春晚没有广告植入这一话题进行反证。为了方便别人转载，并且不被过多改动和走样，我没有直接发布文字，而是将其做成了图片。这样，别人在转载和借用之时，会选择直接粘贴图片，这显然可以让需要保留的内容，得以最大限度地留存。很自然，我在所列举的八个春晚广告之中，再一次强调了西单女孩和《星辰变》的合作。

这篇博文等于是在延续之前微博的话题，那就是西单女孩确实无可争议地成为了盛大《星辰变》的代言人，但这并不代表她就一定在春晚上给盛大做了广告。如果要证明这是一场广告春晚，就要拿出证据，而证据就是西单女孩《想家》的背景大屏幕上同步播放《星辰变》游戏中的星空背景。这样，就可以再一次将盛大《星辰变》和春晚捆绑起来，引发进一步地讨论。

当然，为了吸引更多人对此事热议，我故意没有将所有的内置广告写全，而是留出一些空白，好让网民自己去评论。如果写全了，大家就会选择围观和一笑而过，其争议性所可能产生的更大影响力也就不存在了。

而与此同时，我还是将这篇博文的链接和文字精要，以及这个被我制作过的图片，发布到了微博之上，从而更好地吸引关注和转发。

但一切真正的引爆是在大年初二，我之所以选择晚上发布，是因为此刻留守编辑也都过节去了，真正看到博文，也是第二天了，而且我们要给论坛营销留出一点空间。

至于论坛上的推广就简单了许多，在一些相关的论坛上发点帖子，引用和博客一样的文字和图片，然后再通过水军转帖一下，其目的很简单，只是为了扩大影响力。而在博文出来之后的一段时间内，逐步地放大事件，引发更广大网民的讨论，此刻网民确实对春晚是否植入广告这一话题非常关心。

大年初三之后：网络视频、口碑营销初成

一系列的炒作，让西单女孩是否将网游植入春晚这一话题不断升温，也吸引了更多的传统媒体加入讨论中来。而基于初二的博文和论坛铺垫，传统媒体开始注意到了我发布的这个《兔年春晚潜伏广告详单》，陆陆续续有报纸和电视台将这个详单所列举的内容进行转载。如 2012 年 2 月 7 日，江西卫视就在黄金时段播出新闻，以《春晚广告被细心网友揭秘》为题，重点介绍了西单女孩和盛大的合作和可能隐藏在春晚中的广告，通过视频和网游广告比对等方式，进行了详细拆解。

这个视频很快被热心网友（当然不排除盛大有意自为）上传到了视频网站之上，然后不断被各个微博、博客、论坛所引用。此刻，因为之前的大量铺垫，已经积累起了众多网民的讨论，加上媒体报道称春晚方面无任何内置广告，也激发起了网民的探索欲望。因此之后大量的信息传递，都来自网民的自发讨论，而其中无可避免地会提到西单女孩，当然也会带上星辰变。星辰变上春晚这一事件，从一条微博开始，逐步变成春节期间最为轰动的网络事件。

一时之间，搜索西单女孩，看到的网络新闻和相关页面，最前端的都是和盛大有关。甚至搜索春晚的话题，也都是如此。其实，如此一来，搜索引擎优化（SEO）在无形之中，就已经走到了尽善尽美。在我的观点中，只要你的网络营销推广得力，根本不需要通过太多的技术手段去优化搜索引擎，最佳网络营销推广所取得的最自然的搜索结果，往往是最佳的优化效果。同时，盛大方面也通过各种途径发布了西单女孩和盛大合作的网络广告，密集轰炸，让这个事件有了更为确实的官方佐证。

到此，我们不妨做个小结：本次事件由于在春节期间执行，所以选择的传播手段主要依托微博平台。试想，过年期间其实大家上网的机会本身就很少，微博可以用手机登录，这个平台当然是最适合的。本次事件是在大年初五左右才最终大规模爆发和浮出水面的，但是执行确实是在大年三十和大年初一。这是因为操作者抓住了媒体的工作习惯，休假过后，媒体也需要发布新的内容，所以爬论坛，爬微博，找内容，于是盛大在新年期间埋下的这颗种子，就成为了

爆发的关键。

此外，盛大在推广中，针对西单女孩上春晚的事件营销，准备了三条推广线索，只要其中一条线成功，即大功告成。与此同时，盛大还未雨绸缪地准备了危机公关预案，避免舆论引导失败之时，让西单女孩上春晚事件不至于对盛大和《星辰变》游戏产生负面影响，因为事实上，西单女孩并没有真正在春晚现场插播《星辰变》的广告，就如虎年春晚王菲那曲《传奇》，其实和盛大无关一样。

其实网络营销推广，从来就不是一个单一的活动，它于内需要各种营销手段的复合作用，微博、微信、电子书、新闻、广告、视频、博客、论坛等都要结合特点，用得恰到好处。于外则是激发传统媒体的兴趣，加入讨论，并进而真正在民众之中产生极大的影响力，最终让网民自发地传播，形成口碑传播，这时候，这一场网络营销推广就真的有望成功了。

1.3.5　网易印象派"末日营销"重在口碑

网易印象派成立以来几乎没有多少推广动作。作为和网易主业务并不太兼容的电子商务项目，外界知道其存在的少之又少。然而，当网易 CEO 丁磊在 2011 年 7 月重点推介这一旗下品牌，并发布"无设计，不生活"的全新品牌理念之后，仅仅在其 Q3 财报后，网易即宣称印像派累积用户量达到百万，拥有网易相册 54 亿张照片资源，每天接近 10 000 名用户在印像派上为自己或者家人朋友定制个性礼物，每隔 10 秒钟，印像派就有一份订单。

网易印象派并没有同其电商同行一样"一猛子"扎在网络广告红海中去，相反，它用四两拨千斤的方式，以个性化的微博营销组合拳打出了个性化的口碑，当然还有"2012"推波助澜。

【网易印象派印"错"台历】

2011 年 11 月 28 日上午 10 时，一个名为顾妞妞的普通用户在微博上发文投诉称，其在网易印象派上定的 2012 年个性化台历，12 月的日期只印到 21 日，喻示"末日"的到来。

这条微博在发出之后，立刻引起了微博传播的"蝴蝶效应"，在短短一天时间内，转发超过 5000 条。而同时，这一事件的波及范围从微博平台辐射到整个网络，据不完全统计，有超过 200 个论坛上有相关帖子对此事件进行热议。

与此同时，网易印象派官方微博及时推出末日征集活动，由于跟进的后续营销非常及时，本次活动吸引了几万人的关注和互动，我们爱讲冷笑话、猫扑等这类的微博红人 ID 都对本事件进行了自发性转载，网易印象派的品牌形象、主营业务也因此得到了很好的推广。

看上去是一次很不错的危机公关兼话题营销，而且成功地引发了口碑传播，然而在实际操作层面上来看，"末日营销"的网络推广部分做得很生硬。

最典型的问题出在微博发布上，顾妞妞的投诉微博发出后，很快就有很多人质疑是广告微博，而策划者可能过于自信，并没有予以重视，顾妞妞在投诉 24 小时后，再次发出微博称和网易印象派沟通未果，同时表示，一方面想换一个正常的台历，一方面又舍不得手上的"末日台历"，由此带出了末日营销的主旋律。

仅仅相隔 4 个小时，该微博主再次发帖称被网易印象派恶搞，收到了一本正常的台历并获得了网易印象派的 300 元消费额度补偿。然而这一微博将炒作的缺陷暴露无疑，即策划者太过性急，过早将结局发布出来了，且时间间隔过短，网易印象派的危机公关速度再快，也很难在 4 个小时内，"空投"一份补偿给投诉者，尽管对于这一推广中暴露的破绽一直有人予以抨击，但并没有真正影响到整个策划案的最终效果顺利达到。

即使是这样一个硬伤很重的推广案，依然得到了受众的热捧，原因只有一个，网易印象派埋在这次推广中的"末日台历"正好迎合了大部分人对"2012 玛雅末日浩劫预言"的好奇心理，也同样折射出网络营销的一个关键道理，推广的手段最终是服务于产品自身的品质，好的产品即使遇到了相对拙劣的推广，也有可能形成良好的口碑。

"末日营销"其实可以视作网易印象派体现其个性化特色的一步妙棋。网易印象派需要展示的是其足够个性的一面，关键是选择什么样的推广方式作为突破口。

网易印象派曾经尝试通过"口水战"的方式来暗藏自己的品牌理念。网易发布公开声明，接到一些用户和合作设计师的举报，反映淘宝网创意站设计师频道涉嫌抄袭网易印像派的设计师专区，经核实，网易公司认为，淘宝网创意站设计师频道在页面设计和 slogan 抄袭两个方面抄袭了网易印像派设计师专区，涉嫌对网易印像派设计师专区侵权。然而，网易印象派以版权问题希望挑战其最大对手淘宝网，却没有得到希望的回应，整个事件也没有引起更多的关注，网易印象派转型后的第一次推广可以用"流产"形容。

突破口在哪里？最快并能立竿见影的网络营销之路是直接投放网络广告，这几乎是电子商务企业的标准营销配置。凡客诚品、拉手网、当当网和京东网等电子商务一线公司的广告投放都在亿元以上。网易印象派背靠网易这个互联网大佬，本身并不缺钱，可从转型至今，并没有大规模的网络广告投放。很显然，网易印象派不仅希望自己的产品有个性，对于自己的网络营销方式也偏重于个性口味。

选择微博可以视作网易印象派个性化营销的一个关键点。如果仅仅是网络广告或软性新闻进行推广，那么很难体现出网易印象派的个性化特色，价格不菲且没有多少效果。而如果进行微博推广，则可以通过这个最火热的网络平台，将一个 140 字的内容和个性化的图片，进行大范围传播，加上微博上聚集着最渴望享受个性化生活的白领人群，尤其是在新浪微博上，可以实现目标受众人群的精准营销。但这仅仅是理论，做微博营销的企业已经是海量的，如何脱颖而出呢？关键在于互动。

网易印象派在进入微博领域之初，曾经尝试给一些网络意见领袖赠送一些印象派出品的个性化产品，而这个"贿赂"为印象派积累了最初的一批优质粉丝，且为之后的推广，召集了一批先天条件优越的"二传手"。

有了意见领袖这一群众基础，在通过第三方之口来带出整个推广案，就变得容易多了，网易印象派利用微博、论坛的互动交流特点，虚拟一个"搞笑"的"乌龙"事件，符合网络社区寻找趣味、娱乐恶搞的草根网民生活气息，从而得到网民的积极互动参与。

为了确保效果，在整个推广过程中，网易印象派制定了详细的时刻表，何时发布首个投诉微博、何时跟进微博、何时发布官方微博活动等。当然，这个时间表设计得太过紧凑，以至于禁不起严格意义上的推敲，但网民不会介意太多，微博营销还只是一个"快餐文化"，网民图的是一个"乐"字。

但此次营销中，网易印象派的营销团队除了个性化的台历这个吸引眼球的卖点外，还有一个准备工作保证了话题的火爆，即事先与之前汇聚的那批个性化草根微博主进行话题沟通，成功地在话题发布初期，通过这些草根微博主的转发，实现话题雪球迅速滚动，同时配合与新浪微博的合作，进行"卖友求票"这样个性化的抽奖活动，尽管与其他电子商务企业动辄送 iPad、iPhone、车子、房子等大奖比起来微不足道，但微博用户的参与热情却并没有减弱。

作为一次低成本的微博推广，"末日台历"在推出之后，保持 1717 本/每周的销售业绩，并给网易印象派带来了众多流量和品牌口碑效应，可以说是一次成功的推广。但这仅仅是一个很小的成功。

"末日营销"从本质上来说，只是网易印象派的一次网络营销试水，也是其整体网络营销战略中微不足道的一环，但由此可以看出网易印象派对目标用户心理的把握能力，同时也可视作其对用户口碑的维护更高过于短暂推广获得实际经济效益的良好心态。也正是这种良好的推广心态，造就了其目前真正良好的经济效益，并且是长期性的。

对于一个电子商务企业来说，开展微博营销的关键就是如何把握用户心理，通过真正意义上的精准营销和互动推广，以低成本的创意策划来引爆口碑，从而稀释日益困扰其生存的网络广告投入成本。

这是目前电商企业的软肋，它们更多地把微博之类的互动平台当作广告信息发布和接受消费者投诉的快速平台。大量的广告和大量的抽奖活动冲淡了微博用户对电商企业微博的关注度，而且这种行为恰恰是急功近利想获得短期经济效益的体现。

网易印象派的这一活动给出了启示：即尽管在推广中有很多硬伤，但因为产品的个性化特色，成功地弥补了推广中的问题，并赢得了关注，而企业的推广部门亦须在企划之初，充分考虑到企业特征，并和业务部门进行有效的合作，舍弃降价促销之类的传统超市的推方式，以个性化的产品结合个性化的热点来破解网民的审美疲劳，如此次"末日营销"，就结合了年末台历定制的热潮，成功实现了与其他个性化定制电子商务企业的差异化，彰显出了自己的个性。

这一点颇为类似凡客诚品早期的"凡客体"推广，而这种相似性其实充分说明了微博用户对个性化的诉求，流行于微博之上的热点话题也充分体现了个性化在微博上的流行程度。摆脱微博营销惯性思维，从抽奖和广告迷局中走出来，专注于口碑的经营，恰恰是"末日营销"最大的意义。

【思考一下】

如果你有一款美肤产品，比如是款面膜，同时在大学里招募了几个相貌不错、风格各异且有出名欲望的非职业模特，但你只有不到 1000 元的推广预算（不含模特工资），你会选择如何进行一场社交网络模式下的营销推广呢？暴露女孩的身体来获取眼球？用面膜书写求爱信？还是让她们在微信朋友圈里分享自己的补水心得？如果你真这样做，或许真的很廉价，但会成功吗？想想还有什么好的推广方式。

1.4　网络推广重在执行

【本节要点】

执行力是考验一个网络营销策划方案能否最终按照原定目标运行的关键，没有执行力，再美妙的企划都将永远停留在纸上，而要想打造一个有执行力的网络营销团队，就必须依据一定的法则，这也是在进入网络营销实战之前，必须练就的基本团队能力，"值周生"制度和完美账号体系，都是笔者在实践中摸索出来的团队执行力培训法则，而在此基础上，核心推广者才可以既充当推广的开路先锋，根据项目要求，调动各种外部网络营销资源，在背后运筹帷幄，决胜千里。

在第 1.3.4 节末尾，我很特意用了一个词——有望，不知细心的读者是否发现。

是的，通过之前的章节，相信你已经对网络营销有了一个基本的了解，这就是入门，入门后再进行网络营销推广，就有了成功的希望。但还有一个问题不能忽略，那就是网络营销，无论大小，其实都是对推广者执行力的一个考验，特别是在多种推广渠道和营销手段复合式运行中，执行力的强弱，将直接决定推广的成败。

但执行力并非完全无章法可循。网络营销有其自身的特点，也因此，对于一个推手乃至一个推广团队或企业来说，建立一套可攻可守的推广执行模式，而不简单依靠推广核心人员的灵光乍现来开展推广，会更有效率。简言之，就是使创意为王的网络营销，从个人英雄主义的作坊式生产，变成团队协作的流水线式运营，实现全攻全守。

1.4.1　建立"值周生"制度

推广是一个创意活，但更需要以制度的方式进行规范，唯有此，才可以实现效果的最大化。先以微博这一社交媒体为例，来看看怎么通过"值周生"制度逐步在公司推广部确立完美账号执行体系。

以下论及的模型尽管是以一个公司的宣传企划推广部门为例，但同样可以比照到个人或一个营销推广团队之上。

A 公司推广部的一项业务是微博营销，并建立了官方微博，如果官微和微博营销都交给一个人负责，则难以形成对比。若推广部专员每个人各值一周，则可以让他们在发微博、转发率、粉丝增加比例上形成对比，而且可以相互交流推广经验，形成内部竞争。当推广专员将完美账号的流程熟悉，并真正将一个账号养好之后，还可以让他们各自维护一个微博账号，以他们个人的名义申请，形成一个由公司内部熟悉微博的员工创建的微博群体，为之后的推广奠定人气基础。

这一点的参考模块是"平安北京"微博，如图 1-5 所示。平安北京的成功经验有以下三点。

一是诸多微博一齐发力。2011 年 8 月 1 日，北京市公安局官方微博"平安北京"在新浪网、搜狐网、网易网、酷六网四大网站同步开通。此后，北京市公安局每天都在该微博上发布信息，内容包括犯罪案件的防范提示、办理相关手续的通知和自我防卫手段的普及等。

二是专人值守。为保证"平安北京"的顺利运行。北京市公安局公共关系办公室专门抽调 9 名民警分 3 组 24 小时轮班。粗略统计，值班时每人回复的问题都在 60 个左右。

三是公安微博的值班民警都会贴上自己的照片，用网友熟悉的语言方式和粉丝交流，有人负责发新闻，有人普及相关知识，有人乐于调节气氛，有人擅长与网友交流谈心……当公安微博不再打"官腔"时，就能赢得越来越多的粉丝。

#安全课# 【侧方停车攻略】停车是个技术活，且看小编为大家总结的停车经验，是不是这样就简单多了呢？via @广州交警

今天 11:42　来自微博 weibo.com　　　👍(42) ｜ 转发(144) ｜ 收藏 ｜ 评论(40)

图 1-5　"平安北京"微博

我曾经在一家电商公司担任过副总兼推广部主管，在训练团队微博营销阶段，曾按照"平安北京"的微博模式，要求推广部专员在每个工作日微博关联的博客上，轮流更新一篇千字左右配图的博文，但不允许将博文自动发布在微博上，因为通常自动转发在微博的博文摘要，往往会语焉不详。因此，必须手动将发布的博文的关键要点以"1、2、3"的形式发布在微博上。这样发布，可以让网民仅看微博就了解大体观点，更方便进行互动和点评。

这也是一个规范性的讲究，140 个字虽然不长，但也要讲究层次清晰、言简意赅、层层递进，务必"一二三四像首歌"，别东一榔头西一棒子，像一团浆糊，而微博的风格如果因为多人维护而变得极不统一，一下庄重，一下嘻哈，则会让人感觉十分难受。

同时，博文讲述的必须是推广专员自己在进行策划和推广活动中的心得体会，以及对其他公关公司推广案例的客观分析，文字要求个人化、网络化和通俗化，能够真正让读到的人感受到专员自己的思考，不一定要准确，但要能够让读者有共鸣，无论是赞同或是不赞同。

至于其他的微博营销规则和流程，将在之后的微博章节中专门论述，这里一笔带过，其目的即让读者对值周生制度有个基本了解，以方便进入执行力规范的下一回合。

1.4.2 建立完美账号系统

在营销推广中，我个人觉得有一个原则很重要，那就是无论是否建设完美账号体系，都应该把推广当作一场游戏，特别是这个完美账号的实践过程能够让推广专员玩得开心、做得有趣，而不是一份不得不完成的工作。这样，推广者才能够以轻松的心态来应对，自然会有事半功倍之效果。

在此基础上，完美账号体系就可以开始初步建立。

所谓完美账号体系，就是在各种网络推广渠道中，各注册一个账号，如微博中选择腾讯和新浪各注册一个用户名，论坛中选择天涯和猫扑各注册一个账号，视频站覆盖优酷、酷6等。其核心就是在每一个推广渠道都要有一个火力支撑点，一旦发起攻击，可以形成全网络渠道全面压迫的态势。

看起来这和常规的推广教程完全不相干，许多网络营销公司推崇的是大量注册马甲账号、海量发帖，以及在网络的各大推广渠道中大肆发帖的方式，形成网络营销铺天盖地之势。这种论坛发帖的"五毛党"趋势也蔓延到微博之中，我们经常可以看到媒体上，有知名的网络营销人接受采访时，标榜自己公司在新浪和腾讯微博上建立了很多账号，而且很多账号通过互相关注和发布段子而成为热门微博，覆盖面从千万到亿，从而占据了微博传播市场。

这类推广模式在微博上有一个较强烈的表现形式，即段子微博。可以这么说，许多号称广泛覆盖社交网络传播渠道的强势营销推广团队，大多也是靠段子来实现的所谓覆盖，那么段子账号体系，到底有没有那么神奇呢？

 【为何海底捞段子只火了几天】

以利用段子微博上位的海底捞为例，作为以服务著称的火锅连锁企业，海底捞的良好服务有口皆碑，网友对其评价也非常高，但海底捞的整体知名度却不高。随着"人类无法阻挡海底捞"的各种微博段子疯传，"海底捞体"的模式大多为：某天我在某海底捞吃火锅，席间我无意间说了一句……，在我结账时……。内容以在吃饭时提出某种愿望，结账时竟然实现了为主。由此，海底捞在一夜之间家喻户晓。而在海底捞知名度日益攀升的同时，各种"人类无法阻挡海底捞"的微博段子却招来了反感，一些名人大腕直言海底捞营销过度，势必会产生对等的消极影响。各种质疑海底捞的声音传出来，让海底捞此前的良好形象日落千丈。

相对于流行于微博世界上的那些基本以各种笑话为吸引点的段子微博来说，"海底捞体"这种模块更新其实还不算十足的段子，反而有点偏重于一度很流行的"凡客体"。可时隔一年，网民变得不那么买账了。最为严重的是，过度营销的海底捞成为了媒体的焦点，反而是因为自身产品的问题被曝光，从而让自己的问题因为"海底捞体"的病毒性蔓延而被扩大。加上网民被

"海底捞体"搞得有点神经过敏，外加审美疲劳，结果呢？海底捞的段子偷鸡不成蚀把米……

这并不是我所追求的微博营销境界，尽管海底捞制造的这场流行的失败关键在于其自身产品实力还当不起被夸张的口碑，但更为关键的是，海底捞的微博营销是一场用金钱和"五毛党"堆积出来的空壳。实际上，真正愿意自撰"海底捞体"的网民很少，更多的只是被各种马甲微博、小号微博发布出去的公关段子罢了。也就是说，真正掀起"海底捞体"热潮的并不是微博，而是网络媒体。在"海底捞体"的世界中，微博只是扮演一个前台的傀儡，并没有发挥真正的互动影响力。

而相比我给推广部专员们的完美账号体系要求则完全迥异。以微博营销为例，我只是要求他们在新浪、腾讯两大微博上注册了同名账号，并要求他们每天至少发布 5 条以上微博，微博内容以自己在推广专员任上的推广心得或经历为主，以真实的信息注册，目的是记录他们自己的成长过程，并分享给所有对网络营销有兴趣的网民。

当然，这只是完美账号体系的起手式。

完美账号体系的全貌应该如下，即一个以社交网络传播为节点，将视频发布、博客意见、论坛推广、百科维护、问答引导、新闻定性等所有的网络营销推广途径连接成一个有机整体。这样做的最大好处就是不将宝押在微博、微信乃至其他任何一个传播渠道上，而是让每一个推广渠道都可以成为营销效果的爆发点。

第一，一个长期的系列的推广可能在最初很难有影响力，但只要在之后的推广中爆发，就能被人关注，并对早前的内容进行回顾，对未来的内容有所期待，从而积少成多，逐步形成强大的影响力。

第二，任何一个推广渠道爆发，都可以牵一发而动全身，使所有推广渠道上的内容被网民所关注，形成一个推广黄金链条。这远比把鸡蛋放在一个篮子里，更有把握。

第三，不能让推广专员们仅仅把注意力放在微博上，而是要认识到网络营销并非微博一个途径，要更为熟练地掌握所有网络营销的推广方式。

第四，这种连成一线的推广，可以更有效地对有不同网络浏览偏好的网民进行更好地覆盖，这可以有效突破只能覆盖微博用户的传播瓶颈。

第五，解决了微博、微信等社交媒介的信息量问题，论坛、博客、百科等老的传播渠道可以做好微博热播之后的延伸问题。

第六，一旦通过几次如此带有创意性的趣味传播形成影响力，那么所有链条上的完美账号都将通过这种 1+1>2 的方式得到成长，聚合一定的长期关注者，并形成自己的影响力，这比简单的微博粉丝更有力量。

第七，也是最关键的一点，通过这个覆盖所有渠道的完美账号培训计划，未来任何一种推广，无论是视频、文字、图片，还是硬广告，任何形式都可以融合到完美账号之中，在其他渠道发力，通过微博、微信之类的社交网络聚合起来，形成真正意义上的"六度传播"。这种总共加起来不超过 20 个账号的养成方式，远比在各种渠道上注册数以千计的马甲更有效。

1.4.3 强大推广的执行特征

完美账号体系也是一个执行力锻炼的准备过程。因为真正进阶的网络营销，核心推广团队重点应该在运用各种资源的执行力，而非自己亲力亲为的执行。

也就是说，真正意义上的大规模网络营销，必然也必须是一个利用自身资源和有效驾驭外部资源进行资源整合，并以此找到推广突破口的战役。仅仅靠自己的几个核心账号，是无法最终将自己的品牌和产品广而告之的。这其实就是上一节中提到的各种推广伏击圈和连环套的一种实际操控。

具体来说，就是一种推广团队的人员分工。即 A 君主要负责新闻发布和博客软文，B 君重点在微博、微信等社交平台，C 君则每日保持百科、问答的维护等。而作为主抓推广策划的核心人物则将任务分解到具体团队成员身上，由他们或联系网络新闻平台发布信息，沟通知名博客主撰写相关评论软文，与微博、微信大号联络，及时在社交平台上予以推动。而完美账号，则居于推广暴风眼的中央，或作为信息发布，以掀起浪潮，或作为中场传球，将推广引向深入。

而作为具体操控者的推广专员，首先必须对自己负责的领域有足够的认识，或许并不擅长写作博客评论，但至少要能分辨出约来的博文是否有被推荐和转载的可能，是否切中了需要宣传的要点，适合的发布时间和发布平台等；其次要对其他团队成员的负责领域有一定认知，确保配合起来更为和谐，以及根据项目推广要求时，不同的侧重点，能够更紧密地发挥出推广的效果。

由此，完美账号体系的价值就能够得以呈现。通过值周生制度和完美账号运营，可以让每一个团队成员都亲自参与到小规模的推广行动之中，形成一种有效的实习实践模式，通过各个推广渠道的轮岗逐步摸清其中的套路，亦可以通过每个成员均有参与实践的完美账号的运营，提高实战能力，确保在遥控外部资源和内部协调沟通时能够更加高效，这也是完美账号体系的终极延伸。

当然，一旦有新的成员加入，或新的推广渠道诞生，亦可以通过拓展完美账号体系，来进行实践，对新成员来说可以快速上手，对新渠道来说，可以快速摸清，形成符合自己需求的、行之有效的推广套路。当然，完美账号体系带来的实践功效还可以避免由于某个成员的退出，而导致短时间内无人能够替代的内部断档。

一旦形成了自己的独立推广体系，将执行力构建出一个通过创意理念引导的，流水线式推广流程予以强化的营销推广模式，其推广的效果也很快就会得到体现。至于每一种渠道如何才能看出其传播效果的好坏，将在后面的章节中一一论及，这里先提供方法论，也是将执行力放置在第 1 章介绍网络营销推广总体优势部分的目的。缺少了执行力，任何网络营销都不可能成功，之前宣示的种种网络营销利好，也必然成为梦幻泡影。

下一章，我们将进入到口碑阶段，了解如何创造成功网络营销的核心奥义——口碑雪崩。

【思考一下】

你就是一个公关项目负责人，手上有三个初出茅庐的小伙子，当然，你就想象自己是一个推广行家里手，如果让你设定值周生制度和完美账号体系，那么你会选择先从哪个渠道的实践开始入手？是时髦的微信、微博，还是老掉牙的论坛、博客，或是让大家先学习新闻写作？给出一个顺序，说出你的理由！记住完美账号体系的初始阶段，不能遍地开花，也不能每个渠道都乱打一通。

第 2 章
口碑雪崩超限战

本章将解决下列问题：

- 网络营销的起点和归宿为何都是口碑？
- 口碑营销在过去为何不被传统推广人员乃至网络营销人员所看重？
- 社交网络崛起后给口碑营销带来了什么利好？
- 完美的推广为何可能缔造负能量口碑？
- 口碑营销和病毒营销有什么区别？
- 口碑雪崩理论为何能提高传播到达率和转换率？
- 口碑营销的基本特征是什么？
- 口碑营销的立足点为何必须也只能是好产品？
- 我们能否全程控制口碑的传播？

第 1 章提到实现又好又快又低成本甚至是零成本的推广关键在于能否切中口碑这个要害，这是有现实依据的。从营销的角度上来看，低层次是为了某一时段特定的宣传和营销活动张目；从高层次来说，则是为品牌创造最强的品牌力。看起来很简单的话语，真正要做起来却很难，无论是低层次还是高层次，都体现出一个目的，即营造口碑。在个人看来，高水准的网络营销恰恰是撬动口碑雪崩，从自己传播，变为受众主动传播，让口碑这个雪球越滚越大乃至无穷的最好撬棒。

在掌握了完美账号这个运作体系，使得自身的推广能力形成战斗力，并掌握基本的网络营销法则，明白了要通过创意来开启网络营销大道之时，如何运用这些来引爆口碑，将是网络营销者不断追求的终极目标。这依然是在具体操作技巧之上的方法论，唯有此，才可以让技巧得到更绝妙的运用。

或许你会说，网络营销里面有无数的理论，如饥饿营销、六度空间理论、病毒营销、内容营销等，为何先说口碑营销呢？其实理论再多，也万变不离其宗，而这个"宗"就是口碑。我们传播来传播去，购买来购买去，最终买的都是一个口碑，无论这个口碑是朋友告诉你的，广告影响你的，还是大 V 们忽悠你的。或许我们可以这样类比，当这个东西的口碑很有影响力，那么它就是品牌了，而当这个影响力和产品质量都实至名归，那么它就是名牌了，因此你最终决定得到什么，口碑说了算。

于是乎，你为啥不直接传递口碑呢？通过网络，又快又实惠。口碑营销就是超越一切营销理论界限的关键节点，打通了它，你就打通了"任督二脉"，至于再学什么武功，就不再难了。

2.1　口碑永远第一位

【本节要点】

当社交网络出现时，传统口碑传播速度慢、范围窄、受制于地理和时空的瓶颈被彻底打破；同时，口碑传播通过互联网和社交网络的放大，其传播精准、可靠、转化率高等原始属性得到了核聚变一般的释放。

其实很多人都觉得，网络推广应该是一个高效的东西，就好像我刚刚在网络上发布我的新书书讯，立刻就能够有大量粉丝到网上书店去购买图书一样，这个可能吗？有可能，但有个前提，即我的粉丝乃至粉丝传递给他的朋友相关信息时，他们要么看过我的文章、要么读过我以前的书，或者我真有知名度，且必须是正能量的。如果具备这个基础，也并非不可能，但比较好用的方法就是利诱了，比如告诉大家，买我的书有抽中大奖的机会，云云。但相比之下，如果有一个好口碑，推广就会便宜和高效了。

很多人对网络营销的期望是立竿见影，这恰恰是不懂营销的人的想法。网络推广是一个宣传工具，宣传是有滞后性的，宣传的效果难以用数字的结果衡量。就如买房子，并不知道到底是受到报纸广告影响，还是电视新闻宣传，亦或是在街头看到的巨幅广告，但直接立马让消费者冲动消费的还是少数。真正的是留待长久之后，因为长期映像而在消费时的主动选择，这就是口碑。

2.1.1　没什么比口碑更能打动人

先认识下什么是口碑。口碑在《辞海》中被解释为"比喻众人口头上的称颂"。传统意义上的口碑主要是指非商业的、相关个人间关于产品和公司的面对面的交流，由于多发生于亲戚朋友等强关系人群中而具备了很大的影响力。可以说，口碑是所有宣传中最能够让人相信的手段，因为口碑的基础没有任何商业利益，是朋友之间的自然推荐。一次性消费的叫做推广，能够引来回头客的叫做口碑，哪个更好？小伙伴们自然是心中雪亮。

任何营销都是卖东西，但未必一定是实物，也可以是品牌、形象、信息，而口碑则是这场销售中最有价值的物品，"金杯、银杯、不如口碑"这句话金不换。所以，别总是想着用各种推广渠道直接拉客了，特别是那些直接在微博上发产品销售链接的，最不可取。

有人认为，口碑不易得，而品牌容易获得。我想先纠正一个误区，花钱得到的是名牌，名牌易得，花钱广而告之即可，而品牌不易得，这需要口碑积累和品质保证，有名气的牌子和有品质的牌子，本身是有高下之别的。因此，口碑对于企业非常重要。

亦有人说，口碑对于大中型企业很有用，对于其他小企业或个人，则用处不大，愚以为不然，哪怕是一个小卖部，在社区里有个好口碑，效果也好过天天促销特卖。因此口碑在营销中必须是第一位的。

总而言之，微博营销也好，网络营销也罢，乃至所有的营销，其实归根结底都要实现一个好口碑，即口碑营销。如何运用微博做到口碑营销呢？先看一个在网络营销人中津津乐道的故事吧。

 【淘金梦如何一夜之间让铲子脱销】

19世纪美国加州有一个名叫布伦南（Samuel Brannan）的报刊出版人，有一定的积蓄，1848年3月的一天，他将自己积蓄换来的黄金粉末装在小瓶里，来到了圣弗朗西斯科街头，一边挥舞着小瓶，一边大声地喊着："金子！金子！金子在美国河！"。别小看这一声简单的呼喊，很快这声音被传遍了美国，更传遍了全球。一股向加利福尼亚淘金的移民潮开始兴起，一夜之间无数人赶往美国河所在的这个小镇，开始向金山的冲刺。短短三个月内旧金山人口便从500人激增到25 000人。其中许多华人被作为苦力贩卖至此挖金矿，修铁路，备尝艰辛。而这里亦成为了美国淘金热的中心，并有了一个更为中国人所熟知的名字——旧金山。

这几乎是美国淘金梦的发源，也是很多熟悉历史的人所熟知的。可结局呢？无数人的淘金梦破产了，美国河中并没有数之不尽的黄金。但有一个人实实在在地实现了淘金梦，他就是布伦南。只不过他并没有去挖金矿，而是在他去街头大声疾呼之前，便把镇上所有的铲子、漏子等淘金工具收购一空，而当淘金者杀将过来之时，再高价售出，杀他个干干净净。

最终，他成为加州淘金热中诞生的第一个百万富翁。当然，致富的不仅仅是布伦南一个人，真正有头脑的生意人都瞄准了淘金者配套服务这一朝阳产业，许多人在旧金山开店提供淘金者需要的补给品。当时的公司有些至今存在，包括制造李维斯牛仔裤（1873年）的李维·斯特劳斯（Levi Strauss）、吉德利巧克力店（Ghirardelli，1852年）、FOLGERS咖啡（1850年）。

这是一个口碑营销的诞生史，也是口碑营销所引用的最经典的案例之一。尽管这次传播带有太强的忽悠特色，但却足以看到口碑的力量。通过一个点爆发，让众多和这个传播点阴谋无直接关系的人进行二次、三次乃至无穷尽的传播，形成一个强大的口碑效应。

2.1.2 口碑传播通常都很慢

大多数研究文献认为，口碑传播是市场中最强大的控制力之一。心理学家指出，家庭与朋友的影响、消费者直接的使用经验、大众媒介和企业的市场营销活动是共同构成影响消费者态度的四大因素。

而这四大因素无疑直接制约了口碑传播的效率。在某种程度上，口碑传播由于需要人与人之间口口相传，传播速度慢，如果没有特别的诱因，也容易逐步递减，扩散范围也往往受到地域局限和社交圈子的宽窄程序而难以深度传播，更重要的是，其容易在传播中逐步走样，沦为以讹传讹。因此在传统的营销过程中，往往较少使用口碑传播，或仅仅将其当做一种附加值来运用。

但毋庸置疑的一点是，来自口碑传播而导致的销售行为一定是非常强劲的，较之各种来自厂商的广而告之，这一优点更为突出，因为它的一大传播关键就在于必须基于一定的社交圈子来进行传播，而社交圈子的关系越强，则传播的到达率和转换率也越高。

 【 为什么朋友推荐的产品更容易被选择 】

> 如早前，我在微信上看到一个朋友的烦恼，她在朋友圈中说新居刚刚装修好，对于选择国产、日产还是韩国货很是烦恼。尽管看不到别人的话语，但我还是给出了自己的意见，推荐了一个欧洲品牌，在之后的微信聊天过程中，她反复询问该品牌和之前犹豫不决的选择之间的性价比差别，并进而询问冰箱、洗衣机和空调的选择，我又以自己的产品使用体验一一解析。
>
> 在之后不久，到朋友新居做客，果然看到了她最终的选择，基本和我的推荐一致。

从这个例子中，我们能鲜明地看出朋友之间的口碑传播有多大效果，而在我们自己的日常生活中，类似这样从自己的朋友圈中收获有益资讯并最终为自己的选择提供依据的情况，想必每一个人都感同身受。

但从另一个侧面，我们又必须要看到，口碑传播在很大程度上是缺少功利性因素的，较之传统的营销推广，主打从商家到消费者这一单向传播路径，口碑传播更偏重于从消费者到消费者的扩散式传播，可控性变得薄弱许多，且商家主动参与其中的可能性也较难。

而同时，这也反映出口碑传播的一个必然过程，口碑传播的结果主要体现在购前和购后两个阶段。处于购前决策阶段的消费者会受口碑信息的影响，从而产生一定的购买行为，同样，处于购后评价阶段的消费者也会受口碑信息的影响，并做出正面或负面的评价。

因此在一般的营销推广原则中，会较多地强调企业在运用口碑的过程中，需要在调查市场需求的情况下，为消费者提供需要的产品和服务，同时制定一定的口碑推广计划，让消费者自动传播公司产品和服务的良好评价，从而让人们通过口碑了解产品、树立品牌、加强市场认知度，最终达到企业销售产品和提供服务的目的。

但这在传统传播渠道中，往往难以进行，因为推广者和消费者之间并没有实实在在的交集，用老百姓描述关系好坏的俗话说，就是"总隔了那么一层"。

而且对于推广者来说，由于现代科技的飞速发展及经济的不断进步，消费者了解和接受信息的渠道越来越多。各类信息纷繁芜杂，蜂拥而至，使广大受众无所适从，不胜其扰，严重影响了消费者接受信息的主动性和积极性。所以有不少消费者，看到广告就"骂娘"，听到产品推广就叹气，甚至产生逆反心理，你喊得越凶，我就越信不过你。

那么，口碑营销是否真的就很难实现了呢？

2.1.3　社交网络时代口碑被加速

微博、微信和各种 SNS 等社交网络的诞生，让口碑营销的实现真正有了大众基础，更让在现代商业传播极其昂贵的环境下，通过微博实现口碑营销有了零成本的基础。

因为社交网络让推广者可以直接通过社交平台和目标受众进行交流，并通过制造话题，让目标受众按照自己的设定，主动传播话题。

【Kellogg 微博商店只要点赞就能得到麦片】

麦片制造商 Kellogg 在英国伦敦开设了全球第一家微博商店，在这家特别的商店里，顾客不必支付任何现金，可以说这边的货币就是微博。该企业此举是为了推广旗下新品 K Chips 薯片，顾客来到这家微博，只要在推特上发布一条赞美 K Chips 的微博，就能免费获得一袋 K Chips 薯片。所以说在这家店里，微博就是一种货币。

显然，这种话题制造，让社交网络变成了一个口碑促发点，而这种以利益为诱导的促发，加上好玩的模式，可以让好口碑快速得到传播。

口碑传播速度得到了解决。传统口碑传播速度很慢，而在互联网时代，看似这个问题得到了解决，网络传播的速度几乎可以称之为光速。但依然有一个问题无法破解，即传统口碑传播受限于时间和空间，往往传播范围不广，互联网尽管没有了这个问题，但社群散落得太广，论坛、博客、新闻、IM 软件等，友际交互度不高，直接影响了传播效果，而社交网络出现后，这种友际传播被全面强化，也使得口碑传播在社交网络上得到全面聚合，自然速度也真正实现了光速。

推动了口碑的深度传播。长期以来，口碑传播理论中都明确说明了这样一个概念，即通过口碑造就进一步传播，即当消费者感知的产品或服务质量超出其预期，消费者会感到满意，但满意的顾客未必都会发生口碑传播，而此时消费者若接收了与其消费经历相符合的口碑信息，就会强化其满意感，从而产生进一步口碑传播的冲动。但如何触发？在过去，有太多随机性，而社交网络让这种触发变得更加容易，如观影《饥饿游戏》的粉丝在社交网络上表达了口碑后，通过推广方建立的社群组或相关话题，会传播给更多的人看到，不仅可以给没有观影的人带来新鲜感，更可以触发更多观影者提供更多、更丰富的精彩影评。

2.1.4　你了解你的粉丝吗

许多社交网络营销者很容易犯一个毛病，那就是只想着如何通过互动和传播，让粉丝们自主传播口碑，却很少去了解他们。结果最终还是和传统传播那样，成为了单向传播。

微博、微信以及其他社交网络都是"粉丝经济"，好口碑依赖于粉丝的传播，但许多大 V 和微信公众平台却从来只看重自己的粉丝有多少，而很少去关注自己的粉丝在干什么，有这样交朋友的吗？一个不关心你的朋友，你要他何用？

以微博上的营销为例，我认为，不爱关注别人的微博不是好微博。

有人说，一个微博能够关注的量大约是 500 个，超过了 500 人，作为收听者，就很难做到真正意义上的关注。甚至还举例说某某名人，关注的粉丝不过寥寥数十个，似乎唯有如此才有"大家风范"。我倒是看过这类名人微薄，除了当个发布器外，几乎没有任何互动，很让人怀疑，他们真的是自己写微博吗？他们真的看微博吗？被他们关注的那几个人发的内容，估计这种名人并没有真正留意过。

关注这种事，其实应该随意，也就是关注你想关注的，别瞻前顾后地去想这想那，你把微博当成玩，反而能营销得更好。如果你把它当成工具，处处算计，那就不好玩了。那么，如何去了解你的关注呢？

其一是关注那些你想知道的。微博上总有你感兴趣的人和事，只要是"感冒"的，你不妨关注就好。比如我，作为一个机器猫的忠诚单相思者，就关注了若干个与哆啦A梦有关的微博，也不怕别人笑话我——老夫聊发少年狂。

其二是关注那些关注你的人。看起来这话说得有点绕，但这才是关注的最核心内容。之前说要去了解你的粉丝，并从中找到那百分之一的核心粉丝。对于这些活跃的粉丝们，最好的褒奖就是也去关注他，你不关注别人，不把别人当朋友，那别人凭什么没事和你瞎叨叨？其实不管你是个人微博还是企业微博，都应该如此。

关注微博太多，自然会出现别人说的关注不过来的问题。无妨，其实微博本身就不可能时时刻刻守在上面去等别人发句话，然后再凑上去扯上一通，如果是那样那就不是微博，是拍马屁了。微信上有帮"点赞党"，见朋友的话语就点赞，体现了存在感，但其实并没有意义。

恰逢其会是我一直坚持的微博转发法则，每天有空的时候不定时地在微博上随意看看，看到想叨叨的，就转发一下，说上两句；没有看到感兴趣的，也不打开第二页，或者直接关掉网页干自己的事情去。不用担心和你互相关注的朋友会觉得你不把他当回事，若真有事，他会在微博上用"+@"大法来深情地呼唤你。微信上也是如此，别就只点个赞，多少说两句，至少别人会觉得你真的认真看过他的生活点滴。

此外，巧妙运用微博上的特别关注来筛选自己最关注的微博，可以让你更好地与他人互动，也可以让你不会太多地遗漏特别关心的人的微博内容。这个特别关注，最好不要摆在台面上让别人看见，毕竟谁都不愿意被分成三六九等。如果被你关注的人发现被你放在特别关注中，他也未必会感谢你，但没有中选的，则往往会怪你。所以将"特别关注"，做个隐藏项自己没事偷着乐就行了。

或许你会说，为什么一定要依靠社交网络来传递口碑呢？社交网络就一定比过去的论坛、博客或 QQ 群更容易传递口碑吗？这个答案是肯定的。其实社交网络并不一定就特定指的是微博、微信或开心网，它就是一种平台，在过去，论坛就是社交网络，我们不是也叫过它社区吗？

只是它窄了点，传播效果没有微博、微信好，当然以后，或许会出现更强悍的社交网络，因此，我们讨论社交网络的终极口碑传递，并不一定局限于某一类社交产品，而是考虑方法论，这个可以放之四海而皆准。

【思考一下】

假设你手头上有一款新颖的智能手机亟待推广，比起同代的智能手机来说，它的亮点是它独特的投影功能，而且还耗电小。问题是，这项技术太过新颖，而且你的手机品牌几乎没有人知道。现在在消费者心中压根没有你产品的口碑哦，你会如何选择去做推广、口碑？

2.2 互动之下的终极口碑

【本节要点】

社交网络的便捷性、背对脸和原创性对口碑传播到底有什么益处呢？它凭借什么超越了过去的社群（如论坛、聊天室和 IM 软件）而极大地激发了口碑传播效率？

社交网络的最大特点就是集成化和开放化，你可以通过 PC、手机、IM 软件（gtalk、MSN、QQ、skype）和外部 API 接口等途径向你的社交平台（如微博、微信、SNS）上发布消息。相比较博客的"被动"关注，社交平台的关注则更为"主动"，只要轻点"关注"，即表示你愿意接受某位用户的即时更新信息；从这个角度上来说，对于商业推广、明星效应的传播更有研究价值。

较之博客、论坛、视频、新闻和电子邮件等网络舆论载体，社交网络这个"小弟弟"有着极其与众不同的特点。因为它对现实世界的改变，比其他"大哥们"来得更迅猛。用中国经营报总结 2010 年微博发展的一段话，其实可以通用在社交平台之上：从以潘石屹、任志强所代表的企业家利用微博平台"走下神坛"发声，到封新城、陈彤等媒体大佬用微博演绎新媒体故事，再到"上海大火头七"当天，普通民众与精英阶层共同上演微博直播……微博不仅改变传播路径、改变人际方式、改变社会关系，更代表着未来社交网络发展的无限可能。

而造就这种强大传播力的关键，就在于社交网络所拥有的三个独特优势：便捷性、背对面和原创性。

2.2.1 便捷性

社交平台如微博、微信在语言的编排组织上，没有博客那么高，只需要反应自己的心情，不需要长篇大论，更新起来也方便。

微博、微信开通的多种 API 使得大量用户可以通过手机、网络等方式来即时更新自己的个人信息。这种小型化、随意化和无限制的传播手段，让微博、微信比其他"兄弟们"更容易被所有人便捷地利用。随时随地发微博、微信，无疑是社交网络最有魅力的一个卖点，开发布会时用手机发一下，出门散步时手机发一下，微博、微信的快捷性最好配合符合心情的文字和不那么正规的图片，记住，你不是办报纸，网民不习惯那么严谨。

博客的出现，已经将互联网上的社会化媒体推进了一大步，公众人物纷纷开始建立自己的网上形象。然而，博客上的形象仍然是化妆后的表演，博文的创作需要考虑完整的逻辑，这样大的工作量对于博客作者来说，常常成为很重的负担，也因此"沉默的大多数"在微博上找到了展示自己的舞台。

2.2.2 背对面

与博客上的面对面表演不同，在社交平台上是背对面的，就好比你在电脑前打游戏，路过的人从你背后看着你怎么玩，而你并不需要主动和背后的人交流。可以一点对多点，也可以点对点。

2.2.3 原创性

社交平台如微博、微信和各类 SNS 现在的即时通信功能非常强大，通过 QQ 和 MSN 直接书写，只要有手机也可以即时更新自己的内容。当然，也有很多人说，只要在微博上发段子就行，不一定要原创。但不是原创的东西，能够有多大的传播力呢？而且，如果你是基于要传播一些你希望传播的价值，如产品品牌或企业文化，那么不原创难道还有可以抄袭的吗？

这样的社交网络传播恰恰体现出了强大的互动基础。仅仅就企业营销来说，微博平台可以帮助你推广自己的企业，扩大企业的知名度，因为微博营销优于传统的广告行业，发布信息的主体无须经过繁复的行政审批，节约了大量的时间和成本。而且微博可以通过手机和短彩信随时随地发布信息，与短信相近，但是短信传播方式是"One To One"，微博、微信则是"One To N To N"。同时微博、微信只是耗费流量，资费比短信低廉。这对于企业来说可以节省好多的资金。

而且这种原创性可以用非常奇葩的方式来显现，不仅仅是文字，连头像都可以变得很娱乐。

 【雀巢用点赞为新款咖啡拉人气】

为了新品上市造势宣传，雀巢咖啡在其 Facebook 主页设置了新的模版封面图，最初封面图是布满了咖啡豆，但是咖啡豆会陆续消耗，只要用户在雀巢咖啡的 Facebook 主页上点击"赞"（Like 按钮），咖啡豆就会减少，越多粉丝点"赞"，咖啡豆减少得越快，最终，新款咖啡的神秘面纱就此解开！

从上述案例，我们不难发现，微博、微信等社交平台的主动性传播特性，可以让消费者自动传播公司产品和服务的良好评价，从而让人们通过口碑了解产品、树立品牌、加强市场认知度，最终达到企业销售产品和提供服务的目的。

这种互动是其他网络营销手段所无法实现的。

【思考一下】

你能找出一个比社交网络更快更广地实现让特定信息在自己的朋友圈里扩散，并呈几何倍增长的渠道吗？是否打算在现实中办个同学会，或是在 QQ 里弄个老乡群？

2.3 负向口碑的破坏性极强

【本节要点】

"好事不出门，坏事传千里"说的就是口碑的传播。大多数时候，你想要传递一个好消息，远比传递一个坏消息难，这也是为何娱乐八卦永远比科技新突破更容易上头条的关键。口碑营销，如果你先期做的口碑传播很广，而产品质量跟不上（比如我书写得臭，而牛皮吹得天响），那就可能在火爆一下后，被打入十八层地狱。

在进入真正的口碑营销理念之前，先要纠正一个被运用得过于泛滥的口碑营销误区。

很多人在营销或宣传的时候会喜欢念叨一句话："谎言说一千遍，就变成真理。"可殊不知，你能蒙蔽一时，却不可能蒙蔽一世。特别是对于口碑来说，虚假的就是虚假的。当你用虚假的宣传赢得足够丰富的正向口碑时，一旦谎言被揭穿，所有积累起来的正向口碑必然瞬间变成负向口碑，就如吸功大法一样，反噬其身。

2.3.1 虚假口碑做不得

在网络营销中自卖自夸的虚假推广早已不胜枚举，而且时下一个有趣的趋势是网民对这种夸夸其谈的虚假营销已经有了免疫性。

之前曾经提到过"奥巴马奶奶内衣中国造"没被炒热的案例，恰恰说明了这一点。一方面和它的幕后推手执行力弱小有关，另一方面，这次炒作像极了前些年被拆穿的罗纳尔多代言金嗓子喉宝"西洋镜"。

 【"肥罗"真是金嗓子的代言人吗】

"外星人肥罗（罗纳尔多）"在中国算是地道的冤大头，2003 年皇马来北京的时候，"金嗓子"通过中间人请肥罗吃饭，并许诺给肥罗几十万欧元"出场费"。肥罗去了，然后被忽悠着拍了那张照片，当时金嗓子信誓旦旦保证"只供内部宣传，绝非形象代言"。

后来的事情大家都知道了，这个广告在央视播了好多年，随着肥罗凌空射门，熟悉的声音"金嗓子喉片，广西金嗓子！"响起，接下来的画面是肥罗拿着一盒金嗓子喉片冲观众傻笑。金嗓子也和肥罗的傻笑一起赚翻了。能请得起肥罗，当然财大气粗，当然质量可靠，一系列联想很容易让金嗓子的信誉度和口碑倍增，特别是消费者当时还是普遍迷信代言人的知名度的时候。大约过了两年，肥罗也知道了，据说，肥罗一气之下砸了椅子，还把一起去中国的经纪人给炒

了，顺手也把金嗓子给告了。

其后模仿此类忽悠秀的就更多了，闫凤娇一出名，游戏公司抢着和她粘关系。凤姐一亮相，立刻换来各大游戏公司大巡游免票一张，而这好歹还算你情我愿，一个愿打一个愿挨，虽然都是些臭名，不过网游公司一贯不怕臭名昭著，这和其他行业是有所不同的。

不过，名人一样难逃网游公司的忽悠。

【易中天被网游代言了吗】

2009 年，一款名为《王者三国》的游戏在其官方微博上宣称，将在全国范围内海选富有气质、了解三国历史的名人学者代言。然后煞有其事地接着发微博称，在最初听到《王者三国》海选代言人的传闻后，国学大师易中天并没有多大反应，在查看了该游戏的相关介绍和情况后，表现出了极大的兴趣，称赞该游戏原汁原味地再现了历史剧情，真实凸显三国群雄争霸，突出了三国的深厚历史文化底蕴，是一款难得的三国精品，并意欲深入合作。

原来还是易中天主动投怀送抱，这游戏还了得，那简直是国学精品了，得卖翻天。可假的就是假的，易中天很快在博客上发出声明，声称绝对不对此事负责，哪能这么糟践人啊。

别看网游确实不怕背一身的骂名来炒作，但这个《王者三国》确实玩过火了，结果到现在为止都不怎么好过，而网上的评论也一贯负面，还时不时拿着他们玩弄易中天的事情来敲打一下，弄得口碑很不好，自然也就影响到了潜在玩家的选择。换了你，在选择一款游戏时，无论进入哪个下载页，看见评论区一片差评也不敢下载啊。花半天时间下载，玩一个小时的亏本买卖，谁都不会做。

出来混，早晚要还的。时下的网络，已经不再是过去那样点把火就能燎原的季节了，瞎忽悠不但不能能够换来点击，而且还容易被人识破。识破并不可怕，可怕的是一旦口碑反噬了，瞎忽悠的后果就出来了，你还想选择无知者无畏的虚假营销吗？

2.3.2　"杜甫很忙"不是口碑营销

【没有企业宣布对"杜甫很忙"负责】

2012 年 3 月，杜甫突然在网络爆红，关于他的涂鸦图片在微博上疯转。在这些对语文课本图片的"再创作"里，杜甫时而手扛机枪，时而挥刀切瓜，时而身骑白马，时而脚踏摩托……被网友戏称为"杜甫很忙"，如图 2-1 所示。

意料之内的是，很快有多家公关机构宣布对此事件负责。根据最广为流传的版本，"杜甫很忙"最早的涂鸦照片，出自某策划团队中的 23 岁女孩之手，"从上传第一张图片做到网络热评，只用了 31 个小时。"而炒作的目的，是帮一个博物馆做策划，想引起更多人对那家博物馆的关注。随后，杜甫草堂对外表示，从没有过拿杜甫开涮的策划。

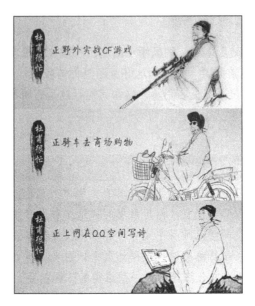

图 2-1　杜甫很忙恶搞图

仅此一个回合，这个轰动一时的网络营销案例便宣告失败。

"杜甫很忙"的演变和异化一点都不让人奇怪，因为在网络营销领域，类似的恶搞型营销案例数不胜数。

【小月月和贞操女神为何失败】

从芙蓉姐姐、凤姐到小月月，总会有个所谓策划人的身影在背后浮现。甚至有人宣称推广小月月是为某本书做宣传，只是小月月出名了，书名却无人知道，当然也不会有人知道。而早前所谓"贞操女神"涂世友征婚的炒作，更是让人禁不住要问，网络营销就是这么回事吗？

类似的案例几乎每天都在发生，整个网络营销领域在恶搞型推广上一直虚火上升，而不少企业也对此趋之若鹜，从而形成了一说到网络营销就是用负面或恶搞的东西去进行网络炒作。这可以说明一个存于网络营销领域的普遍状态，即希望借助网络营销建立口碑的企业和依靠网络营销生存的公关公司都过于急功近利，将恶搞作为网络营销的常态。

与之相伴的就是每天充斥在网络之上的"某某女"、"某某门"，包括知名企业，也在不断碎片化的网络营销案例中迷失，不断片面地追求突如其来的轰动效应，而最容易在网络上产生群体效应的就是无底限的恶搞。

这种恶搞式的网络营销方式，总是时而灵验，时而失效，当然失效的依旧很轰轰烈烈。就如这个"杜甫很忙"，从炒作的角度来说，其成功毋庸置疑，但从网络营销策划上看，则从一开始就是失败的，且在草案阶段就应被否决的，毕竟任何一个文化机构或博物馆，都承担不起随之而来的骂声和鄙夷，收获不到任何的正面效果。当然，如果这个策划用在某些张扬个性的 DIY

品牌之上，结合巧妙点，如同格瓦拉那样波普化一些，或许就能有正效果了。

尽管如此，企业和公关公司却依然对此趋之若鹜，其原因很简单，"凡客体"的成功让他们很有信心地认为，一百次尝试，即使99次失败，但只要1次成功，就足以创造巨大的价值。

仔细研判同样是全民恶搞下的"凡客体"，其路径和"杜甫很忙"有惊人的相似之处，都是通过微博、SNS和论坛等互动网络渠道起爆，都是依靠网民无限的创意空间来扩大传播效力，而"凡客体"的成功让创业多年都名不见经传的凡客诚品一下子被网民所广泛知悉。

然而被人们忽视的是，之后创造各种"体"、各种"门"却鲜有成功者，哪怕当时很轰动，也很难如"凡客体"一样直接为品牌创造巨大的关注度和销售额。"凡客体"的成功其实已经不能复制。

答案很简单，单纯依靠恶搞和各种体太过功利，或许可以一时起到关注聚焦的效果，可这类行为对于一个企业及其产品的品牌美誉度，并不会形成多大的积淀和催化效应。

这类恶搞失败的关键，不仅仅在于它"调戏"了受众的感情，更在于它很难符合受众对产品的价值需求，无法实现关注度和口碑的有效转换。

可以这么说，由于全民恶搞的方向难以把握，加上较难实现有效转换，使得这类推广成功的偶然性太强，所以"凡客体"的成功不能复制。

口碑营销=少量创意+不断积淀。

针对"杜甫很忙"，参与杜蕾斯微博运营的公关人员说了句很彻底的话："最近微博上的两个热门体裁，一是'抱抱体'，二是'杜甫很忙'，我们套用了抱抱体，发了一条微博，因为'抱抱体'是阐述人与人关系的，这符合我们微博的定位。但是，'杜甫很忙'，我们觉得不合适，因为这个有对中国古典文化的不尊重，那就别谈。"

企业级的网络营销推广，本身就是在舍与得之间进行平衡。

舍，即舍去看似火爆实则有害的营销案，如杜甫很忙这种营销。

得，即用看似平淡的推广，积累出强劲的口碑，如招商银行的微博营销。它很注重瞬间引爆话题，招商银行给自己定了一个基调——不拉客话公益。

 【招商银行打造公益社交】

2010年3月5日，招商银行开通微博之后，马上发起了一个品牌公益活动，十多天后，参与招行这个活动的粉丝就超过了1万人；2011年情人节期间，招商银行与珍爱网的合作活动，通过微博传播，使招商银行的页面流量超过25万，访客达到2万多；但这样的话题性活动不可能天天做，它必然是阶段性的，甚至可能是一个季度或半年才爆发一次，而平时招商银行的微博则基本上通过各类公益话题来保持品牌口碑，从而形成一以贯之的公益形象，而不会被受众视为应景性的做秀。

荀子《劝学》有云："故不积跬步，无以至千里；不积小流，无以成江海。骐骥一跃，不能十步；驽马十驾，功在不舍。"这段文字恰恰反映出网络营销题中应有之意，一味地希望毕全功于一役的心态，导致了本身就不成熟的网络营销不断地通过恶俗、低俗和庸俗的手法博人眼球，却最终忽略了品牌美誉度，并导致口碑在眼球效益中不断下滑，而只有将营销寓于常态化，通过切合品牌特征的营销积淀和偶尔为之的特色化推广，形成螺旋式上升轨道，才可以让网络营销发挥其真正作用。

【思考一下】

为什么游戏产品和娱乐明星往往不忌讳负面口碑传播，而且某些时候，反而是越负面越好，越绯闻越棒，恨不得天天上头条呢？

2.4 你不知道的口碑雪崩

【本节要点】

口碑雪崩也暗合了阿基米德的那句杠杆原理名言："给我一个支点我将撬动地球"，所谓推广者，又可以叫做推手，既可以是推动口碑传播的一只看不见的手，又可以理解为太极里四两拨千斤的推手招式，这是一切营销最需要达到的境界——以最少的代价，实现最大的传播。

基于社交网络对口碑传播的超级催化作用，提出了一个口碑雪崩的传播理论：在产品的品质确实过硬的前提下，通过包括微博在内的各种网络营销渠道和一定用户的真实产品使用体验先期积淀下强大的口碑积雪，当积累到一定程度时，策划者以一个极具互动性的传播创意活动，以自有的完美账号体系为基础信息发源地，将视频、新闻、博客、论坛、图片等各类信息聚合在微博上，通过与粉丝的强有力互动和粉丝们自发自主的传播，让呼唤不断回荡于互联网之上，不断扩大远山的呼唤，让其最终促成之前预埋的所有积雪以迅雷不及掩耳之势冲荡而下，形成口碑雪崩，奠定品牌在粉丝心中真正的口碑。

2.4.1 "留几手"撬起口碑雪球

2013年，"留几手"的微博很红，不仅仅依靠着毒舌攻势，以"鉴美"为名点评众多屌丝微博求虐图片，俨然成为微博上的一道颇具话题性的风景线，更迅速以一直号称屌丝网游的《仙侠世界》的屌丝代言人形象，扩张其微博影响。

【"留几手"一句话就让开心网 App 下载增长 10%】

这样的商业营销"留几手"做了多次，除了在微博上以"良心推荐"为名向粉丝推荐过几款 App，获得据称不到一元的推广费即可带来一个客户的不俗效果外，还跳出根据地，与开心网、今日酒店合作，登录到聚宝网络遍布 7 个城市的 1 万多块液晶屏，用类似微博形态的手绘海报，以风趣幽默的图文形式推介了"今日酒店特价"和"开心网清新版"两款 App，如图 2-2 所示。据有关数据统计，广告推出后不久，开心网 App 下载同比增长了 10 个百分点。

口碑传播取得了胜利，绝不仅仅是因为发布者的名气。

"留几手"这几次营销的效果都远高过常态推广形式，其中不仅仅是因为"留几手"的个人品牌号召力和公信力，还因为其在每一次传播中，都加入了足够个性且很有创意的内容营销理念。

尤其亮眼的是在广告屏上的手绘广告，其没有基于"留几手"的微博根据地进行传播，且在广告屏上映后也没有在微博上发布相关信息，但还是有大量的网友主动进行了传播，并引发激烈讨论。如果仅仅以名人效应来论断，按所谓的草根大号传播方式来叙述，那就大错特错了。

图 2-2　"留几手"的"良心推荐"

"留几手"充其量只是撬动口碑这个大雪球从山顶滚滚而下，形成庞大雪崩影响力的一根撬棒，且这根撬棒即使不以微博作为起点，但最终的口碑雪崩大潮，还是回归到了微博之上。而这个口碑大雪球和它搅动的大量积雪，其实来自产品在过去推广中所积累的大量人气和产品本身所带来的美誉度。换句话说，如果推广的产品认同度太低，别说是"留几手"，就是换上微博女王姚晨，效率可能也不大，甚至引发恶评而起到反效果。

2.4.2　《饥饿游戏》的非饥饿口碑营销

7800 万美元成本，全球已累计入账 6.48 亿美元，低成本的好莱坞大片《饥饿游戏》超过了《暮光之城》全系列，并取代《蜘蛛侠 3》，跻身影史首周末票房纪录的第三名。而这一切的获得，网络营销的功劳可谓巨大，其充分利用社交网络开展口碑宣传，以绝对有吸引力的话题引发了网民的自觉主动传播。

 【《饥饿游戏》营销组 21 人潜伏两年造口碑】

按照《饥饿游戏》官方说法，负责《饥饿游戏》市场营销的团队只有 21 人，预算为 4500 万美元，相对于好莱坞大片宣传预算动辄高达上亿美元来说，这只是小资金，相对于营销团队接近百人的规模来说，这只是一支小部队。预算的大部分资金，该团队还是一如既往地投放在了传统营销上。

但这并不代表其没有在网络营销上发力，早在 2009 年春，制片方狮门影业就通过社交网站 Facebook 发布消息，更联手微软建立专属网站，该网站以游戏的形式呈现，吸引大批电影发烧友的目光。从 2012 年 3 月开始，为了能使该片的 Facebook 页面不同于其他的电影页面，狮门影业组织一队工作人员专门维护其网络页面。在另一方面，2011 年圣诞节前夕，美国当红小天后 TaylorSwift 发布了单曲《Safe&Sound》，也就是《饥饿游戏》的主题曲，单曲在 iTunes 上发行 12 小时内就成为最热门单曲 TOP10，首款正式版预告片在 iTunes 发行当天 24 小时的点击数超过 800 万次。

这一系列的举动都极大地调动了网民的积极性，原本影片的同名小说在美国就极为畅销，创下了销售 2400 万册的好成绩，这也为影片获得受众喜爱打下了坚实的基础。但是，畅销小说改编成影片的失败率也很高，若完全忠于原作，影迷没有新鲜感；若改编太过，影迷又会觉得亵渎了心中经典。为了打破这种心理瓶颈，营销人员选择用社交网络来加强与目标受众群体的沟通，通过小游戏来呈现《饥饿游戏》的核心游戏元素，同时通过 Facebook 的社交群组，不断高效地发布电影拍摄和制作中的花絮和最新动态，有效地调动了网民的"饥饿之感"，同时主动互动，从而用两年的时间和网民真正交上了朋友，淡化了本身浓郁的宣传味道。

这种友情链条，让网民自觉地分享其发布在 Facebook 上的信息，并主动进行评论和体验，从而让信息传递不再单向，而是从双向变为多向，一些热心网友更成为了《饥饿游戏》口碑的主动散播者，影响着身边的人群，形成了强有力的友际互动，更在影片上映之前，就滚动出了一个巨大的口碑雪球。这种饥饿效应影响之大，就连奥巴马演说也引用了这部电影。

这种通过社交网络形成对影片的饥饿感，完全不同于苹果通过有意调低产量，以期达到调控供求关系、制造供不应求的"假象"制造出来的饥饿营销，而是从主动制造变为网民"自造"，让对影片的渴望化为一种强烈的饥饿欲望，显然，这种欲望调动得非常成功，加上影片本身制作相当精良，网络营销的潜伏时间也足够长，网民在社交网络中互动"饿了"，影片获得了极大成功也就成为了题中应有之意。

为什么要用两年时间来潜伏呢？制片方狮门影业的如意算盘打得很精，用两年时间打造社交网络上的真实人际关系，不仅仅是为《饥饿游戏》打出一片天，更可以为之后三部续集的营销积累更大的口碑雪球。

从这个案例中，我们能看到什么？那就是之前提到的传统口碑营销的瓶颈被一一打破。

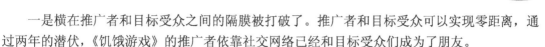

一是横在推广者和目标受众之间的隔膜被打破了。推广者和目标受众可以实现零距离，通过两年的潜伏，《饥饿游戏》的推广者依靠社交网络已经和目标受众们成为了朋友。

二是推广者主动参与口碑传播过程的问题也被解决了。因为推广者可以从任何一个时间点上如话题制造、朋友之间的传播中自然加入，道理很简单，既然是朋友，尽管可能比较疏远，且仅仅是网友，但朋友搭讪还是要搭理的。

相对于其投入传统营销的经费来说，《饥饿游戏》在网络营销上所用的花费可以说是极低的，而效果却出奇得好，其根本就在于其符合了口碑雪崩这一网络营销新传播理论。

2.4.3 "哈利·波特的秘密"只告诉 7 个人

哈利·波特是谁地球人都知道，那么哈利·波特的秘密是什么呢？只怕伏地魔会特别想知道。在美国，华纳公司与奥兰多环球影城就非常有生意头脑，他们借助自己拍摄电影后拥有的版权资源在奥兰多环球影城内建造一个以"哈利·波特"系列小说为蓝本的"哈利·波特魔法世界"，这个魔法世界是"冒险岛"主题公园的一部分。

但一个严重的问题摆在面前，时下主题公园大多中看不中用，叫好不叫座，如享誉全球的迪斯尼乐园目前就被亏本的危机所笼罩，并为此打出了降价牌，这种形式也让哈利·波特魔法世界在开幕之初颇为难。用什么办法开局呢？

【哈利·波特主题公园开张宣传为何只邀请 7 个粉丝】

哈利·波特主题公园的推广并没有采取电视、广播、杂志等普通媒体的宣传，而是"利用"了"哈迷"的热忱：通过几家像 Mugglenet 这样的顶级哈利·波特迷网站，华纳影业、营销团队和罗琳本人精挑细选出来的 7 位最资深的哈利·波特骨灰级粉丝。这 7 位被戈登团队爱称为"哈利·波特世界的美联社"的超级粉丝，受邀参加了 2007 年 3 月 31 日午夜超机密的网络直播活动，被邀请观看了一段属于"最高机密"的视频，

该活动由环球影城旗下的环球创意副总裁斯科特·特洛布里奇（Scott Trowbridge）担纲主持人，还邀请了曾荣获奥斯卡最佳美工、哈利·波特系列电影的美工师斯图尔特·克雷格（Stuart Craig）担任特邀嘉宾主持。网络直播间设在利维斯登工作室、邓布利多办公室布景间，活动中，克雷格侃侃而谈，向大家讲述自己只有 20 位设计师的工作团队是如何将零碎的布景组合为宏大的"哈利·波特魔法世界"主题公园的。

这样一个活动没有任何来自现实世界的传统媒体发布。在策划者看来，让哈利·波特的粉丝从传统媒体上知道秘密，远不如从粉丝内部分享秘密更刺激。

这 7 位经过挑选的粉丝，在没有任何官方指导的基础上，自由地通过微博散布了关于"哈利·波特主题公园"的秘密，无论是好的还是坏的，无论是视频还是文字，无论是详尽的体会还是一两个字的无聊言论，都随意发散。而他们的亲友们、拥有的粉丝们成为了第一个获悉秘密的哈利·波特迷，而微博上的转发越猛烈，掌握秘密的人群也就越呈现出滚雪球式的发展。

仅仅靠 7 个人就够了吗？哈利·波特魔法世界的推广团队可没有想得那么简单，他们需要买一个双保险。

在传播之前，哈利·波特魔法世界就已经在推特的微博世界中建立了自己的专属微博，而这个微博早就通过关于哈利·波特魔法世界的前瞻预告积累了一大批粉丝，这些粉丝通过一系列的互动早已经被"征服"成为魔法世界的潜在顾客。为此，除了 7 位骨灰级粉丝被邀请现场观摩以外，推广团队还在微博粉丝中精心挑选了一批平时非常热心转播的微博主，通过私信发送了一份通告，告知这些热心粉丝们，在 2007 年 3 月 31 日午夜将有哈利·波特的超级机密被放出，这使得这个机密在释放之前，就已经获得了广泛的关注和猜测。

在活动开展期间，推广团队联合推特开展同步微博直播活动，对其进行了全程报道，为微博主和相关媒体提供了这座将在不久后开放的主题公园的信息，同时，那 7 人的自发微博也被无条件地通过哈利·波特魔法世界的官方微博再次转发，包括那些提出批评意见和恶评的。该微博的粉丝通过这一系列碎片化的微博内容逐步得知，该公园将主要包括模拟短途旅行和互动景点，同时还拥有体验式商店和餐馆，让游客也能好好体验一次影片中的热门场景。

"没有找营销代理，没有借助媒体的力量，没有使用任何营销策略，没有 CEO 主持的会议，更没有投放昂贵的广告"，只花了很少的预算（制作那段视频和网站的费用），这 7 位粉丝就通过鼠标，在微博上将信息传递给了 3.5 亿人。7 个人传播给 3.5 亿人的传奇就此上演，这其实就是口碑雪崩效应的胜利。

2.4.4　这就是口碑雪崩

通过上面哈利·波特的故事，我们可以看到一个极为省钱也极为有效的营销雪崩效应。积雪的山坡上，当积雪内部的内聚力抗拒不了它所受到的重力拉引时，便向下滑动，引起大量雪体崩塌，人们把这种自然现象称为雪崩。但很多人不知道的是，雪崩的发生有很多时候并非自然作用，而是人为引发。在雪山上一直都进行着一种较量：重力一定要将雪向下拉，而积雪的内聚力却希望能把雪留在原地。当这种较量达到高潮的时候，哪怕是一点点外界的力量，比如人的一声远山的呼唤，也能引起雪崩。

微博出现之前，互联网上其实并不乏社交平台，但大多太过散漫，即使是类似校友网、校内网或各种兴趣平台组成的 SNS 矩阵，也很少能够形成聚合式的话题口碑扩散，而微博则让私人友情交互和公众话题传播，通过微博高效扭结在一起，从而极大地催化了口碑的爆发，之后的诸如微信、陌陌之类的移动社交产品，以及其他类微博、类微信产品，也借鉴了这一特点。可以说，社交平台的兴起恰恰就是这一声轻轻的呼唤，把此呼唤称为"远山的呼唤"。并不是说在微博没有兴起前，网络营销就不能形成口碑雪崩效应。但我们要认识到，在微博之前的口碑雪崩大多是自然作用下的雪崩，是推广者难以参与其中的雪崩。

微博、微信、SNS 等社交平台之前的网络营销，大多是博客、论坛、视频、网络新闻、电子邮件、百科问答等，尽管博客、论坛和视频尽管可以获得一定的互动，但互动能力不足，而且过分依赖网站编辑推荐，至于网络新闻、网络广告则完全依赖金钱的堆积，电子邮件营销虽说可以一对多地发布信息，但在垃圾邮件泛滥的环境下，影响力也薄弱。百科则只能等你来查，问答却可遇而不可求。更重要的是，这些手段，其实都是形成口碑上的积雪，等待重力和内聚力失衡时，突如其来地形成雪崩。

不够互动的网络营销手段让微博、微信等社交网络"世无英雄而使竖子成名"。社交网络所造就的口碑雪崩绝不是单一的，它必须依靠强有力的积雪铺垫，从哈利·波特的案例中就可以看到什么是积雪。它的成功关键在于哈利·波特这个金字招牌，而微博和附着于微博上的活动，则是擦亮这个金字招牌让它在众多粉丝面前熠熠生辉的那一声呼唤。

要知道，"哈利·波特热"可是个全球性现象，由 J.K.罗琳编著的哈利·波特系列图书已经被翻译成 65 种语言，在全球 200 多个国家和地区销售了超过 3.25 亿册。由华纳兄弟电影公司制作的同名电影系列作品，在全球范围内，仅票房收入就达到了 35 亿美元。这是第一层厚厚的积雪，但这还不够。

哈利·波特魔法城堡创造了第二层积雪，直接和主题公园相连的积雪。在其谋划伊始，有关哈利·波特魔法城堡的各类信息不断地出现在维基百科、维基解密、各类网络新闻、各种论坛和各种博客之上，来自各方面对哈利·波特魔法城堡的好奇、猜测以及繁多的信息都形成了一个巨大的火药桶，粉丝们的欲望亟待释放，这些形成了第二层覆盖在哈利·波特魔法城堡口碑上的积雪。这层积雪在"7 个人享有的秘密"活动之前就已经铺垫日久。并且哈利·波特魔法城堡在积淀这层积雪的同时，也形成了专属于自己的完美账号体系，这个账号体系深入到各种视频、论坛、博客和微博站点，形成了信息源，并聚合了一大批属于自己的粉丝。

可以说，没有这两层厚厚的积雪，没有聚合大量关注度的完美账号体系，"7 个人享有的秘密"将永远不可能被 3.5 亿人知道。只有这个粉丝积累到了一定数量，口碑雪崩才能发挥真正的效益。"哈利·波特的秘密"靠的其实是"哈粉"对主题公园的好奇感，而"留几手"所掀起的推荐营销，也是基于其粉丝中原有对此类 App 有兴趣的用户积淀。

此时，《饥饿游戏》用了两年的时间潜伏，就不难理解了。

2.4.5　口碑雪崩不是病毒营销

在有了积雪和真正倾心于此而不是用钱堆砌出来的粉丝团体之后，口碑雪球的制作则需要特别的创意技巧，如哈利·波特主题公园通过借助"哈迷"中最顶尖的 7 位粉丝，将他们的粉丝借用过来，再用大量的预告和设在邓布利多办公室里的直播间来"勾引哈迷"，最终以不广告很诱惑的主题公园创建秘闻让"哈迷们"感到饥饿，也挑逗起极大的兴趣，更形成一轮接一轮的口碑传递，自发的、转载的、否定的、赞美的皆为主题公园带来了巨大的关注度。而"留几手"的手法，则是手绘海报这种不同于常态广告的特色眼球焦点。

这恰恰是口碑雪崩理论和病毒营销最大的不同：不去过度控制传播过程，让网民自己根据初始雪球的内容自由去原创，而不是机械式地复制粘贴，哪怕有不好的内容，也让口碑自由飘扬，让雪球滚动得越来越大。当然，这必须有一个厚重的基础，即在口碑雪崩发动之前，必须有真实可靠的产品质量所赢得的真正口碑，而非病毒营销那样"平地起风雷"，这确保了即使不控制口碑雪崩的发展，也可以让负面影响被真实的使用体验所驱散；必须以不"三俗"的创意话题来创造口碑，让口碑在发动之初所可能偏离预定轨道的可能降到最低，也使得口碑雪崩的色彩又白且纯。

当一切都准备好时，在没有微博的时代，口碑雪崩只能等待各种传统的或网络的新闻发布渠道，通过官方新闻发布会预告的方式形成人为的呼唤，去制造口碑雪崩。但这种雪崩因为呼唤的力度不足、互动性不强，加上宣传费用高昂，难以实现网络营销所期望的廉价、高效和互动的需求。

当然，不是滚动一次雪球就足够了的，周期性地滚动雪球，制造口碑雪崩，会让口碑传播的效果更好。

社交平台的强大互动性和精准性的粉丝聚合力，让这个"远山的呼唤"可以在瞬间激发起人为的口碑雪崩，并以"世界大潮浩浩荡荡、顺之者昌逆之者亡"的威猛之势，席卷一切。

2.4.6 超级"搅拌棍"

从表面上来说，口碑营销和病毒营销很像，但时下的病毒营销在借助口碑传播的过程中，植入广告的幅度和对话题的主导性要求都极高，而且在实施过程中，其散布的"病毒"通常偏重于低俗、庸俗和媚俗，以满足人们的猎奇心态来实现毕全功于一役的企图，当然，这也是把双刃剑，很容易挫伤自己的品牌。同时，病毒营销不带有普适性，并不是每个品牌都能够创造出猎奇病毒来传播的。

很显然，哈利·波特主题公园在口碑营销中很注意了创意的结合点，用全部正面的方式来为自己积累最初的雪球，当然，这一切都有一个基本的着眼点，即这个产品的质量确实如其描述的一样靠谱。否则口碑一旦传播，"货不对板"就会造成反噬。

由此，我们可以看出口碑雪崩这个理论有三个必须要明确的基石。

1. 最廉价的投入

社交平台传播的可怕复制力和口碑传播效力是实现最小投入的关键。但微博、微信等社交平台的口碑传播过于碎片化，因此我们必须让口碑传播的碎片能够成为整体，这就是说，在社交平台中，你绝不可以一个人战斗，它碎片化的表述必须通过附加在微博上的链接、图片和视频等形成阅读延伸。这些阅读延伸依然可以在网络上实现，依然是廉价的。我们甚至可以把微博当做一个"搅拌棍子"，通过搅拌，让你起初预埋在各种网络营销渠道中的信息被用户暴露出来。

我们来看这样一个案例。

【李厚霖送钻石给女孩的背后】

2010 年春节前，新浪微博举办活动，网友可以通过微博发布梦想，有条件的网友可以帮助实现。活动中即将进行裸婚的北漂网友"dou 小 dou"在新浪微博许愿："北漂族买不起房，买不起车，只奢望能有一个钻戒，不是全裸结婚就好。有人能满足我这个新年愿望吗……"

一段简单的文字，希望得到钻戒，这样她就不用裸婚了。一个不切实际的愿望，却真的换来了钻戒一枚和一个钻石吊坠，大家觉得这是天方夜谭。可这个事情确实真实发生了，这一奇迹般的故事，被网友誉为"新年微博童话"。而成就这一童话的主角之一是李厚霖。小女孩的小小愿望被恒信钻石机构董事长李厚霖看到，他真的送了一颗钻石给这个女孩。

2010 年 1 月 9 日，李厚霖通过微博小助手确认了网友们的求证。网友在关注新年微博童话的同时，也顺带逛了一下李厚霖的微博，发现李厚霖也玩起了"后宫体"，微博男版"后宫优雅"的名头网友也就送他了。而这个事件为李厚霖赢来了不错的口碑，据说还真帮他引来了不少生意。

当然，李厚霖还是花了本钱的，钻石也不便宜，但其取得的口碑效应，则是相当于几千个同样钻石价格的广告投放所无法取得的。

2. 最精准的影响

网络营销手段之所以超越传统营销手段，就在于其目标受众相对精准。然而微博的崛起，将过去的推广手段再一次抛在了后面。简单来说，某一个微博无论有无影响力，也无论有多少粉丝，其粉丝大都是根据某种兴趣爱好集结在一起的。

【哆啦 A 梦怎么玩二传手微博】

我特别关注哆啦 A 梦欢乐世界的微博，其粉丝均为哆啦 A 梦的忠实粉丝，而聚合了近 80 万粉丝的这个微博，任何一条有关哆啦 A 梦信息的原创发布或转发都可以在很长一段时期内影响这 80 万粉丝，而且通过这 80 万最热爱哆啦 A 梦的粉丝，再去影响这 80 万粉丝所拥有的各自的粉丝。

如图 2-3 所示的我的这条微博，经过哆啦 A 梦欢乐世界的微博转发，一下子就获得了百余次的转播和热议，发布类似这样的机器猫主题的微博，已经有过多次成功互动引发"猫迷们"热议的经历，当然，哆啦 A 梦欢乐世界微博这个二传手居功至伟。

张书乐 ✅: 这样的哆啦A梦帅吧，有一个是一个，只要喜欢机器猫的就转发，走过路过不要错过，大理石质地的

2010年11月11日 10:53 来自QQ　全部转播和评论(137)　　转播　评论　更多▾

图 2-3　哆啦 A 梦欢乐世界

65

可以说，微博就是一个兴趣爱好的聚合圈，即使我不是一个百万博客，不是一个意见领袖，不是一个有十几万粉丝的微博主，也同样可以借助诸如哆啦A梦欢乐世界这样的强势微博传播出自己的信息，只要这个信息和要借助的微博的兴趣点有交集并有爆炸力。微博就是这样，一个可以真正实现六度空间理论，让你的信息精准地传播到每一个潜在受众面前的东西。

而这几乎是所有社交平台都在全力追求的，哪怕如微信这样私密化的圈子。从微博这种半熟人圈子，变成微信这样几乎是熟人的圈子，其高度精准性变得更强大。当然，传播的方式还是有所变化的。关于如何运用微信，之后会有专章进行表述。这里的口碑传播模式，如无特别说明，则指的是微博平台。

口碑雪崩绝不是仅仅用一个社交网络就可以实现的，有时候我们需要考虑更多，比如，如何通过社交网络，将口碑传播到不使用社交网络的人之中。

 【目标老人的假牙洁净片怎么在年轻人的社交网络上卖】

中美史克保丽净假牙清洁片的目标消费者是老人，可社交网络多是年轻人，怎么办？根据中美史克的调查数据，与产品最终使用者不同，保丽净50%的购买者来自假牙佩戴者的年轻子女，这就是纽带。2012年，中美史克决定，用节日进行营销。在父亲节和母亲节这样的温馨家庭节日，作为最能够表达子女心意的契机，以拉近子女和父母之间亲情的距离为线索。中美史克将活动内容分为4个部分：唤醒、触动、行动和体验。唤醒采用GPS定位与谷歌地图相结合，为父母和子女进行亲情距离的趣味测试，这是LBS模式；触动环节中，保丽净配合亲情视频的传播，唤醒子女对父母在情感付出上的愧疚心理，触动子女对父母的情感维系。行动环节：由保丽净官方微博原创发起"#微家书#"活动，发布趣味、温馨、愧疚等不同角度的亲情话题，鼓励子女对父母直抒胸臆。最后在体验环节，保丽净每天提供2000份试用装供免费申领，由保丽净为子女递送到父母手中，直接促进产品体验和拉近距离。

而被忽略的是这个活动的后续，老人在使用假牙洁净片后，开始在老人们之间传播，也让其他的老人子女有所了解，并转化为消费行为。在整个活动后，中美史克的假牙洁净片的知名度比2010年提高了3倍，产品销量更是提升了81%。

3．最完美的创意

要让信息能够在微博上得到广泛传播，仅仅知道通过微博来实现最廉价的传播和最精准的传播这两个理论是不够的，还必须有最完美的创意。

 【眼睛渴了也卖糖吗】

2011年2月18日下午14时，网友"爱情杂货店"在新浪微博中发布："传说，每一个职场的白领命中注定有一件东西：加班、升职、或者一次高飞跃的跳槽。就在这个白领挣扎无助的时候，很偶然地遇见一个装模作样的老板对他说：想加薪，你是不是眼睛渴了？"

这段话一经发布即刻受到了网友的追捧。

"传说，每一个×××命中注定有一件东西：×××、×××或者×××，就在这个×××的时候，很偶然地遇见了一个×××对他说：×××，你是不是眼睛渴了？"

网友们围绕这段话展开接力填空。网友以恶搞、提醒、善意等方式引发了关于命中注定有一件东西的思考，短语中不乏含有很多的人生哲理。短短一天的时间引发万人围观，2000多名网民参与，再次见证了网民的智慧。

随后"无糖贝它糖"趁热打铁，2011 年 8 月推出微电影《眼睛渴了》，开展微博互动营销。

通过前期厚厚的口碑铺垫，其彻底开启了情感口碑递进转化，同时配合了强大的试用营销，将产品形象"胡萝卜哥"与"眼睛渴了"合理绑定，成功吸引了大批女性受众。"眼睛渴了"微电影搜索再次火爆登上百度风云榜，牵动"眼睛渴了体"及五一情感视频《今年五一，你回家吗？》等上榜，因此"眼睛渴了"整年的全案情感营销完美收关，其产品形象与产品实现了完美结合。

"眼睛渴了"是个什么东西？它其实是"无糖贝它糖"最新款产品的名称，以一种很娱乐性的创意被人们记住了。

需要明确的是，创意能够启动社交平台，让其成为引发口碑雪崩的远山呼唤，而社交平台恰恰是能够撬动创意，让其传播最大化的最有力工具。两者相辅相成，不可分割。

来自产品本身的创意有时候会更高于营销文案的创意，而且更可以通过对产品的使用，被用户所传播。

 【可以拨开吃的冰棍像香蕉】

2012 年，雀巢新推出的全新笨 Nana 冰淇淋（一种不同寻常的冰淇淋，可以像真正的香蕉一样吃），这款冰淇淋很快成为社交网络上的热点，原因很简单，Nana 冰淇淋在产品上开创了一种有趣的食用体验：食用时当从顶部咬上一口可剥离的果冻壳，就可以像剥香蕉皮那样剥出美味的冰淇淋。而在社交网络上，如"史上第一只可以剥开吃的冰棍"、"吃香蕉不吐香蕉皮"等带有趣味的评价就成为了网民最热衷讨论和转发的话题，"笨 Nana"开通了新浪微博，之前的预热显出效果来，第一条微博转发量一天内超过 1000 次，2012 年 3 月，"笨 Nana"登上新浪话题榜第一名，并 7 次登上新浪热搜榜。一个产品的口碑已经达到了初级雪崩的状态。

由此可见，要想出来最完美的创意并不难，关键在于敢想敢做。总而言之，你把微博、微信这些社交平台当做一个搅拌棍子，把你需要的口碑搅动到所有目标受众群体（或者称之为朋友）眼前，你就成功了。

2.4.7　鸟叔告诉你社交口碑其实不难

一个怪怪的大叔，跳着怪怪的舞蹈，让一首《江南 Style》从韩国红遍全球。截止 2013 年 10 月 20 日，《江南 Style》的 MV 上传到 Youtube 网站仅 98 天，点击率就突破了 5 亿次，在"史上点击率最多的视频"中排名第三。

【江南 Style 红透全球】

　　在全球各地，《江南 Style》的模仿秀也从电视烧到了网络上，大量翻版其模式的视频几乎让各大视频网站成了骑马舞的示范秀场，当然，一些精明的商家也借着这股旋风，将自己的产品绑在了骑马舞上，获取眼球。如图 2-4 所示。

图 2-4　红遍全球的鸟叔

这仅仅是传统意义上的病毒视频传播吗？

鸟叔凭借《江南 Style》走红全球，这在其本人来说都是不可预见的，而论者在谈到这次网络流行风时，批评其低俗缺乏内涵，只是满足人群的无聊感的有之，称赞其新颖独特开辟了全新的演绎视角的有之。但有一点是大家都认可的，这个舞蹈尽管怪，但却简单易学。

恰恰是其新颖易学，才得以在社会化网络上大受追捧，也恰恰如此，才能让全球各地的人，超越了语言障碍和地域局限，以"肢体"这个全球通用语言创造了更多更具创意的模仿秀，从而不断推高了《江南 Style》原片的影响力。

这其实和《甩葱歌》的流行有相类似的营销途径。

2006 年开始在网络上逐步走红的这首《甩葱歌》，其实已经诞生了十年。自芬兰四重奏组合 Loituma 在 1996 年的处女作唱片《美丽事物》中，用芬兰民歌的曲调演绎了一首名为《伊娃的波尔卡》的歌曲，尽管有一定名气，但其影响力主要局限于东欧地区。

　【井上织姬意外爆炒《甩葱歌》】

　　2006 年，有网民将日本流行动漫《死神》中的角色井上织姬甩葱的动作和这首波尔卡舞曲进行了"混搭"，以视频的形式上传到了网络上，很快就得到了刚刚兴起不久的社交网络的无限追捧。夸张但又富有节奏张力的动作，配合以《甩葱歌》这样一个搞怪的名称，依靠微博和 SNS 等社交网络，以无限模仿的方式被无数人演绎和传播。可以说，没有社交网络，《伊娃的波尔卡》将注定只是一个地域性流行歌曲，无法实现国界的跨域。

不难看出，在《江南 Style》和《甩葱歌》两者之间最显著的相似点，就在于其高度的模仿性，而其走红的主要轨迹也不再是病毒视频所依托的视频网站平台，同时也不再如病毒视频那样讲求一个视频面向广大人群的发散，而是以极强的可修改性和社群娱乐性，逐步覆盖除音乐和舞蹈爱好者以外的更广大族群。

所不同的是，《江南 Style》上位的速度更快，在某种程度上，是因为社交网络发生影响后，刺激了诸多名人如小甜甜布兰妮在电视节目上的演绎，进而通过传统媒体加速催化了其影响力的扩张，并在社交网络上形成二次引爆。这在很大程度上带有偶发性因素，但也同时证明，社交网络的营销路线大有可为。

这一切都不是靠花钱能够做到的。

当鸟叔的《江南 Style》走红后，许多跟风的商业营销也接连冒出，通过模仿并植入相对应的品牌元素希望借势上扬，然而在众多模仿秀中，含有商业元素的往往都被网民在社交网络上自觉抛弃。

【各种 Style 制造不出口碑】

某地的公共交通企业也花了大笔投入，用穿上了制服的舞蹈演员配合瑜伽、街舞和广场舞等多种现代潮流元素进行演绎，并通过大众传媒先声夺人，然而在微博、SNS 之上，这类视频在初期用水军造势之后，立刻被一片骂声所掩盖，并最终在恶搞元素分外强悍的《江南 Style》中，品牌的正面色彩难以凸显，而色眯眯的驾驶员大叔更无法获得市民的喜爱，哪怕知道只是场秀。

运用《江南 Style》进行再次营销的失败，其实并非其不能被商家拿来主义，而只是在网民口味和自身品牌之间的把握度没有拿捏到位。

因此，必须精准地掌握网民的口味，这一点，仅仅靠花钱是无法实现的，甚至于即使有上佳的平台，如果没有实现有效的口碑扩张，也难以实现。之前提到的 Windows XP 示例音乐《人云亦云》就是例证。

时至今日，在社交网络上，对于类似搭载于强大平台的各种产品，也从来没有形成过社交传播的旋风。包括在社交网络上做口碑宣传的许多企事业，尽管花了不少钱，并用水军进行人为托高，也没有形成目的意义上的口碑传递。

理由很简单，不具备可复制性，仅仅是单向的传播，很难真正打开社交网络的缺口。不仅仅是音乐、舞蹈和视频，其实任何品牌元素都是如此。

据此可以得出一个小结论，在网民的口味元素中，恶搞是重口味，而简单是大家都习惯的口味。

在许多人看来，在社交网络上制造流行，一定少不了恶搞，其实不然，在中国就有一个典型的例子，那就是凡客体。作为营销界都熟悉的案例，其最初的凡客体形态只是表达一种青年个性化的诉求，尽管之后大量的"山寨"中包含了众多的恶搞和夸张元素，并通过微博不断放大，形成一段时间内的社会潮流，但其原始的本体却并不恶搞，对于凡客本身的形象也只有提升而无削弱作用。

【"你怎么看"一夜爆红的元芳体】

　　即使是流行在微博上无心插柳柳成荫的"元芳体"，亦是如此。影视剧《神探狄仁杰》中狄大人常对李元芳说："元芳，此事你怎么看"。而李元芳的回答也固定化，"大人，我觉得此事有蹊跷，背后一定有一个天大的秘密。"

　　这个被网民在微博上无下限地恶搞之后，其由于本源并没有真正恶搞的成分，因此无论是对影视剧还是演员本身都没有带来负面的影响，甚至于真正拓展了影视剧和演员的知名度。

　　由此可见，《江南 Style》、《甩葱歌》、凡客体、元芳体等在社交网络上的流行，不一定非要恶搞，也不一定走病毒视频的途径，但要流行、要在社交网络上被口碑传播，就必须足够简单，简单到让大多数网民都可以在复制、粘贴，进行自己的再创造，从而形成社交网络所特有的众星捧月效应。

　　这就是社交网络营销的基本点，在过去的网络营销中，尽管也提倡互动，但终究摆脱不了意见领袖式的发布和网民以沉默的身份进行默默接受的格局，互动的部分更多的只是一种点缀。

　　而社交网络下，每一个参与其中的网民都真正有机会成为一个发声源和自媒体，并影响或大或小的社群与友群，而依靠类似《江南 Style》、元芳体这样的可修改话题性创意来成为网民们在社交网络中交流的谈资，并通过从简单模仿到大面积植入，真正融入其现实生活或兴趣爱好等方面的元素，以此形成口碑或病毒的异化或多样化，依托网民的智慧，形成一种社交网络下的免费"众包"，为原始话题所预埋的品牌特征创造更容易被大众所接受的氛围和内涵。再依靠媒体资源主动加入或有意引导，对社交话题进行催化和推动，形成二次爆发。

　　不一定非要等到流行的社交话题出现后再跟风，知道了网民需求，找准了自己品牌的结合点，用简单和可复制性的话题，就可以"自造"影响力，用自己的话题形成另一个《江南 Style》旋风，而且能够运用得当，比如善加使用肢体这种跨国界语言，以蝴蝶效应席卷全球并非不可能，因为社交网络上的营销可以是无国界的。

　　简单就好，口碑营销其实就这么简单。

2.4.8　从微漫画看"众包"思维

　　你或许会觉得，这样的口碑积累太难，特别是初期没有多少粉丝和口碑积雪的情况下，需要花太多的时间和精力来运作，有没有捷径呢？

　　答案是有的，其实你完全可以借鉴众包这个互联网商业模式。所谓众包，指的是一个公司或机构把过去应该由员工执行的工作任务，以自由自愿的形式外包给非特定的（而且通常是大型的）大众网络的做法。我们先来看看微漫画是如何众包成功的。

【没人关注的暴走武侠漫画】

2013 年 8 月，配合手机游戏《武侠 Q 传》，14 个知名原创漫画微博创作"暴走武侠"漫画，引发了网友大量转发，"暴走武侠"也成功将《武林 Q 传》推送到网友面前。然而，按厂商宣传的，该手游取得了当周 App 总排行榜第十名的佳绩背后，"暴走武侠"话题仅仅在腾讯微博上有 493 条广播，阅读 9 万次，在新浪微博上搜索仅有 40 条结果，几乎可忽略不计。

微漫画营销几乎无成功案例，哪怕轰动一时。

中国互联网上较早出名的漫画营销并非手绘，而是 2006 年窜红的《非常真人》。

【很火、很无效的《非常真人》】

在没有微博的时代，网络营销主要依靠的媒介是博客。他们以社会生活中的一些热点话题为题材，通过夸张的神情演绎，把他们拍成照片，再加上诙谐的解说文字组成四格、六格或者八格漫画。从 2006 年 3 月出现到 2007 年年末谢幕，仅这个博客上就聚集了两千万的点击率，而网络转载所产生的力量则更为强大，可谓是 2006 年最有影响力的一次网络推广。

但这仅仅只是推广，不能称之为营销。理由很简单，《非常真人》火爆的背后，并没有和任何商业品牌真正成功"联姻"，其幕后推手之一的阿锋曾在事后的一篇博文中检讨道："《非常真人》最火的时候，捧场的很多，但是一直没有找到可持续的商业模式，可以说是叫好不叫座，最终我们在最火的时候，自己放弃了。"

更为关键的是，《非常真人》太过恶搞，娱乐到低俗的地步，使得任何商业品牌和它结合，其口碑都会是"负能量"的，哪怕那一期的"非常真人"极度"正能量"。

之后随着漫画走出恶搞世界，加上微博、微信等社交媒体的流行，微漫画似乎找到了其商业营销的新起点。

比较主流的微漫画营销有三种。

第一种是原创趣味漫画连载模式。

【惨淡的华硕、东风主题漫画营销】

华硕在 2010 年创作《达达真人漫画》，在新浪微博和搜狐微博上，以职场故事的形式接近华硕笔记本的潜在目标人群(也是当时微博主流用户——职场白领)，巧妙植入其品牌形象。同年，东风日产天籁亦在新浪微博和开心网上推出四格漫画《LV 日记》，以拟人的手法赋予 V6 和 L4 两种发动机不同的性格，并以"80 后"人群熟悉的《坦克大战》中的角色为人物形象，其用心不可谓不深。然则，与"暴走武侠"一样，《达达真人漫画》上线一周，仅在搜狐微博上收获 2000 余条转发，而《LV 日记》则不过 600 余条评论，结果均十分惨淡。此类模式，也因此被大多数网络营销从业者所弃用。

第二种是网民 DIY 漫画模式。

 【十万人参与中国银行微漫画征集】

　　较为有名的是中国银行在新浪微博上进行的"动漫 DIY 征集活动"，其通过"虎老板"、"阿银"及"阿丽"三位人物形象来演绎有关使用顾客和银行职员之间关于网银使用的故事，使卡通人物光标小子这一主要用于展现中国银行网银美丽的角色得到更好的人性化诠释。而网民则可以在线选择三位人物形象，利用新浪提供的工具制作可爱的动漫故事与广大网友分享，还可以选择在线制作符合网银特色的四格漫画来参与活动。表面上看，此活动收到了千余组画作，十余万人参与，且因为微博提供了制作工具而使得原本遥不可及的漫画制作变成了人人可玩的"零门槛"活动，并发挥了微博的社交特征。但此类活动依然受到较强专业因素的制约，加上主题受限，使得活动所要达到的将网银特色广而告之的目的并没有得到有效彰显。此后亦有多个厂商尝试类似活动，并得到社交平台力推，但参赛者却日渐寥寥。

　　第三种是漫画作者与网民互动创作模式。

　　最典型的代表是腾讯微博力推的"大神赐画"活动，其依靠腾讯强大的人气和接连与众多厂商进行深度合作的推广形式，似乎为微漫画找到了营销突破口。

 【腾讯"大神赐画"手绘新生入学图】

　　2013 年 9 月，新一批大学生入校，无疑给营销者来带了又一次话题刺激点，而此次，从以此为主题的众多网络营销活动中脱颖而出的，除了纷繁嘈杂的各个高校女神秀外，就是"大神赐画"为众多大一新生量身打造的手绘新生入学漫画。如图 2-5 所示。

　　腾讯微博的"大神赐画"栏目其活动模式基本是固定的，即在某一时段内，以特定主题吸引众多网民在微博中以"大神赐画"为话题，写出自己的一些手绘要求，并上传自己的图片，即可有机会获得来自该栏目合作漫画作者的定制版手绘作品。

图 2-5　新生漫画

　　开学季促成了该微漫画营销的又一个新高潮，各种新生与学校地标的合影变成了独特的漫画，吸引了对应学校师生的热捧，而这仅仅是"大神赐画"一系列商业活动中用以塑造话题公益性特征的一个小动作。与之类似的是其经常以手绘的形式，在名人生日时为其画像并作为"寿礼"，与之互动，吸引名人粉丝的关注。

【腾讯微漫画用萌风推游戏】

在此之前，该栏目获得腾讯微博平台大量资源热推，已经和《穿越火线》《斗战神》等网络游戏合作，为玩家量身绘制以游戏角色为蓝本的个人漫画头像，为游戏新版本造势。其上线短短几个月，就有了超过 30 万的"大神赐画"相关微博，用户参与极其踊跃。

然而问题也在此暴露出来，即在如此强力的推广之下，求画与赐画之间已经形成了极度的"饥渴营销"态势。2013 年 7 月，腾讯曾发布公告招募手绘人才，而其公告中亦透露出其目前的"大神"团队为 10 人。经过两个月的扩军，从"大神赐画"官方微博上显示的加盟公告看，亦不过十余人加盟，极度不足的画师团队已经难以满足每日近千的求画量。

【千人求画，腾讯"大神"只给了十几幅】

2013 年 9 月 16 日下午 3 时推出的新主题《进击的巨人》赐画公告，当日"大神"仅回应了 4 幅画作，次日回应了 9 幅。数以千计的微博用户在此次主题赐画活动中，再一次收获了失望，其中也包括参与活动数次的我。

看似非常完美并足够商业化的社交微漫画模式，很显然，再一次撞击到了礁石。

三类微漫画形式的营销价值不显，其关键就在于人为地割裂了微漫画的特色元素，让微漫画如死水般没有多少"动静"。

趣味、DIY 和互动应该同步发生，而且绝不应该是单一的赐画模式，让微漫画仅仅成为极少部分人的特权和类似中奖一般的用户体验。如果能实现全民参与、全民创作、全民互动的众包模式，微漫画则完全可以实现和微视频一样的传播效力，且效果更强。

开放式的漫画工具让创作门槛降低。微漫画较之微视频的难点在于创作，当下智能手机的流行已经能够轻松制作各种微视频，然而漫画依然需要相当程度的美术功底，这使得微漫画的主创人群依然小众。中国银行的案例则显示，如果主动提供各种漫画创作工具，则全民参与即为可能。腾讯微博上的应用"漫画君"漫画生产器即可视为此类 DIY 式漫画的一种可贵尝试，其提供了 5 个特定人物形象的数百种形象、背景、饰品搭配，让任何用户都可以制作出属于自己的漫画，目前已有 4 万余幅漫画作品问世。但因为人物形象、相关场景元素等依然受限，尚无法实现大众化需求。

开放式的激励互动，让漫画快速流行。微漫画的互动性不足，已经让其对商业品牌的营销效果大打折扣。而类似"大神赐画"这样的模式，如果能开放画师限制，而以漫画界常用的"同人"风格，依然用每期主题的方式，加上适当奖励，吸引更多民间画师参与其中，为网民作画，以实现网民难以达成的漫画体验。这一点，新浪微漫画频道以百万奖金的激励形式来激发漫画创作的方式，虽激励有余但用户参与不足，且商业品牌融入欠缺。若两者二合而一，则可取长补短，并刺激漫画快速流行。

开放式的深度融合彰显品牌价值。如若具备了便捷的漫画工具和激励互动（如华硕的《达达真人漫画》这样的表现形式），即可在"众包"状态下，以漫画竞赛或同人创作的方式予以开放式地实现，并依托在其他网络渠道上做的推广，通过多种表现形式并深度融合品牌元素的各色民间漫画与网民形成广泛互动，长期积淀口碑效应。

然则，以上一切，均须以打破大众难以参与漫画创作这一瓶颈为前期铺垫，而强调短平快三板斧的网络营销行业与既定目标过多的社交网络领域，尚难以沉下心来，用一段较长的时间营造自己的微漫画众包品牌，并用较长的时间，联合品牌推广进行长期植入和口碑沉淀。

要明白口碑雪崩理论，还必须看穿 5 个道理，这也是为什么社交平台能够成就网络口碑雪崩的根本原因。

- 除了你自己以外，没人在乎你的产品。

- 靠胁迫或利诱难以实现真正的口碑。

- 口碑的基础还是物美价廉、货真价实。

- 必须创造引爆点，引发大家口碑传播。

- 不要去控制口碑的传播过程，那没用。

接下来让我们在第 2.5 节详细了解一下这 5 个微博口碑营销的核心命题吧。

【思考一下】

你是一个二线城市里新建电影院的市场推广人员，电影院拥有本城最大的 MAX 屏幕，将在一周后的寒假档时间内开张，手上没有任何推广经费，但你拥有赠送寒假档 10 部上映时间不同的热门大片的首场观影卷（每次两张），并且有一两百元钱，估计可以设计和制作一个易拉宝，或友情请到一个大 V 帮你发布一两条信息。给你一个设定条件，用微信、微博进行口碑营销，你会如何做？

2.5　被人忽视的口碑盲点

【本节要点】

口碑营销绝不是病毒营销，口碑营销和病毒营销最大的区别就在于前者是基于口碑进行传播，而后者则是诱导网民进行分享，因此口碑雪崩的推动者就必须站在受众的角度去思考问题，真正了解和掌握他们的所欲所求，而非把自己置身"上帝模式"，认为受众非自己不可。

口碑雪崩依然容易走向病毒营销的轨迹，但并非不能控制，因为口碑雪崩有一个很关键的要求，那就是必须要有积雪，否则就是病毒营销。而通过产品初体验积累的用户群体则需要通过微博或 SNS 之类的社交网络进行聚合，真正形成一个在互联网上的粉丝群体，只有这个群体积累到了一定数量，口碑雪崩才能发挥真正的效益。

2.5.1 没人在乎你的产品

很多人认为自己的产品有很多粉丝，总是自高自大地以为只要自己举起了"屠龙宝刀"，就可以号令武林莫敢不从。其实真实的情况是，除了你自己，没有人在乎你的产品。如果是初出茅庐的小品牌，这更是你必须面对的残酷真相；如果你是一个知名品牌，那么这是你必须不断警醒地告诉自己可能出现的危机。更为重要的是，在微博上，没有谁可以凌驾于他人之上，无论你所经营的微博代表的是一个人、一个部门还是一个品牌，都应该把自己当作一个人，一个平凡的人，一个乐意与他人真心实意交朋友的人。只有平等才能够让微博上的粉丝变成朋友，让朋友最终为了照顾朋友的生意，而关注你的产品，为你主动传扬口碑。

如何让人在乎你呢？有时候设置悬念来推新品是个好办法。

【技嘉打造老 K 悬疑口碑】

在 2010 年 WCG 世界总决赛开始之前，一条有关于老 K 的流言在游戏爱好者群体中广为流传。代表中国出征美国 WCG 世界总决赛的 Ehome.Fly（陆维梁）在微博上多次透露关于老 K 的信息。Fly 表示，有一位神秘的《星际争霸 2》高手老 K 即将在 WCG 期间现身，他对此深表期待。此举也引发了广大爱好者对于 Ehome 俱乐部将在年内组建星际二战队的热议。

老 K 是谁？大家都在猜。Fly 关于老 K 的微博短短半小时内就被转发了 600 多次。在开心网上，关于老 K 的点击也高达数万次。短短数日，在游戏人群中，老 K 已成为热门话题。在百度搜索"老 K 来了"关键词，有近 10 万的搜索结果。而时间已经逼近了悬念揭晓的时刻。随着 NeoTV 对 WCG 2010 世界总决赛直播的开始，一条由 Fly 拍摄的 TVC 广告映入人们眼前，"老 K 是谁"的答案才最终揭晓——一款专为《星际争霸 2》打造的游戏主板，拥有由技嘉金牌主板研发的 HotKey OC 一键超频技术，能于一瞬间提升机器 37% 的性能，有效保证如星际争霸 2 等对于配置有超高要求的游戏体验，是一款畅快游戏必不可少的利器。

柯南说，真相只有一个。只要悬念做得好，往往就会有意想不到的效果，并且让人开始乐意去关注你的产品。当然，这种事偶尔为之，大多数时候还是选择交朋友。

2.5.2 不靠胁迫或利诱制造口碑

真实的口碑不但花钱买不来，靠胁迫或利诱也造就不了，病毒传播造就不了真正的口碑。很多人在微博上营造口碑过分注意短期效应。如团购站点普遍通过抽奖、中奖等方式来传播口碑，这些或许短期内能够引起很多人的关注和转发，但绝不可能长久，也不会营造真正的口碑，除非你是福彩站点。

更多做微博营销的人很倾向于通过病毒传播的方式来创造他们眼中的快餐式口碑。比如很多微博大面积地@粉丝，并且通过利诱或胁迫的方式让自己的粉丝再去@一定数量的听众，这种病毒性营销的方式虽然真的形成了一定的转发，但这种转发不仅带有骚扰性，也背离了口碑传播的基本原则（即收听者是真正乐意了解这一信息并对此有兴趣的人）。

病毒或营销以诱骗的手段让别人有口无心地去谈论你的产品，其微博并没有真情实感，只是因为利诱或者胁迫，当传播到一定程度时，就会变为强弩之末，再无力量。口碑雪崩则是通过有创意的推广和互动，让网民主动自愿地去谈论你的产品，且出于真情实感，而这种真情实感最能引起他人共鸣，从而越传播越有力量，越能影响更多的人，从而形成口碑雪崩效应。

那么怎么区别是不是利诱和胁迫呢？看似相近的两者，有一个最大的不同，即口碑雪崩是以兴趣聚合的，只要接受信息并乐于再次传播的人是真正对这个事物感兴趣的，那么这个营销就是口碑传播而非病毒传播。我们来看一个案例。

 【用美墅口碑来推广陶瓷】

一家名为"特地"的陶瓷依托腾讯微博发起有关"美墅"的系列讨论，整个活动很简单，就是用一条"一句话描述我心中的美墅"微博引起网民关注。而有趣的是，这么一条微博，吸引了上千的转发和评论，不少网友都表达了自己对"心中美墅"的想法，有网友说："我心中的美墅是纯天然的，屋外布满了绿色植被，所有照明系统全是太阳能。房间一年四季如春，就好像住在潘多拉森林里。"

也有网友说："我想住地下仓库，很神秘，很安静，不过装修一定要豪华"。

随即，特地陶瓷再深度推进有关"美墅"的讨论，邀请网友畅谈对"美墅主义"的认识和看法。在特地的微博上，这个活动被这样描述：美墅主义，一个极具现代感的家装词汇，一股引发"待装族"强烈关注的家装潮流新风格、新概念，它具有时尚、奢华、现代、独一无二、独具个性的鲜明特征，正在家装设计界掀起一股新的热浪狂潮。谈谈你对"美墅主义"的认识和看法，你也想拥有一个属于自己的美墅乐园吗？

这个活动没有用威逼利诱，也没有什么商业广告，但因为它恰好出现在房价热炒时期，所以被很多网民格外关注，甚至成为了吐苦水的一个有效平台。"没有房、买不起房，我心中的美墅只是一个真正属于我的小空间，但这还是奢望"类似这样的微博比比皆是，更激发了网民的围观和喧嚣。

陶瓷商获得了什么？通过不断地转发，让网民看到自己的微博名称（即企业名），这就足够了，这就是口碑。将来这些网民去购买装修材料的时候，或许会在记忆深处回想起来，成为选择之一，那就成功了。

雪佛兰则走得更远，"我不胁迫你，我只怕你胁迫我"这是我对雪佛兰的一次微博发布给予的评价。原本这次微博只是一个副产品，是雪佛兰拍摄最新款汽车广告的同时"随意"产生的，然而实际上，这次微博推广所产生的效果甚至盖过了汽车广告本身，喧宾夺主了。

【雪佛兰玩转越狱口碑】

拍摄过《越狱》等著名美剧明星米勒于 2010 年 10 月中旬在上海拍摄新一季雪佛兰科鲁兹广告大片，如图 2-6 所示。雪佛兰既然花了大价钱，就自然要好好利用一番，具体的推广分为三期。

图 2-6 连微博头像都配合米勒来华

第一期为"闷锅煲汤"。米勒抵达上海前，雪佛兰科鲁兹微博内容全面转向米勒和美剧，强势塑造粉丝参与氛围，这就有点向广东人煲汤一样，自顾自地发微博，把粉丝闷在锅子里，等到揭开盖子的那一刻爆发。当然，雪佛兰的推广部门也做了不少准备工作，包括特制预告微博背景模板、米勒话题讨论以及微博活动拉取粉丝等。其中单条微博活动的自然转发数达到近 6000 次，评论达到 1000 多次。

第二期为"爆炒米勒"。米勒来华后，雪佛兰立刻第一线直击，并迅速上传微博。第一条消息由雪佛兰科鲁兹官方微博发出，被狂转了近 6000 次，获得了几百条评论。之后曝光米勒在上海的一切行踪引发粉丝跟风狂潮。雪佛兰科鲁兹微博抢先发布了发布会信息，现场视频第一时间火速通过微博传达。

第三期为"品牌红烧"。之前的温度已经调到很高了，粉丝也已经迫不及待，这时候品牌信息再跟着米勒一起溜达下，就不再是问题了，于是立刻在随后米勒行踪微博直播中配合了新闻、视频、博文等复合式的推广手段，对科鲁兹品牌进行多角度复合植入。整个活动依然是以米勒来华为主，但同时也植入了雪佛兰科鲁兹汽车和科鲁兹 slogan，达到了露出品牌的效果。包括直播时科鲁兹广告片的植入和科鲁兹 1.6T 视频，配合转发有奖活动，双管旗下，促动传播。

科鲁兹微博直播米勒来华的优质内容 4 次登上微博热门转发榜，深度互动使米勒粉丝同时转换为雪佛兰科鲁兹粉丝，并吸引了潜在用户关注。整个雪佛兰科鲁兹微博粉丝数在活动的短短几天中，自然增长粉丝近万人！

其实，这只是中文世界的一次科鲁兹米勒秀，在米勒为科鲁兹拍摄广告到过的每一个国家，当地语种的最主流微博都会贴近粉丝一次。这是不是和之前提到的哈利·波特魔法城堡案例很接近？其实这就是找兴趣点，是自然吸引而不是去胁迫。

另一方面，这个案例也告诉了我们另一个网络营销的精准推广可能。很多人非常看重微博的无界限性，可以无所忌惮地传播到网络覆盖的任何角落，其实合适的推广方式，可以让传播精准到某一地方、某一人群，这是很多地方性品牌最难解决、也最希望微博解决的，科鲁兹做到了。

2.5.3 货真价实是基础

真正的口碑不是依靠数以万亿计的广告费用和海量泛滥在网络上的软性文章造就的。要缔造长久并且为人们所乐意主动传播的口碑，最基础、最核心的还是物美价廉。而网络营销口碑雪崩准确来说就是一个催化剂，让你最终要达到的口碑提早实现、更快传播、更广扩散。

我们往往会在微博上看到很多假冒伪劣产品的推广，比如 iPhone 热卖的时候，会有大量的小型电商站点在微博上泛滥传播廉价的假 iPhone 手机，通过诱骗他人上当的方式进行销售，其永远只能是短期效益，不可能出现口碑。

在微博上传递口碑，切忌过分广告，还是那句话，真情实感最重要，实实在在的体验最关键。当然也不是全然不能广告，关键是你的广告要真正实在、货真价实，而且最好能够精准投放。

2009 年年底，Dealmoon 在美国上线运营，这是一个专门为华人提供打折信息的网站。每天 24 小时滚动更新最热门的折扣信息，将产品分为 10 个大类，37 个小类，一方面提供最适合华人用户的产品信息，另一方面也推荐主流市场的优惠券。他们的产品信息来自于亚马逊、百思买、梅西百货等著名商家，因此也容易得到消费者的信任。

但流量是个问题，小网站有谁会关注呢？一个美国公司将视角放在了新浪微博上。新浪微博在北美有近百万用户，其中大部分都是消费能力很强的年轻人群，而来自中国的留学生更是重要组成部分。这些中国用户来美国或许没有多少年，他们需要打折信息，也喜欢购买有品质的商品，更希望得到在美国生活的实用指南，而这正是 Dealmoon 最主要的目标用户群。

【打折广告打来超强粉丝黏合】

2011 年年初，Dealmoon 的官方微博"北美省钱快报"正式在新浪落户。它的微博就是广告，图文并茂的打折广告，但打折广告很实在，而且对美国的华人来说很有用，每次广告发布后，就能吸引读者点击链接进入网站进行购物，当然，它还时不时搞一些抽奖活动，与粉丝进行互动来刺激用户量的增长。

实实在在的信息让北美省钱快报在北美华人心中的地位激增，比如苹果开始发售 iPhone 4S 无合约机时，其就以这款最新版智能手机为奖品发了一条抽奖推广微博。尽管注明仅限北美用户，但这条微博在两天之内的转发量就接近 9000 次。这些流量也被成功引入到网站中，四分之一的网站流量来自微博，就很能说明问题了。

2.5.4 巧妙创造引爆点

引爆点是什么？怎么制造引爆点？其实我们生活中时时刻刻都有类似微博口碑传播的引爆点。就拿我的同仁来说，他是一个数码达人，作为达人，有什么新奇特的数码产品必然第一时间拿到办公室来显摆一番，顺便让我们这些数码白痴能够第一时间扫盲，自然他也在不自觉中帮助这些产品做了一次实地现场版口碑促销。

【真人减肥示范 WII 口碑】

最近，我们意外发现——"他"（一位同事）瘦了，瘦得实在太明显了，从一个 160 斤的肥肥变成了一个 120 斤的芦材棒。当我们好奇这一点的时候，纷纷在议论他是不是因为失恋而"为伊消得人憔悴"时，引爆点出现了。

他神秘兮兮地邀请了公司的几个女生到他家参加晚宴，而晚宴回来之后，这几位好吃的女生也开始有了苗条化的趋势，这更加引发了我们的好奇。最终当好奇变为主动询问时，我们得知了真相——他每天在家玩游戏，玩 WII 上的体感游戏。

最终，办公室里的同事集体团购了 WII 或 XBOX 360，全部成为了体感游戏的俘虏，而当我们办公室茶余饭后的聊天内容变成了玩游戏心得交流之后，体感游戏的"流感"也逐步传染到了其他办公室或者是其他公司，甚至从这栋大楼传递到了另一栋大楼……

这就是引爆点，而这个引爆点同样可以在微博上出现，只是场景从现实移到虚拟，从每天实实在在看见他变瘦换成他在微博上晒减肉量、瘦身成果照以及体验等

古语有云，授人以鱼不如授人以渔。目前看来最好的口碑引爆点是授人以渔，做一个对人有益的微博其实挺好。而引爆点真实地存在于口碑营销之中，只要你用得巧，定向爆破的结果将是非常可观的。

 【现场直播手术你想看吗】

2009 年 2 月亨利福特医院通过推特进行了第一次现场直播手术。通过推特传播，达到了教育的目的，其结果是该机构的信誉得到了加强。后来又有 15 台手术使用推特直播，也让手术执行和效果更透明化，能够经受得住各种人的检验。越来越多的病人愿意在那里做手术，越来越多的医生愿意在那里工作。由于效果良好，亨利福特医院的做法也引起了其他医疗机构的效仿。

这个引爆点是什么？就是手术直播，别人不敢想象的，这个医院做到了，而这是一个奇闻，自然获得了许多关注。关注的结果是，通过连续的微博直播，关注的人群在口碑中不断地得到一个明确的信息——好手术、好医院。

那么这样的引爆点在国内有没有出现过呢？过去这类例子有很多，但大多数是整形医院，且都是通过与电视台合作，直播女子整容成明星脸之类的。效果呢？从花钱上来说，前者广告成本为零，后者的广告费数以百万计（占用那么多播出时间，那都是钱啊）；从赚钱上来说，前者很成功，为医院带来了生意，后者则很少见到成功案例作为炫耀资本。

为什么会如此？并非说电视直播不行，微博直播就棒，其实关键在于引爆点的设置上，尽管噱头都是手术直播，但前者以教育为核心，普及手术知识，让人耳目一新，定向爆破出了医院的水平口碑，而后者太过于作秀和商业，中间的操作与选秀无异，真正涉及技术的环节又不敢充分暴露，定向爆破角度不准，结果引爆之后的口碑雪崩形成了对整形医院技术水平的质疑。

即使有很好的引爆点，也要注意巧妙运用，让其达到最佳的引爆效果。

南方航空获得了中国首架空中客车出品的大飞机 A380，并在其首飞时启动微博营销，以"大飞机"这个中国人都很感冒的话题来为自己集聚口碑。如果换作是你自己，会如何？

我问了好几个做微博推广的公关公司资深从业人士，得到的回答如下：实时发布 A380 的乘坐体验，给乘客提供空乘 WiFi 环境（如果条件允许），召集热门微博主集体拍摄和参与首次体验 A380 活动，通过南航官方微博发布 A380 的趣闻和信息，像东航凌燕一样让 A380 空乘人员开微博与网民互动……

诚然，这些想法都是很不错的执行方案，但这种效果也流于常规，只能算是中规中矩的微博维护推广，很难达到口碑营销的扩散。而南航的推广团队却用了另一种方案，让整个 A380 的微博推广得到了升华。

 【 南方航空的空客体验营销 】

此次活动，南航充分利用腾讯微博的话题集束功能，将微博作为主要活动登录入口。网民通过微博登录活动网站后，填写机票个人信息并上传头像就可以形成个性化虚拟机票，同时还可以同步虚拟化机票到微博。通过微博虚拟，网民拥有属于自己的独特的登机牌，似乎真的如同 A380 飞翔在空中，这种独特的体验感受完全区别于其他品牌营销，每个参与的网民就是 A380 首航的参与者与见证人，让南航的"首占先机"的形象潜移默化地植入网民心中，使得企业与网民建立起某种情感纽带。"让梦想飞得更远，心与心贴得更近"，一位认证用户在参与活动后表示："南航不错哦。"活动期间，关于空客 A380 的广播数提升至 8.3 万次，日增广播量甚至高达 1.7 万次。

同时在此次活动中，网民还可以获得"飞翔大不同"的勋章。勋章用以表现微博拥有者的活动，成为用户与企业之间的情感维系节点。借由此次活动，极大地提升了南航的品牌影响力：在短短的一个月内，活动参与人数达 20 万，南航的听众增加了 12.4 万，生成的登机牌数有 1.8 万个，成功分享到微博虚拟登机牌的有 1.35 万人。按腾讯微博用户平均听众数 100 计算，网民口碑传播力已超 135 万。

2.5.5　别刻意控制口碑传播

如果你要做口碑雪崩，那么请忘记你所熟悉的广告传播或舆论传播规则，口碑是最没有规则可循的，不要妄图去控制口碑的传播过程，也不要把自己打扮成宣传部的干将。实现口碑雪崩之后，具有吞噬一切的效果，无论它是好口碑还是坏口碑，都是洪水猛兽，那是不是我们就完全拿口碑没有办法了呢？当然不是，即使是洪水，也可以让它为你所用。简单来说就是大禹治水的疏导之功，而非堵。

很多网络传播者喜欢做两件事。

其一是在口碑传播开始的时候设立许多障碍。比如通过微博传递某本小说，但打开的时候发现要付费阅读，或者是要注册一个新的账号或提交电子邮件地址，当然最常见的是要求阅读者关注自己的微博，会想到如此去做的商家确实很精明，可以通过这种手段直接获得收益或者掌握更多的潜在消费群体，为新一轮的口碑传播创造条件，可这些其实就是障碍，应该不会有很多人乐意为了去阅读某本并不知道好不好看的书而去注册账号或提交邮件地址，甚至对于微博主主动提出的关注该微博的这种做法也会有反感。这种做法在一开始，很有可能就失去了绝大多数粉丝的关注，也失去了很多主动的口碑转发。

其二是在口碑传播过程中只选好的不选对的。一次成功的口碑雪崩，能够促发数以万亿计的人群关注，或者在微博上掀起一个又一个波澜，但正负总是同时出现的，防民之口甚于防川，既然你要做推广宣传，就要做好微博这个搅拌棍子在帮你搅动起你需要的正向口碑时，也让那些对你品牌不满的负向口碑随之飞舞。但请注意，这是一件好事，更早地发现这些负向口碑，可以让你更好地获得免费的市场调研数据，真正有效地调整好自己的产品策略，同时利用以微博为首，以论坛、新闻、博客等为辅的网络互动工具，去沟通交流，让永远不可能达到100%满意的消费者的满意指数无限接近100%。

既然传播过程中尽可能不要去控制，那么如何让正向口碑更加丰满呢？其关键在于起爆时应该有准确的定向爆破。舆论的传播过程中确实会出现许多变数，那么一个优秀的网络营销人在开始微博口碑传播之初，就要准确预估从哪个角度进行引爆才能实现自己的目的。定向爆破的目的是要实现小切口、大影响，但又不让雪层全部崩塌，致使一些不该暴露于外的、不好看的岩石风光也随之出现在公众视角之中。

2.5.6　学会和你的顾客"调情"

我们的许多营销人，总是想着如何让顾客购买商品，却很少想到如何和顾客"调情"。其实"调情"有时候会成为最好的叫卖。

【博柏利用一个香吻"搭讪"所有人】

来自圣保罗的法比亚娜把制作好的 Burberry Kiss 唇印添加到电子邮件中，发送给了远在纽约的男友。几乎就在同时，台北市的 Paul 也收到了女友从伦敦发来的 Burberry Kiss，这封深情款款的信件以女友的唇印封缄，让他"感受到了前所未有的浪漫"。

这并非科幻电影中的场景，而是奢侈品牌博柏利（Burberry）与搜索巨头谷歌进行的一次颇富创意的合作——Burberry Kisses。

这样一个营销创意能够给博柏利带来什么？

如果单纯从销量上来看，对于奢侈品牌而言，其意义几乎为零。但如果从品牌认知上来说，博柏利用更加亲切的数字化营销找到了和年轻人群沟通的渠道，当然这就是品牌认同度。

这恰恰给时下国内在社会化营销上的争论一个启示。

看似很简单且噱头感十足的这个营销创意，表面上有很强大的技术支撑，依靠谷歌的实力，从 2013 年 6 月 14 日开始，网民如想使用这项服务，只需访问网站 kisses.burberry.com，然后对着网络摄像头撅起嘴。该网站使用独特的亲吻检测技术，检测出实际嘴唇轮廓，还可以选择 Burberry 唇膏颜色为嘴唇着色。如果网民使用的是触屏手机或平板电脑，还可以直接亲吻屏幕来记录自己的嘴唇轮廓。之后，就可以编写短信息或通过电子邮件发给自己的好友，然后观看带有 3D 效果、装载本人亲吻的信封从所在的城市发送到接受者目的地的过程。如果喜欢秀恩爱，还可以将唇印信封分享到 Facebook、推特等社交媒体上。网站还有一个实时的亲吻地图，记录每时每刻使用该服务发送唇印的用户的地理位置。

从骨子里来说，整个创意去除掉技术的部分，核心就在于沟通，通过提供一个沟通的便捷工具，让网民能够更好地传递和表达情感，而与此同时，品牌也就"随风潜入夜、润物细无声"了。

这是品牌营销的一个最基本环节——让消费者知道你。

而这个环节在国内社会化营销之中，却往往以电子公告板的形式出现。

在微博上，这种状态已经借精准营销之名发生了异化，除了利用官方微博直接放送企业各种枯燥无味的信息外，部分机构还主动对微博信息进行搜索，找到与之相关的话题便果断"搭讪"，只是"搭讪"的技巧很糟糕，大多是设定好的话术，如"亲，我想这个好东西很适合你"之类的，外带一个拓展链接。

这样简洁明了却又貌似精准投放的营销战术最终效果如何，其实可想而知。

这一状况也形成了国内对社交网络强关系与弱关系之争的基调。然则，目前所谓强关系之下的微信公众号所开展的基于朋友手机、QQ 号和位置的信息推送，较之微博营销中的官方认证账号发布的品牌营销微博，并无区别。

也不能说时下的社会化营销一无是处，最起码它遵守了社会化营销的第一层定义——你能为大家提供什么便利，而这是常规社会化营销变成口碑雪崩的基础。

基于社交网络而形成的社会化营销最大的优势就在于可以实现通过兴趣、地域、工作乃至其他多种分类方式所形成的小圈子（或粉丝）而有效地进行目标人群的精准投放。因此针对各种网民原创产生的话题进行对应的植入或引导，可以极大地刺激品牌的影响力扩张。

当然，前提条件是你能为大家提供什么便利。"博柏利之吻"恰恰提供了这种便利，一个让朋友之间更加有趣的进行交互的小工具。当然，许多企业的社会化营销也并非没有提供便利，大多数商品本身就是为了给人们提供便利而产生的，只是营销的手段过于生硬和直白罢了。

造成这一原因的关键就在于社会化营销提供了精准投放的可能后，打破了传统营销所一直困扰的瓶颈，也激发了营销者们打破传统营销的另一重大瓶颈——推广的转换滞后和效果难以统计，同时这也极大地加速了急功近利的状况发生。

是时候转换一下视角了，从"你能为大家提供什么便利"向"大家需要你提供什么便利"的角度发展。

【手机QQ里的表情能萌、也能广告】

2013年6月，手机QQ的新一版升级中恰恰呈现出了这一视角转换所带来的利好。其植入在新版中的原创表情模块颇为类似博柏利之吻，起步阶段就直接和美国迪士尼、香港杨德贤工作室等知名动漫企业合作，植入了大量生动有趣的表情内容。这就是大家所需要的便利，即在移动社交网络之上，文字不够方便，且表达情感不足以便捷，而特色的原创表情则可以有效地弥补这一缺憾，并为用户所喜爱。

同时这也是一个新的营销接入口，其所采取的原创表情众包模式，可以让更多的设计人员借助该平台来展示自己的创作成果，当然一些品牌也不该放过这样一个利用表情"卖萌"的机会，就如《疯狂猜图》做的那样。让品牌混个眼熟，而且很娱乐，不生硬，其实就是社会化营销的真正胜利，毕竟让用户心甘情愿地帮忙向朋友推销"广告"的机会并不是很多。

当然，这一切依然是工具级的网络营销，一个香吻和一个表情就可以勾住消费者，因为它提供了网民需要的便利，让人们可以直接"无视"赤裸裸的广告内容，然而这个"勾引"所能维持的时间不会很长，从社会化营销的角度而言，它只是战术级的短期攻略，要想和消费者建立长期稳定的营销关系，还需要更上一层楼的战略级考量——通过社交网络和网民做朋友。

是时候和大家交个朋友了！

社交网络无疑拉近了人与人之间的距离，为什么它就不能成为人与品牌之间的友谊桥梁呢？

从本质上来说，无论微博、微信，强弱关系之辨其实毫无意义。无论是微博或是微信，无论初始好友是来自电话本还是即时通信软件或是名片上的简短链接与二维码，一个真实用户的社交网络，在初始状态都是强关系的。但一旦粉丝积累日益增多，微信或微博开始走向营销之时，这一切就开始改变，变成一个表面上在交互，实际上充当着公告板用途的伪社交平台。

微博如此、微信亦如此，但这就是品牌营销的十字路口。选择左边，品牌可以继续扮演哲学家、公子可或者其他，每天固定地发布一些段子和企业信息，每个月阶段性地做点惠及粉丝的活动，但总归是品牌，总是高高在上，而不是朋友，继续弱关系下去；选择右边，积累了一定量粉丝的品牌可以继续重复发段子做活动的行为，但可以试着和普通人的社交网络那样，说一些"人话"，更关键的是，这时候的品牌社会化营销应该主动地与热心的粉丝们去聊天，进入到对方的话题中，不植入任何信息，从粉丝向"朋友"转换。

一旦真正成为了朋友会如何？礼尚往来必然少不了。哪怕是一家小小的装修公司，通过诸如微信朋友圈分享一下自己在工作中的各种经历，小到吃饭、大到装修污染处理，都会以朋友的面目而非广告形式逐步在朋友圈扩张开来，激发朋友们的聊天热情。

毕竟，时下的社会化营销，围观的太多，参与的太少，推送的太多，点开的太少，皆因为那只是品牌，而不是"朋友"，宛若《爱莲说》："只可远观，不可亵玩焉"。

2.5.7 善于给顾客制造意外

2014 年 1 月，我收到个不知是谁寄来的大纸箱，箱子很大但却很轻。打开一看，里面是两只颜色各异的卡哇伊虎爪抱枕，但更新奇的是拿起来一看，这哪里是抱枕，而是手套，可以把双手放在里面打上一套虎拳了。当然，虎爪上的小标签也暴露了礼物的来处——老虎游戏。

这样有趣的事物，难免会主动拿起来拍照一番，然后放到微博、微信上去挑逗自己的朋友们，而与我相似，还有不少游戏行业内有一定知名度的微博、微信主和圈内人士收到了礼物，当然，大家随后采取的行动也和我一样，毕竟每个人都有探索欲。

 【老虎游戏的手套怎么引爆口碑】

老虎游戏相对于我来说，是一个陌生的名字，不过好奇感驱使，很快也就水落石出：这是完美世界的手机移动平台，在其新游戏《神鬼幻想》的腾讯官方微博上，同时也在用冬季多功能大虎爪对游戏进行着推广，有 2896 个转发，其中有不少是收到礼物寻踪而来的大 V 们主动跟帖并引爆其粉丝的热议。这个官微只有 1739 个粉丝，而在微博、微信上，大量的游戏圈内人士对这对虎爪的热议所形成的口碑爆发效果，则远远超过了送出的若干虎爪的实际价值几百倍甚至上千倍。

谁送我的新奇礼物？这确实是一个很有意思的推广营销手段，亦是突破了传统社交网络营销有奖转发和找大 V 做托儿的那种传播转换率和口碑效果极低的一种新颖口碑引爆形式。

 【ThinkPad 用古怪桌子贿赂大 V】

无独有偶，几乎同时，ThinkPad 也做了一次相类似的意外营销。2014 年 1 月 6 日中午，正值晒新年礼物的时候，《今晚 80 后脱口秀》主持人王自健在他的微博上发布了这么一条消息，说某天突然收到一份大礼，但这份大礼却不知道是谁送的，也不知道为什么送，更奇怪的是，这份大礼的外形非常奇怪，像是个桌子，可又不仅仅是个桌子，左边有一处盆栽，右边则貌似是两个电子荧幕。如图 2-7 所示的。

图 2-7 奇特的 ThinkPad 桌子带来了惊喜

> 几乎同时，还有一些名人也在自己的微博上晒出了这个奇怪的礼物——一张奇形怪状的桌子。与我遇见的虎爪营销有几个共同特点：1. 没有任何预兆地收到了礼物；2. 礼物非常新奇，足以引发收到礼物的人主动在社交网络上晒新鲜；3. 收到礼物的人大多是有一定知名度，但绝非社交网络传播金字塔尖端的人，而且相对来说其粉丝群体也偏重于该礼物所承载品牌的目标受众群体，这也使得他们的传播会更精准，同时也不会因为礼物的轻重而有过多的传播顾忌；4. 都会因为一个共同的"谁送来这么个新奇的礼物"问题，而形成探索欲，无论是收礼者，还是他们的粉丝，都极大地加强了传播的口碑深度。

由于来自意外，使得整个传播更具有悬念性、偶发性和随意性，其传播渠道也变得更为广泛，微博、微信、博客、论坛，乃至新闻都可以成为传播渠道，甚至超出了策划者自身的意料，且传播内容也变得更加随意亲民，不至于如往常"受雇"传播那样，太过生硬而显得植入广告意味太重。其实这里的案例分析，也可以说是虎爪的意外传播效果的体现。

但这依然只是一个起手式，意外其实还可以百变，且一旦百变，则策划者的理念将得到更大的口碑释放。

毫无疑问，完美世界和 ThinkPad 通过这种意外惊喜式的营销，实实在在取得了良好的口碑，而且是极具创新感的口碑，这对于游戏公司和笔记本电脑品牌来说，都是十分重要且足以吸引目标消费群体的标签。

再次的意外可以形成第二次高潮，而较之第一次来自收礼者自发的传播而形成的不可操控的特点外，第二次传播则可以加入更多策划者的主导元素。

如多功能虎爪，可以根据用户的不同创意，变成抱枕、头套、脚蹼或者其他更多有创意的形态，而如果策划者稍微提供一定的使用建议给用户，则可以激发出更为广大的运作空间。据策划者透露，原本虎爪礼物只是一个抱枕，而在制作样品后，突发奇想地在虎爪后面开了个洞，就使得整个礼物变得百变多样了，而基于时下社交网络用户喜好晒礼物、晒新奇的特点，他们也将结合游戏上线，推出更多的礼物玩法和后续新奇礼物，且会征集新的礼物创意，从而形成更大范围的传播。

奇怪的桌子也是如此，2014 年 1 月 9 日中午，ThinkPad 官方微博正式揭晓所有悬念，原来王自健等 6 位名人的桌子是 ThinkPad 为他们量身定制的，并且展示出所有桌子的高清图片，讲述了为什么要这样给名人设计桌子的故事。从这些桌子来看，ThinkPad 颇具创意地将名人的不同生面融合在一起，通过一张左右两边设计独特且不同的拼接桌子来阐述每个人的多元化人生，配合着 ThinkPad 家族的全系列笔记本电脑产品一起亮相，鼓励大家在生活中不断"想点新的"。

悬念揭晓的同时，ThinkPad 马上在官方微博上线了《桌阅人生》游戏和品牌转型视频，进一步轰炸网友的视听。后续 ThinkPad 又上线了一个基于"想点新的"理念的一个全系列产品新年促销活动，可以帮用户免费定制电脑的 A 面，印制自己喜欢的图案。从而形成了可以带给更多用户群体的"意外"。

从这两种"意外"营销的推广逻辑上看，其最大限度地发挥了社交网络的题中应有之意，即人与人之间的自由传播，且巧妙地植入话题点，以开放式的推广方式，将品牌的创意理念通过或大或小的礼物来呈现，并配合以百变的形态，以提高传播的变化性，从而改变了过去营销推广单纯的宣传路径，目标受众的接受程度也就自然提高了许多。

更为关键的是，其营销成本并不高，特别是较之常规网络营销来说，效果则更好。

或许很多人会认为，这样基于社交网络的低成本口碑引爆方式依然只是属于财大气粗的公司的专利。既没钱，也无法请动影响力大的社交传播者的小微企业，其营销路径依然无法效仿。

其实不然，"谁送我的新奇礼物"这个意外概念，完全可以通用于各种规格的营销之中，哪怕只是一个小小网店。

许多有过网购体验的人，或许都有过类似的经历，即在收到的货品之中，还附带了小礼品，或许是一个个性化小台历、或许是一个手机屏幕擦，但往往收到礼物的时候，内心之中，都会有一些"他们真有心"的感触，自然也会提高下一次进店购买的可能。

如果变化一下，利用社交平台或大数据，对核心目标人群进行分析和个性化送礼，则效果会事半功倍。

【微信商家给朋友圈送个性生日礼物】

我的一个朋友仅仅是在微信朋友圈中做生意，日积月累，从熟人圈逐步扩大到了半熟人乃至陌生人的范围，也是顺理成章的事儿，只是在平时的朋友圈推广中，她除了每天发布一条最新产品展示外，更多的是和这些朋友圈内的人进行非商业的交流。通过这种方式，逐步形成了一套核心消费者的个性化资料。

每逢有核心消费者生日，这位朋友总会精心挑选一个小礼物寄送过去，既然是朋友，这本不过礼物的挑选会很个性，比如有的用户喜欢哆啦A梦，又比较喜欢抽烟，她就会找一个市面上少见的哆啦A梦打火机或烟灰缸做礼物；有的用户平时很喜欢民俗文化，她则会用年画或剪纸之类的礼物来迎合……

如此一来二去，即使原本只是半熟人或陌生人，也逐步都变成了朋友，并形成了消费黏性。尽管她这些朋友在社交网络上晒礼物表面上并不会带来爆发式的口碑效果，但通过他们向自己的朋友的"透露"，为其微信小生意带来了不少的大生意，甚至有些人还因此建立了信任，成为了二次推销商。

除此之外，还可以有意外吗？是的，用意外的礼物进行口碑推广的形式还有很多，有的商家在你购物完成后，而非购物之前，突然说要以你的名义将购物款中的一部分用于慈善，可以激发起客户"意外收获"的心理；有的商品则在推广之前，先用广告进行悬念式的营销，而在真相揭秘时，让你顿生意外之感。只是这些意外，还很少依据社交网络的口碑传播来设计，仅仅到达了当事人即终止，变成了单向的传播，没有形成口碑的放射性而已。

2.5.8 一定要考虑转换率

与此同时，我们也要注意一个容易走入的误区，即在过往的社交网络营销策略里，大多数人集中力量于如何在微博、SNS、微信乃至其他更多的社交网络渠道去引爆话题，说得更浅白一点，即如何给自己的广告涂上一层伪装色，让广告不像广告，但却有广告的功效。

这在社交网络营销的初期确实很有效果，也由此发展出了许多的模式，如微话题、微视频、品牌定位拟人化等，但大多数的套路依然摆脱不了电子公告牌和网络广告位的定位。

庞大的广告信息流成为了社交网络上的特色，也呈现出了巨大的商机。

 【500 万覆盖的淘宝店微博话题只成了 5 单】

媒体曾报道某淘宝店的遭遇，其为推广某产品，在微博上精心制作了"明星 PS 对比图"。这条微博一经发出，立即让粉丝们疯狂转发。在一周内其转发量近 2.8 万次，覆盖人次达 500 万以上。但是转发量并没有带来销量，500 万的覆盖人次，仅仅成交 5 单，差距之大令人咋舌。

爆发的问题节点在于转发量并没有形成转换率。这样的状况在社交网络上每天都在发生，以至于在 2012 年年末时，大量企业从微博转投微信，或进军二维码领域，理由很简单，社交网络的广告效果只是"看上去很美"，但是转换率太低。

就其所以，还是在于企业从一开始就选择了捷径，希望通过社交网络零距离地向潜在消费者直接"兜售"商品，然而社交网络的核心原则在于社交，而非广告。想要让信息在社交网络上的规模化传播直接"变现"，本身就不是社交网络营销的题中应有之意。

毕竟在社交网络上，题中应有之意应该是交朋友而不是看广告，企业在社交网络的营销模式上受制于传统营销的单向发布，过度重视自身的发布，仅仅在粉丝的转发评论中，才偶尔进行一些互动，并没有实现社交网络的交流真意，充其量还是一个带回复功能的公告板。

因此，企业在社交网络上旧的营销模式和热情逐步转淡时，通过社交网络进行的营销行为也将逐步导向正途，即让顾客或与粉丝真正地交朋友。唯有此，你才能真正实现转换率。

口碑不是直接靠打广告打出来的，而是朋友之间的传播，你和他/她是朋友了吗？

2.5.9 营销为何不能 O2O

不要将线上和线下分离。在很多人的潜意识里，网络营销的经典案例就应该是在网上，至少大多数推广活动都应该在网络上。当然不排除偶然，比如在现实发布会上制造热点话题，然后再通过网络引爆。但究其实质，时下大多数网络营销是与线下营销走在平行线上。

【MINI 魔图为何送给用户打印的 3D 人像】

2013 年年底，我的几个小伙伴们不约而同地给我展示了一款移动社交 App 上的场景。当然，这是一则内置在 App 上的广告——可口可乐 Mini 魔图表情。用户只需下载百度魔图 App，上传并分享自己的 Mini 表情，即可参加指定时间、指定城市的抽奖，而奖品则是自己的 Mini 3D 打印人像，如图 2-8 所示。

图 2-8　可口可乐 3D 打印人像非常潮

毋庸置疑，这个活动最大的卖点是 3D 打印人像，这个对于普通大众来说还是传说中的高科技，一旦能够"昔日王榭堂前燕，飞入寻常百姓家"，而且是属于自己的独一无二的，其吸引力甚至超过 iPad、现金等大奖。但仅此而已吗？愚以为，其关键在于让营销 O2O 起来。

可口可乐这个活动，推广的关键点既不是社交网络，也不是移动网络，更不是作为噱头出现的 3D 打印技术，而在于其实现了线上和线下在推广上的融合，亦通过此，成功地推广了其新一代"Mini"饮料瓶。

原本，可口可乐在夏季已经做过类似的尝试，是在以色列，通过社交网络邀请了一些人来到该公司的 3D 打印实验室。在实验室里，可口可乐用 3D 打印机对来访者进行扫描，然后打印出一个个真人缩微版模型。

但这一次普通的网民实地体验取得了超出想象的低成本、高曝光营销效果，也促使其在中国这个面积、人口和市场比以色列大 N 倍的地方，在营销方式上进行了更具传播效力的"修订"。也让本来一个简单的线下探班，没有变成在中国的网络上进行简单的有奖赢 3D 打印人像，或在地面进行的现场 3D 打印极客秀。

极客体验、个性奖品、社交参与……众多元素汇聚在一个看似简单的有奖活动上，却达到了在电商领域 O2O 所达到的效果——将网络流量导入到真实现场。而可口可乐则实实在在让北京、上海等 12 个城市的目标受众们，在社交网络极强大的传播下，真正零距离实实在在、心甘情愿地和它们要树立品牌口碑的新一代"Mini"饮料瓶亲密接触。这远比在网络上远远地看一眼那摸不着的瓶子，来得更实在。

线上和线下的活动就这么简单地连在了一起。其效果比单纯的线上或线下活动强过 N 倍。这时候，就需要线上、线下效能全开。

当然，线上线下的结合绝没有那么简单，O2O 营销的关键就在于将两个推广渠道的效能都发挥出来。

【肉眼看不见的广告推广偏光太阳镜】

早前，澳大利亚悉尼推出了首个肉眼不可见的广告。把多块特殊的 LCD 安放在一栋房子的 6 个窗户上，然后播放视频。每个 LCD 播放的视频不同，其中有小狗游泳、猴子、一对恋人在浴室、一对恋人在卧室…

其特别之处是肉眼看上去就像普通有灯的窗户，只有带着偏光太阳镜才可以看到播放的画面，而且很多人都会误以为这些是透过窗户所看到的真实情景。据称，现场有很多人驻足观看这 6 个窗户。那些没有戴着偏光太阳镜的人一脸的疑惑；那些戴上偏光太阳镜的人则非常惊讶地在旁边大笑。广告商则将这些一一拍摄下来，制作成视频，然后通过视频网站和社交网络等进行传播，其目的则是为了宣传某个品牌的偏光太阳镜！

这其实是一个有很多 Bug 的营销，要让人看到 LCD 的画面，需要夜晚，而夜晚不会有人戴太阳镜，除非是托。但这并不是最大的 Bug，因为在某种程度上，作为一种趣味视频，它的传播效果并不差。但它绝不是一次真正意义上的 O2O 营销，尽管它在线下发动，在网上传播，但充其量线下只是充当了一个演出场景，很少有非演员体验到了这款眼镜所带来的效果，如无意外，其线下推广部分的效果接近于零。

当然，如果稍做修改，或许情况将大不同。

由于资料所限，对于是否只有该款太阳镜才可以看到 LCD 上的视频，或在趣味视频播出后，该 LCD 广告依然在窗户上继续展示，且大胆想象，即使任何偏光太阳镜皆可正常观影，但只要该广告位所处的位置交通尚且方便，广告在视频播出后继续播放，就可吸引"不明真相"的好奇群众围观。而只要在现场稍加宣传或免费提供太阳镜方便观影，甚至制造一个阳光现场来加深用户体验，并不断地将相关视频发布，或直接诱导围观群众在社交网络上发布体验，就可以引发更大范围的讨论。在此基础上，广告主可以不断地在不同地点复制该场景，其效果将成倍提升，而线上、线下的推广也将得到打通。

然则，时下的许多所谓经典网络营销案例，则大多只完成了上半部分，即通过网络实现病毒式传播，却鲜有在下半部分，即 O2O 所要实现的用户真实体验上进行再挖掘，更没有将线上流量带入到现实之中，形成口碑与销售的双向互通。

当然，要实现 O2O 营销，难度也不小，毕竟网络推广和线下推广有太多不同，且通常费用不菲。更关键的是，这需要"操盘手"拥有两个截然不同领域的强大掌控能力，并有效地把握推广节奏，否则非但无法效能全开，反而费钱费力还不讨好。这也是为何 O2O 营销极少的关键所在。

也许 O2O 营销不一定非要强大掌控力。

如前所述的 O2O 营销，一个强大的掌控力是决定其成败的关键，但或许耐克的案例，能够开启另一种思路：一个不需要推广现场掌控力也有可能的成功之路。

【Nike+让跑步变成有趣的O2O营销】

耐克的数字运动平台"Nike+"始于2006年，那个时候，耐克公司一直在寻求如何让跑步这项枯燥而又孤独的运动变得有趣。经过多项探索，耐克发现，音乐恰好能够满足这一需求。于是，第一款基于Nike+的产品Nike+iPod诞生了，它的初衷是要把运动与音乐相结合。

对于很多智能手机用户来说，这是再熟悉不过的一个App了。而Nike+的最大效果，就是让用户在现实的跑步中，通过社交网络，自动自助地帮助耐克完成了O2O营销，而且是线上、线下同步。

据资料显示，当用户的跑步状态更新到Nike+的账户里时，朋友可以评论并点击一个"鼓掌"按钮，这样，在跑步的时候便能够在音乐中听到朋友们的鼓掌声。而且用户也开始自己在Nike+中寻找乐趣，比如有的用户就特意利用GPS功能，在地图上跑出特别的图形进行分享等。

这就形成了一种极强烈的O2O营销，且一点不造作，不管用户身上是否有耐克的产品，对Nike+的印象都根深蒂固。当然，其结果也最终形成口碑，并反映到了耐克的实际销售中。

而这些Nike+的数据对于耐克而言，也绝不仅仅是趣味和分享，而是依然可以转换成更多的推广和销售，比如根据众多用户的跑步地图来设定自己的新门店或临时促销活动点，实现大数据下的精准营销。据称，当2010年Nike+开始植入定位功能时，当年度，耐克公司的跑步产品收入达到了28亿。

在以Nike+为主导的O2O营销中，我们可以看到一个近乎放任自流的推广方式，没有太过强烈的操盘特色，一切依托用户的自身体验和自主分享。而在线下和线上的结合点，则是并不复杂的一款App而已。

这种模式并非不可实现，在国内已经有商家用极低的技术成本实现了类似的推广尝试。较常见的，如一些餐厅通过提供免费WiFi服务和暗示顾客通过分享食物的美味体验或店铺微信号到社交网络之上即可打折等方式，来进行初级阶段的O2O营销。

因此，O2O营销其实并非一种时髦如大数据、饥饿营销这样的全新营销方式，只是线上和线下进行复合式营销，以求得1+1>2的推广效果，并实现品牌实体化、营销实效化的一种手段。只是，世人或谓之难，而不轻易尝试；或谓之易，而浅尝即止。

看完这六大特征，明白口碑雪崩的全部了吗？现在让我们去触发新一轮的口碑雪崩吧。

【思考一下】

假设你是一个淘宝上的小店主，主要销售一些新奇特、品类繁杂的电子产品，比如荧光留言板闹钟、天气显示瓶、触控手环之类的，你的小店还没什么人气，你会选择如何运用社交平台来进行口碑营销呢？这可能需要先做一个季度的推广运作方案哦！

第 3 章
策划创意战

本章将解决下列问题：

- 谁都可以做成"零成本"推广吗？
- 网络创意策划怎么做？
- 宏观策划与微观策划有什么区别？
- 宏观策划的具体步骤有哪些？
- 微观策划如何才能起到效果？
- 为什么要在创意中加入各种互动元素？
- 怎样寻找独特的创意？
- 如何灵活运用复合式营销？
- 创意策划如何结合市场分析来思考？

网络推广——"兵马未动，粮草先行"，好的策划将为网络营销推广的成功奠定良好的基础。一个好的创意可以比得过千万广告费的投放，特别是在网络时代，一个好创意推出去花费的成本可能低得惊人，甚至是零成本，而其产生的效果将可能是空前的。在商业推广上，创意策划则更为重要，要将营销化作无形，逐步放出悬念，引人入胜，最终达到宣传效果的最大化，尤其难哉。不管采取哪种网络营销模式，首先需要考虑的都是创意，没有一个吸引人的好创意，再精通推广手段也不过是个技术工人，而不是发明家。那么怎样才能有好创意呢？又如何策划呢？

3.1 好策划让推广零成本

【本节要点】

网络营销最大的优势在于成本低，低到可以无限接近于零，当然前提是不算电费和人力成本，而成本控制的关键在于策划，策划的关键则在精准的创意点穴。网络营销可以是企业级的，也可以是个体户的，它不同于传统推广那样可以"以本伤人"，但它必须要比传统推广更注重策划的力量。

网络推广绝对是个瓷器活儿，之所以这么说是因为网络推广不仅要有良好的推广技术，还要注意技巧，更重要的是要有一个好的头脑，一个绝对出人意料的创意。互联网就是一个五彩缤纷的世界，谁的颜色美丽，谁就会更胜一筹；反之，则没有人理会。网络推广的创意决定了整个网络营销的进行，如果有一个完美的推广创意，将很容易打开网络营销的市场。那么，什么样的策划能够给网民来一次头脑风暴呢？这个问题值得思考。

3.1.1 《榜样魔兽》的别样叫卖

营销中最难沟通的目标消费群是网民，因为他们使用互联网的习惯是只会挑选对自己有用的资讯，很容易把广告的信息过滤掉。其实这和我们看报纸的习惯一样，看到广告版面，大多数时候会在头脑中按下跳过键。

因此，在网络上，一切传统形式的广告对于他们来说，基本上都是不起作用的。最早网络泡沫的时候，就是因为这类广告无法产生效果，而导致广告商放弃了网络广告投放，结果让网站失去收入来源，只能一个个关门。可以毫不夸张地说，那些形式老套、弹出来的广告、蹦出来的信息只会招来反感和上网者的咒骂，如果网民连最起码的点击都不愿意，内容再好都是空谈。我相信大多数读者都有同样的感觉。

推广创意策划的最基本原则就是找到和网民沟通的最佳方法。

 【《榜样魔兽》精准定位魔兽玩家论坛】

在 2010 年，我的一本游戏产业分析书籍《榜样魔兽》发行后，起初很是担忧，倒不是担心游戏行业的从业人员不接受这本书，而是害怕这本书对于普通的游戏玩家没有吸引力。确实，因为这本书还是一本财经类的书籍，对于只是通过游戏来进行娱乐的大部分网民来说，他们看到这书或许就会有经济半小时之感，很难提得起兴趣，甚至有个游戏圈的朋友恶意调侃到："玩家从来不读书"。那么如何打开普通游戏玩家的图书销售市场呢？

我选择了一个非常简单的组合策略来推广。因为全书是写魔兽的，所以我要加入魔兽玩家最多的论坛之中去寻找推广门径。又因为在游戏圈里有点小名气，所以诸如魔兽玩家最多的艾泽拉斯国家地理论坛这样的需要邀请码注册的魔兽论坛，在我的请求下给我打开了方便之门。此外，国内最大的游戏网站 17173 和天涯游戏论坛也乐意支持我在论坛中推广这本新书。

有了入口，如何破门而入呢？我做了一个三步走的推广策划。

第一步：走进论坛

通过实名注册论坛，并用书的封面作为个人头像，然后将书的前五章，在将近一个月的时间内，通过一个直播帖进行连载。如图 3-1 所示。

大约每隔 15 分钟，我会发布书中的一个小节，一天最多发布一个章节，按照这样的节奏和频率在三个论坛上进行更新。很快，玩家的兴趣就被点燃，不断地在后面跟帖、讨论，我则积极主动地和他们进行对话，探讨书中的内容，并对于别人的批评甚至辱骂，也保持高度的耐心和忍让。在第一步策划中，我的目的就是通过发布原书内容，吸引玩家注意并引发讨论，而发书的内容不是关键，关键是在论坛中和大家互动，变成朋友，找到打开玩家心扉的第一把钥匙。很快，这三个论坛帖子的点击量就上去了，而论坛网友对我的称谓也从张老师变成了老张，最后不少人直接叫我"书乐"、"张大哥"或"乐哥"，第一阶段的目的达到了。与论坛的用户交朋友，有百利而无一害。

图 3-1 《榜样魔兽》直播帖

第二步：从论坛走出去

在前期准备阶段，我已经和不少游戏站点建立了联系，在论坛发布之后，178 网、凤凰网、人民网等媒体都将论坛中发布的章节，作为新闻稿件发布在网站重要位置。很快，这本书的一半内容，都通过这种形式，从论坛走出去，并进一步深入到各个站点之中，让更多玩家知道这本书。而且，为了能够让玩家接受，我在发布的章节中，侧重点并不是艰深的经济研究，而是以玩家最关心、讨论最激烈的网瘾问题来做引子，通过详细的事实和数据分析，来破斥"游戏鸦片"论，直击妖魔化游戏的根源，通过还游戏一个清白、还玩家一个清白的方式赢得网民之心。

用玩家最能够接受的内容来进行宣传，让玩家很自然地亲近了这本书，也让网络媒体对这本书的内容"奇货可居"。每逢我在论坛里发布完一个完整章节，便立刻转发到网站的重要页面。这本书通过媒体的"免费"宣传，影响了大量的玩家，也开始激发读者的购买欲望，最后在 2011 年 1 月的《IT 时代周刊》上，还以博客精选的名义出现了这本书的节选。这颇为类似在传统媒体上连载小说的做法，只是更加有效、直观和互动。

第三步：用有趣的内容打动读者

起初虽然确定了这一计划，但一直没有想好如何去做。而我也知道，总是不断地发布原书的内容，时间久了，也容易引发读者的审美疲劳，但图书的推广方式似乎就那么几个，怎么办？当时，一个知名的魔兽玩家"苹果牛"刚好将一本《榜样魔兽》寄给我，要我签个名再寄回去。于是，一个灵感来了，一个被我称之为"真人四个漫画"的推广创意便上心头。如图 3-2 所示。

图 3-2　真人漫画其实很给力

漫画推广：这组漫画从创意、拍摄到发布其实只用了 10 分钟，在我一个不懂摄影的同事的帮助下便拍摄完成，而因为图片质量很一般，我便特意用素描的方式 PS 了一番，找个 PS 软件就搞定了，再改编成有点小故事情节的漫画，发布在博客和早前的直播帖之上，又引起了不小的轰动。因为制作简单，成本为零，之后，我又找了一些朋友，以请吃饭做酬劳，用小故事的形式制作了几期《榜样魔兽》的漫画，也都收获了不少的关注。

代言人推广：在做了几期漫画之后，我开始思考另一个问题，游戏可以有代言人，为何书籍不能有呢？念头一出，立刻就去实施，我找到几个相熟的模特，和她们谈了一下这个思路，她们马上被我这个在图书出版业中还属首次的创意所打动，一组组别样的代言人图片很快拍摄出来，黄梦楚、琳琳、钟晓红、莫桑妮等好几个网络红人都成了我这本书的代言人，当然也是史无前例的代言人。一组组风格不同、形象各异的"美女和魔兽"代言照，在网络上大肆传播，而在美女身边、享受美女最亲密接触的这本《榜样魔兽》，也被所有看到图片的网民所深深记住。

QQ 验证推广：在推广初期，几个游戏圈的朋友非常给力，在第一时间将自己的 QQ 签名改成了"推荐朋友读《榜样魔兽》一书"的字样。我当时就在想，利用 QQ 签名来做网络推广之前也有不少人做过，但真正成功的不多，有没有办法真正地将即时通信平台利用起来呢？对此，我并没有想到答案，但给图书做代言的模特钟晓红却用她的创意，让我茅塞顿开，那就是 QQ 验证推广。因为当时她在网络上被推广得不错，每天要求验证加 QQ 好友的人数都数以千计，为了既不伤害粉丝的积极性，又避免某些不必要的骚扰，她将 QQ 设定了验证，如果网友加入粉丝群，也有一个验证，她设定了两个问题。第一个是："钟晓红为哪本书做了代言？"，第二个则是："你知道《榜样魔兽》的作者是谁吗？"。因为这个问答，那段时间，通过百度指数查询能够发现相关搜索上升了一倍，大多得益于钟晓红的粉丝的耐心搜索，而标准答案我早就制作成了百度百科，在"张书乐"、"榜样魔兽"等词条中，都能找到答案。当然，钟晓红的 QQ 签名也改成了和《榜样魔兽》有关的内容。至于，这种宣传是否刺激了图书购买，我还无法确知，但这种方式，显然比简单使用 QQ 签名更有效。

最终，在产业方面，这本书的地位得到了认同，《中国文化报》、《科技日报》都以游戏产业第一本理论专著为题，对外推荐了这本《榜样魔兽》，我还获邀在中国软件技术大会上以《为什么游戏产业需要魔兽》为题，做了一场报告。而在游戏玩家中，因为这本书实实在在地为玩家说话，为游戏辩污，很多玩家在微博、论坛和博客等网络平台上不断地讨论并推荐这本书给自己的朋友，从而实现了一个还不错的口碑营销效果。在推广的中后期，图书的销量有了极大的提高，就是最好的证明。当然，现在把这部分内容写到这本书中，其实也是一个隐性推广，希望大家不要介意。

3.1.2 AMD 送给英特尔巧克力

网络推广领域不应该仅仅局限于在网站上打几个广告，或者发几个软文，那样很难达到效果。仅仅如同电视上那样，靠一堆广告、几个明星声嘶力竭地大声吆喝是无法在网络上达到同样的效果的，必须要有一些不一样的思路，而且能点亮眼球。

看一则发生在 IT 硬件领域的事例。

【AMD 和英特尔的情人节】

2011 年，英特尔 6 系 Sandy Bridge 芯片组缺陷风波，令 AMD 受益。在情人节来临的时候，AMD 为英特尔送去了温暖的情人卡和巧克力，表达了"芯芯"相惜之情！

在节日卡片上，AMD 写道"听说 Sandy B.伤了你的心，不过有我在，我想介绍表弟"LIano"给你，你们一定会一拍即合。——AMD Fusion APU"。

AMD 给它的情敌英特尔送情人节卡，则完完全全是主动寻找"调侃"。AMD 之所以明目张胆地奚落英特尔，一方面在于其贺卡所言并没有夸大，语言风格也非常调侃，让人不会心生厌恶，另一方面，AMD 在贺卡之后做足了功课，用正面引导的方式来让网民在贺卡之外，更加关注 AMD 的创意营销。

当时，AMD 的核心产品为 APU，即一种将 CPU 和 GPU 融合在一起，实现速度和节能大规模提升的全新概念芯片，这个芯片让英特尔如临大敌。为了抢占市场，英特尔快速推出了一款名为 Sandy Bridge 的芯片，结果因为设计缺陷，导致不少 PC 厂商大规模召回产品，并使全球 PC 的销售受到很大程度的冲击。而 AMD 则巧妙地通过贺卡的形式，直接宣传了自己的产品是可以替代英特尔问题芯片的，并且能够一拍即合。

在国内，这组贺卡和内容介绍，完全出自 AMD 自己的主动揭底。其实在发出贺卡之初，AMD 一点儿不怕英特尔生气，甚至希望由对方来公布 AMD 的"情书兼挑战书"，可惜英特尔没有上当。

自我揭底的行为让这个情人节贺卡成为了微博上的一个热门话题，而话题也从这个有创意和挑战精神的贺卡慢慢引申到了 AMD 在芯片技术的创新精神和挑战巨无霸英特尔的魄力之上。同时，不断有博客，以意见领袖的身份，在 AMD 的授意或支持下，进一步深入讨论 AMD 最新的 APU 芯片的"加速"效果，从而为这场传播"加速"，并提供观点支持。而一些网络媒体则在讨论"英特尔芯片缺陷门"之时，往往会选择举出"情人节贺卡"这样比较有趣，并让文章不再刻板的内容来进行叙述，并引用大量支持 AMD 芯片战略的意见领袖的观念，更快地加深了 APU 概念的传播，甚至引发了市场抢购的狂潮，以至于 APU 几近缺货。

这种自己主动创造"新闻"，引发外界连锁关注，借助娱乐化的调侃，起到宣传自己的实际效果，其实也是一种极为有意思的创意营销方式。当然，AMD 之所以敢这么做，是因为自己尽管在芯片市场排行老二，但较之英特尔这样的巨无霸，还有极大的差距，主动"挑衅"只会被视作是一种有勇气的象征，而不是无事生非，更何况人家还有勇有谋，效果自然更强大。

3.1.3　你的营销创意足够草根吗

在网络营销推广中，并非大制作就有大回报，其实很多大企业也知道这一点，它们往往喜欢通过一些看似不昂贵的小创意来进行营销的大包围。准确来说，就是足够草根，让粉丝们觉得大企业也会接地气。

通过一些使用了网络视频进行推销的知名公司的案例进行分析，即可一目了然。尽管这些视频中有的成本很高，有的成本非常低廉，但成本并不重要，策划的创意性才重要。

【多米诺骨牌视频让雅阁一夜成名】

　　本田新雅阁刚在欧美上市时，本田英国公司曾委托 Cog 广告公司拍摄一段"汽车零件推倒多米诺骨牌式"的网络短片，全车核心零部件以"推骨牌"方式映入观众眼帘，其中包括自动感应式雨刷等新增装置。这个在巴黎经过四天四夜 605 次拍摄，不借助任何电脑技术辅助制作完成的网络短片在两周内被全球网友疯狂传看。

这个长达两分钟的广告吸引了众多汽车圈内人士的眼球，除本田新雅阁尝到了甜头之外，还有沃尔沃的 S40。

【沃尔沃为何播报小镇卖车新闻】

　　沃尔沃公司看到本田的成功,随即拍摄了一部网络短片"Mystery Dalaro"。内容就是 Dalaro 小镇的沃尔沃经销商曾在一天之内卖出 32 辆相同的 S40,这件奇事在第二天成为报纸新闻。这个短片的拍摄成本更低,据说只用了几百美元。

　　但效果同样非常理想,甚至比本田的效果还强,因为它更草根,网民更喜欢。

　　国际知名游戏公司暴雪则更加出格,每年愚人节,他们都会推出一批视频来忽悠玩家,当然玩家也很受用。

【舞蹈也能在游戏中杀敌吗】

　　2009 年,他们推出了两个视频,一个是他们的《魔兽世界》里面,所有的种族开始尝试一个全新的战斗系统——舞蹈,在视频里,每一个种族都用舞蹈来战斗,而且这些舞蹈都是有根据的,你可以看到迈克尔·杰克逊的舞步,也可以看到夏威夷的土风舞,还有其他的舞蹈种类。

　　以至于很多媒体和玩家都说,这其实不应该是一个愚人节新闻,他们更希望暴雪能够在游戏中发布同样的战斗系统,让游戏更加娱乐化。当然,这个视频同样成为愚人节全球玩家互相传递的最佳笑料。

　　另一个视频则很正规,它以预告片的形式出现,是暴雪公司已经拖延了很久的单机游戏《星际争霸 2》。这个游戏本身就是全球玩家关注的焦点,任何关于它的消息都会成为游戏玩家的重大新闻,但暴雪则要让这个新闻更具影响力。

【《星际争霸》是山寨变形金刚吗】

　　他们通过一些渠道"泄露"了这样一个视频,在视频中,乍一看,所有的建筑和《星际争霸 1》没有本质区别,只是从 2D 变成了 3D。但别着急,继续看,当人类被敌人包围、危机重重时,玩家可以将自身领地的建筑物组合成一个巨大机器人,以便守住最后防线。玩家在视频中可以看到多种设施飞向空中、以合体方式组成了 Terra-tron,而它的眼睛、身体、手部可以射出攻击光线或飞弹,给予敌人痛击,它的另一只手则有着如同电锯般的强大攻击威力。

　　这整个就是一个组合型变形金刚,恰好和随后上映的《变形金刚 2》电影形成了一次宣传上的呼应。甚至事后,暴雪还煞有其事地宣传道:"根据游戏的背景,这个叫做 Terra-tron 的合体机器人的创作者为 Ron Volt 博士,他运用磁力发电机,并简单改造现有领地的建筑物后,发现可以将其组成战斗机器人 Terra-tron。这个机器人将守住重要设施的最后防线,但目前所遭遇的主要问题就是使用成本太高。"硬要将"谎言"进行到底。当然,玩家也一如既往地愿意被忽悠,因为足够娱乐,"星际争霸 2"这个关键词,在当月的搜索榜上一直居高不下。暴雪巧妙地利用了网民的娱乐心理，继续维持着《星际争霸2》这个迟迟没有发布的游戏的高人气，让它不至于被人们遗忘。

无论是哪一个视频，其实都把创意摆在了第一位。在网络推广中，就算是大公司，也不一定非要大制作，国外大公司开始更多地考虑网民心理，只要有趣，网民们就乐于接受，而不一定非要做成《阿凡达》那样。君不见沃尔沃那个视频整个就是一个电视节目的新闻吗？可见大公司能做的，小公司一样能够做，只是看你怎么去构思了。

3.1.4 "零成本"的网络推广策划

"创意为王"可以说是网络营销推广中的一个核心命题。如果你的创意做得好，甚至可以不花钱就能为自己做出无数的宣传。

下面看看国外的网络推广创意大师们如何"零成本"地运作了一次成功话题吧。

 【"世上最好工作"为昆士兰拉来游客】

昆士兰是一个旅游胜地，但大家对昆士兰了解多少呢？当地希望开发旅游业。其旅游局没有选择去报刊、杂志上打广告，因为那将是一个巨大的投资，而且未必有效。他们认为最有效的就是通过无障碍的互联网进行推广，昆士兰旅游局抓住了当前最热门的话题——金融危机。因为金融危机，很多企业裁员、减薪，昆士兰颇有特色地推出了"大堡礁护岛人"这个"世上最好的工作"的宣传。在其宣传中，获得这个工作机会的人将可以住哈密顿岛 Blue Pearl 高级"海景房"，平均每周只需要工作 12 个小时，半年就能拿到 15 万澳元（约合人民币 65 万元）的薪水。这是个噱头，问题是怎么让这个噱头传递出去，又很有效果呢？

昆士兰创意营销的第一步做得非常漂亮。在选举过程中，互联网这个新媒体被一次又一次利用。活动一开始，申请者需要在网上填写申请表并上传视频，绝大多数申请者都借助 YouTube 来提交自己的求职视频。应聘者还通过论坛、博客及网站交换创意，每一个有趣的创意都会被昆士兰巧妙利用，进行二次网络传播，就像笑笑小电影一样，总会有很多人乐意去看他人奇谋百出的创意竞聘视频。当然还有不少人要从中吸取经验，来创意自己的求职视频。

那么效果呢？据澳大利亚昆士兰州旅游局称，从 2009 年 1 月发出招聘消息到 2009 年 2 月，短短一个多月的时间里，就有来自近 200 个国家的超过 1.8 万人报名应聘，甚至包括一个自称本·拉登的人。用"万里挑一"来形容，丝毫不过分。这一活动也吸引了大量来自世界各地的投票者，他们通过各种新媒体对自己国家的应聘者进行支持。

昆士兰旅游局在这次活动中，成功宣传了大堡礁，让全世界所有的人都被大堡礁这一旅游点吸引，从而让旅游人数直线上升。大堡礁这一对于大多数人来说并不熟悉的旅游景点，几乎是零成本地通过网络传播，向全体网民进行了一次生动的宣传，当然，网民绝对是主动和自愿的，甚至会在好奇心的驱使下，积极地去了解这一景点，这是亿万广告费都换不来的。更关键的一点是，网络展示是立体化的、互动且全面，如果你选择用报纸来传递，传播面小且就算全部登照片也不能反映全貌。如果选择电视，的确很动态，但缺少互动，仅仅就是一个旅游风光片，相信大家看多了《动物世界》和探索频道，对这些的兴趣其实并不大。而选择用网络展示则可以互动而且非常全面。

几乎可以这么说，在整个网络推广的策划范畴中，有许多零成本运作的典型范例。看来，一个成功的创意策划可以产生的传播效力，在网络时代将是无比巨大的。甚至可以说，在网络上，如果没有一个好的策划，将无法树立在网络上的品牌影响力，无论是对人还是对产品。

在同质化竞争激烈的时代，同样的产品为何在网上销售的冷热程度天差地别？原因就是推广的差别。有人会说，我们不是大公司，也不是大企业，就算有好点子，也未必能够产生影响力。作为个人，没有任何背景，如何迈出成功的第一步呢？

请记住一个原则，在网络推广上，并没有绝对占据优势的企业或个人，每一个人都可以成功，关键是你的创意一定要符合实际。

【思考一下】

你只是一个脱口秀表演者，当然，你还有三五个"同伙"，想组织一场大年夜的脱口剧场秀，场地是上海某剧院，价格不便宜，要成功举办活动，大约需要 3 万元。机会是你可以通过众筹平台来向网民募集资金，问题是你该如何设置众筹上面给"投资人"的回馈？如何让更多的人来看你的节目？请注意，地点是在上海。

3.2　宏观策划需要三步走

【本节要点】

任何一个网络营销，都必须有一个宏观的策划，否则，都将在具体推广中陷入被动，宏观策划与企划是相配合、相始终的，都必须根据自身的特点、特长，找准穴位，精确制导，而不是乱打一通。"乱拳打死老师傅"的推广不是没有，但绝对是小概率事件。推广可不是买彩票。

在网络营销策划的概念中，首先必须明确一点，策划绝不是仅仅一个金点子或好创意，对于营销业者来说，它必须先是一个宏观的考量，即根据企业形象定位、产品品牌甚至 VI 设计来进行精准定位，或者说给整体推广活动塑造某种性格；之后再根据要达成的营销推广目标要求，选定核心的推广渠道，毕竟每一个营销推广都有着不同的特征，必须对症下药；在明确了主要的进击方向之后，制定相应的策划方案和执行计划。

3.2.1　第一步：赋予多种性格

有很多人在开展网络推广时，想到的第一个问题就是如何去投放广告、覆盖更多的人群，而不是考虑创意。其实好创意，可以赢得网民的心，而且不用太花钱。

开展营销推广策划之初，第一步应该做好定位，即为自己的整体策划找到一种风格。或许有人会说，产品已经定位了，但营销推广需要有个明确的定位，和产品本身的定位不同，这叫做营销中的品牌定位。之所以这么说，其实也是人之常情，毕竟在网络上进行推广的企业成千上万，而要在千军万马之中杀过独木桥，给人留下深刻印象，有个性的总会比千部共一套的更有机会。

避孕品牌杜蕾斯，在微博时代的所作所为，被微博粉丝们亲切地称之为"小杜杜"，而之所以成功，恰恰是其在品牌策划过程中，给予了自身一个近乎完美的个性定位。

特色企业微博总是被人关注的，而杜蕾斯的官方微博，因为特"色"，所以特别被人瞩目。

【小杜杜的微博"套子经"】

杜蕾斯确实让自己的特"色"通过微博深入人心。先说结果，据 AC 尼尔森的统计，杜蕾斯 2011 年的销售额增长超过 50%，比如在武汉的销量首次超过杰士邦。经销商们说，140字的微博对销量增长的贡献真不可小觑。

仅仅是因为性吗？这可不一定。同样是安全套，杰士邦开通微博比杜蕾斯还要早一年，杜蕾斯做微博的时候，杰士邦已经有一万多粉丝，可是到了 2014 年 1 月，杜蕾斯有 92 万粉丝，发微博 10611 条，单条微博轻松就有几十乃至上百转发，杰士邦却还只有 83 万粉丝，发微博 7584 条，且单条微博的转发量大多是个位数，高下立判。

为什么呢？都是同一系列的，都和"色"有染，何以差别如此之大？如图 3-3 所示，这就是杜蕾斯的精明之处，杜蕾斯从来没把自己的微博当作一个企业，而是把自己当成了一个人。

当然这不是一蹴而就的。杜蕾斯从一开始做微博就想做个人，只不过开始的定位是一个"宅男"。但很快，杜蕾斯发现宅男这个定位和自己的品牌形象不符，说出去的话（微博）很难引起目标受众群体的关注，毕竟宅男的"朋友"是宅男，可用杜蕾斯的有几个是宅男呢？

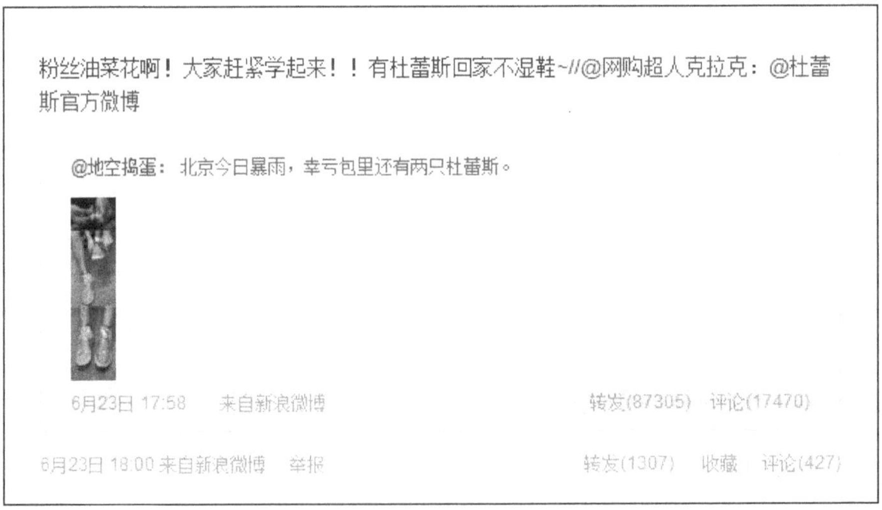

粉丝油菜花啊！大家赶紧学起来！！有杜蕾斯回家不湿鞋~//@网购超人克拉克：@杜蕾斯官方微博

@地空捣蛋：北京今日暴雨，幸亏包里还有两只杜蕾斯。

6月23日 17:58　来自新浪微博　　　　　　转发(87305)　评论(17470)

6月23日 18:00 来自新浪微博　举报　　　　转友(1307)　收藏　评论(427)

图 3-3　用杜蕾斯做鞋套的奇思妙想

很快杜蕾斯转换了自己的定位，定位成一个"有一点绅士，有一点坏，既懂生活又很会玩的人，就像夜店里的翩翩公子"。在这样的定位下，其涉及的话题范围更广，语态也更加轻松诙谐。譬如央视有一个节目叫做《我们有一套》，于是小杜杜就发了一篇微博说："我们有 1 套？每人都该有 1 套。小杜杜有众多套。"它们用轻松诙谐的语言来解释"性"，显得一点儿都不低级庸俗，还让人爱看。很显然，听众们开始被套牢了。

值得注意的是，很多非杜蕾斯的常规企业，也很喜欢在微博上做"有色推广"，看起来效果很好，但却违背了自身的品牌定位，也缺乏应有的个性，仅仅简单地模仿，最终对自身口碑影响恶劣。杜蕾斯的成功在于其潜在的性暗示，而有色推广的常规企业，则失败于过于赤裸裸。

文学中关于如何塑造典型人物，有一句精彩的评判——杂取种种人，合成一个人。其实无论是个人还是企业，在微博上，都应该找到自己的个性，做个有个性的人，而不是一堆冷冰冰的文字。

通过对微博的持续用力，网民的热情也被调动起来了，我将这种行为简称为"微博调情"。

由此可见，在策划之初定位好，给自己的推广一个鲜明的"个性"，之后的推广将事半功倍，就好像一些企业老总，通过个人微博，以个性张扬的个人形象，为其公司的"产品"进行代言那样，其实都是一种推广策划的个性选择，甚至可以说是企业宣传的一个环节。

在网络营销之上，这样的品牌推广个性塑造，一旦与品牌精神相契合，就会呈现出一种人性化的特质，在社交网络之上，这种特质会让网民感到更加亲切，也更像一个人。要知道，在任何时候，你与一个虚幻的品牌交流，与一个真实但冰冷的客服交流，或是与一个能感觉到个性的人在交流，所带来的感觉和记忆深刻程度是完全不同的。这也是社交网络当道的情况下，网络营销的最终诉求，和潜在客户群交上朋友，让他们认识你、记住你，自然财源滚滚来。

值得指出的一点是，品牌定位在一个较长时间内往往很难发生变化，而推广个性则往往在某种程度上贴有营销推广的核心人员的个性烙印，两者之间多少会存在一些差别，且随着推广团队的变化，这种个性即使被明文规定，亦会发生若干改变。与此同时，在推广过程中，亦可能发生如杜蕾斯这样的个性变化，以更加适应推广环境。

但这并不是问题，一如品牌定位内含有创始人个性一样，其品牌产品也会因为操盘手的性格特征而发生明显变化，这一点在苹果身上体现得极为明显，乔布斯几起几落，极简主义这一苹果品牌号召力，也随之起落变化。

愚以为，老话说得好，不管是白猫还是黑猫，能抓到老鼠的就是好猫。

3.2.2　第二步：选定主攻方向

在完成了推广风格的个性设定后，根据企业的营销目标和个性色彩，选定符合自己品牌和产品特征、适应自身拥有的推广资源和能力的主攻方向，将是整个策划成功的关键。

继续以杜蕾斯为例，杜蕾斯在微博时代之前的网络营销并没有什么被人称道之处，但这并不妨碍其在社交网络上大放异彩，其关键就在于推广渠道的选择正确。试想一下，假如是一个大型起重机械公司开通微博，也如杜蕾斯一般和网友疯狂无节操地聊天，能对其产品销量带来多少好处？又如杜蕾斯在各大健康论坛里大丢"有色言论"，会被赞的多还是喷的多？若其通过网络新闻平台散播各种有关杜蕾斯做活动的即时新闻，或许网民不会如在街头那样直接避开活动，但会觉得没有多少趣味。

恰如微博的生态环境那般，杜蕾斯的潜在消费人群，恰恰和微博用户高度重叠，且微博的语言氛围和社交环境，都适合杜蕾斯所定位个性的发挥。而确定了以社交网络为主攻方向的杜蕾斯，也在微博上下了血本，仅运营团队就有 20 多人，覆盖新浪、腾讯、豆瓣等多个平台。

【不同的微博平台为何发不同的微博】

在主攻确定后，杜蕾斯的微博营销也进行了巧妙的包装，与其他企业微博和个人微博最大的区别在于，一般微博进驻了多个平台，基本上在每个平台发布的内容都是一致的。而杜蕾斯则不同，其巧妙地分析了各个平台的受众群体的微妙差异，在自身发布的内容上也做了微调，"腾讯需要更直接，豆瓣则要带点文艺范儿"。

注重分析是杜蕾斯微博团队的良好品德，也是对主攻阵地的不同位置进行有效兵力部署的一种方式。杜蕾斯不仅仅是分析平台的特点，对于内容的选择也做足了功课。发布在杜蕾斯官方微博上的每一条内容，都会在运营团队的资料库中归类，五天之后会统计每条内容的评论数和转发数，月底进行深入分析，可得知哪些内容有吸引力，哪些内容欠佳。

在团队组建上，其分工也非常明确，内容部分分为内容、文案和回复 3 个工种。内容人员负责主要微博信息发布，文案人员策划主题，两名回复人员则需要在所有@杜蕾斯官方微博的信息里筛选有趣内容，以及回复部分网友评论。当然，这样的人员配置是建立在公司资金雄厚的基础上，对于一般的企业微博来说，按照之前提到的值班制度，由公关人员兼职管理即可。

3.2.3 第三步：执行也要计划

确立了风格和目标，就必须确立执行计划。很多公司的推广部门往往习惯于"来料加工"，即上级有了明确的推广任务，才拨一下动一下，缺乏主观能动性。同时，尽管大多数推广部门都做到了在推广之初制定计划，但这样的计划大多是事件性的、暂时性的。

这样的策划必须要有，但不能仅仅只有这种战术级的策划，在推广中，首先要有战略级的策划方案。这样的方案，应该囊括多个战术级推广活动，形成一个时间段内，风格统一，各有侧重的推广攻击序列。简言之，就是针对主攻阵地和其他配合推广渠道，制定互为支持的阶段性推广营销方案。

更为关键的是，这样的计划，需要有足够的灵活性和导向性，以应对一些突发的推广事件。

依然回到杜蕾斯的案例，通过对微博的持续用力，网民的热情也被调动起来了，这其实就是杜蕾斯为其主攻方向——社交网络，制定的针对社交网络的一个核心攻略。

【杜蕾斯也能做鞋套吗】

　　比如图 3-3 你看到因为北京暴雨而引发的偶然的杜蕾斯鞋套事件被发布在网上之后，仅仅两分钟后就被杜蕾斯的营销人员发现（估计杜蕾斯建立了一个很不错的及时搜索系统）。这个偶然事件本来可能只是一个微不足道的小事件，但杜蕾斯的营销人员却用它做起了大文章，立刻对其进行了转播。（别小看了杜蕾斯的营销人员，他们每个人都有自己的微博账号，且粉丝数量也很多，这就形成了一个完美账号体系，最初对这条微博的六次转发，就来源于这些营销人员自己的微博，从而更广泛更多层面地辐射开来，最终的效果如何，看转播数量就知道了。）

　　很多人注意不到杜蕾斯和粉丝之间的交道。一般企业微博有两个特点：不是认证的微博粉丝不加，不是认证的微博发来的对话不回复。这在很多微博营销者看来是必须的——企业也好、名人也罢，必须自持身份。

　　然而杜蕾斯反其道行之：只要提及杜蕾斯的微博，都会被加关注，网友的评论也会尽可能回复，并且回复的口味十足。

　　随意截取了一条杜蕾斯微博，来品味一下他的"调情水准"，如图 3-4 所示。

> 小杜杜可以让大家大胆爱，放心爱，无后顾之忧，所以我们可以是张无忌//@刘弦德: 我觉得，杜蕾斯要自称令狐冲……令……狐……冲……
>
> @马伯庸 **V**：因为我写的微博既正派又淳朴，所以大家都叫我段正淳。原文转发
> (1258) | 原文评论 (436)
>
> 今天 14:36　来自 新浪微博　　　　　　　　　　　转发 (28) | 收藏 | 评论 (35)

图 3-4　用更大胆的风格和微博主唱和

　　这是杜蕾斯的微博运营原则之一，为什么？用以下三句话概括。

　　第一句：杜蕾斯微博在试图作为一个有个性的人存在，而非单纯的企业微博，这时，"它"变成了"他"。

　　第二句：杜蕾斯微博在尽力和所有对他感兴趣的人交上朋友，既然要交朋友，就不能关闭大门，就要关注对方，并和他（她）们对话交流。

　　第三句：杜蕾斯微博交朋友才真正引爆了口碑，类似杜蕾斯鞋套这样的偶然事件接二连三出现，比如杜蕾斯大厦、功夫熊猫等话题，都是来自网友真正的原创，而得到了"杜蕾斯"这个朋友的支持，这些偶然事件也就逐步变为必然。

　　这样的原则，也是杜蕾斯在微博上的宏观推广方针，在这个方针体系下，类似鞋套这样的

突发事件，将得到从容应对，更为关键的是，在一个时间段内，将明确推广团队的日常工作内容和多个推广活动。

以下是某奶粉品牌在上市之前的网络营销推广计划（精要版），由此简单方案我们不难看出在宏观策划时，引入计划经济的优势。

 某品牌奶粉国内推广策略

一、核心内容

第一阶段：即某奶粉尚未正式在国内上市之前的品牌预热期。

推广模式：以网络推广为主体，辅之以一定的线下推广。一些主体信息铺垫式推广，均以周为单位进行，务求在单位时间内做到精确和细致，后期重在维护而不在于重复。

推广要求：1. 网上搜索相关词汇能够看到该品牌；2. 树立该品牌是"新西兰"、"原产"、"优质"、"品质与营养俱佳"的"进口"、"奶粉"这一品牌形象；3. 线上招商广告铺设能够吸引经销商加盟。

二、推广手段

1. 整理资料（第一周）

工作要求：整理出一套最详尽的产品资料，该资料须覆盖所有能够想到的可以公开的产品信息，包含：A. 产品配方；B. 品质特点；C. 分类详解；D. 育婴百问；E. 招商资料。

达到效果：该套资料为后期推广的核心资料库，要做到：A. 一周的整理期内，要实现基本完善；B. 在推广过程中，不断地对该套资料库进行补充完善。

2. 百科创立和维护（第二周）

工作要求：根据之前的资料整理，创建相关的百科，并对能够检索到的相关百科进行品牌植入，包含如下内容。

A. 创建百科。在百度、维基、搜搜、互动等百科站点创建专属词条。

B. 植入百科。在各个百科站点的相关词条如奶粉、配方奶粉、奶粉伴侣、育婴、哺乳期、乳头皲裂等相关词条进行百科植入，切忌千篇一律，可适当选择资料库中的内容进行植入。

C. 后期维护。建立百科数据库，每隔一周对所有创建和植入的百科进行维护，避免恶意篡改。

3. 问答植入和维护（第三周）

工作要求：根据之前的资料整理，在创建百科后，继续创建一系列必要的问答，并对目前已有的各种相关问答进行补充回答，包含如下内容。

A. 创建问答：主阵地为百度问答、搜搜问问等，问答内容贵精不贵多，保证消费者搜索时能够看到即可。

B. 植入问答：针对已有的相关问答，进行密集性植入和补充回答，在回答中，要针对不同的问答内容进行个性化的回答，贵在真诚，切忌直接进行广告。

C. 定期维护：一周工作完成之后，明确专人每日定期在问答网站上检索一次，并及时回复相关问答。

D. 其他植入：专门针对SEO进行一系列的文档、图片、视频和新闻植入。

4. 微博创立及维护（从第二周开始）

时间：贯穿整个推广始终

工作要求：分别创立两个微博，一个是品牌官方认证微博，一个是品牌首席营养师个人认证微博。效法其他奶粉品牌的官方微博和个人微博进行运营，在微博上吸引白领阶层的人士认识该品牌，培育潜在消费者。

微博定位：A. 官方认证微博：以充满童趣和喜悦的很萌、很可爱的婴儿口吻进行维护，重点突出科学育婴内容，适时植入品牌的内容；B. 首席营养师认证微博：以国外女性形象，针对来自官方认证微博上的相关内容，进行转发和科普化补充，同时针对网民的提问进行回答，可以适当地用不标准的中国文字表达方式卖萌。

微博搜索：每日对各种有育儿话题讨论的微博，以首席营养师认证微博的身份，进行渗入式回答，积累相关粉丝。

微博活动：每隔半个月在微博上开展一个提升品牌知名度的互动活动，如晒出宝宝照片、线下婴儿爬行比赛召集等，奖励可以是奶粉。

5. 奶粉测评报告（第四周开始）

时间：贯穿推广始终

发布渠道：通过百度文库、育婴网站等多种渠道，使用软文进行发布。可分成一段、二段、三段三种不同类别的奶粉进行测评，讲求图文并茂。可推出多个风格不一样的测试报告，持续发布，形成常量，可参考数码产品的测评报告。

6. 必要的论坛推广（第五周开始）

在基本信息铺垫完成后，从第五周开始，尝试逐步在论坛发帖来提升口碑。

时间：贯穿推广始终

发帖方向：分为产品使用心情故事类直播帖（我的育婴生活）、产品代理指南、产品相关新闻和测评报告的论坛发帖、产品问答的论坛版等。

发帖目标：1. 自发帖，覆盖天涯、猫扑、主流育婴网站和海淘论坛；2. 跟发帖，检索最新的相关疑问或寻求奶粉品牌代理的帖子，进行跟发。

发帖频率：不提倡瞬间海量水军发布，多以有关注度的主题帖或直播帖的形式，在核心论坛上形成关注度。按照一周维护一帖的方式进行，即一周只发一个重点帖子，并进行相应地维护。

由以上计划，我们可以发现一个规律，即宏观策划的规划也是有周期性的，主要根据产品的市场节奏来制定。上述计划因为是在产品上市前夕，因此尽管在更长时间范围内该品牌的主攻阵地在社交网络上，但在上市前夕，因为推广的目标不同，主攻方向则以信息铺垫的百科、问答为主，辅之以前期的微博准备。

由是之，推广个性可以根据不同阶段、不同推广需求和不同的推广渠道进行微调，推广的方向也必须根据品牌的阶段性需求有所侧重，而宏观计划，则需要在大方针的恒定下，根据阶段来制定。

原则上，此类计划，以阶段分，以季为主，因为若按周或按月时间太短，难以形成系统性；若按半年度或年度，又太过冗长，较难应对各种新情况，毕竟市场在变，环境在变，且每一次具体的推广活动都可能引发改变，必须留给自己调整的空间和余地。有了整体的计划之后，根据计划的需求，再行策划和单次的推广活动。

此外，还要注意一点，宏观策划可不是企业的专利，即使只是一个三五人的小微企业，亦或是一个人的网店，甚至只是个人需要成就某项事业，都需要有计划地进行包装策划，从而更有效率地实现目标。

此外，如果你是要开展事件营销的话，则可能需要考虑线下活动配合，那么策划模式也有所改变。一般分为以下几个步骤：

1. 设定推广诉求，并制定事件形态；

2. 设定现实场景和人物，形成一个故事；

3. 故事可以铺设到哪些线上渠道，比如论坛、微博、新闻、博客、视频等，如何搭配协同；

4. 如何吸引大众传媒来关注此事件，毕竟对于事件营销来说，如果没有大众传媒的引爆和跟进，是非常难以在社会上产生影响的；

5. 将大众传媒的影响反哺网络，并引导社交舆论。

【思考一下】

假设你是一个画家，年轻、视野开阔，画的是漫画，水平也很不错，但名气一直不彰显，毕竟漫画在国内画坛是非主流。如今你想通过网络来推广自己，有两个契机，其一是某大型网络公开课向你伸出了橄榄枝，你可以登坛设讲，其二是你的微博得到了认证，接下来，你该如何为自己做策划呢？要宏观，而且你可没太多钱，没法四处打广告。

3.3　微观策划重在创意

【本节要点】

优秀的创意需要推广者用精准的眼光找到网络营销红海中的蓝海，而本节提供的几个要点，其目的只是作为一个引导，引导大家更好地去寻找推广蓝海，而不是在混战中消耗自己的实力。家庭、热点、游戏和探索欲是大多数人都容易被击中的脉门，不妨先通过这些来完成推广起步。

在设定了宏观策划之后，自然也就为一段时间内的网络营销推广确立了方向，有了方向，就好前进了。这时候，需要在宏观策划的框架下制定具体的作战计划。可以把宏观策划视作是一场战役的总体谋划，把微观策划看作是其中一场战斗的具体指挥。

问题是这场战斗怎么去指挥呢？

通过前面的内容我们不难得到一个结论，在通常情况下，网络推广策划如果做得好，不仅可以节约大笔的广告费用，而且可以取得意想不到的宣传效果。这么好的机会摆在你的面前，如果你没有珍惜，失去以后一定追悔莫及。所以，Come On！让我们一起去探究网络推广的策划创意方略吧！

3.3.1　好创意必须找准结合点

2008 年北京举办奥运会那年是网络营销创意爆发的年份，"2008"又是一个国人眼中很特殊的数字，而赋予这个数字更多的娱乐元素，就是一个难得的营销创意。

针对这个数字，有企业做起了文章。

 【创维为何要网友用"2008"作图】

在新浪网上，创维电视的"酷开 2008 创意中国行"把这个创意的营销价值充分挖掘了出来。网友们只要发挥自己对"2008"这个数字的创造力和想象力，创作出带有"2008"字样的图案，即可参加"酷开 2008 创意中国行"创意大赛。

从形形色色的参赛作品来看，活动在鼓励网民开发自身创造力、引领民间创意思潮的同时，也因为活动的乐趣而极大地调动起了广大网民的参与热情。活动以个性化、自主化为动力，为用户提供了聚合、展示与交互的平台，从而也自然地将产品及品牌信息融入了网民的活动参与过程中。

社交网络的兴起，让互动变得更加频繁，也使得推广者和受众之间，能够建立一种朋友间的交互关系，而这恰恰最大限度地激活了互动的可能性，较之传统推广，网络营销最大的卖点就在于互动。

怎么做？也许只是需要点儿小技巧。在第 1.1 节提到过的开茶叶店的朋友，就在我的指导下，进行了这样一次尝试。她通过在论坛里与网友交流，成功地吸引到了不少茶叶买家，但在发展过程中，不可避免地会出现瓶颈，怎么办？

 【生日电邮让你的客户懂你】

我和这位开茶叶店的朋友进行了交流之后，给她提供了一个建议，即针对每一个客户，不管是大客户还是零散客户，建立网络数据库，给他们发邮件，希望他们填写一下家庭成员的出生月份，以及对茶叶的喜好。当然为了保证数据能够全面收集，让这位朋友尽可能在网上和他们进行点对点的聊天或通过电话联系，同时向顾客三保证绝对不会向外界泄露信息给外界。通过这样的联系，一个针对每一个顾客及其家庭成员的相关信息数据库就完成了，朋友每逢过节就会寄送一些针对每个家庭成员不同喜好的茶叶样品，每逢家庭成员生日，就会送一份精心选定的生日茶。

这不过是个小伎俩，但却很管用，很多家庭都把她当成好朋友，当然收了那么多茶叶，不免要多消费一二了。继而在微信时代，这种友情关系也在维系，并且更紧密了，朋友的微信小店，延续了淘宝小店的生意经，同样还是很火热。当然，这需要大量的时间去维系关系，而不是埋头发广告。

这就是创意和结合点连在一起后形成的捷径。如果问网络推广创意上有什么捷径，我只能说，绝对的捷径是没有的，但下面的几个小节介绍的几个方面，则是过去网络营销推广中，策划创意最容易成功，且最容易发挥网络传播效果的方向。

3.3.2　C罗引爆"猜球营销"联想

2012年6月4日下午，C罗在他的中国唯一微博平台——腾讯微博上用英语加葡萄牙语表达了对广大中国球迷的谢意，大意是"谢谢中国球迷对我的支持和喜爱，2012年欧洲杯我将会全力以赴！拼到底！"同步发布的还有一张照片，其中C罗身着红色T恤，右手手持一部联想手机，神情放松，自信满满。手机屏幕上写着"拼到底！与C罗一起拼到底，中国球迷为C罗加油"的字样。

【C罗营销的波浪轨迹】

很显然，亮点在手机上，C罗这一张照片在欧洲杯前后，成为了联想的一场"猜球营销"的发源点，C罗的微博扇动了一下翅膀，却帮联想手机带来了一场推广盛宴。而这个案例或许还能给在互联网上不受待见的硬广告推广换换脑子。

此微博一出，C罗的粉丝轰动了，考据派很快完成了对英文+葡萄牙文的翻译，更找到了这部有幸和C罗合影的联想手机正是刚刚推出的乐Phone P700，"C罗给联想乐Phone代言了？"、"C罗是否和外星人罗纳尔多上金嗓子当那样被联想摆了一道？"……而联想手机与C罗相关的微博专题活动页面更是进一步加深了猜测的真实性。

显然，联想这次和C罗的互动不仅仅有眼球效益，更在时间点的选择上快准狠。从网络营销层面上来说，一个事件营销再火爆非常，其生命周期大约也就只有一周的时间，特别是广告意味非常明显的这类微博营销活动。一周过后，一切都将归于平静。事实也是如此，2012年6月5日星期二，热度降低了。2012年6月8日，周末，欧洲杯开赛了。

随着欧洲杯的火爆举行，本来已经走向落幅的C罗疑似代言乐Phone事件，因为C罗在欧洲杯上的不断强势曝光而迅速回升，成为了C罗在欧洲杯战绩上的花絮，此刻联想继续保持沉默，对C罗是否真的代言的疑问没有正式的官方消息发布，从而让本来一个简单的代言事件因为猜测而变得众说纷纭和具有话题性。

与此同时，联想还适时扩散乐Phone P700的相关产品细节，随着C罗疑似代言事件和欧洲杯事件的持续升温而水涨船高，宣传效果呈现几何倍增长，这其中，口碑传播的效力非常明显，较之往常其他厂商的同类产品花上大笔金钱、软硬广告海量放送的效果更为强悍。由此可见，电子产品如果能够通过强势的话题营销进行突入，其效果远比传统的测评报告加软硬广告更为有效。

这种营销形式如果套用足球比赛中的现象，可以定义为"猜球营销"，即不直接揭开谜底，留出足够的空间让网民进行猜测，这样充分利用网民的好奇心来进行推广的方式，远比硬生生地塞广告纸更好，在关注度和时间点上选择好，如联想在欧洲杯之前几天引爆，不会直接被欧洲杯的热潮掩盖，反而能够在快落潮的时候，再度趁势掀起新高潮，而C罗和联想的双簧，加上欲言还止的话语魅力，更让"猜球"的效果更加有趣。

这似乎给出了一直陷入口碑困境的明星代言模式一个新的契机。长期以来，以明星代言为代表的硬广告一直是一个很有视觉冲击力的推广方式，但在互联网时代，这种模式开始越来越不适用。

讲求互动性的互联网，偏重于草根和分享。对于明星代言这样赤裸裸的广告模式很难激发起网民的兴趣，尽管从本质上来说，网民其实也是在电视机前收看电视广告、在街头漫步被广告牌"入侵"眼球的人，然而到了网络上，由于阅读习惯和分享方式的变化，成为网民的这部分普通人不再能够如他们在电视和街头那样接受直接的明星代言广告的影响。

这种旧有的推广营销模式在网络上被挑战，同时大多数以网络为主要营销阵地的明星代言也惨淡收场。比较典型的是网络游戏行业，在兴起之初，游戏公司大多也采取明星代言的模式，刘亦菲、蔡依林、甄子丹、周杰伦等一众明星都一度成为游戏代言人，而结果呢？游戏玩家并不买账，游戏销量也没有和明星代言有明显联系。以至于到了最后，连游戏公司的老板也不买账了。

以善于营销著称的巨人网络董事长兼 CEO 史玉柱就直言不讳："请代言人就是花钱赶走用户，明星代言会造成讨厌这个明星的潜在用户流失。因此《征途》绝不请代言人。"

曾经做过一个小调查，大多数受访者都表示，对于互联网上铺天盖地的硬广告，无论是明星代言或带有明显利益导向的降价促销，大多直接选择眼睛"跳过键"，更不用说去点击查看更多精彩了。

但并非网络上的硬广告的力量就难以彰显。C 罗和乐 Phone 的"猜球营销"就完全是一场立足网络的代言秀，且非常成功，其核心诉求就在于互动，通过互动让硬广告"服软"。

因为微博的存在，让这种互动成为了可能。过去的网络传播形式尽管也可以实现一定程度上的互动，但大多数时候依然是单向的。网民的讨论往往被媒体和广告所淹没，而明星代言本身过强的广告性，则会削弱网民的参与意识，甚至引发反感。

一旦转换明星代言的视角，让这个视角拥有可以讨论和放大自己声音的互动性，则一切大为不同。显然联想正是抓住了这一点，才将一个本来很简单的代言广告变成了竞猜营销，无数 C 罗粉丝的主动参与则让这个竞猜游戏变得更加有趣，无数奇谈怪论、奇思妙想都可以发散出来，引发一轮又一轮基于社交网络之上的朋友圈子和兴趣圈子的讨论，一场完美的口碑雪崩也就由此汹涌而来。

给明星代言一点儿创意，让硬广告"服软"，或许将大为不同，当然，作为一场营销秀，仅仅在微博上演绎是不够的。

3.3.3　用竞猜来引发互动

以微博作为引爆点，让一个硬广告用不一样的形式出现，不仅可以节约投放成本，也能让网民更有兴趣去深入了解。

但仅仅以兴趣点来激发网民的互动热情还不够，网易为了在 2012 年 7 月 26 日召开的

Chinajoy（中国国际数码互动娱乐产品及技术应用展览会）上宣传自己的一款新游戏，特意制作了一批广告画。

 【网易如何用一副海报打动玩家之心】

　　如图 3-5 所示的这组宣传海报除了在自己的游戏官方网站上展示外，还通过游戏官方微博进行了发布，当然，还是有竞猜，只不过这一次的竞猜话题是突出这款游戏到底是个什么样的游戏，网易设计的海报则以港式漫画的暴力美学为核心诉求，一下就将格斗游戏爱好者都拉入其中。

图 3-5 《斩魂》海报融合多种流行元素

　　网易并不仅仅局限于此，在取得第一轮竞猜的轰动效应，吊高了网民胃口后，又通过网络新闻发布信息，宣传该款游戏将在游戏展上推出街机版本，并以投币的街机模式供玩家体验，这样一则新闻出现在微博之后，很快又在博客和论坛上掀起了新一轮的讨论，也引发了大量游戏爱好者对昔日街机游戏生涯的无限回顾。当然，在这些讨论中，网易的公关行动和预先准备好的微博、博客和论坛文章都是搅动起口碑风暴的伏兵。这让其成功地在游戏站前，在众多游戏厂商全力以赴大肆宣传自己游戏产品的网络硬广告大战中，低成本胜出。

稍作比较不难发现，联想和网易的这两次营销都有共同的特质，即都以硬广告为主题，以微博的互动性为发散点，通过赋予硬广告以"犹抱琵琶半遮面"的"竞猜模式"，既不愚弄网民，又让网民能够通过"竞猜"激发起多种多样不局限于产品本身的讨论或回忆，并通过网络新闻、论坛、博客等多种网络营销手段，不断加速和加大影响力的广度和深度，从而"师出奇兵"，达到软硬兼施的最佳推广效果。

加一点儿创意，让硬广告在网上更有活力和互动性，其实并不是那么难。

3.3.4 "大菠萝"引发的营销秀

类似联想利用 C 罗和欧洲杯这样实现策划的案例不少，但也有完全出于偶然，并被相关品牌广为利用的案例。

 【"大菠萝"引发的宇宙级悲剧】

　　一则被命名为宇宙级悲剧的趣闻从 2012 年 5 月中下旬开始，不断地在互联网的各个平台上传播："众所周知，暴雪史诗大作《暗黑破坏神 3》（DIABLO Ⅲ）是禁止未成年人的成年人游戏，因为游戏包含了太多血腥杀戮要素。近日一位玩家在某星际争霸比赛的现场抽奖环节中人品爆发抽到了《暗黑破坏神 3》的典藏版，却最终因为未满 18 岁而只拿了张礼品券，人生真是大起大落啊。"

　　这则趣闻不过是被玩家根据其名称读音戏称为"大菠萝"的《暗黑破坏神 3》从发售开始，不断在网民中口碑传播的各种"大菠萝"故事之一。而故事的另一面则是，仅发售日当天，"大菠萝"就卖出了 150 万套，较之前代首发日不足百万套的成绩更上一层楼。

对于不玩游戏的人来说，这个宇宙级悲剧只是显得很扎眼。然而对于游戏玩家，也就是"大菠萝"所要影响的人群来说，这个宇宙级悲剧则是名副其实。因为这款游戏的两部前作早在若干年前就已经征服了数以千万计的游戏玩家，且不计算盗版游戏用户。

这主要来源于《暗黑破坏神 3》这款游戏的研发公司、全球顶级游戏软件厂商暴雪娱乐公司，该公司成立 20 多年来，推出了魔兽系、星际系和暗黑系三大类 20 多款游戏，尽管较之游戏数量上来说，和与之比肩的 EA、任天堂等公司相比，不过是个零头，但每一款游戏都被玩家誉为经典，销量均在百万以上，以至于业内和玩家对暴雪公司的产品有着这样两个口碑："暴雪出品，必属精品"、"一直被模仿，从未被超越"。

也正因为如此，《暗黑破坏神 3》在发售之前，已经在网络上和玩家中有了大规模的自发讨论，而这样一则趣闻在发售日出现后，其被称之为"宇宙级悲剧"非但没有引起网民的反感，反而被广泛传播，并津津乐道，而且还是在没有任何官方消息证实的前提下。

没有任何消息证明这个"宇宙级悲剧"是暴雪精心筹划的一出营销剧还是真实存在的事件，抑或是来自玩家的恶搞，但有一个显而易见的破绽，即该玩家在得奖时和被告知不能领奖郁闷时的衣着并不相同，却在同一个现场之中，这也使得有关这个"宇宙级悲剧"的网上讨论更加趣味化，更让人觉得这是一场别具匠心的营销秀。

暴雪在这出"宇宙级悲剧"中获得的不仅仅是向玩家传递出《暗黑破坏神3》有多么受追捧和热销，从而激发非暴雪作品粉丝的关注和购买欲望，同时也巧妙地将该游戏的分级通过形象的趣闻让人获悉。

除了"宇宙级悲剧"这样暂时没有人宣布对此次营销事件负责的口碑传播案例外，一些和游戏无关的企业也主动加盟到"大菠萝"口碑营销秀之中，当然，这绝不是学雷锋，而是另一种策划模式——结合热点。

 【杜蕾斯为何调侃暗黑寡妇】

2012年5月16日午间，杜蕾斯官方微博发布了这样一条信息："据说来了个'大菠萝'把女人们的男人都抢走了，看来在未来的一段时间里，杜杜会很清闲。"

此言一出，微博哗然，6千余次转发，近千条评论让这条微博立刻成为了热门话题，从评论的内容上看，《暗黑破坏神3》的粉丝占了绝大多数，他们的表述也多为中立、赞扬游戏的精致、也乐于接受杜蕾斯"黄色新闻"的调侃。

甚至于由此之后，一个名为"暗黑寡妇"的词条应运而生，成为互联网上的热门词汇，暗指另一半是"大菠萝"粉丝的可怜"妹子们"。她们的另一半已经被"大菠萝"召唤而去，只能独守空闺。

当然，这样的营销本身就是基于暴雪公司过去营销成功的再创造。曾经有一句暴雪官方宣传海报的宣传语："女孩们，我又回来抢你们的男友了。"这使得暴雪的游戏一直都带有很强烈的竞争隐喻，也使得杜蕾斯这一微博的爆发力更加强劲，玩家内心认可、暴雪官方主导、杜蕾斯主动表态，三方的力量综合起来，让这个微博更具冲击力。其实这和"宇宙级悲剧"案例有异曲同工之妙。

类似这样借助"大菠萝"热潮来营销自己的案例很多，每一次都能获得极为不错的口碑传播效力，原因很简单，从杜蕾斯案例上就可以看出，杜蕾斯巧妙地根据自己的粉丝和"大菠萝"粉丝的高度重叠性，以最具话题诱惑力、最符合其自身定位的营销手法来进行宣传，看似自怨自艾，被"大菠萝"抢了生意，其实却有效地激发起了自身高度年轻时尚化的粉丝群体对这款游戏的热爱，并间接影响到这些粉丝的游戏好友共同来参与这场口碑盛宴。当然，这条"黄色新闻"的结果一点儿都不会灰色，巧妙地提醒了用户不要为了游戏忘记了杜蕾斯，也巧妙地借助了"大菠萝"的正面口碑，为自己树立了一个更为时尚、更为有趣的白领之友的形象。

【从企业到政府都在社交网络上借"大菠萝"说事】

其他主动学雷锋式参与"大菠萝"的营销，大多都是根据自己的品牌定位和用户类别与该游戏玩家类型的相似度进行的一场共赢的口碑秀。

仅微博上就有三星、微星、天翼视讯、百脑汇若干分店、果壳网、源科固态硬盘等企业主动发文，甚至厦门思明公安分局这样的政府部门的微博也以"大菠萝"为切入口友情提示高考学生："马上就到一年一度的高考时节，警察叔叔在提醒诸位考生和家长注意考前安全的同时，还要提醒防范一大杀手——《暗黑破坏神3》，这个东东目前风靡全球，估计有不少学子真的好想爽爽地玩上几天。叔叔奉劝各位男考生，忍住！等考完了再玩也不迟，考了好成绩妈妈才开心"。

这一次，即使带有明显的宣传口吻，网民也依然很受用，因为他们希望自己对"大菠萝"的热爱得到更多的认可，哪怕是来自商家。当然，收益最多的还是暴雪娱乐，众多商家的主动参与，就帮助暴雪做了不要钱的推广。"尽管来搭车吧"我想这应该是暴雪营销层的心声。

"大菠萝"引发的这场营销秀之所以能够以四两拨千斤的方式掀起热浪，最大的根源在于暴雪娱乐作为一个游戏厂商，在游戏设计上的严谨和对质量的精益求精，使得其本身品牌拥有了一个极大的口碑圈子，一个最大化的暴雪用户群体圈子，也是一个最小化的游戏玩家圈子，每一个用户都成为了暴雪传播信息的一个节点、一个广播站、一个中转站，他们所联系的群体也都是同气连枝的暴雪用户，使得每一个传播都尽可能做到了精准有效，直接以口碑的形式传递，给关心关注的人群，而不是非玩家群体，从而确保了传播的有效到达率。

当然，暴雪在营销上虽然不常出手，却十分用心在一些小细节上做文章，如尚不能证实是暴雪所为的"宇宙级悲剧"，却燃起了口碑风暴。

结合第 2 章提出的口碑雪崩理论，不难发现，暴雪仅仅充当一个发布者，借助已经通过产品品质积累的厚厚的口碑积雪，用类似好看、好玩的信息作为撬棒，来滚起一个小小的雪球，再作用于口碑积雪上，便能滚起一个巨大的雪球，甚至牵动来自普通玩家、相关商家、有关部门的联动，成为一个浩荡的口碑雪崩，这较之噱头式营销方式更为深远和持久。

营销的王道是口碑，无论是线上还是线下，口碑仅仅靠营销手段是所无法左右的，只能依靠品质和信誉，而这也是最强大的营销模式，只需要一个支点，便可以撬起整个地球的最佳营销模式。

3.3.5 不要总想着病毒营销

在网络上，有一样东西是现实传播手段所无法模拟的，那就是游戏。游戏也是很多企业创意的一个阵地，制作不用特别精良，只要有趣，就能够成功。通过小游戏发起一项传播计划，塑造产品知名度，往往有意想不到的收获。目前不仅大公司在采用，一些中小型新锐企业也开始关注这种新营销手段。

113

先从一个其实算不上结合游戏做推广的另类推广说起。

【疯狂猜图靠微信成功营销】

2013年夏天，极度红火的《疯狂猜图》游戏，其实就是一个极佳的游戏与品牌相结合的案例。在前期成本不到10万元的情况下，做到了上线之初日增用户30万人、1个月下载量过千万次的成绩，并获得了250万美元的A轮融资。而更为关键的是，其游戏本身在设计之初尽管没有得到什么赞助，但在游戏的设计理念中，却处处有品牌。

《疯狂猜图》的操作很简单：进入系统后，系统会提供一张标明类别（比如品牌、明星、动漫等）的图片，再给出24个待选汉字或字母，用户需要在答案框里输入正确答案。如果猜不出答案，用户可以选择用金币去掉一个错误答案或者得到一个字的提示，也可直接分享到微信朋友圈向好友求助。

借助微信的强大魔力，这款游戏成功了，而植入游戏中的各种品牌，没有花一分钱，却让无数人记住了他们的 LOGO，算是一种意外之福吧。当然，很快这款游戏就没有了生命力，几乎一夜蹿红，又一夜被删除。但这还不是关键，关键是如何让没有被选入的品牌搭上便车。

【用攻略搭《疯狂猜图》的便车做广告】

就在《疯狂猜图》正疯狂的时候，我的一个朋友在 QQ 上问我，能否联系上《疯狂猜图》的制作公司，他想将公司的 LOGO，以付费游戏内置广告的形式融入进去。我先一盆水浇灭了他的希望，给他看了一篇关于该游戏不接受任何内置广告的新闻，然后又给他支了个招，燃起了希望。这个招数很简单，不是网上有许许多多的疯狂猜图攻略吗？不是无数玩家正在对着攻略猜图吗？将公司 LOGO 植入到攻略里面，且花不了多少钱，不过是在各种论坛、问答中混淆视听一番就好了。他如此去做了，据说效果不错。

当然，这个推广企划并不太光明正大，基本属于旁门左道的性质，也没有多少借鉴价值。但从另一个侧面，也说明了游戏和推广可以做到亲密无间。甚至可以为推广而创造喜闻乐见的游戏，就如当年风靡全球的动画片《变形金刚》，其实最初不过是为推广玩具而拍的有故事的广告片而已。

汉堡王 Burger King "听话的小鸡" 视频互动游戏是个典型的例子，它巧妙地借助了社交网络特别喜欢提倡的六度空间理论（即你和任何一个陌生人之间所间隔的人不会超过六个，也就是说，最多通过六个人你就能够认识任何一个陌生人，这就是六度空间理论，也叫小世界理论），如图3-6所示。

【汉堡王小鸡游戏是口碑雪崩而非病毒传播】

汉堡王在美国是仅次于麦当劳的快餐连锁店，在 "听话的小鸡" 这个互动游戏最初设计时，界面其实非常简单：一个页面，有一个视频窗口站立着一个人形的小鸡，下面有一个输入栏，供参与者输入英文单词。当你输入一个单词时，视频窗口里的小鸡，会按照你输入的单词的意思做出相对应的动作，比如你输入"jump"，小鸡会马上挥动翅膀，原地跳起，然后恢复到初始的画面；又比如你输入"run"，小鸡就会扬起翅膀，在屋子里疯跑一气；而当你输入的单词小鸡无法用肢体语言表达的时候，就会做出表示不解的动作；当你长时间没有动作的时候，小鸡就会做出擦汗的动作以示抗议。

这是一个完全会按照你的命令去执行的小鸡，此案起初只是让 20 多位人员把网址通知到各自的朋友圈，接下来发生了令人意想不到的传播效果：一周内达到了 1500 万～2000 万次点击，平均每次访问逗留时间长达 6 分钟。很多访问了这个网站的网民，也顺便会点击下面按钮，直接进入汉堡王的网站，浏览最新的鸡块汉堡快餐的促销信息。

图 3-6　六度空间

据调查，曾经浏览过这个网站的网民至少有 1/10 都去享用了汉堡王的鸡块快餐，这是一个实实在在地通过网络，以朋友交互圈的方式，在六度空间理论下，进行的一场以口碑雪崩传播实现促销的创新网络营销案例。为什么称之为口碑雪崩，而不是所谓的病毒传播呢？理由很简单，游戏真得很好玩，自然能吸引无数人来玩，若仅在这个层面上，则属于病毒传播的范畴，但病毒传播并不注重口碑积雪，而这个游戏最大的关键在于之后的转换，即网民在游戏之后，乐意进入汉堡王的网站了解促销信息。

对病毒传播而言，即使没有这个转换，依然是成功的营销，因为游戏被人追捧了，也是一种成功，病毒营销推崇的本来就是一种无来由的爱，一种比较赤裸裸的诱惑。对口碑雪崩而言，必须实现相当的转换率，才能体现营销应有之义，而这个转换率来何方？那就是口碑。因为之前有 Burger King 这个品牌在消费者心中厚厚的口碑积雪，当这个游戏作为雪球滚落而下时，雪崩将呈现摧枯拉朽之势。可以说，如果没有这层积雪，那么游戏之后再看网站促销信息的人必然不会那么多，而有了前期的口碑积淀，才会真正留住游戏拉来的顾客。

从成本上看，小游戏也极具娱乐性，更容易让推广自然融入，比如这个"听话的小鸡"在创意元素上更富活力，传播成本更低，值得被营销资源相对有限的企业采用。一些新营销机构也正是从这个角度入手，帮助中小企业通过成本可控的新营销手段塑造知名度、提升销量。

3.3.6 引爆求知欲营销

2011年7月，一系列以"谣言粉碎机"的名义出现的视频在微博上引发了网友的疯狂转载。当然，这一次并不恶俗，也不娱乐，而是实实在在地用冷实验来说话。

 【冷试验让西门子植入广告】

啥是"冷实验"？简单来说就是诸如"可乐+曼妥思，同食是否会撑死人？"、"液氮制作冰激凌是什么味道？白酒怎么蒸馏？"等这样一类科学家不会去做，普通人特别好奇的偏门试验。而当这些实验以视频的形式通过微博传播出去，结果会怎样？答案很简单：轰动。因为人人都有求知欲，特别是对这类偏门、但颇为有趣的冷实验，如果试验的"地下科学家们"在视频中用比较搞怪和富有娱乐性的元素装点一下，那就更加让人疯狂了。

千万别以为这就是一个有趣的实验。作为"谣言粉碎机"的制作者果壳网，其果壳厨房系列活动显然通过一系列好看、好玩又好吃的视频和微博营销，巧妙地建立了知名度，也获得了广大网民的认可，这远比什么小月月之类的低俗营销实在得多，也比花大价钱请名人代言拍广告宣传要划得来。

但如果你认为仅此而已，那就错了。"谣言粉碎机"其实是双重意义上的网络营销，明面上是果壳网的创意推动，而实际的实验品是西门子电器。

现在你知道西门子家电是如何成为潜伏者的了吧？但这仅仅是潜伏的一小部分罢了。在系列视频中，果壳厨房使用的必然是全套的西门子家电，也就是说每一个实验都离不开这些家电，而这也充分展示了这些家电在"破坏性实验"中的良好性能，这似乎一直都是德国产品的优良品质。比如西门子近期主打的"真空零度"冰箱，若真要和用户说明枯燥的真空技术会很头痛，借助另类的科普就不一样了，仅靠视频里面出镜的简单植入和充当试验道具还不够，更精彩的则在视频背后。

依靠一系列"谣言粉碎机"，果壳厨房的知名度提高了，深度的话题也开始引发了人们的兴趣，而果壳也植入了一个概念——极客，是为了多种科学技术有狂热兴趣并愿意投入大量时间钻研的群体代名词，这个极客体验，则为西门子和果壳厨房成就了一场精准的网络营销。

通过前期视频和微博的预热，一种互动交流出现了，极客群体也成为了时尚的代名词。这时，适时推出《极客酷夏生存指南专区》电子杂志成为了一种很有扩张力也非常潮的事情，微博、微盘等新的互动共享方式无疑为其传播提供了更有效的载体。

 【可以下载的《生存指南》】

通过微博上新出现的微盘下载和推荐朋友下载《极客酷夏生存指南专区》PDF格式电子杂志，又一次将微博的新功能发挥出来。这不仅仅是一次下载，而且是很潮、很时尚的极客膜拜者们的一次全新极客体验。

当然，这个电子杂志的内容更潮。通过极客度夏的绝妙方式，就如同冷试验视频一样，真空和零度的概念也巧妙地传递出去，而这还是一场非常有针对性的网络营销。热爱极客和被冷实验聚集起来的有心人，高度覆盖了高端的年轻人群体，且具有互动性、思考性、趣味性的话题，则让年轻人激动不已。这种巧妙把握年轻人心态的做法，也体现出德国人一贯刻板面目下的"骚动"和时尚感，也将潜在消费者群体和自己拉得更近。当然，别忘了，这部分人还会是自己身边群体中的意见领袖和风尚引导者，所辐射的口碑和产品知识再教育将更大、更亲密。

这显然也是西门子家电的一个策略，告别枯燥的技术解读，通过果壳厨房这样一个特殊载体，定期举办各种科普及实验活动，已达到对自身最有价值的目标群体——青年人。

　【 冰箱贴神马的最有爱了 】

　　西门子和豆瓣网合作，通过"冰箱贴神马的最有爱了"活动，将西门子"新鲜生活"的理念传播出去，也成功地将豆瓣上 20～40 岁的高端族群以科普、趣味的方式吸引过来，成功塑造了西门子在青年高端人群中的品牌认知。

果壳厨房恰恰是在这样的基础上，进一步地推广升华：以纯科普的方式，通过视频、微博和 SNS 等青年高端人群更为密集和交流更为迅猛的新媒体形式，巧妙地传递信息，在引领这些人群走近极客甚至成为极客的同时，也在潜在的中国用户心中塑造了西门子普及科学知识和创造极客流行风向的良好品牌美誉度，更在科普了知识的同时，也科普了自己。

整个过程看下来，不难发现，微博其实就是一个中转站，而真正潜伏点全部在微博之外的其他渠道之上，这就是完美账号的完美效果。

【思考一下】

在第 3.2 节思考中的画家为自己做了一个宏观策划，现在请你根据之前设置的宏观策划，来制定自己的微观策划。会不会突然发现自己的宏观策划太过于宏观而落不了地呢？此外，千万别想着怎么直接在网上卖画赚钱。

3.4　好创意要有大局观

【本节要点】

品牌、市场。坚持和组合是许多营销者挂在口中却没付诸行动的遗憾，为什么？就是缺少大局观，总想一鸣惊人，任何推广和营销都是服从、服务于品牌或产品大局，为整体或个人品牌而进行口碑提升和催化。再好的创意，若不能带来转换效果都是坏推广。

有很多推广，其创意可以说是一级棒，而且不乏围观者，有的还是社会热点，甚至引爆了某个潮流，推广的执行力、话题性俱佳，但却是十分失败的一次推广。究其所以，就在于这场推广没有大局意识，只是想到了做噱头，而没有考虑到创意的终极目标是为产品或品牌服务的，结果差之毫厘谬以千里。

因此，好创意、好策划、好推广，必须要有大局观，否则不如不做。

3.4.1 必须考虑品牌

相信很多人对微博的第一次直观了解不是来自于新闻或广告宣传，而是因为一个微博炒作——后宫优雅。

 【红了"后宫优雅" 输了"降龙之剑"】

"优雅女"属于微博营销的典型案例，策划人一开始是按照传统的论坛、博客等营销策略入手的，就像曾经风靡博客界的"视频舞女木木的身体日记"一样，写一个段子再发张照片，通过炫富和晒明星两大法宝，并自创"后宫体"的写作方法，在新浪微博中获得普遍关注。"后宫优雅"从 2009 年 12 月 1 日注册账号，到 2010 年 2 月 1 日营销结束，两个月的时间，获得了 50 000 个新浪微博粉丝；每篇微博的评论数都过千，成为新浪草根博客第二名和网络红人，并获得了诸多名人的关注，你能说"优雅女"没有成功吗？

从本质上来说，"后宫优雅"算是成功了，但这一次品牌营销却是彻底失败了。原因很简单，几乎没有多少圈外的人知道"后宫优雅"一系列恶俗搞笑的内容都是为了给一款网络游戏《降龙之剑》做推广。不妨自问一下，若没有看过后来的揭秘性文字，你对"后宫优雅"和《降龙之剑》的关系知道多少？

仔细一分析就会发现，经过两个月时间的炒作，"优雅女"的人气急升：在 Google 搜索"后宫优雅"有 21 万条记录，搜索"优雅女"有 14 万条记录，拥有 55 000 多粉丝，平均每篇文章留言数 1000 多条；从留言数字上看，大约是拥有数十万粉丝的赵薇、周笔畅的 1/3 左右，也有足够的知名度，可见其活跃粉丝众多；从关注度分析数据上看，其关注人群也大部分属于网游群体的目标区域；而且最意外的收获是，2009 年 8 月新浪开始发展微博，其接受度一直不高，但"后宫体"一出，立刻人气飙升，围观者不断，成功地在 2010 年开启了微博的第一个辉煌篇章。

然而需要注意的是，尽管新浪微博坐收渔翁之利，但对于真正的幕后黑手，网游《降龙之剑》来说，却几乎没有任何斩获。针对"降龙之剑"和"后宫优雅"两个关键词，用百度指数进行分析（如图 3-7 所示），就可以发现该网游的关注度并没有因为"优雅女"的火爆而急升，两者的关注度波动几乎没有任何相似之处，媒体关注也没有将二者进行任何结合。尤其是"后宫优雅"在用户搜索达到最高峰时，"降龙之剑"的搜索关注度根本没有任何变化。严格意义上说，最大的失败是在推广之中，推广方案和产品特色结合点不明显，有相似的受众，但没有相通的管道，无法让受众的吸引力从前者转移到后者上来。因此，这场网游产品的网络营销的失败其实在策划之初就是注定的。

从媒体角度来说，"后宫优雅"的最后一条微博，宣称要做这款游戏的代言人，其结果毫无影响力，几乎没有任何社会化媒体参与此事报道，"后宫优雅"从此从公众的视野中消失。原因很简单：从粉丝的留言评论中可以看出，大多数评论都是较为负面的评论，且大家基本上把这个事件当作一个笑话，任何附着在其上面的品牌，即使被真正关注了，也将因为"后宫优雅"

而成为笑料。这对于一个企业商品的品牌来说，基本上是一个"杯具"。

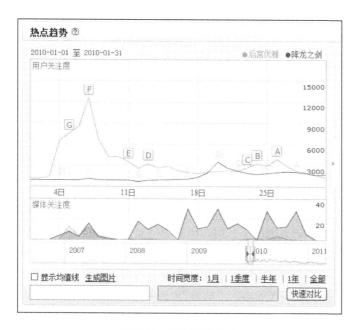

图3-7 百度指数分析

中国微博发展史上具有里程碑意义的一个微博和一场营销，最大限度的关注度和最低限度的品牌影响力，两个完全不成比例的结果汇聚在一个事件之上，你还能说高影响力就能够造就高品牌力吗？要了解一个网络舆论载体的全貌，首先必须要破除加在其身上的各种失真内容。只有破除了积压的微博误区，才有可能真正掌握它。

由"后宫优雅"的失败我们不难看出，要在网络上制作一个有爆炸力的事件并不难，难在如何让这个有爆炸力的事件能够真正对企业品牌有正面作用，从而带动销售业绩的上扬。很显然，"后宫优雅"是完全失败的。而与之相对的是凡客体，在创意传播上全面成功，且极大地张扬了凡客诚品个性的一场低成本营销。

 【"凡客体"的成功是80后的成功】

和"后宫优雅"相似，凡客体也是通过微博传播，引发众多微博争相效仿和恶搞而闻名，这原本只是一个再寻常不过的常规广告，被挂在很多城市公交车站牌上。其中，韩寒、王珞丹作为"凡客诚品（VANCL）"的形象代言人，以80后的个性、调侃口吻，为 VANCL 站台。然而，这则广告却出人意料地以网民"再创作"的形式疯狂传播。

几乎一夜之间，整个微博都用凡客体做标签，就如同之前用"后宫体"一样，所不同的是，这次是图片，而上次则是文字，如图3-8所示。互相之间发送凡客体名片也成为了一种时髦，而这种微博群体的集中推广和恶搞，也让网络上有了不一样的味道，"不是广告，是疗效"。

119

图 3-8　强有力的凡客体宣传

　　凡客之所以成功，就在于其很成功地又一次强化了网民对凡客品牌的认识。此次凡客体的营销在"病毒营销"的基础上更进了一层，传播的信息是"多病毒"，而非"单个病毒"，发动的群体也不是仅仅依靠凡客诚品自身，而是庞大的网民。与传统的"病毒营销"主要依靠厂商发动其自主创作的"病毒"信息不同，这次凡客体的传播不仅仅限于凡客产品本身，而是在群策群力的基础上，广泛传播多样版本的"病毒"，声势之大前所未有。

　　那么在传播之前，凡客是否有想到这样的结果呢？可以说是大大超过预期的。但如果说这完全是一场偶然，当然也是绝对错误的。凡客在微博上花费的精力，远远比传统企业多，这或许和他们本身是 B2C 网上服装站点有关。凡客多年来培育出来的成熟的电子商务实战技巧成就了其作为广告主"围脖"明星的天然优势。在凡客的微博页面上，你可以清晰地看到这家迅速崛起的企业对待互联网营销的老练：一会儿联合新浪相关用户赠送凡客牌围脖，一会儿推出"1元秒杀原价 888 元衣服"的抢购活动来刺激粉丝们脆弱的神经，一会儿又通过赠送礼品的方式，拉来姚晨和徐静蕾等名人就凡客的产品进行互动。而在最初，对凡客体的一部分微博转播和创作，其实也同样来自凡客的运作，他们就是希望通过引发网民的发散思维来让凡客这个名字被更多的人记住。

　　据我所知，早在凡客体走红网络的前一个月，凡客诚品的品牌推广部门就已经开始策划与新浪微博合作，推出专题页面，希望更多的网友参与互动，并计划为网民提供广告模板和自动 PS 工具，让普通网友也过把当代言人的瘾。但结果是没有预想到的，凡客体一时泛滥成灾，蝴蝶效应在这里表现得极端明显。微博上被寂寞了很久的人们找到了发泄口，而凡客也成为了微博上一时间最响亮的名字。结果，广告模板和 PS 工具都不用提供，就已经效果满满了。这一切似乎在重蹈"后宫优雅"的覆辙，但其实不然，"后宫优雅"的失败在于和其最终目标《降龙之剑》难以发生直接的联系；而凡客体的成功就在于，它直接让品牌名称变成了网民所乐于接受并传播的一种网络现象，用一种最亲民的方式来引爆网民的探知欲求。知道了凡客体，就会想要了解凡客，而凡客的服装恰好定位在是网民最容易接受的心理价位上；同时，凡客一直在强调个性化服饰和个性化的品牌美誉度，这就和网民的恶搞有了天然且高度的契合性，让一次本来很短暂的"病毒营销"，在最短的时间内，发挥了最大的品牌效果。

　　看完了上面的创意推广，是不是有了跃跃欲试的感觉？别急，一盆冷水马上迎头浇下来，微博营销如果真得这么简单，那么岂不是天天都有经典案例可看了？

其实，从严格意义上来说，真正如凡客诚品这样风靡一时的推广案例在微博上少之又少，为什么呢？因为企业往往过分重视噱头，而缺少长期性推广营销战略构想。

当我还在电商公司当副总时，和公司的同仁在 QQ 群里侃大山。当聊到公司即将上线的箱包 B2C 网站"包比比"如何做推广时，大家陷入了沉默。

业务部同事在群里弹出了一个QQ迷你首页的截图："要是能够在这个上面打广告就好了，可这要多少钱啊？"诚然，时下电子商务横行于世，数以万计的电商网站掀起了网络广告红海大战，"烧钱砸钱不赚钱"是大多数电商网站的通病。像我们这个网站，尽管箱包的价格有优势，但酒香也怕巷子深，还没有让消费者形成口碑可能就呜呼哀哉了。但千万级的广告投入断然是受不了的，那就是场赌博，买中了的不到百分之一，而之前电商们的惨淡结局也让我们不会贸然把网络硬广告作为推广营销的主体。几乎所有在群里畅谈的员工们都有这么一个认识——要找到潮流引爆点。

可引爆点在哪呢？他们继续把目光投向我这个发问者。其实我当时也没有任何新想法，之所以在群里聊这个话题，不过是为了激发群众的力量，看能不能撞出智慧的火花，只是此刻作茧自缚了，怎么办？

灵光一闪，计上心来："如果我们在几款包包的商品页面用上女模特，而且当销量达到一定程度时，女模特的衣服便稀薄一些，直至于无呢？"此话一出群里立刻骚动了。

我们可以找几个托，让他们"主动去发现"这些页面，并发布到微博上。

虽然有点低俗，不过很有吸引力。

……

公司员工们七嘴八舌地议论起来，一致认为这一定是个好点子。而我也发现，在群里发言的，都是和我一样的"色狼"。

真的是个好创意吗？从传播的角度来说，这应该是个不错的点子。

可以预见的是，这样一个关注点通过普通人传播，很快就会在微博上引发讨论。如果我们再推波助澜一下，通过引导一些知名微博主加入讨论，将能够立刻形成潮流。看起来在销售上也会很有好处，怀有好奇心的人们特别是男人们，会购买这些包，以实现"脱衣"的销量，满足一窥究竟的好奇心。但是我们卖的主要是女包。

群里的女士们在我说出"但是"之后，开始群起而攻之这个创意。这一属性决定了上述设想都仅仅是不成立的假设。一句话，你要男人买女包，别扭不？就算买了，如果女朋友或老婆知道是这个原因，也不会要这么个包的。

这个创意或许是一个非常有眼球的好点子，在微博上也会形成数量众多的网民自主发布和主动转发热议，更可以给相关的页面带来极大的围观人群。而且尽管是女包，尽管围观者多为男士，也会出现一个不错的销量，但仅仅做活动的包才有这种幸运，对于整个站点来说，这个微博传播将难以吸引目标受众群体——女性。

这样的创意有看点而无卖点。因此，必须有一个长远的规划。

3.4.2 必须分析市场

随着多元化生活的开始，人们已经逐渐形成自己的圈子，在规模化的营销平台之外，必须建立圈子文化的互相认同，通过内容的设计来实现价值、气息、精神层面的认同，并与他们产生互动，这是营销传播未来需要构建的图景。作为 Web 2.0 时代的网络新应用，视频网站、博客站点，乃至刚刚崛起的 SNS 站点和微博客站点，都在围绕品牌商提出的概念来生产内容，并通过内容精准找到对品牌和文化感兴趣的受众，运用网络的互动性最大化品牌营销的效果。这种完全基于互联网衍生创意和进行传播的方式，必将为品牌营销带来全新视野。

美国 IDC 公布的全球互联网普及情况调查结果显示，虽然全球经济正在衰退，但是互联网人口还在稳步增加。全球互联网人口将超过 6 亿。其中每天上网的人数将近两亿，这个数字每年还在以 30%的速度增长。网民大多具有一定的消费能力，潜在客户群体非常之大，所以进行网络营销推广策划之初，就必须要考虑好针对什么样的受众群体进行创意，以及如何进行创意才能吸引潜在消费群体的注意力。做好最精确的目标分析，从而选择最适合产品的网络营销推广方式。

【蒙牛用社交平台全程展示食品安全】

以 2009 年年末进行的《蒙牛安全生产 24 小时直播》为例，蒙牛在乳业信任危机发生后，独创性地借用新浪平台，充分利用新浪视频平台与博客平台，开展了一次 24 小时的网络视频直播，向全球网民展现从养牛到第一滴牛奶产生的整个过程，让观众能够更客观地了解事实，进一步提升了蒙牛的信誉度。从 2009 年 11 月 15 日到 2009 年 12 月 3 日，页面总流量就达到 549 273 次点击，其中仅"亲历蒙牛机器人运输车体验蒙牛真诚"视频播放量就达 15127 次。毫无疑问，通过这次网络营销，蒙牛借助新浪的公信力、聚合性及用户黏性，其自身品牌形象的正面引导得到了极大的提升，也有利于消除乳业危机之后导致的消费者信任危机的阴影。

那么为什么是选择网络而不是通过电视新闻进行这样一个视频直播呢？原因很简单，通过网络可以覆盖足够大的群体，同时可以有效地检测传播效力。更重要的是，这个传播手段和蒙牛的目标消费人群有着极大的重合性。

蒙牛的消费人群是什么样的呢？是 22～30 周岁的中青年白领阶层，他们的消费能力强盛，而且正处于生育阶段，对孩子的奶源要求也颇高。网络视频的受众群体有别于大多数网络传播手段。根据艾瑞咨询的调查数据显示，网络视频用户的整体年龄明显低于非网络视频用户，集中在 22～30 岁，而在这个年龄层次的用户比例，则高于其他非网络视频用户，这就使得网络视频的针对性传播更加密切，也使得其传播效率更加有针对性地瞄准了蒙牛的潜在客户群体，通过这样的直播让重置的客户群体了解到蒙牛乳业的安全性，效果要好于其他方式。

那么如何做好网络营销创意的目标分析呢？

一是根据产品找市场。由于有明确的产品和品牌进行推广，因此首先要确定策划方案针对的目标群体的年龄层次和所在阶层，做到有的放矢。

二是根据用户兴趣做创意。每一个用户族群都有其特有的兴趣爱好，要将产品特征巧妙地融合在创意之中，从而有效地针对目标群体制造噱头。

三是根据创意找载体。有了明确的目标群体和初步的创意构想，然后就是选择合理的复合式营销搭配方式。是以视频为主其他方式为辅，还是以博客为主，抑或是以网络新闻引发讨论都必须准确考虑到。必须明确了解每一种载体所针对的不同网民群体的特征与自己的目标人群是否合拍。比如通过网络视频来宣传老年产品，是不合适的，毕竟会看网络视频的老年人数量较少，而网络视频主要覆盖群体为 22～30 岁的人群，父辈的年龄也不过 50 出头，还不足以让他们产生强烈的购买欲。

3.4.3　必须持之以恒

是不是看了上述创意已经跃跃欲试了？且慢，还有一个很重要的事情要说明：粉丝要日积月累，发微博要日积月累，影响力要日积月累，创意推广也要日积月累。

"不鸣则已，一鸣惊人"这个典故还有一层意思，即先要日积月累才可能一鸣惊人。很多人心中认为的网络营销只要创意做得好就可以一夜成名是极其错误的。

首先记住一句话：没有人有义务总是记住你，重要的是你有没有能力让大家留意到你。

现在我们试着来理解一个娱乐新闻。

 【帮汪峰上头条的玄机】

人们经常会看到一个话题"帮汪峰上头条"。这个话题很有趣，其实就是网民在调侃：汪峰发新曲《生来彷徨》时撞上杨幂、刘恺威婚讯等八卦头条消息，为此，众网友纷纷调侃汪峰每次有重大新闻都挑错点。上头条这件事，一直在炒作，结果汪峰似乎还是没怎么上过头条，但人们记住了这个名字，也开始乐意听他的歌曲了。

Ok！汪峰真的要上头条吗？对于娱乐明星来说，上头条是保持曝光率的好办法，但并不是唯一办法。汪峰多次被参与到上头条的讨论之中，而且持之以恒，在多年的时间里，无论是励志还是搞笑或是失落，不断以上头条的形象，出现在网民的面前，这本身就已经是头条了。不断地宣传这个话题，让人们一想到上头条，脑袋里自然就有了汪峰，他还不成功吗？

车到山前必有路的下一句是什么？你别告诉我是有路必有丰田车！

3.4.4 必须打组合拳

有一个误区：很多人过分强调某个营销渠道的功效，比如微博盛行时，大谈微博营销，微信兴起后，就全心全意做微信推广，其实任何一种网络营销渠道，都只是渠道，没有单独依靠某一个渠道取得网络营销的胜利的。任何时候的营销都应该是复合式的、多渠道组合版的，根据推广目标和受众聚合情况量身定制，甚至没有线上和线下的区别。

【"百万富翁"活动的背后有多少推广渠道】

在奥斯卡获奖电影《贫民窟的百万富翁》中，贫民窟里长大的18岁印度孩子杰玛因为参加了一档名为《谁想成为百万富翁》的电视节目而赢得了属于自己的财富童话。在2009年由土豆网携手诺基亚打造的"互联网百万富翁"活动中，上海理工大学的大三女生吴嘉琦最终在52万报名选手中脱颖而出，得到了100万元大奖，成就了财富童话的人生版。而在2009年12月4日在京举办的"2009土豆网视频营销颁奖盛典"中，诺基亚也凭借"互联网百万富翁"整合营销项目从159个参选案例中脱颖而出，成功问鼎了"2009土豆网视频营销年度大奖"。

但这一次营销绝不仅仅是一次互联网上的视频直播。基于很多舆论上的认识，人们大多将这次活动视为诺基亚在中国打造的一款最成功的视频互动真人秀。但实际上，准确判断这次的营销可以清楚地发现，在这场真人秀活动中，土豆网作为全程直播决赛的第一见证者，整个营销结合了互联网、手机互联网、视频、节目制作和现场直播时的观众互动等各种手段，非常成功地发挥了复合式营销的特点，多角度全面出击。

在这次营销中，我有幸作为博客参与者，以准记者的身份对其活动开展的一系列过程进行了评论，当然，并非唯一的博客参与者。

在这次活动开展过程中，博客和论坛对其进行了广泛的宣传，从而拉动了人气，宣传的核心并非简单的百万富翁比赛，而是诺基亚赋予的更广阔延伸，在活动的过程中不好说或不能说的营销概念通过第三方之口来说，更有说服力和煽动性。那么诺基亚举办此次互动活动的核心目的是什么呢？是为了营销其最新款的诺基亚N97电脑手机。

怎么让这个活动的隐性传播核心被彰显出来呢？既然有了这样一个活动，首先自然是数以百万计的参赛者通过手机上网答题来进行竞赛。活动自然也会具有排他性，希望所有答题者都是诺基亚的手机用户。这一点不成问题，一是网民对这一要求不会反感，毕竟这个活动是由诺基亚出钱，当然优先诺基亚的手机用户；二是诺基亚的手机用户群体本身就非常多，基本上占据了手机用户的半壁江山，自然不愁没人来答题。

既然是复合式营销，除了视频网站以外的第三方要如何引导呢？很简单，只要在第三方评论或参与体验中略微提一句"通过诺基亚N97电脑手机来答题，速度更快，抢答更方便，而且屏幕足够大，可以看到更多的内容"，当然机器性能也可以提一下"打开移动互联网简直就是光速，完全3G享受"，这也可以给诺基亚的3G攻略埋下伏笔。这些内容可以很自然地融合在产业评论、答题心得、竞赛攻略和玩机心得体验，通过类似心理暗示的方式，将诺基亚 N97 的使用特点宣传出去，从而不仅仅让 N97 成为竞赛玩家的特种机型，更多的是通过融合在比赛相关的第三方评论的广告咨询，刺激消费者对 N97 的购买欲望。

这种复合式营销策略显然非常管用，在艾瑞咨询进行的土豆网《互联网百万富翁》节目价值研究报告中指出，《互联网百万富翁》节目表现出强劲的传播能力，并显著加深了受众对冠名品牌诺基亚和产品 N97 的印象及好感度。该活动历时 3 个月，一直保持着较高的知名度，在决赛直播期间其知名度得到大幅提升，成功地将网站大部分用户转化为节目的观众，收看过该节目的受众对 N97 的购买意愿提升到 85.1%，其中的 88.9%的用户愿意向自己的朋友推荐这款产品。一系列数据显示，与同时期各频道电视选秀节目相比，品牌方投入《互联网百万富翁》所达到的品牌回忆率、受众购买意愿、用户主动推荐等各项数据都一路领先。

其实不仅仅是诺基亚的"百万富翁"活动，在之前提到的几乎所有案例中，都或多或少地融合了复合式营销的特点，即或许起初只是以一个帖子或一个视频作为导火线，但发展到一定阶段，网站新闻、竞价排名、搜索引擎、维基百科、博客观点、论坛口碑等网络营销手段都会同步或接连使用，从而形成一个舆论传播和影响力推广的互联网浪潮。

由此可见，复合式营销是网络营销推广的必然结果，因为单一的宣传模式很难达到很好的效果，而且一旦没有影响力，就可能导致营销的全面失败。

【思考一下】

假设你是个"女汉子"，想从都市的繁华中落跑，进行一场去中国最边界的探险，但你没有钱，也没有落脚点，且已经徒步启程了，该怎样募资？怎样号召更多的人参与？是不是有点像《阿甘正传》里面的桥段，对，你就这样去思考吧，当然你还有部智能手机，但流量有限！

中 篇

社交媒介：搅动口碑的棍子

导读：

经过上篇口碑雪崩大战略的熏陶，想必读者们已经跃跃欲试了，而在中篇则从理论阶段进入具体实战阶段。本篇重点从 4 个章节（第 4 章～第 7 章）解析微博、微信、论坛和二维码等社交网络传播媒介的营销推广实战模式。

从上篇中，我们已经明晰，网络营销绝不是单一渠道的营销，将网络推广割裂为所谓的微博推广、微信推广或二维码推广，并许之以无所不能的神话，对于网络营销从业者来说是有害无益的。

从论坛这个最早的社交网络，到微博、再到时下流行的微信，社交网络的本质都没有发生改变，都是一个交朋友的场所，因此，在这些社交渠道中开展营销，核心就是交友。

这也是口碑雪崩理论的题中应有之意，作为口碑雪崩理论中的搅拌棒子，社交网络的营销，本身就应该是一个哄好顾客、与顾客调情，并和顾客做好朋友的循序渐进的模式。但在不同的社交网络之中，因为交友的方式方法不同，使得营销的手法也各有不同。

至于二维码作为一种连接线上线下的通道，也融合在其中，因为许多时候，社交网络就需要通过二维码展开 O2O 攻势。

因此，在本篇中，我们还会看到许多有关实现 O2O 营销的方式，以方便更多原本觉得网络营销对自己的品牌和销售没有多大实际意义的机构找到属于自己的路。

此外，别想着直接赚钱，在社交网络里，和朋友总谈钱是会伤感情的，你所要做的就是制造话题，挑起兴趣，通过微博、微信的转发和评论让美丽蔓延，巧妙地通过各种社交应用深入互动，让网民参与的热情更高，借助朋友的力量，让整个传播变得真实可信，并成为口碑，拉近网民和品牌的距离，最终转变成你需要的"销售"。

其实，总结起来就是一句话——如何同目标受众交朋友。

第4章
微博零距离沟通

本章将解决下列问题：

- 微博粉丝多为何传播还是很差？
- 微博影响力和品牌效应是否成正比？
- 微博营销的特点是什么？
- 微博应该如何建设？
- 怎么样写微博才能获得影响力？
- 为什么要赋予企业微博以人性？
- 企业微博运营应该遵守什么法则？
- 微博应用能够带来什么效果？
- 移动互联网时代如何推动微博社交效应？

网上有一段话这样形容微博的影响力：当你的听众超过100，你就像是一个喇叭；超过1000，你就是个布告栏；超过1万，你就像一本杂志；超过100万，你就是一份全国性报纸；超过一亿，你就是CCTV。

如果你要在微博上有一番作为，那么请你不要把这句话太当真！听众绝不是衡量一个微博影响力的唯一指标。

4.1 所谓微博

【本节要点】

微博营销喧嚣了许久，但许多人总觉得存在一些问题，特别是一些粉丝很多，转发量极高的微博，却无法转换成实际的销售力或品牌力，这是为什么呢？本节将重点以走入误区的微博营销形态，解析高粉丝、高影响、高转发的微博是无效微博的原因。

在2010年8月，《榜样魔兽》上市之前，出版社的编辑和我为了封面很纠结，为了能够获得更多的灵感，我将之前已经被 OUT 的几个封面陆续通过个人微博在网上发布了求助帖，如图 4-1 所示。当然，这本身也带有宣传的意味，算是两个目的一起运作吧。

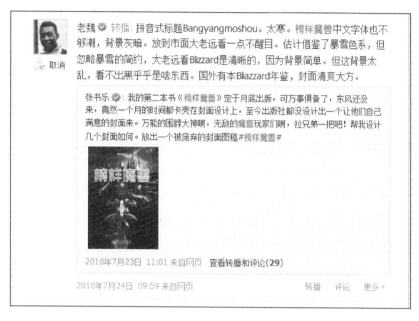

图 4-1　《榜样魔兽》征求封面微博引发热议

很快，这些微博得到了不错的回复，尤其是在腾讯微博上，由于我的粉丝群体大多是游戏玩家或者游戏从业者，他们针对封面设计上的问题提出了自己的真知灼见。一些知名的游戏微博本身就有数以万计的粉丝，他们的评论和转发，也同样吸引了他们的粉丝参与。因为这本书的部分内容在 2009 年年末就在网上发布过，尽管这是一个产业类书籍，但也引起了不少游戏玩家的共鸣，不少游戏玩家也都因此积极参与到了对封面的讨论中来，其中不乏非常有见地的观点和指导性意见。而且，大家还特别热情地讨论书的内容和封面的结合，也最终促成了这本书封面的最终确定。这一次微博征求封面意见，在一点儿也不做作的前提下，让不少人留下了希望早日看到此书的留言，进而为新书上市，做了一次成功的宣传预告。

微博传播其实就是这么简单，但真的仅仅如此吗？

4.1.1　高转发未必有高影响力

微博只有 140 个字，转发的目的是为了扩大影响力，让更多的人看到自己的文字或图片，可如果仅仅是无目的地转发呢？片面地追求高转发，无疑是微博的一种魔道，就如同博客追求点击率一样。

许多公关公司也很喜欢通过"拜托"的方式来强化某一条带有商业广告信息的微博的影响力。这种拜托，因为公关公司的人脉，可以拜托到有一定影响力的知名微博甚至名人，从而获得一种众星捧月的效果。因为拜托的层次较高，所以这类微博有时候能够因为转播者个人的影响力，获得相对更为广泛的二次传播、甚至更多。但通过比较众多此类同样以拜托为主的商业微博，不难发现，真正获得更大传播的还是那些对其他受众有真正吸引力的内容。空洞乏味的商业广告就算拜托再多名人，其传播效果也不会很好，当然，批评内容的除外。

无论是微博、博客还是其他的网络传播方式，其核心目的是为了扩大影响力，只有服从、服务于这一点，其他的才有意义。微博转发正是服务于影响力，只有真正让人对你的微博有所感，有了表达欲求或希望分享给更多的人看时，微博才算成功，仅仅片面地依靠人为的手段提高转发率，只能营造虚假的繁荣。

4.1.2　百万粉丝不一定是"国家大报"

粉丝多是不是就一定影响力大呢？答案是不一定。

以成都梦工厂总经理裘新的腾讯微博为例，截止到 2011 年元旦，他的微博有超过 150 万的粉丝，按标准也达到了"国家级大报"的程度。

某条微博的转发和点评高达 200 次，这条微博的内容是：

"统计了一下，发现成都梦工厂年收入在 10 万人民币以上的员工，基本都有了自己的房子和车子，有的甚有 2~4 套房子，而这样的收入在北京等大城市，房子车子基本都不敢想。网游行业现在已经成为一个赛长跑的行业，想安心做好游戏的人才，欢迎来成都，欢迎来成都梦工厂。"

这条微博的传播率高当然是有原因的，毕竟涉及了公司福利，以及城市之间的对比，容易引发网民的连锁反应，从而突破网游行业的限制，引发争论和共鸣。

然而，实质上裘总依然是一个游戏产业精英，并非社会问题专家，因此其他偏重网游的微博，其转发和点评最多的不过几十次。

当然，相对于普通人来说，裘总的微博影响力已经让人叹为观止了，但作为一个百万级微博，一个可以看作是全国大报的微博，这个影响力则似乎太小，小到有点像濒临歇业的内刊。为什么会如此呢？原因很简单。粉丝众多，但仅仅是点击过关注，之后并没有过多地留意其发言。

换言之，他们之所以成为裘总的粉丝，并非因为仰慕其在游戏领域的成就，而是因为在微博找人页面的集中推荐造就了空前庞大的粉丝群体。对此，我亦深有同感。在某一周，我也曾出现在这个找人推荐的页面上，很快粉丝数量由几千人，一下跃到两万人。但当我从找人页面"下岗"后，粉丝增速明显缓慢，一个多月也只增加了两千多人。通过类似找人的页面，群加了一批名人之后，这些新进的粉丝，又有多少真正关注了那些他们或许都不知道是谁的人呢？数以百万的粉丝中，到底有多少真正地成为了听众呢？抑或是成为了僵尸粉，只是让微博上的粉丝数量显得特别给力呢？裘总的情况其实是一个有普遍意义的例证。

4.1.3　微博不是缩小版博客

微博营销与博客营销的本质区别简单说就是：博客可以依靠个人的力量，而微博则要依赖你的社会网络资源。具体内容如下。

一是信息源的表现形式差异

博客营销以博客文章的价值为基础，并且以个人观点表述为主要模式，每篇博客文章表现为独立的一个网页，因此对内容的数量和质量有一定的要求，这也是博客营销的瓶颈之一。

微博内容则短小精炼，重点在于表达现在发生了什么有趣（有价值）的事情，而不是系统的、严谨的企业新闻或产品介绍。

二是信息传播模式的差异

微博营销注重时效性，3 天前发布的信息可能很少会有人再去问津。同时，微博的传播渠道除了相互关注的好友（粉丝）直接浏览外，还可以通过好友的转发向更多的人群传播，因此是一个快速传播简短信息的方式。

博客营销除了用户直接进入网站或者 RSS 订阅浏览之外，还可以通过搜索引擎搜索获得持续浏览。博客对时效性要求不高，这一特点决定了博客可以获得多个渠道用户的长期关注，因此建立多渠道的传播对博客营销是非常有价值的，而对于向未知群体进行没有目的的"微博营销"通常是没有任何意义的。

三是用户获取信息及行为的差异

用户可以利用电脑、手机等多种终端方便地获取微博信息，发挥了"碎片时间资源集合"的价值。也正因为是信息碎片化以及时间碎片化，使得用户通常不会立即做出某种购买决策或者其他转化行为，因此作为硬性推广手段只能适得其反。而博客不同，单篇博客一般以 1000 到 1500 字或等量的图片组成，体量相对较大，方便在电脑终端上阅读，在博客上以条幅式硬广展示，或在博客文章中植入软性宣传内容，面对有目的性、想要花费一定时间来进行浏览的用户。

4.1.4　企业为何要建微博

对于企业来说，微博的出现，必然会更加注重沟通和口碑，显然比个人微博更具有迫切的发展欲求。以企业品牌整体打包的方式入驻微博，不仅可以丰富企业网络营销的手段，提供一个全新的信息发布渠道，帮助企业赢得陌生人的口碑，还可以最大限度地整合其他各种营销手段，因为它的使用更加简单，用户所付出的单位成本、精力投入更少，写作门槛更低，用户扩展更迅速，传播速度更快，关注的人更多，时效性更强。

微博上有许多信息是在传统媒体上看不到的，而公众对公共话题天生有一种关注心态。在微博上，企业和客户之间不再是单纯的买卖关系，微博用好了，就能在用户中培养出超越买卖的情感关系，构建与用户沟通的渠道和平台。微博的具体作用如下。

第一是品牌宣传

利用微博可以向消费者宣传企业新闻、品牌故事，让消费者对品牌具有更高的忠诚度。微博独特的交流方式可以让品牌具有更多的形象。微博以极其简单、快捷的操作方式拥有了比博客、SNS社交网络更低的准入门槛，变得更加"亲民"。与手机移动终端及多媒体的联结，更是破解了时间和空间的障碍，将单纯的信息发布平台转变为高度智能的互动平台。在这里，消费者的互动性和主动性得到了极致发挥，"蜂窝状的信息网络"增加了用户体验的粘性，容易产生忠实的"粉丝群"。通过微博，企业可以发起各种话题，吸引公众参与讨论，也可以开展丰富多样的活动（如线上直播、有奖竞猜、在线投票、捐赠等），实现与用户互动。

第二是产品销售

通过微博可以向消费者发送新品、优惠折扣等信息，将关注转化成实际的持续销售额。企业通过微博发布的信息往往短小精悍、言简意赅，用户看起来既方便快捷，也不会因长篇累牍而觉得反感，甚至回避。现代社会人们的生活、工作节奏加快，信息呈爆炸性增长，微博提供的浓缩式信息非常符合人们对于信息获取及人际交往的快捷化需求。同时，微博超快的信息更新速度，让信息传播效率大增。

除此之外，微博的另一个特点在于信息的多种发布渠道。微博用户可以通过手机移动设备、IM软件（MSN\QQ\Skype）以及外部的API接口，随时随地在微博中发布信息，并通过转发与好友共享和交流。

第三客户服务

借助微博，你可以在第一时间了解和处理消费者对产品的意见和建议。使用微博搜索功能，可以对与品牌、产品相关的话题进行监控，方便及时地进行危机公关。

【思考一下】

假设你的企业是一个大型矿山机械制造的企业，需要建立一个企业微博，显然，微博上大多数人都不是你的目标受众群，你该怎样传播信息给潜在目标受众呢？又该如何通过企业微博，让其实不是目标受众群的人，记住你的企业品牌呢？

4.2 微博一定要定位

【本节要点】

建立微博需要注意什么？定位很重要，信息承载也很重要。微博就是企业的新样板房，传播企业的形象，那么这个形象总要装扮一下，素面朝天可不好，怎么装修呢？怎么让别人一看见你，就想和你交朋友呢？

不要以为微博只有 140 个字就可以随便乱写。写文章的人都知道，真正到了一定的境界，越短越难写，真正像我这样写长篇大论的大砖块书，那当然也是挺费力气的打字活。微博包容了很多网络营销的手段并合而为一。若你想表达的内容很丰富，可以加入任意的网页链接，如果你觉得不能只有文字，还可以加入视频，插入图片，嵌入音乐，直接图文并茂，声光画一体，全面迫近读者。那么如何实现这样一场 140 字的营销之战呢？无论是个人，还是企业，很多时候都是一样的。

4.2.1 你的微博是用来做什么的

在建立微博之初，必须对建立微博的目的有所了解，是为了好玩、让别人欣赏你、分享意见，还是销售商品？明确了这一点，将对你未来的微博之路有非常重要的帮助。然后，应该去认识一下微博，我们以新浪微博为例做个讲解。如图 4-2 所示。

通过图 4-2 我们能够很清楚地看到微博的主题呈现界面，也可以非常清晰地看出一个微博的影响力。

微博账号由三种类型构成，一种是纯粹的企业官方微博，一种是以企业中高层的个人名义开通的个人微博，还有一类就是普通的个人微博。企业中高层的个人微博在表面上看是个人微博、名人微博，但实质上，还是代表了企业的形象。

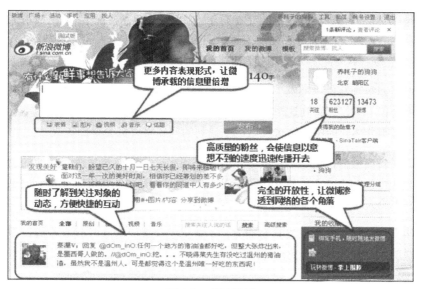

图 4-2　新浪微博

那么我们不妨设计一个企业微博营销的架构图，看过圣斗士吗？可以如下这样考虑。

大企业模式：雅典娜=企业官方微博，青铜五小强=企业产品官方微博，12 黄金圣斗士=企业中高层管理人员个人微博，其他圣斗士=若干企业员工微博（视员工意愿而定）。

中小企业模式：雅典娜=企业官方微博，青铜五小强=中高层管理人员个人微博，其他圣斗士=若干企业员工微博（视员工意愿而定）。

在开设微博之初，就应该给自己一个清晰的定位。以下我们将主要针对企业级微博（包含企业人员开设的微博）来进行分析。

如果要开设一个企业博客，那么定位就是快速宣传企业新闻、产品、文化等，是一个互动交流平台，同时对外提供一定的客户服务和技术支持反馈，成为企业对外发布信息的一个重要途径。但记住，永远不要板着面孔说话。

这一点东方航空公司做得非常好，它成功地将企业和人性化趣味结合在一起，推出了介于企业微博和企业职工微博之间的东航凌燕官方微博，以及众多以凌燕为名称内容的个人微博，其集中呈现的是东航空姐形象，而隐藏在背后的则是东方航空的企业整体形象。这种定位巧妙地让自身的微博具有了企业的品牌特质和个性化色彩，为其在微博上与其他用户互动创造了一个极好的条件。这一切让凌燕这个微博很轻松地在一个月内就有了万余粉丝。

【东航凌燕是一群空姐】

　　东航凌燕召集了最能代表航空公司形象的空姐们，每位空姐都姓名确凿，前面加上凌燕二字。微博的主要内容多是空姐们在世界各地拍摄的风景照片，或者平时旅客们看不到的飞机驾驶舱等。整体风格朴实而有亲和力，符合大多数人对于航空服务业的口味，而且更加亲近。

这绝不是美女营销噱头，而是实实在在有用的微博。在东航凌燕微博上线不久，一个微博主发布微博称，在乘坐东航航班时发现商务舱座椅一个"非常恼人的严重缺陷"，并说"东航CEO应该找出是哪个不负责任的人选购了这些椅子"。

这条微博随即得到几位"凌燕"的转发、评论和回复。其中"凌燕资深美女"表示，在最近的一次选型会议上正好讨论到这个问题，并且在 A332 飞机的商务舱座位需求中提出了选用目前较为流行的脚蹬分离式的座位需求，微博主遇到的问题将有机会得到解决。

要知道，在新浪微博，航空公司的粉丝并不是很多，比东航更早进入微博的也有不少，但他们的粉丝只有可怜的千余人。这是因为一开始的定位不明确，结果成了企业信息的发布器，自然也就没有多少人对其感冒了。

微博该用来做什么？我的定义是交朋友，不管你是代表企业还是代表个人，使用微博的核心目的都是交朋友，有朋友才能路路通。

此外，有了定位之后，你的微博该是个什么形象？不妨看看天津西青旅游局的玩法。

【让杨柳青年画登录旅游局官微】

　　一些熟悉地理人文的人听到西青就会想到杨柳青，尤其是极富特色的杨柳青年画。而打开西青区旅游局官方微博，首先映入眼帘的就是怀抱鲢鱼，坐在莲叶上的杨柳青年画娃娃。开通微博，怀抱鲢鱼、坐在莲叶上的娃娃年画成了它的"个人形象"。微博开放不足 10 日，便吸引了超过 2500 多粉丝的关注。

4.2.2　微博装修很重要

微博往往会提供一些模板，就如同博客一样，然而微博应该更加个性化，但其模板比较单调，作为个人微博尚可使用，若作为企业微博则多少让人觉得不够清晰。我们以戴尔中国的微博版式设计来进行分析，不难发现戴尔在设计上充分考虑了头图的外观设计，放弃了上层区域的画面，将设计图放置在微博的左右两侧区域，根据区域大小做了个性化设计，从而使模板更加精彩。如图 4-3 所示。

个性化模板，对于每个企业和个人来说，都是一个量体裁衣的过程，尽管很多时候，用户并不会到诸如戴尔中国的主页面上来访问，而是通过自己的微博界面看到关注的人或企业发布的话题，并参与互动，但不要忘记，细节决定成败，虽然用户未必个个都来，但并不能就可以放松对这方面的打造。太随意的企业博客，更容易被人们认为是不严谨和对用户不细心。

最后注意一点，如果个人或企业都建立了博客，其装修最好能够一致，同时在微博上的个人网站部分，加入自己的博客或网站地址，这样方便拓展阅读。

图 4-3　戴尔中国微博

4.2.3　争取实名加 V

争取实名加 V 这一条，尽管不带有普遍适用性，但个人觉得还是有必要写出来。有一定知名度的个人或企业，在开立微博的时候，最好能够联系微博网站，对自己的微博进行认证，特别是企业微博必须要如此去做。

这样做的最大好处就是可以预防假冒伪劣，起码不用担心会有人冒用你或企业的名头在微博上胡说八道，甚至招摇撞骗。特别是对于企业来说，认证后，发布的产品或活动信息就有了公信力，别人才会敢于和乐于参与，且微博认证的门槛并不算太高，2010 年，新浪就有两万个认证用户了。

另一方面，通过认证，就有可能进入微博站点的推荐微博名单，将你列入所属领域，可以很容易就能收获大量的粉丝，快速提高你的影响力和传播力。而且，认证后的微博，无论是个人还是企业，与其他微博在网上沟通和互粉的阻力也会小很多

所以有先天条件的微博或者通过积累粉丝达到一定程度的微博，为扩大影响力考虑，还是应该第一时间申请认证。至于如何认证，微博站点都给出了详细的攻略，最好能够找到已经被认证的朋友帮你做"证"，网上证言即可。

4.2.4　不要到处撒网

很多人开微博如同开博客、注册论坛一样，只要有微博就注册，到处撒网，其实不然。

从人气角度上来说，腾讯微博是最旺的，因为直接沟通了 QQ 这个即时通信工具，所以粉丝增长速度非常快，但转播和讨论的热度颇为不足。相对来说，新浪微博是做得最成熟的，新浪微博就如同新浪博客一样，聚集的围观者和微博也都是互联网比较精英的人群。其他站点的微博，目前特色还不明显。微博并不适合到处撒网到处开博，因为微博讲究互动性，到处开微博，微博就成了发布器，很难沉下心来和其他微博用户互动和交流。

【思考一下】

既然已经掌握了开微博的起手式，那么不妨设想一下，假如你有一个在二线城市的连锁超市，想做微博营销，问题是微博是面向全互联网的，而你主要是针对所在城市的市民，如何让你的微博在兴建之初就能精准针对本城人群？

4.3　140 字大攻略

【本节要点】

微博营销依然是一个以文字为主要载体进行的项目，因此，构建一个以文字+图片+视频+活动为核心的微博营销体系十分重要，且时刻要记住，微博不是一日建成的，而是需要花费较

长时间来积累人气，互动交流，引爆口碑。哪怕如凡客体一夜成名，之后依然要保持常态，维护维护再维护。

必须要记住微博的三大特征，即第一是互动，第二是互动，第三还是互动，因此任何微博都要首先摆脱误区，并在发布信息上做好互动。

4.3.1　将写微博当作发短信

对于微博用户，特别是企业微博用户来说，以下三个误区最容易出现在初始阶段，但初始阶段最有可能吸引到最核心的粉丝，如果犯了微博的忌讳，那么即使后面再怎么改正，翻身就都不容易了。

- 误区一：只看不说。微博特点就是互动，如果你把微博单纯理解成是发布新闻和企业信息的地方，必将收效甚微。要善于从粉丝处获得建议，并及时反馈。

- 误区二：内容生硬。如果你的微博上只有一些硬邦邦的广告或教导，也是不合时宜的。不要仅仅使用微博来推广广告，也不要记录日常的流水账，要确保你的信息有分享价值、有娱乐性。广告主试图通过单一地发布品牌的硬性广告进行微博营销，不仅对于品牌内涵的深化和宣传毫无作用，还会影响用户的浏览体验，导致粉丝流失，显然，这对于微博营销的最终目标——聚拢品牌消费者是一种背离。

- 误区三：信息不透明。遭遇产品负面消息，不可贸然发表回复或者声明，应该先检索相关留言，了解情况后再联系相关客户，切勿引发争辩；信息一定要透明、真实，包括优惠信息或危机信息。

在明确了可能犯的问题之后，思考如何利用 140 个字，开展一场营销大作战。微博到底有什么用呢？有一段话颇为集中地表述出了微博的意义。

"在 BBS 发帖，在 Blog 写博，其实门槛都很高。但是，哪怕是一个没有受过严格中文训练的人，只要会发短信，就会使用微博。用它记载自己某一刻的心情，某一瞬间的感悟，或者某一条可供分享和收藏的信息。奇妙的是，尽管信息已经高度碎片化，但是它们能自发组织，完成对某个事件的完整报道和传播，也能够记录一个普通人生活中所有的点滴，以至于整体看下来，似乎是一部由俳句组成的个人史。"

你就当发微博是发短信好了，有图的微博，那自然就是彩信了。

我曾经做过一个简单的统计，在关注的微博中，在一个小时之内，忽略内容要素，有图片的微博平均转发量为 15 次，而没有图片的微博平均转发量仅 7 次，相差一倍左右。有图的微博转发量最高的达到了 32 次，而无图的微博最高转发量也不过 19 次，刚刚超过有图微博的平均值。

其实我们还可以把写微博当作在街头售卖报纸，上街去买上十份当天不同的报纸，你会发现头版仅有一张硕大的图片配合一段又黑又粗标题的报纸往往是销路非常好的社会化传媒，图片越精彩、标题越吸引人往往会让人乐意购买和阅读。微博就这么做。

既然知道了微博该怎么发，现在就是发什么内容的问题了。无论是短信还是彩信，只要对受众没吸引力、没价值，就是垃圾信息。

如何让用户觉得这个彩信有价值，又能将企业信息巧妙地传递出去呢？

【52teas 微博聊茶经】

在国外，一家 52teas 的茶叶公司，他们用推特这种特殊有趣的方式提供茶叶，在微博上每周给茶叶消费者各种建议，谈论茶经、品茶，在注册推特一周之后，卖出的手工茶叶销售翻了一番。这种像兄弟一样的互动方式，可以巧妙地让企业品牌力增强。

其实微博无论是对于个人，还是对于企业，关键就在于增强品牌力，而不是在于贩卖单个的产品或文章。微博是一个一以贯之的东西，而且也是一个很实际的产物，如果你的信息没有实用价值，那么如何让别人对你或你的企业"感冒"呢？

如果能让粉丝把你当朋友，那么你这个标题党就算做到位了。当然，仅仅发几个文字还不够，微博最有力的地方是互动，所以绝不是在微博上写个公告牌那么简单。

4.3.2 交流增强凝聚力

很多微博都是万年潜水，在微博上，有大量的僵尸粉，也有大量的僵尸博。所谓僵尸粉，就是没有几句微博发布，也基本不对别人的微博做任何转发和回复，这样的微博没有任何影响力和生气，甚至于只是注册过就不再来。僵尸博则普遍存在于名人和企业微博之上，他们几乎不关注任何一个人，形成了一种完全单向的交流通道，完全没有发挥出微博的推广作用，结果微博成了通告器。粉丝众多，但总是无人理睬，也激发不了用户热情。因此，尽管初期粉丝增速飞快，但新鲜感过后，其粉丝数必会低于善于交流的人。

为了形成良好的互动交流，企业微博应该关注更多的用户，并积极参与回复讨论，在回复和转发中创造营销机会。

很多成功的微博营销并不是出现在主微博上，而是在回复中引导出来的。这有点像相声，先丢个包袱，再通过回复解开包袱。你选择是做捧哏还是逗哏呢？

我曾在腾讯微博上揭露了很多网游炒作的案例，比如用 IMAX、天幕、iPad、iPhone 玩网游的那些新闻，都是金酷游戏最新产品《魔界 2》的炒作。原本这些是游戏圈明眼人一眼就能看到的事情，可谁曾想，就是这条 140 字的微博，带出了网游圈微博互动营销的一次轰动事件。

【《魔界》2 玩转回复营销】

一条平平无奇的微博在发布之后，引发了圈内热议，百余条转发和点评随后而至，但关键不在于此，而是金酷游戏 CEO 兼《魔界 2》制作人葛斌斌在我的这条微博上回复称："我只知道他有个巨大的理由，要我们开服务器支持他，其他的我就不知道他开服务器要干啥。"（意思是这个玩家想要用天幕玩这个游戏，所以游戏公司支持了他，给他单独开了服务器，让他得以在天幕上玩了这款游戏）这就间接承认了我在微博上的发言属实，并表示在开启测试之时，给大家另一个惊喜。

当大家都在好奇这另一个惊喜是什么时，葛斌斌再次回复称，如果《魔界 2》公测当天，同时在线人数突破十万，他就到水中玩游戏，同时还有鲨鱼陪伴，随后盛大游戏总裁凌海登录微博为葛斌斌壮胆，因为盛大是金酷的母公司，等于此事件得到了盛大的支持，也进一步强化了此微博的轰动性。第二天，金酷公司发布了葛斌斌斗鲨鱼的官方新闻，并发布了趣味斗鲨鱼的 Flash 游戏。最终在公测当天游戏玩家疯狂加入游戏之中，短短几个小时，即打破十万人同时在线大关，葛斌斌也兑现承诺，微博同步直播斗鲨鱼实况。

这种巧妙利用对其他微博的回复，将自己筹划的一个营销事件，用一种看似突发奇想的方式展现出来，可以极大地刺激网民探索的欲望，提高转发率和关注度，并配合一系列营销推广，从而实现产品的营销奇迹。

既然是回复就最好不要自问自答，你可以拜托朋友帮你做捧哏，也可以让很多朋友来做逗哏。

当然，不是每次都有这样的回复机会，那么如何利用最常规的回复来实现微博爆发呢？

 【回答 16 万粉丝的每个问题有用吗】

WholeFoods 是美国一家天然食品连锁店，这家公司提供的是一种新概念食品。因为概念太新了，所以很多顾客都有 N 个疑问。怎么办？在微博上开办"十万个为什么"专栏。WholeFoods 将推特当作和顾客交流的最佳平台。交流的要求不高，就是要微博专员认真回答推特上的 16 万粉丝提出的每一个问题。

16 万粉丝，别说每人问个问题，就是吐口口水也能淹死人，可 WholeFoods 却用实践证明了他们有问必答，而且回答内容很丰富。丰富到什么程度呢？假设你是 WholeFoods 的粉丝，那么你可以从问题的答复中学到很多东西，还可以看到有关新店开张和可回收包装的新闻，每个消息都链接 Facebook 的网页，上面有丰富的促销内容。这些粉丝成为新概念产品最好的宣传大使。这就是最简单、最实在的回复，没有任何花俏，只是时间、精力和耐心的投入，结果非常可观。

4.3.3　抓住热点快速上位

要想很快在微博上混出名堂，靠求人关注和转发并不靠谱，但也不是没有捷径，那就是关注话题。每一天，在各大微博上都会有热点话题的位置，这类话题都是当日微博上最多人讨论的事情。

要巧妙地使用热门话题的作用，积极参与到这些热门话题讨论中去。因为这些热门话题，往往都有成百上千的微博用户订阅了，你参与之后，你的言论就能及时展现在那些订户面前，他们就有可能会转发你的微博或添加你为关注，其传播效率比只面对自己的粉丝要高出许多。

但有利就有弊，当日热门话题的微博发言量都以万为单位，你发布一条微博，等于是"在千军万马之中取上将首级"。对于那些订阅了此话题的用户来说，每分钟更新的微博都可以过百条，足以让你的微博淹没在无穷尽的信息海洋之中。如何避免说了等于没说的结果呢？

一个比较好的方法是关注一下一小时话题榜，用它来作为你话题选择的参考，可以知道哪一个是当前比较热闹的话题，了解一下为什么热闹，然后别出心裁地写出你的言论。如果你是一个刚刚加入微博，亟待获得认可但又没有什么粉丝的人，那么，别管三七二十一了，每个话题都参加讨论吧，总能中签，只要有转发和评论了，就成为对方的粉丝，和对方互动。

如果你没有什么特别的心得，直接参与某一条转发量不错的热点话题微博进行互动讨论，也能达到不错的效果。最好是选择你极为不赞同的言论，针锋相对地说出你的观点和意见，那么对方极有可能和你展开一场微博辩论，并转发给他的听众，只要你言之有理，就能够赢得粉丝。当然，这种做法有点坏坏的。

如果你是一个企业，不想加入别人的话题，而是想自己做热门话题，有个无聊的方法可以参考，那就是动用水军，广泛以"某话题"的方式在短时间内猛烈发微博，一旦杀入热门话题，则立刻停止水军发帖，以自有微博来发布真正要发布的内容。这是个损招，少用为好，以免被网站封杀。

如何制造热门话题呢？我们不妨看看麦当劳是怎么做的。

 【 麦当劳微博送甜筒 】

2011 年夏，麦当劳在新浪微博炮制了一场微博营销，营销的内容很简单，新浪微博用户只要以"舔着圆筒看世界"发送一条有关"快乐"的微博，就可以获得手机短信"麦当劳圆筒领取码"，去麦当劳门店免费领取一个圆筒，并享受小孩子的待遇。

活动很简单，简单到让人毫不犹豫地参与其中，5 万粉丝瞬间聚合起来。这是一场促销吗？错，这次活动并不是以促销为目的，更不是要促销圆筒产品。此次活动的主角之所以是圆筒，是因为要借助圆筒这个具有麦当劳特色的产品，让消费者想到自己小时候的快乐。因此可以说促销的产品不是圆筒，而是快乐。当然，最核心的目的是促销麦当劳的整体品牌口碑。

Olay 在推广的自己新品"年轻十岁"抗衰老系列时，直接将新品的名称变成热门话题，发动网友以"年轻十岁"为话题进行微博讨论，诠释和深化 Olay 新品"给人年轻"的产品卖点，同时积聚官方微博粉丝。

但只这样做就有用吗？当然不行，不然热门话题岂不是太容易制造了？要让网民心甘情愿地加入话题中来。

 【 Olay 借力张曼玉打造"年轻十岁"话题投票 】

Olay 一方面借助代言人张曼玉的微博人气，在微博上直接为"年轻十岁"话题站台；另一方面则是使用微博的投票功能，在自己的官方微博上开展对"年轻十岁"话题的趣味投票。

还有一个办法能够让你很容易杀入热门话题，那就是节日营销。

【KingCamp 感恩营销】

在 2011 年的感恩节，KingCamp 作为户外用品服饰品牌，在官方微博上发起了"感恩节·说出爱"的活动，呼吁大家感恩身边的亲人、朋友、恋人，甚至是给予帮助的陌生人，对他们说声谢谢！微博感恩活动发起不到两个小时，就有 300 多名网友借微博表达对亲朋好友的感恩之情。即使是活动结束了，还有不少网友@KingCamp 家庭户外，传达他们的感恩之情。

借助这一节日营销，KingCamp 做到了两个成绩，一个是表面上的粉丝增长，短短几天，其粉丝数增长了好几千，使粉丝总数突破了两万；另一方面是暗面上的口碑潜伏，通过回复和有目的的转发，KingCamp 将自己提倡轻松舒适的户外生活方式融入到话题中，温馨提示微博主们与亲朋好友一起走向户外，共同感受户外生活的乐趣。

热门话题在创造过程中还要注意什么呢？别让网民做无意义的事。应该通过他们的参与使活动更有影响力，不是简单地上传照片或视频，而是要让消费者感觉到参与这个活动对自己有帮助、有意义，有所感悟。这比抽奖或单纯转发促销的微博更有意义。

网民在微博上乐意参与的话题，永远都是和自身有关的，而和自身有关又能让他人有所得（最好是物质和精神双重收获）自然就很有机会热门起来了。

4.3.4　不断置顶

要提高微博的转播效率，无论是何种手段，最关键的还是在于文字的内容。很多使用微博的朋友难免会遇到这样的问题，自己精心创作的一条微博，丢入微博海洋之中，往往连个水花都没溅起就沉底了，一番心血就此白费。怎么办呢？

如果你的那条微博确实不错，但因为机遇不好没有得到想象中的重视，那么可以采取一个有些取巧的办法，那就是不断置顶。这看起来与 V5 推推有点相似，但也不尽然。准确来说，会和论坛帖维护有相似的效果。

我们排除掉粉丝数量的问题，假设你是在发一条热门话题的微博。那么如何让你的微博总是能够出现在订阅用户和你的粉丝面前呢？与其求人，不如求己，不妨多注册两个微博，在你发布了一条微博之后，如果半个小时之内没有任何转发和评论，就用自己的小号顶一下。尽管你的小号没有任何粉丝，其转发也没有任何影响力，但不要紧，因为你是在热门话题之中发布的内容，小号顶了你的微博，就等于再一次重新让你的言论出现在了热门话题新发布微博的前列。与自己的小号互动一下，切中要害说一些有价值的话语，再转发一次这个评论，效果会更好。

最好是有三个不同的小号，如果你的微博在第一个小时被冷落了，用其中一个小号转一次，如果随后又一次沉寂，过一个小时换个小号再转发一次，因为之前的人或许对你的话题没兴趣，一个小时的时间，听众群体会有一定的变化，或许能找到知音，如果这样也还没有回音，那么最后再换个小号转发一次，然后就听天由命了，毕竟事不过三。如果这样都不行，那么你的这条微博看来要么运气不太好，要么确实不够吸引人。

这种方法，只在你觉得特别需要重点强调的微博言论上才可以使用，一天最多用一次，用多了，很容易穿帮。

4.3.5 巧用@和私信

使用微博的人都知道，@就是告知，让被@的这些人，能够在打开微博的第一时间，被提示有微博@了他（她），无论这个微博已经发布了多久。

这样可以刺激这些人去评论并转发这条微博，从而实现进一步地分享。而且是在不确定的时间下，或许能够获得意外的收获。

当然@还是很有讲究的，不是一口气到处乱@。很多微博营销教案中都有提到@的妙用，不过他们特别提出要@知名媒体或@知名人物。

如果你本身确实在某个领域有一定的知名度，那么这样做是可以的。比如行业名人微博或企业微博，在有一定影响力的前提下，这些媒体或名人会考虑回复你的内容，从而借助他们的粉丝扩大自己的影响力。但大多数普通微博用户是不具备这个条件的，那又该如何运用@呢？

- 首先，如果用户没有关注你，尽可能不要@他，没有互粉的人，或者说他没有关注你，你@他可能得到的回复率会很低，所以最好选择互粉的听众。

- 其次，在上述条件下，选择那些平时比较常转发你的微博的朋友，那样可以进一步提高转发率。

- 最后，找一下你的粉丝中被关注人数最多的几位，因为他们的转发，能够获得更大范围的辐射。

这一切都要在自愿的前提下，并且要适度，我曾经看到过一些微博大批量地@我的微博好友后，他们在转发中发牢骚说这样的骚扰太严重了，根本不想看到这样的内容。如果你碰到这种情况，先道歉，以后就不再@他为好，同时对于那种多次@都没有任何转发的，也可以从@名单中去掉。

但有时候，私信比@更有效，私信的妙用有以下3点：

- 其一是请人关注你。通过私信向你希望结交的微博主介绍自己并请求互粉是不少微博营销者必选的手段，当然，这个一定要有的放矢，凡事不可做过。时下新浪微博推出的关注邀请其实就是对这类私信的功能化。

- 其二是请人转发。比如图4-4所示的这个茗卡通暴雨的微博，其本身是《手机少年》这本面向青少年的漫画期刊的官方微博。

- 其三是拓展功能。私信用得巧妙，还有更多特色，比如不少微博营销通过私信收集用户信息，寄送一些免费产品或私下交流感情，这说明，微博营销不一定全是明面上的转发和回复，还可以通过私信做点对点的精准营销。如网上书店快书包网站曾经尝试过通过微博私信下单来拓展销售，只需要把姓名、地址和要买的书以私信的形式发送，就会有客服人员帮忙下单。你要做的，就是等待，然后货到付款。且不论其到底有几分销售成果或只是个噱头，仅从功能上来说，亦可视为是私信功能的全新拓展。

 【茗卡通为何"贿赂"微博主】

早前该周刊的主编通过微博私信和我建立了联系，并送了几本杂志算是"贿赂"，之后他们便每隔几天发一封最新漫画的微博链接到私信上，最初几次是因为拿了人家的手短，便友情转发了，但久而久之，确实对这个漫画连载颇感兴趣，也就每每收到私信便立刻转发停当了。

茗卡通暴雨
http://url.cn/0TJj8i 地球环保漫画#最近萌地球积极热情的参与了一系列的环保宣传活动哦~~~关爱地球，关注环保哦！
10月21日 11:31 来自腾讯微博

茗卡通暴雨
http://url.cn/057GxP 华丽丽的上色你们喜欢吗？想知道是如何绘制的吗？~~~手机少年121回扉页上色过程！邀你来欣赏哦~~
10月19日 11:15 来自腾讯微博

茗卡通暴雨
http://url.cn/3yHmDR 萌地球~~在这日益关心自身健康的当下，却频繁曝光食品安全恶性事件的问题，让人们的食品安全难保障！反思之余我们更应该关爱地球，关注环保！
9月27日 09:57 来自腾讯微博

茗卡通暴雨
http://url.cn/3PtSUE 萌地球与塑料袋的最后决战，结果如何！？自己来欣赏哈~~
9月20日 11:00 来自腾讯微博

图 4-4　转发的茗卡通暴雨的微博

如果私信用得好，也许你可以直接进钱。

2010 年 9 月 9 日上午，仅仅 3 小时 28 分钟，205 辆 SMART 在淘宝上就被抢购一空，这不仅超过了线下售车记录，也远远超出了主办方对这次活动的预期。

 【SMART 成功通过私信完成团购】

奔驰 SMART 电子商务行销的成功归功于微博为企业找到了目标人群，先期收集了大量潜在用户的信息（通过微博搜索、话题关注和主动交流等），然后在活动开始前，将促销信息通过私信的方式送到了那些有打算购买的准客户手中。优惠的团购价格，时尚的宣传广告，刺激"秒杀"活动既提升了品牌价值，又带来了巨大的销量。

【思考一下】

你现在有一款新产品要发布，假设是玉米智能洗衣机，为此，你建立了一个官方微博，那么如何设定微博的定位，又该用什么话术呢？限定一下，不能学玉兔月球车卖萌，你该如何去做？设定一个发布微博、回复微博、图片内容和寻找潜在消费者的微博营销企划吧。

4.4 企业微博个人化

【本节要点】

企业微博是微博营销的主流，而在运营中，需要将企业变成一个"人"，平等地交流，这也是许多企业微博很少注意或想做也做不到的。企业微博可以做成客服系统的补充，更可以形成一个由员工和忠实粉丝围绕的强大营销矩阵，本节将重点介绍如何成功运营企业微博的基本法则。

在微博的世界中，企业微博的行为已经显得越来越重要，美国PC厂商戴尔是微博营销的典范。2009年，戴尔在进驻推特网站两年后，仅仅通过链接转引获得的流量，就销售了650万美元的电脑。

在典型案例的引导下，大量的企业都加入到微博大军之中，如今打升微博，就能看到大量企业发布的各类信息。但是，这些企业微博的信息发布大部分还局限在过去的广告发布模式上，简单生硬，缺乏趣味，让人非常想取消关注。

4.4.1 与粉丝做朋友

企业微博建立之初，首先是考虑定位的问题，而核心就是要通过微博说点什么。一个比较明确的官方定义是，企业微博主要用于快速宣传企业新闻、产品、文化等，同时对外提供一定的客户服务和技术支持反馈，形成企业对外信息发布的一个重要途径。但这种表述并不清晰，我们通过春秋航空的微博来分析一下如图4-5所示。

在这个微博上，我们可以清楚地看到不同类型的微博发布。

其一，企业活动信息发布

如图4-5中的第一条微博，春秋航空打出了手机订购机票的特惠战略，通过精要文字+深入阅读的活动网址+巧妙释义的图片对企业近期的活动做了一个发布。在文字上春秋航空注意了结合时下流行的网络词汇"out"，从而让本来很刻板的打折信息，因为最后一句，而活泼了许多。

其二，客服互动咨询

在其后的三条微博，针对不同的微博用户提出的各种问题，进行有针对性的答复。在这三条微博中，有两条微博为对话，一条为转发，这其中是有讲究的。即转发的那条微博是春秋航空想通过用户咨询，让更多的微博听众接收到信息——半月秒杀和亲情套票，以答疑解问的方式出现，比单方面自己打广告，更容易被粉丝接受。另外两个以对话形式出现的微博，则主要针对单个用户并不具备普遍性的问题进行解答，以半公开的形式出现，这样既不会让其他粉丝感觉到被打扰，又可以很好地回答客户疑难。

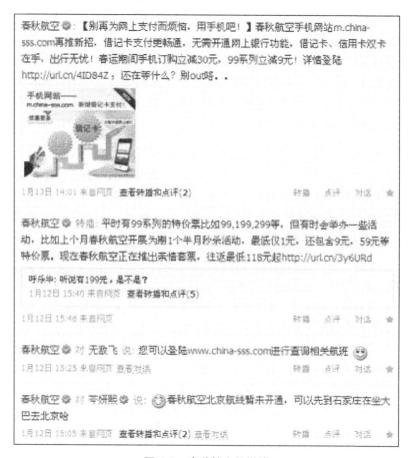

图 4-5　春秋航空的微博

其三，人性化体验

在春秋航空的两条对话微博上，我们都能看到一个笑脸的标志，因为是对话，更加强调对单个粉丝的点对点沟通，加入笑脸图标，可以极大地削弱企业微博的官样面孔，让对话者感觉是在和一个朋友交流，倍感轻松之余，也会对春秋航空的好评度上升。这种拟人化，富有情感的微博发布方式，其实是目前企业微博最应该掌握的核心所在。让企业微博更像个人微博，淡化一点企业色彩，能够更好地增强企业与粉丝之间的沟通。

在信息的发布上，企业微博要注重与微博用户的互动性，不能唱"独角戏"，在发布企业广告、产品信息时要站在用户的角度考虑，发布一些具有娱乐性和分享价值的信息，组织一些让用户感兴趣的话题，并积极参与回复讨论。

与粉丝做朋友绝对比把自己当成老板好，千万别和自己的粉丝拉开鸿沟，而是要不断地亲近他们，在他们对你没有戒备之心时，企业微博就算成功了。

微博就是一个交朋友的地方，在微博上千万不能把自己太当回事了，而是要把粉丝当回事，微博定位也就出来了，至于接下来是做欢场高手还是时尚教父，或是人民公敌，就任君自选了。

4.4.2 在商不言商

很多企业微博在创立之后，总有一个认定，那就是尽可能多地通过微博去发布活动，做好营销公关，让网民通过微博来购买自己的服务（产品），希望通过微博来实现消费桥梁的直接沟通。因此，在企业微博上，充斥了大量的产品信息和促销公告，而时下最流行的就是那些转发或购物能中大奖的微博内容了。

有这样一个企业微博，从2010年1月1日开通，每月平均发布一两条微博，罕见活动信息，没有中奖诱惑，虽然获得新浪认证，但到2014年年初，粉丝不过一万多，每条微博的互动也罕有超过两位数的，如果按照一般的微博营销理论来看，它应该属于一个完全没用心做营销的"冷微博"，它就是创始于1853年的北京老字号鞋店内联升。然而，恰恰在它"沉默寡言"的背后，内联升反而走出了其他主流"热微博"的营销误区。

 【老字号内联升主动和陌生人搭讪】

第一次关注到内联升的微博，源于我在微博上发布的一段话，缅怀自己的内联升布鞋："伴随我5年的内联升暖鞋，终于在今天下午5时许，光荣烂胶，与世长辞，享年5岁。尽管它其貌不扬，只是布鞋，但在这5年中，它陪我走过了株洲的山山水水，在北京讲过课，在上海压过马路，饱览祖国山河，对它的突然逝世，我谨致以最沉痛的哀悼和追思，并将亲自护送它去最后的安息之地——垃圾箱。"

大约过了4个小时，这个随意发布的微博迎来了第一个转发："正所谓旧的不去，新的不来！"转发人是内联升鞋店。

基于好奇心，我进入了这个积极互动的企业微博，所看到的正如开篇所说的那样，整个微博可以用"惨淡"来形容。

然而仔细观察，却又似是而非，一个创立两年，原创和转发累计不过五百条的企业微博，按理不会有兴趣回复一条只是在内容中提到过它且转发量很低的微博，可它却回复了，仅仅因为我也是认证微博吗？

 【有趣的搭讪让内联升微博转发率达到89%】

翻看内联升其他的微博内容，会发现这并不是孤例，大量的转发几乎都是对类似微博的回复，其回复的话语也颇有趣味性，如某微博主夸奖其网店售货员服务周到，内联升第二天一早便在微博上回复称："一大早就受到表扬，哈哈！"而当有人在微博上分享读书频道里有关其千层底布鞋"俘获"民国上流人士的网文时，内联升的转发则用"老祖宗还是很懂得关系营销的"这样的话语一语中的。这些被内联升青睐到的微博主，认证微博极少，更多的则是粉丝不过两位数的草根。

稍做统计不难发现，整个内联升微博上，转发内容达到 89%，且回复的内容风趣幽默，丝毫没有我们想象中老字号的陈腐气息。

尽管如此，相对于不少热门企业微博一天数十条原创、单条微博转发过百破千、随处可见内置其广告的微视频、微应用，并辅之以大量热门微博主的"主动"原创或"自动"转发而形成的营销热潮，内联升的企业微博表面上看很单调、很冷清，可正如内联升在微博简介上说的那样："因为经典，所以流行，京城最潮老字号。不随波逐流，不特立独行，坚守品质，永续创新。"内联升的微博武器其实一点都不奇特，而是被很多人忽视的微博搜索营销。

微博搜索营销并不奇怪，不需要借助特殊的工具，只需要微博运营专员勤快一点，每天及时地在微博上的搜索框中搜索和自己企业有关的关键词，这和我们常用的引擎搜索并无二致，唯一的不同是所搜索到的内容都是来自于微博。

显然，内联升的所有转发都是建立在搜索的基础上，因为尽管那些被转发的微博中都或多或少地提到了内联升，但并没有按照微博原则去@内联升鞋店，换言之，不通过搜索或订阅关键词，内联升是无法看到的。

由此可以得出一个结论，内联升一直在很用心地经营着微博，尽管它很沉默寡言。

内联升的沉默寡言也是有自己的意图的，相对来说，作为老字号的布鞋店，其潜在消费者和崇尚时尚且普遍趋于年轻的微博用户并没有太大交集，也就是说，内联升的微博营销本身带有极大的玩票性质，属于其营销的副业。

在这种大背景下，内联升若效法其他时尚的快消产品在微博上进行大手笔、大纵深、多维度的营销，尽管也有可能产生相当强烈的轰动效应，但就如在爱斯基摩人处兜售清凉油一样，围观者众而效益低下，得不偿失。

仔细观察内联升的微博营销路径不难发现它们的营销规则，即与其让所有人都看见，不如让关键的人记住，专心致志地去和关注内联升品牌的顾客交流，让顾客"回头"。这种策略构成了内联升微博营销的核心，有效地和本身在微博用户中就是小众的内联升潜在客户群体建立了极有针对性的精准营销，也让其微博看起来很"冷"，实际上却规避了许多"热微博"的营销误区。内联升在很用心地做微博营销，而且它显然只做了一件事，即通过微搜索实现微传播，并且将这种微传播做到极致。

小范围的定向微传播，显然是偏重于大传播口味的企业微博所忽视的，而内联升则以此为突破口，用最简单的招式来影响用户，反而起到了奇效。更为关键的是，内联升这种看似极其常规的营销手法，以大巧不工之态，在某种程度上对时下令人眼花缭乱却又花拳绣腿不能直击要害的微博营销，有一种警醒作用。

大量的微博营销案例往往都突出这样一系列概念：官方微博的粉丝数增长极快，动辄数十万，一个微博或微视频的转发数以千计，大量的认证用户积极互动等。而被许多企业引为经典的营销案例往往还包含如下元素：草根微博发布相关产品或企业信息，引发微博的群体热议，网络媒体和传统媒体介入报道，企业品牌借"偶然性事件"成功扩大影响力。

显然，内联升从一开始就把握住了度，明白自己的受众归属，一切以精准营销优先有所为有所不为，不参合所谓的大传播徒劳烧钱，专心致志地做好基础工作，让关键的人记住，哪怕只有几百个人，却实实在在地用最少的成本、最简单的营销做到了真正的高转换率和真正的精准营销，也真正实现了其在微博上宣示的——不随波逐流，不特立独行。

说白了，就是在商不言商。

4.4.3 企业微博的9条铁律

要做到在商不言商的境界并不容易，企业微博必须学会一口一口地吃蛋糕，想要一夜之间实现微博影响力无穷扩大，是不现实的。微博是一个需要长期耕耘和积累的阵地，关注度来去自由，唯有用心才能让人沉迷。那么要怎样才能做好微博营销呢？

1. 学习别的企业的做法

学习别人的成功经验永远是最有效和直接地提高自身微博营销水平的办法。特别是发促销信息，大多企业集中在以大奖诱惑请人转发的层面上，用户仅仅是为了和企业无关的大奖来互动，而不是真心实意地和企业互动。这一方面日本的优衣库在互动上有过极佳的案例。

 【评优衣库微博客降价】

一次优衣库在Twitter上陈列了10件衣服，规定"越多评论，价格越低"。如果有用户进入评论系统，网站就会告诉用户目前这件衣服有多少条评论，售价已经下降多少，距离最低价格还差多少评论。如果你也写上一段评论，系统就会提示"在你的努力之下，价格又下降了"。

2. 每日笔耕不辍

很多企业微博都陷入历史周期律之中，开始的时候很勤奋，久而久之就懈怠了，甚至很久才发布一条微博，结果很多好不容易吸引来的粉丝，也会因为你的懈怠而同样不把你当回事。

当然，企业微博不一定每天都要有新鲜事发布，但为什么不学习新周刊那样，做好分享呢？固定一两个人专门维护微博，假如你是服装企业，在推销自己服装的同时，分享一些时尚流行风，放上一些名模图片，让自己成为微博的服装时尚方舟，把巴黎时装周的最新动态、国外品牌的新款服饰都带入进来。让别人在分享美的同时，也记住产品的名字，下次购物的时候遇见，就不会再错过了。

 【"玩转安吉"靠趣事】

安吉县旅游局的"玩转安吉"的官方微博在这一点上做得很巧妙。每天景点所推出的活动、优美的风景照片、游客在旅游时发生的趣事都会出现在微博上，风雨无阻，这就足够了。毕竟在微博上，若一天不更新，别人就会淡忘你。

每天不仅要发微博，还要发 5～10 条原创微博，实在碰到有状况不能发微博，可以事先编辑好，通过微博应用软件定时发布。

3．主动互粉核心用户

很多企业微博很注意互动，但却不注重互粉。当然，一个企业微博可能会有以万为计量单位的粉丝，全部互粉也不现实，但大多数企业微博所关注的微博用户，都没有超过三位数，而且大多是媒体、企业或者是实名认证的知名微博。

企业微博也要关注普通微博，只是这个关注是有讲究的，要关注那些经常转发自己微博的人，转发在五次以上的，又积极参加讨论的，通常都是关注这个企业的核心粉丝。尽管对方的微博影响力可能微不足道，但请不要太势利，关注他，用小小的鼠标轻轻一点，就能赢得潜在客户的心，更重要的是，这会让客户有荣誉感，或许线下会主动为你做口碑宣传。

4．主动上门服务

企业微博应该擅长使用微博检索工具，对与品牌、产品相关的话题进行监控，不要指望别人主动找上门来和你交流。如果能放下身段，主动去和微博用户沟通，效果将会很好，之前提到的内联升案例就是如此，对于个人微博来说也一样适用。

【搜索《榜样魔兽》相关微博能干啥】

我在出版了《榜样魔兽》之后，就开始每天针对微博进行搜索，每隔几天，就能够在微博上发现一条关于《榜样魔兽》的信息。比如有读者说买不到这本书，我会立刻在微博上回复，表达自己的感谢，尽管我也不知道哪里有卖，但作为作者的回复，会坚定读者购买的信心。而更多的则是他人就书到货之后发布的微博，我会主动对话，希望多多给出批评意见。

当然，这种诚恳的态度也会通过转发功能呈现在我个人的微博上，从而让自己的粉丝看见，并且有针对性的互动也会博取更多人的好感。最起码，别人会觉得我对这本书真得很上心。

5．做读者守望的微博时报

在企业微博信息发布上，其实完全可以突破个人微博的瓶颈，而选择制度化一点，如新周刊的早晚安一样，每日在特定的时段发布特定的流行信息，这样更容易巩固读者的阅读激情，哪怕就是每日（周）秒杀、打折、抢购信息，也可以选择在一个特定时间节点上发布，而不是随意地在任意时段不经意地出现，在特定时间发布，可以让读者规划好时间前来守望并且转发，效果更佳。

【HTC 每日三餐宣传手写笔】

以 HTC 为例，他们在新款平板电脑 HTC flyer 发布时，主打宣传该款平板的 Magic PEN 手写笔及其功能，这款名为 Magic PEN 的手写笔可以对图片进行编辑说明、涂鸦等，适合喜欢画画、手写的朋友。

为了突出这一功能特点，其微博账号对其手写风格的图片进行了"每日三餐"式的推广。推广方式看起来很简单，推广团队负责制作图片，每天上传 1～3 张 flyer 风格图片，配上相关文字定时发布在微博之上，同时在街头开展类似的活动，进行街拍活动照片地上传。而手写出来的图片非常萌、非常有趣，吸引了不少网民在微博上定时守候并传播。

6. 让粉丝"加盟"企业

产品信息不是不能上微博，但发布的时候还是很需要包装的。讲求迂回，往往能够获得更好的效果。

一种有效的方式是让名人粉丝与企业微博一起运动。国际知名户外品牌 The North Face（下称 TNF）早前自己举办了一场"2010哈巴登山节活动"，如何让这个登山活动被人关注呢？一个惯常的办法是通过电视新闻让登山队员现场连线，但这样做花费很高，需要卫星支持，还需要庞大的后勤媒体团队，TNF 想到了微博，让粉丝们和登山队一起互动。

 【明星微博让 TNF 登山活动全程曝光】

登山队员也来自粉丝，其中自然有耀眼的名人，如李承鹏、闻丘露薇等，这些人既是社会名人，也是登山爱好者，平时也和 TNF 的官方微博互动，为人们熟知。此次，通过新闻微博，TNF 将名人粉丝变成了自己的"员工"，整合微博的发布、评论、投票等功能，在2010年9月29日至10月17日进行哈巴登山史上的第一次微博全程直播。如此一来，让受众与探险队实现实时链接的问题解决了。名人们凭借已有的名气就能在微博上轻松拥有大量粉丝，他们所发的信息，即使是家长里短的絮叨，也会因名人效应而广受关注。因此，TNF 邀请了微博名人参与到登山活动中，借助名人们的微博扩大活动的影响力。

活动从2010年8月底开始，分三个阶段执行。在活动预热阶段，TNF 先将新浪微博与活动官网打通，发布活动消息，招募网友加入探险队。与此同时，TNF 所邀请的名人们也在自己的博客及微博上发表有关活动的文章。为了吸引更多网友参与，TNF 还在微博上搞起了小活动：网友们只需加 TNF 为粉丝，转发活动帖子，帖子"每盖20楼"TNF 就给粉丝发礼品。而新浪作为此次活动的合作方，在新浪旅游频道和体育频道发布了几段招募视频，并将 TNF 的官博在微博广场品牌区置顶两天，从而尽可能使活动在前期召集得以最大程度的曝光。

在登山活动进行阶段，TNF 在官方微博上即时更新探险队的登山过程，参与登山的名人们则是每日在自己的微博上记录下征服雪山的所见所感，与网友紧密互动。TNF 还通过制造一些热点话题如"5395米，史上最高的微博诞生了"来扩大口碑宣传的效果。一名探险队员在登顶后拿出事先写好求婚标语的旗帜，拍下照片发到微博上向女友求婚，TNF 以及探险队的其他队员在微博上转发了这条帖子，引发了更多的粉丝参与围观、讨论。

为期三个月的活动下来，活动网站的浏览量接近40万，硬广的总点击率也达到30多万。约2500名网友上传了故事，微博参与用户数超过了5000人。TNF 实现了传统赛事赞助所达不到的与用户的深度互动。

7. 让自己的员工一起做微博

让员工一起做微博有两个好处。一个是加强微博用户对企业的个性化体验，比如东航凌燕的团队微博和各种以凌燕为名的东航空姐个人微博，从而用散打的方式，让更为广泛的微博用户了解企业品牌，加深对企业的认识和粘合度。第二则是加强企业员工对企业的认同感，甚至通过微博找到自己所在职位的最佳创意和方案。

全球最大的家用电器和电子产品零售集团百思买的微博营销案例颇为值得借鉴。

【百思买数千蓝衫军一起"织围脖"】

喜欢科技的客户常常很享受使用和学习产品功能的细节、好处，并喜欢分享时头脑风暴带来的挑战。百思买想了个独特的方法，它组织几千名员工利用推特直接与消费者进行实时互动。这个技术支持服务团队被形象地称为"蓝衫军"——因为所有参与这个项目的雇员都身着蓝色 T 恤衫。他们共同为@twelpforce 账户工作，消费者可以用自己的推特账户直接向@twelpforce 账号提问，任何百思买的员工，都能通过@reply（推特上回复某人的方式）的方式来回复那个提问。

这样做，一方面用户得到了最快速的信息反馈，甚至直接深入到某一部门某一职员的微博，而不是停留在并不一定了解情况的客服专员那里，市场部门的 25 颗脑袋一下子变成全公司 15 万员工的集体智慧；另一方面，利用网络模糊市场营销与客户服务的界限，有效动员百思买的员工积极参与到在线客户信息服务中来，从而让企业更加有活力。

8. "四个有趣"建团队

《新周刊》有数百万的粉丝，背后是否有一个庞大的专职微博编辑团队？错，"微博第一刊"是"玩儿出来的"。

【兼职玩微博让新周刊吸粉百万】

《新周刊》的微博编辑全是纸刊编辑兼任的，在@新周刊平台上，大家依兴趣分工，一天发布 7~8 条微博。作为执行总编，他给的只是"有权发布"，并没有额外的奖励；但微博的编辑们乐在其中，且巨大的转发量带来的满足感（微博的最高转发数达 12 万）令他们乐此不疲。

兴趣是维护企业微博获得最大影响力的关键，不仅仅是对于微博的粉丝能够第一时间转播自己感兴趣的话题，而且对于维护微博的编辑人员来说，对微博有兴趣、对营销有兴趣、对创意有兴趣、对成功有兴趣的"四个有趣"，才能让他们发布出脍炙人口的微博，如果维护人员仅仅把发微博当作一种工作，很快就会被枯燥和无聊压迫得毫无生气，而微博也会同样变得无聊起来。

9. 做好危机公关

微博和其他社交网络一样，都具有极强的亲和力，可以第一时间和对象进行沟通，消解危机于萌芽之中，做好危机公关。

4.4.4 让自己的企业微博像一个"人"

既然决定让自己的企业微博更像一个"人"，那么就要有做人的样子，首先要学会"说人话"。

杜蕾斯的定位就很有艺术性，由杜蕾斯我们可以想到，在微博上描述一个品牌，可以说它像一个成功的三十岁的男人或者二十岁的小姑娘，是前卫时尚还是优柔华贵等，通过一些拟人化的形象来塑造品牌的个性。有了个性之后，再通过微博或者其他社会化媒体来塑造这个品牌。就像我们看动画片，卡通形象要通过很多语言动作表现它的性格。品牌也是一样，通过很多细节，塑造起品牌个性，达到"润物细无声"的效果。

之前提到的东航凌燕就是一个很生动的例子，这个企业微博通过空姐这一形象载体，直接拉近了与微博用户的距离，同时大量发布空姐的工作生活常态，从而将自己的品牌特色以最潜移默化的方式营销出去。

企业微博要有个性，但很多企业会说，自己旗下品牌众多，各具特色，很难统一到一个微博上，怎么办？金山公司提供了一个方案，如下。

 【金山为所有产品开个性不同的微博】

不同于其他的企业微博，金山公司几乎给自己旗下的所有产品都开了微博，金山毒霸、金山安全卫士、WPS 都有微博，就连金山电话大头贴这么一个针对手机系统的冷门小软件，也为它开了个微博，别看微博阵容如此强大，极有可能犯下"分兵多处"这样一个兵家大忌，但金山不紧不慢，反倒根据不同产品针对群体的不同特性，给每个产品都赋予了不同的个性。

还记得在前面曾经提到过企业微博账号结构吗？笔者建议的大企业模式如下：雅典娜=企业官方微博，青铜五小强=企业产品官方微博，12 黄金圣斗士=企业中高层管理人员个人微博，其他圣斗士=若干企业员工微博（视员工意愿而定）。金山公司是典型按照这一模式来进行设计的。注意，以上的数字都是虚数，具体开设多少，由公司根据实际情况决定。当然，如果品牌形象差别不大，就不必这样分散兵力了，毕竟如此做，需要扩大推广团队人员和加大工作量。

 【搭车《步步惊心》的电话大头贴】

金山的电话大头贴微博，作为一个冷门产品，有推广的必要吗？答案是有，而且要营销得有滋有味。

它的一次营销搭了《步步惊心》的车，承载的物料是一张 GIF 图片，这张图片上动态显示了当使用者选择任何一个《步步惊心》角色大头贴时，每个角色还会说话，就像电话聊天一样，符合人物个性，让人回味悠长。该产品自由换手机图标的属性就通过这个"有人味"的微博，很直观也很暗示地传递了出去。

"说人话一样可以做广告"在这个营销策划案中显示得非常充分，而平均两万次以上的转发和评论则是对金山微博"说人话"的奖励。

如果一个企业真正放下身段，消费者就会对其品牌有一种认可，这种认可不同于传统的卖方和买方的那种关系，而是会产生像朋友之间那样的"友谊"，甚至是这个品牌的粉丝。

【百威提醒别酒驾】

百威就试图把"酒后不驾车"这种枯燥说教转化成创意，于是在清明节、五一劳动节、端午节三次小长假中，在触动传媒和微博专题网站上推出了"爱的代驾"。参与者可以在自己的新浪微博好友里寻找"代驾"送自己回家。

酒业公司要大家少喝酒，这一点就很实实在在是"人话了"，而这样品牌的忠诚度和美誉度会很强，用户就会支持这个企业的产品，而且还会主动参与到这个品牌的塑造过程。即使某方面做得不好，用户也会去帮助这个品牌或者企业，而不是诋毁。

4.4.5　个人微博"企业化"

大家还记得前面提到的完美账号理论吗？其中一个重要内容就是在企业官方微博的基础上，还要有大量的员工微博，形成"众星拱卫"之势，让企业职员的个人微博成为企业品牌树立的一个标杆，在很大程度上能够填补企业官方微博的不足。特别是企业高层的微博，其可以很生活化，记述自己在生活中的所见所闻所感，也可以很职业化，讲述最近在工作中的麻烦，闲谈之间，就拉近了原本在网民看来比较神秘的企业老总和自己的距离。

【Zappos 首席执行官亲自上阵联系用户】

在国外，Zappos 以网上卖鞋起家，现在已经变成了一个名副其实的网络百货商场。Zappos 的客户是一群年轻并蜗居于网络的人。

其首席执行官 Tony Hsieh 以 CEO 的名义开了推特账户，其拥有 169 万的追随者，表明了 Zappos 乐于接近客户、理解客户的态度（在交流中建立开放诚实的关系），他非常坦诚地跟用户进行沟通，给整个公司的品牌带来了积极的影响。

而在国内，企业+个人的微博模式，突出体现在互联网企业特别是游戏公司中，游戏公司不仅高层领导开设微博和普通用户互动，而且中层人员也通过微博为企业品牌加分。

但凡一款新游戏发布前夜，都会引发不少玩家在微博上的讨论。这时候，一个已经模式化的微博营销方式是，游戏的设计主管会在关键时刻分享一些最新的设计内容和某些产品趣闻，甚至于部门之间的负责人还会在微博上为某个产品打一下口水战。尽管无法确知是不是营销行为，但总能吸引到不少关注度。而带有企业印记的个人微博，无论是哪一阶层，都在或明或暗地彰显着企业文化。在这方面加强引导，让个人微博为企业品牌加分，又不让其失去独立性，有聚沙成塔之效果。

有时不妨暴露点公司内部"矛盾"在微博上，通过辩论让围观的网民对真理越辩越明。比较经典的案例发生在世界杯期间。

【 4399 网借力世界杯玩品牌 】

4399 游戏网站站长蔡文胜发了一条微博："为感谢博友们的支持，配合世界杯和大家互动一下。大家可以竞猜世界杯最后四强排名：一，只要评论这条微博写出四强顺序，并转发到自己的微博留底。例如：1．阿根廷，2．德国，3．巴西，4．英格兰。二，从现在开始72小时内回复有效。会以最先回复时间来计算前32位猜中者，送出32部 iPhone4。"

简单的一个活动，收获了30万人参与，同时这30万人也把蔡文胜和"4399"记住了。其实蔡文胜并没有在这个活动中为自己的网站做任何显性宣传，无招胜有招罢了。

4.4.6　上班下班都要"微"

微博上的引爆点几乎是随时的，很多来自网民的主动创意，比如杜蕾斯鞋套，它出现的时间可能就并非工作时间。这就要求营销人员在醒着的时间，要时刻做好快速反应，必须要做到以下两条：

- 不管是上班还是下班，都要把和网民的沟通作为工作，及时做好与企业话题相关的回复。

- 不管是上班还是下班，都要养成主动搜索的习惯。

比如之前杜蕾斯鞋套，其本身并不是杜蕾斯的微博，也就是说杜蕾斯微博上是看不到这条信息的，要靠微博自身的搜索功能主动搜索，通过主动搜索去寻找相关话题，不仅能给发布话题者一个惊喜，更能够给自己一个意外惊喜，因为网民的许多原创比自己挖空心思想到的创意更加吸引人。

在这个规则之下，我们还要明确一点，即类似杜蕾斯鞋套这样的引爆点确实是可遇不可求的，正所谓伯乐常有而千里马不常有，那么仅仅简单地注重常规的微博回复有用吗？答案依然是有用，而且要同样迅猛。

【思考一下】

和目标消费者搭讪是个很有用的招数，而且可以精准，可怎么去挖掘目标消费者呢？内联升的案例给了我们很好的启迪，那么如果你是内联升的微博管理者，能不能尽可能设想出各种搭讪场景，设计一套搭讪的话术（至少50条）与各类微博用户沟通一下呢？此外，给你一个建议，在找到目标用户前，先别急着搭讪，不如先翻翻对方的微博了解一下，归类到你的话术类别里再搭讪或许更容易。

第5章
微信是个朋友圈

本章将解决下列问题：

- 微信营销真的是万能的吗？
- 交友为何是微信营销的核心？
- 吸粉、留粉和粉丝经济该注意什么？
- 为何营销人总忘记用微信语音？
- 个人微信号怎么来做营销？
- 微信公众号又该怎么做营销？
- 个人微信号与微信公众号如何搭配使用？
- 如何让微信和地面推广连在一起？
- 怎样通过开放接口拓展微信服务？

微信是一个革命性的产品，它浓缩了移动互联时代移动社交和社交营销的题中应有之意。在微信上，有太多的社交和营销元素可以承载，而且围绕着微信到底是不是一个合适的推广营销工具也有太多的说法。其实在我看来，只要使用得当，一切网络产品和平台皆可以营销，关键在于，你必须自然地融入到其中，而不是硬生生地将广告打上去。

微信可不是分类广告专区，它是一个熟人和半熟人交互的快捷方式。

5.1 移动时代的微信需求

【本节要点】

微信不会取代微博，它本身是网络营销的一个渠道，也是网络营销体系中社交口碑营销的一个环节。没有一个渠道可以单独进行全面推广，哪怕它看起来拥有其他渠道的各种优点，微信也不例外，以后崛起的看似比微信更有噱头的营销方式，亦不例外。

微信营销该怎么做？当微信通过 OTT（过顶传球）快速切入移动互联网的社交圈时，舆论开始力捧微信的社交网络力量，这使得微信营销在某种程度上被神化。

但不和谐之音也随之来了。资深媒体人"杨樾杨樾"在微博上说了段很经典的话："我现在也很少上朋友圈了，一开始觉得挺好，因为都是朋友，没有戾气，没有争执，只有祥和与正能量。但现在，在里面翻一翻，全是长篇大论的心灵鸡汤，各种佛经，各种祈文，各种符咒，各种转发十个人，各种活佛与仁波切，各种胡因梦，各种克里希那穆提。知道的这是朋友圈，不知道的还以为是机场书店呢"。

无论是在微信朋友圈里发布售卖东西的信息，还是通过微信公众号做品牌（无论是个人还是企业）推广，其实都不是移动时代的微信需求，它依然和微博一样，都必须也只能遵循社交营销的核心原则——做朋友。

5.1.1 微信会取代微博吗

微信强大与否，早有公论，数亿用户的基数让其在社交网络上独领风骚。而一个又一个朋友圈，高度精准了用户的特定属性，也使得微信营销成为了一个十分时髦的话题。

 【"大象"公社微博不如微信粉丝多】

2013年12月4日，前《凤凰周刊》执行主编黄章晋推出了"大象"公社，5个人的团队每周保持5天的文字更新，目前这个微信号已经拥有超过6万的订户，而同期创办的新浪微博粉丝数则不足6万，同样全新起步，微信正在领跑微博的数量级传播。

当然，微信营销也带来了一些麻烦，有很多用户都发出了类似文章开头杨樾杨樾的声音。

营销过度都会如此，这和当年的微博何其相似。从本质上来说，无论是微博还是微信，无论初始好友是来自电话本还是即时通信软件或是名片上的简短链接与二维码，一个真实用户的社交网络，在初始状态都是强关系的。当然，名人的社交网络，无论是微博还是微信都不在此类。

对于普通用户来说，本质并不会变，因为无论哪种应用，都只是一个社交平台，是和现实中的熟人或半熟人交互生活点滴的地方。

 【在朋友圈里卖玉器】

我的朋友燕子是朋友圈里做生意的众多人之一，她主要做玉器生意，这门生意在其微博上也做过一段时间，不过生意很惨淡，原因很简单，可怜的几个粉丝，对她的玉器根本没有兴趣。而在淘宝开店，也很痛苦，不花钱就买不来流量，若花钱买来了流量，却往往亏得更多。当她开始在微信上买卖东西后，一切大不一样。每天她会在中午12点时，在微信朋友圈里发上一组玉石的照片，然后会有大量的朋友点赞，也会有几个朋友问问价，每个月总能赚个万八千元，一下子，玉石的气场全开。

这几乎是朋友圈营销的固定起手式，但如果你迷信朋友圈营销模式的魔力，那一切也就到此为止，这种模式，只适合小卖部，没法变成一个超市，毕竟，每个人的交友量都有限，当朋友们都买了东西后，你又该如何？

进新货，滚雪球，看起来不错，但朋友圈的消费能力终究有限，很快这种循环就会达到上限，就如小卖部做社区熟人生意，本小利薄且人群就那么多。解决的办法只有一个，扩大朋友圈，让更多的人来购物。

但一旦粉丝积累增多，微信开始走向营销时，这一切都开始改变，改变成一个表面上是在交互，实际上充当着公告板用途的伪社交平台。这时候，很多朋友圈就开始变质，变质为一个教主和若干教众的传播与被传播关系，而非通常意义的朋友了。

知名的微博走过了这一历程，如今的朋友圈也在逐渐步入这一历程。不过是又一个社交网络的循环而已。

从这个层面来说，微信朋友圈营销（用常规微信账号进行营销，以下简称微信号营销）和微信公众号营销（简称公众号营销，为区别起见，后文中除特别指出是公众号营销外，所涉及内容即为微信号营销），只要开始以营销为目的，就不可能再用所谓的强关系和弱关系来划分。

微信营销和微博营销在和传播对象的关系上来说，也就没有了本质的区别。

用户难免迷茫，营销者也同样迷茫，这一切都是不可避免的，朋友圈里的人越来越杂，信息越来越乱，到底是在沉默中沉默还是在沉默中爆发？

答案很简单，微信走过喧嚣期之后，逐步沉淀，形成兴趣点和需求点分众的社交网络，就如开心网之类的 SNS 已经完成，以及微博正在完成的那样。

说微博正在完成是因为以媒体属性为基本特征的微博用户已经开始沉淀，尤其是新浪微博，他们不再盲目收听各种认证微博和段子大号，而是开始减少信息的来源，精准信息的需求和交互。微博的主要信息发布者们也开始沉淀，他们开始发现，其实社交网络的核心还是交朋友，而非发信息，开始有选择性地和热心粉丝们建立从陌生人到半熟人乃至熟人之间的联系。他们之间，有一种强有力的信息传播纽带，这就是准媒体属性，一个从微博登场开始，就已经为其社交网络基本设定所左右的结果。

说开心网之类的早期社交网络已经完成是因为微博、微信经历的一切，它们早已经走过。不同于微博的媒体属性和微信的即时通信属性的是，它的路线也按照最初的原始设定，有着强烈的游戏属性。用一个并不太严谨的形象比喻来简单划定，可以这样认为，微信上的用户是在打电话、发信息，新浪微博上的用户在正襟危坐、坐而论道，而开心网上的用户，则是在游戏、在嬉戏、在休闲，尽管这些用户其实只是同一个人在不同的时间用着不同的社交网络。

从发展轨迹来说，也是三个阶段的分野。目前的微信用户如果大体视之为从众型，那么即将完成沉淀的微博则是忠诚型，而早期社交网络则已经进入理智型。其过程则都是从一窝蜂杀将进去，到根据自己的需求逐步分化，形成一个又一个关系或强或弱但兴趣点却高度集中的"朋友圈"。

这种理智型，最终形成了社交网络上用户与用户之间信息交互的分众。尽管这批用户可能同时也在使用微博和微信，但在开心网之类的早期社交网络上，经过沉淀，在这里所表现出来的用户行为，往往对生活品质要求高，有自己的特定爱好、特定兴趣，偏理性、偏成熟、心态开放并且积极，喜欢深度互动与沟通，属于都市生活家。

简言之，社交网络的主力用户和他们的粉丝关系，必须也必然走过三个阶段——从强关系到弱关系，再由弱关系回归强关系。而即使是同一批网友在不同的社交网络上，因为其成熟度和沉淀度的不同，也必然经历这三个过程，并呈现出在同一时间在不同平台完全不同的行为特征，而这种特征，也带来了实际功效的不同。从传播的角度来说，同样的信息在三个平台上，其精准效力和传播到达与转换率，也就形成了三个层级，同样，也是从众、忠诚和理智这三个词汇所一一对应。

此刻微信营销已经进入到了弱关系阶段，并在回归强关系的路上，它也必然会有一段沉淀期，就如2013年年末大家感叹微博活跃度在下降一样，2014年年初的时候，微信上的点赞党也开始少了，直接在微信朋友圈里卖产品的声音也开始少了。

微信会取代微博吗？其实这一切已经无须辩论，关键是如何在微信这个社交网络上更好地做营销。

5.1.2　微信首先是聊天

有许多人觉得作为社交网络营销主打一个就足够了，在他们看来，微信和微博没有太大的区别。其实不然，微信和微博是有本质区别的。

微信是点对点地推送，进行信息传递，因此，转播类微博是最有效的信息传播方式，在其之上并没有作用。如果用举例的方式，这样的分野会更加分明。

　【"马航事件"的微传播区别】

2014年3月8日，马来西亚航空公司飞往北京的MH370航班，于北京时间凌晨2：40失去联系，原本于北京时间6：30分抵达北京，机场里接机人苦苦期盼，等来的却是航班失去联系的消息。关于此事件的信息，在微博和微信的社交网络圈，都有大量的传播，但这种传播的情况却非常不同。更多的人聚集在微博上讨论和祈福，甚至聚集在少数原创微博周围，而在微信上，尽管内容同样海量，但都非常松散，没有互通性，接收效果也不好。

以微博为例，各大媒体的官方微博均在第一时间更新相关动态，且通过其"订阅"粉丝以评论转发的形式进行二次分享，快速将信息传递给了粉丝的粉丝，并逐级传播下去，形成一条微博下数以千计的人群在互相转发、讨论和祈福，其中有许多人，其实根本不是该官微的粉丝；相对应的，此类媒体的微信公众号也同步进行了发布，订阅的粉丝也如同微博粉丝一样进行了评论，但是这样的评论只有公众号自身可以看到，转发也并非不可行，部分粉丝采用转发到朋友圈的方式，将公众号内容附加个人评价进行进一步扩散，但基本到此，传播即告结束，而且朋友圈内的人群对该转发内容进行的评价，也只有转发者、评论者和同时加了双方微信号的朋友（此类人数通常不多）才能看见，传播效能进一步弱化，且不反馈给原创方。而在次级转发之下，由于讨论的"断链"，使得之后即使存在转发（因为操作复杂，需要点开原帖再进行发布，并非微博那样简易），也只会呈现类似弱化的情况，且较难形成讨论。

由此我们可以看出，微博传播就如同一个人在广场上喊话，台下众多人都能听见，并且可以互动，乃至众动，不相识的陌生人可以因为观点的异同形成不同的声音，这些声音也会无障碍地传递给更多的人，最终可能形成星星之火的燎原之势。而微信传播则如同过去的沙龙，是在很少的一群人中聊天，这样的聊天很碎片化，很难聚集，也很难传递到客厅之外。

由是之，微博营销的声音可以逐级扩大，并散布到六度空间之内，而微信营销的声音则总是徘徊在小圈子中，获取的信息容易受圈子的限制（包括个人和关注的公众账号），个人的影响，也基本局限于朋友圈中，很难实现更广泛的扩散。但这并不是说微信营销的效果就不好，不同的传播特征，可以带来不一样的传播效果。

【招商银行让其微信变成咨询中心】

招商银行信用卡中心为了真正做到智能化，在微信中引入了"小 i 机器人"。这个机器人最大的特点是提供 Siri 那样的自然语义问答，还能进行自我学习。"刚上线时该系统知识库回答问题的命中率只有 70％，如今已经达到了 98％。"招商银行信用卡中心客户服务部副总经理范雨说。其服务项目每月更新，从最初的消费提醒到如今有基于 LBS 功能的网店查询、语音识别等功能。头像设置成一个清新活泼的年轻女性形象，拉近和用户之间的距离。

据招行内部曾经做过的统计数据表明，一个比较熟悉电话银行菜单的用户，从拨通电话到查询信息需要 60~80 秒的时间，而微信则是 3 秒钟，大大提高了服务效率。如图 5-1 所示。

图 5-1　招商银行微信服务和营业厅没两样

或许对于一般营销者来说，招商银行的"小 i 机器人"太过于高端了，成本也不菲，但这个高端大气上档次的背后，恰恰透出了微信营销的一个深刻内涵——它首先是一个聊天软件。从本质上来说，微信需要做出有趣的事情，对于营销趣味性要求更高。此外，微信相对封闭，很多用户，常常从 2~3 个热点话题分享到微信，这就从一个社交媒体的社会热点切入到微信的小圈子，影响到关系好的好友。

这就形成了微信和微博的差别，微博上，你大可以扮演意见领袖，发表新锐观点，针锋相对，寸土不让。而在微信上，一般的营销者面对的可能都是兴趣爱好相近的圈内朋友，或者是现实生活中的好友，过于高端的姿态，只会让朋友产生一种疏离的感觉。一个最明显的感觉就是，过去存在于微博之上的炫富行为，在微信上没有了生存土壤。毕竟微博上的大多粉丝从来没见过面，也不知道相互的身份背景，而微信上的基础粉丝，可是知根知底的。

微信公众号的营销也是如此，表面上看，无论是个人还是品牌的微信公众号，都已经脱离了微信所谓的熟人、半熟人圈子，动辄数万的订户量，俨然让公众号成为了另一个微博，而且内容更加不受限制，当然和订户之间的关系也大多以陌生人居多。这样的情势下，看似扮演意见领袖已经不存在问题，其实不然，由于微信整体氛围的影响，使用微信的人群，已经把交互状态调整到了朋友档，就好比同一拨人，在网上可以看较为粗糙的微视频，且津津有味，但你让他在电视上看，那就会毫不犹豫地换台，在网上读百万字的网络小说，能够不断追书，但若捧上真书，还是喜欢看几十万字的经典版。

【社区里来了个美女环保师】

早前，做清除室内污染的朋友问及如何做微信营销，我出了个主意，不仅在微信上，诸如陌陌、遇见之类的移动社交产品上都同步进行。很快，她的微信号开通了，并在朋友圈里进行更新，每天如微博一样发布一个早安和一个晚安，中间再不定时地发布一些内容，都是她在工作中的场景。由于她本人也长得很秀气，每次在客户家与公司人员一起进行室内污染清除时，都会有一些人加她的微信，当然，她也会有针对性地加一些社区用户，特别是女性。但她从不主动去招惹别人，只有别人在她的朋友圈内容中点赞或发表评论时，她才会去互动，并在微信上和对方做一些交流，当然不涉及业务。有时候她会表现出对室内污染很难受，将皮疹过敏反应的图片发在朋友圈中，一些人会在朋友圈或直接用点对点的微信来问候她，有时候她会和自己的同事一同测试新的去污染产品的功效，同样会有人就此询问效果和提出一些装修污染的治理问题。她每次都有问必答，而且提供一些不涉及业务的方法，如柚子皮、茶叶、活性炭或一些网购的去污产品。一来二去，人熟了，生意也来了，一些朋友圈中的人还将自己的熟人介绍了过来，一个个社区这么运作下去，很快业务就做起来了，而且微信也成为了她和客户们进行售后服务以及相关业务交流的客服中心。

从这个案例中能看到什么？沟通、聊天，这是微博不太方便使用的内容。微博更像一个媒体，有人望的微博主，往往扮演一个很有亲和力的老师，发表着观点，然后和学生们自由交流，但再有亲和力，他依然是一个意见领袖，一个期待他人投以羡慕甚至是敬仰目光的观点之王。这样的交流，总归是带有一种差距感的。而微信上，人与人之间更加平等，且其聊天功能依靠类似 QQ 一样的点对点功能，更加强于微博的评论或私信功能，也更加方便，更有助于交互。试想一下，你的 IM 上，是老师多还是朋友多，是和老师聊得来还是和朋友的共同语言多一些？

5.1.3　好好利用 LBS

特别值得指出的是微信 LBS 的特征，这是其他社交网络所欠缺的，或不够强势的。但基于位置服务的社交，使得这个朋友的本地生活服务，能够在特定的区域进行精准营销，特别是那些刚刚交房装修进行时的楼盘。

 【半天引来微信 500 粉丝，可能吗】

　　根据微信的 LBS 特征，我曾经和大学的传播专业的学生做过一次实验，即以带有漂亮的头像和诱导性签名，一个男性，一个女性，然后在人流量巨大的商业区发布一些微信朋友圈，配上一些图片（其实这都是网上下载的模特照片，看不出具体的背景），不断查看附近的人，很快在一个小时内，男号收获了 57 个粉丝，而女号则有 132 个粉丝。之后运动到另一个地点，继续重复这个实验，一上午时间，两个号码均收获了超过 500 个粉丝，女号甚至达到了 894 个粉丝。有一点特别值得指出，通过查看附近的人，地址信息会保留一个小时左右，因此移动的频率也以一个小时为限制。

当然，这种方式只是一种实验而已，这样诱惑来的粉丝一旦发现名不副实或诱惑降低，就会自然流失，如果用这种虚假的账号进行所谓的营销，看似初期效果不错，但粉丝的流失速度也会随着营销内容的增长而加快。相信许多微信用户都曾经在附近的人中或主动打招呼的人中看到各种酒托、吧托和活动托，并已经产生免疫力了。

因此，微信营销依然是要真实地交友，以诚待人，才会收获期望的目标，直接在朋友圈中叫卖，只会让人反感和无视，适当地展示自己的日常生活，将工作、生活以最自然的方式呈现，这才叫朋友圈中的润物细无声。

我们都会想去了解朋友的工作生活状态，这是人之常情，慢慢的陌生人就变成了半熟人、熟人，朋友圈生意也就在虚拟中展开了。

 【K5 便利店找到朋友了吗】

　　海口 K5 便利店（连锁）利用 LBS 进行微信促销，是在微信营销早期被神话的一个案例，下面来看看他们是怎么做的。其实模式非常简单，设置好自己的微信号，加店名，将 LOGO 植入微信中，该便利店在新店开业时，会利用签名进行推广，如"K5 便利店海甸分店今日开业酬宾，回复微信立即免费赠送礼品！"，按照微信的规则，个性签名有字数限制，只能输入 29 个字符，因此一定要简洁、突出亮点。然后点击"查看附近的人"后，根据自己的地理位置查找到周围的微信用户。再根据地理位置将相应的促销信息推送给附近的用户，进行精准投放。同时建立微信顾客档案，有新货上架或节假日时，通过微信发送信息，这些顾客就有可能成为 K5 日后忠诚的老客户。看起来这样的营销很简洁、很美。

其实不然，这种生硬的广告攻势，在某种程度上与在街头派发新店开业促销广告单和通过会员卡制度，建立会员档案，以及定期短信提醒并无多少区别。这样的广告模式，几乎没有可能与周边潜在消费人群建立"朋友"关系，至少没有哪个人乐意和一个只会发广告的店铺交朋友。如果能够凭微信打折，或许还能诱惑一下，但交流依然没有基础。

这种微信LBS应用，充其量只是作为短信促销和广告单促销的一种补充，扩大些覆盖范围、降低点广告成本而已，尚不能体现LBS的题中应有之意。

如果将招商银行的小i机器人与社区环保师两个案例相结合，各取其简单的内容，效果则大大不同。我们将视野投放到微信公众号上，相对于个人微信号来说，公众号的公信力和服务力更强，但聊天沟通能力却相对减弱。基于微信现在对公众号的分类，服务号拥有的许多功能订阅号是没有的，比如LBS。那么订阅号有没有可能做到LBS精准营销呢？毕竟七成营销用户使用的是订阅号，继续来看个案例。

 【基金奇葩二维码锁定客户】

我早前为一个服务于本地客户的基金做了一个方案，内容很简单，其新基金要召开一次发布会，并制作了一个沙画视频进行产品推介，我只是简单地将其场地的桌椅进行了一个变动，按照该基金的微信二维码进行摆放。在活动开始之前，先将视频放置于微信公众号的内容中，并在会议现场布置好WiFi，同时给每一个嘉宾的基金介绍手册上也附带二维码。活动开始时，由工作人员拍摄会场鸟瞰图并投影到大屏幕，然后主持人揭秘座位摆放其实就是二维码，鸟瞰图同时变成标准二维码（担心座位图的二维码扫不出），吸引大家扫一扫，订阅公众号，并观赏影片（大屏幕上亦有同步放映）。之后的事就很常规了，吸引了潜在目标客户后，公众号会每日分享基金动态和相关理财投资资讯，并针对本地客户的疑问，答疑解惑。

这当然只是基于订阅号没有LBS，进行的本地化基于位置提供精准服务的一种权宜之计，在活动上，作为一种有趣的营销方式展现，也能增强客户对品牌的认同感，特别是由客户组成的二维码，会潜在形成一种客户组成整个基金的存在感。

至于订阅号和服务号的差异性选择问题，通过第三方接口提供的个性化定制服务可有效弥补。

5.1.4　性感的语音服务

微信与传统的社交网络最大的区别就是可以是一个对讲机，让人的双手解放出来。当然这并非微信独创，也不会是微信永远保持的优势，其他的移动社交产品也同样拥有。那么在微信营销中，语音这个工具能够起到多大的作用呢？

 【飘柔的陪聊模式为何走不通】

飘柔在2012年就已经进入微信公众平台，在行业中算是很早进入微信营销领域的。曾经有勇敢去爱、飘柔微信会唱歌、星座、小飘我要聊天、轻松一下5个栏目，这完全符合刚进入微信的思维。作为一度的经典案例，飘柔用"陪聊"模式吸了许多人。"小飘能唱能聊天，添加飘柔 Rejoice 为好友后，就可以根据选择进入聊天模式。真人版对话式微信，能聊天又能唱歌的小飘。"这曾经也是飘柔微信营销的一个杀手锏，吸引了众多粉丝。但这只是微信发展初期的景象，随着类似陪聊服务的增多，以及飘柔陪聊中人工智能的不完善，其答复和粉丝的话语经常风马牛不相及，用户的热情逐步消退，飘柔陪聊业务也就逐渐淡出了人们的眼球。据说时下飘柔公众号已经变成每周发一两条随性的、无任何传播价值的消息，唯一的共同点是每条消息都会告诉你她是小飘，显示自己还存在。当然，这和死去已经没有两样。

或许你会觉得，飘柔陪聊和之前提到的招商银行小 i 机器人似乎并没有太大区别，为何小 i 机器人能够保持活力，而小飘却慢慢消亡？理由很简单，小飘在无下限地陪聊，什么都聊，但什么都聊不到点子上。而小 i 机器人目标很明确，就是解答银行相关知识，类似于一个自动客服，尽管人工智能不可能完全辨识和匹配用户，但如果限定了范围，至少不会出现天马行空的答案。

更重要的是，这样有针对性话题的陪聊，不仅可以避免骚扰，还可以让沟通更具有实际意义，毕竟用户和品牌之间，本身并不会成为真正意义上的朋友，而太无章法的聊天，看起来很有吸引力，但只是供人一笑，最终品牌还是要提供给受众一个有实际意义的东西，至少和品牌内容有一定联系。

与之类似的是杜蕾斯的案例，人工智能总归是有局限的，但用人工服务，似乎更难。

【真人陪聊让杜蕾斯不再单调】

　　杜蕾斯微信团队专门成立了陪聊组，与用户进行真实对话。延续了杜蕾斯微博上的风格，杜蕾斯在微信中依然以一种有趣的方式与用户"谈性说爱"。同时，除了陪聊团队外，还做了 200 多条信息回复，并开始进行用户的语义分析。但是具体有几个人负责真人陪聊，一直没有真正透露过，所谓 8 人陪聊组，只是个传说。

这算是国内真正大规模的启用真人陪聊打开局面的案例，在这个案例中，我们可以看到真人陪聊其实并不算复杂，不过遗憾的是杜蕾斯并没有坚持下去，理由也很简单，精力顾不过来，面对的摊子太大，粉丝太多，电信的 10 000 号客服人数不少吧，不也经常占线？愚以为，难以为继的原因更在于以下两点：其一是话题太过性感，让这类陪聊服务难免被客户的素质所累，难以为继；其二是陪聊人员的专业水准，很难真正拥有对"谈性说爱"这个话题的深刻认识，同时也对涉及杜蕾斯的相关知识，并无太深了解，使得这种陪聊流于表面，难以让真正了解欲望的受众满意。

陪聊行不通吗？其实不然，如果只是 O2O 式的本地服务，作为一个客户服务平台和目标受众进行沟通，陪聊的需求并不太大。亦或者是一个面向少数人群的公众号，如之前提到的基金公众号，较强的专业性需求和较少的问答，完全可以由基金经理轮班在碎片化时间内予以解答，这本身和咨询电话无异，且较之文字表述更为亲切。

为何不跳出陪聊这个看起来很暧昧的范畴呢？

在个人微信号上，这类交流非常普遍，但基于公众号，这也可以是一个培养客户的会员服务。

【杭州 KTV 的语音祝福】

　　一个朋友讲述过她的一个亲身经历，在某次 KTV 消费之后，因为可以打折促销和提前预定包厢的原因，她加了这个 KTV 的微信公众号，在生日那天，突然收到了该 KTV 公众号发来的语音生日祝福，心中立刻对这个 KTV 好感大增。

　　这样的语音祝福，建立在一个强大的会员基础之上，也只是过去对会员的短信或电话问候的微信版而已。许多公众号也设置类似的服务，但显然效果并不太理想。

　　谁能够更好地发挥微信语音的功效，谁就能够用性感的声音征服所有的用户，如果再来点图文和视频，那将真正"微力无边"。

5.1.5 "类微信"营销

　　在很多人看来，微信代表着一个时代，一个移动社交的时代，但微信营销却不仅仅停留在微信一个产品上，产品在不断变化，但营销的基本模式是不会发生变化的。恰恰是不懂营销的人，才会在微信版本升级时惊叹于营销难做。

　　微信营销是移动社交营销的基本动作，只是更多地体现在微信这个平台上，就如同微博营销较多地体现在新浪之上，博客营销集中在四大门户平台上一样。其实还有许多与微信相类似的产品值得我们关注，在这里将其统称为——类微信。

　　"类微信"并非完全类似微信，从品质上来说，每一款移动社交都有自己的性格。掌握这些类微信的性格，你的社交营销就不必一定局限于微信这个红海一隅了。

　　从微信开始，移动即时通信应用有了一个很鲜明的特质——社交。已经拥有数亿用户的微信，其特质在于基于手机号码和 QQ 朋友形成了每个用户的初始朋友圈。相比较而言，另一款移动社交利器"陌陌"则如其名，更突出和陌生人之间的结交，成功地钻了微信的空子。在受制于微信本身熟人圈子的特质而并没有得到过多彰显时，陌陌却得以转换形态，被冠以"交友神器"，在陌生人交友中大开大阖。其差异化竞争的特性，也使得陌陌在初期众多移动社交产品皆败阵于微信乃至被淹没的大势下，逆风飞扬。

　　作为第一款挑战微信地位的产品，网易和中国电信联手推出的易信宣称，在推出 3 天后用户数超过 500 万户，1 个月后用户数为 1000 万户。其初期之所以成功，关键在于它提供了对手们没有的产品，即类似飞信的免费短信和以前一直被运营商视为禁区的电话功能，这可以视为是通信运营商对"类微信"产品的 OTT 行为的绝地反击。然而"其兴也勃，其亡也乎"，在没有太强社交性黏合的前提下，仅仅提供了几个通信免费功能的易信此刻也只能宣传装机量，而无法彰显其用户活跃度。

　　阿里巴巴看到了移动社交的突围症结所在，推出"来往"并以大量新功能冲击市场，除了具备与微信类似的社交化产品功能外，还加入阅后即焚、私密相册、兴趣扎堆、照片涂鸦等功能。其依托阿里巴巴庞大的商家数量，使来往变成继 PC 上的旺旺之后网商们的全新移动社交平台，其后续又在来往中植入移动电商这一其他移动社交厂商绝无的独有产品。

"类微信"产品有三个共同的特点：行业门槛不高、用户转移成本低、模式易于复制。依靠 QQ 好友这一优势，并不足以让微信高枕无忧，因为"微米"可以移植新浪微博的用户，"来往"可以找到阿里巴巴的商家，每一个"类微信"产品仅仅依靠手机号码簿，就可以在用户群体之间传播互动。

微信和其他"类微信"产品，时下都有要必须克服的三道坎。

一是如何破解营销过剩。每一个社交产品出现，立刻就会被蜂拥的营销行为所冲击。微博如此，微信如此，陌陌上也都已经满目是各种营销行为。熟人乃至半熟人经济让许多用户不堪其扰，动辄屏蔽或取消关注。微博已经被这类营销搅低了活跃度，下一个必然是微信，其后是"类微信"们。

二是如何遏制活跃度下降。微信已经遭遇了这种危机，大量用户发布的原创内容，每天收获的"赞"无数，却交流日少，类似如此的状况势必蔓延到各种"类微信"上，究其所以，是新鲜感已经过去，在没有更多新的交互创新下，用户的活跃度势必受到影响。也因此，来往、易信才会以交互创新的吸引力，以极短的时间从微信的包围圈中撕开口子。

三是如何跳出微信思维。"类微信"产品要真正打开局面，关键是要打破目前已经固化在产品中的微信思维。因为"类微信"产品未来真正能活下来的只会有一个，就如当年的 IM 竞争，大浪淘沙留下了独一家的 QQ 一样。在微信占据了先发优势的前提下，仅仅靠结交陌生人、与土豪电商交朋友、免费短信电话之类的微信思维内创新，必然只能做"千年老二"并慢慢被微信吸取精华而消亡。如果能够跳出微信思维，利用现有的用户积淀，坐全新移动社交领域的头把交椅，就如当年有开心网之类的社交网站和微博这样的社交媒介之差异化生存，反而存活率更高。

如何在这些平台上发挥魔力不仅仅是平台的运营者需要考虑的，也是在平台上进行营销的人们所必须要考虑的。平台或许不同，但基本玩法却是一样的，接下来，我们进入移动社交的营销方法论阶段。

【思考一下】

如果你受命为一个公交公司设计一个微信公众号方案，要有 LBS 和语音服务，对方给你的要求并不高，只要接入他们已经建成的车辆到站平台，让用户可以随时在自己的位置上知道最近的车站怎么走，要去的目的地该怎么换乘，离自己最近的车站大约还有几分钟就会有自己要乘坐的公交车，怎么破？

5.2　微信交友法则

【本节要点】

微信营销作为社交营销的一种，作为口碑雪崩体系的一环，它的题中应有之意就是社交，就是交朋友，而如何交朋友，如何把目标受众变成朋友，这一点和微博营销有许多相通之处，但同时，也因为微信的相对封闭，其交友方式也和相对开放的微博有所区别，本节将介绍微信交友的相关法则。

这里不再详细介绍如何开微信个人号、公众号，如何发图文在朋友圈，或者推送信息给别人，这些都是基本的使用，大家都能很快无师自通。在基本操作通晓的前提下，微信营销必须有一个规则，这个规则只有三个词，朋友、朋友、还是朋友。

我们亦可由此得出微信营销的三重定义：

第一重——拓客。也就是我们平常所谓的"吸粉"，通过提升关注度，吸收大量的粉丝。

第二重——留客。也就是我们平时常说的留下回头客，提升忠诚度。

第三重——转客。这些粉丝能给我们带来什么？我们实实在在需要他们带来什么？我们做这些事的目的是什么？就是提高转换率，让它变成高涨的销售额。

那么作为商家，该如何去实现这些目的呢？

5.2.1 第一要义：交个朋友

在开张之前，想先问问读者朋友们，在你们看来，微信是一个什么样的东西？或者说，你们第一次听说微信，是因为什么？

"约炮神器"我想这是许多人第一次听说微信时得到的信息。这就对了，恭喜你们成功地被腾讯小企鹅给营销了，他们要的就是这个效果，把潜在用户的活力激发出来，至于你能不能"把到妹"或"钓到金龟婿"，那就是"如有雷同，实属巧合"的事情了。

在某种程度上，这个看起来"很黄很暴力"的广告词，也道出了微信的正确使用方法，它是一个交友平台，而不是一个分类广告平台。因此，在微信上做营销，必然是广交朋友，交好朋友，而不是一上来就广告。

很多人都感受过微信营销，你们的微信朋友圈里是不是也有朋友天天发点洗面奶、化妆品之类的产品广告呢？

碰到这种广告，人们现在的态度是什么？至少我是选择性无视它。但这恰恰也是我要说的第一个要义——微信营销方式的选择必然是交朋友。

从2012年年末开始，大量企业从微博转投微信，或进军二维码领域，理由其实很简单，社交网络的广告效果"看上去很美"。

那么第一关怎么过？即如何为自己吸纳"第一桶粉"？

这里分为两个层次：开通账号和招揽粉丝。

第一层次：开通账号。即作为企业，必须开设微信公众号。

在注册中，要注意以下一些技巧。

1．微信号设置。一定要设置一个方便易记的微信 ID，方便用户搜索添加。

2．账号简介。总结为：简洁明了，说出你的好。比如图 5-2 所示的这个小米手机的微信公众号，很清晰地说明了自己是什么，而且自己有多好。

图 5-2　小米的两个产品介绍都很简洁

为什么要如此？理由非常简单，粉丝加你的时候，大多会看一眼简介，如果你不能吸引到他，那么他也不会粉你。

要达成这一步，只要遵循 3 句话就行：第一句话，我是谁；第二句话，我最大的优点；第三句话，你能从我这得到什么。

3．形象定位。最好以符合自己定位的人物头像来做微信头像，而不是 LOGO，毕竟人比 LOGO 更有亲和力，特别是在微信这样一个本质是社交应用的平台，例如微信官方推崇的招商银行公众账号头像就是客服美女。

下面我们看看莞家陶瓷的界面，如图 5-3 所示，从 ID 上看，还算好记，加 5 分；从简介上看，简洁是简洁，但是不要提自己是第二，自揭其短，扣 3 分；头像是 LOGO，没有人愿意和 LOGO 交朋友，再扣两分，实得分 0 分。

第二个层次：招揽粉丝。有了微信号，没有粉丝也不行，特别是若没有达到 500 粉丝的门槛公众号就认证不了。没认证的公众号，网民是没胆量和你做生意的。

怎么"吸粉"呢？

寻路的方式有很多，我们先来看看被捧上天的"赞营销"。

图 5-3　莞家陶瓷微信介绍

【"赞营销"为何沦为欺诈营销】

　　"关注本账号集齐 38 个赞即可获得免费港澳游，来点赞吧！"……随着微信的火爆，不少商家纷纷推出各种集赞活动。似乎在 2014 年，随着"赞营销"的兴起走下神坛一段日子的微信营销再次满血原地复活，并且配合 O2O 的大行其道，成为商家 O2O 的最新利器。可微信营销真是这么玩的吗？据媒体报道，有用户集齐赞后，发现所谓的免费港澳游有太多水分，对方称如果是外地的游客，需要自行解决到深圳的机票费用，到了深圳还必须另付导游费用和部分车费等。这种获奖，除了帮商家扩散了营销和收集了粉丝外，和通常见诸各种媒体的"0 元港澳游"并无本质区别。

　　这种营销方式在微博时代也曾大行其道，在微博兴起之初，各种团购站点以"关注+@三个朋友"的方式进行抽奖营销，以病毒传播的方式吸粉，实现快速增长，而有关奖项内定的暗箱丑闻也不绝于耳，同时，这样的传播极易复制，当众多商家加入其中时，尽管依然可以增加粉丝，也只是增加了部分职业"点赞党"，如微博上的职业"抽奖团"一样，而且虚假的奖品也会因为传播的扩大而对商家的品牌造成更大的负向影响。

　　"赞营销"陷入了一个死胡同，奖品不丰厚，则没有点赞党，奖品丰厚了，营销费用也不菲。此外，大批只是目标获奖的微信粉丝，最终的精准营销目的也难以达到。简单地停留在数字成绩上的辉煌，难以达成最终的销售目的。当然，时下点赞营销已经被微信叫停了，因为问题太多。

　　究其所以，还是在于企业从一开始就选择了捷径，希望通过社交网络零距离地向潜在消费者"兜售"商品，然而社交网络的核心原则在于社交，而非广告。想要让信息在社交网络上的规模化传播直接"变现"，本身就不是社交网络营销的题中应有之意。

　　无论是使用微信公众号还是个人微信号，都有一个重大的营销瓶颈不能突破，即微信营销是在相对封闭的链条中点对点传播，走的是串联线路，而非微博传播点对多的并联线路，可以形成不断滚动的巨大雪球。

至于所谓的半熟人或熟人营销，可以提高精准度的说法，显然只是普通人的个人微信营销的专利，一旦扩大到朋友圈中兜售商品或通过公众号来打开市场，就必然要扩大订户范围，结交很多不认识的陌生人。

如何激活这些订户的活跃度，形成真正有价值的微信传播呢？单纯的利诱显然不是培养忠诚度和黏合度的好办法。

社交网络上的题中应有之意应该是交朋友而不是看广告，企业在社交网络的营销模式上受制于传统营销的单向发布，过度重视自身的发布，仅仅在粉丝转发评论中，才偶尔进行一些互动，并没有实现社交网络的交流真意，充其量还是一个带回复功能的公告板。

也因此，企业在社交网络上原有的营销模式和热情逐渐转淡时，通过社交网络进行的营销行为也将慢慢导向正途，即"哄顾客"或与粉丝真正交朋友。

怎么和受众交上朋友呢？

5.2.2　第二要义：交好朋友

明确了微信营销依然是建立在社交基础上，而非简单的客服或单纯的广告模式后，即可清晰地发现个人微信号借助朋友圈进行商品销售之所以成功的原因——和朋友的沟通过程中，搭售朋友们所需要的商品。

但这种程度的成功，会因为朋友圈的消费能力饱和，以及不可能轻松扩大的朋友圈范围而很快走向沉寂。这也给品牌级的微信社交营销带来了启示——拟人化的品牌渗入得到原本陌生的人们的认同，并出现友情感受。

【刘东标如何微信修车】

2013 年，东风标致在其 55 000 多名粉丝的微信公众号上进行了一系列的微访谈，每周定期邀请明星技师刘东标做客微信，在线解答型号 408 现有车主提出的关于车辆保养维修问题，体现东风标致优质的服务理念，并提升品牌亲和力。增加了与潜在客户的沟通，提升了品牌高专业、优负责的良好形象。如图 5-4 所示。

除了提问，东风标致还推出了小狮子贴身助手，实时在线解答。通过以东风标致广为人们熟悉的小狮子作为形象代表，运用风趣幽默且符合社会化媒体的语言风格随时随地与用户进行互动，第一时间解答用户提出的问题，满足消费者的诉说欲望。同时，公众号还发布明星 4S 专刊的定期报道，除了介绍相关活动和车辆信息外，通过加入经销商的具体地址和一键呼出的电话还可以增加销售渠道。面对现有的粉丝，有奖闯关活动的设立极大地增加了用户的互动性，保持粉丝的粘性，提升品牌的关注度，将品牌理念软性地传播出去。

图 5-4　刘东标是一个虚拟的人

其实，所谓的刘东标，本身是一个虚拟形象，其名称中暗含东风标致的意味，而这种亲和力极强的定时"真人聊天"和品牌形象"狮子"随时"答疑解惑"，不到两个月时间，就为东风标致 408 累积了 8 万粉丝，活跃度达 46%，经过 400 电话核实用户注册信息达 2500 余个，且单个粉丝成本仅为汽车行业水平的 1/3。其拟人化的品牌渗入获得了实实在在的收益。

这个案例说明了什么？恰恰点出了"赞营销"最大的问题所在，不在于奖品是否虚假，而在于粉丝的质量。"赞营销"仅仅从数据上看，和微博上的"抽奖团"有相似之处，即可以实现一夜之间的粉丝爆炸，特别是对于微信公众号来说，甚至可以让其轻松地迈过"500 粉"的认证门槛。但这些粉丝真的是精准营销的对象吗？真的是潜在消费群体吗？答案显然不是，乱赞之后的结果是粉丝质量的严重不齐，设想东风标致也做这样的"赞营销"，奖品可以是正版汽车模型，但看似吸引来的粉丝，可以购买不同价位的东风标致汽车，但或许本身并没有多少购车欲望，或已经购买了其他汽车，对你之后的营销又有多大的好感呢？或许点赞之后，不管是否得奖都会将你拉黑，或无视你的内容。

当然也不是没有成功的例子。Olay 的赞营销模式可以值得借鉴，不过只在起步之初用用就好。

　【 Olay 如何用老顾客带动新顾客 】

　　Olay 在微信上有 3 个公众号，分别是玉兰油、Olay、ProX。在起步之初，它也同样面临"500 粉"的认证问题。Olay 选择的模式类似点赞，叫"老朋友介绍新朋友"，其实就是以新老粉丝都能获得奖励为激励手段，请现有的微信粉丝邀请自己的朋友关注 Olay 家族的 3 个微信公众号。而一天之内，3 个 Olay 公众账号都顺利获得了认证资格。如图 5-5 所示。

图 5-5　Olay 的集赞营销

和乱赞的区别在于，Olay 本身是一个泛社会化的品牌，所以普罗大众其实都是它的目标群体，而老朋友本身就是其忠实用户，且老朋友为了能够省时省力地帮助 Olay 拉粉并获得奖励，也会在朋友圈中选择 Olay 的粉丝加入，因为目标受众群本身宽泛，而且只是用在起步之初，并真实地给予奖励（给体验装本身也是其品牌用来增加用户覆盖面的方法，只是从柜台跑到了网上），效果也就自然还可以。

最终不仅仅获得了 500 个粉丝，实现了认证，而且这些粉丝都是潜在的目标客户，是可以变成营业额的好粉丝。一些商场也有类似的做法，比如加他们的微信号可以享受特定的打折之类的。

这里存在一个问题，如果目标不是在这种大众层面，还有办法吗？

东风标致显然在起步之初，就充分考虑了定位。东风标致 408 的微信营销主要针对 30～40 岁商务人士，以男性为主。这个年龄段的男性一般家庭事业双丰收，具有一定的经济基础，希望拥有性能良好，空间宽大、外观优雅、活力动感的车辆，不但体现了他们强烈的家庭责任心，也反映了他们内心对时尚的渴望。

显然通过拟人化的品牌形象进一步拉近了和受众的距离，且因为话题内容的限定，受众都是真正的东风标致车主，通过他们可以影响到他们朋友圈里的朋友，就算影响不到，那么这个售后服务也一定让车主们很满意。

和微信粉丝交朋友，认认真真地交流，而不是兜售广告，可以获得广告所未必能够达到的销售转换和品牌忠诚。

东风标致的做法，其实微博上早就有了。杜蕾斯曾经在微博上为自己打造夜场公子哥的形

171

象，"性趣盎然"之余风流不羁，这种在社交网络上赋予品牌更加人性化的形象，更能够直接击中受众的心。这也体现了社交网络上的营销思维更应该突出品牌口碑，而非直接销售。

好的服务会让粉丝们将信息传播给他们的朋友，且是内心筛选过的同样需要此类信息的人，毫无疑问，这些朋友的朋友，也是潜在目标客户。

交朋友之道，关键是交好朋友，而不是狐朋狗友、酒肉朋友，不然你的营销就不会有忠实观众！

5.2.3　第三要义：哄好朋友

有了好朋友，怎么让朋友真正感受到你的关心和体贴呢？作为品牌，这本身确实是个难题，毕竟无论你怎么互动，怎么示好，在受众潜意识里依然会把你当作一个 LOGO，也因此，让品牌和受众成为好朋友，受众永远都会有找不到"人"的感觉。怎么办？这个矛盾难以调和。

那么不如退而求其次：认真地哄好你的受众们。

微信上没有特别成功的案例，我们不妨看看其他社交网络上的故事。

 【4 岁小男孩有个 42 驱宝马梦】

一位名叫艾利的小男孩今年 4 岁，但已经是一名狂热的宝马迷，并自己设想了一辆超酷无比的梦想轿车——"4219 艾利"。它有 42 个轮子，是地地道道的 42 轮驱动；装有 19 个保时捷引擎，马力强大到 459 匹；驾驶起来需要控制 3 个方向盘……如果碰到这样一个 4 岁的顾客如此荒诞不经的梦想，一般的企业会如何去看待？一笑置之或许是想当然的结局，然而如果你给顾客一个梦想，或许顾客会给你更多的梦想。如图 5-6 所示。

图 5-6　孩子的 42 驱宝马梦

2013 年 2 月 25 日的《科技日报》给出了这个故事的结局。

艾利的叔叔将自己外甥的创意发布到汽车网站 jalopnik.com 上，希望有人可以将这个异想天开制作成模拟图，网站的编辑很重视，立刻开出了专门的版面，而不少网友也没有把这件事当作笑话来看，而是为他的想法叫好，不少网友还主动帮忙做了设计效果图。

　　宝马美国公司市场部看到后非常重视，请了一位设计师为他设计了这台 BMW 4219 艾利，如图 5-7 所示。在宝马公司看来，这是一举两得的事情，一是他们愿意帮助孩子实现自己的梦想，二是如果明年的德国房车大师赛真如流言所说的那样要求赛车有 19 个引擎的话，他们可以占据先机。

图 5-7　宝马公司的 42 驱设计图

　　科技日报据此给出一段暗语，颇为经典：世界有名的汽车企业之所以有名，除了能把车造好，更在于能把客户哄好，哪怕他只是一名 4 岁大的小孩子。

　　把顾客哄好。这句口号喊来容易，做起来却委实很难。难就难在，对于大多数的公司来说"顾客就是上帝"仅仅是一个广告上的词汇，当然，真正有心要哄好，也不是一件容易的事，毕竟顾客的想法千奇百怪，往往让人应接不暇，还会哭笑不得。

　　"BMW 4219 艾利"就是这样一个让人哭笑不得的想法，可这个想法却得到了部分实现，起码它因为宝马公司的介入而出现在了纸面上，尽管还只是一个梦想，但却给了顾客一个惊喜；尽管 4 岁的孩子还不能算宝马的目标客户群体，但这个案例足以影响更多有梦想的孩子以及真正宝马的目标顾客。

　　哪怕目标客户没有宝马车，甚至没有经济实力去购买，但起码，宝马为自己的顾客做了一些事，一点小事。

　　对于大多数企业来说，宝马的这一举措尽管产生了不错的社会效益，也可能会带来一些经济效益，但往往只会成为一个特别案例，而不值得效仿，理由很简单，一是这样的案例并不常见，许多顾客的梦想太过现实，难以实现，可操作性不强；二是如果大家都用这种有些极端的方式来哄顾客，那么很快顾客就不会喜欢被这么简单地哄着了。

　　回归这个故事的起点，不难发现，4 岁艾利梦想的实现源自于网络，源自比微博、微信更原始的网站论坛，一个近乎原生态的社交网络。而这个哄顾客水平和宝马不相上下的汽车网站jalopnik.com成为了发现者，如果没有这个媒介从中牵线搭桥，孩子的梦想将只会是一个梦想。

如果没有这个媒介呢？如果媒介并没有帮忙宣扬呢？如果……任何一个"如果"介入其中，童话都将不再是童话。

社交网络却提供了这样一个哄顾客的可能。

以微信为代表的社交网络把企业和顾客之间的阻隔给打破了，而且移动社交可以做到随时随地的沟通。这时候企业应该做的是主动寻找顾客的需求，甚至在这种需求中引发传播热点。

类似宝马这样的梦想实现者的角色也可以很便捷地实现，企业社交网络完全可以走出过去坐等顾客@的模式，可以通过搜索引擎主动去发现、发掘顾客的想法，并用对话、私信乃至公告等方式，放下架子主动和顾客沟通，无论是投诉还是梦想，是咨询或是赞扬，都以一种人性化的方式进行沟通。

这样的社交网络营销，即使一条原创信息都不发布，一个段子、一个广告也不说，仅仅是贴上去和顾客交朋友，而不是既要粉丝当顾客又要他们做二传手那么功利，其效果比数以万计的转发评论更好。因为，至少会有一个顾客实实在在被你打动。

如果你觉得有关4岁孩子的42驱宝马梦想这样奇葩的机遇，可遇而不可求的话，不妨主动点儿，在你的微信上主动向受众征集梦想、展示梦想，并一定程度地实现和你的品牌能够扯上关系的梦想。

如果觉得这个也很难，那你可以试试像永和大王这样玩微信。

 【永和大王优惠+聊天玩微信】

永和大王几乎在所有能够推广的场合都宣传扫一扫二维码，加上它的微信公众号就可以获得免费饮料并享受会员折扣，这和许多商家的策略没有多少差别。如果顾客在餐厅用餐，服务员会帮助用户当面操作，点击饮料的一次性优惠，进行会员卡使用的简单讲解。用户加了微信后，永和大王会有一个叫永永的小萌货跟你互动，虽然互动的速度不那么快，但是它会回复每条留言，并跟用户聊天交流。

从某种程度来说，永和大王的这种交友方式并不难办到。尽管这种意义上的"拉粉"还带有强烈的利诱成分，和朋友之间的交互也较多地停留在自定义关键词的自动答复之上，但至少它明白交互的意义了。至于如何实现更深层次的陪聊，之后会有更具价值的案例提供。

【思考一下】

看到宝马的案例，是不是有跃跃欲试的想法？别急，不妨针对自己所在的行业和企业，做一个实现目标受众中国梦的活动设计，记得要用微信哦。

5.3　微信终极玩法

【本节要点】

微信营销作为口碑雪崩理论的重要环节，其最终还是要从"交友"走向"广告"，从"服务"走向"口碑"，微信公众号有自己的缺陷，而个人微信号同样也有缺陷，如何互补形成强大的社交矩阵，并通过开放接口进一步拓展服务，真正让微信从"移动"中"接地气"，都有自己的法则。

在以前的社交网络营销策略里，大多数人将力量集中在如何在微博、SNS、微信乃至其他更多的社交网络渠道去引爆话题，说得更浅白一点，即如何给自己的广告做上一层伪装色，让广告不像广告，但却有广告的功效。

这在社交网络营销的初期确实很有效果，也由此发展出了许多的模式，如微话题、微视频、品牌定位拟人化等，但大多数的套路依然摆脱不了电子公告牌、网络广告位的定位。

微信的终极玩法是什么？在交朋友之后，还应该学会"调情"。

5.3.1　语音可以很有情趣

语音是一个很性感的存在，也是移动社交和传统的互联网社交最大的差别所在，怎么玩？

借助移动互联网和智能手机的便利进行语音聊天，恰恰是时下微信营销以图文、视频等为主的结构下所忽视的。

【名人微信自动回复语音很"丢粉"】

我曾经关注过某娱乐名人的公众号，在发过去一个"你好"之后，立刻收获了一段来自该名人的真人语音，很是让人激动。但再聊什么，对方都无回复。显然，这是利用公众号"关键词"设置达成的自动回答。除非你说对了"芝麻开门"，否则对方是不会搭理你的。

许多微信营销的解决方案都提出要设立一两百个关键词进行自动应答。这本身没错，但超出这些关键词之后又会如何？就如前文提到飘柔的自动应答会出现啼笑皆非的内容那样，也会让粉丝慢慢选择不再和你对话，因为都是电话语音自动录音的问答。

语音沟通走向了死胡同吗？其实不然，设计得更精准点儿，不用实时陪聊亦可以让用户体验深刻。

【国家博物馆的微信语音导游很自助】

2013 年 5 月，国家博物馆开设了一个首屈一指的微信语音导航，与二维码导览和虚拟三维展厅共同构建"永不落幕的展览"。游客发送关键字到国家博物馆的官方微信公众账号，即可实现微信语音导览，为了让游客有更好的产品体验，国家博物馆特地邀请了著名主持人胡

175

紫薇和李文文录制名为"道法自然——大都会艺术博物馆精品展"的解说词。游客可以借助动态的语音解说，利用微信自主导览。如图5-8所示。

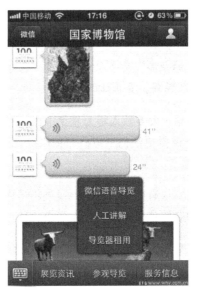

图5-8　国博微信解说很有爱

这样的模式对于博物馆这样的平台，一次投入，即可长久受益，亦可作为现场导游解说的一个有益补充。这也揭开了微信营销的另一个关键内容——没有完美的营销解决方案，微信营销不可能是万能的，而是永远混合在众多营销方式中的一个选择，只是有时它是最核心的方式而已。

能不能和受众走得更近一点儿？特别是在更广范围的营销覆盖之下，再大的品牌也受制于能力限制，不可能真正地和所有的粉丝交朋友。

南航的微信营销方案或许只是个借鉴。在真人陪聊模式下，他们做了一个很有趣的尝试，颇为类似微博上的东航凌燕官微和用凌燕作为自己名称的空姐个人微博。

　【南航空姐在微信上服务大众】

南航早在2009年就打造了一个围绕旅客旅行过程的"全行为链"服务网络。南航微信的出现让这套广布的服务网络如虎添翼。分布于世界各地的南航上万名空姐，可以对着微信说十天之内有哪些班次，明天会有哪个航班。南航还开发了一个名为"西西"的系统，和微信连在一起，建立了一个南航员工内部的 OA 网。每个空乘人员只需通过手机访问西西，便可提前一周就接到飞行任务，并通过微信平台进行互动沟通，由于空乘人员都是临时搭配，这个系统还可以提前找出所有的同伴，了解她们的经验，互相沟通，提前交友，让配合更融洽。

将员工的力量和个性化服务集中起来，微信营销也就不再是企业营销部门少数几个人的职责，而是变成了碎片化的社交分解，而逐级社交的方式，也使得整个品牌在同一"空姐形象"的概念下，更具个性特征，也实实在在地变成了实时真人交互。

之后的故事，也将变得不再单调，品牌与个人之间，也由此通过微信平台拉得更近，也更像朋友。消费者的选择，也随之发生变化。

在这个案例中，我们还看到了粉丝经济通过微信公众号的服务，能够高效快捷地转变成销售行为，以服务之名，实现更高效、更愉悦的消费体验。

这并不是微信营销的全部，因为它终究不应该被简单定义为一个直接进行消费服务的平台，它不是一个淘宝店，也不是一个团购网，而是更应该为你的品牌带来美誉度，这将会让销售额变得更凶猛。

5.3.2 疯狂猜图营销

除了语音，我们还能用什么和受众"调情互动"？情人节是最有情调，最适合调情的日子，也是诸多品牌各显其能展示自己的推广思维的黄金时间，哪怕是和情人节并不太沾边的品牌。2014 年 2 月 14 日，小米和万达成功地还原了"疯狂猜图"的成功模式，以较强娱乐性的"疯狂猜题"狠狠地在微信朋友圈里赚了一把眼球。当然，这就是品牌营销了，而且是超低成本却让微信群玩疯了的优秀推广。

小米很少在微信上做营销，但是在其不断的饥饿营销被大众所排斥之后，却突然选择了情人节在微信尝试一把娱乐范。

 【小米如何让微信群玩疯了】

在情人节前后，国内的论坛、微博等各种社交网络上都在传播着一张图片，图片上写着"微信群玩疯了！看看有多少人喜欢你！"其内容直言不讳地写着需求和所得。活动很简单，即关注小米手机微信，完成缘分测试，分享到微信群，号召朋友参与答题，好友完成答题后系统自动给出你们的缘分，此外还有赢取红米手机的机会。如图 5-9 所示。

小米在这个活动中，用了几个招数：其一是自我肯定，活动刚开始，就自我标榜微信群玩疯了。这和小米卖手机时，总告诉大家会"饥饿"没什么两样；其二是铺天盖地的网络渠道覆盖，别看是微信上的活动，小米却不吝啬到各种渠道上疯狂拉粉，目的就是让来玩的人真正将自己的朋友圈带进来；其三是利诱，这是许多品牌在微博、微信上进行推广的老招数，有彩头的事情总会吸引众人力捧；其四是游戏，这让利诱变得足够娱乐，而不至于只是匆忙加粉点赞，连到底是谁家搞的活动都没顾得上看。

效果如何呢？尽管微信朋友圈的各种营销都很难用数据说话，但是我的朋友圈里确实有不少人参加了活动。

图 5-9　小米"喜欢你"活动

　【安利为何用微信问卷调查爱情】

　　安利也同样选择在情人节做活动，安利在微信公众号上设置了一份爱情问卷，其后的模式和小米相似，分享到朋友圈，号召朋友参与，测试他/她到底有多喜欢你。其结果当然是又应景，又收粉，而且还能娱乐一把大众。

　　类似小米和安利这样在情人节里玩朋友间"测试"的还有不少公司。总之，如小米所言，在情人节期间，微信朋友圈里泛滥了各种各样大同小异的"测试"，大多都出于某个品牌，都最终实现了一定程度的聚粉效果和品牌效应，你不觉得这样的情况很眼熟吗？

　　这就是 2013 年夏天，曾一夜之间极度火爆的手机游戏《疯狂猜图》的企业营销版而已。但凡特定的时刻，换个样子，各大热衷于社交网络营销的品牌，就会带着网友们再度疯狂一把。

　　这种营销模式最大的利好就在于成本极其低廉，设计一个测试应用，植入到微信公众号中，哪怕是小微企业也没有压力，最关键的是，一旦这个营销活动实现引爆，所带来的聚粉能量和聚光效应则相当可观，特别是在时下微信营销总体不温不火的态势之下。

　　但是如果总是这么一味地娱乐，关注度还是会有，只是会日趋减少。

　　这种"疯狂猜图"的模式并非是微信营销的发明，早在微博营销之初，其就以第三方应用的形式出现，只是很少表现得如此娱乐化。

　　这种"问卷调查"的模式也极易模仿，很快就在微博营销中泛滥，就如当下"疯狂猜图"

的营销模式在微信圈中泛滥一样。因此，仅仅追求聚粉和简单娱乐肯定是不能长久的，就如早前《疯狂猜图》游戏在微信圈中一夜之间极度火爆，也在一夜之间销声匿迹一样，必须要有自己独特的游戏风格，才能长久地引领大众娱乐，同时引导自己的品牌和目标受众更加亲近。

直接以游戏的方式植入社交网络是一条路径，疯狂猜图算是一个成功案例，但真正成功的案例在微信上还没有特例，我们先用微博上的一个案例来引发一下思考。

 【凯迪拉克玩转社交场景极品飞车游戏】

凯迪拉克曾经在其全车系试驾体验活动中进行过一次尝试，通过在微博上投放特制的游戏应用，以游戏植入+极速 PK 的形式诠释产品特征，让目标人群在游戏中全面感受汽车品牌的速度感、征服与胜利的理念。通过操作界面对汽车进行 360 度扭转操控，在虚拟的跑道背景下启动飞驰，配以紧凑的声音、影像，让玩家瞬间变成游戏中集中精力比赛的赛车手。此次活动吸引了近万名新浪微博授权用户参与，人次达到以往此类微博应用游戏用户数量的 3.3 倍。

很难说这个游戏应用能给凯迪拉克这样的豪车带来多少实际的销售转换效果，但能让用户有机会感受一番，其花费在简单游戏上的费用，和所获得的在中国网民心中的形象地位则是值得的。

在这个案例中，不难发现属于同样的疯狂元素，即利用娱乐化和社交网络的双重魔力来吸引受众形成引爆，这种设定较之小米和安利的模式，能够更加体现品牌和产品的特质，即在娱乐中将品牌所希望传递给受众的各种亮点逐一在游戏中呈现，而非简单的聚粉和娱乐。

特别是在移动社交时代，这样的游戏化效果可以得到更加丰富的场景应用和效果爆发。试想一下这样的场景，类似腾讯《天天爱消除》这样的简单小游戏，将三个连成一线即可消除的图标换成某企业的 LOGO 或各种产品，再辅之以移动社交应用上的分享，以及一定的实质性诱惑，那朋友圈里将会有怎样的爆发？

这种"疯狂猜图"式的游戏营销，并不一定非要制作成电子游戏，它的实现路径可以是多元化的。

 【1号店如何用"你画我猜"吸引用户】

1 号店基于微信的互动属性，开展互动式的竞猜活动，其实，就是你画我猜的微信图文版而已。其在微信公众账号的群发消息中，设置发布图文形式的活动，具体活动为"玩我画你猜，赢惊喜大奖"。活动分为 3 个步骤：第一步，关注 1 号店官方微信；第二步，接收 1 号店每天一幅画作；第三步，猜出答案发送给 1 号店。第一时间回复并猜中的粉丝将获得该商品！根据奖品额度每天产生 3~10 名幸运用户，不得重复获奖。同时粉丝还可以参与"你画我猜"作品并投稿，一经采用，就能获得百元礼品卡！

这个活动真正有价值的地方不在于奖品，而在于参与，即让粉丝参与投稿，既可以提高粉丝的活跃度，也可以丰富游戏的内容，至少不会因公众号运营者的灵感不足，而使得活动无法延续。此外，试想一下，若你的画作被选中，并通过公众号发布出去，你会如何？比起百元礼品卡，你可能更感兴趣的是转发到朋友圈炫耀一番吧？尽管这样可能帮助 1 号店带来的粉丝量也微乎其微，但别小看了这个星星之火，它也是哄好顾客的 1 个方式。而且，它至少能让品牌传播到获奖者的朋友中，会让大家觉得，品牌也在走群众路线。

由此，我们可以做个小结，即微信上有奖转发活动的设定。

活动标题：一定要有吸引力，一针见血，口号一定要响，要够震撼，标题的好坏，占成功率的 80%。

奖项设定：奖项一定要有噱头，奖品数量一定要多，要让人感觉容易中奖。

参与方式：转发、点赞、评论、填调查问卷、大转盘、刮刮卡等。

活动环节：1．门槛一定要低，2．环节不能超过 3 步；3．最好参与过程有趣。

活动内容：不要超过 500 个字，简明扼要。

活动客服：1．制作客户常见问题答疑手册；2．及时解决问题。

活动须知：1．补充说明以上未提到的问题，如每人限一次，奖品如何发放等；2．注明解释权。

5.3.3 社交营销需要"调情"

"调情"是时下在微博和微信等社交营销中最为缺乏的，尤其是微信。

怎么做？要刺激粉丝的活性，就必须用能感动他们的活动来激发，每当你直击他们的内心时，你的品牌口碑也自然就被传递进去，并通过他们传播给了朋友的朋友。

调情有两层意思，第一层是调动参与热情，如 1 号店"你画我猜"之类的活动都属于此类；第二层是挑逗粉丝情绪，让粉丝爱上你。

基于熟人和半熟人圈子而形成的微信社交模式，本身是极具私密性的。众多企业在微信社交营销上，单纯以传统的微博营销模式进行考量，无论是利用微信公众号还是普通账号进行推广，总是以聚粉为核心，以单方面传播作为指南，大量采取简单的广告发布来企图撬开别人私密的朋友圈子。

这在很大程度上造成了微信营销至今雷声大雨点小、缺少真正意义上成功案例的尴尬窘境。不难看出娱乐化、游戏化是成功杀入社交圈子的一个利器，但这已经是进去了，要获得更大的认同需要日积月累的交流，尤其是企业品牌账号，必须忘记自己的身份，让企业账号真正像一个"人"一样来交流。

豪车凯迪拉克在微信公众平台上很擅长于调动网友的情绪。在 2012 年，配合凯迪拉克试驾活动，其微信公众号巧妙地进行了引导，不是用往常那样各种试驾用车况测评、好车分析之类的软文来填充内容，而是针对此次试驾活动的路线——中国的 109 国道，那条令无数人神往的青藏公路进行配合。通过"发现心中的 66 号公路"活动，凯迪拉克微信公众账号上每天会发一组最美的旅行图片给用户，以引起共鸣。此刻，汽车品牌变成了旅行者，而受众变成了"真人秀"的观众。如图 5-10 所示。

图 5-10　凯迪拉克的 66 号公路活动

　　那么为什么 109 国道却变成了 66 号公路呢？其实这是凯迪拉克用来和受众调情的一个花招。每一个受众都会形成类似的疑惑，人的好奇心驱使，就会掉入凯迪拉克预埋的陷阱中。

　　其实，这个与莫文蔚 2011 年的一个短片有关。在优酷上，这则短片的浏览量达到了 1952 万。作为著名演员，莫文蔚的自由一直受到限制，似乎哪里都有一堵高墙，无法自由行走，甚至无法自由呼吸。有一天，她终于鼓起勇气逃离，在 66 号公路上，跟着驴友一起摄影、一起游荡。虽然最终她还是回到了"高高的围墙里"，但是自由的感觉已经深深埋在了她的心中。发现你心中的 66 号公路，凯迪拉克演绎自由剧"如果你想知道什么是自由，那么就把凯迪拉克开上 66 号公路！"，莫文蔚代表凯迪拉克发出了邀请，一场"SRX 大使"招募也同时展开，把 SRX 开上 66 号公路，成为了很多凯迪拉克车主的梦想，而最终，凯迪拉克也帮助其中 4 名车主完成了这一梦想。

　　66 号公路是美国人的母亲之路，也是美国地域文化的缩影。它与 109 国道之间的联系，就是和中国最古老的文化和最纯净的气息形成一种对比和融合。很显然，凯迪拉克不仅在微信上扮演着一个旅行者，分享着沿途的风景，也在通过活动，让人探索着66号公路和109国道之间的秘密交集，这个交集是什么？自由、快乐，这些广告内容隐性地植入到活动中，植入到各种风景和与受众的互动中，通过调情、引导和分享，逐步强化凯迪拉克的品牌效果。当然，不再是价格昂贵，而是一种有意思的思维方式，一种生活追求，同时也是一种东西方文化的融合。

如果能够不被当作一个简单的国外奢侈品牌，而是一个很懂中国的"大山"，这种亲近度会带来怎样的产品销售效果可想而知，而这恰恰是凯迪拉克调情的目的。

这其实是一种调情的技巧，不仅仅是让客服在社交网络上和对象进行更为友善和人性化的对话那么简单，而是要在聚合粉丝的同时，提供一些有情调的场景和有情趣的活动，让粉丝更乐意和你交往，比如上述情人节活动，如果再加入一点新元素，例如通过大数据，分析一下哪里人被喜欢的指数最高，形成一张其实没有任何科学性仅仅是娱乐一把的"喜欢地图"，抑或虚拟一个被挖掘出来的"情圣"的经验之谈，再通过自己的全网络渠道、新闻、论坛、微博、微信等进行二次传播，点燃更多人的激情，或许效果更佳。甚至可以像情感专家一样，给粉丝们提问的机会，并提供非广告植入的个性化支招，真正和粉丝们交朋友。

至少你要保证和网民能够互动起来，激发起他们的探知欲，这比单方面灌输广告效果好。比如联想为其Yoga笔记本电脑进行的微信营销。

 【Yoga翻转魔术师漫画为何微信比微博传播更好】

　　联想Yoga笔记本电脑的主要产品特点是可360度翻转的显示屏。这个奇妙的功能被营销者与全国群众喜闻乐见的魔术题材联系了起来，并在韩国新生代网络漫画师Vitamin的笔下变成了系列漫画"Yoga翻转魔术师"。之所以选择韩国漫画这种形式，是营销者基于大数据营销研究结果做出的决定。他们在研究了10000多个80后、90后社交网络用户后发现，韩国漫画师Vitamin的系列漫画在当时的社交网络上是最受关注的，其转载量和浏览量在所有内容当中是最高的。同样的方式，依然可以放在微信上。看似在微信上的传播和在微博上并无二致，但其实不然，微信传播的效果显然比微博好。"Yoga翻转魔术师"在微信平台有超过178万的浏览量和共享传播；在微博上，尽管李开复、刘强东等大V对漫画进行了转载，但也只引发了30000网友转发和互动。如图5-11所示。

为何会有如此的差别？主要在于不同的表现手法在不同的载体上会有极大的差异，比如语音，在微博上发布，用PC收听，尽管不算太麻烦，但大多数人都会选择忽略，而在微信上效果就不一样了。同样的，一些微视频载体，在微信上阅读更有影音效果，也不会因为屏幕过大而出现观赏效果问题，只要在流量允许或WiFi环境下，其传播阅读效果都会较好，而在PC端的微博部分，微视频显然没有传统网络视频效果好。漫画在微信上传播承载得很不错，因为点对点的分享，使得有效传播变高，且漫画适合移动社交状态下的碎片化阅读，更适合移动终端的屏幕，其效果也自然更好。

图 5-11　Yoga 翻转魔术师植入产品

【Yoga 变漫画为视频激起探索魔术奥秘的冲动】

　　通过漫画形式，联想很轻松地将 Yoga 的可翻转特点植入其中，并且它还有一个后招。

　　设计者发现网友们在看过、笑过之后，对漫画中出现的神奇翻转魔术也是兴趣浓厚。大众近几年对魔术的热情增高了，魔术已经成为春晚中一道耐人期待的大菜。但只可惜这大菜总是有"回锅"的味道。总有网友抱怨：这魔术在 N 年前就看过了！于是设计者将"Yoga 翻转魔术师"拍摄成了真人魔术视频，为网友献出了一场前所未见的魔幻盛宴。"你见过人体悬浮术，但你见过人体悬浮做瑜伽的吗？"、"你见过做瑜伽的能抱球，但你见过能从腰部让身体 360 度折叠的吗？"网友们在看过"Yoga 翻转魔术师"魔术视频后连连啧啧称奇，并纷纷对魔术中的玄机进行猜测。顺应网友们的这种热情，"猜魔术秘密，中 Yoga 大奖"的有奖转发活动上线了。

　　Ok！到这里，粉丝的欲望被挑逗起来了，互动被加剧，这种互动中的有奖元素只是个小小的诱饵，每个人都希望在别人面前扮演魔术达人的角色，或者通过分享朋友圈来知道魔术的秘密。魔术视频更加让人有解说欲，比起漫画来，从分享的结果来看，在微信上比在微博上更有成就感。毕竟普通人的微博圈子很小，营销力也弱，不完全是熟人圈子成就感也不强，而微信这种对于普通人来说完全真实的熟人圈，这种魔术达人的扮相将收获更多的羡慕目光。

　　显然，这是一个十分有情调且更加针对微信传播方式的调情营销，不仅仅挑逗了粉丝的情绪，更调动传播的热情。

　　如果调情的方式再进行变化，不仅仅停留在网络上，而是以 O2O 的形式，将移动社交和地面活动相结合，不那么功利化，而是提供朋友圈更多的聚会场景和一定的赞助，比如情人节的影院单身抢单号活动、特定广场情侣牵手快闪等，都能更好地拉近与粉丝之间的距离。

总而言之，社交时代的网络营销，必须跳出传统营销的思维框架，在互动性还没有找到充分的释放空间时，不妨通过娱乐化、游戏化和调情模式与粉丝们疯狂一把。放不下身段，一味地端着品牌的架子，只想单纯地聚集人气而不想交朋友，最终势必会被社交网络的熟人和半熟人圈子所排斥出去。

5.3.4　微信需要建立"圣斗士体系"

许多人把个人微信号和微信公众号看作是两种不同的营销方式。简单来说，就是企业级的品牌营销推广，都要使用微信公众号，而个人微信号，也就留给那些只是淘宝小业主级的普通人，用来在朋友圈里销售一点零碎商品。

如此简单的划分，是把微信单纯看作是广告平台的惰性思维所致。

微信亦可如同微博一样建立"圣斗士体系"，实现的形式并无不同，只是发挥功效的过程有所变化。具体的模型应该是：以品牌名或企业名来定义微信公众号，同时围绕微信公众号，扩大它的辐射面。

为何在企业公众号交友的大背景下还要如此？道理很简单，在生活中只有活生生的人才能够和客户交朋友、联络感情，总没听过哪个人和企业交朋友的吧，没有人会说和杜蕾斯是好朋友，和三一重工是好朋友的。可以这么理解，公众号是企业的网站，主要提供各种信息，即使是交朋友也很浅显，而个人微信号则可以视为企业的客服，主要提供各种帮助。

这里的关键是要依靠个人微信号来扩大影响面。

如微博的"圣斗士体系"一样，个人微信号的范围绝不仅仅局限于企业的推广人员，而应该是中层和普通员工共同参与的体系。

个人微信号该如何做呢？依然是上述的3个原则——交个朋友，交好朋友，哄好朋友。

对于个人微信号来说，交个朋友不难，每个人都有自己的朋友圈，因此交好朋友就很关键，毕竟带有营销的目的，这个朋友圈的范围需要足够精准。

怎么找呢？想方设法让个人通讯录上的和 QQ 号里的那些开了微信的好友都和你成为微信好友。总而言之，就是讲求对目标客户的高度覆盖，要让那些你希望买你商品的人，都有可能看到你的消息，当然，也包含企业公众号上的信息。

接下来就是哄好朋友，怎么做？我们看看另一个公众号案例。

【土法米酒用微信销售每月 5 万元】

厦门有个微信用户叫糯米酒先生，顾名思义是位酿造糯米酒的先生，特点是采用传统纯手工工艺酿造客家土楼糯米酒。我估计他的糯米酒是三无产品，不过不影响他销售，定价60元/斤，每个月能卖 5 万元，都是通过微信销售。

> 怎么做到的？人家没有直接到朋友圈里打广告、派小传单或搞个转发点赞打折促销，如果这样，估计这酒就卖不动了，何况人家是公众号。他的办法就是沟通交流，经常在微信中发布常规的酒文化介绍、酿造工艺等，还有针对性地介绍糯米酒的喝法、功效、保健知识等。

如果是个人微信号的话这个案例可以做得更好玩，直接把土法酿酒的事情摆一摆，晒晒自己的工作，算不上什么广告。

假设就是这个糯米酒先生，上午可以发这样一条信息到朋友圈"清早跑了三里山路，到老刘头家担了糯米回来，把鞋子都磨破了"，然后配张烂皮鞋的照片。又或者下午发一条信息"今天的酒是造出来了，不过好像味道不太好，可能是锅子没密封，走了点气，只能忍痛倒掉了，可怜我那几十斤上好的糯米"，然后配张土法酿酒的生产图。

如此种种，当然我不会酿酒，所以上面说的，可能和酿酒工艺完全不搭界，但这样的微信发到朋友圈，估计会被乱赞，还会引来各种慰问。这样就让目标客户们知道了，我对酿酒的品质要求有多高，他们可以喝上放心酒了。

这种润物细无声的玩法，比没事叫卖效果还要好些。

落实到实际中，可能会有疑难，通过发布工作中的见闻趣事，效果是可以，但哪里有那么多内容可发啊？

这就涉及发广告频率的问题，那种刷屏模式太让人反感了，做营销讲的是长效，而不是短平快，特别是这种带有口碑传播性质的交朋友营销，绝对不能让朋友烦你。每天发一到两次就够了。

第一，要坚持每日笔耕不辍。许多微信都陷入在历史周期律中，开始的时候很勤奋，久而久之就懈怠了，甚至很久才发布一条信息，结果很多好不容易吸引来的粉丝，因为懈怠而同样不把你当回事。

第二，定时发信息是个好习惯。我们不妨选择制度化一点，如早晚安一样，每日在特定的时段发布特定的流行信息，这样更加容易巩固读者的阅读激情。考虑到大家都是碎片化的时间来看微信，所以早上在上班路上的时间发，也就是 8:00 前后发条早安，不带广告。晚上 22:00 点发条晚安，也不带广告。中午饭后，分享一点儿工作心得，下班路上有空就发点儿和工作无关的内容。

第三，多分享一些对客户有帮助的信息。朋友圈里是个转发信息的好地方，那么针对目标客户群的喜好，有针对性地转发一些公益性强的信息到朋友圈，这些内容可以来自企业微信公众平台，最好选择上午 10:00 和下午 16:00 左右发布，这是许多人工作时容易想放松一下的时间。此外还有一点要特别指出：一定要配上与内容相关的图，最好是真实的、能体现自己存在的场景。这样有图有真相，才会有围观。

第四，发布的内容一定要尽可能精彩。或许你会说，我文笔不行，没关系，给每天发的这几条微信内容，加个冠名。

【"书乐寓言"让朋友们印象深刻】

　　我早上发的微信朋友圈，一定会写个"书乐寓言"在上面，久而久之，别人就记住了。哪怕我写得不咋样，但也形成了系列，朋友见到我，往往会说一句：书乐，你每天的"书乐寓言"蛮有趣的哦。以此类推，既然已经定义了模式，就不妨都定义下。

　　第五，如果公司好几个人都用微信朋友圈和客户亲近，而且客户可能还有重叠，那么大家还需要商量一下发隐性广告的时间，别都集中在一起，若碰到突发事情或真正很有趣的东西想分享，时间就没必要规定那么细致了。只是，千万别后半夜发微信，那时候大家都睡觉了，等早上醒来，微信朋友圈的内容都要下拉好几页，谁也看不到。

　　这样算下来，朋友圈一天至多发 5 条信息就差不多了，发多了别人也消化不了，只会当你在刷屏。其中有些内容，可以早早准备好，定时发一下就行了。

　　若朋友们能够消化吸收个人微信号的内容了，植入式的广告也就好办多了。更关键的是，企业公众号如果有事发布，有活动开展，朋友圈的活力就能通过众多"圣斗士"激发出来。

5.3.5　利用个人微信号加强交流

　　剩下的时间干嘛呢？这个很重要。在发布内容之后，个人微信号最好检索一下朋友圈，在你上次发布信息和这次发信息之间，朋友圈里都分享了一些什么。对于一些有意思的内容，至少要点个赞，显示你存在和关注了他，不然别人会觉得有没有你这个朋友都无所谓。

　　也不要只点赞，最好多多少少说两句，特别是对那些有点儿意思的，属于对方原创的，根据对方的内容，主动和目标客户做点小交流。在别人不开心的时候，主动去安慰两句。当然，如果出现类似这种情况，也不要在朋友圈里直接回复，而是在微信上和对方私聊，如果对自己的声音有自信，觉得足够甜美动人、极富磁性，可以用语音的方式来说说话。

　　这样的做法，可以强化个人微信号和客户的交流，而且看起来没有什么功利性，比客服更实在。除此之外，推广口碑依然是非常迫切需要做到的。

　　个人微信号和客户之间私交浓郁了，推销就容易了。比如公司有新产品上市，发个资讯在官方网站和公司的微信公众号上，就可以适时地转发到朋友圈。不过千万别空转，记得加个编者按，比如一个新品的马桶上市了，可以写"前两天工程师拿样品给我测试，我拿着报纸在上面蹲了很久，感觉不错，腰不酸了，腿不麻了，就是忘了吃点泻药"。

　　这只是打个比方，编者按要符合个人一贯的说话风格，才不显得突兀，字数不能太多，按照微博的要求，少于 140 个字最佳，谁也不喜欢看长篇大论。这一点也适用于发在朋友圈里面的其他各种内容。

　　如何玩转微信营销，就是如何成功地去交朋友、交好朋友以及哄好朋友，这些朋友就是客户、是上帝，微信是个聊天工具，让你（企业和个人）能够和上帝时不时地聊天，增进感情，然后上帝一定不会和你客气。

5.3.6　O2O 的微信实验

如果将"调情"的方式再进行变化，不仅仅停留在网络上，而是以 O2O（从线上到线下）的形式，将移动社交和线下活动相结合，又会如何？

以制瓷业为例，我的家乡株洲，有一个瓷城醴陵，我曾经和当地的企业做过交流，微信完全可以作为古老瓷器文化的载体，实现更大规模的营销拓展。

邀请粉丝观摩工艺大师的制作现场，在微信上举办微团购、爱心拍卖，和渠道商通过微信平台建立销售情况实时数据库，在微信上开设 3D 产品展示博览馆，甚至让粉丝在微信上实时定制属于自己的瓷器，并在制作过程中用微信语音进行沟通，确保个性和完美，并感受如同自己亲手制作瓷器的快乐，这一切皆有可能。

在一次和联通公司的业务人员的分享活动上，他们纷纷咨询如何将自己的线下活动和微信营销连在一起，下面先从一个案例说起。

【难加的觅你时空酒店微信号】

　　株洲有一家酒店叫觅你时空酒店，某次我正好到酒店里的茶楼品茗，经过前台时，听到一位顾客在询问是否有免费 Wi-Fi，而前台服务员则告知："请加酒店的微信号 XXX"，笔者暗自记下，然后在喝茶时顺便想蹭网，结果发现找不到该微信，为何呢？因为前台服务员说的微信号里有一条横线，到底是下画线还是短横，或是其他，不得而知。喝完茶，从酒店出来，又听到前台服务员在对着电话解释微信号的添加方式，显然，不只一个顾客遇到了相同的困惑。

觅你时空在微信营销上想得很不错，以大开方便之门的方式，让入住酒店且习惯使用微信的宾客变成自己的粉丝，符合精准营销之意，但步骤太过麻烦，使得转换率和客户体验都很低。怎么解决呢？我和某个正要开展酒店微信营销的企业老总也曾提到此案例，并提出一个极其简单、成本低廉的破解之法——在前台和大堂醒目处，树一个标识牌，告知顾客可以免费使用 WiFi，并提供微信号的正确名称和二维码，扫一扫的成功率可远比打字要高很多。

让客户感到简单，就会得到最简单的回报。

从这个角度，我们不难设想出 O2O 模式下如何将线下推广和微信营销结合在一起，而且可以将之前提到的几个案例进行混搭。设想一下联通业务员线下推广 4G 的场景，当然，这只是设想，给大家提供一些启发。

【社区推广体验设想】

假设一个 4G 推广小组进入到一个潜在客户密集的小区进行推广，如何做呢？不妨设置一个模拟 4G 的体验网络在推广现场，并邀请小区居民前来体验。可以模仿觅你时空酒店那样，以加微信公众号提供免费 4G 体验密码的方式进行，这样第一桶粉就有了，接下来可以模仿国家博物馆的导游模式，在狭小的推广空间内，将 4G 的各种优质品质一一展示，每个展示内容以二维码的方式来导航，让体验者一边体验 4G 的极速快感，一边体验各种语音陪聊和延伸展示。

这样的设想可以延伸得更远，商品促销可以用、有奖活动可以做，一些卖场的服务内容也可以通过此进行体验。而再进一步延伸，将南航的模式融入其中，以更多微信服务进行补充，则可以将精准吸引来的粉丝进一步黏合到微信上，并使得微信成为一个全方位的服务平台。

这将涉及另一个层面的问题，即微信公众平台的拓展服务。通过第三方接入微信平台，从而拓展到更多的服务内容上。

5.3.7 "私人订制"开放接口

任何营销都不是生搬硬套的，必须是量身定制的个性化产品。特别是微信公众号，想要实现更多功能，特别是配合自己的需求的功能，就必须使用开放接口。

根据微信官方解释，公众平台开发接口是提供服务的基础，开发者在公众平台网站中创建公众号、获取接口权限后，可以通过阅读本接口文档来帮助开发。

公众平台开发接口提供与用户进行消息交互、自定义菜单交互的能力。对于成功接入公众平台开发接口的公众账号，当用户发消息给公众号，微信公众平台服务器会使用 http 请求对接入的网址进行消息推送，第三方服务器可通过响应包回复特定结构，从而达到回复消息的目的。

这类开放接口，对于订阅号来说，意义一般。毕竟订阅号更接近于自媒体，本身以推送图文信息为主。而服务号则以企业和粉丝的服务互动为主，多元化的定制服务内容十分有用。

以下是微信官方推荐的三个开放接口案例，我们可以看到个性化定制的风范。

 【招商银行的微信银行服务】

招商银行公众号通过提示消息引导用户将自己的微信号和信用卡号安全绑定。用户可以通过该公众号查询账单、收取刷卡通知等功能，这是由招行开发人员通过公众号接口实现的功能。在介绍中可以看到如下话语：如果你是持卡人，可快捷查询信用卡账单、额度及积分；快速还款、申请账单分期；微信转接人工服务；信用卡消费，微信免费每笔提醒。如果不是持卡人，可以微信办卡！

【南航微信可以坐飞机】

　　南方航空公众号可以让用户将明珠会员服务和微信号绑定起来。用户可以通过该公众号预订机票、查询订单，甚至办理登机牌。顾客可以办理登机手续，挑选座位，查询航班信息，查询目的地城市天气，并为明珠会员提供专业的服务。如图 5-12 所示。

图 5-12　南航微信选座位

【广东联通微信查话费】

　　广东联通公众号可以绑定手机号，查询流量、套餐等功能。广东联通与微信深度合作，购买微信沃卡可以获得微信几大特权。顾客可以在微信里绑定手机号、积分流量、套餐余量、手机上网流量、微信专属流量查询、客服咨询。

　　这些定制化的服务，类似微博上的应用，上述三个案例，本身是微信官方和企业之间合作，并通过强大的技术原创力来实现。仅仅靠企业自身，特别是小微企业自身，来开发一个自己可能完全陌生的微信开放接口服务，并不容易。

　　时下已经有不少公司专门建立这样的开放接口服务提供给企业，大体上，此类开放接口服务已经能够提供如图 5-13 所示的内容。

　　现在一些公司提供的开放接口服务根据微信官方的开放原则，开始提供比较丰富的内容，如图 5-14 所示。

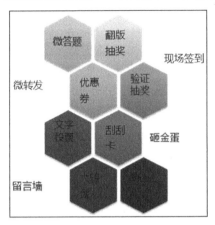

图 5-13 开放接口服务的内容

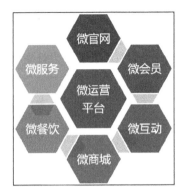

图 5-14 开放接口服务的丰富内容

这样的服务能够带来什么呢？可以超越普通微信公众号（订阅号和服务号），实现其没有自带的功能，比如微商城、微网站、微会员、微客服等。这样的基础拓展服务，可以方便企业更快捷地实现下列内容，如图 5-15 所示。

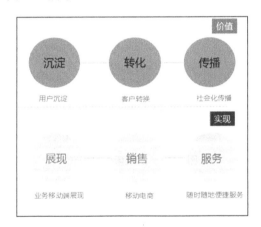

图 5-15 基础拓展服务可实现的内容

有一个比较突出的问题，即但凡此类服务都要付费，一个朋友告诉我，仅仅是这样的服务，他们提供给小微企业，年服务费少则 1 万元，多则 10 万元，如果是定制化的，则 20 万起步，还不算培训费（对员工操作还要另外进行培训）。

在这里介绍一个免费的微信开放接口服务平台微动力（http://www.wdlapi.com/），作为一个全免费的平台，上述功能都很齐全。以其中的微官网为例，用户只要通过简单的设置，就能快速生成属于自己的微信 3G 网站，并且有各种精美模板供选择，还有自定义模版，可以设计出自己的风格。这个平台是我的一个程序员朋友有感于微信开放接口服务乱象而设计制作的，主要是作为株洲本土服务中小微企业进行微营销用的入口，因此从平台的使用层面上看是免费的。当然，互联网本身是无地域限制的，所以，哪里的企业都可以使用这个平台。

有了功能更需要混搭来实现真正的成功，就如大多数人都会使用 word 上的功能编辑文字，但能够用这些文字卖到钱的，却少之又少一样。比如地面卖场，完全可以将这一微信服务平台变成一个高效的内部 OA，用其中的一些功能组合形成职工打卡签到、内部库存盘点、企业信息互通等一系列功能。这些具体的功能则需要进行个性化的选择、搭配，甚至是定制了，并最终实现如图 5-16 所示的七大核心系统。

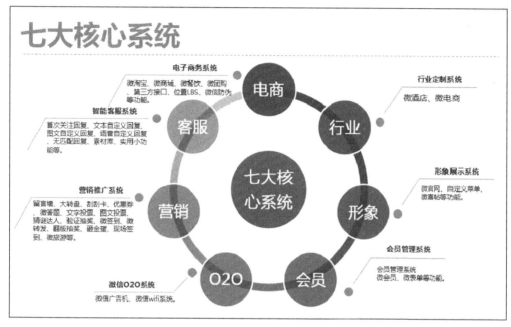

图 5-16　七大核心系统

具体的操作方法，在此不做详细叙述，毕竟针对每一个企业，都有不同的选择和侧重，而且通过上述微动力平台，这样的搭配并没有特别复杂的技术瓶颈，关键是企业的营销推广人员，是否真的了解微信营销，并投入到实战之中。

此外，微信营销不是万能的，只是网络营销复合式运作中的一环，没有必要神话它，把它当作一个营销推广的渠道和出口就好，和其他营销手段搭配在一起，味道将更好、更有效。

【思考一下】

一个幼儿园想通过微信和家长加强交流，除了可以通过微信办理入学申请和了解幼儿园的相关消息外，还想将微信和自己园内的监控摄像头连在一起，让家长可以实时看到自己孩子在幼儿园里的动态，比如输入 3 班，就会得到截屏……当然，这也是一个危机公关，更是一个生意招揽法则，问题是，如何使用开放接口做更多类似的服务呢？

第 6 章
二维码让你"码到成功"

本章将解决下列问题：

- 二维码有什么特点？
- 二维码的前世今生？
- 二维码能够给营销带来什么效果？
- 如何吸引他人前来扫码？
- 怎么制作个性化的二维码？
- 二维码还有什么有趣的实现方式？
- 二维码能够指向不是单纯的网址链接吗？
- 如何让你想要的目标人群扫一扫？
- 怎么让二维码充满诱惑？

"二维码"已经不是陌生的词汇，这个黑白小方格组成的矩阵图案，只需用手机轻松一拍，就能获得意想不到的丰富信息。二维码旨在解决移动互联网的最后一公里：移动互联网应用落地。现在二维码的应用已经很多，包括二维码购物、二维码查询、传情（文字、图片、视频、声音）、二维码寻宝、二维码看电影、二维码签到等。

换言之，二维码就是一个真正实现线上线下互动链接的最佳载体，不仅接地气，而且在网上的传播也能给营销者带来意想不到的效果。只是大多数营销者，希望客户简单地扫一扫就直接购物，使得二维码的魔力一直都被局限在宝盒之中。

让我们一道来打开这个月光宝盒，唵、嘛、呢、叭、咪、吽！

6.1 二维码的特点

【本节要点】

二维码的使用过程称不上简洁，它也不算新技术，但好在还算直观，更重要的是，它可以将人、移动设备、地理位置信息、线上和线下，天然地结合到一起。

按照百度百科的解释，二维码（Quick Response code），又称二维条码，它是用特定的几何图形按一定规律在平面（二维方向）上分布的黑白相间的图形，是所有信息数据的一把钥匙。在现代商业活动中，可实现的应用十分广泛，如产品防伪/溯源、广告推送、网站链接、数据下载、商品交易、定位/导航、电子凭证、车辆管理、信息传递、名片交流、WiFi 共享等。

至于二维码如何设计定型，有哪些标准制式，我们无须掌握，关键是如何运用二维码来创造更多的价值，尤其是如何通过它联通手机、上接移动互联网，下接地气。先从它的特点入手。

6.1.1　二维码就是简易网址

二维码随处可见，随手拍一拍总会有收获：一个网址、一幅图片、或一张化学元素周期表……再不济也有一条垃圾信息。二维码可以实现的形式有许多，但究其根本，它就是一个用黑白小方格组成的网址代码。

【 维多利亚的秘密到底是什么 】

在国外，一个经典的二维码互动案例传颂多时。著名内衣品牌维多利亚做了一个诱惑力十足的户外广告，在模特前胸盖上二维码，广告文案更是赤裸裸地充满诱惑——"RevealLily's secret"（Lily 的真实秘密），让路人急不可耐地拿起手机拍摄二维码，揭晓答案后才知道原来二维码的后面是维多利亚的秘密内衣，真的如广告语所说的那样，"比肌肤更性感"。如图 6-1 所示。

图 6-1　维多利亚的秘密

193

这就是二维码传播的一个非常常规的模式，原理也很简单，将一张图片放置在网上，然后将图片的网络地址生成为二维码，只要扫一扫，智能手机就会通过移动网络登录到那个网址，省去了按键输入网址链接的麻烦。对于移动互联网来说，这是让人机互动变得真正简便的一个良方。

剩下的问题就在于，如何吸引别人来扫一扫，如何吸引你的目标受众来扫一扫了。当然，从目标受众群的角度来说，"维多利亚的秘密"这个二维码营销并不是一个精准营销的案例，毕竟会有冲动扫码的人，大多都不是能实际使用内衣的人。但是这个营销的亮点本身也不在于简单的扫码，而在于其创新性的噱头和界面广告所带给人们的新奇感，以及由媒体进行二次传播之后更宽广的品牌影响力的覆盖。

类似这样以纯噱头的方式来吸引受众的二维码营销案例还有许多。甚至有的二维码压根就没打算让大家能够称心如意地扫一扫。

 【最大的二维码草坪】

2013 年 5 月，一条合肥森林公园惊现全国最大二维码草坪的微博不胫而走，该微博迅速被网友转发引起不小的轰动。占地 6400 平米、约 240 吨纯白小石子、3500 多平真实草坪、扫描后可听见清新悦耳的"森林"音乐，这一切让网友啧啧称奇。毫无疑问万科又一次成功地捕获了网友的好奇心，同时达到扩大万科森林公园知名度的传播效果。万科森林公园二维码草坪必将成为合肥房地产行业事件营销的成功范例！

与之相类似的还有腾讯和 IBM。

 【可以吃的二维码蛋糕】

2013 年年初，北京东直门来福士广场，一块 6 米×6 米见方的巨型二维码形状蛋糕成为新年夜的一道独特风景，并已申请吉尼斯世界纪录。该蛋糕占地 36 平方米，重约 3 吨，动用了 750 公斤淡奶、730 公斤奶酪、390 公斤黄油、245 公斤巧克力和 600 公斤蛋清，并由 10 名蛋糕师耗费 10 个小时制作而成。由 20 000 块小蛋糕拼凑成为新闻客户端的二维码，该二维码直接指向腾讯新闻客户端。如图 6-2 所示。

图 6-2　腾讯二维码蛋糕

【IBM 用软盘拼出二维码】

2012 年 8 月，IBM 在上海的一场发布会上，展出了一个用 10 000 张软盘搭建的巨型二维码。通过手机扫描之后，用户会被带到当天会议的介绍主页。IBM 曾经是第一张软盘的发明者，如今也正以这种方式，向那些新的信息传播和互动技术致敬。不过，软盘这东西，现在还真得很稀罕哦。

这几个案例最大的特点，就是压根没打算让人去扫二维码。毕竟要拥有一个能够现场扫码的角度，难度系数太高，而通过网络传播和媒体传播之后，让大家对着图片来扫一扫会更现实一些。其实这时候扫不扫码已经无关紧要了，因为万科的品牌和腾讯新闻客户端的名气已经打出去了。人家拼的本来就不是二维码的转换率，而是口碑传播的效果。

别以为这是大公司才能享有的专利，普通人一样可以如此吸引眼球，甚至可以说，大公司的这个创意，本身就是山寨货。

【玉米地也能变成二维码】

来自加拿大的一对农民夫妇 Kraay 与 Rachel 在翻看杂志的时候看到上面有不少的二维码，突发奇想地计划将自家农场的玉米地改造成二维码的形状，二维码中包含的信息就是自家农场的网站，有人在乘飞机路过时拿手机对着这块地一扫，就可以自动跳转到网站。这对夫妇真的在一块面积达 10 英亩的玉米地上种出了二维码，二维码的面积达到了 2.8 万平方米。而且这块玉米地也被正式收录进了吉尼斯世界纪录，成为世界上最大的二维码。

这都是麦田怪圈的二维码版而已，究其实质，都不是实现二维码转换的标准案例。毕竟噱头用过了就不好再用，而且不具备太强的操作性，也不适合广泛覆盖，关键是通过这些奇葩二维码，扫一扫而来的几率委实太低了。

二维码营销，还是要多考虑如何让受众进入网址。

6.1.2　拉客模式不能太急功近利

在国内，二维码营销的拉客模式往往因为急功近利而走进了死胡同。受众根本不想进入网址，就如上面几个奇葩案例那样，所不同的是，高大强的二维码还赢得了眼球，而大多数拉客二维码则被人们所忽视。

【《玩手机》真的玩转二维码了吗】

作为拉客模式的直接范例——《玩手机》杂志，是国内二维码应用最广泛的杂志之一，几乎每页杂志上都有 3～10 个二维码供用户扫描，并且可以链接到手机应用商店等。据其发行人对外透露，平均每本杂志被用户扫描的二维码数量已经高达 10 个左右，效果很是明显。

这也被许多平面媒体视作传统广告式微下的救赎之道，时下众多以年轻时尚人群为目标的平面媒体都把目光投向了二维码购物，在那些服装、化妆品、包、手机配件介绍旁边加上二维码，让读者在阅读杂志产生购买冲动时可以很轻松地拿起手机拍摄完成购买。如南方都市报，就和一家二维码公司合作，计划通过二维码让报纸变成虚拟纸上商城，直接拉动读者消费。

这一拉客模式几乎成为了国内二维码营销的标准化制式。

表面上看，这样的拉客手法既精准又吸引眼球，但本身和网上购物并无二致，或可看作是电子商务移动化大背景下的二维化变异，且在手机移动购物尚未发展成熟的今天，平面媒体的转换率屡屡遇上冰山。

媒体的受众差别是第一道坎，时尚类的平媒所获得的二维码扫描率最高，而面向老年人的平媒则几乎没有转换率可言；媒体的产品差别是第二道坎，快速消费品几乎是二维码营销的主流，而价格昂贵的商品或冷门商品则看客多购买少；消费者的使用习惯是第三道坎，为什么要去拍摄二维码？是它们提供了外界购买不到的特色商品吗？用什么来支付购物？有数据显示，有70%以上的用户都被卡在了付款这个环节。在移动支付草创的今天，二维码购物显然有点早熟。

其实这种状况不仅在中国有，在全球，哪怕是二维码使用普及的美国、日本也存在，二维码购物都只是一种辅助模式，而二维码的题中应有之意还是便捷广告，让平面的广告动起来，甚至于互动起来。

也基于此，2012年国内才开始真正普及开来，并成为时尚潮流的二维码营销，在单纯想直接变为消费的路上变得有些冷了，一些想通过二维码购物为自己的报刊带来二次增值服务的媒体们也悄然撤下了商品广告旁的二维码，开始寻找二维码更好的广告路径。

实用的生活化服务是最容易让二维码变现的一种营销解决方案。毕竟，二维码终究是一把快速链接用户、手机和网络的桥梁。如果仅仅是把二维码作为一个噱头来考虑，用最大、最新、最高、最丑等诸如此类的景观式二维码吸引眼球，则离开了二维码的题中应有之意。

我们不能否定那些不是很地道的二维码营销。当下的二维码营销，应该考虑如何让人用手机去玩码。特别是在电子商务大行其道时，实体店如何将网络流量引下来变得至关重要，也是生死考验。我们先来看看以色列同行是怎么做的。

 【以色列咖啡店的二维码"寻宝"】

以色列咖啡连锁企业Joe咖啡就从中觅到了商机。企业在报纸上刊登了大版面的广告，广告中包含二维码，读者只要用自己的智能手机扫描二维码，就会收到离他们最近的一家Joe咖啡店的信息，包括Google地图上显示的通往Joe咖啡店的路线，以及一杯免费咖啡的优惠券，这样就能吸引读者到Joe咖啡店，坐在店里一边喝咖啡一边看报纸了。

有路线图和优惠券，就让用户有了一种寻宝的感觉，特别是在二维码刚刚兴起时。同时通过此举，用户对于前往Joe咖啡店的路线会有一定记忆度，店内美味的咖啡试喝也容易培养一批回头客，更为重要的是报纸二维码广告能精准直达店家的目标人群——商务人士，这些人早上边喝咖啡边看报纸已经成了一种日常习惯，创意互动无疑能为 Joe 咖啡带来大批新顾客，打开知名度，其中培养成忠诚顾客群体的可能性也很高。

这样的案例到了国内，就发生了异变，最有名的就是星巴克和微信的合作。

【星巴克二维码让人听音乐】

在星巴克，只要用户用微信的"扫描二维码"功能拍下星巴克咖啡杯上的二维码，就有机会获得星巴克全国门店优惠券，成为星巴克 VIP 会员。同时星巴克微信订阅平台同步上线，用户收听"星巴克"微信官方账号，只需发送一个表情符号，就会即刻享有星巴克《自然醒》音乐专辑，获得专为个人心情调配的曲目。

这个二维码营销其实和以色列同行并没有什么太大的区别，只是将报纸换成了微信，为什么这么置换呢？并不仅因为微信更有人气，是一个理想的合作平台，还在于其受众的精准性覆盖。与以色列的 Joe 咖啡店以商务人士为主，所以选择报纸作为载体不同，在中国的星巴克，从来就不是一个商务人士聚集的地方，因此如果选择类似《每日经济新闻》这样的商务人士爱看的报刊，可能完全无法达到以色列同行的效果，这就好比在公交车内做凯迪拉克的广告一样。

微信则不同，它是一个时尚青年男女的聚集圈，在中国，星巴克的目标受众恰恰就是这群年轻人，那么在这里，中国的微信和以色列的报纸，就是"外形"不同的双生子。

当然，针对中国受众的不同特征，以及微信公众号可订阅的模式，星巴克的二维码又派优惠券，又拉粉，而享有星巴克《自然醒》音乐专辑可不光是个广告噱头，而且也很切合这个年龄层年轻人的休闲心理，起码这样还真能让拉来的粉丝进店喝咖啡或继续收听公众号。

但无论何种模式，顾客为什么要去拍二维码，都不可避免地成为了横在所有营销者面前的一个巨大障碍物。

6.1.3 吸引大家扫一扫

二维码不仅仅是个优惠券发布器，还可以让人们通过手机实现许多愿望，是不是有点像哆啦 A 梦？

【印度酒吧的二维码换个时间扫一扫就变样】

在圣诞夜，印度新德里的 Turquoise Cottage 酒吧却能让客人在不同的时间扫描同一个二维码时，享受到不同的服务和关怀。顾客来到 Turquoise Cottage 酒吧时，酒吧会用图章在他手臂上盖一个二维码图案，如图 6-3 所示。用手机扫描这个二维码，就可以访问到 Turquoise Cottage 的网站，但在不同的时间段扫描，网页上的服务内容却会给人不同的惊喜。比如，晚间 20：00～22：00，正是酒吧气氛热烈的时候，客人可以获得店内的优惠和折扣；晚间 22：00 到第二天早 6：00，扫描二维码看到的网页内容是出租车呼叫服务电话，客人拨打电话即可方便地回家；早间 6：00 到下午 16：00，喝多了的客人再扫描二维码，网页上则会变成贴心的宿醉提醒和解酒秘笈。

图 6-3　Turquoise Cottage 的二维码印章

　　毫无疑问，这是一个极其有趣的二维码体验，这种随时会变化的二维码扫描内容，有足够的魔力吸引更多的人去扫码，但这种"奇迹"其实并没有多少技术含量，刻一枚二维码图章并不贵，但印泥要好洗也要色彩靓丽；至于网站的变化，只是更新了一下内容而已。据说，酒吧的做法得到了客人的高度认可，那些扫描了二维码图章的顾客中，有 85%的人把这件新奇的事情分享到了网络上。

　　由此我们不难发现，唯有创意能够给读者足够的理由拍摄二维码，且操作越简单越好。简言之，即基于目前二维码营销的软硬件条件的基础上，不以直接带动消费为目的，不以复杂的操作流程麻烦读者，而是用最直观且最能激发读者"扫一扫"欲望的方式，用最具有创意的广告展示或互动交流，让二维码营销动起来。

　【车展模特身上的二维码很性感】

　　在南京的一次车展上，靓丽的模特没有使用简单的肉体诱惑方式来展示车辆的魅力，而是在胳膊上帖上别致的二维码，让原本就会惯性拍摄的观展人群更有足够的理由和冲动用智能手机拍摄美女身上的二维码，拍摄后的转换内容中，不仅包含车型信息，还包含车模名字、身高、三围等信息，并且可以与车模进行消息、关注、互动等，充分满足了观展者的各种信息需求。同时，这一细微的小创意，让已经被一定程度地视为肉展的车展，有了还原展览最初意图的契机。

　　个性化的二维码也成为了一种本身就极具商标式营销效果的宣传方式，如移动、电信、中行、人保、红星美凯龙等大企业就尝试将自己的 LOGO 设计成个性化二维码，从而与传统的黑白相间的方形二维码区别开来，其中广为人知的是中国联通将其二维码设计成中国结样式，和其企业 LOGO 相得益彰，与之相似的是施华洛婚纱将品牌名称和婚礼元素融入二维码，获得绮丽浪漫的效果。

　　二维码营销不要总想着让人买东西，公益一把可能效果更好。

　【纽约中央公园的个性化导游】

　　每年拥有 2500 万游客的纽约中央公园，在超过 50 个展示地点设置了二维码引导图，游客使用手机扫描，就可以看到此地点的相关介绍视频，包括历史、流行文化、艺术、音乐、科学和地理等各种内容。当然，这一切其实都是放在一个名为 World Park 的网站上。

这样一个二维码营销让中央公园减少了导游的麻烦，也提高了年轻人的兴趣。

仅仅是让二维码变化一下还不够，真正要撬动二维码营销的大市场，未来的二维码营销应该更多地结合社交网络的特征，融入移动互联网的大世界之中，可以设想的是，通过各种极具创意的二维码平面广告引导读者"扫一扫"，让其在看到具有吸引力的广告之后，引导读者添加广告主的社交账号，形成稳定精准的潜在消费者粉丝群，进一步通过社交网络加深交流；亦可根据实际广告类型，以链接网站的问答机器人或人工客服与有意向的读者进行更多的商品问答；又可嵌入 LBS，将附近该款商品的所在位置和价格一一标明，方便消费者购买。

【油电混合车的车贴二维码让极客们成为推销员】

Volt 是一款由 Chevy 推出的油电混合车，特色是可以直接使用家庭的电源插座充电，充满后可以直接使用电力行驶；为了推广这种看似极客装备的先锋产品，他们选择了一个很廉价的推广方案。免费送出二维码车窗贴纸给所有的 Volt 车主。对这车感兴趣的民众可以直接通过扫描二维码看到介绍 Chevy Volt 的影片。

对于这家公司来说，这也是没办法的，因为这样的新产品，总会遇到同样的问题，即如何让消费者知道油电混合的好处。以前，要解决这个问题，需要铺天盖地的广告，这可不便宜，而车贴的二维码就解决了这个问题，当消费者对于这款车外观有兴趣的时候，扫一扫一切都会得到解答。

更关键的是，最早得到贴纸的车主是最好的推销员，因为 Volt 的车主绝大部分是科技早期采用者，而且也往往是科技社群的意见领袖，只要他们对科技产品有良好的使用者体验，是不吝于帮你把好名声传出去的，这一步是油电混合车这样的新科技产品最需要的，比如，某科技新闻网站的编辑收到二维码贴纸后，便写了一篇文章介绍这个贴纸的用途与好处。当然，他们更可以间接成为推销员，影响到他们身边有同样爱好的极客们，这就是口碑传播的效果了。

如此一来，二维码营销则可以从冷冰冰的广告投放和简单的创意设计角度脱胎而出，形成一个以二维码为沟通连接体的精准营销渠道，尽管较之直接的二维码购物的精准来说要模糊一些，但效能或许更为宽广。

二维码营销本身应该是一个极具创意性的营销，但如果仅仅是噱头式的最高最大最强最奇，则只是一时间或几天的效果，用户新鲜一把后，如同雪化一样，留不下太多东西。让目标受众通过二维码得到更多的东西，并最终成为你的粉丝，这才是二维码的题中应有之意，

【思考一下】

结合你需要做的营销，设想一下你的二维码应该是什么样的？关键是要将其放在什么地方，做成什么样子，导向什么"地址"，简单想想，然后接着看下去，让二维码的形象更加丰满。

6.2 属于自己的二维码

【本节要点】

制作个性化的二维码，有很多实现途径，最重要的是让别人看到后就有扫一扫一窥究竟的冲动，本节将简要介绍一些二维码制作技巧，当然，更好的技巧来源于个人的实践。

制作一个属于自己的二维码是每个营销业者都必须通晓的技能。这其实一点不难，只要会上网，就能做得出，但是做一个能吸引眼球的二维码还是有一定技巧的。

6.2.1 二维码的生成有讲究

通过搜索引擎查一下二维码制作，就会在网上找到许多的工具，可以便捷地制作出二维码来。该条码可以把图片、声音、文字、签字、指纹等可以数字化的信息进行编码，用条码表示出来，并可以表示多种语言文字和图像数据。使用它来制作名片、电话号码、微信号或是微博乃至官网地址都是十分容易的，所需要注意的是二维码制作还是要讲求一定的 VI（视觉）设计。

最容易犯的错误是生成一个黑白的二维码。二维码实际上是用一张图片来表示一串网址，用机器扫描二维码就相当于解码，解出来的是一串网址，也是一个链接。彩色的二维码出现在眼前，比黑白的更容易让眼球舒服，而且更加美观。特别是对于企业来说，色彩元素可以让二维码和以企业 LOGO 为基调的 VI 设计融合在一起，比如你的品牌 LOGO 总体为红色，品牌名称又叫红彤彤，那么一个红色的二维码比黑白的更加容易让别人记住你。

以我最喜欢的蓝胖子哆啦 A 梦为例。先在网上找到一个哆啦 A 梦的图片，如图 6-4 所示。

图 6-4　哆啦 A 梦

然后用绘图软件进行抠图，将背景变成透明色，再找一个二维码在线生成的工具。一般这样的工具会首先让你选择是添加一个文本、名片、网址、短信、WiFi、电话还是地图，这也说明了二维码可以用来表现上述这些东西。比如文本，你可以将个人简介做成文本，然后别人扫一扫就能看到。

在这里将我的腾讯微博地址（http://t.qq.com/zhangshule）键入其中，接下来选择颜色设置，先将 LOGO 也就是哆啦 A 梦植入其中，得到了比较传统的二维码，一个黑白的图形，是不是很难看？如图 6-5 所示。

图 6-5　生成黑白二维码

没关系，换个颜色，比如蓝色。然后再多设计点元素会如何？大家可以试试。

我并不是一个设计人员，因此我做的图片并不一定非常美观，只是作为一种示范，而二维码也可以有更多的外形和元素，包括水滴外形、圆形等各种变形，这些都可以作为一个让别人更加关注你的二维码的重要内容，在此，就不一一介绍了，可以根据自己的需求，通过生成器，自由搭配组合。

你甚至可以做个现实版的二维码，比如大众这样。

【大众用箱子做成二维码】

大众出品了一款名叫 Crafter 的货车，为了能够更吸引用户购买，必须找到自己的潜在消费者群体。它选择了墨西哥的一个城市，这个城市的市场每天货流量巨大，是世界上最大的批发集中地。OK，地方找到了，怎么吸引眼球呢？怎么让大家知道自己的货车超级能装东西呢？大众为了向这些目标客户突出自己的 Crafter 货车超大容量，在现场用装满橙子的箱子堆放出一个巨大的二维码，扫描它之后可以看到一段视频，即这些堆积如山的水果箱被全部装入一辆 Crafter 货车并拉走。

就这么简单，而这个案例，也可以无限制地被复制到任何一个地方，不断地重播，这个用箱子做成的二维码，也跳出了二维码思维的瓶颈，真正将广告和效果结合在了一起。

如果你的艺术细胞够充分，还可以制作更加有趣的二维码，香港有一批人就如此试验，并大获成功。

【动物状二维码售卖先锋艺术】

Zoo Records 是一个香港的独立音乐唱片店，独立音乐其实就是很先锋的那种，当然，越先锋也就越小众，越难销售，怎么打开市场？这个唱片店想了个招数，召集了 14 个独立乐队，把他们的歌曲与介绍放在 14 个不同的二维码中。当然，这个肯定不够生猛，还必须有怪招。这个唱片店的怪招就是将二维码图形拼凑成猫、鼠、狼、蛇、鸟、蝙蝠、蜥蜴等动物图案，张贴在城市中各处的墙面上。顾客路过时，会被这些独特的图案所吸引，用手机在这些动物图案上搜寻，如果扫描到正确的二维码，就能够打开 Zoo Records 的网站，看到相应的乐队和音乐介绍，并可以在网上直接购买。

这样做确实很新颖，但是真得很复杂，如果扫不到，可能消费者就会跑了，若扫了发现没兴趣，也不会购买，因此这个案例的弊病就在于是为了销售而做的二维码，从二维码到销售的环节太多，距离太远，流失太多。但是若只作为品牌推广的话，则会有趣多了，如果加入的不是介绍，而是音乐，也许效果更好。

6.2.2　让二维码动起来

二维码的设定可以天马行空，甚至跳出二维码目前的框架。

【雷克萨斯的动感平媒海报】

知名汽车企业雷克萨斯就酷炫了一把，其在美国著名的体育杂志《体育画报》上投放的一个印刷广告，看起来平平无奇的平面汽车宣传海报，其最不平常之处就在于如果读者将 iPad 放在这个印刷广告的背面，奇迹就出现了：雷克萨斯 ES 2013 的前灯亮了，引擎在旋转、咆哮，天空在闪烁光芒，汽车播放起了音乐并向你展示它的内部构造——原来印刷广告也能这么活灵活现。如图 6-6 所示。

图 6-6　雷克萨斯动感海报

这则广告利用了雷克萨斯新开发的 CinePrint 技术，让纸面上的汽车动了起来，通过 iPad 进行互动，从而创造出了一种典范，让互动的层面进入到了传统的静态媒介。

另一则类似的广告是在《体育画报》姊妹刊《娱乐周刊》上。

【智能手机装在杂志里】

广告主 CW Network 直接将 LCD 银幕放到杂志内，直接秀影片给读者看，拆解之后发现内部装置简直可以说是一台低价的智能手机，有 3G 模组、电池、USB 插槽和键盘。

这种广告投放在很大程度上因为太过新颖和高端，而显得费用不菲，不过相对于其在平面媒体上带来的互动效果和给读者带来的震撼来说，这种花费又显得代价低廉了。

特别是这样的互动广告，有效地通过技术手段，让平面广告以类似视频的方式，全面解析了产品特征，如在雷克萨斯的广告中，不仅让车辆行驶在了不同的场景之中，还用各种光影效果将该车的发动机、传动技术、音响效果等——进行解析，由于其新奇特的特征，读者会自然地选择看完全部展示，并印入脑海，而非平时在平面媒体上看到平面广告、在网站上看到视频广告那样，选择性地在脑海中按下跳过键。

看似只能作为个案且因技术难度很难被国内广告商效仿的这一互动传播，其实完全可以被时下流行的二维码营销所借鉴，且可以获得更大的闪亮空间。如果链接变成一段视频、音乐乃至动态的画面，即使不能如雷克萨斯那样让 iPad 和杂志内页那样混搭在一起，效果也不容小觑。

当我们还在思考如何让印在纸张上的二维码获得更高的转换率时，国外的广告人已经按下了跳过键，直接给了二维码营销一个闪亮的理由。

6.2.3　对准目标受众需求

二维码的魅力就在于扫过之后所导向的大路，如何让人有动力扫一扫一直是一个极大的难题，这里有一个很重要的内容，即目标受众，如果你的二维码很有趣、很有吸引力，却打错了地方，即使千万人来扫，也未必能留住几个客人。

【海滨城市失败的卖房二维码】

我曾经看到这样一个二维码推广，在公交车的拉手上，小小的面积，有一个很美的画面和一个二维码，目标指向某个海滨城市。我开始以为是一个关于去那个海滨小城旅游的广告，带着好奇心扫了一把，结果发现竟然是让大家到遥远的海滨城市买一套海景房，用于出租和避暑之用。显然，乘坐公交车的人群，较难有人能够真正有如此实力去购买这样的闲置房。即使因为好奇而扫一扫的人数众多，其结果也是广而告之却无人购之。

衣服要量身定做才最舒适，服务体验也是个性化的最适用。这个过程中，二维码同样也大有用武之地。再来看一个相对简单的案例。

【喜力将二维码变成贴纸】

2012 年，喜力啤酒在为冠名音乐节上的狂欢做准备时，意识到参与者除了享受音乐盛宴，还渴望交到更多朋友。如何帮助他们更好地实现这一愿望，打破陌生人的隔阂，顺畅地沟通呢？他们想到了二维码这种可以公开传递信息的视觉符号。

于是喜力在现场设立了服务处，为音乐节的参与者打印二维码不干胶贴低。每个人可以把自己想说的话存储在二维码中，贴在衣服或身体的任何部位。当其他人用手机扫描自己的二维码时，就能看到自己展现个性的文字内容。这样，每个人都可以有自己的个性化标记和口号，扫码则变成相互认识和增进了解的有趣行为。

通过定制二维码贴纸，喜力在音乐节原有内容的基础上为参与者提供了个性化的增值服务，让每个人都能拥有自己独特的体验。4 天的活动期间，喜力啤酒发放了超过 5000 张二维码贴纸，通过这种互相解读彼此密码的活动，让"OPEN YOUR WORLD"的品牌主张得到充分展现和传播。

从表面上看，喜力的这个二维码营销并没有直接带来销售，但参与的人群确实很精准，前往音乐节的人群，大多和喜力的目标受众群体重叠，能够让他们在音乐节因为喜力提供的二维码而玩得更嗨，让喜力成为更懂用户之心的品牌，其效果看似曲线，但实际上则是一条直线。

让目标受众能够享受到更多、更个性化的服务，恰恰是二维码能够带给大家在谜一样的图形背后的最实际的效果。如果你的二维码不能导向用户实际需要的内容，而只是一味地广告这种没有换位思考的二维码，最终会成为无用的废码。

怎样瞄准目标受众需求呢？可以这么说，不同的领域、不同的产品都有不同的需求，比如视频应用，你想要更快捷地搜索剧集、更方便地追剧，这可能吗？

 【PPTV 如何实现二维码追剧】

用户在 PPTV 聚力网页端观看视频时，会在视频播放界面右侧看到一个小二维码，点击该图标即会展开显示该视频的二维码。用户可通过点击 PPTV 聚力移动客户端个人中心页面内的二维码，将正在观看的视频"转移"到移动设备上继续观看，这个"扫一扫"功能也可以通过扫描其他视频网站的二维码，跳转到其对应网页。这种视频内容的跨平台自由切换，让用户可以充分利用碎片化时间继续观看上次未看完的视频内容，不仅操作简单便利，更迎合年轻人的快节奏生活。当然，这对于 7 千万 PPTV 移动端用户来说，就有了和其他移动端差异化的服务了。

二维码在此也就变得更加有趣，它不仅是一个网址和链接，而且成了一个便民工程，其实这样的技术并没有多少难度，关键看运营者如何站在受众的角度去换位思考而已，包括一些大家一时半会还不能够适应或接受的新产品的营销推广。

 【淘宝二维码送巨奖】

2013 年的"双 12"电商大战中，最激动眼球的不是各电商平台的销售额，而是一份大奖。淘宝花费 3600 万元把"双 12"当天开奖的双色球彩票所有组合买下，免费送给当天用手机客户端登录淘宝的网友，最高奖金可达到 1500 万元。当日零点刚过，淘宝网首页便出现了一个巨大的二维码，用户登录手机淘宝客户端扫码即可获得一注彩票。仅仅一分钟内，这个二维码被疯狂扫码 20 万次，扫码速度创造了一项新的世界纪录。

这个大奖送得值吗？很显然，这依然是淘宝的一个巨大阳谋，表面上是普惠每个用户一次中大奖的机会，而且尽管能为当天的"双 12"大战聚集不少人气到淘宝上，但实际对销售的带动应该是很难和 3600 万的花费相提并论的。那么淘宝这样做的目的是什么呢？

淘宝的目的就是推动大家熟悉它的新产品——淘宝移动端。因为巨奖的诱惑，有多少人为此下载并安装了这个 App，且因为要扫码，所以登录并熟悉了这个客户端？用 3600 万让数以千万的目标受众了解移动端，这可是"聚划算"的。如果在传媒上打广告，这点钱可换不来这么多使用者。至于如何把客人留住，那就是淘宝产品的魅力问题了。

6.2.4　二维码营销必须"利诱"

由上面的内容，可以看到二维码营销的关键节点——利诱。

但利诱往往不一定有很好的效果，因为如果仅仅是为了抽奖或优惠券，受众并不一定非要在二维码上获得，这不过是过去报纸上优惠券专区的一种延伸而已。

【60 万美元只买来扫码专业户】

多伦多一家名为 Qriket 的公司开发了一款应用，用户打开应用扫描二维码之后，就有可能获得现金奖励，奖金从 1 美元到 1000 美元不等。应用还设有一个激励机制，用户可以与自己的好友进行比赛，看谁扫的二维码更多，从而获得更高的奖金。这些奖金则是由该二维码提供商和广告商提供。根据 Qriket 官网的信息显示，至今已经有 8000 多个用户获得奖励，发出去的奖金总额超过了 60 万美元。有些用户甚至每天能扫描上百个二维码，堪称"扫码专业户"。

看起来这样的效果还真不错，现金奖励足够诱惑人，假设被扫码之后，展开在手机上的只是品牌 LOGO，那就是有奖版的"疯狂扫图"了，从国外的评价上看，广告厂商还挺看重这个应用，它们觉得这无疑是一个很好的营销手段，能够有机会吸引更多的消费者来关注自己的品牌。

【E-mart 超市隐形二维码】

E-mart 是韩国第一大超市连锁，他们注意到，中午时段的销售规模明显下滑，如何把午餐时间段的销售规模提升上去呢？

E-mart 设计了一个立体的多柱状物体，利用阳光和阴影，形成一个只在中午 12：00 到下午 13：00 之间的二维码优惠券，以趣味性吸引顾客，以折扣促进该时间段的销售。如果只是简单散发折扣券，形式就显得过于平常，而且难于精准刺激这个特定时段的购买行为，于是将这些实物二维码放置在首尔街头的某些地方，利用阳光照射下的阴影形成别具一格的二维码图形。消费者用手机拍摄后，会被引导至手机购物的网页，获得各种团购优惠。使用 E-mart 的 APP 购物，商品会被直接快递到家。如图 6-7 所示。

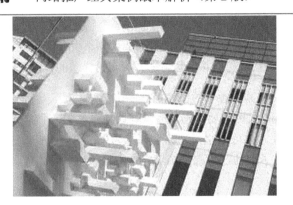

图 6-7　E-mart 的二维码只有中午能扫

这个隐形二维码，可以看作是一种利诱的表现，而利诱又分成两个层次，一个是赤裸裸的物质利诱，即用最常见的优惠券来吸引，另一个则是精神上的，用消费者的好奇心来吸引。

前一种诱惑最为常见，但后一种则往往难以达到。我们不妨看看美诺彩妆是如何用更简单的方式来做到这两个层面诱惑的。

【美诺财富币用二维码发放】

在 2012 年广州网货交易会上，美诺彩妆给我们带来了一场精彩刺激的"抢钱"活动。当然，美诺彩妆在现场发的不是人民币，而是独创的美诺财富币。为了让这个财富币更有吸引力，美诺想了不少方法，比如用美诺海外销售的国家和地区的货币为蓝本，重新设计，将美诺元素和创意二维码融合到美诺财富币，持有美诺财富币不仅可以享受分销支持优惠，用手机扫描、收藏美诺二维码，即可获取百元美诺彩妆淘宝天猫商城的兑换券，还可以在广交会现场登录美诺天猫商城，了解美诺彩妆品牌、产品等详细信息，方便快捷。

这其实就是将二维码进行重新设计和包装而得到的产物，只要设计得够韵味，受众就会乐于"解码"。当然，利诱的内容并不一定非要花钱，给消费者更多增值服务，也是很有意义的，特别是对于品牌来说。

按照常规的原则，二维码营销应该满足以下三个层次的"利诱"。

第一层是初级体验，即通过二维码让所有目标受众能够得到一定的实惠。这个实惠可以是很惊喜的噱头，也可以是优惠券。任何人使用二维码，所到达的地方，都是一致的。

【Verizon 二维码让销量增长 200%】

Verizon 做了一个成功的促销活动，店内顾客扫描二维码后，会在 Facebook 上分享他们的比赛信息。假如有朋友通过该链接购买了一台 Verizon 手机，原顾客就有机会赢得一台智能手机。Verizon 投入了 1000 美元，而获得了 35 000 美元的回报。此外，Verizon 还在 25 000 名 Facebook 用户中增加了品牌认知度。

第二层是中级体验，即通过二维码，每个客户可以因为某些特定因素而获得一些在既定内容下的附加体验，如印度酒吧里随着时间变化而出现的不同内容，星巴克的二维码可下载音乐等。我们不妨再看个案例。

【礼物里的二维码送上祝福】

零售商 JCPenney 让顾客在礼物上添加个性化的元素。从任意一家 JCPenney 商店购买礼物后，你都会获得一个"圣诞标签（SantaTag）"和相应的二维码。扫描该二维码后，赠予人可以为接收人录制一段个性化的语音信息，然后赠予人把该标签像礼品卡一样塞在包装上。

这依然是一个小花招，但这个花招的背后，则展示了零售商在特定的日子，通过二维码给予消费者的特别回报，作为礼品，送给他人。

第三层是终极体验。让每一个用户在扫一扫二维码后都有差异化体验。

这个终极体验是一个很难达成的任务，但并非不可能，而且还可能很有趣，先看一个一维码时代的案例。

【品客如何用架子鼓吸引用户买更多薯片】

品客薯片打造了一款音乐应用 APP，通过购买品客薯片，扫描里面附带的条形码就可以拥有。用户通过该款 APP 可以用 iPhone 弹吉他、打鼓等，只需要从 15 种乐器音效中进行简单选择，然后触摸琴弦，甩动手机，就能够像真的一样进行乐器演奏！要想解锁某种乐器，只需要在 APP 上选择想解锁的乐器，例如爵士鼓，然后扫描品客薯片桶上的条码，就可以立刻解锁这种乐器。解锁的乐器越多，APP 向用户发放的徽章越酷，这些都可以成为用户在 Facebook 上展示和炫耀的资本。简言之，你买的薯片越多，就越可能成为超级音乐达人。当然，因为是乐器，所以你能够感受到的体验也就千变万化了。

从功效上来说，这样的营销在二维码上也同样成立。而且最关键的是这里多了一个扩散点，因为每个用户的使用体验不同，而致使其有了在社交网络上的炫耀资本，于是一场以二维码为起点的口碑雪崩也就开始了，这至少能够吸引更多的朋友来购买薯片。

总而言之，二维码是一个营销的工具，只有用得恰到好处，才会发挥其功效，否则只是一个作为点缀或噱头的二维码是无法吸引到大众前来扫一扫的。

【思考一下】

是不是跃跃欲试想要做个性化的二维码，并开展诱惑之旅了？且慢，先倒过来，想想你的这个二维码应该导向哪里，二维码背后应该是一个什么东西，毕竟二维码只是一个桥梁，桥梁通向的彼岸能否让人驻足，才是最关键的。

第 7 章
锻造论坛最强帖

本章将解决下列问题：

- 为何论坛营销不能灌水？
- 为何先交朋友后营销？
- 怎样练就论坛强帖？
- 为什么论坛帖最好原创？
- 广告帖怎么写才不会被删掉？
- 论坛广告帖的实用价值决定其生命力吗？
- 直播帖到底有什么好处？
- 五毛党也可以这样用吗？
- 不花钱的影响力怎么造就？

论坛是什么？对于进行网络营销推广的人来说，这是一个最为广阔的口碑营销阵地。在这里，没有官方语言，有的只是草根和影响力。这些年来，许多影响较大的新闻都起源于网络，而网络论坛的讨论和转帖正是制造这些新闻的最初推手。比如芙蓉姐姐、天仙妹妹等，都是从论坛中起步，其背后无一不呈现出网络推手的推广营销之力。如果说博客是属于精英的话语地带，那么论坛就是最草根的集散地，这里彰显的是草根的权力。无论你是谁都有可能成为论坛的核心，在论坛中"自由"地用帖子挥发你的个性，当然也可以推销你个人乃至你的产品，以获得所有论坛网友的认可。

恰恰是因为论坛的这种对普通网民的直接影响力，使得许多企业尝试了网络广告、新闻传播等方式之后，也开始对论坛营销这种网民直接参与的互动营销方式也产生了浓厚的兴趣。原因很简单，论坛里网民的言论往往可以产生病毒传播的效果，而且营销成本很低。一个比较典型的案例就是化妆品，原本在国外品牌压力下，市场不强的国产品牌，却因为在淘宝社区论坛上的成功营销，而成为网民们力捧的对象。

与以往的互联网应用相比，论坛更有利于客户口碑的形成。不论是博客、搜索引擎优化、关键字广告、弹窗还是企业网站，这些网络传播推广方式尽管在不断增加互动性，仍然有点儿一对一单向传播的味道，即"我说你听"。而论坛的出现使人可以充分利用其互动优势，通过有意识的引导、适当的公关、巧妙的回复来了解、判断、调整公司运营策略，甚至培养一群忠诚、自愿的推广者，使你的产品、品牌、个人形象、售后服务等名满天下。

从某种意义上来说，论坛就是微博之前的社交网络，但微博、微信乃至各种自媒体、SNS大多已经成为各种名人和意见领袖的话语权世界，论坛则永远属于普通人，这里的口碑绝对真实和草根。

7.1　草根就要在论坛推

【本节要点】

为什么论坛是属于草根的地盘？理由很简单，这是草根们交流交友的地方。任何人，哪怕是比尔·盖茨，在论坛里，也必须走下神坛去和别人说说体己话。论坛里不需要神，只需要人。特别是在微博、微信普遍话语权被意见领袖们占据的时代，论坛就更显得适合草根野蛮生长。别忘记，大多数商品都是面向草根消费的。

论坛推广的核心理念犹如那句老话："从群众中来，到群众中去，为人民服务"。因为论坛所面对的绝对是网民中最草根的人群，因此你的推广方式也要非常草根。不管你的身份是什么，首先要将自己的定位和他们一样，要和他们娓娓而谈，从而在他们之间建立口碑，无论是对你个人还是对你推荐的品牌。

口碑是论坛的第一生命力，来自最草根网民的论坛，其所可能产生的口碑营销效力，绝对是最强势的，可以让这些人不仅成为你的潜在客户，而且成为你在现实世界中的免费推销员，为你招揽更多的客户。相信很多人都有同样的经验，那就是你可能不会去理会电视广告上明星们声嘶力竭的叫卖，对于报纸上连篇累牍的广告宣传画和软文一笑而过，但如果好友向你推荐一个产品，就难免会有所动心，因为好友并没有获利，只是友情提示罢了。而论坛营销，其实就是充当了这种好友友情提示的效果。

7.1.1　第一生命力：互动

任何营销都必须先从用户行为分析入手，要掌握论坛营销推广的方式，首先要去了解论坛的普遍特点，从而"知己知彼，百战不殆"。对于绝大多数网民而言，逛论坛看帖子已成为网上浏览的重要组成部分，并且由于帖子大都是由网民原创贡献来的，所以其参考价值远高于商业广告，在这个眼球经济时代，网民的这一思维惯性决定了炒作帖子在网络营销中的重要性。

如果你有意识地将一些带有营销性质的帖子融入其中，运作得法，所能产生的效果则好于广告许多。如今在网络上出现了不少针对论坛发帖的论坛营销及公关公司。在未来，论坛营销将成为未来营销趋势下越来越常见的营销形式。论坛是消费者最密集的网络聚会场所，而且分众效果尤为明显。下面让我们看看论坛在营销层面上突出的互动性特点吧。

1．论坛营销针对性强

论坛营销既可以作为普遍宣传活动手段使用，也可以针对特定目标组织特殊人群进行重点宣传活动。因为论坛中有很多分类，比如你可以在女性时尚论坛中营销护肤品或服装，在数码论坛中推销手机或PSP，亦可在文化论坛中为自己的新书进行宣传。

同时，你也可以在各种类型的论坛中大肆发帖，比如之前案例提到过的各种论坛热帖那样，完全可以在每一个论坛中都掀起读者的热捧，而且唯有通过在最广泛的论坛范围内进行无差别发布，才能产生巨大的民众口碑效应。

2．口碑宣传影响大

论坛宣传活动比较直接，如果你在论坛中经营时间较久，那么你和论坛里的人们都会是见面不如闻名的"好朋友"，你说一个产品好用，对于论坛里的朋友们来说，这个信息的可信度将相当高。同时，论坛宣传，可以让你对产品的宣传具有连载性质，这样可以让你对产品的介绍和宣传有深度，且由于语言平实，更加容易被消费者了解，不至于像产品介绍那样聒噪乏味。激起消费者的认同，在心理上引起共鸣后，就会形成购买行动。

加上论坛是大多数共同兴趣爱好者的聚合体，目标人群高度集中，而且很多论坛里的网友，特别是那些"斑竹"，本身就是现实世界中朋友圈子里的"意见领袖"，他们一旦接受你传递的信息，那么将形成一次极为有利的二次传播效果，直接抵达这些论坛网友的朋友中，有利于口碑宣传扩散。

3．高强度互动培育消费人群

论坛营销不仅能够迅速扩大产品的尝试人群，一个人的购买行为也能迅速感染周围其他人，形成小范围的购买高潮。而且论坛帖子的互动性，也非常利于集中收集目标消费者名单为回访提供详尽资料，使负面影响消除在无形之中，从而培养典型消费者，进行市场扩大宣传活动。通过论坛里收集到的意见，可以有针对性地根据消费者需求及时对宣传活动战术和以后的产品方向进行调整。

4．投入少，见效快

毫无疑问，在论坛上投入广告宣传其费用非常低廉，同样一个帖子可以重复在各个网站的不同论坛中进行重复利用。而且成本费用也相对低廉，不然论坛水军怎么会叫"五毛党"，其费用之低廉可以让小企业也能自由承受。

7.1.2 让你的帖子活起来

大道理讲多了，依旧难以让人理解论坛营销的好处，我们来看一个案例吧。

 【小小比萨的本城社交推广】

美国有一家位于爱德华州的小比萨店，叫"Flying Pie"，它的官方网站比较老旧，充满大大小小花色的字体，一看就是好多年前制作的。多年来，这个小比萨店基本上维持温饱，不温不火。直到他们突发奇想，通过当地的知名网站的论坛和自己官方网站进行了一场有趣的联合营销，结果在持续推行几年时间内，已经让该城市几乎每个人都知道了这家小比萨店，当然他们的分店也遍布整个城市。他们是如何做到的呢？

Flying Pie 这个成功的论坛营销方案叫"It's Your Day"。每天 Flying Pie 都会挑出一个"名字"，譬如 16 日是"Ross"，19 日则是"Joey"，20 日是"Tamarra"，然后在论坛上发布帖子，邀请 5 位叫这个名字的幸运民众，当然是网上自愿报名，在当天比萨店比较空闲的时间，来到店里的厨房，让他们自己制作 10 英寸比萨，还可以拍一张照片发到网上。

当然，店主也会现场拍摄幸运者制作比萨的图片和视频，在第二天发布在当地的网络论坛和自己官方网站上。由于前来制作比萨的都是完全没有经验的新手，自然制作过程中笑料百出，这样的视频和图片传送到网上，很快就成为了当地人每天议论的焦点。不少幸运者还刻意玩出不少小花招，比如穿上爱吃比萨的忍者神龟的服装来进行比萨制作表演，有的则在比萨上做成特殊的形状或刻上恋人的名字，来作为特殊礼物，这都让这一互动变得更加有趣。

当然其中不排除有比萨店自己安排的"托儿"，起码最初影响力小的时候会如此，而且在之后也会安排类似的人以特色的形式以网民身份加入活动中，比如该比萨店计划推出某一个新品的比萨，就会通过安排这样的托进入活动之中，创制一个特别有趣的比萨，然后通过视频和图片进行推广，挑逗网民的兴趣，然后顺势称愿意购买这个创意比萨的"版权"，并支付一笔可观的费用，这个手法屡试不爽，不少网友为了能够获得版权费，也积极地为随时可能到来的幸运日精心准备自己的特色比萨。而这种伪装成网民独特创意出来的比萨最终可以成为店中的商品，也让网民特别感兴趣，有一种可能获得的成功欲望，也让这个互动变得十分活跃。有时候会结合一些公益活动，号召这些参与互动的网民将自己制作的比萨作为拍卖品，在网上进行一元竞拍，所得款项用来进行捐赠，这也进一步加大了比萨店的品牌形象。这一切都是依托论坛和官方网站的双重推广进行的。推广几乎是零成本。

同时，不少到店里吃过比萨或参加过活动的人都会在论坛中发表自己的感受，从而进一步扩大了店铺的影响力。偶尔也会有消费者的一些投诉，比萨店会积极收集这些问题，包括弥补口感上的缺点，并及时回帖。

由于论坛营销的影响力巨大，当地的媒体也时不时地对其进行报道，甚至于知名媒体的专栏节目还特意将活动搬到直播间中，从而更加推动了比萨店的影响力。不少外地人到此旅游，必然到这个店里去观光一下，尝一尝传说中"网民"自己制作的比萨。当地人也将这个比萨店当作了一个文化地标，倍加推崇，营业额自然也节节攀升。

细节决定成败在这个互动营销中体现得十分充分。不仅仅是上面说到的各种小花招，仅仅是姓名选择也十分精心，很多人都在问，Flying Pie 会在他们的网站上每周公布新一周的名字，而这些新的名字又是怎么选的呢？应该说 Flying Pie 很精明地在这方面也玩了一把互动。

为了确定名单，Flying Pie 会请每个本周参与此活动的人投票提供名字，票数多的名字便成为下一周的幸运名字的有力参考。这样做是希望来参与活动的人推荐他们自己的朋友加入进来，这样通过关系网的传播，来比萨店的人会持续增多。"It's Your Day"的精妙之处在于将目标客户群体织成了一张网，让朋友告诉朋友，让客户带着客户来。

更有趣的是，甚至有媒体在报道中揭露出来一个这样惊人的秘密，在采访中，该媒体询问了所接触的每一个市民，竟然找不到一个人真的得到过那个免费的比萨。这位做采访的记者之所以知道此事，竟然是源自一位朋友发来的一个短信，通知他这家比萨店将在某日办"Armando 日"，而他的名字正是"Armando"。这位记者先是非常诧异这家比萨店的存在，还打电话给发短信的朋友，这位朋友说他吃过这家店比萨，还不错，而且还说他每天会去检查还有哪些新名字，每天的名字都会让他想起某几位这个名字的朋友，他每天也养成习惯会发短信给这些朋友，通知他们"Fly-ing Pie"提到你的名字！。就这样，Flying pie 所在的爱德华州的城市，不知有多少个这样的市民在不知不觉间成为帮助其宣传的"业务员"。

从这个营销案例中我们不难看到，这个比萨店非常成功地利用了论坛的互动性，将活动成功结合在论坛的帖子讨论中，从活动人员的公布、活动过程的即时播报、活动花边消息乃至比萨店的新产品展示等都巧妙地结合进来，以消费者乐于接受的互动性营销，让人深陷其中，不能自拔。即使很多人逐步明白其中多多少少有"演戏"的成分，依旧当作是一个娱乐活动，乐此不疲。其卖点如下。

1. 线下活动线上推广

这个活动原本是一个很简单甚至有点老套的宣传手法，几乎很多食品店都做过这种请顾客来制作自己的食物的噱头。然而比萨店很精明地将这种原本在店内或通过传统媒体广告和软文进行营销的模式，很简单地放置在了适合的网络论坛上，这与店内等顾客上门来进行推广相比，所面对的群体更为宽广，而相对于传统媒体广告来说，这种营销的成本极为低廉，几乎不要钱。

2. 线上推广中加入娱乐元素

以"托儿"带动平民创造性的发挥，激发消费者的参与激情。而这种互动通过网络这个可以无限融入视频和图片的载体，让不在现场的网民一样能够充分了解活动的进程。同时，这种模式可以进行持续性非常强的营销，从而适当地保持营销人气。同时通过这些帖子，可以逐步深入地将比萨店的特色及其产品的特点逐一展示在网民面前。

3. 让草根创造自己的比萨

新产品推广以网民原创的形式推出，从而形成比萨店主动和网民互动，以及采纳网民建议的亲民特色。当然，发挥群众的创造力和主动性，最终从以"托儿"来带动，变成了网民自发自觉的行动，而且创意更加奇特，出人意料。

4. 永远都有新鲜感的选秀

姓名选秀模式，高度聚焦论坛人气，也让网友每一天都会有新的期待，期待自己入围，期待自己的朋友入围，并且互相转告，从而聚合成二次传播，并成为现实世界中的一个闲聊话题，极大地增加了曝光度。据称，当地一些人甚至自发形成了一些讨论版块，每天猜测下一期会有哪些名字入围，还有外围赌注，更增加了此营销活动的曝光度。

如果你也如这个比萨店一样用一些巧妙的手法在论坛中营销自己的产品，你认为会有多大的效果呢？总而言之，越互动，越精彩。不互动，你的帖子将快速沉底，即使言辞再优美，如果不能够调动网民参与话题讨论积极性的内容，依旧无法实现论坛营销的成功。

7.1.3　在论坛中走群众路线

从上面的营销案例我们可以发现，这种营销无论是企业还是个人都要放下身段，和草根网民做一次超亲密接触，越草根就越有效。其实就是从群众中来，到群众中去。必须走群众路线，否则你将被群众抛弃。

首先必须明确一点。论坛推广不是一天两天就能看到效果的，必须要首先和论坛里的人们交上朋友，尽管这不意味着你要和他们一对一地聊聊，但起码要在他们心中形成一个比较公允的评价，要在他们面前混个脸熟，这就需要你在论坛里长期"潜伏"，像一个特务一样。当然，你不能像 007 那样，见人就说自己叫詹姆斯邦德，生怕别人不知道自己是特务，而要像普通人那样，像《风声》里面的老鬼和老枪一样，作为最不可能像特务的人出现，因此你必须非常注意推广的技巧，决不能让别人一眼就看出来你是个打广告的。否则你要么被版主封杀，要么网友压根不理睬你的帖子。

要做到足够草根，做到真正的潜伏，就要做到"欲取之，必先予之"，希望别人回馈你的付出时，先要为别人做些事，真心实意回个评论，认认真真发几个主题帖，自觉遵守论坛的规章制度，才能收获回报。那么如何让自己成功杀入论坛用户的内心深处，从而激发起他们最为强大且旺盛的购买欲望，就需要进行进一步谋划了。

凡事都有一个基本原则，开展论坛营销推广，也有一个基本原则，那就是三步走。

第一步是"发现"

发现论坛中的品牌之势，即自己要推广的品牌在各大目标论坛中处于什么状态，网民在这些论坛里主要讨论些什么，目前这些社区有哪些意见领袖。据此分析出进入论坛后的行动方略。这一点可以具体分割为两个部分：一是挖掘营销点（目标客户分析，传播点提炼，事件植入）；二是论坛分析（选择阵地，发现意见领袖，设定炒作底线）。

第二步是"影响"

也叫做"碎片式影响"，针对不同论坛的不同特点，通过成功的帖子营销方式，在一定的时间内，逐步让网民和所要推广的产品或品牌形成互动，从而树立品牌形象。这一大步骤可以分为两个具体的小步骤，即步骤一：内容制造（因论坛具体情况创造文章，软文攻略）；步骤二：发布实施，监控调整。

第三步是"沉淀"

也就是沉淀"意见领袖"。对于任何一个企业来说，尤其是中国品牌缺少忠诚用户，缺少品牌传教士，缺少核心意见领袖。论坛虽然草根，但是如果运用得法，一样可以像博客那样，成为主导一部分人群观念的意见领袖，从而让所要推广的品牌拥有一批忠实于它的核心用户。同样也是两小步，即一方面信息集中，实现专题化；另一方面对效果进行评估，反馈汇总，调整营销方式。

这三步可以说是论坛推广营销的标准模式，必须循序渐进，逐步深化才可能实现。之后我们将要着重论述的是如何实现论坛推广营销的具体操作。

【思考一下】

如果你也有一个特色餐饮店，可能是米粉店，也可能是馅饼屋，你计划让顾客也参与到食品制作中来，毕竟在中国食品安全是个大问题，那么，在参考上述比萨店的论坛玩法时，你能否跳出它的框架，做出一个不一样的论坛策划呢？要吸引眼球哦。

7.2　锻造史上最强帖

【本节要点】

很多人喜欢直接在论坛里发广告帖，可为什么广告帖没有人读和顶呢？换一种思维，简单明了一点，只要三步就能让你在论坛里打开局面：第一，我是谁，第二，我有哪些好处；第三，我能带给你什么好处。当然，把顺序反过来，效果更好。

论坛的核心是帖子，要操作论坛营销最核心的一点就是深刻了解每个论坛的特点，要深谙网络语言，比"YY"、"BS"、"打酱油"、"躲猫猫"、等。真正想做好论坛营销，一定要有天天泡论坛了解并熟悉论坛的人，他们懂得用网络语言与网友交流。那么怎么样才能锻造出一个永不沉底的无敌网络强帖呢？这其实是一个非常有技巧的技术活。

比如几家票务网站的横向对比、购票体会和经验分享等，这样的经验帖子能够很快提高所要宣传的票务网站的品牌价值，在令用户产生共鸣之后，网站宣传得到了用户的认可，因为我们提出了问题的同时还提供了解决办法。当然这样的叙述会很容易。

7.2.1　教父 or 朋友

很多人都认为论坛营销就是在论坛里面发各种各样的广告帖子，而忽略了互动性。不少人跑到论坛里面一开始发帖，就把自己打扮成老师的样子，满口说教，让人看着就讨厌。在论坛里不需要教父，因为没有人愿意到这里来让你对他继续教育。

在这一点上，论坛和微博、微信等社交网络上的营销模式很相似，只不过这里的交友更草根。当然，只要成功交友，论坛这个社交平台一样可以制造出无与伦比的口碑雪崩。

怎样让自己成为别人的朋友呢？一个最简单有效的办法就是多去别人的帖子上留下你自己的"脚印"，这一招在微博、微信里同样有效。如果你经常回复别人的帖子，那么作为论坛的常住民，他们一定会对你很有印象，来而不往非礼也，你的帖子他们自然也会时常留意。而且经常交流，对方也自然会把你当作朋友看待。

更重要的是在论坛里要时不时地给大家提供一些有价值的信息或发布一些有意义的帖子，一些和自己要营销的品牌无关的知识性或娱乐性帖子，这样可以混淆视听，让他们不把你当作枪手。即使是发带有营销性质的帖子，也要特别注意友情营销。

 【橱柜店为何发帖说吃夜宵】

有一对小夫妻开的橱柜店在南京几个网络社区风靡一时。这个橱柜店没有店面，公司仅有一间租来的办公室，两张办公桌，两台电脑，一套样本。在他们推广的帖子里面，也不是在讲述自己的橱柜有多么好，产品质量多么靠得住。他们换了一种方式，侧面出击，在论坛里叙述着创业的艰辛，描述着深更半夜在街边小摊吃夜宵的故事。

这样的创业故事在论坛里不断发布出来，点滴积累，就好像生活日记一样，为什么不能这么发帖呢？几乎没有人认为他们发布的是广告，而是认为他们在分享生活的苦与乐。读者往往今天会因为他们讲述遇见了一个刁蛮的顾客而义愤填膺，拍案而起，明天会因为他们在给客户装橱柜时意外受伤而扼腕痛惜，后天则可能为一个论坛网友慕名前去订购橱柜而感叹网友们的互助精神。这一切的点滴都让这个橱柜店名声在外。

在论坛里和泡论坛的主要成员成为朋友，形成一个朋友圈子，将可以让你的营销内容植入朋友的内心。你应该在论坛中积极参与讨论，注意看其他会员有什么疑难问题，如果你能解决，就积极回答，你的努力其他的会员都会看在眼里。久而久之，大家通过你的帖子看到你有相应的专业知识，又热心助人，在大家心目中自然会建立起一个权威形象。这时你所推广的任何产品或服务，自然会被大家所信任。

7.2.2　原创为王

发布高质量的原创文章是论坛营销软文的动力支持，只有原创的才有吸引力、有价值，在泛滥的网络营销广告时代这一点尤为重要，更是生存之本。

如果你要成功地打开论坛营销推广之路，千里之行始于足下，尽可能自己原创，多一些原创的帖子可以让你在论坛中的知名度快速崛起，当然帖子质量要好。更新的频率决定了我们的营销效果，最好有一个规律，比如每三天一帖，这为我们树立论坛意见领袖很有帮助。如果你的笔力有限，难以保持这种频率，那么有如下两条路可以选择。

一是精选其他论坛中的精华帖子或特色帖子，转帖在本论坛中，但务必要注明是转载，以显示你对他人的尊重，也避免冒用他人帖子而被论坛中其他人揭穿后，所可能产生的不良负面影响。当然，这种方式尽可能少用，其原创与转帖比例最好维持在 3：1 的比例之下。

二是经常顶帖，为论坛里面的朋友们叫喊助阵。积极参与论坛活动、帮助坛友；要养成合作的行为，与人共享就是学习进步的表现，也是增加人格魅力的行为，付出一定有回报，不要小气，帮助别人的同时，也是回报的开始！同时，经常活跃于其他人的帖子上，也有助于混个眼熟，且通过签名等方式，亦可为你的营销添一把柴，更重要的是，这样的互动可以有效地避免别人把你当作一个贴广告的马甲 ID。

从原则上来说，我们还是要以发原创帖为主，因为唯有如此，才能够以最快的速度和最短

215

的时间建立在论坛中的知名度，成为论坛明星。

7.2.3　广告帖要实用更要有趣

由于版主要维护版面的纯洁性，常常会删掉广告帖。营销也经常遇到，有些客户指定要求传播硬广告，或是帖子尾巴带着明显的广告。实际上在许多专业论坛，比如汽车论坛、母婴论坛、美容论坛等，版主并不完全反对广告帖，而是反对那种言之无物，单纯夸赞产品的广告帖。将产品信息融入到经验分享、技术交流中的帖子反而不会被删，因为版主的标准只有一条，帖子会不会给这个版带来人气，而经验分享类帖子恰恰经常成为专业论坛里的人气帖。随着营销领域的发展，人们对软文的免疫力也越来越强，论坛管理人员对软广告的判断能力也越来越高、处罚力度也越来越大，那么摆在每一个论坛营销人员面前的问题就是该怎样发布信息。

怎样让自己的广告帖变得有趣或实用呢？毕竟不可能每一个营销的帖子都能以故事的形式呈现，难免会有不可避免的硬广告痕迹。怎么既让"斑竹"不对付你的帖子，又让读者能够在比较明显的广告帖子上不至于反感呢？先让我们看看下面这个名为《08 年，房价变向降了》的帖子。

一、房降价，因为奥运会结束后房价就会降低，专家说的。不过看看汉城奥运和东京奥运后，这个说法似乎不是很靠谱儿吧。

二、借助奥运商机，狠狠赚一笔美金或欧元，奥运会期间会有很多外国人来到中国参加四年一度的盛会，估计到时候就光是卖地图、卖地方特色都够赚了。

三、低门坎儿，参加雅虎的 10 万网络悬赏活动，把头三名包了，可直接买房，会上网、有过管理空间经验的就行。

四、中国现在开始步入老龄化，人口会降低，买房的人少了，势必房价降低。

五、80 后的人，将会成为购房主力，现在 80 后的人都不相信爱情，严格回应中国晚婚晚育的精神，结婚的人少了，买房的自然也少了，房价还不降？

六、地产公司老板们良心发现，为了不天天做噩梦，降低房价。

七、有钱人都开始往月球跑，地球的房子便宜了，中国的房子当然也便宜了。

八、到饭馆喝 3 斤 85 度的烧刀子，晚上好好洗个热水澡，嘴里一直念"房价下降，房价下降"，念 10000 遍，然后睡觉，梦里你就看到房价下降了。

很明显这是一个广告帖，是关于雅虎的 10 万网络悬赏活动的。这个活动我在网络上没有搜索到具体内容，有可能本身和楼市都没有任何关系，但却成功利用网民对房价下降这一话题的独特兴趣进行写作。其中的八大话题里都包含了可能成为"谈资"的点。至于要表达什么，很容易看得出来，高手所为的确与众不同，从软文内容看的确抓住了用户心理。

当然，从帖子的实际层面上来说，并没有多少实用的内容，但绝对比较有趣，每一个内容都非常切合读者心理，既调笑又风趣，甚至连广告也融入得恰到好处，将参加悬赏活动的各种要求（如会上网）直接融入进来，并不让人反感，整个帖子看下来，会让人不禁莞尔一笑。对于这种有趣味性且广告植入不太过分的帖子，不仅"斑竹"不会反对，网民也容易吸收，而且甚至可能真去试试那个悬赏来为自己买房积累资金呢。

那么看完风趣的，我们不妨看个实用性强的帖子：《雅虎竟是这样报答广大用户的》。

当年，国际巨头封杀了淘宝广告的管道，淘宝找到了很多中小网站，他们提供了全力支持。"淘宝网有今天，不能忘记当年在井冈山与延安帮助过我们的老乡。"在淘宝网成功后，马云一直有个情结，惦记着为中小网站做些事情。这些是马云 2007 年年底说的，淘宝是中国广大的用户养活的，没有中国的草根，就没有淘宝的今天。

雅虎做了一个 10 万元悬赏站长的活动，出手够大方的，1 个月 10 万元奖励那些在雅虎站长天下做得比较好的站长，专门研究过，其实站长天下功能很简单，因为我之前玩过空间、博客，而且算比较熟悉，站长天下和空间、博客有像的地方。

1 个月奖励 10 万元不算是小数目了，这个应该算是我所知道的最夸张的奖励了，淘宝也不过是免费提供了一个可以赚钱的工具，现在站长天下，除了免费，还要拿 10 万元出来奖励那些免费建网站的人，是不是太夸张了点？不说累计 120 万元的奖金，仅使用服务器也要花很多钱，是不是疯了啊？

谁知道这个事给点信儿！

这个要是真的，我估计大部分网民都会疯。

这个帖子的广告内容非常丰富，将整个活动的内容介绍得非常详细。但是这个帖子并没有过分地以广告的面目出现，而是以一种好朋友告诉其他朋友一个致富信息的方式来介绍这个活动。它很详细地比较了参与活动的好处，而且更重要的是，帖子并非仅仅以 10 万元奖励来吸引人，毕竟能够得到这笔钱的人是少数，那是幸运者的专利。仅仅 10 万元的幸运大奖很难吸引网民进入，然后这个帖子很详细地介绍了一个好处，那就是免费建站，通过免费建站，可以获得一个建站的机会，而且这个站点建设可以是任何人，不需要过多的技术，就像装修 QQ 空间一样容易。而结果呢？超低的准入门槛和一个难得的网络赚钱机会，自然是一个很不错的共享信息。

在论坛里，要想让你的信息被人阅读，就要学会讲故事。如果你拥有卡珊德拉的本事，那么不妨在论坛里开始一场一千零一夜的营销之旅吧。

2007 年淘宝网的十大网商司景国的成功案例其实是一个很好的佐证。他注册了阿里巴巴之后，发现在网上做生意仅仅靠打广告是不行的，司景国想到了论坛，他注册了一个网名叫"上校舰长"，这来源于他以前的身份——一名海军上校，而他现在在网上销售的也主要是军舰模型。

【创业故事引来天价订单】

　　司景国最厉害的是他进入了阿里巴巴的商人社区之后短短82天之间，就更新了523篇帖子，这是非常高的活跃度，当然，他也很快成为轻工工艺版的版主。司景国一年之间从1000元起步成为百万富翁，论坛里几乎记录下了他每一天的心路历程。比如有一篇帖子标题为《我从1000元起步，到一年成就百万富翁的经验，希望对你有帮助》，让人光看这个标题，就会有点击的欲望，多神奇啊。再说商人社区里大多数人都知道版主的大名，自然也会知道他所言非虚，而他的成功经验自然会吸引很多人。

　　再看内容，他在帖子中介绍了如何为实现女儿的愿望而走上创业之路，讲到了他去杭州阿里巴巴总部时，社区管理员如何勉励他，还将自己母亲泡的杨梅酒送给他，因为感谢他为论坛做的事；还讲到了他计划在网上筹建一个生产船模的联盟，结果得到了论坛里很多网友的大力支持和协助，结果联盟成立之后，短短8个月时间，就共同完成了800多万元的订单。

　　这样的创业故事都是作者的亲身经历，这种现身说法的故事，让所有的读者都会感同身受，而且因为好奇如何一年赚百万，会读得很仔细，也会将司景国的产品记得牢牢的。这让司景国的企业形象顿时高大了许多。甚至有不少人因为这个帖子慕名而来，和他做生意。比如司景国自己在后来的文章中就说过，当时一个客户向他订购了100多万元的模型，而且不讨价还价，原因很简单，这位客户表示："你的爱心和对女儿的疼爱让我很感动，你做事的认真态度也让我放心，你的博客我反复看了，我信任你。"

　　这就是故事的魅力，司景国其实就是一千零一夜里的卡珊德拉，通过不断讲故事与网友交流。当然，故事都是真实的。展示自己的同时，也将自己的产品和企业潜移默化地植根在了网友内心，以至于要做这方面生意，第一个就想到了司景国。

7.2.4　直播帖是个好东西

　　或许你会说，很多论坛营销的文章都说了，帖子太长一定会死得很难看！从某种意义上来说，这是正确的，一般论坛中看帖的人都是没有耐性的，太长的帖，不管它有多大吸引力，都很少有人能够把它看完。对，在大多数情况下，你的帖子不要太长，千字文就够了。那么如果真得太长了咋办？那就长帖短发，这不是要你把文章缩短到很短，而是将一帖分成多帖，以跟贴的形式发。就像电视剧一样，分多次帖，这就叫直播帖。但要记住必须每隔一段时间才发一帖，以让他人有等待的欲望。

 【锻造淘宝强帖靠分享真实经验】

　　在淘宝论坛有这样一个帖子《为了淘宝，老婆辞了IBM！》，如果说它是淘宝史上的最强帖，可能有些过分了，但它确实是一个非常出色的帖子。说它出色是因为此帖内容先后更新过几十次，字数过万，回帖量超过两千，浏览量接近五万，在不同时段上过淘宝首页，也上过淘宝论坛首页。在给淘友分享网店创业历程的同时，也大大增加了在帖子主人淘宝论坛的曝光率，从而收到了很好的论坛营销效果。

这个帖子的主人是淘宝五钻卖家，经营药妆的。严格讲，应该是男女两个主人，男主人主要写帖子，偶尔帮忙打理店铺，女主人是真正打理淘宝店铺的。帖子讲述的是他们药妆店铺的整个淘宝成长历程，内容相当丰富，从做淘宝买家讲起，然后辞职 IBM 工作，走上淘宝药妆经营路；从一钻发展为五钻，从一个很小的店铺，发展为现在拥有二十多万库存，且较有规模的淘宝五钻店铺，在淘宝药妆行业内位居前列。现在看，2080 个回复，46 747 次浏览，应该是起了很重要的广告宣传效应。

这个帖子够长吧，长得都有点过了，可人家就是受欢迎，因为人家把帖子都发成了电视剧分集剧情了，我们不难发现这个帖有以下三大特点。

1．此帖不是一次成型

从 2007 年 5 月开始写起，至今仍在不断更新中，前后共更新几十次，内容都在主帖中，每次新添加的部分就写在主帖的最后。每次更新添加新内容时，前面都会加上更新日期，就和写日记一样。

2．帖子的论坛营销效果非常好

此帖回帖量超过两千，浏览量接近五万，而且这个数字还在不断增长中，在不同时段上过淘宝首页，也上过淘宝论坛首页。帖子给店主人带来的淘宝曝光率相当高，很多朋友因为这个帖子认识了他们的药妆，有相当一部分最终成为他们的药妆用户

3．帖子营造的氛围相当好

虽然只是店铺成长经历分享，但大家读起来都觉得津津有味。店铺主要是女主人来做的，但帖子是男主人来写的，整个帖子中，无不体现着夫妻间的恩爱、和谐。经营淘宝店铺不可能这么轻松，但帖子主人却能以很轻松的心态来对待店铺经营，这给大家留下了很深的印象。

写长帖，一定要注意帖子的长期维护。要想写一个好长帖，后期的维护不能少，尤其是这种店铺成长历程分享帖。一般人都有这种心理，希望看到一个完整的店铺成长历程。不断更新，不断添加新内容会让帖子始终保持生命力。除了主帖的不断更新，更重视大家的回复，且就回帖再回帖，这不但便于和大家交流，也可以使自己的帖子经常被顶起来，对形成一个大帖很有好处。本案例分享的这个帖子，最开始写的时候，因为内容少，并没有被加精华，但随着不断更新，内容不断丰富，后来被加了精华，还上了淘宝首页。在后期的继续更新中，帖子又上了淘宝社区首页，可以说这是一个长期维护帖子的典范。

【思考一下】

你有一家小小的服装加工厂，或许生意还不错，但还没有品牌效应，假设你也想做一个直播帖来分享经验，带来人气，特别是带来代理商家，但不能按照上述写法，你该如何？试试求助一下论坛里的朋友，在直播帖里和大家讨论一下发展大计，让朋友们为你支招，当然，也许你还能收获一些经销商。那么在起步的时候你该如何做？选择什么样的论坛？在发直播帖前，先如何与别人交朋友？

7.3 玩转论坛营销

【本节要点】

万事开头难，其实进入论坛的核心关键在于起步，选点、注册和如何维护好自己需要经营的众多论坛需要良好的统筹管理能力，给自己制作一个论坛营销的步骤表和时间表，按流程进行管理，且通过回帖更好地进行营销与交友是一个看似简单却需要用心的过程。

对于尝试社区营销的企业，一定要选择正确的方式，以免不恰当的论坛营销毁了品牌形象。因此论坛营销其实是非常有讲究的，每一步都很关键，一着不慎，就足以满盘皆输。那么就让我们一步一步地来看看如何推进它的效果最大化吧。

7.3.1 别小看了注册

许多企业对论坛营销还存在认识上的盲区，很多以论坛为核心工作的公关公司和网络营销公司都比较像骗子公司。它们利用那些想在论坛上为自己的企业找到突破口的公司急于求成的思维和对网络推广所知甚少的局限性，让其误入歧途，以为只要发帖量多，覆盖论坛多以及跟帖多就实现了论坛营销，就完成了良性互动。有些企业和网络营销公司合作时，经常会设定这样的论坛炒作主题，比如炒作一个网络红人，而不是如何通过炒作来推广品牌。

其实真正的论坛营销并不在乎帖子多少，有时候或许一个帖子就能引爆全场，至于跟帖，当然很重要，这是衡量互动程度的一个标杆，但问题是很多时候这种广告帖没营养也没吸引力，其后面的跟帖几乎清一色都是公关公司雇人用不同的 ID 进行的回复，其价值又有几何呢？真正有效的论坛推广应该在于网民互动的程度：有多少独立 ID 参与了讨论，有多少网民将帖子转载到其他论坛，这才是论坛营销的核心价值。

1. 个性化你的 ID

从注册 ID 开始，你或许就要和这个 ID 保持为时数年的联系。因为你注册了这个论坛的会员并不是说发完广告就再也不来了，这样会对资源造成极大的浪费。难不成你下次发帖的时候又去注册一个？所以最好的办法就是做一个电子表格，将你在每一个论坛里面注册的账号分门别类地登记好，并且最好密码一致。

同时，你注册的 ID 最好有个性一点儿，让人一看见就能记住。

2. 定期维护你的论坛账号

要定期去维护你的论坛账号，因为论坛就是个小社会，对于越是熟悉的 ID 发的帖子，越会有人点。不时常露个脸，谁知道你是谁啊。当然很多人开通了论坛 ID 之后，确实经常上去发帖，只不过每次发帖都是广告，或许一两次别人不会说什么，但久而久之，你这个 ID 就臭名昭著了。其结果一样，不是帖子被版主封杀或者直接封掉你的 ID，就是所有的论坛用户都鄙视你，看见是你的 ID 发布的帖子就绕道走，更谈不上什么广告效果了。

3．争取当领导

如果你定期维护论坛账号，而且发帖颇有价值，那么你将有可能进入到论坛的核心会员之中，甚至有可能申请成为论坛的版主，打入论坛内部，这样对于你的论坛推广再方便不过了，因为你可以大胆地发帖，并对自己的帖子进行加精置顶等操作。

当然不管是论坛里的平民也好，领导也罢，都要遵守论坛里发帖的原则，切不可因为是领导了，就肆意发广告帖，那样也许当不了两天，就被人撵下台了。

4．最好注册 10 个 ID

每个论坛要注册 5～10 个不同账号，以备炒作时用。在注册 ID 时，切忌不能用乱七八糟没有任何意义的英文名称。每个 ID 也一定要使用不同的风格，尽可能都是一些能够让人感觉有点意思的名称，比如淡如竹、精品梅等。其中主 ID 的头像要专门设计，尽可能不要选择论坛提供的那些固定头像，通过特殊的头像，可以让人对你的 ID 有一个更深刻的印象。

5．一定要填写全资料

很多人在注册论坛之后，往往仅选择最简略的方式，弄个 ID 和密码就可以了，凡是必填的不得不填，凡是不强制填写的，坚决不写。这样的模式是绝对错误的，因为没有详细信息的 ID，给人的第一感觉就是个马甲。因此，无论是主 ID 还是辅助性 ID，都要必须认真对待，一定要完善自己的个人信息，比如年龄、昵称、个性头像、个性签名等，凡是可以填的地方就别放过，坚决不留白。

因为完善的个人信息会给人一种信任感，可以实实在在地感觉到你是一个真实的人，而不是个马甲，给人亲近感，尽管你填写的资料是假的。论坛管理员也会据此认为你是个忠实的会员，即使偶尔发布一个软广告也会宽容你，毕竟难得有人这么认真地填写个人资料。

6．个性签名很重要

在个性签名里你完全可以用简短的文字发布自己的产品或者企业信息，签名要加上相应的链接。值得一提的是，你可以顺便把自己网站或者论坛的网址放在个性签名里边，这样搜索引擎在搜索这个论坛或者你发的这个帖子时，会顺便把你的个性签名里的网址搜索到，对于网站的 SEO 优化有很好的帮助作用。

7.3.2　选个合适的论坛

通常论坛都是按照行业建立的，有的行业论坛涉及的研讨对象比较松散，有的就相对比较集中，如果要选择，首先选择和自己产品相关的主题论坛，同时该论坛必须驻扎着大量的用户，这点也是最重要的因素。例如自己卖的是母婴类产品，那么宝宝树、摇篮网之类的母婴网站是一个非常不错的选择，可以在里面选择最针对产品的主题进行长期驻扎的准备。

很多人做推广时不愿意在小论坛、地方性论坛发帖，其实不然。论坛都是由网民组成的，而网民有很大的互通性。地方性论坛的网民也极有可能成为你的潜在客户，不放过任何一个可以推广的机会是网络推广制胜的关键。同时，地方性论坛、小论坛的限制一般较少，像青州交友社区这样的论坛一般不会删掉你的帖子。

要想在很多网站上进行宣传，需要寻找一个论坛入口网址。现在网上的论坛有很多，大都以"最大"、"最全"等来命名，我们在选择论坛的时候，要懂得区分。

第一步：在百度、Google 等搜索平台，直接输入"关键字+论坛"来查找，或者直接输入"关键字"查找行业相关的门户网站，然后转到论坛。当然，诸如 hao123 之类的分类导航网站也很省事。

第二步：筛选用上述方法查找到的论坛。这依然是有标准可以遵循的。

- 标准一，看论坛人气（重点）。具体表现为，可以看与自己产品信息相关的对应版块每天的新帖大概有多少，论坛现有的帖子，点击量有多少，回复又有多少。

- 标准二，查看该论坛的 IP 访问量。

- 标准三，查看该论坛的 PR 值。

总而言之，帖子一定要根据企业产品的特点和服务的特点发布在相应主题的论坛上。举个简单的例子，如果你们公司是生产显微镜的就应该发布在"科学仪器、光学"等论坛相应的版块，有的中小企业就犯了这样的错误，企业明明是生产服装产品的却把帖子发布在毫不相关的医药论坛里，我相信这样的帖子效果是非常不好的，为什么呢？因为你的企业的目标客户群不是他们，就算他们看到了，也不会对你的产品和服务感兴趣。

怎样让人对你的产品和服务感兴趣呢？这将分成两个步骤。

步骤一：挖掘营销点

对论坛营销点的发掘主要可以从三个方面考虑。

（1）目标客户分析，研究不同产品的客户属性，主要包括消费习惯和网络接触习惯两个方面，这部分资料和数据可以通过调查公司和行业研究机构渠道获得。例如化妆品、汽车、3C 产品，有很多数据可供参考。对于目标用户的网络接触习惯，可以选择一家行业社区，事先做一个网络调查，反馈一些第一手信息，对后期的策略制定会有很大帮助，对于网络调查，目前有很多免费的网站，百度一下，你就会找到。

（2）传播点提炼，这部分涉及对客户产品的分析，需要注意的是，产品的优势或卖点不一定可以很好地通过论坛传递出去，卖点不等于有效传播点。例如，一款笔记本的核心卖点是外形时尚，但如果仅将"外形时尚"这个词作为传播点组织论坛软文，恐怕不会有多少人关注，因为时尚在网络中早已被用滥，但如果与美女、明星关联，则效果要好很多，传播点关键在于吸引眼球。

（3）事件植入，论坛营销讲究借势取势，不仅要借助于网友自发自主的传播，最好与当下的实事热点相结合，其实无论是好事还是坏事，只要是大事，就能找到论坛营销的切入点。

步骤二：论坛分析

不同的论坛，不同的板块，都有各自不同的特点，在论坛营销，首先要选择合适的论坛和板块，了解其规则和营销底线，主要包括以下三部分内容。

（1）选择阵地，根据产品的特点和营销需求，选择营销推广的目标论坛和板块，这一步比较容易，可以找一下本年度"中国论坛排行榜"，人气比较旺的论坛都比较集中。但更重要的是要浏览最近一个月甚至更长时间的帖子，关注其讨论的主题，热门帖的类型，跟帖的质量，以及话题的涉及范围等。

（2）发现"意见领袖"，每个板块都能找到几位很有号召力的网友，他们通过在论坛中的长期积累，早已形成了一定的威望，他们的意见对其他网民的态度和消费行为的影响非常直接。这些人可能是版主，也可能是普通网友，当然首先还是要留意一下版主的发言记录。论坛营销中如果能够首先获得"意见领袖"的认可，随后的态度引导会容易得多。当然最长远的策略，是在比较热门的行业论坛培养和经营几个资深账号。

（3）设定炒作底线，凡事都会有个底线，论坛营销更是如此，要想将广告帖"虚伪到无比真诚"可不是件容易的事情，难免会有被人识破的风险。这就需要在事前论坛调研中，发现和寻找一些敏感的表达方式和关键词，此外，还要留意主帖和回复的措辞方式，以及各类表情、签名、头像的使用，还要考虑注册日期，新注册的 ID 发布的主帖影响力有限，以回复响应为主。

7.3.3　"三板斧"杀入草根

在论坛营销领域有一个精辟的论述颇为中肯，那就是论坛营销"三板斧"——短、准、快。

所谓短，是指论坛营销要求帖子短时间内冲到论坛顶部或者被版主推荐，如果短时间内达不到预想的效果，那么这篇帖子可能就被淹没了。

所谓准，是指论坛营销要求帖子针对性强，不仅能够以准确的语言勾起读者的兴趣，更能以准确的回复达到预期的效果。如果达不到"准"的要求，很可能所有的工作都要打水漂，更有甚者会走向我们预期的反面，成为反面教材。

所谓快，是指论坛营销要求所有的帖子能够及时回复，问题要及时解决，要的就是速度。千万不能拖，一旦负面消息多了，控制就会变得很难，回天乏术。

要在短、准、快三原则的基础上，实施论坛营销。但如何成功地实现呢？仅仅依靠一个好帖子，未必能够绝对保证，这就必须在好帖子的基础上，辅以一定精巧且不露痕迹的营销手法，从而最大限度地保证帖子成功上位，并且让品牌在论坛营销中处于上峰位置。如何具体实施呢？

建议在重点论坛，每月发 2～5 个主题帖，回复若干。每月至少培养一个精品帖（不一定要加精，但人气要旺）。这样在回复别人的帖子时，可以帖上自己帖子的链接。准备软文和图片。论坛营销的好处就是可以用一种和消费者比较亲近的方式向消费者详细和反复阐述产品的特征和好处，并可以用准消费者的身份传达产品的使用状况和消费体验。所以，你不妨多准备一些产品的图片，把每一个细节都淋漓尽致地表现出来，既可以提升帖子的关注度，又可以提高帖子的跟帖量，还可以详尽地展现产品的每一个好处。

在发帖前，一定要先设计好这个帖子的主题和目的，通过这个帖子要把消费者往哪个方向引导，以及在帖子的哪个部分留一个悬念，以引发消费者更强烈的兴趣。

7.3.4　管理帖子很重要

在哪些论坛发过帖，以及这些帖子的宣传效果如何，都需要统计和管理。要想做好论坛营销，不仅要学会发帖，还要学会管理帖子，做好后续跟踪统计和分析。你需要统计以下内容。

（1）哪些论坛发的帖子很火，带来的流量最多，需要将这些论坛作为以后推广的重点对象。之后要有针对性地对这类论坛进行研究，甚至要为这个论坛做特色帖子，有效地针对论坛的受众来发布。

（2）哪些论坛发的帖子被删除了，以后就不去这些论坛推广了，以免浪费时间。如果确实很想在这个论坛上发帖子，那么就去研究一下，以后不要再让管理员一眼就认出你是广告帖了，看看别人的广告帖是如何隐蔽的，学会依样画葫芦。

（3）哪些论坛发的帖子沉下去了，需要顶一下。这很关键，毕竟你的帖子还是带点儿广告色彩的，自然没有常规帖子那么容易被人顶，论坛里灌水的人又多，没多久你就沉底了，换个 ID 号去捞一下，过一天，如果又沉了，再换个号捞，不过如果总没人回，也别捞了，肯定是因为帖子没啥意思，顶了也没用。

（4）看看帖子有没有人有疑问，有的话，答疑解惑，顺便营销一下，这样起码别人会觉得你是个不错的人，其他围观的群众说不定会被你"感动"，而去做你的生意。

在这个基础之上，如果你想更加精确，可以考虑建立一个自己的论坛数据库。一般而言数据库中的论坛所使用的用户名、密码以及注册时使用的邮箱需要保持一致，这也是为了方便后期的营销和推广，论坛数据所需要的信息包括论坛的名称、地址、分类、核心版块列表、活跃指数（也就是所说的论坛星级），这些信息都整理到一起再进行营销推广才能顺心顺手。

还要记住一个注意事项，发帖的多少并不代表什么，关键还在于帖子的实际效果。特别是请发帖公司时更要注意，发帖公司的收费方式很简单，就是一个帖子多少钱，主帖、回帖、跟帖都有明码标价。客户认为，只要多发帖就会有影响力。实际上，即使是一万个帖子，如果都是由几个有限的 ID 自己发，自己顶，没有形成扩散效应，效果也肯定大打折扣。很多帖子上班时看起来很火，可一到了下班后，就很快沉了，因为顶帖的员工下班了。这种发帖对于企业来讲肯定是无效的。

互联网营销是以精准营销为特点的，而论坛里的帖子从发帖到传播再到爆发的过程是无数网友参与的过程。你需要达到的是营销效果，而不是表面上帖子好看，所以帖子发布出去一轮之后，可以检查一下自己最近受到了多少关注，同比上升了没有，那才是实际效果。

7.3.5　回帖也能玩营销

在论坛里经常看到很多回复很简单,"顶一个"、"支持!"、"不错,很好"……类似这样的回复一点价值也没有。经常回复这些内容的 ID 很容易被版主认为是发帖机在操作,严重的会封 ID。既然都是回帖,为什么不真心实意,认真地回复呢?用心看一篇文章,静下心来针对主题帖回复,这样的回复末尾加上一个网址链接,一般是不会被版主当作 AD 处理的。或者认认真真地转几篇文章,文章末尾署名"某某网站转载",这样的网址链接远比胡来几个广告好多了,不仅不会被处理掉,如果你的帖子不错的话,还会获得版主的加分。

回帖其实也很有讲究,因为你需要通过回帖来进一步营销,一方面,有些话你不好在主帖上说,比如广告内容,可以让回帖的人来说,毕竟采取直接的广告不但很难起到效果,还可能被管理员删掉,所以改变一下,站到客户的角度去引导他们。

另一方面,则是让自己的帖子能够再次焕发"活力"。自己发的帖子,自己一定要常回复。也可以换马甲身份回复,或补充说明式的回复,来慢慢带动帖子的人气,最起码别让它沉底了。

下面的案例是在两种不同类型论坛中进行回帖的方法。

1．潜在客户群论坛

帖子标题:请朋友们帮帮忙。

帖子内容:由于公司发展的需要,现在需要建一个公司站点,但对此方面我不太熟悉。请教一下在此方面有经验的朋友,大概需要多少钱?哪家做得好些?在此先谢过!

回帖:稍过点时间,用另外一个身份回帖,然后再用前面的身份回帖。好好演一下这个广告,便可以吸引更多的潜在客户的眼睛,而且一般不会被删掉。关键是其中所用语言一定要融入其中,不要被人识破。这时候在回帖中加上广告就 OK 了,既然有求,我就必应。

2．潜在代理商所在论坛

帖子标题:合作信息推荐。

内容:我们从事某一项事业的代理合作方案(为了避免广告之嫌,可以去掉帖子里面所有的联系方式,从而吊起潜在合作者的胃口)。

回帖:以另外的身份回帖、询问,过段时间再换回原来的身份,给出联系方式。

直接的广告总给人一种不太好的感觉,所以在潜在合作者的许多论坛,可以采用局外人推荐和直接广告两种方式,在回帖中出现效果会更好。

有时甚至可以进行有意的破绽式论坛营销,从而让网友形成互动。比如,第一个帖子并不是尽善尽美,而是留下破绽,由网友提出质疑,形成讨论。但是在产品推广时,这个破绽一定不能是产品破绽而是话题破绽。因为话题的正面或者负面，会对产品产生传播作用，如果是产品破绽被网友纠出，那就是失败的营销。因此，操作方式的拿捏要相当准确，也相当重要。

【思考一下】

有很多论坛为了防止灌水，设定了门槛，即在积累到一定的回帖分值之前，是不能发帖的。你的老板迫切需要你展开论坛营销，但指定论坛又不能立马发帖，而你必须好好地推广一下你们的产品，假设是啤酒炸鸡，怎么在回帖中运作，而且要润物细无声？

下 篇

基础渠道：让口碑厚起来

下篇重点介绍自媒体（博客）、网络广告、电子书、电子邮件、网络视频、网络新闻以及危机公关等方面的内容。

这些都是较为基础和传统的网络营销渠道，都起到了网络营销最基础的铺垫作用，也就是所谓的口碑积雪。你的口碑不可能是无本之木、无根之水，必须要有一个依靠。我们可以将其视为地基，而社交媒介是立在地基上的高楼。"万丈高楼平地起，一力承担靠地基"，使用这些传统的基础渠道做好铺垫，让受众潜意识中形成一个概念，或者说提到"车到山前必有路"，口中虽然回答"船到桥头自然直"，但潜意识中难免会浮现"有路必有丰田车"这样的第二答案。

如此一来，社交媒介激发起强大社交话题推动口碑雪球时，这些渠道上积累的口碑积雪才会因此而聚合在雪球之上，使之越滚越大。即使没有口碑雪球的滚动，也可以依靠基础渠道积累的丰厚积雪，自然而然地实现从量变到质变，并形成自然而下的口碑雪崩。

网络危机来时，长期在各种渠道中积累下来的口碑，也会让这个危机变得难以传播和寸步难行。毕竟公信力和口碑集聚起来后，一两次危机事件难以打败整个口碑，这也会给危机公关换来更多的时间和空间。回环余地越大，危机处理起来越容易四两拨千斤。

第8章
自媒体靠观点取胜

本章将解决下列问题：

* 自媒体到底是个什么东西？

* 自媒体和博客有什么区别？

* 自媒体的发布规则有哪些？

* 如何在最短时间内成为知名博客？

* 博文怎么写才会有人看？

* 博客怎样才能实现真正赢利？

* 营销者如何更好地利用博客进行口碑营销？

* 如何才能打造出一个完美的企业博客？

* 如何规避博客营销的误区？

在微博兴起之初，当当网高级市场经理问了我一个问题："现在博客是否已经走向了没落？"公关媒介人员的目光总是犀利的，从企业营销的角度看，表面上，通过博客撰写一则软文，似乎影响力已经下降了许多，门户网站上博客文章的推荐位越来越小也越来越偏，甚至有的门户的专项频道页面已经没有了博客的一席之地，而博客的点击似乎也远远没有过去那么高，哪怕是业内公认的意见领袖的博文，有时候也不过是千余点击和尾随其后寥落的几个乱七八糟打广告的回复，这和论坛上动辄上万点击、微博上数以百万计的转发等相比，似乎很不成比例。

博客这个一度被网络营销视为利器的平台，更是网络上强悍的自媒体形式，它是否真的走向了穷途末路呢？

答案是否定的。其实现在的博客才是真正意义上的博客，剥离了喧嚣的外皮之后，真正回归了精准化营销的原始路线，博客是所有网络营销工具中最无限接近于一个点击就是一个有效传播，并实现信息扩散的终极武器，时至今日，自媒体的风行，也可以看作是博客继续保持观点影响力的延续，或者说是扩大。

其实，自媒体就是博客的升级版，是博客开外挂后的更强大表现！

8.1　自媒体不是媒体

【本节要点】

　　自媒体其实就是博客，或者说是从博客延续而来的新形式。不管名字怎么变化，但它都有一个不变的名字——意见领袖。所不同的是，随着受众接受方式的变化，自媒体的传播方法也有所变化，当然，发布自媒体的原则也有新的发展。

　　很多人说，2013 年是自媒体的元年。在这一年，自媒体从过去单一的博客和略显单薄的微博拓展开来，有了更多的全新形态。

　　微信公众号大放异彩，网易、搜狐、腾讯、百度则全力出击新闻客户端领域，吸纳大量意见领袖入驻，动辄千万级日活跃用户量。而腾讯大家、百度百家则形成观点交锋的擂台模式，引人注目。此外，在各大门户上的博客也逐步融入到了频道专栏中，如新浪专栏就分为了创事记、水煮娱、观察家、新史记等目标受众不同的专栏类型，其原有的博客群落中的佼佼者，也摇身一变成了专栏作家，获得网站的全力追捧。诸如虎嗅网、钛媒体、速途网等自媒体聚合平台，亦大放异彩。

8.1.1　自媒体的生存逻辑

　　纷繁复杂的自媒体大战，让人眼花缭乱，也让网络营销者有点不知所措。过去的博客推广经验不好用了吗？怎样才能让自己希望的东西出现在这些新的自媒体平台上，从意见领袖的口中说出来？如此种种的疑问，其根源在于自媒体到底是什么？

　　美国新闻学会媒体中心于 2003 年 7 月出版了由谢因波曼与克里斯威理斯两位联合提出的"We Media（自媒体）"研究报告，其中自媒体定义则更为宽泛，"自媒体是普通大众经由数字科技强化、与全球知识体系相连之后，一种开始理解普通大众如何提供与分享他们本身的事实、他们本身的新闻的途径。"简言之，即公民用以发布自己亲眼所见、亲耳所闻事件的载体，如博客、微博、微信、论坛/BBS 等网络社区。

　　也就是说，按照广义的定义，任何能够让普通大众发声的即可算自媒体，哪怕只是一个 QQ 签名；而在这里我们对自媒体的定义则主要是狭义的定义，即自媒体是对普通大众以现代化、电子化的手段，向不特定的大多数或者特定的人群传递规范性及非规范性信息的新媒体的总称。自媒体包括但不限于个人微博、个人日志、个人主页等，其中最有代表性的、比较集中的自媒体平台是美国的"脸谱"和"推特"，中国的 Qzone、微博、微信等。

　　但这样的解释依然过于宏大，让人对自媒体摸不着头脑。

　　《中国文化报》2013 年 6 月 14 日张湘彦的一篇深度报道《自媒体的生存逻辑》，可以给出答案。

每天早晨8时，是网络"码字工"刘锋的工作时间。发博客、发微信、发长微博，已经成为了他每天的必修课。"即使是周末，也不能睡懒觉，每天都要保证有更新才行。"说这话时，刘锋的话语中并没有多少无奈，因为靠着每天的笔耕不辍，他现在每个月至少是个"万元户"了。

据了解，刘峰的这种状态几乎是目前被业内称之为自媒体的一批"码字工"的缩影。近年来，伴随着博客、微博、微信等互联网新应用的出现，自媒体群体日趋扩大，关于自媒体的话题也甚嚣尘上。一些人甚至将此作为事业，也有人将此当作工具。或为名声，或将此转换为已有商业产业的流量"导航条"。

从名博锤炼出来的自媒体力量

较之自媒体这个称谓，他们或许更习惯被称呼为"名博"。其实意义都一样，都是有别于传统媒体，以个人的信息制造、观点分享形成向自身受众群体传播信息的网络传播生态。

据人民网专栏作者张书乐介绍，其实自媒体并不是一个很新鲜的事物。早在10年前，当博客中国面世时，国内最早的自媒体——"名博"现象就已经应运而生。NTA创新传播机构、独立新媒创始人申音则认为，从有博客以来，个人向公众传播信息的门槛就已经越来越低，而这几年微博、微信的出现，更是让许多人觉得每个人都可以做媒体了。

但在10年前，博客还是一个时髦且有些高端的事物，能够在博客中国上开设专栏的大多是博客中国认可的人。"这样的人，起初只有百来人，后来随着新浪博客等其他网站对博客业务的涉足，逐步发展到千余人。"张书乐说，"和一般的网络帖子不同，这部分博客有着许多特权，如网站重点推荐、博客名单收录等。"这使得这批博主很快聚集起了数以百万级的点击率和相当高的网络知名度，他们的博客文章或观点也较易被转载和采纳，一定程度上的媒体意义自然而生。而这种影响力在随后的微博、微信热潮中再次发生。

"如果仔细观察自媒体的发展，不难发现，目前在网络具有一定影响力的自媒体，大多来自于最初阶段的那批坚持下来的名博。"一位IT观察者表示，"这和后来出现的以营销为主要目的、大量在微博上发布各种段子的草根大号不同，这批名博经过多年的锤炼，具有更强大的洞察力和媒体属性，他们的言论甚至能够影响到某个领域某个企业的舆论走势。"

而随着2012年9月程苓峰和他在微信上开设的"云科技"走红后，自媒体也开始更加为外界所熟知。2013年4月，程苓峰在接受媒体采访时称："前3个月拿到了20万元的广告，接下来可能会少一些，每个月会有几万块的收益，这对于我来说足够了，事实上，每个月我只要有1万元的收入就可以做下去，而这样的收入对于我来说并不难。"对此，舆论开始哗然，基于自媒体的赢利模式成为业内热议的话题。

自媒体的生存逻辑

事实上，这种以强有力的观点所打造的自媒体以及它所带来的赢利，在博客圈里早已不是什么商业秘密。"既然号称'媒体'，软性广告就难免植根其中。"某业内人士笑言，从博客时代起，渗透其中的商业运作就已开始，不少知名博客中充斥着大量的软性宣传博文。

"2007 年，最早和博拉网这样的软文平台合作，一篇博文不足百元，后来发展到和一些企业或公关公司直接合作，至少每千字千元这样的收益比起传统媒体给的稿酬要有吸引力得多。"据张书乐介绍，很多名博主有类似的经历，且这种经历从博客逐步延伸到后来出现的微博、微信平台上。

当然，这种直接绕开网站运营商，赚取广告费的做法，也对一些博客、微博平台本身的广告业务造成了竞争。为了削弱这类赢利模式，新浪、腾讯、搜狐、网易等博客平台相继在一些名博中推出了自己的广告分成体系，希望将这部分软性广告收益拉回自己手中。然而，表面上以针对每个博客的不同属性进行的精准广告营销，因为直接采取商品广告条式的硬性植入模式而收效甚微。"一年下来，在网站的广告分成上也就百余元的收益，这和我近百万的博文点击，完全无法对应。"一位名博主如是说。

与之相对应的是名博上的软性植入广告。据了解，类似"云科技"这样的自媒体，其主要的广告客户为 IT 企业，而投放广告则大多以夹带广告内容的软性文章为主，通过名博主带有个性化特色的观点和文字直接作用于读者，其客观性和影响力则得到更有效的释放。而且，由于这类自媒体以其自身对某一领域的较深观察力和一定的公信度，使得其文章即使带有广告特征，依然能够被特定读者群所接受。

尤其值得注意的是，因为自媒体们大多有特定的读者圈，其真正的影响力并不是单纯以点击率为标准。"一篇 IT 产业分析文章，放在娱乐类自媒体上，或许点击率数以万计，但读者太过庞杂，精准度不高，反而不如放在 IT 类博客上，点击不过一千，却直接覆盖 IT 业内人士。"一位 IT 自媒体运营者说。

成功的自媒体能否复制

部分自媒体在商业和社会效益上的双丰收，让更多的人对自媒体有了极大的信心。然而，面对纷至沓来的利益诱惑，如何在赢利和公信力的跷跷板上平衡，以及保证自媒体的客观公正性也成为业界所关注的问题。虽然，在不少自媒体人眼里，自媒体所带来的赢利更多地被视为延伸效益，而并非广告费，"因为即使是软性广告，也依然需要秉持一定的客观公正性，至少我不会单纯为了钱而去做一个自己都不认同的产品的广告。"张书乐说。但人有千姿百态，代表着个人的自媒体也良莠不齐，态度各异。

"在博客营销最为红火的 2009 年，几乎每天都会有五六家企业或公关公司找上门来希望撰写或代发软文。发展到后来，大部分博客平台充斥着大量的软性广告，导致博客平台的管理员们有时候也无从分辨那些肯定或否定某一企业或产品的文章到底是不是软文。"张书乐说，当博客平台的整体公信力受到受众质疑后，博客营销开始落魄。但随后，微博营销地出现又立刻填补了空白。但就如博客平台一样，很快，微博、微信平台上泛滥的营销广告也让这些基于新型互联网应用平台的自媒体的影响力逐渐丧失了市场。"一个微博、微信发出去，换来几百个转发，但附带链接所指向的网购页面上的销售却纹丝不动。"广告主的感叹让微博、微信上的自媒体神话很快破灭。"这已经成为了一个被过度消费的事物。"资深电视媒体人、自媒体人罗振宇说。

对于自媒体的商业潜力，上海交通大学的新媒体专家魏武挥也并不那么看好。在他看来，即使是像程苓峰这样的自媒体中的佼佼者，其手上的 13 个广告也更多是基于其个人在行业多年积累的"变现"和先发效应，并没有普适性。像博客时代一样，也许会有一批人在这波潮流中脱颖而出，但就整体的商业模式而言，本质上"微信公众账号就是当年的博客、App 就是当年的电子杂志"，曾被外界寄予很高的商业价值期待，但最后都趋于没落。

"和传统媒体上的各种广告一样，如果没有足够强大的影响力和公信力支撑，广告商是不会乐意投放广告的。所不同的是，传统媒体是众多媒体人一起经营的产业，而自媒体则是体现作者个人气质和个性观点的地盘，它的影响力直接受制于个体作者的精力和'视力'，更受制于广告发布形态的制约。"张书乐认为，尽管在目前，一些自媒体已经开始变成小群体写作的领地，也开始逐步出现了通过二维码、广告条乃至互动咨询等特质更为明显的硬广告赢利取向。"但终究要保持自媒体的可持续发展，作为运营者的个人，就不能以赢利为目的，否则最后失去的是自己的所有媒体地盘。"

由此可见，自媒体也好，博客也罢，都只是一个名称，其实自媒体就是一个有鲜明观点烙印的网络意见发布平台，这样一个平台，万变不离其宗，若没有观点取胜，就真的只是写给自己看的媒体了。

8.1.2 自媒体不能取代传统媒体

在自媒体的讨论之中，最引人注目的是传统媒体是否会被自媒体取代，是否会被高速的网络传播所冲击而沦陷，每逢国外的一些纸媒倒闭或完全网络阅读的新闻传来，就更加加剧这种讨论。

然则，愚以为，这样的讨论毫无必要，或许在未来，传统媒体会告别他们原有的载体，全盘网络化，但有一点可以肯定，那就是自媒体永远不可能取代传统媒体的地位，从本质上来说，尽管它们都叫媒体，但却是两条道上跑的车，没什么交集，且从特质上较之传统媒体有如下区别。

1. 个性特色极强

传统媒体中的新闻报道需要符合所在媒体的总体风格，即作者要跟着媒体的特点来写作。比如在一份严肃性强的日报上，街谈巷议的风流韵事就不宜刊登，即使刊登，作者的笔调也要严肃，即使是个性化较强的报刊专栏，作者也要受到报刊风格的约束。而在自媒体上，即使依托平台，自媒体作者却不需要受平台风格的过分束缚，任何语言风格，哪怕是个性化的市井俚语或偏粗鄙的网络语言都可以照用不误。套用高考作文中大家熟悉的一句话就是"文体不限，哪怕诗歌"。

2. 进入门槛较低

在某种意义上，自媒体有点类似过去报刊上的专栏，只是文辞上更加自由，但区别并不是仅此一点。过去的专栏，需要有一定的知名度才能开设，而自媒体就和注册邮箱一样，几乎面向了普罗大众。过去给报刊投稿，普通人命中率很低，但自媒体则不存在这种问题，自己的地盘，自己可以做主，比如博客和空间。当然，如钛媒体、虎嗅网和新浪专栏等自媒体平台，为了提高稿件质量，也设有审稿制度，但较之传统媒体，尚属松泛。

3. 传播速度更快

这一点，从网络传播诞生伊始，就一直赶超在传统媒体之上，而自媒体不仅仅比传统媒体更快，同时也超越了许多的网络媒体，许多新鲜爆料往往最先出现在微博、微信以及博客、论坛上，之后才被网络媒体作为网络新闻进行扩散。值得注意的是，当采集信息的人群由传统的记者编辑变为普罗大众时，所能采集的信息更广、更深，且更快地被传递到网上，并依托自媒体的自有受众群体形成高效传播和互动。而且一些机构和名人，本身就是新闻源，其自发信息，省去了若干中间环节，使得传播速度达到和事实发生"同步"，这一点在微博上表现得尤为充分。加之不受传媒的版面、时段、条目和页面束缚，使得自媒体的信息量，也较之传统媒体更加丰富，当然，伴随而来的，则是自媒体爆炸式信息量中的良莠不齐、泥沙俱下。

4. 一手信息缺乏

尽管信息量极大，自媒体传播也呈现出一个悖论，即表面上看，信息采集和传播类似电子商务 C2C（个人到个人），普罗大众成为信息采集者，可以使得众多不为人知的信息被快速传递到网络上。但另一个方面，从个体上来说，单个自媒体的一手信息依然缺乏，或许某个普通人可能因偶遇跨桥、火灾或其他突发性事件，而一下子成为传播广泛的自媒体，但这毕竟是小概率事件，且这个普通人在此次传播之后，其自媒体意义也就再次回归为微不足道。从总体上来说，由于不具备大众传媒的采访权和信息源，无论是机构还是名人的自媒体，其一手信息都呈现匮乏状态，无法做到和大众传媒相抗衡。

5. 偏重分析评论

由于一手信息的缺乏，自媒体为了保证自己持久、持续的影响力，所必然的选择是向分析评论角度深度挖掘。主要表现为主流自媒体们，大多以某领域专家自居，对所关注领域的新闻和信息，进行即时分析和评判，从而以相对自由的观点和意见，形成自己的媒体特征。这种旗帜鲜明的观点意见表述，也和大众传媒侧重报道新闻事实，将观点意见含蓄表达在信息之中的风格形成差异。

由于有如此差别，自媒体在本质上和传统媒体并无激烈竞争关系，相反地，还有相互依存和资源互补的关系，在某种程度上，庞大的自媒体信息采集，让传统媒体获得了更多的信息源，并经过传统媒体的加工和过滤，通过专业的记者编辑，依托采访权限上的便利，形成更为优质的信息集成，进而为自媒体提供了更多丰富的分析评论资源，同时，这些分析评论，也可能被传统媒体所采集，为信息的深度挖掘提供"佐料"。

别小看这种互补，这其实进一步放大了自媒体的影响力，成就了自媒体的"媒体"属性。但无论如何，自媒体依然不是真正的媒体。

8.1.3　从自媒体的分野找出路

明白了自媒体的发展由来和属性，也就逐步理清了通过自媒体进行营销推广的框架，由于时下自媒体的大发展，使得各种自媒体都目标差异化进行竞争，也让外界对自媒体的纷繁复杂形成难以掌控的初步印象，那么自媒体自身又有哪些分类呢？

1．从平台角度而言，可以分为以下两种。

一种是自建式的，类似个人网站，或者叫做独立域名的博客，这种自媒体数量较少，其中个别自媒体影响力较大，但建设难度、维护难度都较高，也基本不适用于大多数人的使用习惯。

另一种是平台式的，如新浪博客、搜狐新闻客户端、微信公众号等，此为国内自媒体的主流。

2．从传播方式而言，可以分为以下三类，此分类也会影响到自媒体的订阅方式。

其一是以传统互联网为主的自媒体。如新浪博客、网易轻博、腾讯空间、钛媒体、虎嗅网、各大门户专栏和各种论坛，其受众大多通过 PC 登录浏览器来进行阅读和传播分享。此类自媒体，大多依靠平台推荐，没有推荐很难获得流量，无论是过去的博客，还是现在的钛媒体。钛媒体、创事记等的投稿和选稿模式，其实就是另一种平台推荐的筛选方法而已。

其二是以移动互联网为主的自媒体。如微信公众号、网易新闻客户端和各种移动新闻客户端，其受众大多通过智能手机、平板电脑等移动终端来进行阅读和传播分享。

其三是杂糅两类传播方式的自媒体。其中较为典型的是搜狐新闻客户端，其一方面向移动端的用户进行个性化传播，另一方面，则按照过去博客的传播方式，在搜狐的主要页面上，形成推荐专区，对部分自媒体的有价值的、时效性强的发布内容进行推荐，服务网站读者群。

3．从交互类型而言，则可分为以下两类。

其一是互动性强的自媒体。无论是微博、微信还是论坛，其互动性都十分强悍。

其二是互动性弱的自媒体。从传统的博客到时下的微信公众号，或是各种新闻客户端，无论是依靠网站推荐，还是靠平时积累订户，其自媒体和受众之间的互动性都偏弱，大多采用读者在发布内容后跟帖的方式，和过去博客时代较为单向的传播方式并无多大变化。甚至可以说，在时下的自媒体环境中，尤其是国内自媒体发展中，即使互动性较强的微博，也并没有实现真正意义上的互动传播，他们依然和传统的新闻媒体相似，将传播者与受众分得很清，采取"自上而下"、"点对面"的传播方式，只是对"群众来信"处理得更及时、更亲切而已。

4．从发布内容上看，大致可分为两类。

一类是以发布文字为主的自媒体。此类自媒体为自媒体的主流，在这个大主流下，核心的自媒体多是以分析评论为主，真正意义上自产新闻的自媒体并不多见，往往只是以评论为主的自媒体，偶尔得到了独家新闻并发布这种状态。

另一类是以多媒体发布为主的自媒体。时下部分自媒体采取播客、语音、图片等形式进行多媒体式地传播，尤其是各种轻博客，其主流就是打造个性化的图片自媒体传播，但这些大多是小众化的，也受限于传播的渠道和受众的阅读习惯，且对技术要求也较高。

5. 从传播信息上看，则可分为原创式传播自媒体和转载式传播自媒体，当然，真正强大而持久的自媒体，非原创不可。

由以上五种自媒体的分类不难看出，本章接下来将核心介绍自媒体营销中所推崇的类型，即依托平台、不计较传播方式、暂时忽略互动性问题、以文字发布为主的原创自媒体。简而言之，自媒体的主体形态，并没有背离博客这个源头，因此，对博客营销进行阐述，即可大致形成自媒体的主流运营脉络。

在专门对博客营销展开论述之前，先看一下主流的自媒体平台分别有哪些特征，特别是对于推广营销者有什么最好的搭配。由此，将更有助于将自媒体营销的利好发挥到最佳。

8.1.4　给自媒体划一个成分

在本章所要重点叙述的主流自媒体平台可以分为以下几个类别，其中每个类别，将提供一些重点的自媒体平台和其特征供大家参考。

1. 博客类

中国的数千万博客，大多依托在诸如新浪、搜狐、网易、腾讯、凤凰等第三方博客平台之上。这些平台不仅提供丰富的博客模板供，同时其大容量的博客空间和较为稳定的博客托管服务也都让博客作者们有良好的印象。

随着近几年来博客的衰落，一些过去主流的博客平台已经淡出了舞台。从总体上来说，时下值得下大力气维护的主流博客平台为以下几个。

- 新浪博客：尽管点击量已经大不如前，但其一方面和新浪微博进行捆绑，可以提高博客的扩散性，另一方面，新浪博客作为国内博客的王者，在其上获得成功，可以为开通其他自媒体并获得关注赢得入场券，如新浪专栏、钛媒体等。

- 腾讯博客：基本上腾讯已经不再重视博客产品，但腾讯博客同样可以和微博进行捆绑，这样可以使得微博具有更大的扩展性，特别是一些观点性文章，可以提取核心内容同步在微博上，另一方面，用腾讯博客发布之后，其内容可以直接复制到微信公众号上，十分节约时间。

- 网易博客、搜狐博客：尽管影响力早已式微，其捆绑的微博平台价值也不大，但作为一种扩散，依然值得发布，同时，网易博客的内容可以直接复制到网易轻博客和网易新闻客户端的自媒体上，同样有节约时间的效果。

- 凤凰博客：是近年来异军突起的博客平台，其博客一旦被推荐，点击量和影响面都颇为可观。

值得注意的是，此类博客平台都是通用型博客平台，对博客的风格、取向和领域并无特别要求。部分机构和个人亦可同时选择一些专业型博客平台发布自己的意见，如IT类博客，可以在赛迪博客、中关村在线等开设，移动类博客，可以在飞象网、中移动研究院等平台上开设，母婴方面的博客则可以在一些大型母婴网站上开设。

2．专栏类

近年来，随着自媒体的呼声日渐增高，一些门户平台均开设专栏，同时一些专栏类的自媒体平台也逐步崛起，这样的阵地，值得占领，特别是下列几个。

- 新浪专栏：从某种意义上来说，新浪专栏其实就是新浪博客的升级版，或者说是精华版，所不同的是，其需要用户主动申请并接受网站方审核通过，没有博客时代那么自由。同时，开设专栏后，方向相对固定，如其中的创事记专栏即为IT类，专栏投稿必须是IT类稿件，且专栏增加了审核制度，使得稿件的上稿，不再如博客那么自由，当然，这种审核通过和过去博客推荐异曲同工，博客没有推荐一样是没有人看的。

- 腾讯大家：腾讯大家这个专栏偏重于人文关怀，以评论分析为主，作者多为专栏作家，应该是邀请制。

- 百度百家：百度百家在准入机制上类似腾讯大家，在风格上则类似新浪专栏，覆盖过去博客的各种专业角度。百度百家目前是申请制，如欲加入可以把作品及个人介绍发邮件至：Baijia@baidu.com。

- 钛媒体、虎嗅网、速途网：此三个为近年来崛起的自媒体平台，风格都以IT、互联网和新技术领域为主，需要申请并审核后开通，钛媒体和虎嗅网存在审稿制度，而速途网则延续推荐模式。

3．客户端

随着移动互联网的兴起，客户端形态的自媒体获得了极大的影响力，尽管现在势力划分不明显，依然可能江山代有才人出，但及早占领和谋划，也是必须的。

- 微信公众号：由于微信公众号设有开放端口，因此微信公众号的使用也就呈现出多元化色彩，但对于大多数用户来说，微信公众号中的订阅号更符合自媒体特征，同时，完全可以按照博客的发布方式来进行，只是公众号需要拉订户扩大影响。

- 搜狐新闻客户端：如前所述，搜狐新闻客户端跨越移动端和PC端两头，尽管也有订户量，但主要还是依靠网站推荐提高自媒体的关注度。该自媒体需要申请和得到审核，因此需要先有一定的知名度，这也是我为何强调开博，以达到其他自媒体申请的门槛指标的关键点。

- 网易云阅读开放平台：其平台目前的主营方向似乎以图书的移动阅读为主，其自媒体部分的影响力偏弱，但复制粘贴网易博客的内容并非难事。其开设流程和搜狐新闻客户端类似。

4．轻博客

轻博客的特征和博客、微博的取向并不一样，其突出图片、视频等多媒体元素，且并没有向预期的方向前进，不过作为阵地进行保留并不为过，且轻博客的某些特征，还可以为扩张影响力和实现一些海外推广加大筹码。值得推荐的如新浪轻博客、网易 LOFTER 和点点网。如果没有多媒体元素可以发布，没关系，与你的博客内容同步就好了。

5．其他类

一些自媒体平台上的粉丝订阅平台（类似微信公众号的 PC 版）、新浪微刊、站长之家专栏、艾瑞网专家专栏以及天涯论坛的认证账号等，均可视为自媒体的一些发展形态，大多也需要邀请开通或申请后审核，因此可以作为自媒体运营的一种辅助补充。

有了成分的划定，加上之前对自媒体属性和特征的分析，自媒体运营的粗线条即已成型。

8.1.5　自媒体发布原则

无规矩不成方圆，自媒体有其特有的运营规律可言。在此，仅仅就博客、专栏、轻博客以及多种新闻客户端等自媒体类型的一般开设和发布原则进行阐述。

1．自媒体开设原则

（1）通用+专业。即在上述通用型自媒体上均开博或开专栏，形成一个自媒体条件下的完美账号体系，并根据需求和相关平台的关注度，考虑是否开通专业领域自媒体平台上的专栏。对于需要积累影响力的人，则建议先开通博客和部分零门槛的其他自媒体，为打破门槛积累条件。此外，上述自媒体平台在未来可能会有更多变数，但只要见缝插针，见到有新自媒体就注册，复制粘贴并花不了多少时间。

（2）构建完美账号体系。这样的开设原则，结合完美账号系统，即实现微博和博客绑定，各大核心发布平台的账户互锁，则可形成一个通发全网、互相补充、完善和提升的完美账号体系，可极大地扩大网络推广的复合式发布和影响效果。

（3）尽可能统一自媒体的名称。有些自媒体喜欢在不同的平台上用不同的名字，看似个性十足且有特色，但却不明显，不如观点意见统一在一个名称之下所能带来的影响力大。

2．自媒体发布原则

（1）一稿多投。即一篇文章同步发布在所有的博客、专栏等自媒体上。

（2）工作日发布。自媒体发布如无特殊情况，最好选择在工作日进行发布，一是需要网站审核和推荐的自媒体不会因为编辑休息而耽误。二是即使是订阅模式的自媒体，也不会影响到受众的休息。三是选择周五发布效果更好。

（3）一天一稿。即在工作日发布的条件下，如无特殊情况，每天只发布一次信息。一是如微信公众号规则限制一天发布一次信息，尽管可以做成多篇报道组合的形式，但受众未必一次能够吃下太多的"蛋糕"，容易影响传播效率，其他需要审核或推荐的自媒体，一天能够有一稿获得审核已然不错，没必要让自己的稿件"窝里斗"。二是个人自媒体没有那么多精力一天写多篇稿子，机构自媒体也没必要一天发布太多信息，一篇重磅稿件比 N 篇垃圾信息更有传播价值。

（4）特定时段发布。自媒体尽管分为推荐和订阅两种类型，看似订阅类可以随自媒体主人的自身时间进行发布，但如同上述工作日发布一样，其实都是有特定发布时段的。特别是对于依靠编辑推荐的自媒体而言，在编辑上班到完成当日推荐的时段内（上午 8:30～10:00）发布，将可获得更好的推荐效果。而对于订阅型的自媒体来说，上午 8:00～10:00 一般是订户上班路上，或刚刚进入状态浏览一天新闻和信息的时段，接受度都较高，而且一般的自媒体都在多个平台拥有账号，订阅型和推荐型皆有，因此统一在同一时段内集中发布，节约时间之余可以形成集中爆发效果，也不会让编辑有别家已经发了才考虑这边的失落感。

（5）每篇博文嵌入特色底图。所谓特色底图，就是在博文之后，加入如图 8-1 和图 8-2 所示意的模式，这样有助于让更多人记住你的名字，在自媒体时代，名字就是影响力。个人认为，这样的底图最好有以下几种元素：1．二维码，方便用户订阅你的移动端；2．个人介绍，方便受众更加了解你；3．个人头像，方便加深受众印象；4．订阅自媒体，可以将自己在其他平台的自媒体推荐给受众，方便受众根据自己的阅读习惯来自主订阅。

当然，类似个人作品这样的东西，若有当然更好，可以提升在受众心中的分量。或许会有人对我列出两张有差异的图觉得奇怪，其实这恰恰是一个技巧，图 8-1 是微信专用底图，自然二维码和各种 LOGO 以优先微信用户订阅为主；而图 8-2 是搜狐新闻客户端底图，在排列组合上，则以搜狐为尊。

图 8-1　微信专用底图

图 8-2　搜狐新闻客户端专用底图

上述五条原则为基本原则，其他自媒体运营的具体原则，可以参考博客运营原则，毕竟万变不离其宗，博客的原则，基本通用于自媒体时代。

在笔者的观点中，博客其实就是自媒体，自媒体不过是博客的时髦名称而已，当然，这个博客，并非仅仅是新浪博客、网易博客这样的狭义内容，而是互联网时代的意见领袖的统称。

【思考一下】

假设你是一个体育产品品牌，但你想打造一个能够传播你品牌价值的自媒体体系，如何选择符合需求的平台呢？你的自媒体如果一开始就考虑发广告，估计没人理睬，多分享观点，多分享别人不知道的业界视野，但不要攻击竞争者哦。

8.2　别用点击量来衡量自媒体价值

【本节要点】

互联网正在把影响力赋予那些以前不具有影响力的人，而自媒体就是这样一个载体。就像《纽约时报》曾经说过的，"Everyone is famous for 15 people"（每个人都可以在 15 个人中大名鼎鼎）。这 15 个人，可能就是经常光顾他们自媒体的人。

这种力量一直存在，这就是博客的力量，一种观点的影响力。现在看起来，博客似乎有点落寞，但其实博客就是自媒体，自媒体不过是博客的一个时髦名字，博客意味着观点，而不是特指新浪博客或者微信公众号，抑或是各种专栏上的意见领袖，因此以下论述的博客概念，其实就是意见领袖的观点表达。

或许很多人会认为，"现在微博也有这样的影响力啊，而且能够用最简单的方式来影响更为广大的群体，论坛、视频、电子邮件都有这样的效力"，但请注意，博客是通过意见领袖的话语和精辟论断，让所有的读者信服，如果硬要给它加上一个广告的定义，我想它是用话语权去影响最少量但却最有用的一群精英，并相信他们会将博客中的所见所感"布道"给更多的人。

再次提醒，下文中的博客等于自媒体，除非特别说明。

8.2.1 观点才是自媒体最值钱的东西

很多人（包括网络营销从业人员）都有一个认识误区，那就是在网络上，点击率是唯一的衡量标准。我就经常碰到同样的一群人，加了好友之后，第一句话就是："你的博客点击量是多少？"一听说我的博客点击量不过六七百万，或者微信公众号不过几百订阅者，态度立刻就变了。因为，在他们看来，我的博客就不值钱了。

但他们忽略了一点，我的观点依然很值钱。

在很多网络营销从业人员心中，有一个计算公式，点击量百万的博客上的一篇博文价值在千元以下，点击量千万的博客则是两三千，点击量少于百万的，他们基本上选择忽略不计，至于上亿点击量的"博主"要么请不起，要么请不动。反正，在他们看来，所谓博客，所谓意见领袖，其点击量应该非常之大。但事实并非如此简单。

且让我们看一个网络版"指鹿为马"的故事吧。

【甲骨文服务器为何在博客上没影响力】

我的一个从传统广告转型到网络营销的朋友，有一段时间非常郁闷。当时他接了一个甲骨文服务器的推广案，为此，他在网络推广上下足了功夫，并制定了一个非常完美的博客推广时间表，但是很快问题就出来了，无论他怎么借助博客的力量进行推广，这个服务器的相关信息也发散不出去。是找的博客不够强力吗？但博客的每一篇博文都有成千上万的点击量，而且还真不是自己刷出来的，可相关信息却依然无法引起网民的任何共鸣，甚至在博文上连个回复都没有。

当他就这个问题询问我时，我很快便发现了问题所在。

他找到的博客主不可谓不强力，其中点击量过千万的博客就有好几个，文章也非常的精致，是一个很有价值的服务器科普类文章，起码从我个人的角度来说是无懈可击的，我并没有一开始就告诉他问题的症结，而是推荐了一个点击刚刚过百万的博客，帮忙发布了其中的一篇文章。

结果第二天，这篇被重新发布的博文就大约有 800 个点击，虽然点击量相比之前的那些博文来说少得可怜，但奇怪的是，这篇博文后面竟然有十几个回复，而且都很精辟地在分析博文中所谈到的甲骨文新款服务器的优劣。更奇怪的是，一些知名的科技类网站也纷纷转载了这篇博文，甚至个别转载的点击量都已经近万；新浪微博上、专业技术论坛里也有一些公司的技术人员，自发地发布了一些讨论这篇博文的文字。这篇博文很意外地成功了。

为何会出现这种情况呢？很简单，在通常意义上，博客上的博文要吸引到网民注意，靠的是博客站点编辑的推荐，而朋友找的千万级博客和我推荐的百万级博客有一个很明显的区别，那就是千万级博客大多以讨论社会话题或奇闻趣事为主，和科技不沾边，而我推荐的那个百万级博客，则是专注讨论科技技术话题的。

或许你会问了，但点击量摆在那里啊！我的朋友看到此结果的时候，也发出了同样的问题。一个博客点击量过亿的朋友说过，在他的博客上，即使没有推荐的博文，点击量也会高达几万，原因很简单，他平时被推荐的博文依然能够为他带来可观的点击，因为网民在浏览完那篇被推荐的博文之后，会有一部分人选择在他的博客上继续看一些最近的文章，这也就让他没有被推荐过的博文获得了可观的流量。

但是博主的千万级流量对于那篇讲述服务器内容的博文来说，没有什么意义，因为原本被吸引来的网民，可能只是被这位博主之前的一篇文章所吸引，网民中的绝大多数对于服务器这个东西甚至没有任何认识，也没有任何需求，点开这篇文章或许只是被《甲骨文还不为人知的秘密》的标题所误导，但随意一看，发现根本不是自己想看的，也就匆匆关闭了浏览器，自然谈不上对文章内容的传播，更不要说讨论了。

而那个百万博客呢？他的博文确确实实被网站编辑推荐在科技频道的醒目位置，虽然点击量不高，但作为一个比较专业的技术频道，这部分内容原本就不会有太多普罗大众来围观。这800多个点击却是实打实的，基本上都来自于对科技乃至对服务器有兴趣的业内人士，他们绝不会误以为在科技频道中出现的"甲骨文"三个字是商丘的出土文物，而是确确实实对甲骨文这个跨国大公司的秘密有强烈的探索欲。当他们看到文章时，也自然而然地产生了共鸣，并且乐意在博文后面进行讨论，甚至将博文转发到微博和论坛上，转到 QQ 群之中，转给有同样兴趣的朋友。而来自其他科技网站的转载又是如何来的呢？有可能是因为那些站点的编辑有从门户博客站点或特定的科技类博客上抓取好文章的习惯，也有可能是来自其他业内人士的推荐，总之，这 800 多个点击基本上都是有效点击，是实实在在传播给了 800 个有此需求的人，并进一步传播给更多的人看到。

换言之，相对于前者大而无效的点击，后者的点击是精准传播，且有效传播极高，并可以形成博客观点的蝴蝶效应。所以，仅仅依靠点击来衡量博客传播效果的好坏是非常偏颇的。博客营销应该更加关注于有效传播。如娱乐新闻、体育评论之类群众喜闻乐见的话题，属于大众传播，点击量越大越好，而诸如上面谈到的科技类话题，则应该归结为小众传播，点击量不一定要很大，但一定要有效。

现在，让我们来认识一下博客，只有了解博客的人，才能真正懂得如何使用博客进行营销。

8.2.2　将博客看作专业报纸

通俗地讲，博客就是经常在互联网上发表个人作品、表达个人思想、展示个人价值的媒介，博主们通常文化素质较高，有思想，有见识，在互联网上行为活跃，是高端网民的集合体。博客已成为一种全新的个人媒体发布形式，不断地更新创造内容，持续地交流互动，利用博客圈子里的人群形成口碑效应，成为互联网上的"意见领袖"和"信息播种机"，影响并引导大多数网民的思维和舆论潮流，形成互联网上的一种新媒体格局。

同时博客也从过去的精英到如今的草根，已经越来越深入到普通网民身边。博客所描述的内容五花八门，从个人心情、企业战略、娱乐歪评到国家大事，绝不是简单的个人个性化的内容。每日各大门户网站上推荐的大量博客中，令人眼花缭乱的内容中就蕴含了极多的软性广告内容，例如某日新浪 IT 博客首页，如图 8-3 所示。

图 8-3 新浪 IT 博客首页

博客按照性质分为两类：一类是企业博客，如图 8-3 推荐的巨人网络官方博客是由企业官方自己建立，在某种程度上带有官方网站的意味，具有特殊性和极强的官方性，在数以千万计的博客中也属于"少数民族"，所以本书中所指的博客若没有特别说明，则不包含企业博客；另一类是个人博客，如图 8-3 右侧这一系列博客，都是由 IT 业内的意见领袖所建立的以描述个人 IT 生活和观点观察为主要内容的个性化日志。

博客按照文章的内容可以分为以下两类：一类是普通日志型博客文章，这类文章较少获得推荐，因此基本属于自娱自乐，供自己和朋友圈子消遣，在 IT 博客首页推荐上极难见到，基本不属于博客营销的讨论范围；另一类是观点性博文，此类文章是时下博文的主力军，由于其博主本身在行业中树立了意见领袖的权威，长期写博使之拥有一大批受众，在业内有一定影响力，其博文价值不亚于传统媒体的传播效力，是时下博客营销的主力。

从图 8-3 中的新浪 IT 博客首页可以看出，观点性博文又可分为两类：一类是个人观点性博文，如《日本人如何用 3G 手机导航》一文，没有明显的广告成分在其中；另一类为有软文嫌疑的观点性博文，如被推荐的有关 Windows 7 的相关评论文章，这类文章或为博主根据时下热点进行撰写，亦或在微软的公关公司影响下进行的推广性软文营销。但由于其拥有网友所急需的知识性和介绍性信息，因此即使带有广告意味，也具有极强的传播能力。

我们在忽略绝大多数只是作为私人日志存在的博客这一前提下，会发现博客有别于其他网络传播手段的一个重要特征，即一个成功的博客，往往专注于一个类别进行写作，而不会在政治、经济、文化、娱乐、科技、教育等诸多领域进行泛泛而谈，因为专注，所以精英，也才能够成为某一个领域的意见领袖。专注某一领域的博客，完全可以被视为一个专业类的报纸，拥有一定数量被其博客长期吸引的固定读者和因为某一篇文章而前来阅读的随机读者。

由此，我们可以回归到之前关于点击量和影响力的话题中，假设将博客看作一份热销报纸，专门写作娱乐话题的看作是娱乐版，专攻体育话题的则看作是体育版，这两个版面因为比较符合大众的阅读兴趣，阅读量极大，而专注诗歌和文学创作的看作是副刊版，也就是被很多大众媒体放在 B 叠、C 叠，或者比较靠后版面的内容，相信许多读报纸的人会直接跳过这些内容，或者直接将其抽出放进垃圾堆，阅读这部分内容的人数量非常少，但阅读的人却是有这方面专业爱好之人。无论是读者数量的多与少，专业限制很强，受众面很窄的那部分博客，其传播效果却没有降低，因为它传播给了有用之人，这就足够了。

因此，在点击量和影响力的辨别上，我们必须严格按照博客的分类来进行判断，拿娱乐博客去和科技博客比较点击量是没有实际意义的，而在同一类别博客中，就可以根据其点击量在博客站点的排名和网站对其博客的推荐来进行综合考量，如果一个博客在同类型博客中点击量很高，但网站并没有推荐，那么这个博客要么是颗新星，要么就是自己刷的点击。

一个不争的事实是，每个门类加在一起，真正拥有话语权和影响力的博客不过千余人。

8.2.3 只有一千个意见领袖

自媒体营销或者说是博客营销最大的影响力就在于话语权。即博主通过写博客，让所有人都知道有博主这个人物的存在。

中国有几千万博客和各种自媒体，真正拥有核心话语权的只有少数的千余人，分布在科技、体育、娱乐、文化、游戏、房产和财经等十多个行业大类中，也就是每个行业大类中，意见领袖不会超过一百人。而且尽管各大网站都建有博客，但如果详细比较一下，会发现大部分博客网站上同行业的推荐博客基本相同。正如《自媒体的生存逻辑》所言，"今日之自媒体，大多都是从当年的那些核心的博客主们逐步演变而来"。

稍做比较不难发现，自媒体作者的重复度极高，几乎都是那些在行业内确立话语权的意见领袖或博客。造成这种局面的主要原因是因为长期钻研一个行业发展趋势和对其进行评论的专业博主数量并不多，这表现出了博客的一个重要特征，那就是持之以恒，唯有此才可能获得足够的影响力，而这类博主则显然成为了"稀缺资源"，被每一个博客网站或自媒体平台所推崇。当下，这些博客转战到各种自媒体平台上，继续稳稳占据着网络舆论场，无论舆论场如何变化，自媒体变成什么形态，根本的东西依然不变。

一方面自媒体和博客网站会将这些人的博客作为重点推荐，另一方面，会邀请在其他网站上有一定名望的热点博主或自媒体到自己网站开博，结果就造成了大多数博客网站的热点博客高度重复。我和不少 IT 博客作者有着交往，不少热门 IT 博客作者在不同站点开设博客的情况十分常见，甚至于有些博客站点考虑到博主更新困难，还会主动为其设立马甲博客，自动更新博主在其他博客上的文章。据有关调查显示，中国博客作者的平均开博数量为 1.5 个，也就是说每个人平均在 1.5 个博客网站上开设了博客。而按照金字塔等级制度来划分，位于最上端的人数极少的精英博客，开设的博客数量将呈几何倍于普通草根博主。

这样的高度重复也造就了中国博客的一个突出特点，就是话语权的高度集中。在每一个网站上都近乎相同的博客群落，其每个网站上的博客内容也基本趋于一致。

这种重复再重复的传播效率，加上所属博客站点的强力推荐（不少博客站点同日的推荐稿件有超过 50% 是相同的），结果就导致了同一篇博文的传播效力在不同网站的集中轰炸下，呈现爆炸性增长，其影响力也呈几何倍增长。而数量不多的少数精英博主，自然也成为稀缺资源，被商家所争夺。

8.2.4　自媒体之王：意见领袖

在国外，不少的大型会议活动都会邀请博主参加，如之前的美国总统选举和联合国大会，就曾经邀请了不少知名博主作为观察员参与其中，所借重的也恰恰是这些博主对于广大网民的极强影响力，从而让活动在更加公正和阳光的环境下进行，同时最大限度地扩大活动影响力的效果。目前，国内的一些知名大企业在开展活动时，也会通过公关公司联系相关领域的知名博主莅临会场，从而达到同样的传播效果。

由此可见，依靠博客而成为意见领袖的博主们，已经将自己的博客变成了一个极具观点价值的"自媒体"，而一些企业也注意到了博客群体作为意见领袖的特点，尝试通过博客进行品牌渗透和再传播。

我们通过下面的案例来看看博客早期强悍的推广力吧。

【联想与韩寒合作】

2008 年韩寒博客上公布了一则名为《有一个活动》的博文：联想手机将和韩寒博客开展一次合作。合作内容很简单，即韩寒博客是中国流量排名第二的博客，知名作家、赛车手；联想是中国最优秀的民族企业之一，2008 年奥运全球合作伙伴，两者就此展开合作。在文章下发表评论的第 9 位读者和第 9 页、第 99 页、第 199 页的第一位发表评论的读者，都将获得联想送出的最新 S90 手机一部。

这则很简单的博文，当日点击量 31 828，评论量 14 428，评论率为 45.33%，也就是说，平均每两个浏览此篇博客的人，几乎就有一个人发表了评论。同时韩寒博客上还加入了挂有联想 S90 手机的硬广告，将活动目的表现得更加突出。而这一合作对于媒体来说，则产生了名人加名企的效应，通过传统媒体的大肆报道，将两者的品牌效应得到彰显，同时在媒体上产生的免费广告也远远超越两者合作上花费。这款手机也因此名声大噪，其销售自然也水涨船高。而 2009 年的韩寒新浪博客，商业意味也同样浓郁，其 Windows 7 的广告比比皆是，仅头图就是典型的广告。如图 8-4 所示。

图 8-4　韩寒博客广告

如果我们将韩寒的博客视作名人博客，那么再通过对一个草根博客参与的博客营销案例进行分析。

 【 Windows 7 博客推广 】

以新浪 IT 博客首页为例，在页面最上端的 10 篇推荐博文中，有 6 篇是和 Windows 7 相关的。这些博主本身尽管在 IT 博客领域有一定的名气，但是在现实生活中，既不是如同韩寒这般的名人，也非大富大贵之人，只是草根中有一定思想的人士。单个博主的单篇文章所能产生的影响力较之韩寒自然不可同日而语。

然而一旦聚合在一起，同一时间内发表对于同一个产品或企业的各种观点和看法，通过对其进行全方位多角度地分析，则可形成一种合力，加上网站热点关注 Windows 7 的发售，使得这种聚合效力更加明显，而由于其实用性较强，博文对 Windows 7 的介绍也不同于商业广告内容，很自然地介绍了 Windows 7。其与微软投放的海量广告互相配合，效果自然且明显。

 【 南非为何邀请名博去旅游 】

2009 年 8 月，南非驻华使馆邀请了徐静蕾、网络上最知名的博客主 Keso、东东枪和徐铁人等人访问南非，而作为回报是 Keso 等人连续一周发布了 10 多篇介绍南非的文章，并配有精心拍摄的图片。这些博客名人本来就拥有几百万忠实的读者，再加上各大网站、博客的转载，一下子使南非的国家形象在网民群体中做了一次完美的推广，很多网友表示"很想去南非"。

由此可见，博客营销只要做得恰到好处，其影响力并不亚于在传统媒体上连篇累牍地刊登广告和软性文章，而且传统媒体的影响力和覆盖面毕竟有所限制，博客所影响和覆盖的是无穷广大的互联网，甚至由此而辐射到传统媒体之中。那么如何才能创造一个有影响力的精英级博客呢？毕竟博客营销可选择的范围只占博客总数中绝对少数的一小部分，要想成为其中一员，并不是一件容易的事情。

【戴尔笔记本事件】

戴尔公司因为拒绝更换或维修一个损坏了的笔记本得罪了一个名叫 Jeff Jarvis 的人。按理来说，这并不是一件多大的事情，但问题是 Jeff 的博客 BuzzMachine.com 在网络上享有很高的声誉。于是，Jeff 在他的博客中写抱怨戴尔公司的文章，鉴于他的博客本身所具有的强大影响力，他的每一篇文章都会有几十个回复。然而戴尔公司却忽视了博客的力量，并没有对此做出积极反应。结果 Jeff 的做法引起了众多博客的效仿，对戴尔公司技术支持和客户服务不满的人纷纷跑到 Jeff 的网站争相回复，表示支持，一时势如潮涌。

随后，忍无可忍的 Jeff 写了封公开信，发布在博客上。根据有关数据显示，当天有 1% 的博客或者链接这封信，或者发表意见讨论这件事。这封信在国际博客世界成了当天链接排名第三的文章，可谓当时一大热点。

几天后，各大传媒开始将聚光灯瞄准此事。之后，戴尔公司退款给 Jeff，并表示今后将采取新的举措改进服务流程，并关注来自博客的意见反馈。可此时已经为时晚矣，来自媒体批评的声音和消费者的投诉此起彼伏，最终，戴尔在当年度全球笔记本厂商中的排名下跌了两位。

尽管这些案例已经过了很多年，但依然代表着主流自媒体或博客的核心营销模式。

1. 直接植入广告条

如韩寒博客这样的在头图上进行广告展示的模式，是大多博客或自媒体平台的广告模式，不过效果并不尽如人意。因为植入得比较生硬，让受众无意点击，也不是主流自媒体们选择的套路。

2. 软性广告植入

如上面提到的 Windows 7 博文植入和南非旅游博客推荐，均属于此列。自媒体营销的主流也是如此，通过博文软性植入广告，并通过博主自身的感受和认知，给予相对客观的评价，或进行颇具说服力和启发性的分析，让广告不再是吆喝，成为能够让受众一看就懂，看了感兴趣或启发更多思考的口碑影响，从而树立品牌形象。

3. 针砭时弊

类似戴尔笔记本事件，即属于此类针砭时弊的事件，但真正属于自媒体本身遇到的弊端并不多，大多是根据当时发生在博主所关注领域的新闻，进行深度剖析进而进行"负面"评述，不少自媒体乐衷于此道，以此提升名声。时下，部分自媒体受雇于某些企业和公关公司充当枪手，专门针对其竞争对手的漏洞进行攻击，以抬高某些品牌，这种模式并不足取，也容易影响到自媒体本身的声誉，建议不用。愚以为，进行批判性分析，必须有根有据，且无幕后势力主导，真正为产业走势和规避陷阱提供建议才是自媒体正道。

8.2.5　对号入座的自媒体

自媒体不同于网站或其他网络媒介，它具有非常特别的专属特征，即读者对于自媒体只认其人，而不认其网站。所以你不要幻想自己的博客做到几百万或几千万点击之后可以交易出去，给自媒体换个主人读者未必认账。

【卖得掉博客，买不来嫦娥公主的粉丝】

一个有趣的例子是嫦娥公主的博客，其在新浪开博，大量地贴自己的美图，唱了几首不算难听的歌。某些网络媒体以为捡到宝了，错过了天仙妹妹，错过了芙蓉姐姐，可不能再错过这个互联网新新红人，于是大家都在谈嫦娥公主，结果真就把她捧红了。

可惜，又是一个流星。很快就没有了媒体关注，不但人消失无踪，连博客也送人了。现在去访问其博客，看到的是一个摇滚乐队了。把她所有的文章、留言、友情链接全部删掉，换了新内容。听行内的人说，这个嫦娥公主的故事本身就是一次市场策划行为，就是给这个摇滚乐队进行包装的前奏。可惜红的时间太短，收尾和重新开始就有点小家子气了，也没有媒体关注，再说嫦娥公主的博客也不过是 20 几万的点击，送给了别人，其读者群体却没有附带送出去，原来的读者都是上来看美女写真、听美女唱歌的，一晃眼变成了摇滚乐，他们可未必接受。

由此可见，自媒体就相当于个人或机构的名片，做成或做不成，都是个人的事情，它太有专属性了，哪怕是拥有巨大粉丝量的微博也是如此。

理由很简单，即使粉丝没有取消关注，但对于受众来说，"主笔"换了后，这份"报纸"已经和过去完全不一样了，吸引力也不复存在。

【思考一下】

自媒体需要观点，那么作为营销人就需要提供观点。你在一家公关公司工作，联系了不少意见领袖。目前有一个工作任务，是为一家品牌平板电脑的上市做体验宣传，自媒体的这些意见领袖是资源，你将提供产品给他们体验，但为了推广的目的，绝不能只是单一的产品测评，怎么办？最好的办法是给每个 IT 类意见领袖分出不同的角度，如产业的角度、品牌的角度等，假设你面对 8 个博主，那么列出 8 个不同的方向吧。

8.3　怎样炼成顶级自媒体

【本节要点】

想要成为顶级自媒体，必须遵循以下原则：定位清晰、个性鲜明，且有充分的分析能力，提出让人信服的观点。非如此，不博客，非如此，就无媒体属性可言。

人人都是自媒体的时代，要从千万自媒体中脱颖而出，让自己成为货真价实的意见领袖，这都是出于个人意愿。有很多人开博客本身只是想和自己的朋友一起分享心情，自然不会有"进取"之心，这类人在开博人中占绝大多数，不少腾讯空间用户就是如此，将博客作为自己的私人日志，谢绝分享；但也有很多人期望通过博客写作、自媒体分享，实现引人注目、成为意见领袖。

这也是实现自媒体营销的第一步。试想，一个不为外界所知的自媒体，自然也不可能具有影响力。对于企业来说，选择博客就如同选择媒体投放广告一样，没有人看的报纸投放再多广告也毫无意义。我从 2004 年年初开始在博客中国开设第一个博客专栏，至今依然从事博客和自媒体分享，拥有多个五百万以上点击的博客和人民网专栏，并在各大自媒体平台上持续运作，有一些经验可以和读者分享。

下面为了行文方便，自媒体依然用博客指代，自媒体运营者则用博主代表，意思是一样的。

8.3.1　你想用自媒体做什么

首先你要知道自己想要做哪方面的自媒体或博客，这一点可以根据你的兴趣和职业来进行选择。做一个好博客，绝对不能什么都写。今天更新一篇美食，明天写一个娱乐时评，后天再来发表一下自己对 NBA 的管见，虽然那样的博客看起来丰富多彩，但却没有一个主题，很难为自己形成一个固定读者群，自然也很难从众多自媒体中脱颖而出。

定位很重要。我从 2004 年开始写博客，在最初的三年内，博客的主要文章都集中在游戏产业时评领域。因此从博客中国开始，至今在新浪、搜狐、网易、腾讯乃至凤凰网等十余个博客站点上开设的博客，都被首先归类为游戏产业博客。在多年来更新的数千篇文章中，有半数以上是和游戏产业息息相关的，这使得几乎所有博客站点对我的认识都很清晰。而长期以来坚持写游戏产业时评，也使得我拥有了一定数量的固定读者，即使博文没有被网站推荐，也会有三位数以上的阅读量。

专业性一直是博客能否成功的关键。中国的网民在阅读博客时，总会给被阅读的博客一个标签化的定位。如徐静蕾的博客，就必然属于娱乐，姚明的则属于体育，易中天的则是文化，哪怕他们在博客上写的很多文章和自己所从事的领域毫不相关。对于草根来说，专业化更需要强化。因为自己是草根，要想成为名博，就得显示出自己最独特的风采。如果你想显示自己什么都懂，建议去"百家讲坛"一显身手，几乎很少有内容风格跨越几大类的博客能成功，毕竟这类意外是偶然性的。

8.3.2　给博客取个特别的名字

在建立博客之初，必然要给自己的博客定名，包括博客名称和作者名称。博客名称最好要有特色。

【"抚摸三下"和"带三个表"的魅力】

　　新浪知名娱乐博客"抚摸三下",让人一看就知道这是一个娱乐化程度很高的博客,又如陈凯歌前妻洪晃的博客名称为"洪晃找乐",其游戏人生的处世态度一目了然。知名财经博客"淘金客",仅从名字就可看出其博文趋向。还有新浪排名老三的王小峰,他的博客名叫"不许联想",笔名叫"带三个表",至于你要怎么联想,那就是你的事情了。

　　如此种种,一个成功的博客,大多都拥有一个很特立独行的博客名称。因此博客名字让人记忆深刻是迈向成功的重要一步。

8.3.3　真实是自媒体的生命线

　　作者名称是否选择使用实名,取决于个人兴趣。早前国内一个城市规定该城市的所有博客必须实名,要登记注册。其实未免有点强人所难。但从根本上来说,实名博客成功的可能性要高于没有任何个人信息的笔名博客。根据新浪百强博客排名,在博客名称或作者中使用真名的约占 48%,即使是使用笔名的博主,也大多在其博客的个人介绍上透露了大量关于个人身份的信息,甚至是邮箱和电话,这些都给人以真实感。

　　在初始设置博客时,在个人信息上尽可能多写一些真实的内容,比如自己的背景、喜好,博文写作方向,如果有在媒体发稿的经历,所获得的一些重要荣誉等,也都写上,可以给读者以真实感,同时还能让读者觉得你作为一个意见领袖,当之无愧。从而进一步让读者信任你。

　　调查显示,80%的博主在博客上留下了真实的个人信息,如图 8-5 所示,这其实也说明,让自己在网络上更真实是博客的一种大势所趋。另一方面,也要方便外界联系你,如果一个传统媒体看中了你的文章,却又无法找到你,那你就错失了一次将电子文档变成印刷品的机会。更重要的是,如果未来你想要通过博客赚钱,获得广告费用,没有一点真实信息,人家公司到哪里去找你呢?难道在网上打寻人启事?最起码,真实的博客比啥都不留的博客更加容易赚到钱。

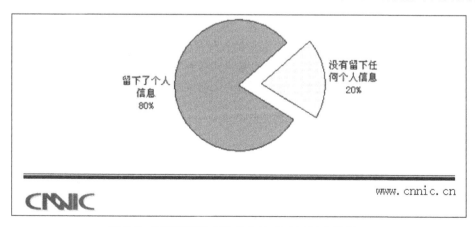

图 8-5　真实博客比例和信息构成(CNNIC 数据)

8.3.4　观点取胜是持久战

博客最关键的依托是博文，因此写一手好文章才可能让人流连。

对于优秀博客来说，好文章不能只有一篇，只有数量众多的好文章才能奠定一个优秀博客的名声，毕竟博客不是一次性买卖，它需要不断有回头客来为自己提高流量，扩展名声，同时博客必然是一个长期坚持的过程。或许一两个很有噱头的文章能够让自己在一夜之间跻身百万博客的行列，这类的事情也确实出现过，但绝对是少数，比如一些网络红人，他们通过一些很有诱惑性的话题让自己的博客在一夜之间流量暴增，然而缺乏长期坚持，没有更多、更吸引人的噱头，很快就从公众的视野中消失了，成为博客明星中的流星。

所谓名博，都是坚持多年不间断地更新，包括徐静蕾和韩寒都是如此。而对于草根博客来说，一旦停止更新博文，其影响力会很快消失。同时，不是每篇文章都能够获得很高的关注度，那么作为博客来说，首先要过的一道关卡就是要甘于寂寞和平淡，只有经历了平淡之后，才会有绚丽的明天，一夜成名的博客往往只是流星。

【思考一下】

传统的期刊杂志，如何运作自媒体呢？比如一本时尚类杂志，你作为编辑，如何让自媒体的运作给杂志带来更好的销量呢？记住，如果将所有的文章都搬到自媒体上，也就没有人看了，但如果只是吊胃口给少量文章，读者又觉得只是一个试读版，该怎么定位？

8.4　推销自媒体有诀窍

【本节要点】

自媒体运营有自己的规律，特别是推销自媒体。作为网络媒体的一种，自媒体最大的优势在于互动中的个性特征可以更加无拘无束。如何在这个无拘无束中成功地形成规矩和风格，将是自媒体的成功之道。

所谓推销自媒体，并不是说给自己的博客、微信公众号打广告，那是最愚蠢的推销做法，同样也不是刷点击，在不少博客的留言中会看到各种各样的刷流量广告，都宣称能够让你的博客获得万众瞩目，一些微博和微信公众号上也常常能看到各种加粉广告，其实无论点击有多少，粉丝有多少，如果你的内容不够精彩，也还是没有人会关注你。

成千上万的文章在同一时间更新，优秀的文章也会有很多。而好文章要让他人阅读到，就必须要有一些特定的手段来实现。

8.4.1　意见领袖也能速成

在其他知名的文章后面跟帖，或者直接留言，以期将对方的读者吸引到自己的博客中，这种方式俗称广告帖。这在博客时代非常流行，自媒体中也常常看到，一些博客和自媒体教程中都推荐这种方式。但其实这种方式不仅效率低下，而且使用太频繁，让人生厌。尤其是很多本身就是推销产品的广告博客，在他人博客上到处留言，给博主不胜其扰的感觉，很多博主在对自己的博客进行维护时，会毫不犹豫地将这类跟帖和留言删除，很多读者也不会去仔细阅读这类与博文本身毫无关系的跟帖。

当然这种广告式的跟帖并非一无是处，只是在发布时一定要注意技巧和方法。广告帖之所以令人讨厌，是因为其和别人的博客毫无关系。要做好留言推广，首先就该调查一番，了解一下自己行业中比较权威的博客有哪些，以及他们的写作习惯和风格喜好，在回帖的时候与其进行一些讨论，如果自己有能力的话，针对他们写作的话题在自己的博客上进行唱和，然后将自己的文章要点和链接回帖在对方的自媒体上，希望对方指正。切记不要仅仅留个"好"、"赞"、"顶"之类的字眼，这些没营养的回复是不可能引起别人注意的。在许多名博上，有很多的留言往往就是复制了一大堆文章，然后来一句欢迎去自己的自媒体参观，这样的结果往往是无人问津。

谦逊的态度可以赢得意见领袖的尊重和理解，同时也能吸引对方的读者，去自己的自媒体一窥究竟。更重要的一点是，对于新手来说，或许文笔并不成问题，但对于选取什么样的题材进行创作，却还处于摸索阶段，如果题材选取不好，是很难获得外界认可的。那么要找到大众感兴趣的话题，让自己成功走出千万自媒体的"围城"，选择那些知名自媒体的创作方向进行再次创作，写出自己的观点和风格，也不失为一种意见领袖的速成方式。同时，自己的博文中一定要有对方自媒体中你所讨论的那篇文章的链接，这也是对意见领袖的尊重。

而且一些知名自媒体也比较自恋，喜欢搜索他人对自己的看法和评价，这样的引用可以吸引对方来看你到底评论了他什么，也是一种引起名博注意的好方法。当然，你的文章还是要言之有物，不能敷衍了事，毕竟对方也非泛泛之辈，若写得太差劲了，不但不能引起对方的好感，反而适得其反。如果水平不错，对方也许会在今后的博文中对你和你的博客做一些有意义的评价和推荐，那将有助于你在本行业博客领域里提高声望，为你走向成功奠定良好的基础。

在这一点上，比较成功的案例有很多。不少自媒体就是通过跟随名人的脚步做同题作文的方式，配合留言获得成功的，这叫站在巨人的肩膀上——不腰疼。

 【许晓辉怎么用博文与谢文唱和】

　　前雅虎中国总经理、知名 IT 业界前辈谢文曾经在新浪博客连载其 IT 生活感悟《致命的吸引力：互联网的游戏规则》时，引起了业内较大的轰动，而时任金山公司媒介总监的许晓辉抓住时机，在自己博客上发表了题为《和谢文唱和：互联网潜规则一箩筐》的系列同题作文。在一唱一和中，许晓辉的博客知名度大大提高，在业界的声望也借谢文之势有了一个质的飞跃。至于其随后从金山跳槽至凡客诚品担任副总裁，之后又离开凡客自行创业，这一唱和所起到的助力有多少则不得而知，但善于包装自己和炒作自己，作为一个媒介管理人员，这一点做得非常成功，而且并不让人反感。

总之留言一定要用心，除非你不希望自己的自媒体通过留言获得推广，不要留下一大堆关键词，如交友俱乐部、唐诗宋词赏析之类的，这只不过是为了留下关键词链接，而不是真心参与讨论。切记，你在别人的自媒体或网站上留言，是为了让人记住你、注意你和重视你，而不仅仅是为了打广告而留下文字垃圾。

8.4.2 给管理员"送礼"

你可以有目的地去和自媒体管理员认识一下，毕竟不少自媒体平台都是推荐模式的，要获得推荐，其中一个关键点就是网站编辑。

比较简单的办法是通过你已经熟识的知名自媒体的介绍，与管理员建立网上联系，通过平常的交流增加管理员对你的熟悉程度，之后文章被推荐的可能性就更大了，毕竟中国还是一个人情社会，熟人好办事还是一个老套路。

不仅仅靠朋友介绍，其实很多自媒体平台都有按照类别分属建立的一些类似官方意见领袖圈的 QQ 群，可以尝试多加入一些这类 QQ 群，从而让自己更多地和管理员乃至业内的精英们进一步交流。

当然，若要管理员认识你，还要时常给这些人"送礼"，并不是说行贿，而是作为朋友，不能只是需要的时候才去找人家，那太功利了，既然交朋友，时不时地聊聊天，一起分享一下近期对热点问题的心得总是好的，同时你也可以了解到近期平台对于哪些内容会比较关注，这样也会为你的文章方向做一个指导，毕竟迎合平台的喜好，会获得更多的推荐机会。还有就是每次发布文章，都可以将链接和标题发给管理员，这会让其避免在每日众多的新增文章中苦苦寻觅你的文章，降低管理员的工作量，同时也为自己提供机会。

8.4.3 善待每一个评论和留言

很多作者有一个通病，要么非常在意自己自媒体上的留言和评论，要么就根本不去看。这就造成了两个极端，前者是见到评论中有不利于自己的话语或与自己意见相左的内容就删除，后者则是随你怎么说，他就只管贴博文。

作为一个作者，通过评论和留言与读者进行交流是一个最好的互动环节。对于那些跑到自媒体上来发广告的，特别是发商业广告的，当然是杀无赦，而那些对你文章观点有表扬或批评的，则说明最起码这些人是你的忠实读者，阅读完了你的文章觉得有必要和你说几句话。不管是说好还是说坏，起码别人愿意和你聊聊，证明你的文章还有价值。那些灌水的文章，很多人看了之后往往一笑而过。能够留言的，其实都是你的自媒体未来最可靠的潜在固定读者。

那么对于表扬，你大可以忽略，特别中肯的，可以回复一下，或到对方的自媒体上踩踩，这样可以加深对方对你的好感。而那些批评你的，绝不要随意删帖，除非对方用的是辱骂方式，要有针对性地在他的跟帖后面回复，表达你的看法，有则改之，无则加勉，如果觉得靠几十个字的回复难以奏效，也可以选择单独写一篇文章来回答对方的疑问。这样做的好处是让所有读者看到文章之后，对你的大度有进一步认识，同时也可以增加你和读者的互动性，为自己的自媒体吸引到一批最有积极性的忠实粉丝。

8.4.4 邀请客座讲师

有一种推广方法，在目前中国自媒体圈中还几乎没有成功的先例，那就是邀请客座讲师到自己的自媒体上登坛授课。这是一个全新的概念，也是在国外运用得比较成功的自媒体营销手段之一。

如果你和一些意见领袖很熟，不妨邀请他们到你的自媒体上发表一些专题文章，比如对于你的某一观点的看法。你也可以将邀请客座讲师的招牌打出去，从而让外界感到一丝新意，也为自己的自媒体和自己的观点增加一定的权威性。

 【胡林翼后人如何发文在易中天博客上】

我的老师是湖南大学教授胡遂，在 2007 年 11 月曾经登坛湖南教育电视台办的电视节目《湖湘讲坛》，讲述自己先祖胡林翼的生平，因为谈及先人的一些风流韵事、坚持学术不可不宏毅的求实观点，而没有为先祖避讳，因此被外界媒体炒作为"美女教授自揭先人隐私"，其实本身这也是当时主办《湖湘讲坛》的湖南教育电视台的一个恶意炒作，却给老师带来了比较大的负面影响。而胡老师则随后在新浪开博，将自己的一些观点和对此事件的看法发表在网上，同时国内一些知名的文史学者也予以声援，胡老师遂将一些友人如易中天等人的支持文章以客座博文的形式发表在自己博客上，从而在极短的时间内，澄清了事实，将炒作划归无形。

由此可见，客座讲师其实并不是如某些网络推广方面的介绍说的那样，仅仅用以降低作者的工作量，而是更多地通过相互支持，实现 1+1>2 的传播效果。个人建议，在自己名气不足的前提下，可以考虑和某些意见领袖商量一下，去人家的自媒体上做客座讲师，毕竟人家比较有名气，你能够在他的自媒体上做讲座，就好像一个普通教师突然登上百家讲坛一样，对你的身价提升有很好的帮助。让大家在最短的时间内认识你、了解你，对你的观点有直观的感受，将自己"销售"出去，是你在写作博文之外最应该做的事情。

【思考一下】

假设你作为杂志的编辑，在负责杂志的自媒体，现在有一个捷径，即通过联络一些意见领袖来进行一些配合杂志本期主题内容的解读，可正面可负面，然后发布在自媒体之上（当然也会同步在这些意见领袖的自媒体上），问题是怎么分配方向呢？还是 8 个意见领袖，话题则是《4G，收房子》，每人写多少字？

8.5 博文登龙术

【本节要点】

自媒体的文章其实还是博文，既然是博文，最好的文章是原创，且保持日常更新。考虑到网络阅读属性（特别是要适应移动互联网），长篇大论只会让受众打瞌睡。最好的博文还是图书模式，好看的图书。

上面讲了很多让自己的自媒体获得好的推荐和快速提高自媒体知名度的方法，但请注意，这一切都建立在自媒体更新中能够不断有叫好、叫座的博文（自媒体的文章统一用博文来表述），没有好的内容，无论你使用什么样的技巧，都不可能让自己的自媒体成为万众瞩目的焦点。下面，我们将进入自媒体的内容写作这一锻造精品博客的关键环节。

8.5.1 内容绝对原创

自媒体不同于其他任何一种网络文学，其对内容原创性的要求近乎"变态"。请记住，抄袭或转载也许能够让你多次获得漂亮的点击数，但一旦抄袭行为被读者或编辑发现，那么你的自媒体就算拥有无数自己原创的内容，也会被认为是抄袭而被全盘否定，伴随而来的是自媒体被打入冷宫、永无推荐，以及名声的毁灭。不要心存侥幸，因为群众的眼睛是雪亮的。因此，要做好自媒体，请忘记抄袭！这是第一铁律。

8.5.2 每天看新闻

博文写作如果能够不断地抓住时事新闻的要点，以最快的速度写出最新的博客，那么就极有可能不断获得推荐。许多自媒体平台每天都会针对不同的领域，重点推荐一两个热点新闻的相关博文。

如何抓住新闻的尾巴呢？最简单的办法就是每天去浏览新闻网站上的新闻，然后选取一个你最擅长的，认为最有可能成为当日自媒体热点推荐的新闻，来撰写你的博文。但这样就形成了一个悖论，即作为自媒体的你，没有那么多时间盯着看新闻，而且新闻太多，也难以把握。

其实这一切也都是有技巧的。最方便、最实用的技巧就是用QQ，在你的QQ设置上千万别取消掉"迷你腾讯首页"弹出。这样，每天一早打开 QQ 就能够在第一时间看到当日的最热点新闻汇编，而且还分好了类。这些恰恰都是当日网站编辑们最关注的话题。

但这样只是看到了打开 QQ 那一时刻的最热辣新闻，你依旧无法随时抓住新闻的尾巴。这就不得不说说开 QQ 的第二大好处，即 QQ 的弹出式新闻。

2009 年 10 月 31 日中午，QQ 上弹出了钱学森逝世的消息。这绝对是第一时间的最新播报，而且这类 QQ 即时新闻的弹出，无疑将是当日最大热点，也是博客必然推荐的话题。那么这就要讲求时效性了，如果你能够在其他博客还没反应过来时，在编辑选取相关博文的空档之中，即时写好一篇颇有见地的文章，那么你将获得最佳推荐机会，甚至是最佳推荐位置。

 【从悼念钱学森的文章里脱颖而出】

我在看到钱学森这则新闻时，大约在 15 分钟内，就撰写了一篇名为《钱学森逝世：中国痛失五个师》的悼念性博文。以过去美国海军部次长评价钱学森一人抵五个海军陆战师的轶事为明线，以钱学森堪为两弹之师、一星之师、海归之师、人格之师和学人之师为暗线，加以悼念。很快被腾讯网和凤凰网放在博客首页，凤凰博客点击量超过 20 万，跟帖量超过 200 条。第二天，《成都商报》评论版编辑在看到这篇文章之后，找到我，希望能够将文章刊登在他们的报纸上。因为速度足够快、立意独特，这篇博文在网络媒体和传统媒体之间都获得了成功。

8.5.3　找个好角度来写作

对于作者来说，找个好角度，让自己的博文与众不同是成为意见领袖的关键。每个人写作都有自己的写法，哪一种写法更加适合自己，或更加能够成功，本来就是讨论不清的事情，我也不想在这里做教授，而是说一点技巧性的东西，希望能够给大家一些启示。

比如前面提到的钱学森逝世的消息，如果你抓住了新闻的尾巴，怎么样才能与众不同呢？我的写法是一种取巧，在创意上占优势。如果你一时半会想不到特别有创意的点子怎么办呢？一些小花招可以帮你马上找到角度。仍以钱学森逝世的消息来做例子。

1．精彩瞬间回顾。我的朋友"三峡在线"兄，快速反应，立刻将钱学森老先生生平照片的回顾影集做成了一篇博文，没有多少文字，仅靠图片就迅速占领了各大平台的推荐位置。其实这样的回顾很容易做，别人也早有现成的文字，用百度图片搜索钱学森，很快就能完成，只要稍加综合即可。

2．钱学森十大功绩。这种回顾类似悼词，有深切的缅怀效果，也方便许多不是很清楚钱老生平的人在短时间内能够对钱学森的生平有所了解。这种写法在时下博文写作中非常常见，比如科技自媒体的世界十大新奇手机展示、游戏作者十大游戏囧人表演等，这样的博文主要是一个综合，取决于作者的文字综合能力。往往这类博文的点击量会比较容易快速提升。有个朋友在 2005 年开博，是一个游戏博客，每周更新一篇十大游戏趣闻，短短两个月，点击量突破 100 万，在当时百万博客还为数不多的时期，这样的业绩可谓骄人。

3．钱学森的逸闻趣事回顾。这种回顾，对资料的搜集难度要求较高，不能太普通，也不能太耳熟能详，同时又不能太过逸闻趣事，闻所未闻。这次有关钱学森的博文悼念，在这方面并没有什么特别突出的内容。

4．反思性话题。钱老逝世时，有一些自媒体突然打出这样的话题："请直面钱学森之问"，即钱老过去提出的"为啥我们的大学总培养不出杰出的人才"，并从钱老的逝世拓展开来，结合钱老是海归之魂、学人之魂和科技报国之魂的人生特点，或讨论中国大学制度的缺失，向有关部门建言；或讨论海归人才为何得不到重用，发挥不了应有的作用；或讨论留学生为何不愿回祖国效力等，从而将对钱老的缅怀提升到了一个更为深远的层次。这种反思式话题思考，可以结合在很多的新闻热点上，关键看你如何反思，如何展示你意见领袖的观点精华了。

8.5.4　字数一定要控制好

不可能每一次博文写作都如此快，也不是每一次写作都要求如此快，但又快又好的博文容易受到编辑和受众的青睐。如果你经常撰写博文，或许相关栏目的网站编辑还会时不时地针对热点话题和你约稿，那时候，如果你不能按时完成任务，你在编辑心中的份量也将大打折扣。

在博文写作中，如果你真得不够快的话，那么就写得有深度。当然，自媒体文章不是报告文学，所谓写得有深度并非要你长篇大论。在很大程度上，文章的字数最好有所控制，800～2000字以内是读者最喜欢的文章长度。太短了，读者兴致刚刚调动起来就结束了，太长了，大多数读者看见屏幕上整版的汉字就会开始郁闷而选择关闭网页。

那么如何在800～2000字以内把博文写得有深度呢？在每300～500字左右分一个小标题，阐释一下自己独到的观点，别太啰嗦，也别板着脸教训人，网友可不想听你说教。平易近人的文风绝对是受人欢迎的，最好是和朋友聊天一般，娓娓道来，让人感觉你就是他身边的朋友，让他愿意听你倾诉。当然，切忌搞得太过时髦或太过古板，如果你用文言文或火星文来写作，或许会有少许读者，不过那太潮，颇为让人难以接受。

当然字数并非一定严格要求，有很多自媒体的文章写得短小精悍却引人入胜。比如我一直比较喜欢看胡大平的博客，因为他的文风很轻松，且短小精悍，听说很多都是他在飞机场候机时或难得的空闲时间里"突击"出来的，但绝不因此而损害才气。如其一篇名为《许三多的20万》的博客：

"为了救出关在拘留所的父亲，《士兵突击》中的许三多狮子开大口，向他的领导借20万元，这可是他17年的工资，一般人是无法想象的。他的领导也疯了，没有任何犹豫，就在电话另一头答应了他，然后动员集体和战友的力量，凑齐了20万元。

> 人有信，才有用
> 百善孝为先
> 关键时刻看人品
> 天无绝人之路
> 机会总是以困难的形式出现
> 帮人就是帮己"

正如其博客名"滴水录"一样，文如滴水，滴水穿石，暗含哲理，毫无累赘。这其实就是一种随性的文风。总之，博文写作不宜长，随性即可，网友还是喜欢看真性情的作品。

8.5.5　别有错别字

如果你写好了文章，最好审读一下，别因为文章比较随意，就频繁出现错别字，也别用错典故，毕竟中国文字博大精深，给文章留下硬伤就不好了。特别是文章一旦被推荐，一两个错别字或错误用典可能让你的文章和你的本意背道而驰。比如很多人喜欢在夏天的时候写文章时来句"七月流火"来形容天气热，显得自己国学底蕴丰富。结果呢，文章之后的跟帖就可能都是来跟你咬文嚼字，指出你的错误的。

总是在文章中出现错别字，可能会影响到你在网友心中意见领袖的形象。给朋友看的博客无所谓，但要经受大众的考验，一个总写错别字或用错典故的自媒体，只怕会让人觉得其水平实在有限。毕竟对于一个总是在黑板上写错别字的老师，你对他传道授业解惑的能力也会有所怀疑吧，对他的尊重也会低于其他的老师。

不过，偶尔在文章里加入点时髦的网络语言，则可以更加亲民，只是别用得太多，恰到好处最佳。

8.5.6　不要只做"标题党"

很多人写文章喜欢做标题党，很多介绍博文写作的文章中，也都一再说要做个标题党，其实这是一种写作的误区。

这一招在论坛里用起来确实颇有效果，特别是那些用马甲注册，只求有人看不怕被人骂的灌水人士。但做自媒体，靠标题党肯定行不通。道理很简单，要成为意见领袖，一定是一个日积月累的提升过程，不是靠喊"狼来了"就可以的。或许你的标题够耸人听闻，比如有的股评博客动不动就是"绝密每日牛股无偿放送"之类的标题，一看内容确实推荐了几只股票，表面上信誓旦旦一定会涨，但实际上对于这些个股的升值分析却仅仅停留在很粗浅的层面上。或许一两次会有股民上当，但久而久之，就让股民们看见这个博客的荐股信息时，无论标题写得多诱惑，也会望而却步了。原因很简单，没有说服力，文章离题千里，标题酷文章不酷也不行。

那么标题党要不要做？要做，因为你的博文被推荐，出现在网站页面上的就是一个标题，不够吸引人的标题自然不会带来太多流量。但问题是，你的内容一定要和你的标题能够配套，挂羊头卖狗肉肯定不行。

如图 8-6 所示为某日新浪 IT 首页推荐的博客文章，由此可以看出，其实名博也可以做标题党，比如《奥巴马：最支持开源软件的美国总统》、《轻公司为什么要变"重"》等，从标题上就会给人一种揭秘性的感觉，让网友想要阅读下去。凭什么说奥巴马是最支持开源的总统？啥叫轻公司？文章中自然会进行详细解释，自媒体绝不会仅仅只是让人点击，而给自己的博文起一个和内容没多少关系、只是耸人听闻的标题的，因为较之一次的点击量来说，还是长期的客源重要一些。而图 8-6 中项立刚的《现场目击联通 iPhone 首发（组图）》，本身标题并不吸引人，但介于当日是万众期待的 iPhone 手机在中国上市的第一天，对其现场的报道，不用过分地粉饰标题，就足以让人点击阅读了。

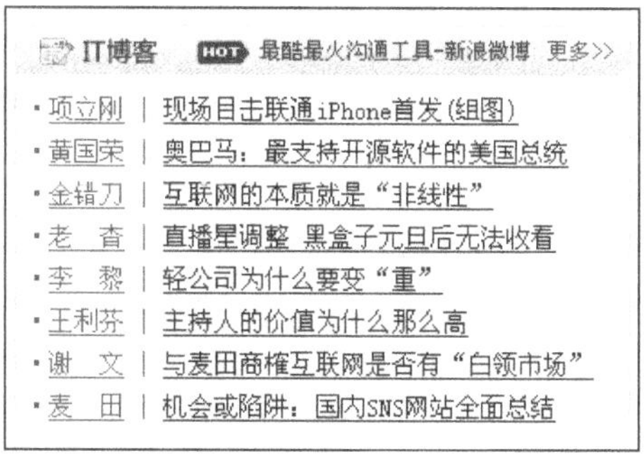

图 8-6　博客推荐

8.5.7　周五更新博文事半功倍

在更新博文上也有很多讲究，周一到周四的更新没有多少区别，周六和周日则最好别更新，因为平台管理员和读者们周末都要休息啊！原则上，推荐型的自媒体网站不在周末更新，因此，你周末更新的博文，基本上不可能获得推荐，只能做孤芳自赏。相同的道理，碰到大型节假日，如五一、十一和春节，基本上也尽可能没事别更新，就当是给自己一个休息吧，也放过管理员和读者吧。

那么这就出现了一个真空期，即假期的推荐型自媒体平台如博客网站、新闻客户端更新基本停滞，也给了博文推广一个极佳的时机，如果你在周五或放假前获得了博文推荐，被置顶了，那么恭喜你，你将获得整个假期的推荐，短则两天，长则七日，如果是春节期间将会更长，等于是平时推荐时长的好几倍，当然浏览量也会成倍增长。

8.5.8　坚持不懈保持日常更新博文

要注意，不要因为周五容易获得推荐，就什么文章都在周五才发布，要做意见领袖，就必须有苦行僧的精神，它需要你的日积月累，每天更新博文或许不那么容易坚持，但要尽可能坚持做到每天都有更新，让自媒体变成日报，周末休息"充电"，这样，才能维系人气。

不过你也别太勤快了，就算你文思如泉涌，每天都有好多的文章想发表出去，那也不要太过激动。自媒体更新，最好保持每天更新一篇文章。毕竟自媒体平台不是你开的，你更新得太猛，就算管理员和你关系再好，再欣赏你的文采，也只会推荐一篇文章，剩下那篇文章就只能养在"深闺人未知了"，白白浪费了自己的好笔头，每天推荐的十多篇文章里，出来你好几次名字，也会给读者来带很不好的感觉，同时也会让其他的作者感到不舒服，甚至打击了其他作者的写作积极性，留一个机会给其他的人，哪怕你是托尔斯泰。这和平时给报刊投稿是一样的，总不至于给你开专版吧。

8.5.9　不要将博客做成黑板报

很多意见领袖写博客，喜欢的就是码字的感觉。整版整版的文字，让人简直回到了黑板报的时代。其实自媒体也是一件艺术品，而不是一份文字汇报材料。图文并茂这一报刊编辑原则，在自媒体上也同样有用。

一些作者对此往往不以为然，认为自媒体就是观点、就是意见，做那么花哨干嘛。其实文字本身并不需要太花哨，但偶尔在文章中插入一张饶有兴趣的相关图片或一小段视频，可以让人们在阅读你的自媒体，感受你文字魅力的同时，也能享受一份心灵的轻松，让自媒体变得不是那么生硬。

此外，你还可以考虑从自媒体平台所提供的模板中选择一款适合自己风格的模板，让自己的自媒体尽可能漂亮点儿，特别是博客、空间这些主要在电脑上阅读的自媒体。当然，如果你是文学、历史类的自媒体，请不要选择摇滚或卡通特色的模板，因为那样会显得更加刺眼、不搭调，还是要注意和谐。

8.5.10　图片上传有诀窍

文章应该有一定量的图片，从而增加读者的阅读舒适度。但问题就出来了，不少作者在不同的平台开通了好几个自媒体，如果平时只是更新文字，复制粘贴就可以，可更新图片就不容易了。好多作者图省事，先将带图片的博文发在新浪或搜狐上面，然后再复制粘贴到其他平台上去。复制的时候挺好，要图有图，要文字有文字。可过一会再打开就乱套了，图片都显示不出来了，在图片位置上都是一个个灰色的警告图标，如"搜狐相册图片、严禁复制"等。

以至于很多时候，上传图片成为了自媒体作者们的噩梦，要么就发纯文字版的黑板报，要么就享受在各个平台重新上传图片，然后再一个一个地将图片插入到准确位置上，耐心稍微差一点的都会有崩溃的感觉，特别是一些本身就喜欢玩看图说话的朋友们，一次就是几十张图片，那才让人囧到极点。很多时候，一些朋友在讨论这一话题时，都以酷刑称呼。

要解决这一问题并不复杂。你要搞清楚为什么不能直接复制粘贴图片，这是几个门户网站的小心眼所致，大道理就不讲了。其实你只要在一个不太知名的小平台或竞争欲望不是很旺盛的自媒体平台上注册，比如中移动研究院博客或飞象网博客，抑或者是轻博客点点网，然后将博文和图片上传上去，将页面调整妥当，然后再复制粘贴到其他主流博客平台上，就不会出现上述现象了。

当然，还要提示一句，不要因为图片能够让博文变得好看就玩命地发图，网上有句老话叫"多图杀猫"，图片多了，打开页面会变得很麻烦，而且容易给读者电脑带来极大的负担，会让对方的上网功能暂时性失灵甚至因此而死机。毕竟你是博客，不是黑客，什么事情适量即可。

【思考一下】

自媒体或者博客很少是自产信息的，但观点是可以自产的。问题在于哪里有那么多观点呢？看新闻是一个好办法，现在根据自己的行业属性，不妨给自己开出一张书目——覆盖符合自己需求的相关平媒和网媒。此外不要漏掉相关的意见领袖们的自媒体。

8.6　如何让你的自媒体赢利

【本节要点】

在自媒体上做广告绝不简单，只是广告条肯定无效，关键在于如何用自媒体为自己传播口碑，将意见领袖的观点变成品牌的传播力。而作为自媒体，更要注意在这种口碑传播中如何保持自己的独立性。

一旦建立了一个被网站推荐的自媒体之后，那么作为博主将不可避免地面对一个双向选择，即通过自媒体赢利或继续自由自在地进行博客创作。为统一起见，将所有自媒体赢利项目都称之为博客广告。

在很多人看来，自媒体营销就是在投放广告，就是利用自媒体平台为企业推销产品和服务、塑造品牌、树立形象做广告。因此就目前的博客广告形式上看，可分为以下三种形式。

1. 同一般的网络广告一样，在自媒体上刊登常规硬性宣传广告；这个最早在博客上十分流行，国内首例博客广告是和讯网 2005 年在 KESO 的博客上投放的广告，这类广告主要是企业利用个人博客的"人气"资产在个人博客上投放广告，并且付给博客所有人广告费。这类博客的内容与广告相关度不大，企业更多的是利用个人所聚敛的人气来增强广告效应。不过效果一般都很差，基本已经被弃用。

2. 企业募集专业写手，在博客网站上发表与企业产品相关的、具有较强知识性、专业性的博客日志；这类广告的主要指向就是软性广告，即我们通常说的软文。这类广告和自媒体原有的内容有天然的相关度，基本上投放广告的企业找的都是和自己广告商品相关的行业意见领袖。从博客时代至今，这都是自媒体最主流的广告模式。

3. 建立企业或行业专题，由自媒体平台负责版面的设计、注释、链接和其他功能的设置，企业负责内容的提供。这类合作模式也比较常见，而且更加隐性。前文提到韩寒为 Windows 7 进行宣传时所展示的其博客首页画面，其实也是同样的模式。这种模式时有出现，不过一般收效并不太好。

8.6.1　国外博客硬广告收入不错

硬广告在西方十分流行，并成为西方博客收入的主要来源。通过博客广告赢利的例子比较有名的是 John Chow（http://www.johnchow.com/）。

　【公开博客收益赚更多的钱】

　　据 John Chow 自己公布的博客赢利情况，其 2008 年 5 月博客收入总额是 32529.40 美元。除付费评论赚取了 3000 美元外，其他的收益都来自于博客广告位和广告链接的点击或展示付费。最有趣的是，这位 John Chow 本身就是靠在博客上每月一次地公布自己的收益总额来吸引眼球，公开自己的赢利，John Chow 的推广之法，恰如一个螺旋式上升的圈，当大家登录他的博客讨论他的收入、猜测他下月收入几何时，其实已经在帮他赚钱了。

月收入 3 万美元，对于中国的博主们来说，显然是一个很具有诱惑性的数字。当然，这是在国外。在中国，直接在博客上展示商品广告的模式也曾经一度被广泛推广，如和讯和新浪都开展过博客广告合作，与一部分知名博主签订协议，在其博客上投放一定时长的广告条，通过展示来付费。

模仿 John Chow 通过公开自媒体收入，获得极大的曝光量，从而收益更多的名气和财气的案例在国内也有不少，最著名的是云科技的例子。

【程苓峰用自媒体卖广告打广告】

　　2013 年 1 月 28 日，在独立运营 5 个月后，程苓峰以"一天一万"的价格出售"云科技"微信公众账号的广告位；21 天后，程苓峰通过微博发布信息："已有 9 单广告，到手 13 万，足够在中国任何山清水秀的偏远僻静的小镇生活了"，半年后，他又宣称通过自媒体赚了 50 万。这一连串的宣言和事迹，被媒体反复引用，成为了微信公众号营销最初阶段最典型的案例，也成为了"云科技"的招商广告和粉丝招募榜。很显然，这是双赢。

　　当然，程苓峰本人的博文还是非常赞的，否则仅仅靠制造噱头，即使吸引来了粉丝，捞到广告主的第一桶金，如果内容贫乏，也将难以为继。

8.6.2　自媒体广告基本无效

　　我有幸于 2007 年成为第一批新浪广告共享计划的 3000 名受邀博主之一，这一广告共享计划由新浪作为中介，将厂商广告以广告条的形式投放在博客的两个位置，一个是页面顶部通栏，在博客各页面的导航与正文之间；另一个则是正文页底部通栏，在每篇文章和评论的中间。

　　从收益情况上看，博客点击每增加 5 万次（均为独立 IP），可获益约 100 元。然而这只是理论上的数字。在新浪开始此项广告合作之初，就曾经自曝新闻称有部分博客当日收益就超过了千元大关，也就是说这部分博客当日点击超过了 50 万次。当日这种情况其实在很多名博之中，并不算什么特别新鲜的事情。

　　但结果适得其反，因为同一个广告的投放费用是有限度的，广告费用在名博的快速"消费"下，短短几天就消耗殆尽，100 万元的广告投放大约是 1 亿次点击，表面上看数值非常庞大，但如果平均到 3000 个名博主身上，每人不过 3 万次的点击量，对于新浪最精英的 3000 名博主来说，这个点击量根本不算什么。

　　新浪很快发现了这一问题，广告投放模式变成了随机显示，博客被打开数十次乃至数百次才可能出现一次广告投放；同时广告投放的频率也大大下降，最初每周都有新广告投放，到后来几个月都没有广告。

　　这一举措造成了博客主广告收益的直线下滑。

　　腾讯也推出了所谓的零花钱计划，在博客上投放广告，但必须因为博客广告而引导了网民在腾讯上购买虚拟服务，博主才能分成，基本无从获益。我投放三个月，无半点斩获，便予以取消了。

　　至于所谓的广告联盟，也不用去指望，理由很简单，从博客时代开始，自媒体基本都是平台化的，平台管理员是绝不可能推荐带有醒目广告条的博文的，无论这篇博文多么精彩。甚至在新浪博客上出现抱着 QQ 公仔的图片，都几乎很难得到推荐。原因很简单，平台的门户之见，让他们不可能在自己的网站上为竞争对手打广告，除非对方直接付钱给了平台。因为一旦这种在自媒体上直接发布广告的行为得到默许，广告商将能够很廉价地在自媒体上投放广告，结果将直接影响到平台所能获得的广告投放，影响其赢利。

这就形成了一个悖论，没有推荐的自媒体，就算投放再多的广告也无法实现赢利，因为没有点击；而获得推荐的自媒体，必然是无广告的纯天然博文，那么自媒体将无从获益。当然还有第三条道路，就是第8.6.3节将要重点讲到的，目前国内自媒体营销最主要的实现形式，口碑宣传，或者说是软文推广。

总而言之，在自媒体上开展硬广告直接投放，效果很不理想，这其中最大的原因并非来自技术，而是因为自媒体本身是一个以话语权为核心体现的观点型权威化的草根集团，这使得在自媒体上打广告的实际效果很不理想。同时，不同类型的自媒体所针对的方向不同，所可能产生的影响力也不同，一个IT博客，即使是名博，其点击量也不可能和娱乐博客相提并论，但它的受众群体较之娱乐博客的大众化更有影响力，其点击者中所覆盖的基本上是社会和行业精英，消费能力也最高，这样的广告投放效果明显，但问题是IT博客点击量非常低，几乎不可能赚到钱。

8.6.3 口碑营销风格鲜明

请忘记靠硬广告来赚钱的想法，那个基本上很难。作为自媒体，最适宜的方式是口碑营销，也就是以自己的自媒体所掌握的话语权为基础，对网民的消费行为产生直接或者间接的影响。

这一点已经被国际大公司所确认，比如对于汽车企业来说，没有比网络更有效的沟通渠道了。有调查显示，76%的车主在购车前浏览汽车企业的网站，67%的人会到一个第三方网站查看相关评论。现在，通过自媒体，汽车企业有了一个更能直接与客户沟通的渠道。这种口碑宣传的强大能量，使得口碑也成为自媒体最有效的赢利手段。不少政府和企业为了在传统营销的基础上增加自媒体网络营销计划，尝试雇佣兼职和全职自媒体来宣传企业活动。

 【荷兰和可口可乐的博客招募计划】

荷兰观光局就曾付费给25名博客写手，让他们参加阿姆斯特丹新闻发布招待会。可口可乐在冬奥会期间则付费招募分别来自中国、德国、意大利、加拿大、澳大利亚和美国的6名大学生，从冬奥会观众的角度，以博客的形式实时报道冬奥会，并宣传可口可乐产品。而参与计划的人自然收入颇丰。

这就决定了自媒体如果想利用博文赚钱，比较合适的方式是如同传统媒体那样，在自己的自媒体上进行一些类似口碑营销的软文推广。自媒体是个人网上出版物，拥有其个性化的分类属性，因而每个博客都有其不同的受众群体，其读者也往往是一群特定的人，细分的程度远远超过了其他形式的媒体。而细分程度越高，广告的定向性就越准。

一些有关自媒体的案例其实都很清晰地显示出了口碑营销所可能产生的巨大影响力，尽管本身没有特定的企业行为，但其所产生的广告宣传效力，让传统媒体惊讶。

8.6.4　自媒体口碑营销已成趋势

自媒体的这种强大影响力早已为互联网业界所关注，国内诸如蓝色光标、奥美传媒等传统公关公司已经涉猎其中，聚合了大批优质自媒体资源为自己效力。其文章价格则从数十元至上千元不等，关键视你所拥有的博客所在行业的影响力而定。这完全是由博客所产生的媒体影响能力而言的。如同传统媒体一样，当你的自媒体影响力达到一定程度之后，你的"广告位"也会因此而呈现出不同的价值。

对于企业来说，依靠自媒体口碑营销走向成功的案例也有很多。

【Stormhoek100 瓶葡萄酒换千万广告】

以 Stormhoek 为例，他们是英国一家小葡萄酒厂家，其产品是 "freshness matters" 牌葡萄酒，因为企业小，所以没有多少钱，也没有能力投放任何广告。为此他们别出心裁，在 2007 年给英国的一些博客送出了 100 瓶葡萄酒。他们提出，只要博客满足以下两个条件就可以收到一瓶免费的葡萄酒：

①住在英国、爱尔兰或法国，此前至少三个月内一直写博客。读者多少不限，可以少到 3 个，只要是真正的博客。②已达到法定饮酒年龄。

收到葡萄酒之后，也并不意味着你有写博义务——你可以写，也可以不写，可以说好话，也可以说坏话。这是酒厂的放手一搏。

很快效果就显示出来了，当年 6 月，用 Google 搜索这家公司只有 500 个结果，几乎可以忽略不计，而两个月后搜索结果达到 20 000 个。在这两个月中，他们自己估计有 30 万人通过博客开始知道这家公司。这里有个 wiki，是博客们反馈的汇总。而销量呢，酒厂自称博客营销之后，他们的葡萄酒销量翻倍了，达到了"成千上万箱"的规模。100 瓶自己生产的葡萄酒的代价不可谓不低廉，如果在中国市场，总价格也不会超过一万元，要是投放传统媒体广告，最多仅够在中国的一个二线城市的平面媒体上登一个半版广告而已，还要人家愿意打折才行。而结果则是成千上万的广告费所不一定能换来的。

这种体验式的自媒体营销，在时下国内市场也颇为流行，比如九阳就曾经送给我一台米润豆浆机，之后又邮寄了一套各类豆浆制作原料。

【九阳豆浆机的博主体验创造千万销售】

据我所知，这批体验者数量约为 200 人，都是有一定名气的草根意见领袖，这笔赠送总费用最多 10 万元，而体验者所"义务"提供的博文则让其米润豆浆机在投放市场一个月后迅速窜红，销售业绩超过千万，创造了极佳的口碑氛围。

诸如三星手机、LG 显示器、惠普打印机等产品体验也多有找到我，有的是赠送，有的则是试用，但这种花费，比起大规模的广告费用来说，便宜了许多。

8.6.5 口碑写作法则

时下自媒体口碑营销也出现了不同程度的乱象，就如同电视上总是出现各种各样的虚假医疗广告一样，不少自媒体为了个人利益，而罔顾口碑营销的产品是否真的如其所宣传的那样，随意进行宣传，结果导致网民被误导消费，这在根本上损害了自媒体口碑营销的名誉，也为其未来的发展蒙上了一层阴影。因此，有道德地进行口碑营销是时下每一个自媒体都应该遵守的法则。

1．不参与利益集团的口水战

在互联网舆论传播中，来自各个企业之间的口水战令人目不暇接。最典型的就是杀毒软件之间进行的强烈舆论攻击。我多次经历类似事件，每逢口水战，杀毒软件企业必然抛出所谓竞争对手恶性竞争、恶意删除自己软件或根本无法识别病毒的官方稿，然后邀请各路意见领袖撰写博文为其摇旗呐喊，同时，被攻击者也会以其人之道还治其人之身。身处两大阵营的自媒体则互相攻伐。

然而作为自媒体，这是典型地被人利用，成为恶性竞争的舆论工具。但真正的博客精神要有独立意识，不能成为某一利益集团攻击对手的大棒。参与某一品牌的宣传，为其树立良好的社会形象，并无不可，然而只是为之攻击他人，则不可为。

2．对宣传的产品必须有所了解

当然这不是说一定要用过宣传的产品，毕竟意见领袖也不是超级富翁，但最起码要对所撰写口碑营销的产品品牌有所了解，诸如联想、苹果、诺基亚等一线知名品牌，一般来说不会有误导消费者的情况出现。

对于那些不知名的品牌，最好谨慎一些。因为我长期致力于写游戏产业评论，在游戏业内多少有点儿知名度，一些游戏企业也和我有过类似口碑营销的合作，然而对于游戏业内口碑本来就不怎么好的企业，一直坚持批判态度，特别是一些出品山寨游戏之流，尽管多次与我接触，想要我为其撰写软文，但对一个品质低劣的游戏进行失实褒奖，无异于自毁名誉。因此自媒体们对此应该戒之又戒。

3．坚持该批评的时候批评

作为自媒体，要体现独立的观点。或许你会参与一些厂商开展的口碑营销推广活动，但并不代表你就成为了其阵营的一份子。当该企业出现经营方针上的偏差乃至存在侵害消费者权益的行为时，该批评的还是要坚持批评。只有这样才能真正实现博客的公信力，其实这也是传统媒体一贯坚持的原则。

此外，在对一些现象和企业进行批评时，企业公关人员极有可能会对你进行威逼利诱，这种情况下，作为自媒体，应该坚持原则，除非对方拿出足以说服你的正当理由，否则依旧应该坚持自己的信念，而不是为了一点小利益出卖自己。更加不能本着以敲诈企业和个人的目的，进行负面博文创作，IT 评论界知名人士刘韧恰恰是犯了此种忌讳，通过自己的影响力，行敲诈之实，最后锒铛入狱。

4. 不要太过于计较金钱

写自媒体更主要的是体现个人的价值存在和独立思考，如果所有的文章都是软性广告，都成了商家代言，那么这个自媒体也就没有多少公信力可言了。自媒体口碑营销建立的基础，是博主多年的辛勤耕耘，是之前数以百计的优秀博文所累积起来的名望。这种口碑营销充其量不过是一点零花钱，太过关注反而会丧失自己的立场，最终让自己的自媒体失去所有的读者，沦为枪手。自然如此，也就失去了口碑营销的价值。

5. 不要让自己的自媒体变成广告站点

很多成名的作者往往会成为各大企业和广告公司的追逐对象，这使得一些名博每个月都会接到为数众多的软文约稿。有的时候一个月内，可以达到每天都需要更新一两篇软文的地步。表面上看，生意非常红火，但实际上，过多地参与营销，会让自己的自媒体逐步失去公信力。毕竟自媒体不是一个广告站点，每天至多只更新一两篇文章，结果还全部都是广告软文。

有的作者会说自己的每篇文章都是精心制作，绝对有看头，不是单纯的广告稿。但对于读者来说，上来看你的自媒体，最主要的目的还是获得信息和了解你的观点，而不是来为你赚钱服务的。愚以为，即使生意再红火，也不要背离读者，每月三分之一的软文就是上限了，也就是说一个月内的 20 个工作日，你更新的 20 篇博文中最多只能有 6 篇软文，其他的则是你作为意见领袖对行业的观点和看法，这样才能真正保证博客的公信力和传播力。

6. 不要攻击你所在的平台

【加入搜狗和腾讯口水战的博客被雪藏】

2009 年，围绕着搜狗和腾讯在拼音输入法上的互相攻击，一些博客在其背后公关公司的指挥下，也撰写了倾向明显的攻击性博文，或指责搜狐垄断，或批评腾讯山寨，成为两家公司用以攻击对方的打手，然而这些博客有很大一部分，在腾讯和搜狐两个网站上都开了博客。其结果是，风波平息之后，一些充当出头鸟的博客则被其攻击的网站所雪藏，沦为了炮灰。

从道理上讲，这不算是自媒体口碑营销上的法则，但却实实在在对自媒体有用。因为在中国，大多数博主都是借助平台来推销其博文的，这就使得自媒体和平台是鱼水关系，平时自媒体对平台（如新浪、腾讯、搜狐等门户网站）有所微词，倒也无妨，但一旦沦为某些利益集团的枪手，通过攻击平台所属网站来牟取利润，则极有可能导致被托管平台封杀的结局，使得自媒体多年的苦心经营付之一炬。

【思考一下】

在保持公信力和实现对品牌的传播力上如何走好平衡木，不仅对自媒体很重要，对于运用自媒体做口碑的企业来说同样重要。满口唱赞歌的自媒体广告是无效的。怎样平衡它？

8.7 口碑营销的误区

【本节要点】

自媒体（博客）的口碑营销经常陷入只找热门博主却不关注是不是覆盖自己的目标受众，以及只有点击率但没有传播价值等问题，而且过于热衷炒作，更让自媒体失去了公信力，也失去了观点的引航力。

口碑营销在时下的自媒体中早已不是什么秘密，不少自媒体亦在此类营销中获得了不菲的收入，然而口碑营销依然存在着一个大误区，造成这一误区的恰恰是那些正在致力于通过自媒体进行口碑营销的公关公司。口碑营销存在以下误区。

误区一：选择没有针对性

在最初的自媒体口碑营销中，不少公关公司所采取的方式是在几个大的博客托管平台上，根据博客点击率的排名情况找寻博客，然后无论其属于何种领域，均进行约稿。其结果往往出现"关公战秦琼"式的喜剧，比如找文学博客写手机评论，找 IT 博客写化妆品分析，找女性博客写汽车测评等。

表面上，或许因为这些博客所拥有的读者群体让这些博文的点击不俗，但实际上，由于博客本身是一种比较典型的分众传播方式，每一个博客所聚合的读者群体的阅读取向也有很大差异，所以此类没有针对性的口碑营销，最终很难转换为购买力。如果一定要选择跨行业的博客，最好找到该博客的切入点，比如，向一个娱乐博客约步步高音乐手机的稿件，可以考虑结合步步高音乐手机赞助快女选秀这一切入点，在娱乐歪评中暗含音乐手机的特点。总之，博客的选择一定要巧妙结合特点，切忌生搬硬套。

误区二：用点击量来衡量

这其实存在两个方面的问题，即对博客整体点击量的误读和对单篇博文点击量的误读。对博客整体点击量的误读是公关公司最容易犯的毛病，仅仅靠点击量来衡量一个博客的价值是很片面的，比如，IT 博客第一名的点击量还不如娱乐博客第十名的点击量，原因很简单，前者所影响的人群是以高科技产业为核心的小众群体，而后者是最广大网民，只要你喜好娱乐，就有可能会点击。

不少公关公司对博客的选择仅仅看是否为千万或百万点击博客，至于只有几十万左右、辐射小众群体的博客，不管博主对那一部分专业人群的影响力多么强大，也不会选择。

对单篇博文点击量的误读也颇为类似。参与娱乐圈炒作的博文点击量巨大，而如果是探讨搜索引擎优化或网站建设软件的博文，则因为专业性局限，不会有很多点击。

一些公关公司往往对不同行业博主的要求也不加以区分，动辄要求点击量过万，回帖过百。或许对于娱乐性话题，这并非难事，但对于 IT 博客则非常困难，因为即使被推荐，其点击量也不过一两千，但必须注意，这一两千点击量基本上都是来自有效传播，只有对此内容感兴趣的业内人士才会去关注，比如网站建设软件的相关博文，尽管点击量不高，但其都是来自对网站建设和优化有需求的人士，由此可能产生的消费比例将因为博文的权威性而急剧上升。

误区三：欺骗读者

对点击量的过分追求，会让博客口碑营销陷入点击量的陷阱之中，一些公关公司甚至通过虚假点击和虚假回复来制造本来并不存在的高关注度。

这已经成为一些公关公司用来向委托企业表现自己成功的口碑营销的一个惯用手段，其实这只是一种权宜之计，不能登大雅之堂。随着博客口碑营销的影响力日益被重视，靠这种手段进行欺诈，或许能够蒙混过关几次，但绝非长久之计，最终将成为博客口碑营销的毒瘤。

相对而言，要识破这种伎俩的方法也很简单。一方面，新浪、腾讯、搜狐等博客托管平台都开始在所推荐的博文上标注特定的"荐"字记号，如图 8-7 所示，没有被推荐的文章，其浏览量几乎很难提高；另一方面，这些自己刷出来的点击和评论也有明显的破绽，比如，点击量上万，可文章之后显示的读者头像却寥寥无几，数十条评论多集中在几分钟之内等，都可以简单地分辨出是否是刷出来的假影响力。

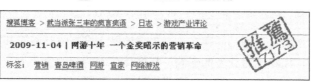

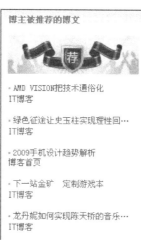

图 8-7　推荐标记是个好东西

误区四：不良炒作

很多企业选择口碑营销是由于在传播过程中受到越来越多法律法规的限制和制约，网络上的口碑营销似乎由于"想说就说"的低门槛而不受传播上的限制。

其实博客口碑营销也有着自我道德约束的范围，超过这个范围的炒作必定带来不良影响。比如 iPhone girl 事件，仅用 6 天时间就火遍了全球网络。

　　【iPhone girl 事件】

　　这一切起源于一个叫做"美国博客"的博客，这个博主在购买 iPhone 以后，发现手机里存有一个中国女孩的照片并把她贴到了博客里，经媒体证实这个女孩是深圳富士康观澜科技园手机检测生产线上的员工，照片是在检测 iPhone 照相功能后没有删除的。此后 iPhone girl 在网络上引起了众多的关注并得到口碑雪崩式的传播。

有网友专门为 iPhone girl 建立了网站，更有 iPhone 的消费者开玩笑说：我准备把自己的 iPhone 退回去，因为里面没有这个女孩。而策划这个事件的始作俑者是来自 www.MacRumors.com（iphone 产品爱好者网站）的站长。为了到达提高访问量的目的，该站长注册马甲制造了美丽的 iPhone girl 事件。表面上喧嚣，网站点击量节节攀升，可最终事件被揭穿，以至于失去公信力而被网民所抛弃。

博客口碑绝对不可以杜撰虚造，杜撰"口碑"不仅是不道德的行为，而且会产生反作用，破坏品牌形象，玷污企业的声誉。正派的口碑营销绝对不会低估消费者的智力，也绝对不会通过操纵、欺骗、注水等手法来愚弄消费者，而这恰恰是国内一些公关公司所不顾忌的。

自媒体作为一种网络意见领袖的存在，在未来的网络推广中有着极其重要的影响力，并且其影响力不在于流量，而在于对读者的影响。自媒体口碑营销的争夺战，其实就是话语权的争夺战，是树立舆论优势地位的争夺战，是意见领袖之间的观点制衡，要想在这场战斗中获得胜利，不仅要花钱、花精力，更要靠智慧。

【思考一下】

如果让你重新进行一次 iPhone girl 炒作，开头依然带有杜撰的性质，但最终要确保品牌不受损，自媒体的公信力不受伤，如何完成这个游戏性很强的大逆转呢？当然，还是不要轻易尝试，太过玩火。

第9章
打出史上最牛广告

本章将解决下列问题：

- 网络广告如何实现精准营销？

- 线下和线上如何联手做广告？

- 如何投放网络广告？

- 值得关注的新型精准广告模式有哪些？

- 为何说百科也是好广告？

- 如何通过问答来实现广而告之？

- 游戏里如何内置广告？

- 做品牌的原创游戏可好？

- 游戏里该如何销售实物？

说到网络广告，很多人又爱又恨，打广告太贵，不打广告又似乎不足以支撑推广，两难之中，如何选择？

在利用博客、论坛等手段廉价营销之外，还是不要把相对昂贵的网络广告当作鸡肋，品牌形象还须强有力的形象广告支撑，巧妙布局，精确投放，用最小成本实现最大产出。

请不要将网络广告当作在你打开 IE 浏览器时，满世界乱飞的、乱七八糟的弹窗，那不是网络广告的真谛。网络广告可以花很多钱，也可以不花一分钱，而且极其赚钱，关键看你在何种需求下使用何种广告形式。

9.1 网络广告不要太硬

【本节要点】

什么是网络广告？按照最传统的说法，网络广告就是在网络上做的广告。利用网站上的广告横幅、文本链接、多媒体等方法，在互联网刊登或发布广告，通过网络传递到互联网用户的一种高科技广告运作方式。1994 年 10 月 14 日，新锐的《连线》杂志作为第一个"吃螃蟹者"推出了网络版 Hotwired，其主页挂上了 AT&T 等 14 个客户的广告 Banner，这标志着互联网广告的诞生。目前，互联网广告主要分为搜索广告、展示广告和移动广告三大类别。

9.1.1 网络广告可以这样发布

传统广告的发布主要是通过广告代理制实现，即由广告主委托广告公司实施广告计划，广告媒介通过广告公司来承揽广告业务。广告公司同时作为广告客户的代理人和广告媒体的代理人提供双向的服务。而在网络上发布广告对广告主来说有更大的自主权，既可以自行发布也可以通过广告代理商发布。目前网络广告的发布主要有以下三种方式。

1. 自行发布广告信息

广告主不借助广告代理商，而是自己制作，自己建立平台，自行发布广告信息。最为成功的，可能要算腾讯。

【 腾讯手机 QQ 的情感营销 】

　　腾讯手机 QQ 在消费者关注的几个节日里，通过客户端把温情传递给了用户，当然，顺带也演示一下它们的最新功能。比如，在 2012 年七夕节，腾讯推出"想念不如相见"主题，主打异地恋人群，说出异地恋人群的苦涩心声，落脚到用手机 QQ 视频通话来传递思念。在光棍节，登录手机 QQ，就会看到一个"有爱没爱都不要慌"的画面，这一次的营销推广甚至得到了刘若英转发。甚至在感恩节，也不忘宣传一把，以"总是忘了跟你说声谢谢"为主题，号召网友关注身边的基层劳动者，尊重他们的职业和劳动成果。

上述的腾讯手机 QQ 的广告，可以看作是展示广告，也可以看作是移动广告。当然，手机 QQ 数以亿计的用户，保障了它本身就是一个完美的广告平台。这样的启动画面广告，相当于网站的首页栏头广告。

这种网络广告营销模式的代价最小，自己建站，自己维护，几乎每一个公司都能很轻易地做到，而且在自己的网站上投放广告也不用花钱。但网民为什么要上你的企业网站呢？一靠搜索引擎，二靠在其他网站上投放广告，其结果还是要在外面做广告。

从腾讯的这个例子里能够看到什么？不仅是自建平台做广告，还有广告的内容。

"爱上手机 QQ"的广告语已经变成"只想与你更接近"，这个变化足以看出腾讯已经放下高高在上的姿态，尝试主动亲近消费者。与其用生硬的广告让用户直接无视，还不如勾起用户心中的阵阵涟漪，同时巧妙地将自己的社交元素和最新产品功能植入其中。

2. 借助广告代理商在各个相关平台投放自己的广告

我在《哈佛商业评论》看到过描述移动互联网广告平台模式的内容，恰恰说明了多平台的广告可能带来的对目标客户的复合式营销的影响。

【凯美瑞的复合广告投放攻势】

当一位消费者在电视上看到丰田凯美瑞的广告后，拿起手机在谷歌搜索栏里输入"轿车"。首先弹出的是包含凯美瑞广告链接的付费搜索结果，以及该车型的相关评论。此后，这位消费者又打开专业汽车网站，阅读关于凯美瑞车型的点评，在点评的页面中，发现了当地经销商的网络广告，但并没有点击，下面的一条评论中含有丰田凯美瑞的 Youtube 视频，于是点击观看。在 Youtube 网站上，他还看到了 8 个月前丰田"智能凯美瑞"的超级碗赛事插播广告。在上班的路上，他看到了自己从未留意过的丰田广告牌，同时还收到了丰田公司"限时促销"的广告邮件。随后他访问了几个当地经销商的网站，其中包括限时促销的商家和汽车专业网站推荐的经销商。最终，他实地探访了经销商店，试驾并购买了这款车。

该实例表明，传统的广告代理商顺应潮流，针对新的平台模式，设计了大量复合式的广告投放内容，其形态可能从搜索广告到展示广告，再到移动广告，表现形式可以是链接、视频、软文以及邮件营销等。

复合式营销的好处是让目标受众无处可逃，这种与代理商合作进行的广告投放方式相对来说比较省事，花钱就可以了，花的钱越多，广告投放的位置就越好，投放的范围越广。代理商本身不隶属于任何广告发布平台，完全可以实现按照客户需求进行定制化投放。

3. 直接和网站合作，开展广告营销

这类合作最典型的是百度关键字竞价排名，这个让许多企业又爱又恨的网站广告，既可能让你财源滚滚，也可能是个销金窟。其他诸如在各大网站上直接挂广告的形式也非常多，但在很多人看来，这样的展示广告，似乎欠缺精准度。其实不然，并非一定要纯粹用广告条来进行广告。

 【百事可乐的兑奖瓶盖网络化】

百事可乐和雅虎曾共同宣布了一项在线和离线联合促销计划。根据协议，百事将在 15 亿个饮料瓶上印雅虎标志，并在全美 5 万家商店公开销售。同时雅虎将新开设一专门网站 pepsistuff.com 促销百事产品。所有百事饮料瓶的瓶盖上带有代码，消费者可以通过网络兑奖并享受优惠。

该实例表明，广告主直接寻找网络服务商作为合作伙伴，网络服务商为广告主办理广告业务，执行广告计划，甚至参与离线市场促销活动。颇类似于传统媒体自身的广告部门，这种模式效果一直表现良好，时至今日，在各大饮料品牌中，均可以看到类似的合作出现，而且其异业合作的范围也越来越广，特别是和网络游戏产品、电子商务平台之间的合作，更是成泛滥之势。谁也不会拒绝额外的甜头。

从本质上来说，前两种方式都是常态网络广告，属于硬广告范畴，是单项式的，对于企业来说，应该成为一种日常性的投放，并随着企业新的产品或服务的发布而改变，就如同在街头树立广告牌一样，重点在于强化网民对自己企业和产品的认知度，从而在其他营销出动时，能够形成一个良好的信赖感。而第三种方式，已经越来越成为企业网络广告投放的主力，通过活动来软化广告对网民的排异反应，并吸引网民参与互动，这种形式通常是不定期的，但更加符合网络的特征。

上述三种广告投放方式，是从广告主角度进行的分析，如果从网民的接收方式进行分析，网络广告又可以分成以下三种不同的模式。

1．主动搜索型

主动搜索型主要是通过搜索引擎进行竞价排名和搜索引擎优化来实现，其针对的用户主要是有特定需求、有明确消费欲求的网民，即我们所谓的深度用户，或者说是立刻消费人群，他们通过主动搜索信息的方式来满足特定的需求，跟日常的图书馆一样。广告主可以积极利用搜索引擎，针对有特定需求、相关度高的目标用户进行精准地推广。

2．被动接触型

如新浪等传统的浏览式网站网民群体聚集度高有利于广告主进行品牌的曝光，浏览式广告在某种程度上可以视为盲性投放，用户是因为浏览而被动获得信息，再因为信息的刺激而发生消费欲求的人群，他们本身在浏览之初，消费欲求并不明显，这就是所谓的非深度用户，他们通常没有特定的目的，通过浏览的方式来获得信息，跟日常的订阅报纸一样。

3．以博客、论坛、SNS、IM 和社交网络为代表的分享型媒体

分享型媒体是浏览型和搜索型之外的重要媒体类型，也是网络广告投放的全新领域。它是一种将主动搜索和被动浏览结合在一起，让网民和广告发生互动的模式。分享型网站有助于拉进广告主与用户之间的情感距离，建立社区归属型的品牌关联。

这一模式较为新颖，但也不乏成功的案例。

 【奥巴马在"脸谱"上筹款】

2008 年美国总统选举时，奥巴马在 Myspace 社区上有 41.5 万个朋友，在 Facebook 网站上吸引了 100 万粉丝。他的官方网站设计利用了大量互动元素，网民可以在网站上开展讨论、举办筹款、观看视频，还可以在线购买有奥巴马标记的产品，甚至下载奥巴马的演讲作为手机铃声。与此同时，奥巴马还通过自己的网络博客为自己树立起年轻、锐意进取的候选人形象，拉近了选民与自己的距离。奥巴马拒绝了美国政府无偿提供的 8000 万竞选资金，却自己筹集到了超过 6 亿美元的竞选经费，其中 87% 是通过网络募捐来的，这得益于他通过互联网建立了巨大的捐款人网络，让他拥有足够的资金用于竞选。

但对于社交媒体的广告植入，时下依然没有特别有效的方法。英敏特（Mintel）2013 年的调查数据表明，66%的社交网络用户表示很少关注社交网络上的广告，而且 56%的消费者称不喜欢购买社交网络上的广告产品。

但也并非完全没有办法，避免过度的硬广告植入，走温馨、温情路线，走群众路线，以朋

友之名隐性广告，效果或许更佳。

与腾讯手机 QQ 走温馨路线相似，一汽在 2012 年也曾成功试水了社交分享广告。

【一汽奔腾"让爱回家"征集团圆照】

一汽奔腾汽车推出的"让爱回家"的社交类广告打动了众人。在正式的广告内容片结束之后，通过有趣的点亮微博头像的方式激发网友参与整个"让爱回家"的互动环节。在活动中，腾讯还结合春运，制作了"让爱回家"春运专题，通过"回家大调查"、"全家福照片征集"、"对父母说出我的爱"等栏目，推出了情感互动三部曲，充分调动网民春运回家的情感，"让爱回家"活动举办两个月，腾讯微博与一汽奔腾"让爱回家"相关的话题数总计高达 25 551 715 条。上千万用户点亮"让爱回家"主题图标，将品牌价值观带入其个人关系网扩散传播，使得品牌影响溢出网络，也极大地塑造了一汽奔腾的温馨形象和亲和力。

这并非一次简单意义上的造势，据后期数据统计，在此次社交广告的参与人群中，25 岁以上核心目标群体的比例为 66%，20 岁以上春运人群的比例为 88%，73%的覆盖用户在家里和办公室上网，正是一汽奔腾"让爱回家"品牌诉求的目标人群。

这充分说明了，如果在价值取向和传播目标上做好定位，社交广告的分享模式可以实现更精准的受众传播效力，而且在"人以群分"的状态下，这种分享传播，朋友的朋友依然是最佳的潜在目标受众，其拓展广度和深度更为强悍。

9.1.2　广告轰炸在"瘦身"

网络广告的最大特点之一是用户转换率在理论上可以到达极高。理由很简单，网络广告可以形成一个短链，用户从看到广告到购买，只有一个点击的距离。这是传统广告所不能赋予的，比如，当你在报纸上看到某款豆浆机促销广告而特别感兴趣时，距离你去超市实实在在购买还有相当远的距离，亦有可能最终没有购买或选择了其他品牌。而若在网上看到广告，则完全可能点击链接直接进入购买页。

所以，许多网络广告客户采取铺天盖地的广告模式进行推广，最大限度地占据购买者的眼眶。然而这种"广告轰炸"的老套路却遭遇了冰火两重天。一方面网络广告相关调查数据显示，到 2013 年我国网络广告营销市场规模达 447 亿元，居世界第三。2013 年第二季度互联网广告运营商市场规模同比增长 31.6%，整体呈上涨趋势，其中，搜索、视频广告进步明显。另一方面以报纸、杂志、电视为主体的传统媒体仍占据近 90%的广告市场份额，而网络广告，特别是被认为精准性极高的社交网站广告，却没有显示出魔力。英敏特（Mintel）调查数据表明，在 25～34 岁用户人群中，赞同"很少关注社交网络上的广告"这一观点的人数上升至 70%。

一边是各种产品依旧不断地用"广告轰炸"来为自己的销量引路，一边是长时间地疲劳轰炸开始难以起到刺激消费的营销效果，但又不得不继续进行"添油战术"。"广告轰炸"模式是否走进了死胡同？是否"无差别的地毯式轰炸"的广告模式已经不行了？

快消产品是一个典型。

近年来，大量行业在营销理念上转入广告精准投放之际，快消产品则一如既往地奉行着无差别的地毯式广告轰炸策略，无论是在传统广告媒介，还是在网络媒介，大量的快消产品广告用各种各样的广告形式直接刺激着消费者的眼球，而其奉行无差别轰炸的理由也很简单，任何人都可以成为快消产品的消费者。

 【碧生源广告轰炸为何失败】

这种广告轰炸模式在碧生源之类的快消产品身上已经逐步失去了效力。一直走着广告拉动销量路数的碧生源减肥茶，在 2012 年上半年实现营业收入 3.25 亿元，较去年同期的 5.12 亿下降 36.5%。但同期广告开支达 2.32 亿元，占营收的 71.5%。特别是当其被曝光原料 4 分钱，研发成本对比广告投放近乎微不足道之后，其广告轰炸所取得的家喻户晓的效果反而让其负面信息获得了更快更广的张扬，而相对于整个快消产品的营销环境而言，碧生源绝不仅仅是个案。影响着快消产品营销环境转变的不是别人，正是它自己。国内许多快消产品的定位一直不够明晰，碧生源靠广告宣传其减肥功效而大获青睐之后，类似的产品层出不穷，其营销模式亦和碧生源如出一辙，而由于配方简单易模仿，碧生源在减肥效力上与同类产品并没有特别巨大的差别，同时也让消费者在其广告轰炸之后，并没有形成"第一"、"高效"之类的口碑定位，反而逐步形成了审美疲劳。

此消彼长中，泛滥的广告轰炸，加上和竞争品之间为抢夺消费者眼球而不断加码的广告投入，都让广告战发展成了拉锯战，

与此同时，高昂的广告费在无差别的地毯式广告轰炸中，有太多的弹药被浪费在了"田野"中，这让广告转换率降到了极低点。

营销环境转变的外因是传播渠道的日益增多，让广告轰炸的效率进一步直线降低。快消产品大多奉行在传统媒介上进行广告轰炸，而当其核心群体大多以网络为接受信息的主流媒介时，传统媒介上的广告轰炸突然找不到目标了。尽管可以同步在网络媒介上进行轰炸，但一方面网络媒介的广告费已经抬高到不菲的境地，另一方面，网络太过于广大，想要类似传统媒介这样地毯式轰炸，其花费将让其本身已被广告轰炸摊得极薄的利润难以承受。

类似碧生源这样快速滑落的情况，势必在诸多广告为王的快消产品身上上演。

当然，其他品类产品在网络上单纯铺广告也将不再流行，必须实现"精准打击"再定位。

广告轰炸并非全然不可取，但却适宜在轰炸范围上突出重点，实现精准打击。

这其实和美军从二战到当代的空军轰炸战略如出一辙，二战时期，美军发明出了无差别地毯式轰炸，其目的带有震慑性和战略性，但同时也对重要战略目标实现重点打击，从而加速战争的结束。而随着精确制导技术的发展，美军更多地将精准打击和斩首行动作为自己的进攻策略，在获得同样的战略战术效果的同时，也降低了弹药消耗和平民伤亡。

快消产品的广告投放和营销手法亦应当如此。表面上看，快消产品的消费者是泛大众化的，所以他们将广告大规模投放在传统媒介的热门时段、热门栏目、热门版面、热门地段。但从本质上来说，快消产品依然有着自己的核心消费群体，如运动品牌、功能性饮料乃至减肥产品之类的核心消费者都是时尚白领青年，而脑白金之类的健康饮品目标则是中老年人群（但购买者大多为孝心强烈的中青年），这使得其无差别的广告狂轰滥炸在信息超载的当下，变得越发无力。

显然，大多以中青年白领为核心消费群体的快消产品此刻应该将目光投放到网络上，但绝不仅仅是网络广告。网络广告被网民选择性忽视的情况极为普遍，而微博、视频、SNS 等带有浓郁社交意味并聚合了当下最大中青年白领群体的网络口碑平台，则成为快消产品精准营销的最佳选择。

但这需要一个决然的定位转型，即从过去只是单方面轰炸的方式走向互动交流乃至众动提升的新境界，简言之，就是从传统媒体上板着面孔叫卖的硬广告变成说人话的"好朋友"。

这并非不可能，时下许多快消产品早就在微博上进行了尝试，如杜蕾斯给自己定位为时尚公子，广泛利用微博和网民互动交流，中粮集团以整体打包的方式在社交网络上开展"集粮票"活动，让品牌力极大彰显，一些快消产品还利用微视频进行植入式推广，将产品特色融入到故事情节之中，不但不突兀，反而起到极佳的心理投射效果……这类广告轰炸尽管表面上投放力度并不如过去强势，但却以"说人话"的创意营销更加深入人心，也极为精准地将投放面缩小到了目标受众之上。

花钱少了、效果好了、广告轰炸也能成功"瘦身"，只是创意更多、花费的精力更多，这是信息超载时代快消产品走出审美疲劳的全新突围策略。只是，这个策略较之传统的广告轰炸模式，需要花费更多的时间积淀方能见效，快消产品能否沉下心来做呢？其他品类的产品能否静下心来做好网络广告呢？

"女人更年要静心"，看似简单的网络广告投放更加要静心。

9.1.3　社交时代广告也可以 O2O

作为国内广告大金主的游戏公司，在十余年的快速发展历史上，一直和电视、报刊和户外广告等传统媒介"绝缘"，其原因与同样是广告大金主的房地产一样，还是目标受众的精准性和传播的有效转换率问题。

游戏厂商由于产品的特殊性，已经形成了在其目标用户中"只知其产品不知其品牌"的营销怪圈，加之网游有其推广上的特殊性，可以直接通过网络广告等互联网传播手段实现"点击即购买"的传播效率，更让大多数游戏公司的广告投放倾向性十分明显。在十余年的游戏发展历史上，通过网络广告直接为游戏带来人气，从而带动整体收益的提升，成为了游戏公司的不二法门。

但这一切可以被打破，而且效果可能更好。

【巨人在报纸上打"网络广告"】

2012年10月9日，史玉柱的巨人网络包下《东方早报》的一个整版打了一则广告，广告的内容很简单，只有9个醒目大字"仙侠世界：我不是征途！"末尾则配以小字体的"和过去说再见"，宣布正在不删档封测中的《仙侠世界》将开创全新游戏玩法，如图9-1所示。很少在传统媒介上打广告的游戏企业何以一反常态？仅仅只是为了通过传统媒介来树立自己的公司和产品的品牌价值吗？其实不然，一出曲线营销的大戏正由线下逐步向线上扩张。

图9-1　简单至极的《仙侠世界》广告

巨人网络在当年度还做过一次类似的"大手笔"，在有"世界十字路口"之称的美国纽约时代广场的巨幅显示屏上，分别为其旗下自主研发的《征途2S》和代理的俄罗斯网游《巫师之怒》大打视频广告。早前并非没有游戏公司通过传统媒介进行游戏推广，如下例。

【盛大在金茂大厦做巨幅广告宣传游戏】

2009年4月3日，盛大游戏在"中华第一楼"、世界第四高楼——上海地标建筑金茂大厦上，由镭射灯光在金茂大厦西侧外墙，分两帧投射出高、宽均达到数百米的"永恒之塔、盛大网络"字样，并将其主推的新游戏《永恒之塔》中的各种角色造型映射在楼身。如图9-2所示。

登录电视和报刊等大众传媒的游戏公司也时有出现，这类尝试都有一个突出的特点，即借助大众传媒的影响力，为游戏、更为公司打造品牌口碑。至于这类广告给该款游戏带来了多少玩家数量增长，基本不在游戏公司投放广告时的具体考量之列，除非是专业性和针对性较强的游戏专业报刊和电视节目。

图 9-2　盛大在金茂大厦"打广告"

"作秀"基本上成了巨人、盛大等游戏公司在传统媒介上进行广告传播的非官方定义，这类广告所创造的品牌口碑往往同时被传统媒介上泛滥的关于游戏的负面舆论争议所冲抵，这让更注重实际利益且早已对加诸在其上的"电子鸦片"和玩物丧志的惰性思维产生"抗药性"的游戏厂商，特别是还没考虑品牌影响力的中小游戏厂商在投放广告到何种媒介上的选择偏向更加明显。

此次《东方早报》的整版广告也仅仅是作秀吗？巨人网络的解释很简单，史玉柱人生第一桶金的赚取，离不开在传统媒体上大胆、另类的广告尝试。从 20 世纪 80 年代末开始，史玉柱在珠海创业研发汉卡，当时他掏空所有积蓄在《计算机世界》杂志上打出一版广告。后来二次创业从事保健品行业时，报纸也是他最重视的载体。

十年前巨人集团负债 3 亿多，当终于还清了债务时，史玉柱也是选择在上海的报纸上打广告，登报还债。广告末尾的"和过去说再见"看起来就像是向"史玉柱登报还债"致敬。但这绝不仅仅是一次故地重游，引爆点选好了，下一轮的推广就要回归网游广告的主战场——网络。

果不其然，巨人网络的这个简单广告在互联网上形成了不简单的讨论。新浪科技、腾讯财经等官方微博在第一时间发布了相关的信息，巨人网络自身也在百度、17173 等网络媒体上打出了对应的网络广告，以进一步将信息在第一时间扩散到互联网上，相关的网络新闻也在各大游戏网络媒体上广泛传播。

至此，巨人网络的前期工作基本已经完成，引线立刻得到了微博、博客和论坛等网络自媒体的关注和引爆。

最初的讨论在大量游戏和营销业内人士中展开，如微博认证为"上海框架传媒青岛公司常务副总经理"的网友"青岛土著姐"赞此为"广告的上乘"。她分析说："这仅有的九个字双重主语突出了重点，简明的主谓宾句型让一年级的孩子都看得懂，而且否定句加重肯定，白底黑字也抛除了悬疑和不确定。"

但这只是一个开始，在超过百余名的微博名人、官方微博的火热讨论下，特别是游戏圈内人士的主动探讨，无论是正面肯定还是负面批评，这一原本只是在报纸上的广告被这些网络参与者传播给了自己的忠实粉丝，也就是游戏产品的目标受众——游戏玩家。很快网上讨论从单纯分析"史氏营销"的专业视角变为，对这款自我宣示和巨人经典游戏《征途》系列划清界限的《仙侠世界》的游戏期待值的讨论。

越来越多的游戏玩家被这个话题所吸引，特别是广告本身带有极强的"卖关子"特色，直接刺激了玩家的探索欲，其游戏玩法、画面风格、故事情节等都被玩家挖出来在网上晾晒，讨论也从偏向精英的微博走向偏向草根的论坛，期间一些传统媒体对《仙侠世界》打广告的事件进行的二次报道，也进一步扩大了信息传递的广度，并催化了讨论热度的升温。

广告发布三天后，有百余家媒体进行了报道，微博讨论近万条，仅新浪科技单条微博的转发就超过200次，100多个论坛上有相关帖子，单篇最高点击量过千。

至此，《仙侠世界》的这次推广行为借助其预埋在广告中的话题性，实现了从线下企业品牌形象推广到线上目标人群精准营销的转变。

巨人网络的这场营销中，跳出了过去游戏广告的"赤裸裸"方式，不再仅仅使用有吸引力的网络广告直接吸引玩家下载的传统模式，尽管报刊广告上特意留出的二维码也吸引了不少报纸读者用手机登录游戏官网了解游戏信息，但更关键的还是"引爆点"的话题性实现了网络上的二次信息引爆。

话题引爆中，巨人网络也并非毫无作为、放任自流，在最初的微博话题推动中，巨人网络的员工微博起到了很好的引导效力，之前介绍过这种叫做"圣斗士"的社交传播模式。

【巨人的"圣斗士"微博模式】

平时这些微博"各自为政"，以常规微博的状态出现，极少广告内容，而一旦出现类似话题时，这些微博依靠其本身长期经营过程中聚集的大量游戏玩家，通过主动发布或参与转发讨论等方式，实现信息地大量扩散，并通过"圣斗士们"的有效话题引导，确保了舆论导向向着正确的方向蔓延。在此次推广中，这种效果被发挥到了极致，也最大化地让报刊广告成为了真正的"网络广告"。如图9-3所示。

这种营销力量在平时点滴集聚，"广告性"并不彰显，而在集中发力的话题中，又因为微博主们的个性化发布和随机插入讨论，让广告有别于规范化的软文形态，更容易被目标对象所接受。这在游戏厂商通过直白的网络广告泛滥发布，直接引发投放价格提升和目标人群点击欲望疲软的今天，其润物细无声的特色更加明显，加诸玩家较少接触传统媒介上的游戏广告，而形成的审美差异性特征，更进一步加深了用户对此事件的探知欲望，通过网络媒体和微博上的"圣斗士军团"稍加引爆，即可引发强劲的口碑浪潮，看似曲线营销，却远比直接赤裸裸的硬推广更为强劲和"直接"。

图 9-3　新浪微博上的巨人"圣斗士"们

社交模式下不在线上做广告，也同样可以是网络广告。在这种前提下，不仅广告可以实现O2O，而且即使是普通的网络广告，也可以有条件地实现更大意义上的精准。

广告不仅仅表现在报纸上，还可以是街面上的实体广告。

 【可口可乐"把快乐带回家"实现线上线下同步社交传播】

2013 年春节，可口可乐公司推出了"把快乐带回家"的主题活动。可口可乐新年互动舞狮广告在徐家汇 600 个互动大屏亮相，通过最新的互动技术，让消费者主动参与到广告中来。据了解，在 22 天的活动时间内，总共有约 300 人参与了游戏，并吸引 80 万人在现场观看。通过线上传播，在优酷视频上成为当期可口可乐点击率第三的广告，同时，还有 78 万人在微博上进行了阅读。如图 9-4 所示。

在这个推广中，通过互动广告，激发用户参与热情，然后通过网络同步传播，激发更多的社交传播。而这所能带来的好奇感和传播效率，远比在固定位置的几块屏幕更有效果。在这一点上，LadyGaga 走得更远。

279

图 9-4　可口可乐"把快乐带回家"广告

 【LadyGaga 地面广告实时展现粉丝推文】

2013 年，LadyGaga 发布了其新专辑"ARTPOP"，为了加大影响力，其推广团队在遍布全球主要城市的数字标牌和户外屏幕上到处发布这个专辑的封面。同时，LadyGaga 号召她近亿的社交网络粉丝，使用"iHeartARTPOP"的标签发布各种与新专辑有关的信息。有趣的是，LadyGaga 的那些户外广告牌上，也会每隔几分钟揭示一部分新封面内容，直至图像全部显示出来，而来自粉丝的"iHeartARTPOP"标签的推文则成为广告背景的一部分。

"你的言论也能发布到全世界的每个角落，和自己崇拜的偶像一起"这个噱头，足以让粉丝们疯狂，而社交模式下的 O2O，也就瞬间被引爆。

9.1.4　网络广告的劣势

谈了那么多优势，自然也要谈谈劣势，作为网络推广最常见的一种形态，网络广告不可避免地呈现出许多劣势，这让网络广告在很大程度上，一直没有成为推广的主力军。

一是网民对网络广告的信任度低。主要原因在于，虽然国家对电视广告管理有了明确的法规，但对网络广告尚没有专门的管理条例，个别商家的不实广告大大影响了网络广告在民众心目中的地位。

二是强制性广告使网民心里烦。网民本质上并不喜欢广告，尤其是他们没有购买欲望的时候，而网站本质上希望多发广告，让更多的人接受广告，尤其是广告在其收入比重较大时，这就是一对矛盾。因此，从网站的角度，总是在不断地试探着网民对广告的容忍程度。事实上，网民对现在网站广告的烦意颇重。打开一个网站主页，对汽车丝毫不感兴趣的你，却看到了一个豪华汽车的巨幅弹窗广告，除了迅速关闭广告页，感叹"这广告真烦"以外，这次广告展示没有起到任何正面作用。自从网络广告诞生后，将广告信息"预埋"在某个既定的网页位置上是网络广告最主要的模式，也是最大的弱势。

三是广告创意不足，这其实是网络广告最致命的问题，网民点击广告率不高，根本原因取决于这一点。为了解决广告创意不足的问题，在线旅游服务站点 Orbitz 赋予了弹出式广告更多的趣味性。该公司与芝加哥 Otherwise 广告公司进行了合作，将其所发布的弹出式广告变成了一系列小游戏和谜语节目，网站访问量得到了明显提高。

四是无效广告太多。2013 年，谷歌在博客中承认，10%的网络广告在网页上所处的位置使它们几乎不可能被用户看到。这些广告被放在"褶皱之下"的位置，即网页上很低的位置，网民要向下滚动网页才能看到，而大多数网民都不会这样做。但是，由于广告已经在网页上显示，广告主还是需要为这些广告付费。

9.1.5　如何激发广告活性

如何让广告发挥最大的效能呢？有两种解决途径，一种是在常见的网络广告形态上进行有目的性地革新，另一种就是开发全新的网络广告形态，如游戏内置广告。

先说说如何让常见的网络广告发挥优势吧。唯一要做的就是要确定网络广告的目标。广告目标的作用是通过信息沟通使消费者产生对品牌的认识、情感、态度和行为的变化，从而实现企业的营销目标。在公司的不同发展时期有不同的广告目标，比如形象广告或产品广告，对于产品广告，在产品不同的发展阶段广告的目标又可分为提供信息、说服购买和提醒使用等。"AIDA 法则"是网络广告在确定广告目标过程中的规律，如下。

第一个字母 A 是"注意"（Attention）。在网络广告中意味着消费者在电脑屏幕上通过对广告的阅读，逐渐对广告主的产品或品牌产生认识和了解。

第二个字母 I 是"兴趣"（Interest）。网络广告受众注意到广告主所传达的信息之后，对产品或品牌发生了兴趣，若想要进一步了解广告信息，可以点击广告，进入广告主放置在网上的营销站点或网页中。

第三个字母 D 是"欲望"（Desire）。感兴趣的广告浏览者对广告主通过商品或服务提供的利益产生"占为己有"的企图，他们必定会仔细阅读广告主的网页内容，这时就会在广告主的服务器上留下网页阅读的记录。

在这一点上，许多网络广告采取的策略只是简单利诱，超低价、超低折扣、超强性能等，下面看看真正的欲望应该如何体现。

【凌仕如何借力富豪征婚打广告】

　　2012 年，香港富豪赵世曾花巨款为女儿招婿。而凌仕香港则以这一高调选婿为契机，推出策略性广告。广告于 2012 年 10 月 12 日上线凌仕香港 Facebook 页面，暗示喷洒凌仕香水可助应征男士一臂之力。这是客户迅速响应新闻资讯、不惧以流行文化来保持品牌新鲜度的典范。而一个公关总监则揶揄凌仕的这个手法："应该没有哪位追求者会真的因为看了广告而去尝试凌仕效应，但凌仕依然成功了，因为其传达的讯息很简单，目的就是营造声势、引发社交媒体圈的讨论。"

　　显然凌仕的这个广告透露出来了几个信息，即时髦、欲望和社交，这一切都和凌仕的产品元素契合，且在自主的 Facebook 页面上出现，定向发布给了凌仕的粉丝，也就是实现了精准，但更重要的是，这摆脱了简单理由，而是挑逗起了用户的欲望，实现了品牌信息的深度渗透，以及通过社交网站的更广范围传播。

　　第四个字母 A 是"行动"（Action）。最后，广告受众把浏览网页的动作转换为符合广告目标的行动，比如在线注册、填写问卷参加抽奖或者是在线购买等。

9.1.6　新颖的网络广告类型

　　时下，网络广告已经逐步跳出了过去直接在网站页面发布硬广告条的传统模式，将大数据和 LBS 引入其中，也使得广告模式变得更加精准，目前一些新颖的网络广告有如下类型。

1．RTB（Real Time Bidding，即实时竞价）实时竞价广告

　　在一篇媒体报道中，如此描述这个广告模式，"假如你是一个香水爱好者，当你准备进入某视频网站观看偶像剧时，在输入网址、按下回车键或者在主网页上点击的那一瞬间，'一个香水迷要看这个网页了，这个网页上有一个闲置广告位！'的消息便迅速传到了兰蔻、香奈儿等香水广告主那里。一个小型网络广告位拍卖就此展开。广告主迅速对这个广告位竞价，最后，出价最高的广告主获得了这个广告位，为自己的产品或品牌获得了一次展示的机会。整个小型拍卖会从'开拍'到'成交'，不过 0.1 秒的时间，在打开网址并缓冲的那一瞬间就完成了。"

　　这样的状况主要依靠大数据的分析结果。依靠庞大的 Cookie 对每一个网民进行定位和分析，确保广告费用在刀刃上，而不至于一半以上被浪费在错误的人、错误的时间上。

2．LBS（基于位置服务）移动位置广告

　　在一则描述此类广告的文章中，提到一家名为 Waze 的应用。

　　在一项针对 2500 个移动广告活动的分析发现，广告主对高级位置定向方式的使用越来越多，使用地理围栏，位置感知和基于位置的受众定向的比例越来越高。位置定向广告活动多来自有实体店的行业，其中，食品、政府等行业采用的比例最高。而使用位置定向的广告效果是未使用的两倍。

【Waze 和塔可钟联手玩位置优惠】

这是一款采用众包模式的导航应用，该公司正在与塔可钟一同测试一款服务，可以在用户处于塔可钟的连锁餐厅附近时，向其发送优惠券。巴丁表示，"由于用户处于塔可钟餐厅周围，因此可以获得相关的优惠。但除此之外，广告主也可以获取非常详细的信息，并将其应用于今后的精准推广中。如果有人路过塔可钟门店时看到了 Waze 的广告而走进店内，你就展示了价值。"

3. 互动状态下的 O2O 广告

在这里，重点介绍一些新颖的地面互动广告模式。虽然是线下的广告模式，但却很数字化。

【地铁路《东区女巫》在盯着你】

在纽约繁忙的 ColumbusCircle 地铁站里，广告商利用两面带有手势互动功能的 9 屏视频墙，进行新剧《东区女巫》的营销推广活动。其中一块互动视频墙上播放配合剧情主题的游戏化数字内容，当经过的行人触发视频墙的动作感应器，屏幕上就会出现一只巨眼跟随他们。如果行人停留两秒，眼睛的瞳孔就会扩张，放出一群黑鸟。接着屏幕画面变成黑暗森林，吸引行人通过手势与屏幕互动，战胜森林里的黑暗幽灵。

【思考一下】

假设你是个广告主，代理了一个女性香水品牌，很大牌、很昂贵、很小瓶，假设就叫女人香，你只是一个二级城市的代理，市场完全没开发，但你拥有一定的价格操控权。现在你想做网络广告，钱不是特别多，打算怎么入手呢？是地方新闻网的首页广告，还是化妆品论坛里的横幅广告，或者是团购网站的促销活动？想想广告语和广告设计哦。

9.2　善用百科做广告

【本节要点】

百科和问答其实是一种很有效的广告形式，创建百科和植入问答都需要很多技巧，关键是在植入过程中要真实有效，并实实在在对目标受众产生影响。

说了那么多花钱无极限的网络广告，那有花很少钱且效果非常好的网络广告吗？答案是肯定的，而且它就存在于我们的日常网络生活之中，只是因为我们太习惯它们的存在，而无视它们。"入宝山空手而回"是网络营销推广最大的浪费。这座"宝山"其实非常容易掌握，且门槛指标为零，比如百科和问答这两个第一流免费广告平台。不妨回想一下，你是否已经形成了"不知道问百度"的习惯呢？如果有，那么恭喜你，你已经成为这种网络广告形式下的潜在受众了。

9.2.1　真正的润物细无声

先看一个策划案，是我曾经指导一个朋友为某个孕妇乳房护理产品做的网络推广案，后来因为企业自身对网络营销兴趣索然，所以并没有付诸实施，现在发布出来，隐藏掉产品介绍和烦琐的操作指南，供大家做个思维导图。

（一）营销思路

孕妇乳房护理宝是目前市场上所没有的产品，主要是用以去除孕产妇乳痂来保证母婴健康。因为新颖，所以市场空间很大，但同样也因为新颖，所以消费者对这个产品的认知程度、信赖程度和消费习惯也趋近于零。因此这个产品的网络推广需要在提高消费者认知程度和培养消费习惯两方面下大力气，计划以一个主体事件营销为由头，配合各个营销方式，最终隐形引导消费者购物。

（二）目标人群

（1）核心人群：孕产妇。

（2）辐射人群：爱美女性、爱妻男性。

（三）营销方案

分为前期铺垫、中期事件营销和后期市场推广三个部分。

1．前期铺垫

通过搜索不难发现，网络上有关乳痂的信息，排在最前面的都集中在婴儿身上。这其实是一个有利因素，即在推广时，可以用搜索引擎优化的方式，将有关孕妇乳痂形成及其危害的知识，取代现有搜索引擎上的资料，从而让目标群体在我们正式开展营销推广时，搜索到的内容，都是我们所希望他们掌握的相关信息，并同时加入隐性引导的销售信息。

（1）时间安排：在中期事件营销开展前一周内完成。

（2）目标媒体：百度知道、百度百科、雅虎知识堂、搜搜问问、相关育儿网站、论坛。

（3）发布方式：

- 问答站点（如百度知道、雅虎知识堂）。以知识性问答和孕产妇健康科学介绍为主的知识帖子，其中包含乳痂的形成原因、乳痂对孕产妇以及婴儿的健康危害，乳痂对女性美丽的影响等，表现内容主要以非商业的科学介绍为主。同时对现有的这类知识问答进行维护，补充大量关于孕妇乳痂问题的内容。

- 百科站点。在维基百科、百度百科、互动百科、SOSO百科等百科站点发布乳痂的百科解释和产品的百科词条，力求准确和有说服力。

- 育婴、女性主体的站点和论坛。发布一定数量的帖子，如果可能，联系网站发布相关新闻，包含有关产品品牌信息，引导消费者搜索。

- 搜索引擎优化。实现有关乳房护理宝相关关键词的搜索引擎优化，配合店铺建设一同进行。

- 形象设计。为产品选择一个有亲和力的卡通形象，比如湿巾形象的卡通人物类似海宝。

（4）任务目标：全面占领有关乳痈、乳房护理宝等关键词的页面，为中期事件营销中消费者的搜索提供最有利于产品的网络搜索环境。

2. 中期事件营销

通过一个由趣味视频、趣味图片为主要构成方式的事件营销，以此来让网民对孕妇乳房护理和女性乳房乳痈危害形成认识，从而引导消费者购买乳房护理用品。

（1）事件构成：史上最猥琐的清洁工（暂定名）。

（2）事件过程：

第一阶段，以偷拍的形式将一个戴着口罩的清洁工对一幅宣传海报进行清洁的过程拍摄下来，海报依照影片《天生一对》的海报形式制作，清洁器具可以是特大号的乳房护理宝湿巾，其工作服可以印制有品牌名称和产品销售电话（当然，要给人错觉是清洁公司的名称和电话号码），专门针对海报画面胸部的污渍进行清洁——发布到网络上，在优酷、酷六等视频分享网站上进行传播，同时通过新浪微博和腾讯微博等发布信息和视频链接进行病毒式传播——散布视频截图或是我们拍摄的图片，通过博客、论坛，对猥琐清洁工和清洁公司进行讨论，引发人肉搜索，从而带出品牌。（注：电影《天生一对》本身也是讲女性乳房患病问题，模仿其海报，容易让人产生相关联想，要仿制而不能照搬，以避免出现侵权问题。）

第二阶段，等事件进入白热化或事件营销没有达到预期效果时，由公司出面澄清，称这是我们正在拍摄的广告宣传片外流或其他理由，并发布正规广告宣传片和广告宣传画，猥琐清洁工本人也曝光，为一女性，从而抵消可能出现的男性清洁工的负面影响，将品牌形象导入正规——博客通过此事件正面讨论乳痈的危害，通过意见领袖之口炒作概念——在育儿类的网站论坛上发布类似《男人，你真的爱你老婆吗》、《乳痈将毁灭一个民族》、《女人美丽的最大天敌》之类的帖子，不含广告元素，旨在引起轰动效应，扩大消费者受众面，吸引他们对此事产生联想。

（3）炒作细节：

- 博客推广。分为两个阶段，第一个阶段是2～3个娱乐和社会话题博客对主体事件进行炒作，引发公众热议；第二阶段为2～3个在育儿和女性方面有影响力的博客，撰文阐述乳痈危害和解决之道。

- 论坛推广。一定数量的帖子在各大网站相关论坛进行推广，主帖上尽可能少地使用广告内容，在跟帖维护上加入大量介绍，可以选择使用事件直播帖的方式，不断跟进事件的发展，从而形成不沉底的热帖。

- 百科问答推广。在事件出炉的同时，建立相关事件的百科词条，并建立部分问答帖子，用自问自答的方式，让关注人群从中了解事件的主要信息。

- 事件结果。通过之前的铺垫，让此事件形成热点之后，能够迅速让潜在消费群体找到相关资料并形成深刻认识，并通过隐藏在诸多帖子中的产品销售元素引导消费者购买。

3. 后期市场推广

各种平台在形成了品牌力之后，继续维持影响力，坚持对搜索关键词、论坛帖子日常维护、客服人员在网店上和前来购物的消费者进行点对点沟通、对有明确消费趋向的人群和有采购意向的店铺进行点对点公关。同时，仍要注意对所有百科和问答内容地维护，避免被人篡改。

这个方案只是产品推广初期的一个铺垫，准确来说，是整个产品的市场营销的初期策略，但从这个方案中，你能够发现什么？那就是百科和问答的创建和维护，从推广之初到结束，都是贯穿始终的，因为百科和问答不用花钱，只要精心写作即可，而且写作难度也不高，是效果非常理想的网络广告。

9.2.2 创建百科不容易

百科营销是一种建立企业品牌和知名度的网络营销方法。对于网络营销来说，百科营销还比较新，很多从事网络营销的人和企业，并没有真正把百科当作一回事。其实用好百科，可以让网络营销更高效，其最显著的特征就是用最简单且几乎没有任何技术含量的方式，实现搜索引擎的高度优化。以百度为例，其旗下产品百度知道、百度贴吧和百度百科权重都很高，特别是百度百科更有代表性，被百度和谷歌搜索引擎赋予很高的权重，关键词在搜索引擎中的排名很靠前。但这仅仅只是百科的一个初级属性。

我们还是用"拍案说法"的方式来了解下百科营销的魅力所在吧。从哪里说起呢？不如让我继续广告一下《榜样魔兽》一书好了。

最初，也不知道百科有多大作用，作为一个从事网络营销的人来说，算是很失败的了。一个偶然的机会，我在百度上搜索"榜样魔兽"四个字，发现有人帮我在互动百科上建立了一个专门的词条。我自然被吸引而打开了这个词条，还真感谢那位不知名的词条创立者，如此详尽地将这本书的内容介绍和相关章节目录列入其中，其从创立到被我发现间隔不到一周，已经有了数百个点击。唯一美中不足的是其中有些描述并不太准确。

我的第一反应是注册互动百科进行修改，修改完成之后，短短几分钟内，全新的百科词条出现了，不仅修改了一些创立者的错误，为了让词条更加美观，还配合发布了一些书籍图片和试读链接。

既然修订了一个词条，我为何还要装清高，等着别人来为我创立《榜样魔兽》的百度百科和维基百科呢？我拿着互动百科上的词条内容，依样画葫芦在百度百科上创制了一番，并且很快获得了通过，如图 9-5 所示。后续的词条创制出现了全然不同的局面。

图 9-5　《榜样魔兽》的百度百科

在维基百科上进行词条创建，依旧按照复制粘贴的方式来做，百度百科原本就仿制于它，因此在功能选择上都一样。可当词条制作好后，再过一段时间来看词条是否获批，结果发现，维基百科提示，此词条和百度百科上的同一词条过于相似，请注意版权问题……非常之囧，看来国外对于版权问题还是非常严苛，哪怕是在两个百科站点上创建相同的用户名、发布相同的百科也是禁止通行的。对此，只好重新修订和改变词条写法，如此试验了十余次才算成功。当然后来还是因为版权问题被维基给删了。

这也让我们吸取了一个教训，那就是以后发布百科，一定要先维基后百度，先国外后国内，不然无端增添许多麻烦就没必要了。而且，维基百科通过后，再在百度百科上通过，就容易许多，百度百科也不是随便发布什么词条都能通过的，还要看这个词条到底是不是有意义，比如网络事件是否热门。

而另一方面，因为维基百科词条创制的拖沓，花费了整整三天的时间才成功，结果当我准备开始复制粘贴这个词条去搜搜百科时，发现不用我动手，该词条已经获得自动创建，原版照抄百度百科，并已经有人前往围观了。当然，这种"被创建"的词条还是有一些格式排版问题和图片发布问题的。我用了很短时间进行了版式调整，就予以解决了。

百科发布之后，效果马上显现出来，在几个百科站点的词条成功发布的三四天后，没有任何 SEO 的动作，这些词条就开始逐步出现在各个搜索引擎该关键词的第一页甚至是第一条的位置上，而一些与魔兽有关的相关搜索，也能够在最前的几页看到这个词条的内容。不少媒体引用《榜样魔兽》的内容或进行报道时，都会第一时间选择百科内容作为参考，最大限度地避免了以讹传讹。同时，也极大地方便了读者用最简单的办法了解书籍的内容，更好地推动他们购买。

通过实践，一个显而易见的规律就是，在百度和谷歌等搜索引擎上搜索一些关键词时，会发现各类百科的词条无一例外排名都相当靠前，词条的高权重是不言而喻的。借助百度百科词条做些文章，通过编辑词条在页面加入对应到自己网站的链接，从而进行企业网络推广，必然是当前企业进行营销的一种有效途径。要知道，选择与网站推广关键词相关的词条进行编辑，并且加入反向链接，对于提升网站权重，进而帮助企业开展网络营销的效果是不言而喻的。

9.2.3 宣布对此事件负责

此后，我参与网络营销活动时，都会指导大规模使用百科营销作为前期运作的基本准备工作，在经过一段时间的百科推广之后，我对百科形成了一个观点，即通过创建百科词条，宣布对此事件负责。这和过去常常在电视上看到某些恐怖组织的常规宣传手法有点相似。

以之前提过的"扫地老太太"事件为例，在事情开始出现一定影响力的那一刻，相关的公关营销人员在第一时间通过各个百科站点发布相关百科，并且详细注明了此事件的最初源头即某品牌服饰的推广广告词，因为事件火热，很多人在第一时间会选择搜索此事件到底是怎么一回事，而百科能够出现在搜索引擎的最前端，很自然地就满足了对此事件有探知欲的网民的需求，也同时让大家知道此事件的罪魁祸首是这款品牌服饰。当然，此刻这个品牌服饰的相关百科也早已经建立，利用百科文字上的链接，可以直接将用户导向这一品牌服饰的百科页面上。

效果是很明显的，当日，"扫地老太太"的百度百科词条大约有 6000 次浏览，而同日该服饰的百科也有 2000 多次浏览，之后，两者的流量都保持了相当高的增长。在最短的时间内，对此事件负责，让这个品牌服饰获得了一些好处，但这并非唯一好处。

来自媒体的报道，也因为百科的存在，而偏向了这一服饰，大凡编辑和记者也同样是网民，他们在采写新闻的时候，也同样如普通网民一般去搜索相关资料，而在搜索页第一条的百科，以其翔实的内容，让编辑和记者能够获得充足的信息源，也自然接受了"始作俑者为谁"这一内置信息，也就自然而然地融入到了报道之中。而诸如论坛、博客等网络平台，在众人热议之中，也都如媒体一样，进入了同样的套中。

从某种心理暗示上来看，百科的内容在普通网民看来，比起论坛、博客甚至是网络新闻更加具有公信力，其原因就在于百科是一部内容开放、自由的网络百科全书，旨在创造一个涵盖所有领域知识、服务所有互联网用户的中文知识性百科全书。而这个百科全书，来自众多网民的合力创造，俗话说"三个臭皮匠顶个诸葛亮"，再说网民总会认为专家的话没有同为普通人的网民的话语亲切甚至可信，这也使得百科的权威性高过了其他网络传播手段，也成为网民们获取准确信息的关键节点。

当然，凡事有利就有弊，因为百科是一个开放性平台，一个词条创建之后是很有可能被其他人修改的，特别是一些热门词条，被修改的频率是相当高的。

"扫地老太太"词条，发布才 4 个小时，就已经被 3 次修改，其中最后一次修改，甚至把内置在里面的"对此事负责"的内容给删除了。还好之前已经积累了这方面的经验，负责监控词条的媒介人员在第一时间发现，并重新对词条进行了维护，而在整个营销过程中，这样的阵地争夺战进行了五六次，整个这个词条迄今一共被修改了 20 次，直到营销结束后，再次被人修改，删除广告内容。当然，目的已经达到，此事件的热度也已经过去，删除与否已经不再重要了。

但也别小看了这个修改，对于一个词条而言，它被修改次数的多少，往往预示着它的公信度水平，也代表着有多少人对此词条贡献了力量，来自众人的修改往往能够让词条所表现的内容和解释更加趋于真实客观，并依靠群体的力量让词条的内容更加丰富和具有阅读价值，而不是让百科成为一本字典。

这里就可以看到一个百科营销的小窍门，百科词条创建后，不应该发着不管，一次成功了就不再过问是不合适的。为何不能让自己的百科拥有更多的修订呢？多注册几个马甲，在发布第一个版本时，可以简单一点，不用含有广告内容，或仅仅带有少量广告内容，然后换个马甲再修订和丰富，逐步添加一些用以引导网民的信息，这样既可以让百科词条实现有目的地茁壮成长，并让词条能够更容易地通过编辑审核，还可以故意留点破绽，吸引更多外人来帮忙修订，丰富词条的内容，也可以让百科词条因为修订者众多，而更加具有公信力，对营销更加有力。

仅仅是创立词条是不够的，虽然新创立一个词条很容易，但是想要吸引别人来看，除非本身是一个热门事件。那么为何不学着去修订别的词条，特别是那些热门的词条呢？让热门词条为你所用，而不需要总是不断地创造网络热点来吸引人，毕竟创造网络热点不是说做就能做到的。

每个百科都会罗列出一大堆热门的词条让你选择，当然，作为基础性的网络营销，首先应该选择和你所要宣传的内容确实有关联的词条，比如南山奶粉，可以在"南山"、"悠然见南山"等词条中添加少量内容，也可以在一些奶粉营养成分的词条中，标明自己的成分含量；北极星钟表，则可以添加微量企业信息在"北极星"等星辰词条之中，也可以在相关的钟表名词中做一回添加剂，如此种种。

但这种做法也有忌讳，比如某明星确实代言了某个产品，你在他的词条中加入代言照和少量代言内容无可厚非，但如果他没代言，只是因为近期绯闻热烈，词条访问量大，你就加进去，那就有点豪夺的味道了。又或者明明是茅台镇的词条，你把二锅头的内容加进去也是不合适的。总之，加在应该加的地方，让人能够产生联想就够了。

在百科这个问题上，往往有两种观点，一种观点认为百科创建通常是专业人士的事情，自己只要享受一下成果就好了，还有一种观点则认为百科创建非常容易，不劳费心。通过上述讲述，我相信，这两种观点都已经在你的心中被消解了。

至于如何创建词条、怎么排版等，我就不做叙述了，人家百科上都有教程和相关模板，套用一下就好，只要记住多旁征博引、客观公正，少一点浪漫抒情和产品简介就好，当然，千万不要忘记在扩展阅读的位置上，加入你需要添加的外部链接，可以直接刺激流量，也可以为你的外部站点做好搜索引擎优化。

9.2.4 "问答"让你直击消费者

"知道不知道，百度都知道"，前些日子在一个朋友的微博上看到这句话，深以为然。确实，现在问答平台的大行其道确实给了我们不少便利，

前不久我的 iPad 在安装某个特别要紧的软件总是不能成功，发微博求助无效，上各种 iPad 的产品站点，也没有得到满意的解答，无奈之下，我问了一下"知道"，果然，在翻阅了若干个知道后，找到了问题所在，说来可笑，竟然是因为我将苹果的操作界面当作了平常的电脑或手机桌面，忘记了它还有一个翻页的功能，其实软件早就装上去了，只是在第二页，我一直没有去翻罢了，囧字当时在我脸上全部体现出来了。

问答，就是你问我答，互相帮助而已。同百科很相似，百度知道、搜搜问问、雅虎知识堂、新浪爱问、天涯问答这些问答类网站，因为其排名好、链接权重高，一直被视作理想的网站推广途径。这几个问答网站各有各的优势，都依托各自的搜索引擎，在自家的搜索引擎里都有较好的排名。百度知道因其在百度的排名极好，用来做品牌营销和导引流量、增加外链都是很不错的；搜搜问问依靠 QQ 这个大家庭，用户众多而且权重也不错，更何况搜搜问问被采集的非常多，效果不比软文差，可以说是事半功倍的；雅虎知识堂的权重也比较高，并且依托了老牌搜索引擎雅虎，用户也比较多，也是必做的项目。

当然，就问答本身来说和百科一样，都是为了更好地影响网民，但目前看来，在问答上进行推广的，有很多并没有考虑到去做什么品牌营销，而是仅仅利用问答的权重，做一些搜索引擎优化的工作，我并不是排斥搜索引擎优化，而是一直认为，如果你的品牌营销得恰到好处，就不需要靠这类技术活来实现抢占虚假的搜索制高点。而那些链接，原本就应该是当加的时候加，不该加的时候，最好一个也别加，其实你把信息透露出去了，真正感兴趣的人一样会用搜索引擎去找你的网站。

目前的问答推广其实运作得很恶劣，大量的 SEO 人员，看中了问答中的权重效应，结果变成不管见到什么问题就胡乱回答，不管看见什么问题，都会在回答中加入毫不相干的推广链接，这样推广网站，恶意加大权重，反而会遭到搜索引擎的打击，因为主流的问答平台本身就是在搜索引擎站点上的，做得太多了轻则删掉相关的问答页面，重则封号封 IP，更有甚者提交的问题当中一旦有这个网站的链接就不予通过，得不偿失。

在这里，我们只讨论如何真正用问答平台来做品牌营销，从理论上来说，当然是有人问，而你进行回答是效果最好的。

《榜样魔兽》在网络上连载，就有人在问答平台上询问这本书是否出版，而我在发现后，立刻予以答复，表示暂时没有出版，当然还有人把这本书的目录也给复制了上去，相当于帮我做了一次推销。等到书籍出版时，我再一次找到这些问答，一一做了补充答复："书籍已经出版，各大书店和网店均有销售，敬请批评指正！"因为提问者都是对这本书有欲求的人，这次问答的结果，至少也能卖出几本书，而且确实有提问者在看到答复后，专门加我为好友，与我进行了交流，并称会帮我在他游戏中的朋友和现实中的朋友中多多宣传。

当然，不是每一次都有机会找到符合自己需求的提问，就如之前提供的那个乳房护理宝的策划案中的产品那样，确实没有这方面的问答，但这并不代表没有这方面的知识需求，这时候，你当然要扮演一个自问自答的角色，不过是换个马甲罢了。无论是回答别人的问题，还是回答自己提出问题，都要尽可能在回答中表现出极大的诚意，不能像学生面对老师提问那样，而应该是像和朋友交流，并做到如下的几点建议，就真正地直面消费者的欲求了。

1. 内容表达完整。无论是哪种产品，或者需要提供哪个方面的引导，在问题里都要表达完整，虽然问答的字数不能太多，但一定要把情况、述求、疑点陈述明白。这样才能让人感觉到你的真实性。一定不要在问题里用一些什么网络热语或者是特殊符号等，这样会让人产生不正式的感觉。同时带有特殊符号的问题，百度不易收录。

2. 选择适合的平台。很多朋友认为问答营销的量是最重要的，所以大量地进行提问回答，这是不对的，我们应该有针对性地问答。是什么行业就去什么行业的板块，乱问、胡答、不分平台，不仅效果不好，还会招来网友烦感，所以在选择问答平台时一定要有针对性、相关性。

3. 了解搜索引擎。不同的搜索引擎有自己的规矩，也有自己不同的人群，比如百度知道，上面有很多推广者，有时你提出问题后会有一堆人攻击你，说你是广告或者骗人。当然这应了一句话"同行是冤家"，而搜搜问答的人群相对来说都是 QQ 网友，风格比较单纯，他们对问题的真实性也很少探究。百度问答要求比较严格，比如尽可能不能留网址、电话。所以我们要了解搜索引擎的规律和一些人群情况。

4. 及时处理问题。当我们提完问题以后不要扔那就不管了，要看看有没有人回答。如果有，给人家采纳，说声谢谢，如果没有，那么自己回一下，不要让问题过期。同时在自己回答问题时一定要注意口气，倾向度不要太明显。可以中立地回答一个，再肯定地回答一个。不要一个提问，一个回答，就设成最佳答案，这种问答很不专业，而且受关注度较小。

问答营销的主要原则还是要了解大众心理，知道他们的需要，把自己当成他们，这样的提问与回答才会显得真实，同时能受到关注。因为问答营销是最直面消费者的，所以不要说一些空话、废话，展示两点就好，即提问"怎么办？"回答"这样办！"总而言之，问答营销应该立足于解决网民的实际问题，而不是为了推广品牌而做问答，这就是问答营销的基本原则。

【思考一下】

假设你正在做一款 App 的推销，但在百科和问答中做推广，不如直接在应用商店里刷排名或在一些 App 中做植入广告更有效，如何实现移动互联网的产品，在传统互联网的百科和问答中获得用户呢？

9.3 另类的游戏内置广告

【本节要点】

游戏内置广告不仅是在游戏中打广告，还可以自己制造游戏来营销。乐高是个很成功地运用这些手段的企业，无论是电影中的各种《乐高大电影》，还是与之配套的乐高系统的游戏，如《乐高星球大战》，都充分彰显了这种寓教于乐的风范。如何融入？其实不难。

在电视、报刊上刊登广告，已经是司空见惯的事情。当某一天你连线某款网游时，可能会发现你刚刚购买的补血药竟然是一瓶百事可乐，游戏中的 NPC 人物也变成了麦当劳叔叔，而整个古香古色的街道上突然挂满了各式各样现代企业的广告画。

这不是幻想，这种广告方式在国外早已成熟。而且，这将是许多中小企业非常容易渗入的一个广告类型，因为新兴，所以接受效率高，也因为新兴，所以探索的空间也就更为广阔。

9.3.1 奥巴马借助游戏当选总统

奥巴马当选美国总统，也创造了历史，成为美国历史上第一位黑人总统。而从游戏产业营销上看，奥巴马的当选也在一定程度上验证了游戏内置广告所能发挥的极强宣传效力，可以说是游戏内置广告发展中的一个里程碑式的事件。

 【在游戏中见到奥巴马】

在媒体报道中，我们不难发现这样一条新闻："奥巴马的巨型竞选广告出现在一款流行的赛车游戏《火爆狂飙：天堂（Burnout Paradise）》中。经过证实，该广告确实是奥巴马竞选团队付费制作的官方广告。此举引起了众多网游玩家的讨论。奥巴马在早前的一次演说中，曾经劝说人们'远离电视机和游戏机'，而奥巴马团队此次做网游广告，虽然有些言行不一，但显然是为了在网游玩家这一不可忽视的群体中拉选票。不少玩家认为此举新奇有趣，纷纷在游戏中截屏，和奥巴马'合影留念'。但是也有玩家对游戏中出现广告感到反感。"

但毫无疑问，这一带有政治色彩的游戏内置广告取得了宣传效应和二次传播效果的巨大成功，同时也为奥巴马顺利当选，起到了一定的作用，毕竟青年的选举意识不浓，而如果能够获得这部分选票，则为胜选加码，而游戏恰恰是众多青年聚集的地方。在选举期间，奥巴马的行动并不是孤立的。很多候选人的顾问们都同时嗅到了广大玩家族群这块票源，便传出总统候选人在《魔兽世界》里发放候选人分析调查问卷，甚至分析了参选的竞争对手。

【罗恩保罗只身进入《魔兽世界》拉票】

共和党候选人罗恩保罗在《魔兽世界》这个游戏里用不花钱的方式大打广告，2008年1月1日晚上，该候选人还亲自在《魔兽世界》里举行拉票。整个游戏从联盟铁炉堡集合，途径暴风城，再去西部荒野，然后游去藏宝海湾，坐船过海，最终到达部落主城奥格瑞玛。整个参与人数约为240人，该公会是由共和党人建立的，据说共有400个游戏账户，不过其中不少仅为试玩账号。在美国，游戏和政治、经济的关系日趋紧密。其实这一切都早有萌芽，在2006年民主党党内候选人选举中，前弗吉尼亚州州长马克·华纳就曾经在网游《第二人生》中召开新闻发布会。

每一次利用游戏进行这类候选人拉票的广告宣传，都取得了出人意料的效果。游戏受众对广告的支持度之高让人惊讶，以至于前谷歌全球副总裁中国区总裁李开复在看到奥巴马上述表演的时候如此解释道："奥巴马的竞选团队甚至购买了游戏广告，因为65%的游戏玩家都年满18岁，拥有总统选举投票权。"

这其实是一种趋势，让许多国外的企业和商家选择在游戏世界中做自己的广告，针对年轻人族群，以通过"长尾理论"吸引更多的潜在消费者。这也让游戏内置广告市场变得相当广大。2008年全球游戏广告市场规模为13.3亿美元，同比增长32.6%，增长速度略有放缓。在未来这个市场规模将继续保持较高的增长势头。

而在中国，企业和商家尚未充分认识到游戏内置广告所能起到的长尾效力。但总体来说，游戏内置广告的市场还没有被很好地开发，这就给了我们一个机会，一个在游戏内置广告领域开拓自己市场的好机会。

更关键的是，社交网络的兴起，让这种内置游戏广告有了更多的实现形式。

【趣多多的超萌社交游戏广告引发37亿人次的关注】

早在2009年趣多多就凭借趣味十足的巧克力曲奇人形象，赢得了消费者好感，2010年它又进一步凭借腾讯平台推广互动游戏和活动，让品牌印象更加鲜明深刻。据相关统计显示，仅2010年3月至7月开展的《趣多多曲奇人追捕令互动促销》活动，就引发了37亿人次关注、2435万次抢豆、307万人兑换曲奇人QQ秀等一系列互动行为。日均新增参与用户更是达到了4.41万人，如图9-6所示。

这样赤裸裸的广告，通过社交网站的友情交互，让广告元素以一种人性化的方式，通过朋友圈进行广泛传播，并拓展到潜在顾客群体之中。当然，这只是一种促销手段，难以长久，很快这种游戏就因为游戏乐趣的缺失，而失去了对用户的黏合度，这较之忠诚度更高的网络游戏来说，只是一种补充，更多的广告实现依然要在更高水准的大众游戏中体现。

图 9-6　趣多多玩到游戏中

9.3.2　在游戏中营销

网游自出生就拥有一群高黏度、注意力聚焦、高参与度的广告受众，据统计，中国目前有6000万左右的游戏玩家。他们一般在18～35岁之间，易接受新事物，有很强的购买力。这产生了巨大的营销价值。

可以给网络游戏内置广告下这样一个定义：它是一种以大型线上游戏的固定用户群为基础，通过固定的条件，在游戏中适当的时间、适当的位置上出现的广告。具体到实际游戏中，网络游戏虚拟广告通常有三种形式。

第一种是把产品或与此相关的信息作为游戏必不可少的工具或手段来使用，当广告商品在玩家不经意时巧妙地变成游戏中的某个道具，玩家非但不会觉得厌烦，反而会觉得增强了虚拟社会的真实感，并且使游戏中的生活变得更加有趣。如麦当劳同台湾一款名为"椰子罐头"的游戏结合：在游戏中，麦当劳的汉堡变成了可以提升玩家战斗值的新武器，并且在用该汉堡打斗的时候，也会由玩家控制的系统发出"更多选择，更多欢笑，就在麦当劳"的宣传口号和音乐。有数据显示，这个"汉堡"武器每天都有上万次的购买和使用，也就是说麦当劳的互动广告可以在游戏当中出现上万次。

第二种则仅仅把产品或品牌信息嵌入到游戏环境中去，使游戏在含有广告信息的环境中进行。如在南孚赞助的网络足球游戏《勇往直前》中，南孚电池的品牌标志就出现在球门背后和球门左右，而且在每次射门失败之后就会出现"坚持就是胜利"的广告口号。尽管这样的方式不会像前一种方式那样引起玩家强烈的互动，但是每周可以在游戏中玩近10个小时的玩家也肯定不会对宣传画上的产品陌生。在国外，这种模式已经开始产生了巨大的广告价值。如美国Electronic Arts 公司在2002年就与英特尔公司和麦当劳公司签署了数百万元美元规模的网上广告合同。

第三种是让玩家在游戏中所购买的虚拟产品可以在现实中再次得到使用，实现虚拟和现实的双向统一。如在一款名为《大唐风云》游戏中，就可以通过信用卡付款和货到付款的形式买到真实的牛肉干。而在国外，必胜客则在这条路上走得更远，只要玩家在网络游戏《宠物王》中打怪，就有机会获得从怪物身上掉下来的必胜客赠券，甚至免费吃比萨。

上述三种可以视为游戏内置广告的常规表现方式。

9.3.3　品牌如何"寓教于乐"

2011 年的最后一天，当许多网民一如既往地打开浏览器，用搜狗搜索去寻找自己想要的内容时，却发现搜狗搜索的 LOGO 发生了改变。

 【搜狗首页上的末日游戏】

这一次它不是一副图，而是在邀请网民点击 LOGO 去玩一个和 2012 世界末日有关的网页游戏。游戏的画面很简单，与 20 世纪 80 年代流行的红白机上的太空射击游戏相似，所不同的是，每一次操作搜狗战机击毁一颗掉落的陨石，游戏就会提示你又为人类拖延了多久的毁灭时间。

这一夜，搜狗让无数网民"沉迷"于游戏了……

其实搜索引擎在特定日子里将 LOGO 变为交互式小游戏的举动早已有之，始作俑者是Google，搜狗只是借用了这种趣味化的营销来加深用户的体验感。

 【Google 吃豆人游戏让全球损失 1.2 亿美元】

2010 年 5 月 22 日，Google 在风靡全球的《吃豆人》游戏诞生 30 周年之际，将自己的LOGO 变成了交互式的《吃豆人》游戏场景，结果这场盛大的庆祝会最终导致全球企业因为员工玩这个游戏，遭受了总计约 500 万小时的工时损失和总值约 1.2 亿美元的生产效率损失。如图 9-7 所示。

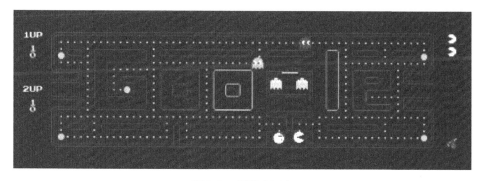

图 9-7　谷歌吃豆人

仅仅是 Google 的胜利吗？有网络营销业界人士指出，如果吃豆人吃的不是豆豆，而是一个个公司的 LOGO，结果将会如何？

从理论上来说，游戏内置广告的前景更为广阔。从媒介角度来说，据统计在线游戏玩家平均每天的在线时间高达两个小时，而这段时间完全属于广告的有效范围之内，因此游戏广告的寿命要比传统传媒长许多。一款成功的网络游戏每时每刻都有数以万计乃至几十万的玩家进入，从而吸引了大量的注意力和访问量，使得网游成为一个 365 天×24 小时不间断运作的大众媒介平台，这就在无形中为其创造了一个巨大的广告价值空间。从受众角度来说，优势同样明显，对于数量庞大的玩家人群而言，游戏这一传播媒介的影响力已经超越了电视、报纸等传统的强势媒体，加之这类人群的年龄特征、消费欲望和个性喜好都极为明显，对于精准营销极为有利。

可时至今日，优势如此明显的网络营销模式依然只是偶尔为之，让人大跌眼镜。

德州大学 2011 年的一项研究表明，如果一款动作游戏内含有暴力元素，那么游戏中出现的植入广告不仅起不到广告商预期的宣传作用，还可能适得其反，造成玩家的反感。

全球顶级游戏公司美国艺电在 2010 年承认游戏植入广告并没有为游戏公司带来足够的赢利额，且 2006 年收购游戏内置广告新秀公司 Massive 而涉足该领域的微软，也和美国艺电一样对游戏内置广告失去了信心。

究其所以，就在于高展示率并没有带来期望中的高转换率，其一是游戏本身的限制，当前的游戏题材和影视题材相似，主流以魔幻和科幻为主，无论是作为道具还是作为硬广形式植入到游戏中都给人"不搭调"的突兀感，极大地限制了游戏内置广告的投放范围；其二是受众的限制，由于游戏的目标受众大多是青少年，他们更偏重于快消类产品，对于房产、车辆等产品的接受度偏低，且游戏过程中较难留意其中的内置内容。

 【你知道《买卖奴隶》里内置了广告吗】

我曾以火爆一时的《买卖奴隶》网页游戏为例进行过调查，发现 80%以上的玩家并没有将游戏中用来安慰奴隶的主要道具"Thinkpad 笔记本电脑"和现实产品进行过关联。

但也不是没有成功的案例，北京触控科技出品的手机游戏《捕鱼达人》在成功捕捞住了大批手机用户眼球的同时，也获得了广告商的青睐。

 【《捕鱼达人》七成收入来自广告】

有消息称《捕鱼达人》的七成收入来源于内置广告，其主要依靠游戏内部自设的广告系统，操作模式类似于谷歌的"AdWords"为广告主提供的精准营销。《捕鱼达人》的广告主大多是传统或移动互联网的游戏开发者。

由此，我们发现一条新路：游戏内置广告突破传统广告的展示属性，将展示率、精准率和转换率有效结合。不过仅此依然不能够实现游戏内置广告的真正翻盘，而是让它更像网络广告，且范围更多局限于游戏厂商的"广告位"提供方面。社交网络如微博和 SNS 的流行提供了另一条通道，即广告主通过微博或 SNS 平台自主投放带有广告元素的游戏插件。

【《中粮生产队》自然融入品牌】

　　《中粮生产队》可以说是此类社交游戏的成功范例，玩家可以选择水稻、玉米、葡萄、小麦、可可中的任一作物从种子培育开始，经过种植、仓储、运输等环节，最终生产出大米、玉米油等终端产品。如图 9-8 所示。

　　终端产品的名称都和中粮集团的现实产品一致，玩家在互助交流的过程中逐步了解了每一个产品的生产流程，自然也就将中粮和"放心食品"联系在一起。类似这样由广告主提供的社交游戏还有很多。

图 9-8　中粮生产队

【嘻哈猴靠社交游戏增数万脸谱粉丝】

　　知名服装品牌"Naughty Monkcy（嘻哈猴）"很早就发布了微博游戏应用，游戏规则很简单，提供一个应用游戏程序，让用户在微博上展示他们在哪里穿 Naughty Monkey 产品的照片并为自己喜欢的照片投票，最终的胜利者一年内可免费使用 Naughty Monkey 产品，这给 Naughty Monkey 新增了数万 Facebook 粉丝。

　　这类社交游戏的特点是做到了产品和游戏的高度契合，让用户在游戏中自然记住了品牌，不会像传统游戏内置广告那样过于生硬，更关键的是让玩家以交流的方式深度了解品牌，而不是简单记住品牌名。

　　将线上和线下活动结合在一起可视为游戏内置广告的一种另类产品。

【康师傅寻宝游戏将线上线下连在一起】

　　康师傅"传世新饮"将时下最受年轻人欢迎的手机位置化"签到"与微博应用上的互动小游戏相结合融入暑期营销活动，如图9-9所示。消费者接到"签到玩游戏，创饮新流行"的任务后，通过手机在活动现场和户外广告投放地点签到就可获得相应的勋章并赢得抽奖机会。除此之外，一款为"传世新饮"量身定制的"传世寻宝"小游戏让消费者了解了酸梅汤制作工艺及其生津止渴的功效。整个活动以微博为中介，融合了嘀咕 LBS 签到、手机创意游戏、手机报刊营销等手段，反响十分热烈。直接曝光超过 500 万次，转发和评论超过 10 000 次。

图 9-9　康师傅寻宝游戏

　　如何提高游戏内置广告的转换率是目前游戏内置广告能否突破瓶颈的关键点，仅仅让玩家看见是不够的，游戏本身是休闲，玩家很难进一步接受过多的广告，但如果能够巧妙地将品牌信息表达植入其中，并且实现在线转换或线下控制，从而有效地掌握到达率和转换率则是网络产品的天然优势和破局之路。让广告活起来是游戏内置广告的应有之意，过去的失败是因为背离了这一原则，而现在只有遵守这一原则才能打开新的局面。

9.3.4　饮料和游戏"双飞"

　　在饮料广告和游戏的合作中，可口可乐和魔兽世界的合作堪称经典案例。可口可乐没有在魔兽世界游戏中打一个字的广告，其反过来在自己的广告中为后者大力宣传，这个典型的单边行动让两个产品都获得了极高的收益。

　　2005 年，一场由饮料巨头和游戏巨头共同拉开的战幕上演。当时让中国人印象最深刻是 S. H. E 在央视上令人目眩神迷的广告表演，以及作为配角的牛头怪们可笑又可怜的表情，最终以可口可乐的胜利而结束，这则广告的意义不仅仅只是一个饮料品牌的另类宣传，还有许多深意亟待挖掘。

　　《魔兽世界》作为网络游戏，由于网络游戏禁播令的存在，在中国是不允许登录电视屏幕做

298

广告的。而《魔兽世界》则借着可口可乐广告直接杀入央视，这种借船出海的搭车之举在当时不仅打破了禁播令的限制，而且让中国电视观众，不管是玩游戏的还是不玩游戏的，都记住了《魔兽世界》，并对其中绚烂的游戏画面记忆深刻。

可口可乐为什么愿意主动花钱去给别人做嫁衣呢？当然是有深意的。作为"全球最有价值品牌"，可口可乐也是中国碳酸饮料市场的"头牌"。但在一些地区和渠道的货架上，它还是给竞争对手留下了太大的空间，以至于百事可乐让可口可乐很有压力，或许是名字起得太不好了，人家都百事可乐，万事顺心了，你才只是"可口可乐"，嘴巴上高兴，对于讲求好意头的中国人来说，选择谁来给自己转转好运毋庸置疑。就如同"人头马"可不便宜，但"人头马一开，好运自然来"这句话太流行，让很多商务会谈在庆功时，都会将人头马作为庆祝酒，就连普通老百姓家里，也会供上一两瓶"人头马"，来做镇宅之宝。

可口可乐魔兽营销的第一步并不是广告，而是创建 www.iCoke.cn 网络互动平台。可口可乐副总兼市场战略及创新总经理苏柏梁说："我们将通过这个平台来加强与年轻消费者之间的联系。"这使"喝可口可乐、玩魔兽世界"联合营销有了新的互动交流基地。

从这时起，一些囊中羞涩的学生在网络上张贴这样的帖子："谁喝可口可乐又不玩魔兽，请将瓶盖内的序列号告诉我，我的 QQ 号是 X。"他们还在超市里偷偷抄下印在罐装可口可乐底部的序列号，用于登录互动平台换取魔兽激活码。可口可乐甚至还通过网络互动平台发放了暴雪嘉年华的门票。它不仅玩足了娱乐的概念，并将网络与营销结合，在最时髦的"互动营销"方面越"陷"越深。

据说不少魔兽玩家当时都不喝别的饮料了，只喝可口可乐。可口可乐以其自身庞大的客户群体也为《魔兽世界》提供了良好的宣传，原本不玩魔兽世界的人在喝可乐时捡到了免费点卡，也乐于尝试一下游戏，这样销量就互相带动起来了。在宣传的同时，可口可乐与第九城市的合作，2005 年夏季共同推出主题为"可口可乐——要爽由自己，冰火暴风城"的市场推广活动，并共同在网吧渠道建立和推广以"iCoke"为主题的陈列活动，利用各自渠道资源和网络优势进行品牌宣传。可口可乐与第九城市还配合夏季促销活动推出一系列倡导青少年健康网络娱乐的活动。

所有的准备就绪之后，宣传也到位了。第九城市和可口可乐开始把触角伸到了终端，他们可不想停留在营销层面的合作上，他们的目标很远大，就是打破网吧瓶颈，让可口可乐在网吧扎根，让魔兽在网吧扎根，这是他们合作的关键。

为此他们大手笔地赞助"可口可乐－魔兽主题网吧"；可口可乐提供赞助装修《魔兽世界》主题网吧，并且免费提供一台冰箱。当然这台冰箱里只能销售冰镇可口可乐，约定"在一年的合同期内，不能做任何修改，也不能去除"。

从此可口可乐渗入网吧渠道，很快通过其强有力的销售渠道，在全国 12 000 个网吧建立了"可口可乐—魔兽主题网吧"，传播和销售并举，将可口可乐深入到了年轻人的生活中。

在网吧内，一些电脑的上方，还能看到可口可乐+魔兽的广告贴纸。而在网吧的入口处，一个印有可口可乐标志的货架上，摆放的全部是可口可乐系列饮品。游戏玩家可以很方便地从货架上随手取下一瓶饮料，付完钱后再继续去游戏。

其实这种做法在生活中很普遍，比如走在街头，会看到很多店铺的喷绘招牌上有《知音》杂志、蒙牛酸酸乳之类的广告，不需要诧异，这都是企业提供，免费送给店铺的招牌，这种宣传较之可口可乐和魔兽的大手笔来说，还是比较小儿科的，一句老话说得好，"舍不得孩子套不着狼"，只不过这次饮料业找到了游戏。

9.3.5 游戏里面可以卖实物

这一部分内容，绝对是我的专利，或者说是我的一种臆想，但也是一种全新的网络营销方式，而且更加实际。

近期，电子商务异常红火，也让我对电子商务如何打破推广和销售瓶颈做了许多思考，并在杨子文、赵越、罗晶晶等多个混迹于电子商务或游戏圈朋友的帮助下，形成了一个让网络游戏和电子商务进行异业合作，同时销售虚拟和现实产品的新思路。当然，在真正实践中，肯定还会有这样或那样的问题，人总是要大胆想象、小心实践的，先看看这个有点乌托邦的初步设想，与大家一起来完善之。

1. 商业目的

将两个截然不同的行业整合在一起，通过互相绑定的方式，共享相似的目标用户，充分提高网上购物站点的购买率和网络游戏软件的付费率，从而突破两个行业目前所面临的瓶颈。

2. 行业现状

电子商务行业面临高投入低回报。时下电子商务方兴未艾，而大量的投资涌入电子商务领域的结果，反而造成了电子商务行业整体投资风险加大。对于大部分电子商务平台来说，不投放广告则难以引进流量，而大量的广告投放尽管吸引了流量，但网民的浏览和购买之间的转换率则偏低，这使得广告投放和销售收益之间并没有形成良性互动。

网络游戏行业面临网民审美疲劳。网络游戏兴盛了十年，模式上的创新很少，而目前盛行的免费畅游、道具付费模式，则更加强调玩家的付费比例，尽管赢利并非难题，但要想实现高额回报，却因为同质游戏太多、模式相近、玩法相同而难以实现。

3. 核心设想

两个行业的核心群体均为35岁以下的中青年人群，这部分人群往往兼顾了网游玩家和网购消费者双重身份。而且网游也培育出了一大批网上支付的人群，恰恰是网购最需要的潜在客户群。因此，将两个行业的优势互补，有着先天的合作基础。

目前，两者之间确实存在合作，但大多是很浅显的基础合作，以广告合作为主，而且合作难度很大，较常见的为快速消费类产品，如在饮料中附送游戏体验时间。

整合二者的力量使之走出初级合作的阶段需要全新的模式。本模式的构想建立在网民花同样的金钱，即可获得网购和网游双重体验，且质量不下滑、体验不变味、服务不打折。

模式一：网民 A 登录网游中，付出相应的费用购买游戏时间和虚拟道具，同时亦可用这笔金钱，购买到相当价位上一件实实在在的商品。

模式二：网民 B 登录电子商务平台购物中，付费购买某一商品，并可在该平台提供的游戏列表中，选择一款游戏，获得相当金额的游戏时间或道具。

4. 操作方法

操作方法具体分为两种，一种是依托网络游戏，在其游戏软件和游戏网站上内置网购平台，另一种是依托电子商务平台，在商品页面上添加游戏时间或虚拟道具的兑换内容。将两者的平台都集合起来，形成双向互通口。

① 网游内置电子商务平台模式。游戏厂商在游戏软件中的商城界面和游戏官方站点的充值平台上，均设置兑换实物的通道。购买虚拟物品的同时可以选购等值的商品，选购商品过程和传统网购无异。

② 电子商务平台添加游戏兑换模式。电子商务企业在其平台上，设置大幅通告，告知消费者可在购买商品后，等额充值游戏时间或虚拟道具，同时在具体商品页面上，在选购商品过程中，勾选列表中给出的游戏产品，进行等额充值。

③ 该方式可覆盖到小游戏、网页游戏、单机游戏、B2C、B2B 以及团购等诸多行业细分领域。

5. 实现原则

① 游戏虚拟产品和网购实体产品均保持原有定价不变。

② 因实体产品价格和游戏虚拟产品价格很难实现一一对应关系，因此，在实现过程中，无论何种平台，均以购买实体产品的价格等额充值。如充值游戏时间，可以针对游戏月（小时）卡价格进行等额折算，充值游戏虚拟物品，则将购买实体产品的金额，按照游戏中现金支付换取游戏内虚拟货币的比例进行兑换，玩家通过兑换后的游戏虚拟货币购买相应的虚拟道具。

③ 两类产品的购买中存在时间差，因此均要在消费者付款后才可以实现兑换。可采取两种付费方式：一种是实时付费，但须告知消费者，采取实时付款的方式，保证充值后立刻可以获得游戏相关产品，而所购实体产品概不退还，该部分所得金额，通过游戏厂商的账户统一收取，再和电子商务企业进行分账，所购买实体产品清单和收货地址等，由游戏厂商实时提供给电子商务企业；另一种是货到付款，游戏相关产品，消费者收到实体产品并付出相应金钱的同时才可兑换。该部分所得金额，通过电子商务企业的账户统一收取，再和游戏厂商进行分账，所购买的虚拟产品清单，由电子商务企业实时提供给游戏厂商。

④ 两个平台上可互相兑换的产品，均应保留消费者放弃实物或虚拟产品任意一项的权利，

不可强制绑定。

⑤ 消费者购买产品后，所享受的服务质量与只选择实物或虚拟产品其中一项的服务质量相同。

⑥ 电子商务和游戏平台可建立双向共享的客服管理和消费指导平台，从而做好消费账单、消费产品、客服咨询等工作的实时沟通和共享，最大限度地节约人力资源成本，提高服务质量。

6. 赢利基础

通过两个行业的资源整合，可以极大地刺激消费者的购买欲求，从而保证在即使登录电子商务平台或游戏的人数不变的基础上，两个平台的消费人群比例大幅度提高。可以刺激更多的网民参与此新模式消费中，一方面提高消费者的转换率，另一方面增加使用平台的人数，且能形成口碑营销效果，极大地降低两个平台过去的推广成本。

在利润分配上，电子商务平台和游戏平台对同时选择了虚拟和实物两种产品的消费利润进行分配。表面上看，会降低和摊薄单一消费的利润，但通过极大地刺激消费者的购物热情，则可以起到薄利多销的效果。

以双方获得用户消费金额五五分成为例：

① 网游企业的虚拟物品本身价格主要参照来源于游戏研发成本、客服成本、推广成本和产品维护成本等，利润中的五成收益，只要数量庞大，亦可保证其有效赢利。

② 电子商务企业的实物产品本身价格主要参照产品生产成本（包含设计、人工等）、物流配送成本、客服成本、推广成本等，只要产品的批发价格和相关配送、客服成本的总和低于售价的五成，即可获利。

③ 单独只消费实体产品或虚拟产品的收益，归单方面提供服务的企业所有。

这一商业构想看起来很乌托邦，但其实还是走的薄利多销的路线，无论是现实还是虚拟的商场，五折贩卖的产品并不少见，也不会因此而让商家亏本。在游戏中也常见促销手段，现在要做的就是将促销常态化，将利润摊薄，从而更大地刺激消费者的购物热情，打破两个行业之间的间隔，也取消游戏内置广告过去仅仅只是传统网络广告延伸的这一概念，呈现出完全不同的生命力。如有实践者，记得付专利费哦，呵呵！

总而言之，网络广告虽然不再像过去那么风光，特别是随着博客、论坛、视频等新兴网络推广方式的崛起，它已经有退居二线的感觉，但如果巧妙结合全新的网络广告实现形式，如百科、问答和游戏，其实不但广告费免了，而且效果更好了。

【思考一下】

假如给你的企业疯狂一下，做个简单小游戏，有没有什么疯狂的想法呢？假设是一个汽车产品，但不准做类似《极品飞车》的竞速游戏，而且要有社交性，怎么做？

第 10 章
别把电子书当废柴

本章将解决下列问题：

- 电子书凭什么成为营销途径？

- 如何精准定位电子书的阅读人群？

- 为什么要做免费电子书？

- 期刊化的电子书为何好看？

- 电子书的广告途径为何最好是软文？

- 垂直化、原创化的电子书才能打开市场？

- 怎么为你的电子书带来口碑？

- 一小时内能学会制作电子书吗？

- 如何发布电子书最有效？

电子书是什么？如果你认为电子书是小说，那么你就 OUT 了，电子书其实已经在我们身边普及，我所要讲述的电子书主要是指通过移动互联网在手机上传播的电子书。网民对这种电子书存在认识误区，将其看作是网络营销的废柴，但真的是废柴吗？只要你善加利用，废柴其实是蓝海，火焰可能更高更旺更夺目。

10.1　电子书消费群体能力分析

【本节要点】

电子书营销的优势和特点在于其用户定位精准。这对精准投放行业广告和形成品牌营销起到极其有效的推动力。

当你打开手机时，你最想干什么？当然是打电话和发信息，但有没有可能利用手机做点营销呢？当然，我说的绝对不是发垃圾短信。

试想一下，如果你的电子书流行于手机用户中，就如同一本畅销杂志那样，而且非常适合携带和阅读，那么你融入其中的某些带有广告信息的内容，将会获得怎样的成功？在我看来，电子书其实类似于网络视频的 HuLu 模式，而且生存的空间和准入门槛更低，更具有吸金的强大生命力。

从广义角度来说，电子书泛指将文字、图片、声音、影像等信息内容数字化的出版物及植入或下载数字化文字、图片、声音、影像等信息内容的集存储介质和显示终端于一体的手持阅读器。本章重点阐述的是狭义电子书，即主要在手持阅读器如智能手机和平板电脑中，方便读者进行阅读体验的电子书。

10.1.1　别把电子书不当书

之所以将两种电子书分割开来，是因为在受众层面、传播方式、效果和内容形式上，两者有着截然不同的特点。以电子邮件为主要载体的电子杂志，已经在互联网发展十多年来，为人们所熟知，而以手持阅读器为主要载体的电子书，则是在移动互联网大发展的近期，才开始在网络营销和应用舞台上崭露头角。

那么以移动互联网为主战场的电子书到底是什么呢？很多人认为它就是各种现实版书刊的手机阅读版，简单地将《战争与和平》、《如果宅》、《榜样魔兽》、《我是 MT》等经典或畅销读物及《新周刊》、《凤凰周刊》、《男人装》等流行杂志做成电子书就可以了。这种模式确实是时下电子书阅读的主流，但存在着盗版侵权等问题，更重要的是，这种模式其实是很难植入网络营销理念的，总不能在读者正阅读克里斯蒂的侦探小说时，突然插播广告吧！那样只会让读者更加抵触。

真正能够在手持阅读器上流行并能融入营销理念的电子书，应该是多元化且贴近生活的，从本质上讲，它应该更像一本电子期刊，定期发布、内容可读、广告软化、特色鲜明，而且不存在出版的审批压力，可通过低廉的制作成本实现。

10.1.2　最给力的读者群体

电子书营销的价值就在于它独特的读者群体。一个真正意义上实现了分众效应的网络传播模式，远比任何一个大众传播模式更具商业价值。你在都市报或精英类期刊上发布一款豪华轿车广告的费用或许相同，都市报可能有几十万读者，而精英类期刊可能只有几万人看，但效果呢？几十万读者大多数是工薪阶层，豪华轿车信息对他们没用，广告的传播效率和最终促成消费的比例都很低，而精英类期刊针对的几万读者，基本上都属于白领阶层，尽管数量少，但广告刺激性要强出许多。这就是受众多寡和传播效果强弱之间的微妙联系。

手持终端的电子书读者恰恰有极强的消费潜力。群邑中国旗下移动营销代理公司邑智公布了一项关于 2013 年度中国智能手机用户的行为调研报告。报告显示，66.7%的 18~55 岁中国城市受访者使用智能手机，其中 33%的智能手机用户同时拥有平板电脑，他们的平均月收入为 6798 元，比单一智能手机用户 4205 元的人均月收入高 62%。也就是说，整个电子书网络营销市场有消费能力极强的目标受众等待着被"攻关"。

对电子书读者进行内容精准投放，其实就这么简单，而且性价比更高。

10.1.3　电子书营销的优势

电子书营销是网络营销的一种模式，而且主要针对移动互联网，那么，结合上面的内容，我们不难发现，电子书营销比其他网络营销模式更具优越性。

第一，比传统网络广告更便宜。网络平面广告一般只能显示一行字或者一张图片，能展示的内容相当有限；大型网站动辄一天上万元的广告价格更是让众多中小企业望之兴叹。电子书对广告的内容和形式没有太多限制，可以完全自由定制文字内容和配图，并可同时加强读者的阅读体验，且电子书营销的投资费用远低于其他宣传费用。

第二，阅读转换率更高。对比同为电子书的电子邮件营销，电子邮件群发造就了垃圾邮件的红火一时，但这种疯狂的、漫无目标的群发效果招来的更多是客户的厌恶感，更何况如今的邮箱服务商对付垃圾邮件的技术已是越来越强，邮件营销的效率也已经越来越低。即使是客户主动订阅的电子杂志，也可能躺在客户的电子邮箱中成为死邮件，转换率依然难以得到最大限度的保证。电子书营销则不一样，电子书都是被目标客户主动下载的，而且企业产品信息和电子书内容高度融合，目标客户很容易自然接受，因此，即使是由传统互联网上的电子杂志转化而成的电子阅读器下的电子书，其在目标客户的转化率上，也会高于一奶同胞的兄弟，而且客户对文章的接受程度也会更高。

第三，用户定位精准。这一点在本书 10.1.2 节中已经详细描述过，不再重复。

第四，比软文更具生命力。软文的隐形传播效果虽好，但网络的海量信息让软文的生存周期太短。电子书营销相当于软文的升级版，由于读者一般会收藏并经常看，可随时查找，因此比软文的效果更持久。综上所述，电子书营销承接了网络营销的精准营销精髓，并且传播便利，成本低廉；同时，电子书营销传播手段多样，不受制于他人，完全独立操作，因此具备了实效宣传，自由控制等特点。

【思考一下】

看完上述介绍后，是否有了做一本电子书的冲动？不妨别急着读 10.2 节，先设想一下如何为自己的企业或个人定制一个电子书的企划，确定一个名字，确定栏目分类，确定价格……列一个大致的文档规划出来再继续阅读本书。

10.2　我们需要怎样的电子书

【本节要点】

电子书的核心要义是原创、免费、期刊化。这样的电子书才能实现长期有效的订户网络和阅读的黏合度，内容为王是电子书的生命线，而直接在电子书上发布硬广告，只会让读者厌烦，所以最好软性植入广告。

最适合网络营销推广的电子书形式应该如何呢？第一步要做的是定位，如何给自己的电子书定位呢？提供什么样的内容才能吸引读者下载这本电子书，从而实现信息传播的最大化呢？

10.2.1 版权自给的电子书

必须明确的一点是，无论内容是什么，原创才是王道。真正属于自己的文字和思想，才能让他人更乐意接受你的电子书。

哪怕是实体期刊的电子版，也应该有属于自己的版权。

【《周末画报》电子版和实体版大不一样】

《周末画报》的 iWeekly APP 已经成为国内最成功的 APP 电子杂志之一。据统计，截至 2012 年年底，iWeekly 的用户数为 740 万人次，2012 年广告收入突破 3000 万元。作为周末画报的电子版，iWeekly 中的内容大概只有 30%来自纸质版，其余 70%的内容则完全与纸制版不同。电子版中的配图、标题都经过重新编辑，且 iWeekly 还约到了许多专门为电子版撰稿的专栏作家，所有这些都围绕着移动互联网的使用特性展开。与此同时，《周末画报》的 APP 也加入了一些其读者群常用的工具类功能，例如国际货币换算计算器。

由此可见，版权自给的意义，不仅仅只是"版权"，更是独家。

10.2.2 无限免费的电子书

在明确了定位之后，就需要明确定价。电子书应该标个什么价位呢？一百万元？NO！无价，免费共享才是正途。

在网络世界里，分享是最为关键和重要的。标价的书籍，在实体书店里能卖出去，但在电子书平台上，就另当别论了，免费的电子书会被众多网友下载并存在自己的硬盘里，没有什么比分享更激动人心了。

10.2.3 电子书应该期刊化

定位和定价都有了，接下来该定制度了。无论是任何一个企业还是个人，发布电子书，不要幻想着一本书定乾坤，毕竟网络上很多事，你做了充足准备，但结果可能和你预想的差距极大。

一定要连载，也就是将电子书做成一个品牌杂志，按周或半月的频率进行发布，最好不要变成月刊，因为月刊周期太长，你好不容易形成的品牌力会因时间的关系而被淡忘。也别一两天就出一期，一来你没有那么多原创内容提供，容易产生次品，影响读者继续下载；二来读者还没消化完上期的资讯，会让你的后续电子书变成积压品；三是没必要那么虐待自己吧，做编辑工作很辛苦的。

期刊化连载的电子书，最大的好处就是让你不断植入最新的信息，并且你不用把宝押在一本书上，那样中奖率太低，电子书很难一蹴而就，读者群体的阅读习惯是需要慢慢培养的，最早的几期或许乏人问津，但一旦后面的电子书逐步受到欢迎，你之前的内容自然也会得到回头客的下载。所以每一期都要精心制作，不要以一次的成败论定输赢。

10.2.4　打破电子书的内容瓶颈

要真正吸引读者，内容是一个很关键的问题，没有好的内容支撑，再花哨、计划再精良的电子书都不会给力。

第一，按照杂志的做法分版块。考虑到电子书的容量不宜太大，每个板块最好只有一篇文章。

第二，字数上做好设定。考虑到电子书的容量和读者的阅读习惯，每篇文章均设定为最多不超过 1500 字，并配以相应的图片和漫画。

第三，封面保持长期统一。统一的电子书封面，会使读者有较强的代入感，让电子书从一开始就打上品味的烙印。

第四，巧妙植入内置营销。衡量电子书成败的两大关键在于内容是否诱人、广告内置是否妥当，前者直接决定读者是否下载电子书，后者则决定了营销结果是否理想。直接在电子书里插入广告条幅或者宣传画是最等而下之的做法，还容易惹人嫌。最好的办法就是将广告植入到文章中，成为软文，但植入也是有讲究的。

在电子书内容的选择上，电子书的原则是：内容精准、营销合理、用户兴趣高。千万不要忘记最重要的一点，那就是，内容一定要真实准确，否则用户会失去兴趣。

10.2.5　口碑传播效力更强

大约十年前，我在《南方周末》上看到这样一则广告，用米诠释《南方周末》的口号——一纸风行，具体广告语记得不太准确了，大意是《南方周末》有百万发行量，而更为关键的是这份报纸通常会在三五个人手中传阅，实际拥有几何倍的阅读和传播效率。这其实是我最早接触病毒式营销的案例，尽管它只是在传统媒体上，但依然极好地诠释了其传播效力。

在互联网上，这种口碑传播的效力也是非常强大的，那么电子书所处的移动互联网有通过口碑传播的这种营销可能吗？答案是肯定的，而且这种趋势将越来越明显。电子书由于其易保存、体积小、无须上网即可阅读等特点，既适用于台式计算机，也适合于 PDA、手机，以及各种手持阅读设备。未来是个人终端媒体时代，人人即媒体即将成为现实。通过蓝牙、Wi-Fi 等多种无线传输手段，即可实现一点对多点的朋友之间的数据传播，而一本实用耐读且有价值的电子书，毫无疑问，可以成为除照片以外，更为有效的传播内容。

10.2.6　产品推广写成小说也不错

前不久，我在网上看到了一部连载小说，名为《杜蕾斯公关小姐》，目前已经出版成书。根据百度百科本书内容简介如下："他与她，相遇在一个 PUB，却因为一次失败的一夜情结上梁子。好吧，其实一个公司很大，只是再见她的时候，他是 SOFY 卫生巾的新任理事，而她是 DUREX 保险套的公关经理，这下子，抬头不见低头见，不如一起讨论一下，大家比较喜欢什么牌子的卫生巾和保险套啊？"书中第 1 章更让人惊讶，标题是"最讨厌不用杜蕾斯的男人了？"，至于效果，你懂的。

光看书名和内容简介就很吸引人，至于这本书是不是杜蕾斯的产品情趣化宣传手册，我不得而知，但这确确实实是一本很吸引人的书，就如同《榜样魔兽》一样。

【思考一下】

你是一个细分行业的企宣人员，以马桶制造公司为例，你想拓展自己公司产品的销路，而老板想要你做一个电子书版本的产品介绍手册，你是按照老板的策略做一本没人下载的电子书呢，还是制定一个精准营销的电子书企划，去打动老板，同时打动受众呢？这个电子书有可能制造出来吗？要知道，这可是马桶啊，如何让这个电子书变得有趣又有味呢？当然不是臭味。不妨参考日本作家妹尾河童写的《窥视厕所》，或许会有启发。

10.3　制作电子书并不难

【本节要点】

制作一个电子书，当然需要技术含量，但生成电子书本身并不难，网上已经有许多技术实现手段，可以快捷完成。关键在于，你的电子书是乡村级黑板报，还是时尚流行期刊级别。这个技术，可以"山寨"，山寨成功的市场同类期刊，并模仿其内容和分类，快速实现在内容和交互上的突破。

一方面，由于 3G 网络乃至 4G 网络逐步深入人心，电子书下载的带宽制约也降到了很低的程度，加上智能手机、高端平板电脑和电子书阅读器的功能越来越强大，也让电子书摆脱了仅局限于文本形式展示内容这一瓶颈，越来越像网络电子杂志那样，成为声光电一体的多媒体应用，从而最大限度地提升读者的阅读乐趣。另一方面，由于使用电子书的手持设备千差万别，光是手机的品牌和平台就有太多类别，电子书并没有一个统一的制式和规格，这也导致了电子书在制作上有很大的难度。那么如何做一本诱人的电子书呢？

10.3.1　找本杂志瞧一瞧

以前在大学学新闻编辑学的时候，老师总会给我们布置点做杂志的任务，当然，这个杂志是传统纸质的那种。面对这样的作业，我们最佳且最快的解决方案就是去山寨，找一本市面上流行的期刊来抄袭就好了，毕竟对方的版式和内容是经过千锤百炼和反复试验的，其阅读视觉效果和阅读内容的选取，都达到了相当的高度。

电子书制作之初，其实同样可以找范本进行山寨。时下网上比较成功的电子书（除了小说），并不多，基本很难找到范本。没关系，可以学习传统杂志，看看人家的封面制作、栏目设定、内容选择、图片形式和排版规律，你同样会找到电子书制作、内容设定的灵感。毕竟这些杂志办了多年，其排版已经高度符合读者的美学需求，并能够完美传递出文字和图片之美。

10.3.2　全书版式要一致

新手编辑电子书最容易犯的错误就是喜欢尽可能地用各种版面结构，各种花哨的排版方式，这一页是两栏，下一页就变成三栏，一会标题用一号字宋体，一会标题用三号字黑体，不同文章的正文文字也是时大时小，字体多变，图片插入随心所欲。独立看每个页面，还算很美观，但整体感觉会如何呢？你不妨到街头免费领取一堆不一样的广告页，然后拼合在一起看看，没错，就是同一种效果。

电子书必须考虑到阅读者的手持设备屏幕大小，因此全书文字不宜像杂志那样分栏，最好一栏到底。如果分栏，或许在 9 寸的 iPad 上面看，依然很精美，但如果是在 2 寸的智能手机上看呢？字太小、太密、太多，都会让读者感到很累。

我一般选择全书标题统一用黑体二号字，而正文则是宋体三号字，字大一点的目的是尽可能让读者阅读时舒服一些。具体选择怎样的字体和字号，你不妨将制作好的电子书单页发送到自己的智能手机上，多次试验就会选择了。

10.3.3　图片又大又小巧

电子书编辑的另一个要点，就是如果你编辑的不是一本小说，而是一本电子期刊，最好是少字大图，在快速阅读时代，杂志画报化、报纸杂志化早已是出版界的一个潜规则了，一张和文章内容紧密联系的图片，可以最大限度地减少文字说明的内容，让读者更容易理解，版面上也会显得生动活泼。

个人的经验是，如果插入图片，可以占据单页 1/3 到 1/2 的篇幅，如果是时尚类的话题，甚至于可以占到篇幅的 2/3，给文字部分留下类似图片说明的空间即可。具体排版指南，依然可以参考市面上的流行纸质期刊，那都是多年来编辑经验的积累，与其独自揣摩，不如站在巨人的肩膀上仰望。

还须注意的一点就是图片的插入可能导致电子书的体积变大，这考验下载者的下载决心，毕竟直接用手机上网下载，流量所导致的资费会影响很多人的下载激情。你不妨将图片压缩得尽可能小一点来解决这个问题。

当然，在发布平台的选择上，我们可以有更好的办法，既打消读者下载上的资费考虑，又保证电子书图文并茂且精致不模糊。

【思考一下】

有五份期刊摆在你的面前，分别是《三联生活周刊》、《哈佛商业评论》、《凤凰周刊》、《瑞丽》和《南都周刊》，假设你分别代理了汽车、路由器、冰箱洗衣机、建材和服装的某个品牌的电子书推广业务，你的电子书在定位、构架和文字风格上会模仿哪一本期刊呢？

第 11 章
电子邮件还能这样玩

本章将解决下列问题：

* 邮件营销有什么好处？

* 如何避免成为垃圾邮件？

* 许可式邮件营销如何开展？

* 如何让订户长期留下？

* 邮件营销要多做活动？

* 什么是社交式的邮件营销？

* 怎么锻造一个成功的电子邮件杂志？

* 内部邮件怎么曝光了？

* 如何用最快、最好、最有效的方式发送邮件？

以电子邮件为主要的网站推广手段，常用的方法包括电子刊物、会员通信、专业服务商的电子邮件广告等。基于用户许可的 E-mail 营销与滥发邮件（Spam）不同，许可营销的优势比传统的推广方式或未经许可的 E-mail 营销明显，比如可以减少广告对用户的滋扰、增加潜在客户定位的准确度、增强与客户的关系、提高品牌忠诚度等。然而由于网络垃圾邮件的泛滥，使得这一本来成本低廉的营销模式一直被低估和雪藏。

11.1   电子邮件营销不比社交营销差

【本节要点】

邮件营销是一种最廉价、效率极高且效果很好的传播方式，关键在于，你真的懂邮件营销吗？请相信，一个接近完美的营销链条，即将展开。

很多商家都认为电子邮件营销是一种泛滥的推广方式，很多人可能认为电子邮件营销就是发送垃圾邮件，如今垃圾邮件已经铺天盖地，而且如老鼠过街人人喊打，我们再发垃圾邮件不是招人骂吗？其实不然，电子邮件推广还是具备了它的推广优势。只要有效地规避垃圾邮件这一误区，电子邮件推广其实完全可以成为一种最理想的网络推广模式。读完以下内容，相信你不会因为垃圾邮件的乌云而放弃电子邮件营销。

11.1.1 电子邮件营销不比在社交网络上投放广告效果差

电子邮件营销最大的价值就是用最低的成本实现最大的推广力。调研公司 Custora 的最新报告显示，虽然通过社交网络营销是当前的热门趋势，但电子邮件营销远比在 Facebook 和推特上投放广告更有效果。

国外权威机构的调查结果表明：中小型企业网站的访问者构成情况如下。

（1）10%～15%的人是因看到该企业的印刷资料及名片上的网址而访问该网站的。

（2）20%～30%的人是通过搜索引擎找到该企业并访问的。

（3）50%～60%的人是收到邮件后被邮件内容吸引去访问该网站的。

如果我们忽略广告的过程，只是单纯分析邮件营销传播信息的过程，不难发现邮件营销的终极模型其实就是一个类似报刊的传播模式，所不同的只是报刊要有实体，而电子邮件营销则是通过互联网进行的。

精心地编辑每一期的电子邮件内容，使这个电子邮件对它的订阅者来说，具有十分有用的信息和情报，不断巩固阅读者的持续阅读兴趣，并且逐步扩大用户订阅范围，而夹杂在电子邮件这样一个准刊物中的各类广告信息则如同报刊上的广告一样，在阅读时，被读者所接受，这个电子邮件就可以使营销达到润物细无声的效果。随着对读者影响的深入、用户订阅群体的不断扩大及电子邮件内容的不断提高，电子邮件营销也就自然能够获得极好的传播效果。

电子邮件营销的效果也是显而易见的。有机构在 2013 年调研时发现：全世界超过 1/3 的电子邮件营销者认为，一个包含打折信息的邮件促销相比于其他形式，可以被更多的分享。这说明，通过利益进行诱惑已成为邮件转发的十分重要的成功因素。

【摩托罗拉用邮件奖励拉住客户】

据负责摩托罗拉网友俱乐部的刘小姐介绍，邮件营销在摩托罗拉的销售中立下了汗马功劳，该公司通过俱乐部的形式向注册的会员发送邮件，介绍新产品的性能、价格等，并且时不时举行抽奖和赠送礼品等活动增加网友对俱乐部的关注度。

因此我们可以考虑在邮件营销中多加入各种奖励和优惠，尤其是"免费"的午餐，不定期地在邮件订阅用户之间进行抽奖，可以增强订户的黏合度，一点小小的礼物所产生的巨大向心力非常强大。我们不妨向腾讯的财付通学习，它总是鼓励用户通过财付通给信用卡还款，还款会获得一两次免费抽奖的机会（获得从 1Q 币到数码外设不等的奖品）。如果你是做网购的，那么为何不模仿一下？每一位通过电子邮件提供的优惠券购物的订户，还将在购物优惠之后再次抽奖，获得进一步的降价优惠，这都将不同程度地刺激消费者的购物欲望。以下案例颇能说明这种优惠的实际效果。

【服装老板库威尔如何让邮件订户数量半年增长 5 倍】

迈克·库威尔是高档服装 Culwell&Son 公司的老板，他想寻求一种方式将其营销重心由直接邮寄向电子邮件转化。当用户访问库威尔的网站并加入库威尔的电子俱乐部时，网站会自动在一小时内发送一份 25 美元的优惠券给用户。当有新品上市或打折时，库威尔也使用这项服务通知用户，还有，他们会通过 e2 在用户生日的时候向他们寄送一张价值 50 美元的礼品券。

"我们必须有一些优惠手段。我希望用户对我们拥有他们的电子邮件地址而感到高兴。"库威尔说。礼品券会将用户吸引到商店里，他们每进一次商店的平均消费是 264 美元。从库威尔开始使用 e2 服务起的 6 个月内，他的邮件列表订数增长了 5 倍还多。

11.1.2　接近完美的营销链条

这种营销是一个几乎完美的营销产业链条。从以下数据中我们可以看到整个零售业是如何认识电子邮件营销的。到 2008 年年底，96%的世界前 500 强零售商将电子邮件营销作为一种营销渠道，与前年的 94%相比，这个比例稍微上升了。其他的零售商对电子邮件营销的认识也更为深刻。

它可以使网站更互动。网站一旦不能抓住客户的心，就极有可能失去客户。据称，大多数电子商务网站的转换率仅为 1%，来看的人多，真正购买的少，而 99%的游客，往往来了一次以后，就再不回头了。

怎样创造回头客呢？电子邮件可以帮你的大忙。

【如何让你的哆啦 A 梦网店吸引到一批订户】

假设你开设的是一个贩卖哆啦 A 梦周边产品的网上购物商店，可以选择开设在淘宝上。你的第一批客人可能是一批过客，是一批对哆啦 A 梦这一动漫形象有兴趣，且有意收集其动漫周边的网友，他们通过搜索引擎找到了你的哆啦 A 梦专卖店。你肯定已经做过搜索引擎的优化，使得自己在关键词搜索上排名比较靠前，但问题是，不是每一个网友来了以后都会购买，如果他仅仅只是浏览，并且走的时候没有把你的网址放入收藏夹，他再次通过搜索进来的可能性就比较小了。

但情况可以改变。假设你在网店的醒目位置设置这样一段话："请申请我们的电子杂志，我们将定期为您送上有关哆啦 A 梦的最新资讯和周边信息，您还有可能获得网店赠送的精美纪念品"，对于一个热衷于哆啦 A 梦的动漫迷来说，免费的午餐就颇有吸引力了，因为你并不是要给他发垃圾邮件，而是提供他最喜欢的动漫的相关资讯，而且对方还有可能因为订阅邮件，而获得一些小奖品。这当然会是一个不错的利益驱动，尽管大多数人都知道中奖很难。

这将诱使一部分浏览商品的过客成为你的邮件订阅者，定期发送哆啦 A 梦最新资讯足以让对方对你产生良好的印象，毕竟有共同爱好将直接促使对方在内心深处将你视作朋友。同时，一定量的周边信息，也将促使这些动漫爱好者内心蠢蠢欲动，"总有一款适合你"，其实久而久之，总会有让他心动的产品。购买的初步意愿就此达成。仅仅如此还不够，你为何不随机附送一些打折券？每个人内心都有一点贪小便宜的心理作祟，而且这也会成为让对方继续订阅你邮件不至于退订的一个心理暗示。你甚至可以对所有的邮件订阅者实施普惠政策，凡订阅者都可以凭邮箱地址打折购买商品，最大限度地刺激邮件订阅者的消费欲望。你留住了客人，使得他们随时可能成为你的顾客，而不至于再去搜索其他店铺，对你的网店的信任程度也大大增强。可想而知，转换率也将大为提高。一个完美的营销推广链条就此诞生。

综上所述，无论你是个人还是单位，无论是求职、求助、寻朋觅友，还是发布广告宣传自己的公司、网站，电子邮件宣传的优点都是显而易见的。

1．范围广

只要有足够多的电子邮箱，你就可以在很短的时间内向数千万甚至上亿收件人发布信息。

2．效率高

使用专业的邮件群发软件可以实现最高每小时 200 万封的发信速度，程序设定好之后，全部自动运行。2013 年邮件营销服务提供商 Focussend 推出的《2013 中国企业邮件营销趋势与 ROI 的调查报告》显示，在过去的 12 个月中，60.89%的企业在使用电子邮件作为网络营销工具。互联网和电子商务行业对邮件营销的使用程度最高，占据 81.33%。企业进行邮件营销的目的主要是维护客户关系和提升品牌知名度。在未来的 12 个月中，34.45%的受访者表示将增加对电子邮件的利用率，其中 44.5%的 B2B 企业会增加邮件营销的使用频率。

3．费用低

只支付上网费而已。上述报告显示，近 6 成（59.21%）企业投入在电子邮件上的预算花费不足 10 万元。

4．操作简洁

操作简单，不需要懂得高深的计算机知识。

11.1.3 如何规避邮件风险

对于电子邮件营销来说，最大的困惑在于被接收者当作垃圾邮件。可以说所有的垃圾邮件都带有营销的性质，而带有营销性质的邮件却并不一定都是垃圾邮件，其区别就在于这个邮件对收件人来说是否有价值。

从通常意义上来说，电子邮件营销的定义中强调了三个基本因素：基于用户许可、通过电子邮件传递信息、信息对用户是有价值的。三个因素缺少一个，都不能称为有效的邮件营销。但这毕竟说起来容易，做起来难。光是第一个基本因素基于用户许可，就足以挡住大多数邮件推广者前进的脚步。

要想避免自己的邮件营销被当作垃圾邮件打入另册，你只有一个原则可以遵循，就是在送信之前先敲门，在征得主人同意的前提下，再把信件寄送给他。

（1）你必须明白一件事，那就是发送垃圾邮件是违法行为。

在全世界的不少国家和地区，早已将发送垃圾邮件界定为违法行为，比如在美国加州和新加坡等地，都曾经出现过因为发送垃圾邮件而被罚的倾家荡产的案例。

（2）要想不被当作是垃圾邮件，你不要总想偷懒，借助那些以邮件营销推广为主要业务的互联网公司的力量去为自己的品牌做营销。

这往往被人看作是一条邮件推广的终南捷径，用百度搜索"代发邮件广告"，会出来 5000 多个结果，其中大多数都号称送达率在 98%、价廉物美、小投入大回报、让你一夜成名之类。然而，恰恰是他们搞乱了邮件营销市场，也是他们让垃圾邮件漫天飞舞。

 【垃圾邮件的产生黑幕】

我的一个朋友曾经从事过邮件推广方面的生意，他曾在一次长谈中和我自揭过行业黑幕。通常他们接一个单，大多是 200 万份邮件的发送量，价格在 500 元左右，对他们来说，发送这么多邮件不是太难的事情，三两台计算机不分昼夜地通过群发邮件软件工作就可以了，至于发放对象，很简单，购买几个邮件数据库就可以了，价格也不贵，几百元就可以得到一套数量约十几万个邮箱地址的数据库。至于发送的到达率，朋友坦言，根本就没有衡量过，反正也没有人能够查证出来，几百万个邮箱使用者对于中国数以亿计的网民来说，不过是沧海一粟，谁能查得清呢？

他们为了避免邮件被当作垃圾邮件，每次都会申请一批新的邮箱作为发送地址，反正都是免费的。他自认为，邮件的到达率或许还不错，总能想办法塞进用户的邮箱里去，可打开率则低得可怜，很多时候可能连 1%都没有。通常情况下，10 万封邮件广告只需要几个小时就能发送完毕。有的公司发送邮件广告的速度更快，可以达到每小时 15 万封，有的公司甚至承诺可以达到每小时 30 万封。按照这个速度，海量垃圾邮件的产生也就不足为奇了。

 【因垃圾邮件而被定义为不受欢迎企业的小玩具厂】

当时一家小玩具厂想开拓海外市场，找到了他，而他也很积极地准备了海外邮件的数据库，可结果呢？邮件是发出去了，但被发现并定性为垃圾邮件，而这个想要做海外市场的企业，则因为发送垃圾邮件，直接被许多国家和地区定性为不受欢迎的企业，非但海外市场开拓没成功，反而从此断绝许多生意来源。

由此事件，朋友最终觉得，邮件代发其实有百害而无一益，最终因为良心上的不安，放弃了这一营生。这一事例也足以教育那些想做邮件营销的人们，小心别因为偷懒而把自己整条船都弄沉了。

（3）搞清楚什么是垃圾邮件。

一个最简单的例子是很多人在做邮件推广时会陷入一个误区，即别人给我的名片上印有电子邮箱，我定期将产品信息发送给他，总不算垃圾邮件吧，甚至有人认为这算是获得了对方的许可。其实不然，对方不过是为了方便你联系他，并没有授权给你让你发广告邮件给他，那么他完全可以视你的邮件为垃圾邮件。我也因为自由撰稿人的身份而给一些游戏厂商留下了联系方式，结果往往会有些公关人员不管你愿意与否就将他们的游戏广告发送过来。这其实和你留手机号给他人，却总在休息时间接到对方的骚扰电话是一个意思。你应该确定一点，邮件营销必须建立在对方主动订阅的基础上，没有这个基础，你的一切邮件营销行为都可以被视为是垃圾邮件推广。

由这三点我们可以得出结论，邮件营销最好靠自己的力量完成，目前由于邮件代发市场不规范，为了避免风险最好不要轻易涉足，除非你有足够的力量掌控。邮件营销的唯一解决之路就是让收件人主动订阅或许可你发送邮件给他，除此之外，别无他法。如何让对方许可你给他发邮件，就是我们后面要重点讨论和分析的内容了。

11.1.4　许可式邮件营销才是王道

现在明确了一点，如果你要做邮件营销，只有一条路可选，那就是做许可式邮件营销。

接下来我们首先要搞清什么叫许可式邮件营销。说得简单点，这种营销方式就是企业在通过电子邮件向其目标消费者发送产品、服务、促销等相关信息时，事先征得了他们的"许可（Permission）"。因此，消费者的态度是至少不排斥他们，乐于对这些信息做出回应。这也是它与"垃圾邮件"本质上的区别。

既然得到了用户的许可，这个电子邮件营销也就顺理成章地获得了用户的邮箱准入资格，而这种准入必然带来邮件到达率的提高，因为既然对方准入，提供的邮箱也自然会是一个常用邮箱，毕竟在现代社会，一个人拥有 N 个电子邮箱这种事是非常常见的。问题是对方平时会用哪个邮箱呢？

垃圾邮件发放根本分不清彼此，其中许多邮箱地址确实存在，但用户平时根本不打开，垃圾邮件的狂轰滥炸和漫无目的地群发尽管能够进入用户的邮箱，可被打开的可能性却非常低，更谈不上阅读了。

有人会说，有些代发邮件商确实掌握了一大批消费能力较强的网民的常用邮箱，并且可以及时送达，那么我们不经过许可，不也可以实现精确到达吗？那些用户往往也因此成为垃圾邮件的最经常受害者，这些邮件数据库肯定被贩卖到许多代发邮件商手里，用户打开阅读那些硬塞进来的邮件的可能性就非常低了，可能直接删掉。而许可式电子邮件则因为是在用户默许的情况下进入邮箱的，如同用户主动订阅的报刊一样，会被用户取走，作为精神食粮阅读。

更保险的办法是双重许可式电子邮件，也就是说用户注册后会收到一封确认信，只有在点击确认信中的链接之后，这个邮件才被正式列入电子邮件列表。这样可以防止很多人用假的电子邮件地址或打错邮件地址。

【思考一下】

垃圾邮件是一种撒网捕鱼的办法，也很符合企业负责人节省经费的需求，如何说服负责人不做垃圾邮件，而是走看似艰难的许可式邮件营销之路呢？

11.2　让人心甘情愿订邮件

【本节要点】

要让用户乐意订邮件，关键看你能赋予邮件什么值得用户订阅的东西，时不时送点优惠券是术，而通过社交模式扩大邮件的订阅范围则是法。此外，采用一些必要的技术手段，避免被服务器列为垃圾邮件也很重要。

大多数电子邮件营销者都明白许可式电子邮件营销的实际价值，也明白许可式电子邮件营销才是邮件营销的王道。就如同他们了解垃圾邮件实际效用低之又低一样，但一直很少有人成功做到真正完全的许可式营销，并大范围推广。那么我们如何做才能实现电子邮件营销效果的最大化呢？

11.2.1　用户为什么要订阅你的邮件杂志

首先你必须明确，用户为什么要订阅你的邮件列表。至于你的邮件有多好看，那都是后话，因为用户没订阅之前，对你的邮件杂志一无所知，所以你要做许可式邮件营销，第一步就是要找到一个突破口，给用户一个理由来主动订阅你的邮件杂志。

最好的解决办法就是给好处。俗话说无利不起早，任何一个人都可能被利益驱使，那么你就要给他这个理由，让他愿意主动注册。这个理由可以是你会定期发送行业报告、免费教程，也可以是抽奖信息及优惠折扣等。

要想吸引他人注册你的邮件，要在邮件杂志介绍上做文章，一定要刺激用户的眼球。

作为参考，我选择了几个不同类型但同样较有鼓动性的、吸引用户订阅的邮件说明文字。

案例一（新闻资讯类）

【中国新闻周刊】它涵盖了中国报道的时政、文化、现代生活等内容，兼顾关注社会新闻和强调人文关怀。包含本周视点、热点事件、一周图片精选、网友圆桌、中国日记、数字速读、媒体专列七个栏目。

本周视点：透视、解剖本周发生的有争论的事件作为新闻线索，突出观点，阐述事实所蕴涵的意义。

热点事件：报道本周的重大事件，热点新闻。

一周图片精选：推荐本周精彩的、有新闻价值的图片。

网友圆桌：汇聚网友的言论观点，以新闻提供的确切的事实为出发点，挖掘对问题的看法和评价。

中国日记：对本周重点、热点新闻进行汇编，采用简编的方式，了解本周新闻事件。

数字速读：通过有价值的数字看新闻。

媒体专列：精选其他期刊的热门稿件，以信息集装的方式，让读者获得更多信息。

解析： 作为一份新闻资讯类邮件杂志，其说明文字要体现出其资讯内容的强悍，尤其要突出观点，而不仅仅是信息的集装。说明文字并不需要过于花哨，要体现新闻资讯类刊物的言语严谨性。

案例二（公共信息类）

【某公积金电子邮件订阅服务】××住房公积金网系××市公积金管理中心的官方网站，是为本市住房公积金缴存个人、单位提供政策性住房金融服务的专业网站，也是办理公积金相关业务的唯一网上平台。

××住房公积金网设置了机构介绍、住房公积金、售后公房维修基金、住房补贴、网上贷款、短信频道、业务专栏、文明共建、新闻报道、网上随访、信息视点、深度报道、在线咨询、搜索等十四个频道。

为了为公积金网站个人会员提供更好的服务，我们特别推出了电子邮件订阅服务，该服务会定期给广大网站会员发送最新政策、公积金年度账户信息单，以及市民朋友们所关心的生活实用信息等服务。

感谢您一直以来对××住房公积金网的大力支持和热情参与。

解析： 这个邮件订阅系统突出了个性化特色，即上面说的公积金年度账户信息单，这是完全私人和个性化的。

案例三（技术开发类）

【CSDN社区电子杂志项目】本杂志是由CSDN发起并组织的一个社区公益性项目。经过一段时间的发展，已经初具规模，形成了涵盖各个主流开发领域的杂志群。

目前拥有的杂志有：《Oracle杂志》《MS SQL Server杂志》《C++杂志》《Java杂志》《Delphi杂志》《C#杂志》《Visual Basic杂志》《开源杂志》《移动开发杂志》《Web开发杂志》《ASP.NET杂志》《PowerBuilder杂志》《软件工程杂志》。

每种杂志都由热心网友组成的编辑团队负责。我们还会根据需要创办更多种类的电子杂志，满足大家对技术知识的需求。我们的电子杂志制作格式为PDF或CHM，将免费向社区发布。

订阅我们的杂志，请点击这里。

同时，我们欢迎大家积极踊跃地为我们的各种杂志投稿！有了您的支持，我们的杂志才能越办越好！各种杂志投稿信箱的地址请见这里。我们衷心地期待有热情、有实力的网友加入我们！和我们一起，把各种杂志发展为相关领域的专业技术期刊！

解析： 技术开发型的电子杂志要体现自己的技术实力，如这个 CSDN 杂志群，每一个刊名都起得非常朴实，而比较吸引我注意的是他们的互动性，即我前面提到的，让订阅用户参与到杂志创作中来，从而给读者一个展示的平台，也使得杂志风格更独特。

同时，还要考虑留客的问题，许多电子邮件想尽办法让人订阅，却没有好好地对待"客人"，结果流失率极高，我们来看看太平洋保险的案例。

 【太平洋保险将枯燥的通知邮件变得很有趣】

2013 年 8 月，雅虎邮箱停用。太平洋保险为了确保自己的邮件订户不受影响，发送了一封通知电邮，希望受影响的订户能够及时登录太平洋保险在线商城，修改自己的绑定邮箱。为了让用户注意到这则邮件，并留下深刻印象，太平洋保险用了一个 .gif 图，图中有一道大门，象征太平洋保险的商城平台，大门紧闭，上面留着一大串钥匙，每把钥匙上都标注着某个主流邮箱服务商，而唯独有一把大大的钥匙在慢慢走开，那就是雅虎邮箱，寓意十分明确，但格外萌，如图 11-1 所示。

如此一来，整个邮件便显得轻快、时尚、温馨。一个枯燥的公式化的通告，也能变得有趣！当然，用户修改绑定邮箱的概率也就变得更高了。当然，原本因为其他因素而可能导致的客户流失，也被关紧了水龙头。

图 11-1　太平洋保险的萌邮件

11.2.2　要主动多做活动吸引用户订阅

要设计最佳状态的电子邮件营销体系，就不能坐在家里，只设计几个订阅按钮和订阅说明了事，那是守株待兔式的做法，除非你的网站人流量极大，否则在平均 1%的转换率下，根本不会有几个人订阅你的邮件。你主动出击又不违反许可式邮件营销的办法就是多做活动，通过活动让客户主动提供自己的邮件地址。

最直接的主动收集方法是制造某种网上特殊事件让客户参与进来，如竞赛、评比、猜谜、网页特殊效果、优惠、售后服务、促销等。用这种方式有意识地营造自己的网上客户群，不断地用 E-mail 维系与他们之间的关系。这个客户群就是你最大的财富，可以让你将很多营销手段应用于此。

统计表明，用户一般最多只能容忍 15 封商业信息邮件，例如信用卡说明、子女学校最新信息等。因此这是一个零和游戏，如果要抢占那 15 个席位之一，就必须传递出更多价值。

 【国际足联怎么分类服务订户】

国际足联，它搞一个邮件列表并不是为了出售更多的产品，而是为了有一个更好地与球迷们交流的方式。国际足联使用的是专业的电子邮件营销服务 e-Dialog，这套系统每周生成和发送各个球队的新闻列表。假如收件人是 Broncos 的球迷，新闻列表中就有 Broncos 的标志和通向该队信息网页的链接。分析人员会对每个收件人的点击率进行分析，然后根据分析结果对以后的内容进行修正。国际足联的新闻列表是从 1999 年开始运行的，到 2007 年订数已经增长了四倍，接近 100 万。"你可以坐在办公室里自以为了解人们的需求，但事实上不与他们交流不可能真正了解他们的需求，"国际足联业务开发部新媒体主管埃文·卡姆说，"现在，我们已经获得了 90 万名用户的个人信息。"

在节日里，有针对性地和订户进行互动，往往能起到更强大的效果。

 【DFS 马年邮件精准祝福广东用户】

中国新闻周刊网报道，Duty Free Shop（简称 DFS）是一家世界顶级奢侈品零售商。DFS集团致力于服务旅游者，以满足顾客需求为导向，凭借顾客至上的服务和不断创新的理念持续发展。他们在 2014 年 1 月初发送给订户一封电子邮件，如图 11-2 所示。邮件的主图像中的主题文本"恭喜发财"巧妙地运用了粤语的读法，显而易见是针对中国客户。这句短语在中国是常见的祝福语，意思是祝愿对方新的一年平安发大财，这使客户看到之后在心理上有一种温暖的感觉。整个邮件的主打颜色是红色，在中国红色是幸运的颜色，是快乐、和谐、幸福的意思。另外，邮件中设计了一匹奔腾的骏马，象征了一年的好运气象。

图 11-2　Duty Free Shop 马年贺卡很带感

这样做的目的是什么呢？除了精准瞄准广东订户，体现出一种特别的人文关怀，并让一个国外品牌以中国文化和民俗方式拉近距离外，其实还有一种转换。许多订户可能是购物时填写了信息表格，或者只是为了享受某些折扣才选择订阅邮件，这样的订户，黏合度很低，很可能退订，这就使得邮件营销者必须想出各种方法黏住用户，特别是让这些用户觉得商家总是想着他们，如此一来，销售也就更加简单。

　【MY 用"三八妇女节"吸引女顾客】

　　2014 年三八节，MY 连锁商场推出了"人间三月天，多彩女人节"的主题邮件。粉红色调传递出温暖味道，在海报上，商场被打扮得桃红柳绿，更为关键的是透露出当天会有极强的商品打折和帅气男模导购的活动。同时，MH 旅行社在群发邮件中将针对女性游客的优惠政策广为宣传，包括赏花、泡温泉、主题公园游，他们别出心裁的规定：女性单独游半价，如果男士陪伴，则女士 3.8 折，男士半价。

这是一个典型的节日邮件促销，只要通过邮件列表对女顾客进行筛选，即可实现精准营销，但如果再多做一点，让女顾客转发或拉进一个订户，即可享受更多优惠，又会如何？

当然，你必须要注意，任何活动，对于用户来说，需要折腾的步骤都不要超过三步，如果

321

太麻烦，别人就不玩了。因此，别在邮件中加入过多的附加内容，哪怕是有极大优惠。

11.2.3 为何不多做亲情营销

之前谈到了邮件中的优惠问题，别认为只要给所有人发送了优惠就可以了，这还远远不够。

这只是一般层面上的普惠政策，你还需要有特惠政策，要注重以亲情营销来保证用户黏合度，特别是针对大客户的亲情营销。

先从拉拢用户方面的亲情营销来看。一般而言，在大型营销活动结束前 30 天到 60 天内注册的用户是最为活跃或者说最为有效的用户。一旦他们进行了注册，需要立即发出邮件表示感谢，以此建立起良好的关系。这样可以有效地吸引对方订阅邮件杂志。这就可以变等人上门订阅邮件为主动提供邮件服务。

此后，根据用户的兴趣，在电子邮件中提供更多相关内容，这样他们才会在每天收到的几十甚至上百封邮件中挑选你所发出的信息，并做出回应。给出一些小礼物通常是非常有效的，比如为了鼓励第一次购买而给出 10%的折扣，这种方法在 60%的情况下都是行之有效的，有利于和用户保持良好健康的关系，并吸引他们关注下一步的优惠信息。

网络使公司能够根据顾客过去的购买情况或合作情况，向顾客发送内容个性化的电子邮件。同时，顾客也更乐于接受个性化的信息。亚马逊通过顾客的购物历史记录向那些愿意接受建议的顾客发送电子邮件并提出一些建议，赢得了许多忠诚的客户；IBM 公司的"聚焦于你的新闻文摘"站点将有选择的信息直接发送到顾客的电子邮件信箱中……那些同意接收新闻信件的顾客可以从一个有兴趣的话题概况清单中选择他们所要的内容。

很多时候，这些邮件杂志所提供的个性化营销往往差之毫厘，谬之千里。

举个例子，一家机票代理商收集到他们的一个邮件订阅用户经常做商务旅行的信息，于是开始向这位用户发送机票打折信息。然而，由于没有对这位商务人士的信息进行详细分析，信息的目标性很差：资料显示，该用户常住北京，通常飞往上海、广州两地出差，他最希望得到的信息自然是由北京飞往这两地或是这两地飞往北京的打折机票的信息。但这家机票代理公司却给他发去了许多无用的信息（比如，从哈尔滨到北京的机票打 8 折，从长沙至成都的机票打 7.5 折……）。于是，用户将该邮件视作垃圾邮件，将邮件丢入"垃圾筒"。如果机票代理公司仍继续给他发送类似的邮件，该用户可能还要将其地址列入拒收邮件列表。这家公司也许就此永远地丢失了一位潜在客户。

要避免这样的结果，就要懂得在邮件营销中做好分析和研究。

邮件营销中目标客户的分析是非常重要的，沿用《孙子兵法》的一句话："知己知彼，百战不殆"。企业实施邮件杂志营销首先是分析自己企业的情况，根据企业的实际情况和需要、企业产品和服务的特点，有针对性地开展邮件营销。中小企业在实施邮件杂志营销时，需要分析目标客户和潜在目标客户的特点决定是否实施邮件杂志营销，以及针对此企业如何实施邮件杂志营销。简单一句话就是"因地制宜"，根据企业所处的实际情况来实施企业的邮件杂志营销活动。

【美国会计师协会如何让邮件打开率高达 50%】

美国注册会计师协会旗下的经营性门户网站 CPA2Biz 的营销部高级主管 Melissa Rothchild 说，在其公司成立 15 周年之际，他们通过电子邮件给客户发送了 15 周年庆的电子贺卡，其中含有对会计师打折的业务促销信息。结果该电子贺卡邮件的开信率高达 50%（行业的一般邮件打开率是 30% 左右），邮件中促销链接的点击率高达 24%，CPA2Biz 这次的 E-mail 营销活动直接带来 6.6 万美元销售收入。Rothchild 在总结此次邮件电子贺卡营销活动时，归纳了电子贺卡营销成功的关键因素：客户在完全没有预料的情况下收到这个年庆促销贺卡，因而取得了极大成功。

这是亲情营销的结果，当然，对于 CPA2Biz 来说，他们其实对核心的 200 个客户进行了全面的分析评估。因为在通常情况下，为大客户提供更多优惠和祝福，将比给所有人都做同样的营销效果要好。毕竟大客户是所有注册用户中最有价值的群体，CPA2Biz 在给 200 个核心 VIP 客户发送的贺卡中，不仅和其他贺卡一样，写上了他们的大名，而且特意将他们亲人的名字也收集齐全，一并发出了祝贺，并且邀请这 200 人携家属参加 15 周年庆酒会，并且告知在未来会给这些大客户的公司和个人提供更为优惠的打折服务。这都让对方感觉到了 CPA2Biz 对他们的重视，其实真正去参加酒会的邮件订户不到 50 人，但 200 人中却有 100 多人在随后和 CPA2Biz 加强了合作。

由此，我们可以得到一个很明确的订户亲情营销方案，即有目的地针对大客户进行亲情个性化营销。如何确立你的大客户群呢？不妨对你的数据库进行检索，看看哪些用户频繁地使用邮件杂志提供的优惠券进行消费，此外，那些消费次数不高但消费数额较大的用户，也要纳入其中。原则上，这样的大客户人群占你邮件订阅用户的 1/10 左右。

确定了这些大客户之后，就要尽可能地和对方建立更多的联系，并告知对方，如果提供自己、配偶和孩子的生日、夫妻结婚纪念日、父母生日等重要的个人纪念日，将获得更多的优惠和折扣，特别是在这些纪念日，将收到网站送来的现实或虚拟的礼物。这样将让这些为网站销售提供了最核心消费力的人群，对网站的亲情攻略不离不弃。

同时，对于这些人，你要在发给他们的邮件中显示出独特的 VIP 标记，并告知他们获得此标记后，会给予他们更多的优惠，一般是在他们进行下一次购物时提供 20% 的折扣，或者直减 100 美元。当然你会发现偶尔有几个用户可能只购买 101 美元的商品（平均而言，大客户会购买 350 美元的商品），但是这无关紧要。首先，有不少大客户并不经常使用这些优惠，而当他们享受优惠的时候，通常会买平均 1000 美元的商品，这样就皆大欢喜了。由于有好处，将会刺激这些客户为了保持 VIP 而不断消费，这和 QQ 刺激一部分用户购买黄钻、绿钻及 VIP 服务的道理一样。

邮件营销服务商 Focussend 就指出，与营销内容相关的个性化邮件，比普通邮件给企业带来的收入多 18 倍，如果针对特定用户群制定邮件发送内容，那么销售机会还会增加 20%。随着科技的迅速发展，利用邮件营销自动化，可以实现"千人千面"的个性化邮件，这些邮件内容能与用户更具相关性。

《纸牌屋》的制作方、美国流媒体巨头 Netflix 是美国最具影响力的影视网站之一，其通过对 3000 万个用户行为的大数据分析，预判出《纸牌屋》的卖座。怎么做到的呢？

【《纸牌屋》大热背后的大数据邮件营销】

据媒体报道，Netflix 向新加入用户发送欢迎邮件，并重新对他们的名字、邮寄地址、合同条款等个人信息进行确认；然后鼓励用户选择至少 6 部喜好的电影，以便日后进行个性化推荐。这是一个大数据的起手式，当用户在网站上点播该视频时，会自动触发官方邮件系统，从而将用户对影片的点评，以邮件的形式，发送给网站客服，并对该视频的播出质量、观影感觉等给出评价。当然，选择非常简单，绝不烦人。

此类模式，目前在电子商务企业中运用的极为普遍，但大多数个性化邮件往往在推荐筛选上，多有错失，使得用户往往不愿再看。因此如何加强大数据的精准性，在实现个性化邮件订阅上，极为重要。谁能做到这一点，他的邮件营销，将无往而不利。

11.2.4　何不试试社交模式

在社交网络日趋发达的今天，利用社交网络和邮件营销进行混搭，成为了一个不错的选择。

【东莞玩具商如何混搭邮件和社交】

东莞一家玩具制造商利用邮件群发平台与社交媒体构筑了一张全面覆盖的营销网。方法很简单，在微信、QQ、微博等社交媒体上均注册了公共账号，统一形象、Logo 等风格，彰显企业存在，为了增加曝光率，吸引更多关注目光，在这些社交媒体平台上，公司不仅发布行业资讯和产品图样，也经常转发一些有趣的段子、热点聚焦、时事评论，并寻求与一些大 V 建立"互粉"关系。这些方法，我在之前的章节已经叙述过，在此不再啰唆。之后，这家公司通过社交网络征求潜在客户的初步意向，搜集尽可能多的邮箱地址，培养粉丝群落。有时在社交网络上秀出公司产品、纪念品的精美图样赚足眼球，有时发布一些拟待生产的"样品"广泛征求粉丝意见，有时公告公司近期举办的促销优惠活动和讲座，有时赠送客户一些小礼品……随后，往往加上诱惑性的设问："想要吗？赶紧留下信箱……"，规定：一旦对方转发或者留下邮箱的，提供抽奖机会，有小礼品赠送。

或许你会觉得，这样也忒麻烦了。别急，不用这么玩，一样可以玩出社交模式下邮件营销的大未来。很简单，2013 年新浪微博推出了一个全新的功能——粉丝服务平台。用户可以通过自己的新浪微博账号，群发私信（一天一次）给自己的粉丝，当然，必须是粉丝许可式订阅的。其私信模式类似于微信公众平台的信息发布模式，可以嵌入视频、图片和文字，亦可使用类似微信公众平台的"开发者模式"，供第三方平台实现接口接入，开展自动回复、智能设置等更多拓展。对了，在文字里别提微信，否则你发不出去。

【一封心理测试私信引来 35 万粉丝】

　　情感专家陆琪在 2013 年 10 月 24 日 20 点，向粉丝发送了一条心理测试的私信，在发送后不到 4 小时内，粉丝与陆琪的账号共产生近 125 万条私信互动，截至 10 月 25 日 17 点，陆琪新增粉丝 26 524 人，新增订阅粉丝 35.8 万人，其个人影响力在 24 日上升至名人榜第一名。

　　合理利用私信模式，巧妙地植入内容，恰恰是将粉丝经济和邮件精准投放结合在了一起。特别是用这种互动模式的邮件精准投放，能产生出何种爆发力，显而易见。或许你会认为，这样的模式只能提高口碑和品牌力，似乎很难获得销售业绩，别急，且看下面这个案例。

【安卓壁纸通过粉丝服务私信强化互动】

　　为用户提供壁纸自动下载服务的安卓壁纸，借助微博粉丝服务平台，上线短短 5 天内便吸引了两千多订阅用户，并在 2013 年 10 月 25 日在平台上发起"我要糖果"有奖订阅活动，引来大量粉丝的转发和评论。活动期间净增粉丝数增长 3 倍，订阅量增长 10 倍，每日私信互动量由原来的不到一百条涨至现在的一千条，而其壁纸下载量，也在此期间发生了同步增长。

　　这也就是说，社交网络和邮件营销在理念上的结合，完全值得探索。至于该投放些什么内容，你懂的，且行且珍惜。

11.2.5　内部邮件曝光也是种营销

　　知名互联网企业但凡有大事要宣布，首先就会有"掌门人"的内部邮件流出，并被众多网站、微博转发。这也是一种另类的邮件营销。北京晨报在 2013 年曾以《营销新模式诞生：企业内部邮件"被爆料"》为题，进行过报道。

【马云内部邮件写给外面人看】

　　2013 年伊始，马云就发出了三封内部重量级邮件，《变革未来》宣布阿里拆分为 25 个事业群；《阿里巴巴是个快乐的青年》宣布马云将在 5 月 10 日卸任 CEO 一职；还有一封，是马云公布了阿里今年的年终奖金和红包。如此爱写信的马云被冠以"内部邮件"鼻祖的称号。虽然在阿里私有化、事业部转型等重大事件中并未露面，但马云却通过内部信的方式达到了最佳的信息传播效果。"这些 CEO 们可真不见外，员工们看到'内部邮件'的速度可能还没有网上转发的快。"如今，互联网大佬们的内部邮件纷纷成为新闻爆料的主角，一位网友不禁发出如此感慨。

　　如媒体所言，除马云外，凡客诚品陈年的"忍辱负重改革"、百度李彦宏的"呼唤狼性"、新浪曹国伟的"业务拆分"，以及刘强东的"39 个感叹号迎接新融资"等，都是对"内部邮件"这一营销方式的很好运用。这些内部邮件大多数情况下并非只有内部员工才能看到，很多时候，企业也会将这些"内部邮件"发送到记者邮箱，而对媒体来说，由于这些邮件的爆料人是平日难得出来说话的"大佬"，且对于事件详情、观点态度有客观详尽的描述，是报道新闻中难得的"料"，而这些名人对于读者和网友的号召力也远远大于一个新闻事实的介绍，因此传播速度和效果远远大于一场费时费力的新闻发布会。

11.2.6　让邮件变得更有传播力

在邮件营销中，其实有一个商机并没有被人好好发掘，或者说是被误发掘了，那就是专业级的电子邮件杂志编辑部。

之所以说这是一个商机，就在于从接受层面来说，对于用户，有效且愿意接受的资讯内容通常不会来自一个企业，而是来自一个有公信力的媒体，哪怕是网络媒体。这其实在现实生活中非常常见，即我们会相信电视或报纸广告，却不会过多地相信街头派发的企业宣传页，哪怕内容一模一样。原因很简单，这是公信力的问题。

当然这也是相对的，大品牌的这类推广由于建立在自己的品牌价值之上，所以公信力还是足够强，但问题是知名的大品牌并不多。往往是一些中小企业需要推广，但其制造影响力的能力往往不足，自身也未必拥有此类营销推广的专业人才，毕竟中小企业的雇员数量有限，这就给了外包一个机会。

话题缩小到企业自制电子杂志上来，则更为鲜明。

一个国外 7 万美元换 1 亿美元的案例颇能说明问题，Omaha 牛排公司的吉娜·索贝尔很想找到一种新的方式，通过许可式邮件来营销自己的产品，但在公司内部没有足够的人员来执行推广工作。尽管她的公司拥有 50 家零售商店和 2 亿美元的邮购业务，但网站员工却只有 5 名。无论如何都没有精力来完成这样一个宏大的目标，最初他们也在网站上按照我前面提到的方式进行了邮件营销，可影响甚微，订户太少，而且退订率也太高。

 【牛排公司如何在成熟的电子邮件杂志上做广告赚来百万订户】

牛排公司与一个专业邮件杂志公司达成了合作协议。这家公司在网上发行一个叫 eVguide 的小册子来引导用户上网购物，它的内容全是可以从网络零售商处买到的商品目录。要想在整个订户约为 100 万的这个小册子上打广告登载自己的商品，根据版面大小和位置，费用在 4.5 万~7 万美元，这不过是招募一个专业级邮件杂志制作人员半年的工资而已。这种单纯在成熟的邮件杂志上打广告的方式，不仅节约了大量的人力，而且不花费力气就获得了一个面向 100 万订户的机会。据称，当年，他们的销售额度从 2 亿美元达到了 3 亿美元，这 1 亿美元的销售增长不过是用至多 7 万美元的开销换来的。

而另一个案例则更能体现邮件营销背后的商机。

费席集团曾请一个邮件杂志供应商为其客户晶石号游船设计了一次抽奖活动。"晶石号游船连续 5 年获得业内的大奖，他们想用抽奖的方式进行庆祝，同时吸引人们访问他们的新网站。"费席管理人员解释道。因为当他们得知获奖时，已经没有多少时间进行其他宣传活动了。

【游船船票靠邮件杂志引发寻宝狂潮】

　　该邮件杂志供应商很快利用自己已经非常成熟的邮件杂志为其设计了两个抽奖活动，在第一个星期里，其通过邮件杂志的最醒目位置发布了一个信息，向邮件杂志订户提供两个到阿拉斯加的旅游大奖名额，参与方式是参加网站寻宝游戏。当然，邮件杂志订户可以优先参加，每天多一次机会，只是需要重新注册，在注册的过程中费席集团能收集到用户的个人资料，同时也让晶石号游船名声大噪。据称，一周内，访问网站的人数同比翻了两倍。当然这并非全部。晶石号游船的船票预订率也大幅提高，但很多人依旧在观望。

　　第二周的邮件杂志中，一个更加有诱惑性的活动出炉了，同样的位置，不一样的广告——邮件杂志订户可以赢得巴拿马运河巡游的机会，同时还有一个激励因素：邮件杂志订户每预订一张晶石号的船票，能获赠 5 次附加的抽奖机会，可以为家人赢得同游的机会。尽管因为抽奖送出了近 20 张船票，却让整个晶石号游船的仓位全满，甚至因此将第二年的船票都预订完了。整个活动费席集团的花费仅为 2 万美元。

　　由此我们可以看到邮件杂志供应商的力量，由于长期以提供资讯为主，广告色彩较淡，而且发送数量频繁，所以为自己积累了庞大的订户人气，这都为其进行隐性的广告营销创造了极好的舆论环境，就如同读者不会过分反感报刊、杂志上的广告一样，关键是如何利用的问题。和企业合作，进行优惠促销是一种方法。

　　【思考一下】

　　你们公司主要是面向海外的公园定制公园灯，因此你的邮件营销对象是海外的各种公园管理人员，怎么设计你的这份邮件杂志，让他们眼前一亮呢？要考虑语言的问题，所以要多用图，看图说话会好一些，还有什么别的好办法吗？

第12章
视觉冲击不一定"微"

本章将解决下列问题：

- 为什么有人拍摄的网络视频又便宜又好看？

- 如何以最低成本制作出最让网民满意的视频？

- 如何让你的视频鹤立鸡群？

- 网络视频怎样做才更有冲击力？

- 视频制作的技巧有什么？

- 网络视频的创意点一般有什么规律？

- 微视频为什么那么火？

- 如何将口碑植入短短的微视频中？

- 电视连续剧模式可行吗？

网络视频的流行改变了网民传统的阅读方式，也改变了企业的信息传播方式——相对于单调的文字形式来说，视频新闻能够带给网民更多的视听享受。视频在使阅读形式变得轻松的同时，也在逐渐改变人们由文字到视听的网络阅读习惯。从推广的角度来说，网络视频就是一场视觉冲击战，非常动感。要知道，在面对一大堆字的时候，人们会更喜欢看图片，这让报纸上的图片越来越大，而文字越来越少，结果成了画报，而同时，电视永远比报纸的受众多，因为它够直观。这种阅读习惯一样延伸到网络中，让网络视频具有比网上的文字更强大的视觉冲击力。

网络视频战是什么？或许对于大部分网民来说，对这个名词还没有多少概念，或者说脑海里会浮现出这样的情景——胡戈恶搞的《一个馒头引发的血案》或是没有任何版权可言的影视剧在线视频。当然也有简易的，如可以制作简单的微视频和用手机就能快速完成的7秒短视频。确实，网络视频的视觉冲击营销和这些有关系，但绝不这么简单。网络视频推广其实算是一块处女地，因为这块地看似技术含量很高，但不是指网络技术，而是指视频处理技术，这是另一个门类的专业技能，并非一时能掌握的，也因此给了网络视频一个门槛。别怕，我们一起来学习一下，相信很快你就会成为视觉冲击战的开路先锋。

12.1　一个视频引发的风暴

【本节要点】

网络视频作为一种营销渠道，具有效能可检测、投放很精准，且能够让受众在视听中自然吸收"营养"的特点——超廉价的制作成本，可以互动和交流的传播方式等，都是传统影视剧所不能的。将网络视频作为企业营销推广的尖兵，总能鹤立鸡群，与众不同。

提到网络视频，自然绕不开胡戈的《一个馒头引发的血案》，尽管这已经是一个很古老的视频案例了，但正是这个非常简单却创意十足的剪接版，给电影《无极》创造了无比高的关注度，不比高成本制作的电影宣传预告片差，而其传播效率更高。这一阴错阳差的营销效果让网络营销界真正对网络视频这一营销推广方式的强大效果产生了巨大兴趣。

随着智能电视的普及和网络视频的日益丰富，视频营销对普通人而言所能产生的影响力也变得更大。对于当下的人群而言，在海量的网络视频中寻找他们喜爱的电视综艺节目录像、电视剧集和院线大片，已经成为了一种生活节奏。而这种节奏，随着智能电视和智能手机的全面进军，将逐步从在 PC 上看视频，变成在客厅里、公车上、地铁中等任何场景中实现观影模式。这一受众群体，比一般的网民群体更广，而且网络视频的冲击力也因为音画的双重冲击，而让视频广告的效果比普通网络广告更具震撼性。

12.1.1　网络视频"钱景"广阔

在视频中植入品牌信息早就不是一个新鲜事了。

【《ET 外星人》让好时巧克力成为第一 】

1982 年，好莱坞电影《ET 外星人》开拍之前，剧本中有一个情节是小主人公用巧克力豆吸引外星人，制片公司找到好时巧克力公司，最终好时巧克力公司用 100 万美元买下这部电影的广告经营权，以及电影上映期间所有影院的商品货架。后来《ET 外星人》票房大卖并成为经典影片，好时巧克力公司借势一跃成为 20 世纪 80 年代巧克力第一品牌。

这是 20 世纪的宣传模式，而当下，在影视剧中植入广告已经成为普遍宣传模式。多元化、草根化的网络视频正在深刻地影响着年轻人，特别是消费能力极强的白领人群。因为忙碌的工作，他们或许没有时间坐在家里看电视，碎片化的时间，使得现代都市人群的观影时间越发稀薄。

然而，智能手机的普及，以及智能电视的登场，则让这一问题得到了极好的解决。任何人都可以随时随地，通过各种渠道观看网络视频，通过网络视频，他们可以看到"玉兔登月"；他们可以从网络视频上第一时间欣赏许多电视台未播出的、由网友提供的《我叫 MT》系列动漫；他们甚至可以看到许多电视台永远不会播出的由草根网友自制的、虽制作拙劣但是妙趣横生的各种微电影和短视频。最新调查显示，全球网络视频用户较 2007 年增长 3 倍，达到至少 10 亿人。而中国网络视频用户则早已过亿，不容忽视的是，其整体收入水平高于网民。

这个现实告诉我们什么呢？如果你想让网民购买你的产品或服务，那么通过网络视频进行传播效果将非常理想。因为视频用户在网民中的重叠度高，人数多，更重要的是他们的消费能力够强。

 【耐克愿望视频的内容为何在网上和电视上有差异】

"给我个球场，给我观众，给我对手，给我条规矩去打破，给我……"这是一个篮球少年的愿望！如同世界各地的青少年一样，中国的青少年们面对着成长的压力与烦恼，无法逃避，必须面对。2013 年，耐克精心打造了一支名为"愿望清单"的广告片，通过激情而富有节奏的自白，展示了一个少年不断壮大的篮球愿望。"愿望清单"78 秒完整版电视广告于 2013 年 3 月 4 日登录各大门户网站和视频网站，而在电视台，则以 60 秒和 30 秒两个版本自 2013 年 3 月 6 日起，在中国大陆、台湾和香港地区等 20 个城市播出。

在网络上首播，显然耐克更看重网络，为何网上有 78 秒，而电视上的则是删节版？当然是因为电视按秒付费，多一秒就贵很多，网络视频广告则便宜点，且更看重有效点击率。而且，网络覆盖了充足的耐克目标人群，电视可能还差点，毕竟现在的青少年，看电视的有点少了。

同时，通过网络视频为自己打广告所需的花费并不高。像可口可乐、联想和奔驰这样的大公司，如果想在中超决赛直播中投放一支广告，制作费用就要几千万元，而购买播映时间还要再花上几千万元。在网络上播广告则完全不同，甚至可能低到忽略不计，还可能成就一个企业。这种成本，随着微视频和短视频的日渐普及将更低。

 【靠唐伯虎小电影起家的百度】

百度在成立之初，曾经发布了一组名为唐伯虎系列的网络小电影，当然这样的小电影其实不过就是几个小视频广告，相比电视广告来说，粗劣了许多，成本据称不过几万元，推广费用几乎为零（百度作为搜索引擎有自己独特的优势），然而这样一个几万元的小系列广告，却换来 2000 万人的传播效应，让"百度更懂中国"深入人心，这个成功案例也鼓舞了许多企业跃动的心。

一个权威的数据更能说明网络视频的影响力和投入费用的巨大差异性。国外权威的调查机构 Burst Media 公司完成的研究结果表明，56.3%的在线视频观众可以记起视频里的广告内容。一支流传甚广的视频可以让公司以极小的成本获得极大的曝光。虽然互联网视频广告的影响力越来越大，但是公司为此付出的资金却不会有多大增长。"在线视频广告的支出对于电视广告而言可以算是九牛一毛，而且这种情况起码会持续十年。"在这一调查报告的结尾处，网络视频的影响力被如此描述。

放弃电视广告，投奔网络视频推广的怀抱已经在时下的企业界成为一种风尚。一个比较经典的例子是由于经费吃紧，英国饮料制造商 Britvic 公司削减了其主打产品百维可果味饮料的电视广告预算，因为投入巨大但产品销售线却没有增长的趋势。一个小公司敲开了他们的大门，提供了一个费用极其低廉仅相当于该饮料 3 天销售额的网络视频广告推广方案。

【恶搞视频让英国饮料销路大增】

在这个方案中，他们设计了一个恶搞索尼公司最新液晶电视广告的视频，其中巧妙地放入了自己的产品，即在这个名为《一种与众不同的味道》的广告中，模仿索尼 Bravia 制作的广告《弹弹球》的创意，只不过这次在街上弹跳的不是彩色的球体，而是一堆美味的水果。该广告视频投放互联网后被大肆转载，宣传效果出人意料，Tango 饮料也成了青年们的潮流饮品。它也成为 2006 年度，全球最令人难忘的十个广告之一。

值得注意的一点是，网络视频推广并不是大公司的专利，它甚至足够草根，草根到你只要有一台性能还可以的计算机，一根网线，懂一些视频制作技术，更重要的是你有一个有创意的头脑，你一样可以做成一个影响力极大的网络视频，甚至只有一台智能手机，配合相关的 APP，都能为自己的产品做一次成功的推广。

可以这么说，播客、微视频和短视频的发展，将由 DV 带来的影像传播革命推向深入，也给了网络视频推广一个平民化、草根化、互动化的机会。普通人不仅拥有了制作影像的能力，还拥有了自己的发布平台，他们的作品可以以一种低门槛的方式进入大众视野。非主流文化与主流文化可以在一个更平等的舞台上同台竞技。胡戈的《一个馒头引发的血案》《鸟笼山剿匪记》在网络上产生反响，可以看作是一个前奏，而在 2012 年开始兴起的庞大微视频制作大军和 2013 年末由移动社交网站推动的短视频运动，则可以视为是视频营销的全面普及。

无论是大公司还是小企业或普通草根，都可以通过网络视频成就自己，营销产品，如果你的创意独特，并不一定要财大气粗才会成功。小视频也可以有大道理。

12.1.2　网络视频具有极高的票房价值

我们不妨研究一下网络视频的传播效率。依旧从例子出发吧。相信大家会对一个名叫后舍男生的组合有印象。

【后舍男生为何在传统影视毫无成就】

2006 年，两个广州美术学院的大学生，一胖一瘦，通过一个摄像头成就了自己的演艺事业。他们通过寝室里计算机的摄像头，以非常搞怪的造型和非常花哨的动作表情，以对口型的方式，恶搞那些比较经典的曲目，然后将视频放置在自己的播客和博客上，结果大获成功。

让我们忽略点击量，因为那已经多得无法衡量了。仅看这样简陋的视频带给他们俩怎样的成功吧。从百度百科上不难发现，他们为 MOTO 拍摄手机网络广告，与谢霆锋联袂拍摄百事可乐广告特辑，受邀为智联招聘创作并出演广告片《除名状》。两个原本名不见经传的小人物，只花了点电费，就名利双收。因为他们通过几个成功的网络视频，营销了自己，将自己传播到了每个中国网络用户的面前。

当然，随着他们开始从网络视频进军到传统影视圈，这种影响力立刻变成了票房毒药。

331

同样的观影人群，同样的粉丝团体，在面对网络视频时，可以接受的简陋和恶搞，无法在大荧幕上被认可，这其实就是观影需求的不同，而这也决定了网络视频和传统视频的完全不同。后舍男生电影宣传海报如图 12-1 所示。

图 12-1　后舍男生的电影

　　当然，也不是完全无法实现在两个视频领域架起桥梁，脱胎于微视频的微电影，在很大程度上就进行过有益的探索。在这里我们先要明确一个概念，即微电影并不是微视频，而只是其中的一种表现形式，其制作更精致，剧本更考究，成本也自然要高出许多，比较成功的，则是史玉柱的巨人网络拍摄的微电影《玩大的》，这部在 2011 年 5 月登陆各大视频网站并在社交网络上疯狂传播的微电影，和史玉柱的脑白金电视广告，完全是两码事。

　【《玩大的》为啥能征服 80 后的心】

　　巨人网络旗下《征途 2》游戏团队的这部微电影，据称全体演员都是其公司的员工，而故事的内容也比较简单，两个男孩从红白机、街机时代的游戏友谊，逐步延伸到他们长大之后，在事业上遭遇了完全两样的人生，但面对生活中无法排解的许多烦恼，两个人又走到了一起，并在游戏中重新找回了自己的童年和梦想。从很大程度上，这样的叙述非常平凡，但它恰恰体现出了 80 后一代人的生活历程和游戏情结，尽管巨人没有在其中植入什么产品信息，也没有如脑白金电视广告那样叫卖一般地喊着"今年过节不收礼"，但这种平实且接近原生态生活的体验，直击 80 后一代人在现实生活中困境的片子，打动了人心，也直斥了困扰 80 后多年的"玩物丧志"言论。当然，也让人们对因为人民币游戏而一直被非议的巨人网络这个游戏公司，有了较为正面的印象。

由于有一定的演员班底，并且涉及了不少的场景拍摄，尽管都是员工本色出演的玩票之作，《玩大的》这部微电影在成本上高于常见的微视频，且制作水准也接近时下较为流行的电视电影，其获得的影响力也高于传统网络视频。无独有偶，另一部同样体现 80 后人生历程的微电影《老男孩》，则以电影级的制作和演绎水准，创造了微电影最强大的传播效力，尤其是片中的音乐。

 【《老男孩》杂取种种人生，合成两个"男孩"】

《老男孩》的剧情相信大家都很熟悉，在此不做复述，而该片其实准确来说本身就是一个电影短片，只是其成功并非在院线，而是在网络之上，其故事情节某种程度上和《玩大的》相似，只是对游戏的热爱变成了对迈克尔·杰克逊的追星，这同样是极其原生态的百姓故事，片中的歌曲，则更切合当下 80 后都市白领的心境，可以这么说，《玩大的》本身就是模仿《老男孩》而大获成功的致敬之作。

问题在于，为何筷子兄弟的电影短片只能在网络视频上获得成功？其实并不难理解，免费的网络视频扩大了观影人群和影片的影响力，这部 43 分钟的网络短片自 2010 年 10 月 28 日上线以来，以"病毒式"的传播速度席卷整个网络，"青春"、"梦想"引发 80 后怀旧情绪集体爆发，"泪流满面"成为使用频率最高的观影感受。截至 2010 年 11 月 15 日凌晨，该片的在线播放量已经达到 4700 多万（尚不包括下载离线收看及其他方式转发）。

由此可以看出，网络视频最大的活力就在于其免费共享条件下的强大传播能力，这就是一种网络票房，看似没有一分钱盈利，但一旦成功植入品牌元素，就如《玩大的》那样，有人如此评价道："尽管电子游戏背负很多骂名，但我们这一代人，依然享受着游戏带来的单纯快乐，游戏伴随着我们成长，我们其中的许多人，更是怀着一个游戏梦想成为一名游戏制作者的。"仅这一点，《征途 2》这个完全没植入的产品，就以有梦想的游戏团队的身份，赋予了其产品梦想的意味。

12.1.3　网络视频效果可监测

在种种叙述网络视频营销的语句中，可以看到大量的数字："网络搜索集团评出几大视频网站——YouTube、MSN Video、YahooVideo、AOL Video、iFilm，这些网站的访问量是美国五大广播电视网网站访问量的两倍，且用户在前者的停留时间达 12 分钟/次，长于后者的 8 分钟/次。""这段视频短片，被点击 3000 万次，转载 5000 次并附有 2400 条评论。"

这些数字有一个最大的好处，就是让你有效地监测视频的效果，无论是视频网站本身的排名监测还是单个视频传播的效果监测。这是其他网络推广方式都难以实现的。尽管网络广告开始呈现猛烈的上升趋势，但广告效果监测仍是个难题。

据了解，目前没有一家网站可以做到广告效果监测。大多数时候，网上营销推广只能采用人工监测，就是在哪家投了广告就在哪家网站上看，至于有多少人点击，也很难讲。然而网络视频则相对来说很容易看出推广效果，在发布的视频上，可以很清晰地看到点击率和转载率。同时，以往网络上的推广软文发布之后，可能要么无人问津，自然也就没有影响力，要么影响不错，引发转载风潮，这一点绝对是网络推广者所乐意见到的，但也让他们难以统计影响力。

或许发布在博客上还能看到点击率，但那是在不转载的情况下。比如我的一些 IT 产业评论博文，在自己的博客上往往只有几百到上千的点击量，但却有不少文章被一些 IT 业网站转载，从而形成二次传播力。同时部分言论还会被一些传统媒体引用，以 IT 资深观察家身份进入其报道中，并再次通过其媒体网络版在网上进行传播，你还能说我的这篇文章只传播给了几千人吗？其效果是难以用数字来计算的。由于无法量化，加上营销宣传本身就具有一定的滞后性，也难以即时反应在产品销售之中，其营销效果的监控就更加困难。

网络视频有个独特的优势，那就是可以有效地监控点击率和转载量，大多数视频网站都提供这种功能。当然，视频一样会被转帖在其他网站或论坛上，如果你的视频够有趣的话。那么是否会出现上述转帖无法计算的问题呢？这一点几乎不存在多大问题。原因很简单，由于网络视频本身有点大，大多数网民在转帖过程中不会费神去下载，而且也不好下载，因为大多数网络视频站点在你上传视频的时候，都会将你的视频格式转换成 Flash 格式，不是说不能下载，你可以在看完整个视频后，在系统缓存中找到格式为 FLA 的临时文件，然后再转帖这个视频上网，不过传视频到网站上也不是一个特别轻松的过程，所以大多数网友不会这么做。他们通常会选择视频网站提供的这个视频的专门代码，然后发布在自己想发布的地方，仅仅一次复制和粘贴就可以解决问题。这些被转帖的视频只要在其他地方被播放一次，在原网址上的视频也就会有一次播放记录。这样的结果就是，只要你选择好几个在线视频网站发布视频，就可以很轻易地知道这几个站点的视频的传播情况了，一个很简单的加法计算，传播效果的监控非常简化。

在国外，让许多公司开始尝试网络视频广告的一个重要原因，就是网络视频营销投入的成本与传统的广告价格差太大了。一支电视广告，投入几十万甚至上千万都是很正常的事情，而几千块钱就可以搞定一支网络视频短片。甚至一个好创意，几个员工，就可以做一个好短片，免费放到视频网站上进行传播。企业可以收集网友的评论，总结这次视频广告的得失，大大提高效果监测率。

12.1.4 打破电视广告的瓶颈

网络视频相比传统电视广告最强悍的一点是其能够突破传统电视广告的局限性，不仅仅是费用问题。基本可以肯定的一点是，如果你要登录电视屏幕，你的广告内容肯定要很正规，哪怕你的创意非常强大，但最起码你的制作不能太差，不能太草根，还要遵守很多电视广告的规定，比如话题不能太出格，例如性、谎言、暴力等话题都被电视台上级监管机构所禁止。这些限制相对来说，在网络视频传播上会小很多。

一方面，网络视频并不一定要像广告片那样制作精良，它更需要以草根的形态进入网民的视角之中。在电视屏幕上，你看见明星给企业代言产品，在那里拼命宣传，你会认为理所当然，如果在电视屏幕上出现的广告都和你用小 DV 拍出来的效果一样，只怕你会愤然换台。如果在网络视频中，你看到的推广视频也是名人代言，你会有啥感觉？可能看一眼就闪人了。当然，这也会反映在广告点击率上，但传播效果就差得可怜了。网络视频就需要够草根，草根到让网民觉得就是自己身边的人制作的那样，有亲切感，这样你隐性放置其中的营销内容才不至于招致网民反感。在网上，我们只想看自己想看的，跳过纯广告是我们最乐意做的事情。

表 12-1 是网络视频和电视视频的一般性对比。

表 12-1　网络视频和电视视频的比较

	网 络 视 频	电 视 视 频
传播广度	广，覆盖过亿网络视频用户	广，根据电视节目的收视率而定
精准度	精准，通过 IP 和人群喜好定位	比较精准，通过电视节目内容定位
信息保存	便于保存，记录网址随时访问	很难保存
再次传播	方便，可随时分发给客户	除非用录像机记录，否则难以再次传播
交互性	强，可以即时交互	弱
播放时间	7×24 小时，随时可观看	不能随时观看，长度通常为 5～15 秒
投放价格	低廉，适合大中小企业投放	高，适合大型企业投放
效果检测	精确，可以提供完整的检测数据	不太精确，通过抽样调查获得数据

此外，网络视频的最强势之处就是可以有效地传播到任何可以播放视频的载体上，而且很互动。现在各种移动终端如智能手机、平板电脑和智能电视的全面出击，播客录制网络视频或类似的网络节目，网友可以在各种环境和各种应用如微信、微博中观看。就像博客颠覆了被动接受文字信息的方式一样，播客则颠覆了被动收看电视广告的方式，使任何人都可以成为网络视频推广的主动参与者，特别是社交网络条件下。而商业的价值也在高点击率和高转发率下初露端倪。这些都是传统电视广告无法做到的。

12.1.5　精准营销是网络视频的绝招

网络视频的一个特点就是精准营销。与传统营销方式的一个最大不同，是网络营销能够比较精确地找到企业想找的那群潜在消费者。作为网络营销最新兴的方式，网络视频营销则更精准地发挥了这一特性。

特别是在社交网络上，通过带有"标签"色彩的微博主或微信账号进行发布或转发，可根据博主自身的粉丝受众群，产生完全不同的效果，如知名车手在微博上发布有关赛车的微视频，就比导演的微博更能影响到车迷。

从这个角度来讲，在企业选择过程中，网络视频公司的传播价值的测定与传统媒体不同。在电视媒体中，更多的观众、更高的收视率意味着更多的广告收入、更多的利润。视频网站则不然，观众的数量并不一定意味着更多的广告收入，有时候小数量的观众要比数量众多的观众更有价值——如果这些小数量的观众做一些广告主更喜欢的事情（比如点击广告、购买产品、访问其他相关网页等）。

在一个点击量颇高的网络视频中，某个高楼中普通白领因为空调制冷效果太差而和老板大发脾气，结果害得老板跑上跑下总算选择了一个好用又不贵的中央空调……这个视频传播的效果不错，几万的点击量，几百个转帖，然而这家企业的营销主管事后对笔者说，这个视频看似效果不错，也引发了一系列的讨论，可结果并不理想，因为发布的地方不对，针对的群体也不对，发布在了没有任何针对性的社会话题视频栏目中，结果受众大多数就是普通草根，尽管视频贴近他们的心态而比较受欢迎，但因为白领特别是采购这种大型中央空调的相对高端的高层管理人员较少聚集在此类频道栏目中，因此传播效率几乎等于零。普通草根既无力也没必要购买此类空调。

相反，之后他们重新制作了一些有趣又有深度的关于中央空调的小视频，发布在了一些高端精英集中的频道如历史文化频道中。随后的半年间，其产品销售情况同比增长了不少，网络视频推广的分众效应凸显得尤为明显。

由此可见，选对地方，这个网络营销的基本概念，其实在网络视频上也同样有效。

怎么开发网络视频的"疗效"呢？愚以为贴片广告并不是很好的方式，最多只能作为有益补充，生硬地植入更难起到效果，网络视频这种东西，必须从草根中来，到草根中去，讲草根的故事，也要用最草根的方式找到融合点，类似《玩大的》这样的隐性植入自然效果不错，不过还需要视频本身有内涵，才能吸引受众去思考，才能发现导演的真实意图。

同时，和有关精品网络视频节目合作，更可以快速切入到品牌影响之上，事半功倍，关键在于，对应的节目一定要符合品牌传播的主题。

2013年6月起，Jeep大切诺基冠名优酷平台的自制节目《老友记》，这是一个以"跨界的思想，混搭的光芒"为主旨的高端访谈节目，每期邀请两位业界重量级嘉宾彼此对话，思想碰撞。合作的方式除了冠名外，还有内容植入，比如大切诺基的代言人王石就作为嘉宾参与了三期节目录制，同时选出每期嘉宾的经典话语做成"大切语录"曝光传播。据称，Jeep与《老友记》的合作效果斐然：截至2013年11月初，Jeep品牌在节目内曝光超过5亿次，大切诺基曝光超过2.5亿次。然而对Jeep大切诺基来说最为重要的，仍然是能找到《老友记》这一和品牌调性相匹配的优质内容资源。

很显然，切诺基的品牌定位是高富帅级别的受众，《老友记》的业界顶级对话风格，显然吸引的受众也大多是切诺基的目标消费者。当然它完全有能力同《快乐大本营》这类热门电视节目或各种网络选秀视频节目合作，但问题是，那些栏目的目标受众过于泛滥。

这显然是另一条捷径，也是一种精准投放的方式。不过我们还是先回到自己制作的角度来，之所以这么设定，目的在于，即使你自己不动手制作，也要懂得怎么制作和运作，这样哪怕是和品牌网络视频栏目合作，也能达到精准投放。

太过隐喻考验受众智慧，太过嚣张则让受众生厌，因此成功植入，必须讲求更为自然的技巧。上面提到的几个案例，恰恰做到了又广告，又不讨嫌的效果。这其实就是一种完美的植入，并精准地传播给了感兴趣的人群，而这些简单甚至是简陋的视频，往往和精致的电视广告有同样的效果，而且更加深入人心。国内，这种情况还很少出现，因此给有志于此的朋友留下了充足的发展空间。下面让我们进入实际操作过程吧，视频制作并没有那么神秘，有个好脑袋才是最重要的。

12.1.6 视觉战的五大主要优势

从以上的论述中，我们可以总结出网络视频营销的 5 个主要优势。

1．制作费可以低到 0 元

与传统广告相比，网络视频营销要便宜得多。胡戈自己说，《一个馒头引发的血案》花了 4 天时间写剧本，5 天时间制作，一个人自编自导并自己配音，成本才几块钱，算上自己的报酬，成本也就一两万元；《春运帝国》用《黑客帝国》和周星驰的喜剧片进行画面剪接，只找了一个人配音，成本也只有一两万元。相反，胡戈后来精心制作的视频《鸟笼山剿匪记》，用了 3 个月的时间，近 100 名演员进行实地拍摄，把场地、道具、交通费、演员和剧组人员的劳务费等都算在一起，花了十几万元。结果呢，影响力连《一个馒头引发的血案》这样一个制作很粗糙的产品的百分之一都没有。

可以这么说，花钱可不一定能做出大片来，因为网友从来没指望过在网络视频上看到影院级效果，哪怕真有那种效果，手机上看也瞧不出多少新鲜来，他们图的就是一个乐子，哪怕是低成本的 7 秒短视频，能够会心一笑，也是成功。

2．超强的互动性和社交性

由于网络视频是上传到互联网上的，互联网又是一个互动的世界，如果视频吸引观众，就会与观众和网友产生互动，从而提高企业的品牌和市场认知度。随着微视频和短视频的兴起，网络视频已经更好地融入了社交网络。

3．网络视频营销操作的简易性

网络视频广告操作方便，只要有好的创意，把视频录制好，就可以上传到知名视频网站上，或通过微博、微信发布。

4．网络视频营销的选材应谨慎

网络视频营销千万不要愚弄网民，认为网民都是被动地接受！一个好的网络视频营销案例，可以吸引成千上万的网民；一个不坏的、精粗的网络视频营销行为可能会毁了这个公司。网络视频营销策划之时，要谨慎地选择题材。

5. 网络视频营销效果的明显性

网络视频发布之后要及时跟踪视频传播的效果，及时了解网民的评价，及时和网民沟通、互动，网民看后就有可能对你的企业产品有所了解，然后形成购买。

【陆川指导一汽大众微电影】

一汽大众在新 CC 上市时，邀请名导演陆川操刀制作了《巴比伦迷雾》微电影，并在优酷、腾讯、搜狐、爱奇异等 11 家主流视频媒体上热播，点击量超过 1300 万。不同于一些电影中植入汽车广告的生硬方法，也不同于其他汽车微电影平铺直叙的故事讲述，陆川花费半年打造的微电影，把微电影与互动游戏结合在一起，将客户体验放到最重要的位置。当然，更关键的是足够悬疑，该片以一场神秘的高端私人拍卖会开场，迷人的女间谍 Victoria 在私人俱乐部的拍卖会中，与一群蒙面的贵妇名媛竞价，成功拍下单身男子匡文，最终赢得了与匡文的一夜约会。而中国最成功的、最具有魅力的单身汉们，都在参与了这个俱乐部的慈善拍卖会后人间蒸发，匡文的真实身份是为了解开这一谜团的秘密特工。

很显然，这个视频引爆了网民的眼球，社交网络上的庞大议论，远比影评更有趣，而各种猜测、分析和对后期剧情（之后又拍了多部），以及对新 CC 的评析如雪花般飞来。光是 1300 万的点击量，就远比陆川过去院线影片的关注度高，其影响力的扩散面自然很广。一汽大众为此付出的 1500 万广告推广费，看似很多，但比在电视台播放广告的费用便宜许多，效果又强了许多，毕竟电视台是按秒计算广告费的。

随后我们重点讨论的是如何在最有限的条件下实现网络视频营销推广，让每一个草根都能通过这个看似专业的推广模式为自己的成功铺平道路，而不是仅仅在别人的影视剧前面添加一些精心制作的片花广告。

【思考一下】

制定一个有关你或你所在企业的视频拍摄方案，写一个剧本，估计预算，并设想投放渠道，然后，把方案放一放，继续读本书。

12.2 网络视频制作其实很简单

【本节要点】

网络视频制作是有许多技巧的。本节，我主要介绍一些实用的拍摄和制作技巧，方便读者快速入门，其实学会拍摄和制作视频，只要几个小时，但要精通却要花上许久。作为一个营销者，你不一定要亲自动手制作，但一定要懂得如何制作，这样才能真正理解网络视频的精要。

在开始网络视频制作教程之前，你首先要树立一个观念，就是在时下软件技术大发展的条件下，视频制作已经不是专业技术人员和电视台的专利，相反，一个成功的网络视频很多时候并没有多少技术含量，比如后舍男生那种 MV 视频，它更多是以创意为基础。

现在让我们来看看如何制作一个成功的网络视频吧，注意下，这可不是用手机随手拍的 7 秒短视频哦。

首先要提醒大家一句，你制作任何网络视频，一定要记住，不要太长，一定要注意简短，它就是一个快餐，效果最好的在线视频长度介于 30 秒至几分钟之间。如果你的视频长达一小时的话，那么就分成几个小段，这样观众会觉得更有趣些，而且容易找到主题。

之前，一个模特曾经找到我，希望我能够对她进行推广和包装，她身高约 175cm，身材比例很匀称，但问题是在网络美女集体靠脱、靠爆乳、靠性感进行自我包装的今天，尽管这个模特同样很漂亮，但如果比拼这些，只会让人记住了身体，没记住模特儿本身。

【浴室歌后如何卖浴缸】

　　一个生产整体浴室（带浴缸）的朋友亟待打开网络销售市场，而且不得入门之法。他们是个小企业，产品没有多少名气，也难以让人信任。我设计了一个方案为其进行推广，即以模特儿出镜，穿着泳衣，拍摄一段在泡泡浴缸中洗浴的视频。当然仅此一项并不足以吸引网友，我让这位具有一定演唱才能的模特儿每周发布一段背景一样的视频，但在浴室中进行不同的歌唱，将一些有名的曲子重新填词，改成对时下一些热门话题的新编口水歌，从而塑造一个浴室歌后的形象。在获得一定知名度之后，再将拍摄花絮中体现她并非裸浴的视频和图片发布出去，产生反差效果。当然，最后的落脚点依然会结合整体浴室，比如在拍摄时对浴缸的 Logo 给予一定特色，从而强化人们对浴缸品牌的认识。

尽管这个方案并没有最后实施，但姑且在这里对其拍摄技巧进行讨论。放心，不需要太麻烦就可以拍摄出和电视上洗浴用品广告近似的效果。

必要的拍摄用品为浴缸一个（厂家提供）、模特儿一名、泳衣一套（三点式为宜）、泡泡浴浓缩液一瓶、小型 DV 机或数码相机一个、能上网的计算机一台、连接计算机和 DV 机的数据线一个。现在让我们来看看如何拍摄和制作这样一个视频吧。

12.2.1　拍摄时切勿长镜头

许多初次进行视频拍摄的人会一个镜头从头拍到尾，其实这样会显得视频冗长且难看。如果一个镜头的时间太短，则图像看不明白，看得很累；如果一个镜头的时间太长，则影响观看热情，看得很烦，所以每个镜头的时间掌握就颇值得仔细玩味。真正比较优秀的视频，是由若干个分镜头组成的。总体来说，拍摄者不要在拍摄对象"演出"时，跟个傻瓜一样，站在原地不动，或在整个拍摄过程中晃来晃去，让人看着头晕。

我给初学者的建议是：特写 2～3 秒、中近景 3～4 秒、中景 5～6 秒、全景 6～7 秒、大全景 6～11 秒、一般镜头拍摄以 4～6 秒为宜。拍摄时应该注意让画面中的东西有看头，其实观众一般都对镜头中移动的物体比较关注，如果画面中没有重要的会动的东西，那么长时间的长镜头是毫无意义的，但是我们也不能不用长镜头。如果画面中的物体一直在运动，那么观众还是会有兴趣的，而且长镜头比较适合表现整个故事发生的全过程，使用恰当会很有效果。

固定不动地拍摄模特儿歌唱，然后换另一个角度再拍摄一遍，如此往复几遍，让镜头变得丰富一些。当然，模特儿也要在唱歌过程中做出各种各样的动作，甚至是很诱惑很挑逗的动作。这与拍摄音乐 MV 颇为类似，所不同的是，人家大牌歌星拍摄时，是一句一句录，一句一句表演，因为人家有非常好的制作效果，也拥有强大的制作团队，而草根视频制作人可能就是一个人在战斗，就麻烦一点吧，多拍几遍，从不同角度拍摄，从而让自己在后期制作中，有丰富的素材可以丰富视频的内容。

其实很多比较有趣的小视频制作在拍摄技巧上并不那么复杂，比如一度在网上流传甚广的某网络红人演绎的"帽子戏法"。

【帽子戏法其实很容易拍】

在一段不长的视频中，她端坐在那里，头上的帽子和装饰不断变化，变化了几十种之多，给人耳目一新之感。其实所需要的不过是一大堆帽子，一个助手和一台摄像机。演员不过从头到尾坐在摄像头前，保持不动，然后由助手帮助，在姿态不动的情况下换上各种帽子，因为身体没有动作，所以通过后期剪辑就好像变戏法一样。

当然，这种"帽子戏法"用于推销新款女帽其实颇有效果。

12.2.2　拍摄时请深呼吸

区别是新手还是熟练工拍摄的视频，一个比较好的判断方法就是看其镜头是否稳定。如果 DV 在拍摄时机体过度晃动，放像时画面将很不稳定，看片时会头昏眼花，好像晕车晕船一样。因此拿稳数码摄像机几乎是任何成功的 DV 片最为关键的基础。在旅途中，尽量找可以依靠的物体（如墙壁、柱子、树木）来稳定住重心，能使用三脚架（独脚架）就一定要用，找不到依靠又不能使用脚架时要保证正确的持机姿势：双手握住 DV，注意不要握得太用力，以手感舒适为宜，否则时间长了会累，机器的重心应放在腕部，两肘夹紧肋部，双腿跨立，把身体重心稳住。绝对不要边走边拍，不然你拍出的画面会晃得很厉害，这一点在拍摄时没什么感觉，只有在播放时才会深切地体会到。

其实这里是有一个小技巧的，因为之前说了，不要一次性拍太长时间，要做到隔几秒就切换一次镜头，所以你拍摄一个镜头时，花费的时间并不多。拍摄时，你可以先深呼吸一口气，然后在拍摄的几秒钟之间暂停呼吸，你会发现这样拍摄出来的镜头会稳定许多。

此外，一些新手常犯的毛病就是光线时暗时亮，这是由于你将镜头从一边移向另一边时外部光线明暗变化很多所致。或许对于你自己来说没有什么感觉，但比如拍摄这组浴室镜头时，你从浴室里一个明亮的窗户移向被拍摄的浴缸时，可能在最初的几秒浴缸就是黑暗的。这主要和 DV 的白平衡自动设定有关，无法逆转，因此拍摄时留点心，尽可能顺光拍摄吧，顺光能使拍摄物体更清晰，绝大部分情况下，应使拍摄物体处于充分的光线强度下。逆光拍摄因为 DV 使用的是 CCD 感光，宽容度不足，在高反差的情况下很容易使高光部分过曝，阴影部分又看不清楚，结果细节全部丢失。有一种说法：好的摄影者，永远让太阳在自己的背后，说得也不是没有道理。同时，如果使用自动白平衡功能，在从室外进入室内的时候，要把 DV 关掉重开一次，让白平衡启动自动调整。否则你拍摄出来的视频，可能在你眼中就是黑夜和白天那么明显了。

因此，在拍摄类似浴室这样光线条件不好的地方的视频时，应尽可能地将灯光全开，有浴霸尽可能也全部打开，模拟日光，这样拍摄出来的效果更细腻，也可以让你的视频更好看。至于大多数拍摄技巧，在很多资料中都有介绍，这里仅将一些容易出现的问题加以分析。

此外，至于你选择使用 DV 机还是数码相机亦或是智能手机拍摄，对于网络视频来说，并没有多大差别。因为时下上传的网络视频本身要经过许多压缩，即使你最初用成像度极好的摄像机拍摄，哪怕是专业机，上传后，其效果和数码相机拍出来的差别也不是很大，甚至有时候为了彰显草根本色。你也可以考虑用手机上的摄像头拍摄，当然前提是你的手机不能太差。如果你初次进入这一领域，不妨先用数码相机拍摄积累经验，并不是越贵的摄像机就越能让你的营销推广成功，其实有时候计算机上的摄像头就足够了，后舍男生就是这么干的。

记住以下几个一般性原则：（1）选择符合作品主题的镜头。（2）选择能有效表达作品内容的镜头。（3）选择符合作品整体风格的镜头。（4）选择影像质量好的镜头。（5）镜头选择注意多景别、多角度、多视点，避免重复。

12.2.3　视频采集有讲究

当视频素材拍摄好之后，你需要考虑的是如何将其制作成一个不错的完整剪辑版视频。

如果真心想在网络视频领域有一番作为，你至少需要一台计算机，一个 1394 采集卡。1394 采集卡的价格从 100 元到数万元不等，不过由于网络视频对于视频质量的要求不高，有一个 100 元左右的 1394 采集卡就可以了，对初学者来说，采集卡自带的程序会做一个较好的引导。不过考虑到后期制作中会有不少信号损失，采集最高质量是必要的，不要怕占硬盘空间。在采集过程中，采集的视频最好存储成.avi 格式，因为很多格式是很难编辑和转化的。另外，在转化成.avi 格式时，最好在"高级"里选择 Intel Indeo video 5.10、mpeg-4、DivX 5.0 或 Xvid 视频编码方式。

当然，你也可以从一些 DVD 中采集一些视频素材。一般来说，DVD 里的视频为.vob 格式，但是由于各家标准不同，也会有其他格式。方法很简单，就是每个文件夹都打开看看，文件特别大的（通常几十 MB 以上）就是真实的视频。找到视频以后，复制粘贴到硬盘就 OK 了。DVD 光盘里有多个视频文件，通常一个大场景一个视频文件；然后在网上下载一个全能视频转换器，将.vob 转换成.avi 格式的文件即可。音频格式选择.mp3 就可以了。不过，现在的单反数码相机和小高清数码摄像机，已经可以直接拍摄并生成.avi 格式或其他高品质格式的视频，只要连线输出到计算机上就可以了。因此，此问题在这里不做更多叙述。

注意，全能视频转换器可是很有用的东西，特别是最后输出视频时，成败就全靠它了。

12.2.4　选个最好用的剪辑软件

很多网上教程都喜欢告诉视频制作者，选用如绘声绘影或更简单的视频制作软件来为自己的视频剪辑铺路。诚然，这类剪辑软件小巧且方便，内置了不少便捷程序，让你的视频制作变得简单。

但我却不认为用简易软件就好，就如同图片制作那样，你拿光影魔术手做简单 PS 确实速度快，也能有不错的效果，但这很难提高你的视频水准。那么，我们应该选择什么呢？对，用 Premiere，最专业的视频编辑软件，不用担心你操作不好它，其实专业并不代表难度高。选择用 Premiere 主要是考虑到生成视频时，视频质量的损失可以降到最低，当然，请注意，尽可能在制作视频的过程中，只在最后完成时才生产一次视频，因为片子剪接得很零碎，会让机器的奔跑速度犹如乌龟，所以要尽量避免多次视频生成，从而保证质量。

Premiere 可以将视频文件以帧的精度进行剪辑，并且与音频精确同步。从技术上讲，剪辑工作并不复杂，但实际上它对编者的艺术修养、镜头感觉要求很高。在编辑工作进行以前要创建故事板，也就是节目脚本。脚本内容包括片子的全部内容：素材的顺序、持续时间、过度方式、特技镜头等。脚本可以是文字形式，也可以是图画形式。根据脚本搜集编辑的素材可以是实际拍摄、计算机三维制作、图片音乐等。针对普通用户来讲，只要你在剪辑开始以前，对剪辑有个自我概念，清楚自己要做什么就好。

至于怎样使用 Premiere，其实网络上的教程也非常多，但为了避免你犯下新手常犯的错误，请让我们来一次视频制作之旅。

12.2.5　导入素材到 Premiere 软件

假设我们之前拍摄那组浴室歌后的视频前后拍摄了三次。会有三个不同的.avi 文件。运行 Premiere 或其他视频编辑软件（以下以 Premiere 的设定进行解释），新建项目文件取名为【浴室歌后】，在【装载预置】中选择【DV-PAL】，记住，千万不能选择其他制式，完成后选择保存项目源文件。

然后开始导入素材。双击【项目】窗口空白处，弹出【输入】对话框，导入硬盘中的【源素材】，三个源素材进来后，选一个你喜欢的背景音乐，记得一定要纯音乐，否则视频中的声音也会因此变得混杂起来，所以一定只要旋律。比如浴室歌后，本身就必须加入背景音乐，因为拍摄的时候会让模特儿用小耳机听歌曲旋律然后唱歌，这样在录制时，并没有原有旋律，只是清唱罢了。当然，现场同步放录音不是不可以，只不过那样会很难把握歌曲声音大小和模特儿唱歌声音的对比，而且在不同的拍摄角度，其声音录制都会有较大差异。

完成这部分之后，就可以开始剪辑了。对了，要注意一点，不少网友喜欢在视频中加入各种各样的图片，以期让视频变得更丰富多彩。这一点其实是视频制作的大忌。

12.2.6　剪辑视频

Premiere 可以添加 99 条视频轨道和声轨，你用不上那么多，又不是制作《2012》这样的大片。你只需要两条或三条视频轨道和两条声轨就可以了。

比如剪辑之前浴室歌后这个视频，我们有三个视频素材。先将第一个视频素材（有最佳视觉效果和声音的那个）拖入视频编辑轨道 1 中，不要再去动它了。同样将另外两个也都拉入轨道 2 和轨道 3 中，如此一来，与视频对应的音频也就按顺序进入了音频轨道 1、2、3 之中。这时暴露出一个问题，尽管音轨 1、2、3 都录制的是同一段声音，但录制效果多少有些差别。因此我们要选择解除音轨 2 和 3 之中的音频和视频的连接，删除之。如此一来，三个视频，都会共用一个音频，确保音质的最佳。

再将背景音乐放置在音频轨道 2 中，因为轨道 1 中已经有了素材 1 的声音。然后将背景音乐和清唱部分的音频对准，仅仅凭借口型，让其放大到最大，一帧一帧地挪动背景音乐素材，多试两次，你就会熟练。当然，在对准一个视频的时候，要将另外两个的视频屏蔽掉，这样可以保证在一个基准音频下，视频绝对精准。再按照同样的原理对准剩下的两个视频。只要瞄准一个口型就能解决，这样可以很容易地将三个视频轨道对得很准确。当然，这主要凭感觉，一帧的误差都会让人觉得声画错位，同理，无论多少视频轨都可以按此对准。

然后可以开始剪切了。你可以用最简单的 3、2、1 的模式进行剪切，视频 3 放 5 秒，然后剪断后面的视频 10 秒，然后视频 2 留出 5 秒，再剪断之后的 5 秒视频，再重复至视频 3 第 15 秒的位置。这其实是有一个原理的，即位于更高位的视频原则上覆盖底层视频，那么视频 3 的视频在轨道中存在时，视频 2 和视频 1 的内容原则上被覆盖。按照这一规则，依据你个人的美感进行剪切，一个网络视频的母本就此制作完成。不过有个原则，不要在视频中出现快速转换的镜头。

我们现在开始看看如何美化视频。Premiere 提供了很多视频美化方案，比如缩小、放大、叠加等。且不说视频，以一个 PPT 演示文档的例子来说明吧，很多初学者会喜欢在 PPT 演示文档的每一个换页或每一个图片的转换中，加入各种各样的特效，如从右飞到左，如从中间浮现，如旋转飞入旋转飞出等，搞得花里胡哨，结果这样的 PPT 变得很滑稽。同理，在视频制作中很多人也是如此，只要看到特效就一个一个加入其中，以显示自己在制作上很有水平。其实这恰恰凸显了自己是新手。

真正的视频制作者根本不会乱加效果，我们用得最多的特效只有一个，就是在两个视频衔接之中做一个淡入淡出的效果，以避免两个视频衔接过程给人的视觉带来比较硬的转接感受，那样容易让人潜意识里感到不适应。那么如何做淡入淡出呢？简单来说，将两个衔接的视频，前一个向后一个多拉出 5 帧，然后在上面加入一个淡入淡出，基本上软件自动提供的程序化淡入淡出就足够了。

一个视频制作就如此简单地出炉了，很容易吧，基本上十分钟就可以学会，至于要做好，一个简易的办法就是多看一些经典大片，从中学习人家是如何剪切视频的。原则上不要将一个固定镜头转接到下一个固定镜头之上。一个视频剪接的窍门是特写 3 秒—摇镜头 5 秒—中景 5 秒—换中景 5 秒—大全景 5 秒—近景 4 秒—拉镜头 4 秒—小全景 4 秒—摇镜头 5 秒。如此往复循环。

不过在视频制作上，很多人热衷于一点，就是做很长的视频，一个视频十几分钟到半个小时，看得人无比烦躁。其实网络视频就是快餐，谁也不能忍受冗长的视频，除非你的视频非常有趣，堪比电影。而你要做网络视频推广，视频一定要言简意赅，不要拖时间，要用最少的视频表达最丰富的内容，基本上一个视频 3 分钟左右为宜，最长不要超过 10 分钟。

有些人还热衷于在视频上加文字，比如字幕或其他比较炫的文字，非一般状态下最好不要使用，当然如果你在视频中的对白用的是方言，适当加上宋体字的字幕并无不可，用普通话的对白字幕自然能免则免。用方言做配音的视频，传到网上，传播效果未免有所局限，一般没有特殊情况也应当避免。

还有一点，新浪播客之类的网络视频站点都有可以让视频文件和字幕文件同步上传的服务，如新浪互联星空播客就提示：播放电影时一定要把字幕文件和电影放在同一个文件夹下，且字幕文件名必须与电影文件名完全相同（除了扩展名）。然而这一点其实很不容易做好，如果你有字幕要加在视频上，那么就不要将其分成两个文件，可以在视频制作过程中，通过Premiere 提供的字幕贴图模块，将字幕逐一加载上去。这样做的关键在于，如果分成两个文件，很容易在上传时出现误差，导致视频和字幕错位。既然是中国人为中国人制作的视频，能免字幕就免字幕吧，毕竟字幕即不好做，又不好贴。除非你花钱购买 10 万元左右的专业字幕机。

12.2.7　输出视频有讲究

用 Premiere 可以直接输出.avi 格式的视频。之所以选择.avi 格式，是因为当进行视频编辑或存储时，很多格式是很难编辑和转化的，而.avi 没有这种问题。另外，在转化成.avi 格式时，最好在"高级"里选择 Intel Indeo video 5.10、mpeg-4、DivX 5.0 或 Xvid 视频编码方式。音频格式选择.mp3 就可以了。这样的输出结果，可以让你的视频在转换成任何格式时，都不至于有太大损失。

不过大多数情况下，这种视频的尺寸非常大，一个十分钟的视频通常都在几百 MB 到 1GB 左右。这是因为 Premiere 属于专业视频制作软件，因此对于输出质量要求很高。然而对于大多数网络视频站点来说，除非你上传的是片长一个半小时的电影视频，那种视频最大也就 500MB。对于普通视频特别是营销视频，最好不要超过 50MB。那么如何让自己大约 5 分钟的视频在不丢失质量的前提下，最大限度地压缩呢？太大的视频，上传也是一种痛苦，需要太长时间，而且你想过吗，一个 500MB 的文件，只有 5 分钟，其他网友要观看时，同步播放将是一个艰难的过程，因为每一秒的视频所承载的容量都大过大多数网络视频太多。一个总是卡的视频，就算再好，也会被网友抛弃。

大多数播客网站对上传视频的尺寸和格式也有要求，如新浪播客要求，视频大小不超过 200MB，对于支持格式也有限定。假设你用 Premiere 输出一个.avi 格式的视频，片长约 5 分钟，视频压缩方法有两种。

- 同格式转化：降低分辨率（视频播放窗口大小），改变编码方式（主要适合.avi），降低音频质量。通常在转化时设置 "高级" 选项内容即可。

- 不同格式转化：转化成.rmvb 和.mov 格式都是不错的选择。转化成.rmvb 前，最好先安装最新版的 Realone，以获得解码器。

那么选择什么样的软件进行视频压缩呢？从我个人的经验来说，有一个傻瓜式样的万能转换法——狸窝全能视频转换器。从我的使用感受来看，这个软件可以实现几乎所有的转换设想，无论是针对 iPad、iPhone、iPod 还是 PSP 或是其他各种不同载体的不同格式，它都提供近乎傻瓜相机一样的一键选择，实在是居家旅行必备利器。

12.2.8　截取视频有讲究

通常，制作的视频并不一定都是自己拍摄的，比如胡戈的《一个馒头引发的血案》就是对电影视频和一些电视节目视频的截取。这是制作一个有趣且效果不错的网络视频的比较有效的捷径。那么怎么截取呢？先看看传统视频网站的视频下载吧。

www.youtube.com 的下载方法：登录网址 www.keepvid.com/lite/，在输入框中输入最终播放页的地址，单击 "Download" 链接，就会生成真正的下载地址。这时单击下面的灰色链接 "Download Link"，保存文件就可以了。注意一定要把扩展名改为 ".flv"。

其他共享网站的下载方法：登录网址 www.yabide.com/read. php/7.htm，在输入框里输入最终播放页的地址，单击 "提交" 按钮，就会生成真正的下载地址，单击即可下载。

传统视频网站的视频下载：用迅雷、dudu 及影音传送带等下载软件就可以下载，方法是把鼠标放在要下载的视频上，单击 "下载" 按钮，然后保存就可以了。

下载下来以后，就是普通视频文件了，但如果是一个电影视频，未免太大了。怎么从中截取一个自己喜欢的视频片段呢？

网络上给出了许多切割视频的方法。比如用 Easy Realmedia Editor，按照新浪给出的应用方案，有些片子结尾的演职员表时间很长，从精简片子的体积的角度考虑，我们可以用 Easy Realmedia Editor 进行适当的剪切编辑。

暴风影音是一个几乎可以读取任何格式视频的播放软件，这一点和 QQ 影音很相似。不过我更喜欢以前的超级解霸，一来可以直接将从网络上截取的视频或 DVD 上的视频在超级解霸上播放，更重要的是超级解霸可以进行视频录像，而且在播放或停止状态均可录像。

具体步骤如下：当播放视频时，单击 "循环播放" 按钮选择录像区域，图标变成双箭头。

拖曳游标到想要录取区域的起始位置，单击"选择开始点"按钮选定开始点，再将游标拖至录取区域的终止位置，单击"选择结束点"按钮，录像区域便确定了。最后单击"保存 MPG"按钮，将指定区域录制为.mpg 或.mpv 文件，当然最好选择.avi 格式，那样效果更好，只是稍微有点大。超级解霸制作出来的视频截取片段，基本上不会丢失太多视频质量，而且由于可视化，操作起来也非常方便。这样我们可以基本上把需要的视频完全截取出来，然后放入 Premiere 中进行进一步剪辑。

【思考一下】

做好网络视频，有一个捷径可以走，就是站在巨人的肩膀上，从那些经典的影片（比如奥斯卡获奖影片）中学习大师是如何剪辑镜头、表现意境的。现在给自己列一个观影清单，去看看电影，放松一下吧。

12.3　创意为王

【本节要点】

视频制作技巧掌握了，现在该制作一个让网友激动的营销视频了。这方面无关技术，关键在于创意。一个优质的创意可以让一个视频真正焕发营销力量。在网络视频营销中，并不一定要有多优秀的制作技巧，但一定要有非常优秀的创意头脑，没有做不到的，只有想不到的。借用优酷网 CEO 古永锵的话，"视频营销"是"有趣、有用、有效"的"三有"。关键看你如何实现。

创意是网络视频的灵魂。没有想法的网络视频，只是一堆碎片化的镜头，而没有创意的镜头，也很难吸引受众的目光，简单的惊悚、猎奇或奇葩，并不是网络视频的精要，做一个传播广泛的网络视频，首先要有一个和品牌结合的心，但又要在创意的同时，忘记品牌，否则就成导购广告了。

12.3.1　创意的基本原则

在任何一次网络视频营销推广之初，首先要做的是构思，为什么要制作这样一个视频，你要营销一个什么样的产品或理念，你如何让这个理念完美融入这个视频之中呢？

本着这个问题，我们可以看看下面这个有趣的结合产品特征进行的视频营销案例。

 【真美运动的素颜变仙女视频】

作为联合利华公司旗下的多芬（Dove）美容品牌"真美运动"的重要一环，"蜕变"系列网络短片一经推出，就红极一时。2007 年，在"蜕变"这个 1 分多钟的广告中，观众亲眼看见毫不上相的面孔如何在化妆师、摄影师和 Photoshop 软件的帮助下，变成公路广告牌上美若天仙的超级模特。广告最后的字幕写道："毫无疑问，我们的美感已经被扭曲了。"这支妙趣横生的"揭秘"视频在吸引眼球的同时，也向公众准确地传递了该品牌"自然美"的概念。

由于这个"揭秘"视频妙趣横生、夺人眼球，该片通过网络渠道传播时，引发了消费者的强烈互动。"这段录像让我对自己的感觉好了 100 倍！"一位女网民写道。她们疯狂地自发传播该短片，和朋友讨论什么是真的美。

多芬品牌也因此得到了有效推广，而且根本就没有花费媒体投放费用。在 2007 年戛纳国际广告节上，"蜕变"一举夺得三项 Grand Prix 大奖。在系列活动推出两个月后，多芬美国销量上升 600%；半年之后，在欧洲的销量上升了 700%。

这是一个和产品息息相关的视频推广创意，它的成功是因为其展示产品特性。那么有没有可能用一个本身和产品没有任何关联度的视频来成功营销产品呢？当然，这种创意也是有可能的，而且效果非常不错，且看看松下电视产品的网络视频营销方案。

 【松下用粗糙的滑稽视频做贴片广告】

　　2006 年 11 月，一个叫作"如何在 YouTube 上现眼"的视频在两天内吸引了 40 万的观看次数。视频中，顶着鸟窝头的年轻人在镜头前完成了各种各样悲剧性的演出，似乎命运在任何时候都与他作对。在看热闹的心态趋势下，网民们把这段视频"点"上了排行榜的第一名，并且传播到各大网站中。虽然这段视频看起来简单而粗糙，像极了"家庭滑稽录像"里的作品，不过，在视频结束后，观众会在页面上发现这其实是松下"不可否认的电视"（Undeniable TV）的活动广告。这个活动让人们用视频"描述某件不可否认的事情"，获胜者将会获得一台液晶电视和手持摄像机。最终，这个活动吸引到了十几万人参与，取得了非常好的效果。

这个视频在本质上和松下的电视没有任何联系，松下说白了就是利用这样一个丢人现眼的视频来为自己做一次成功的贴片广告。当然，人们也会记住，这是有奖的，看完最后的广告，大家会知道如何去为自己赢得奖励，这样随便是谁，都不会选择跳过或忘记它。松下借此成功营销。

我们现在来思考一下创业策划的方案。如何让自己用最小的成本实现最大范围的营销呢？既然我们已经知道制作一个网络视频是很简单的事情，而且之前两个公司的网络视频制作，基本也是超低成本甚至是零成本的，那么我们应该在创意中做到什么呢？

1. 要够娱乐，要绝对有娱乐趣味

网民永远喜欢有噱头的东西，你最应该选择的是以娱乐的方式演绎你的广告，让你的网络视频广告搭乘上娱乐的顺车，将会大大提升传播速度。一个调查显示，在众多成功的网络视频广告中，运用娱乐病毒营销方式的比例最大，因为网民上网就是为了娱乐，而不是看你一本正经地在那里推销你的产品，同时娱乐元素与品牌信息的兼容性较好，易于结合处理。

 【谁敢涂鸦空军一号】

　　2006 年，一段网络流传的视频录像让全世界人瞠目结舌：夜幕下，一群头戴面罩的"涂鸦大师"翻过锋利的铁丝网，成功潜入戒备森严的美国空军基地，直奔美国总统布什的专机"空军一号"旁，飞快地在其上喷上"STILLFREE"的大字标语。该片甚至惊动了美国空军，

连忙下令检查这架总统专机是否果真遭人"毒手"。直到制作者现身讲述了事件的全过程后才真相大白。原来是纽约一家时尚公司为吸引眼球，在加利福尼亚州一个机场用重金租用了一架波音747客机，改装成"空军一号"的样子，制成了这部短片。

短片使得时尚公司名噪一时，而该片也勇夺戛纳狮子奖。这样一个视频够娱乐吧。

2. 不要太严肃

【"雪佛兰MM"巧妙展示汽车性能】

酷6网制作的"雪佛兰MM"、"北京地铁甩手男"堪称2008年原创广告视频的经典之作。以"雪佛兰MM"为例，街头上一个MM的SUV汽车在被拖车吊住后，该MM竟然开动汽车反把拖车给拖走了。这段视频在网上被广泛关注和浏览。很多网民甚至并没意识到其是营销之作，主动向朋友推荐。这样，雪佛兰汽车的性能给受众留下了深刻印象，广告主的品牌宣传效果在无形中达成。

美国NBC甚至购买了"雪佛兰MM"的版权，足见该作品影响巨大。这样一个视频有多少质量可言？没有，因为它伪装成了偷拍的方式，一点都不严肃。很多时候，这样的视频就是个笑笑小电影，很简单也很直白，但这依旧突出了创意的特征。

3. 也许你不需要直接在视频上做文章

这一模式很少有人尝试，因为大多数人总是以惯性思维去考虑如何将营销的内容融合在视频之中，有时候，反其道行之，效果更好。

【联想借口谢亚龙下课做广告】

谢亚龙下课风波闹得沸沸扬扬的那段时间，联想在某门户网站体育频道一则谢亚龙下课新闻下边推出了一个"想乐就乐，就算谢亚龙不下课"的话题，点开后可以看到联想Ideapad——新想乐主义的视频广告内容。这个标题党形式的广告内容推出当天就获得了11万次的点击量，而回帖数也达到2000多条。

4. 要学会尊重网友、尊重观众

如果观众说了对视频或产品不利的话，千万不要侮辱观众、做出一些对观众不利的事情，而是要及时倾听观众的意见，对观众提出的问题及时地整改。为什么要这样做呢？因为你是为他们服务的，赚取的是他们的钱。

当然网络视频营销的创意策划是非常活跃的，这几乎没有定规可以遵循，只能这么说，你必须出乎意料，想落天外，奇之又奇，让所有人都惊讶于你的设计。

在创意之后，你还要考虑品牌如何表现才好。

1. 怎样设计产品故事

我们要实现精准，就需要换位思考，思考你的产品目标对象的特征，毕竟每一类人，都拥有属于自己的生活方式、交流方式及自己的朋友圈子。只要产品把控好有能够让他们眼前一亮的营销点，必然会引起他们共鸣并形成良性的口碑传播。

2. 微视频播放给什么人看

我们必须思考，我们制作的微视频到底能不能对应到我们的目标受众身上，能否激荡起他们内心深处的记忆感动，找到和他们的共鸣，如果找到了，恭喜你，微视频成功了。

3. 受众看完能够得到什么

在上述要素满足后，微视频成功了，此时我们往往会反应为，品牌能够从这个成功中得到什么。其实不然，我们依然要换位，去思考受众在看了你的微视频后，获得了什么？他能否记住这个视频才是关键。在此基础上，才能考虑是否植入品牌信息。两点都做到了，恭喜你，微视频在品牌层面上也成功了。

12.3.2　猎奇和搞笑是必杀技

开始你的网络视频营销之旅时，你首先要考虑的是什么？绝对不是成本问题，如果你把成本问题放在首位，那么恭喜你，你将一事无成。因为在网络视频营销的世界里，一切都可能是零成本的。大成本大制作未必受到网民欢迎。网民可不是到网上看电视节目的，也不是在电影院欣赏大片的。网民要的是娱乐，彻头彻尾的草根娱乐，只要你够猎奇，够搞笑，就可以成功。如果打算开始对产品进行网络视频营销，未必非得保证作品极高的质量。实际上，过高的视频质量容易被人误解为传统的电视广告。最好的推广视频一定要让人用自己的话讲述自己的故事。费力不讨好地准备一大堆演讲稿让人照本宣科只能弄巧成拙。

不管是用于"病毒营销"的网络视频还是面向用户的感谢信，优秀的视频一定要学会讲故事，以此留住观众的注意力。猎奇是每个人的天性，能够满足大众猎奇心理的视频，自然就有了卖点和看点。本田曾创意过一段神奇得让人拍案叫绝的网络短片。

　【把本田拆开也是视频营销】

在短短两分钟的视频中，本田雅阁的 100 多个零件排成一排，以推"多米诺骨牌"的方式逐一启动每个零件的运转，其中包括声控感应和自动洒水装置等新功能零件。当全部零件都工作完毕后，一辆崭新的雅阁现身于人们的视野中。原来一部车有这么多精巧的零件！惊人的视觉效果与震撼力，让该片在两周内被全球网友疯狂传看。

除了噱头之外，娱乐性也不可或缺，下面让我们看看百度的"寻找唐伯虎"视频是如何做到兼备娱乐性的。

百度的这个视频宣传片。当时主要的传播渠道是通过 BBS。"唐伯虎"是一段非常草根的视频短片。

【 "唐伯虎" 怎么为百度站台 】

　　主角看上去是一个周星驰版的唐伯虎，利用中国经典断句难题 "我知道你不知道我知道你不知道我知道你不知道"，狠狠地嘲弄了那个只晓得 "我知道" 的老外，最后把老外的女朋友勾到手边，尼姑也动了凡心。最终老外吐血倒地，一行大字打出：百度，更懂中文。稍微接触过两大搜索引擎的人都可以看出这段视频是对 Google 的嘲弄。这种视频通常无法在电视渠道播放，而且画面模糊的短片，它所产生的传播效力绝对是传统的电视广告无法想象和做到的：百度 "唐伯虎" 系列没有花费一分钱媒介费，没有发过一篇新闻稿，从一些百度员工发电子邮件给朋友和一些小网站挂出链接开始，只用了一个月的时间，就有超过 10 万个下载或观赏点。至 2005 年 12 月，已经有近 2000 万人观看并传播了此片（还不包括邮件及 QQ、MSN 的传播），而且，这种沟通不像传统的电视广告投放那样是夹杂在众多的广告片中的，所有的观看者都是在不受任何其他广告干扰的情况下观看的，观看次数不受限制，其深度传播程度亦远非传统电视广告可比。

　　但有些网络视频往往走得很偏激，要么太过于广告，要么太过于 "高深"，很娱乐很噱头，可就是没把产品表现出来。虽然 "病毒视频" 日趋流行，但是这并不意味着那些乐此不疲的观众就会是你的目标群体。最好能够获取受众的构成报告，然后看看究竟有多少人会转变为最终用户。独一无二的搞笑视频在互联网上能够取得极佳的传播效果，但是如果这个视频不能强化你的品牌形象，那么结果将变成——观众人山人海，买家寥寥无几，用户大惑不解。

12.3.3　互动你的视频

　　如果可能，互动一下也不错。你在创意之初是否考虑到了网络视频的特点呢？那就是互动性，网络视频较之传统视频的一个突出差别就是在互动性上。为什么不能将互动性融合进来呢？让网民互动远比自己一个人唱独角戏更能给人留下深刻印象。要知道互联网营销具有互动性，这一点也被视频营销所继承。视频制作者和读者之间的回复便很好地证明了这一点：用户利用文字视频可新建对发布者的回复，也可以就回复进行回复。另外，观看者的回复也为该节目造势，有较高争议率的节目点击率也往往高调飙升。与此同时，网友还会把他们认为有趣的节目转贴在自己博客或其他论坛中，让视频广告进行主动性的 "病毒式传播"，让宣传片大范围传播出去，而不费企业任何推广费用和精力。这一优势是电视广告不具备的。

　　当然仅仅只是跟帖上的互动或外界的议论还不足以证明网络视频互动式营销的实力。能不能更互动一些，让网民参与进来呢？即你不仅是视频营销的被动接受者，还能成为视频营销的主动传播者其至是视频制造者呢？这可是史无前例的免费劳动力。

　　确实有不少企业开展过类似的尝试。

　【 街舞大赛也能延伸出拍客秀 】

　　优酷为中国移动 "动感地带" 打造的全国街舞大赛视频报道，是品牌专区营销的代表案例。该品牌专区活动与电视台（CCTV-5）同步开展，CCTV-5 仅每周录播一场街舞比赛，而优酷则全程、全时跟踪报道，同时充分利用与网民、拍客之间的互动，征集用户的评论和自拍作品。

根据优酷提供的数据显示，该活动最终取得了网络视频播放量超过 4000 万次、征集的视频作品超过 2000 部的效果。这个案例的特点在于：实现了与电视媒体的有效互补，利用网络视频较低的投入，实现了电视媒体无法达成的用户覆盖和传播效果。

另一个很成功的视频营销互动创意是百事制造出来的。

【让粉丝做导演，设计周杰伦】

百事打造了"百事我创——周杰伦广告创意征集活动"。百事把下一个视频广告的创意权交到消费者手中，让用户自创广告创意内容，并由周杰伦担任主角进行拍摄，这不同于以往由品牌和专业广告公司决定广告创意的操作方式。活动通过线上的富媒体广告等推广方式，以及百事可乐线下的公关宣传，吸引消费者到活动的官方网站，提交他们心目中理想的广告剧本。同时，消费者参与打分和点评，以此来决定哪个广告创意最合适，甚至周杰伦也可以上来点评。

网友的参与程度非常高，最后入围的作品中甚至有作者把平面动画都描绘出来了。截至当年 7 月 10 日，已经收到接近 3 万个富有创意的广告剧本，共计 597 973 人参与对作品的评论，1 070 340 人次参与对作品打分，每分钟最高 4000 多人次在线浏览作品。最终《贸易起源篇》广告脚本以 335 447 的最高得票数获胜。不仅如此，广告中的两名配角也由全体网民推荐并投票产生。评选过后，中国第一支网友创造的视频广告开拍，百事不断将拍摄视频花絮上传网络，甚至安排剧本创作者亲自到拍摄现场，见证广告的产生。通过前期的长期预热，加上"周杰伦百事我创"视频广告上线倒数活动的开展，可以预见，这支广告一经发布，将立刻引起互联网上广泛转载，影响巨大。

那么如何更加互动呢？不是每一个网络视频营销者都拥有和中国移动一样的财力，来和优酷做一场这样的视频互动游戏。有没有更加草根的方式，让全民加入这场视频互动的盛宴之中，从而为自己的品牌推广奠定最大的传播效果呢？答案当然是肯定的。

一个最简单的办法就是利益驱使，正所谓"无利不起早"。适当的利益可以让你的网络视频营销飞起来，甚至不需要你制作什么。

以前，有个商城开业，但顾客不多，为此一家广告公司咨询了我，希望我提供一个有效的网络解决方案，当然，前提是尽可能少花钱。为此我设计了一个在本地主流网站论坛中进行视频传播的方案。

【搞笑动漫 COS 秀为何大获成功】

方案很简单，就是在论坛中发布一个帖子，征集和我们派出的在城市几个核心地点出没的身穿卡通人偶外套的工作人员的视频合影，要求越搞怪越好，因为这个商城本身就是以时尚元素的动漫卡通为主，同时为了保证能够带动出一定的效果，我安排了几个"托儿"拍摄了一些有趣的搞笑视频进行跟帖。这些视频将会在商城的营业场所大厅电视中循环播放。作为利益导向，如果你在帖子后跟帖了，放心，你将可以凭借在大厅电视上播放的视频参与商城抽奖，奖励是商城某个店铺一年免租金的经营权。同时如果参与跟帖的视频随后在现场举行的店铺经营者投票中被选为最佳，也将获得经营权和一定数额的现金奖励。这一互动非常有效地在短短两周内积累了高达 100 页的跟帖，还有几百个参赛视频，每个视频上，工作人员都举着印有商城 Logo 的温馨提示牌，这又是一次二次传播，结果呢？商城的店铺在活动结束时，全部租赁出去，商城店铺的销售额也比以前有了大幅增长。

不过，在市场营销活动中，如果你举办比赛让草根们发挥想象力制作视频短片，那么最好有点思想准备，因为参赛作品中可能会出现不少负面的东西。让用户制作企业广告这种行为本身就存在风险，用户的创作有时是不符合企业现实策略需要，甚至逆向而行的。虽然最终企业对用户做的广告有决策权，但由于网络的不可控性，被淘汰的作品也存在流通出去的可能，如果最终产生了这种流通，不但会破坏企业尝试视频广告的初衷，严重的甚至还会破坏品牌在消费者心目中长期积累起来的品牌形象，这些都是得不偿失的。所以你一定要以平常心对待，绝对不能去删除这类视频，因为那样可能会激起网民的愤怒。宽容之心往往能够让你在困难之中，赢得人心。

12.3.4 挺立"潮"头，自然融入

做网络视频推广，你必须有一个敏锐的头脑，将时尚热门话题和元素同自己的产品销售结合起来。如三星给其 TD 手机进行的一个网络视频推广，就非常时髦甚至很潮。

【悬念式的三星手机视频广告主打网络语】

"不要怀疑，新彩铃就是这么玩滴"，这个视频的主要情节是时尚主编菲比，在大街上找人给自己录制各种搞怪彩铃，来突出自己潮流时尚的个性。每个人录制的彩铃都非常有个性，第一个女孩录的内容是说菲菲用了迷迭香，以超过分的要求让打电话的人闻出香味，如果闻不到，那只能挂电话拜拜了。第二个是说菲菲现在不在服务区，而是在 shopping 或者 party 的路上，建议对方先别等，洗洗睡吧。第三个是以小护花使者的身份让对方离远点，还套用了网络流行语，"哥不是传说"。第四个是说菲菲正在睡美容觉，如果你想预约采访，那先喝十杯咖啡后再碰运气试试吧。第五个是说菲菲正在换衣服。通过这五个彩铃，把主人时尚、潮流、酷的个性淋漓尽致地表现出来。主人看似高调，实际上却是自我性格的坦诚表现。大胆、坦诚是现在年轻人的一种性格。通过这个视频很容易把主人时尚潮流的性格表现出来，而且更多的是通过手机表现出来。这恰恰是这个手机的最新功能，符合时尚潮人个性化的制作。

片中不用太多的渲染，而是将手机的功能通过故事的形式演绎出来，从而让网民自觉地想去探究视频中那个有趣的手机是啥牌子，其实这也是一个颇为有效的悬念式营销，不着痕迹，尽得风流。

利用网民对一些时尚热门的技巧的好奇进行营销效果也一样明显，比如之前因为刘谦登上春晚舞台，而让这个一贯在电视台演绎街头魔术的魔术师一夜蹿红。当然也让街头魔术颇为吸引受众眼球。

【刘谦街头魔术展示诺基亚神奇功能】

> 在一个名为《不需要水的鱼》的网络视频中，刘谦走上街头进行了一次魔术表演，一条金鱼从鱼缸中自然而然地"游"入手机屏幕上，一模一样，而且同样鲜活。在令人诧异之时，也让人对诺基亚这一新款手机屏幕的独特画质和新鲜功能有了极为直观的感受，同时由于是街头魔术，并不存在视频剪接，甚至就是用一个长镜头表现完毕，由于有非常有特色的诱惑性解密元素在其中，也让每个看过视频之人印象深刻。

此外，你可以抓住人的内心诉求，进行一个有效的网络视频营销推广。特别是现代都市人群普遍存在一些问题，比如工作太忙，无法和父母交流，没有时间和孩子沟通；压力太大，带来太多心理压力；玩游戏成瘾，结果让自己的事业变得一团糟等。

那么如何和产品巧妙结合呢？其实从心理学角度来说，就是要直击人内心深处的需求点，直接在心灵深处闹革命，而借助网络视频，可以用很草根很叙述的方式，让你为之感动。

【亲情话题让电视机真的很有家】

> 我的朋友胡尔立还在奥美公关公司工作时，他们为一个国内知名电视机厂商制作了一套以讲故事为特色的网络视频。电视机这种产品，现在已经几乎没有什么特别新鲜的功能了，那么如何通过网络视频来宣传这款电视机呢？胡尔立看中了这款电视上简单易用的自拍摄像功能，他拍摄了一个以亲情为核心内容的网络视频。一方面，儿子每日工作忙，早上母亲准备好油条，他却连母亲都没看见，就拿着早餐出门了，晚上永远没时间回家陪母亲吃饭，等到回来时母亲已经睡下。这基本上是现代都市白领的一种生活写照，非常容易在以白领为主的网民心中造成情感冲击，这与在国内红火的电视剧《蜗居》一样，来源于生活，高于生活，让生活中的人容易感动。此刻，胡尔立开始在视频中加入广告元素。母亲回老家了，去陪老父亲，当儿子回家看不见母亲时，着急了，而电视上开始出现母亲录下的视频留言，儿子感动了，开始醒悟，立刻请了年假去老家看望父母。

一个很简单的亲情故事就这样出炉，而电视机的特性也很巧妙地融合其中，除了有一两次一闪而过的电视机品牌 Logo 外，整个片子没有出现更多的硬广告元素，而是将电视机的视频录像功能通过故事呈现，连农村老妇人都能轻易自学成才。

别以为微电影成本低，就只有普通品牌在使用，其实一些国际大牌也在使用。

【缪缪全女人微电影《女人故事》的品牌价值】

> 缪缪（MiuMiu）在 2013 威尼斯电影节上推出《女人故事》系列微电影的第 4 部和第 5部。《女人故事》系列，跟之前几部一样，导演都是女性，电影的绝对主角也是女性。场景不

同，风格迥异，从伦敦、洛杉矶到神秘轮船上、女巫洞穴里，导演、主演均为国际化的女性班底，都在讲述"作为女人"的主题，以及充满女性元素的装扮密码。成衣、饰物和应季搭配，这些产品不是来跑龙套的，而是作为影片内容的一部分，在影片叙事中起着举足轻重的作用，甚至推动着情节的进展。它们都不是这系列短片的核心，片子的核心是将设计师 Miuccia Prada 的 "MiuMiu 的设计以智慧和敏感的心智为秘诀" 理念融入其中。

其实微电影一点不亚于大片，更关键的是，这样的微电影，给人的感觉很舒服，不像广告，也不像电影。

还有什么有趣且很潮的网络视频营销方式吗？

【何不试试真人版视频互动游戏】

之前一个游戏公司的朋友和我提及此事时，一个怪异的想法跃然纸上，为啥不想想视频游戏呢？这类似于早期的 Flash 动画游戏。借助技术，企业可以让视频短片里的主角与网友真正互动起来。用鼠标或者键盘就能控制视频内容，这种好玩有趣的方式，往往能让一个简单的创意取得巨大的传播效果。随着手机、无线网络的加入，这种互动模式还在继续开发中。这是一种另类视频营销，但技术的难度并不大，你可以通过最简单的选择剧情的方式进行观看。当然这不再是一个视频发布，而是一个真人版的视频游戏了。

但有一点你必须注意，那就是网络视频并非年轻人的专利，潮是一种时尚风向标，但不能过头。根据最新的调查结果，与 18～24 岁的年轻人相比，35～54 岁的中年观众对网络视频的热情绝对不相上下。如果你只把目标受众定为年轻人，就会丢掉大块市场，所以你在设定之初，一定要有所考虑。

12.3.5 利益永远是不变的主题

2009 年 5 月，加拿大的多力多滋脆饼 Doritos，推出了为期 11 周的"成为多力多滋大师"比赛活动。活动期间，多力多滋脆饼销售量成功增加了 22%。

【多力多滋脆饼重奖征视频直击目标受众】

当时，多力多滋举办口味命名比赛，请消费者帮忙为新口味想出一个够酷的名字，同时制作一个 30 秒长的广告。五位入围决赛者，由民众投票，再辅以专家给分，最后冠军可以获得 2.8 万元加币的奖金，而且制作的广告在全国播放。新口味将来所有的利润，冠军都可以再抽 1%。

结果，命名比赛引起民众热烈回应。活动在 Facebook 社交网站的专属网页，总共吸引了 3 万名登记者。在 YouTube 观影网站的专属网页，也吸引了人们上载 2000 部短片，创下浏览达 150 万人次的纪录。最后，一位加拿大电影系的学生夺得首奖。他跟七位同学发明了"呐喊起司"口味。他们所拍摄的广告内容是人们在日常生活中的各种呐喊。

加拿大商业杂志分析，这个活动成功的原因在于，多力多滋先研究了目标顾客群的媒体使用习惯。产品的主力顾客为 13~24 岁的年轻人，创造内容和分享影片都是他们非常喜欢与擅长的活动，因此命名比赛能够直接打动目标顾客的心。

另外，加拿大多力多滋母公司的营销副总裁马塔（Tony Matta）表示，活动成功的另外一个原因在于奖金高。除了一笔固定的奖金外，公司再加一笔实际金额不确定的 1% 抽成，引起人们讨论大概会是多少钱（需视该口味的实际销售状况而定，马塔预估为六位数）。

姑且不论大家觉得抽成的数字是高是低，这件事已经有趣到能成为跟别人讨论的话题，尤其符合社群媒体的属性，许多网友纷纷丢出不同的预测数字。

"成为多力多滋大师"的活动，融合了多种沟通与营销的技巧。公司跟热门电视节目合作，播放参赛者的短片，引起更广泛的关注，炒热投票气氛，让消费者觉得他们也可以影响产品。接着，公司当时所播的产品广告，刻意带着素人风格，希望看起来像是消费者所制造的内容，鼓励更多人参加活动。最后，公司正式推出"呐喊起司"新口味时，在包装上再添柴火。新口味的包装袋为全白，中间有一个钱的标志，看起来很醒目。消费者在店中看到时，很容易想起命名比赛。某些零售店面还特别将这个口味独立出来摆放，让顾客对产品更有印象。

善用网络新媒体，也善用时下年轻人的特性，加拿大的多力多滋打了一场漂亮的现代营销战。

这个网络视频营销中，最醒目的依旧是利益。参赛者可以通过上传视频获得巨大利益，而且还有出名的机会，何乐而不为呢？其实以利益为第一驱动力来吸引网民参与，远比其他任何方式都好，重赏之下必有勇夫，这是亘古不变的真理。

但是这种营销模式，在中国运作得其实非常差，各种大视频有奖征集确实不少，但一旦涉及投票，就出现问题了，一方面是组织活动的企业太抠门，不愿意拿出更多的奖励来和参赛者共享。我们看到的比赛奖品最高不过万元，还要和那么多参赛选手去竞争，中奖率甚至低于买福彩。另一方面就是中国网民大多缺乏公平竞争的意识，类似这类活动往往采取投票机制，刷票不可避免，甚至一些举办活动的网站对此根本不在乎，反而引以为是成功营销的范例——多大的投票率啊。结果呢，往往真正精心制作的视频没有入围，反倒是没有多少冲击力的参赛作品获得了第一，赢得了奖金。这都让真心实意的参赛者心寒。结果是，最后这类比赛要么是举办者暗箱操作，自己先做出几个网络视频来，最后去夺魁，结果互动的意义没有了，只是沦为一种商业炒作；要么就是一大堆毫无意义的视频成为优胜者，传播率低到无限，根本不能为商家带来效益。

如何引导网民积极参与其中，以利益为凝固点？这个问题其实还值得进一步探讨。

12.3.6　为何不做视频综艺

且看一个全方位植入的方式，毕竟企业本身不是视频制作专家，也不一定能运作好一个成功的网络视频，有时候，综艺类这种难度较高的活，考虑和专业机构一起合作，效果更好，就看怎么合作了。

【蒙牛+优酷的娱乐 360 视频融合】

2013 年 4 月，蒙牛优益 C 冠名《优酷全娱乐》，围绕"节目冠名"核心权益，蒙牛与优酷进行了 360 式的资源整合传播，包括 1 期节目冠名、48 期创意版块，1 场媒体发布会，6 位优酷牛人、1 场牛人盛典、二维码和拍客等方式，全面通过优酷娱乐节目，对蒙牛和优酷全娱乐基本重叠的目标受众——18～35 岁的年轻人进行饱和轰炸，全面提升优益 C 的知名度和美誉度。

和视频网站合作，最大的优势在于，视频网站在节目播出上，可以面对各类细分群体推出相关内容，无论是《侣行》《晓说》的高端主流群体，还是《土豆最音乐》的年轻群体，甚至还可以进一步以兴趣点细分。而这种细分，最有利于实现精准营销。

12.3.7 为啥不拍连续剧

上海大众与中国建设银行合作推出的国内首张汽车联名信用卡"上海大众龙卡"，除具备普通信用卡的功能外，还可凭卡参与超值积分回馈、汽车消费抵扣、车主俱乐部服务等丰富活动，十分实用。而针对该卡用途，上海大众采用了网络视频营销，推出视频故事《大话西游》1～4 集。

【大话西游巧妙植入大众龙卡】

在视频故事中，话说这西游小分队申请了上海大众龙卡后，西行路上真是趣事妙事层出不断。先是八戒在西行路上尝到了被 MM 们追捧的奇妙滋味。再后是白龙马作为上海大众龙卡的直接受益人，骄傲的小辫子也慢慢翘上了天。终于有一天，《天庭日报》登出号外，西天别动队开除白龙马！唉，可叹白龙马只知道要大牌，却不知上海大众龙卡的妙用！漫漫征程，好生无聊，大家都恨不得能遇上几个妖怪！一个体贴的妖怪忽然跳将出来！悟空被太阳晒得实在没力气去打这个妖怪，还好这个妖怪之意不在唐僧，那么，他又会怎么样变着法子来折腾唐师傅及其忠诚的徒弟呢？他们能顺利过关吗？想看下一集？那就继续点击吧。

故事人物每次过关都会用到"上海大众龙卡"。通过这样悬疑又幽默的视频内容，传播在 6room、YouTube、土豆网、MOP 播客等视频网站上，让网友欲罢不能，潜移默化中加深了众多网友对"上海大众龙卡"的认知度。上海大众凭借视频营销，为其带来了数百万网民的热捧，当年上海大众汽车销量的增长幅度创历年最高峰，但视频营销的成本却比在电视节目中投放的广告要低得多。

这就是网络视频的连续剧模式，同样是几分钟的小视频，但是由于形成了系列，结果所产生的效果更猛烈，而且由于留有悬念，每次新的视频推出之时，都会成为网民热捧的焦点，这种连续剧效益，其实也是网络视频推广的一个不错的实现模式，可以有效地将一个创意强化在网民脑海中，从而取得 1+1>2 的效果。

或许你一听到拍网络视频连续剧，头就开始大了。我又不是张纪中，又没有演员，我也没有那么多资金，更重要的是我没有演技，怎么玩？拍电视连续剧？这不是普通人或小企业能做的。也就是上海大众这样的企业才能干这种事。那么看完下面这个案例，你会发现你错了。因为零成本一样可以做出好的网络视频连续剧，关键还是要有创意。

【什么都能搅碎的神器机器】

　　2006 年，一个名为《搅得烂吗》的系列视频在视频网站 YouTube 的最受关注排行榜上一直保持着票房纪录，一个叫作"汤姆"的疯狂的白发中年人把所有能够想到的玩意儿都塞进了桌上的搅拌机里——扑克、火柴、灯泡，甚至手机！每段视频的开头，老头儿都会带着防护眼镜来上一句："搅得烂吗？这是一个问题。"(Will it blend? That is a question.)《搅得烂吗》系列视频的牺牲品中曾有一台苹果公司前些年出产的 iPod 随身听。汤姆把这个白色的古董款往搅拌机里一扔，盖上盖子，20 秒的吱吱嘎嘎之后，随身听竟然变成了一堆冒着灰烟的金属粉末。自从 2006 年 12 月 13 日该视频被上传到 YouTube 之后，这段惊人的视频在两个月内被观看了将近 270 万次。没有哪个观众不被那台无所不能的搅拌机征服，纷纷点击节目说明中的网址去一探究竟。

　　这个视频背后是什么？一个非常成功的广告营销。没有任何刻意的 Logo 展示，但依旧很成功，这位汤姆先生的全名是汤姆·迪克森（Tom Dickson），他是生产家用食品搅拌机的 Blendtec 公司的首席执行官。过去，他在公司里总是用各种各样奇怪的东西去测试自家生产的搅拌机。于是，市场总监乔治·赖特（George Wright）突发奇想，决定把这些古怪的测试过程录下来，再加上一些诸如大理石和高尔夫球杆之类匪夷所思的实验品，统统贴到网上去。他们总共制作了将近 30 段此类视频放到网上，而且会根据网友的反应不断推波助澜。"我们的目标就是加深品牌和市场认知度，"在接受美国《商业周刊》采访时，市场总监赖特说："很多人家里的搅拌机可能连冰块都没法弄碎，他们会牢牢记住这个可以搅拌大理石的机器。"

　　效果也是异常明显的。卖 Blendtec 牌搅拌机的汤姆·迪克森先生对此应该再赞同不过了，在《搅得烂吗》系列视频上线后的一个月中，他们的在线销售量比过去的月度最高纪录暴涨了四倍。

　　如果要说这个视频有什么特别的制作效果，我可以很肯定地告诉你，没有！因为这就是一个看似非常普通的家庭笑笑小电影。但问题是，这个创意非常成功地吸引了网民的眼球，大家都盼着看到下次将要搅碎什么东西，这就如同大家很喜欢看那些因为产品质量差而被消费者砸碎的手机、汽车的新闻一样。这个创意并没有去攻击那些被搅碎的产品，而是非常成功地将搅拌机的质量通过这样超级有趣的搅拌过程展现在了网民面前。这个视频营销的关键诉求是什么？就是通过这种新闻式的网络视频，将产品特色全部融入进来，从而实现了最有效的营销。

　　这样的策划其实非常智慧，不用花多少钱，甚至演员就是老板自己，而且拍摄也不贵，主要是搅碎的产品要花点钱，不过相比营销效果来说，就微乎其微了，再说就算不拍视频，这些测试本来就是必要的。同时，这位汤姆先生的演出不需要什么演技，甚至不需要做任何视频剪辑，一个全过程的长镜头拍摄下来，然后上传到网上即可。这就是结合产品的视频营销智慧。

　　人家能够做到，为何你就不能拍出一个有影响力的网络视频热播剧集呢？关键还在于要去思考，要去实践。

每一段视频从上传至网站，到能否被列入每周最热门视频排行榜，只有 48 个小时的时间。所以，需要快速行动，这是一场视频营销的闪电战。正如我之前提到的这些策略，如果能够正确执行，将会获得非常大的成功。视频营销，你不要把自己绑在一个战车上，不要光指望视频网站的鼎力支持，除非你很有钱，能够以广告的形式和这些视频网站开展一次营销活动，但哪怕如此，也要做到复合式营销。你总不会拒绝影响力的最大化吧？

【思考一下】

你是一个名牌大学的硕士，你在一线城市开了一个家乡饺子店，独立创业，现在你想用网络视频宣传自己的创业历程，而且是连续剧模式，就好比《编辑部的故事》，请用互联网思维颠覆一个饺子店吧，怎么设计脚本呢？

12.4 微视频没退潮

【本节要点】

微视频，也有人称之为微电影，在 2011 年到 2012 年的时候，曾经大红大紫，而现在则已经变为常规的推广方法，是什么让微视频急速衰落？如何打造一个强悍的微视频，将是本节重点解析的内容。

2012 年 8 月 18 日，分析机构讯实网络发布 8 月 6 日至 12 日的中国微视频品牌广告 TOP10 报告。报告很有意思。

【六神萌视频超越刘翔代言】

其结果显示，《六神花露水的前世今生》以轻松、幽默的风格，成功超越舒肤佳邀请刘翔代言的《和刘翔一起尽情流汗挑战自我》，观看人次突破一千万，排名第一。另一个容易被选择性忽视的事实则是该榜单上排名第 10 的微视频，观看人数仅仅十万，不到第一名的百分之一。

火爆一时的微视频正在落寞，已经成为不争的事实。其实大潮并没有退，只是因为搅局者的各种乱作为，让受众觉得有点烦。

12.4.1 微视频很乱套

对于微视频的概念，优酷网总裁古永锵的解释比较受大众认可："微视频是指短则 30 秒，长不超过 20 分钟，内容广泛，视频形态多样的视频，涵盖小电影、纪录短片、DV 短片、视频剪辑、广告片段等。'短、快、精'、大众参与性、随时随地随意性是微视频的最大特点。"

归根究底，微视频并非是一个新鲜事物，在网络视频刚刚兴起时就已有之，比较知名的如依靠 Flash 动画而流行的《东北人都是活雷锋》和依靠剪接影片另类诠释而成功的《一个馒头引发的血案》等，但长期以来，这种形式一直不温不火，也往往局限于在视频网站上传播。直到微博在中国火爆之后，微视频才真正有了自己的"名字"，并通过社交网络进入全平台营销的视野。

因此，其实微视频更大程度上是通过社交网络进行更广范围传播的网络视频，即不再局限于传统的视频网站这个单一平台。

2011 年年中到 2012 年年初，微视频依靠自己符合现代社会快节奏生活方式下的网络观看习惯和移动终端特色，依靠微博这个载体的广泛传播，一度大放异彩。更有许多广告商将自己的新推广引爆点放在了微视频领域。三星的《四夜奇谭》系列、科鲁兹的《11 度青春》系列、凯迪拉克的《一触即发》、保时捷的《私信门》一系列微视频都以低成本和高传播率的成功示范，让微视频被业界看作是微博时代最有商业价值和广告承载力的营销新渠道。

可这个渠道几乎在刚刚兴盛之初就遭遇了滑铁卢。我在 2012 年 8 月 19 日对当日的新浪官方发布的热门微博即时排行榜做了调查，结果发现当日前一百强热门微博总榜中，没有一条微博的内容中含有微视频，而"视频"标签下的分类排行榜中，仅有一条微视频孤零零地留在榜单上，和其他分类标签上的百强排行呈鲜明对照。且数月中，我在微博上看到微视频的比例也有明显的下降趋势，其转播率也越来越弱。而讯实网络发布的周排名中，第 10 名仅仅十万观众观看的成绩，更足以说明微视频现在遭遇的尴尬。

导致微视频极速衰落的关键原因在于粗制滥造。由于微视频标榜平民化和简易化特征，许多微视频制作机构和制作者对此进行"歪解"，大量低俗、庸俗、媚俗的三俗微视频泛滥。

 【脱衣圣斗士微视频让受众感觉很不适】

2012 年 4 月，飞扬网络在微博上发布了旗下网游《圣斗士传说 Ω》的推广微视频《双子座刺杀雅典娜》。这部微视频中，演员笑场、画面抖动厉害，更为出格的是，片中两位女演员最终脱掉外衣，以三点式装束进入类似同性按摩的"出位"演出，加之其对知名动漫《圣斗士星矢》的侵权和恶搞，更引发了网民的极大非议。

这类微视频并非个案，并于 2013 年开春后大规模集中爆发，其传播效果越好，对微视频的生命力伤害就越大。

导致微视频的质量拙劣的一个原因是传统的视频制作机构对微视频颇为不屑。由于以微视频为主的网络视频的传播方式更多局限在微博这类社交网络，即使转播量巨大，由于拍摄成本低、传播效果无法精准掌握，想要依靠微视频盈利而发展壮大成大型传播公司几无可能。国内视频网站大多以影视剧为主，微视频作为调味料也难以得到足够的重视。看似前景广阔的微视频，也因此在利益权衡下被正规的时评制作机构视作鸡肋。

微视频的"时间限制"也成为其发展的核心瓶颈，没有专业机构加盟，一些网络传播公司在微视频制作上偏重贴近网民的兴趣，而很难真正做到将品牌诉求和内容完美融合，少量专业广告公司的介入，则将微视频直接变成了传统电视广告的"增长版"，尽管品牌诉求完美，内容却难以被网民接受。如周排行榜上位居第二的《和刘翔一起尽情流汗挑战自我》微视频，其还未摆脱传统广告的名人代言效应，其观看人数只有六百万，仅为第一名的二分之一强，如此强势的奥运营销和明星效应也不过如此，正说明了问题。

转换率弱则是微视频时下最大的致命伤。网络视频的推广过去大多以病毒营销为主，而以微博、SNS 为主阵地的微视频，则从过去单纯的病毒营销上升到口碑营销的境界。大量微视频则按照国内惯常的病毒营销模式，过度注重拼眼球，如前面提到的《双子座刺杀雅典娜》就是这样的例证，而微视频中应有的口碑传播则荡然无存，类似三星的《四夜奇谭》系列可以引发网民转发和热议，并最终将关注度变成对品牌的偏好度的微视频，在国内微视频领域很少。

12.4.2 微视频需要快速切入主题

既要"短、快、精"，又要在有限的篇幅中更好地融入品牌元素和互动内涵，以最终实现关注度的有效转换，看似成为了微视频发展的悖论，却并非无解。

凌仕，2011 年 5 月在中国推出，是联合利华旗下品牌，在欧洲已经有 27 年的历史，但在中国还是一个新生品牌，它的主要目标人群是 18 岁～35 岁男士。可在短短一年内，凌仕即通过有效地微视频营销打开了口碑通道。

 【《把妹圣经》系列剧吸睛传口碑 】

通过和土豆网合作，凌仕成功地推出了一个系列微视频《把妹圣经》，通过塑造网络红人马克，定期爆料在不同场合的"把妹秘籍"，形象地传授各式新奇的把妹招数，形成系列剧。该微视频引发土豆红人集体关注并转发，并通过人人网、新浪微博、腾讯微博进行同步更新，从而吸引目标用户更大范围的关注。这个《把妹圣经》其实就是一部微视频连续剧，如同电视上的热播剧集一样进行播出，其拍摄水平相对较高，同时自然地将凌仕这个男性护理品牌融入到把妹招数中，达到了巧妙植入。

这其实就是巧妙地克制了微视频的"短"，突出了和网民的贴近性，一些传媒将此定义为"凌仕效应"。

与之相类似的仿效者也开始涌现，三星与爱奇艺一道，为其最新手机 Galaxy SIII 量身定制了微视频《阿布》，将故事赋予品牌。

 【 星座连续剧成功曝光桔子酒店 】

2011 年夏季开始，一系列的星座视频在社交网络上很是流行，按照官方的说法，桔子酒店《12 星座男》系列微电影以微博和视频网站作为核心传播阵地。视频画面精致，根据每个星座男的特点，刻画出了 12 个男人在酒店内发生的各种小故事，并通过视频展示了客房的设施，包括浴缸放在落地窗前、高科技音响、绚丽的大堂，以及服务品质。新媒体时代的仔细研究与快速执行，使得星座电影系列在微博上被网友进行疯狂传播，每周播出一集吊足了观众的胃口。

然而仅仅如此的话，还是很一般的微视频，就和时下天天都要被 "热播" 的快餐微视频差不多。桔子酒店案例到底有什么值得他人学习的特质呢？

　　在大众视野中，桔子酒店是个性化的。这个酒店的独特之处在于把一些利用率不高的游泳池、健身房、康乐中心等砍掉，而在客房设施上面做了更多的增值服务，如支持 iPhone、iPod 音响系统。显而易见，桔子酒店是一个希望并正在体现自己个性化的酒店，这也决定了其营销风格的个性化。

　　12 星座男的微视频，拍摄成本不高，全部由桔子酒店市场营销部创意团队完成，没有广告和媒介公司介入执行。创意团队包括导演、制片、星座专家、CEO、副总裁、总监等不到 10 人。从创意、拍摄到制作，从宣传到执行，均在酒店内部独立完成。

　　从视频的角度上来说，这是一个地道的酒店宣传片，或者可以称之为将酒店宣传片故事化。这种方式在微视频营销中很常见，时下大量的微视频都呈现出低档次的广告植入，也正因为此，很多业内人士对微视频的出现诟病很多，其与西方流行的电视广告短片的叙事手法相近，一直被视作仅仅是在互联网平台上传播的同质产品。

　　然而，《12 星座男》微视频依然获得了成功。从视频的传播结果上看，其官方宣称，从 5 月 31 日开播第一季以来，每周一集，连续 12 周，让网友形成了强烈期待。截至目前，《12 星座男》微博转发累计超过 100 万次，百度搜索指数从 0 跃升到 1000，客房入住率直逼 100%，造成客人抱怨无法预订房间入住的尴尬局面。

12.4.3　个性化创意和连续剧模式很有用

　　网民已经习惯了传统的微视频营销，这也使得时下的微视频仅凭噱头，不足以征服网民，而网络上泛滥的微视频，也让一部微视频的成功传播难度变大。桔子酒店用的方法并不特别，但却有奇效。

　　其一是星座卖点的准确点穴。互联网的主流用户是年轻人，微博是时尚年轻人的聚集地，跟星座相关、跟爱情相关的话题是越来越多人热衷的。微博转发榜上，排在前列的多少都和星座相关。这是时下年轻人的热门关注，也是早前微视频没有涉及的空白领域，一段按照星座分类，帮助青年们 "学习" 如何恋爱、如何营造氛围的 "恋爱教程"，具有天然的吸引力。更重要的是这样一个星座卖点是对受众有用的，是可以被受众仿效，从而为自己的爱情营造必要氛围的爱情成功学教程。

　　其二是细节上的深刻。广告植入必须自然，但一旦自然就无法令人印象深刻。做广告的既不想让受众觉得自己的作品是个广告，又害怕受众看不见其中的广告。另类的桔子酒店却做到自然且深刻，通过恋爱教程的方式，在系列视频中，经常可以看到演员打开酒店的门，音响自动响起，而且还可能是个性化定制的歌曲，甚至是自己演唱的歌曲或灌制的爱情表白，这恰恰是桔子酒店所特有的另类服务。这些嫁接在恋爱教程中，使想要实现爱情氛围营造的星座男女们，知道如何最便捷的"实现"之。这赤裸裸的辅助了桔子酒店的入住率上涨。

但仅仅如此，并不足以让桔子酒店微视频获得成功，毕竟同样有创意的微视频很多，如何让受众印象深刻呢？

【桔子酒店的节目预告】

为了突破瓶颈，桔子酒店便抓住了受众心理，采用连续剧式的口碑叠加方式做视频。大多数微视频往往是"一招鲜"，将成功的希望寄托在一个视频之上。这在微视频发展初期，因竞争少而容易成功，一旦进入微视频红海竞争期，则不但要比拼质量，更要比拼运气。《12星座男》微视频则做成连续剧模式，每周定时定点更新，一集不成，又添新作，这就是微视频的连续剧模式，同样是几分钟的小视频，但是由于形成了系列，结果所产生的效果更加猛烈，而且由于留有悬念，每一次新的视频推出之时，都会成为网民热捧的焦点，这种连续剧效益，其实也是微视频推广的一个不错的实现模式，可以有效地将一个创意强化在网民脑海中，从而取得 1+1>2 的效果。

12.4.4　广告含量 vs.广告含蓄

一个不为大众知悉的细节是，《12星座男》微视频并不仅仅在给桔子酒店做广告，还在传播环节，通过资源互换与合作，巧妙植入了若干品牌的广告，从而实现了 1+1>2 的"联赢"。

【桔子酒店视频宣传的不仅仅是酒店】

仔细观看视频，我们会发现，像奔驰、漫步者音箱、珂兰钻石、麦包包等品牌，合作形式分别是植入、贴片、问答等多种方式。在合作过程中灵活运用、巧妙融入、严格把控选择与酒店相匹配的品牌，这就避免了植入品牌广告给观众带来商业上的反感心理。

这带来了微视频营销的另一个新思路，即"联赢"模式，微视频营销可以有多个潜伏者，尽管微视频的制作和传播成本较之传统电视广告低廉许多，但深入人心的微视频则少之又少，除了本身的创意提炼外，微博传播渠道的宽窄和传播能量的强度都是制约瓶颈，而每一个品牌所掌握的微博营销出口都不一致，仅仅是单个品牌的官方微博和相关工作人员微博，所拥有的受众群体就庞大而不同，如果一个微视频能够成功取得多个品牌的合作，则可以借助相关品牌的营销出口，在更大范围内获得成功。

毕竟，微视频主要在微博上进行分享，而微博上的分享会非常快。如果网友一个小时内没有看到这个东西，就很难再看见。由此可见，微视频的生命力比网络新闻更短，从发布开始只有一小时，在抛开其实没有多大意义的网络水军炒高虚假转播和点击率的前提下，必须结合最有影响力的品牌，借助它们拥有的受众群体进行反复营销。

抛开狭义上的营销界限，用联营的方式获得联赢的效果，成就了桔子酒店微视频的传播，也通过一次传播为众多品牌带来了效益，打破了微视频红海竞争阶段的传播瓶颈，这种开放的特质才是值得学习的，较之噱头式的创意更值得学习。

另一种微视频的传播思路也在跃跃欲试，即互动剧。一些微视频制作团队已经在计划按连续剧模式定期发布微视频的同时，利用微博上的投票功能，让网民票选下一集的主人公走向，从而以网民的高度互动参与吸引人气，更可将相关产品融入选择题中，成为互动剧不可缺少的道具，进一步加深品牌传播的力度。还有的微视频团队更计划以类似《名侦探柯南》这样的悬疑剧设计方式，形成一个自有品牌的悬疑微视频，将网民的胃口挑逗起来，但有如此想法的微视频制作团队亦表示，最大的难题不在于传播和拍摄，而是没有好的编剧……

如果做不到上述两点，至少做到让微视频更有人情味。

 【中国邮政用"回家过年"提醒大家写信】

2013 年春节期间，一部微电影感动了许多人。病中昏迷的父亲，一个封存已久的密码箱，牵扯出一段青葱岁月里温柔的爱情。在女儿解开秘密的同时，她也对父母多了一份了解，多了一份对父母的感恩之心。中国邮政赶在过年之际发布这部微电影，自然是希望借"回家过年"的大气候打动人心。子女、父母之间更多的沟通和了解，让亲情不再隐隐约约。然而，片子感动人的点，不是女儿那封迟来的信，而是封存在密码箱里的那一封封"情书"，以及那一句"想我了就给我写信，别忘记邮编"。

很显然，这样的微视频非常精准地将过年的气氛和中国邮政的诉求融合在了一起，人情味之下，口碑自然融入，而且对老人的联系，年轻人的电邮、IM 等大多无效，短信电话也变得差强人意，使得写信这个古老的模式，融入得更加舒服，人情味也更浓。相类似的，许多品牌在微视频上也采用此法。

 【可口可乐带给孤独女孩的圣诞"动"礼物】

2012 年圣诞节前夕可口可乐推出了一个微视频：一位圣诞老人给一个礼物箱子打好包，最后贴上一张标签："给那些不相信的人"。装饰华丽的可口可乐卡车穿过城市的街道，把这个礼物送到了一个孤独的女孩那里。然后，就是"见证奇迹的时刻"！整个社区的人，从办公室白领到退休的老太太，都行动起来，让这个盒子里的巨型圣诞老人玩偶"动"起来。

毫无疑问，这又是用人情化的闪电，击中受众内心最柔软的情愫的手法。

微视频在落寞，但落寞并不代表衰落，过度的喧嚣期已经过去，用更多更新颖的微视频内容走出简单制作、简单植入、简单剧情甚至是"三俗"式的病毒传播方式，打响微视频的口碑营销品牌，此刻正是最佳时机。

现在如何制造网络视觉冲击，引发迭起的高潮，你是否初窥门径了呢？你是否还如刚开始那样觉得要在视频营销上成功非常困难，或是非常需要技术支撑呢？相信你此刻已经明白，网络视频营销依旧是一个创意先导的推广之战，哪怕是跟偷拍一样的质量极差的视频，只要营销得法，其效果不比制作精良的电视广告差，甚至给人的视觉冲击和内心震撼有过之而无不及，这一点本章中的不少案例都给予了证明，心动不如行动！

【思考一下】

　　拍个微视频吧，给你几个元素：品牌元素——建筑用起重机；内容元素——救灾悬疑；故事形态——单元剧；演员——一个人；可参考影片——2010 年由西班牙导演罗德里格·科特兹执导的黑色电影《活埋》。

第 13 章
网络新闻引爆公信力

本章将解决下列问题：

- 网络新闻为何比传统新闻更抢眼？
- 网络新闻能给品牌和产品带来什么？
- 网络新闻怎么从单向走向互动？
- 如何快速提高网络新闻写作技巧？
- 锻炼成"标题党"很难吗？
- 让产品信息融入新闻很难吗？
- 网络新闻投放有什么技巧？
- 网络新闻能加入什么新鲜调料？
- 如何运用系列报道？

网络新闻是网络营销推广的基石，有新闻有真相，只有良性的新闻宣传，才可以让网络营销在经过推广传播之后，经得起考验。试想一下，一个默默无名的产品，在网上各处突然泛滥成灾，人们难免会好奇，通过搜索，在相关网站上看到了有关产品新闻，自然会觉得心里有底。换个角度，如果你看到网上有关 iPhone 的广告，说它是最好的智能手机你会相信吗？如果你不是看到广告，而是看到某个专业网站报道 iPhone 性能优于其他手机，你又会如何思考？你是否更愿意相信新闻，而不是广告？

当然这只是网络新闻战的一个小用途，更重要的是，它可以成为品牌影响力扩张的基石。你可能不相信论坛里的介绍，觉得博客上有点夸夸其谈，认为视频推广就是广告，对发来的广告邮件一笑置之，但对于新闻，哪怕是网络上的新闻，网民还是非常认可的。毕竟能够成为新闻的产品，绝不是三无产品。网络新闻对品牌的打造程度将是其他方式难以媲美的。

13.1　网络新闻的影响力

【本节要点】

网络新闻并不单纯是新闻软文，它其实是可以制造的新闻热点，记住一点，如果能够让大家都感兴趣，这样的新闻哪怕植入了许多产品元素，也不会影响其新闻价值，更能让人记忆深刻，而软文，往往太过企宣，除了自己读，没人读。

如今，除产品广告直接宣传外，网络新闻的价值慢慢被人接受。原因很简单，新闻的独特性质可以有效地解除长期以来消费者对广告的排斥和逆反心理。

新闻具有官方性、媒体性，这使得其传播的内容非常正统，同时网络新闻又具有传统新闻所不具备的特质，它以新闻化的操作手段，对传统传播形式进行了革命性的变革和创新。新闻营销具有鲜明的双重属性：与广告相比，它更具有新闻的特质，以热点话题或新闻事件切入，与品牌信息产生联系，运用大量的数据或事实进行信息传递；与新闻相比，它更具有广告的特征，标题定位与内容描述都要求与品牌信息关联，产生广告传播功能。

13.1.1 网络新闻是品牌之魂

在很多人看来，如果通过网络新闻进行产品营销，那就基本上等同于新闻软文，也就是我们在报纸上经常看见的那种被加了特别外框或注明了产品信息的貌似新闻的小广告。

如果仅仅如此，那么这样的营销或许在报纸上有用，但在网络上是无用的。因为网络新闻具有跳跃性和挑选性，网民可以非常快速地浏览一遍网站新闻，对于这种仅仅是产品介绍的新闻式广告，直接忽略。

你能看出图 13-1 中有多少内容是带有广告性质的网络新闻吗？

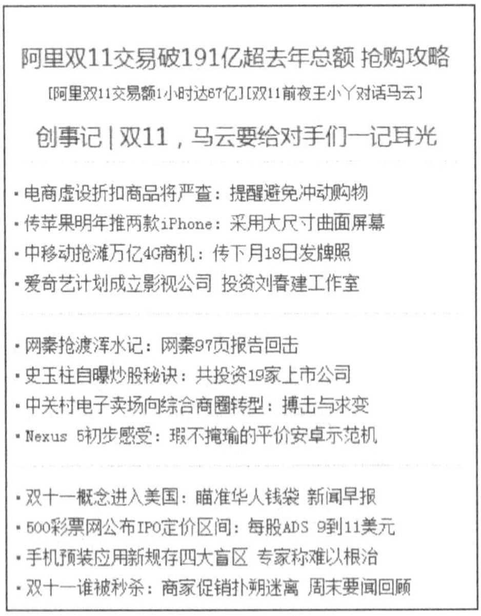

阿里双11交易破191亿超去年总额 抢购攻略
[阿里双11交易额1小时达87亿][双11前夜王小丫对话马云]

创事记 | 双11，马云要给对手们一记耳光

· 电商虚设折扣商品将严查：提醒避免冲动购物
· 传苹果明年推两款iPhone：采用大尺寸曲面屏幕
· 中移动抢滩万亿4G商机：传下月18日发牌照
· 爱奇艺计划成立影视公司 投资刘春建工作室

· 网秦抢渡浑水记：网秦97页报告回击
· 史玉柱自曝炒股秘诀：共投资19家上市公司
· 中关村电子卖场向综合商圈转型：搏击与求变
· Nexus 5初步感受：瑕不掩瑜的平价安卓示范机

· 双十一概念进入美国：瞄准华人钱袋 新闻早报
· 500彩票网公布IPO定价区间：每股ADS 9到11美元
· 手机预装应用新规存四大盲区 专家称难以根治
· 双十一谁被秒杀：商家促销扑朔迷离 周末要闻回顾

图 13-1　2013 年 11 月 11 日新浪科技新闻

这是 2013 年 11 月 11 日新浪科技首页的最主要新闻区域的截图。从一种视角上看，该截图上的 16 则新闻都不是广告，但如果从另一个视角来分析，则其中大多数都可以看作是某种程度的软性新闻。如《阿里双 11 交易破 191 亿元超去年总额》，其核心数据必然也只能来自于阿里巴巴官方的新闻通稿；其他诸如爱奇艺、史玉柱、网秦等新闻则大多来自其公司公关部门和有关媒体的合作；至于《Nexus 5 初步感受：瑕不掩瑜的平价安卓示范机》则很明显地带有厂商合作的性质，其以颇具公信力的测评体验作为新闻信息发布，势必给 Nexus 5 手机营造正面口碑，至于职业测评人如何在第一时间入手新款手机，则仁者见仁智者见智了。

由此，可以揭示，我们要进行的新闻营销，其实就是以文字形式的新闻报道将产品信息和品牌信息融合进去，以受众感兴趣的内容为卖点，而非满纸广告词汇。特点是读者容易接受，传播广泛。如果运作得法，其效果是非常强的。我们用"iPhone 5S 和 iPhone 5C 发布会"这个比较有代表性的复合式网络新闻的重复性营销，来看看网络新闻的力量对品牌良好形象的树立之功。

【土豪金风暴】

2013 年 9 月 11 日凌晨，苹果在美国加州总部召开发布会，正式发布 iPhone 5S 和 iPhone 5C。iPhone 5S 除了之前的两种颜色又增加了金色，而 iPhone 5C 采用塑料外壳，并有绿、蓝、黄、粉、白 5 种颜色可选。

发布会现场聚集了相当庞大的受邀媒体，同在中国，即使发布会是在凌晨，也有亿万"果粉"守在网络上，紧盯着发布会的全过程。可以说，这个发布会，通过网络告别了地域性，直接通过门户网站和各大新闻网站的传递实现了一次成功的品牌营销。

但关键不在于此。整个发布会，较之过去苹果的同类发布会，并没有多少特别之处，然而在中国，却创造出了一个全新的名词——土豪金。

果粉们没有关注新版苹果手机的硬件配置，当然，即使关心，也基本上无法真正弄明白那些相关硬件性能指标所带来的东西，而实实在在看得见摸得着的外观感受，则显然更加刺激眼球，在非专业人士看来，苹果的外壳多了几个颜色，远比技术性能的提质更抢眼。

也因此，一场其实背后由苹果引导的"土豪金"营销也就此发力。我们应该如此认识"土豪金"现象，即"土豪金"这个专属中国市场的名词，其首创者未必是苹果，但苹果却抓住了这一概念，在背后推波助澜。

微博上对苹果手机的一句有特色的评价，"土豪金"开始浮出水面。而之后，有大量新款苹果手机的新闻开始围绕"土豪金"展开，而苹果则借势利用这个甚至已经盖过发布会的热点，不断通过官方通稿的形式抛出各种有关其新款手机的细节，从而通过捆绑"土豪金"这一新闻卖点，以网络为主要传播手段，不断强化网民对苹果新款手机的认识，也强化了对"苹果"这一品牌充满社会责任感表现的认识。

新闻之后，"土豪金"的各种帖子、微博乃至相关新闻不断热传，形成一种往复循环的舆论态势。而网民的主动口碑传播乃至各种"土豪金"造句，如我之前所描述的口碑雪崩理论一般，依靠苹果早前产品积累下来的厚厚品牌积雪，以"土豪金"为撬棒，形成为期两个月的强大口碑雪崩。

当"土豪金"的新闻和各种言论铺天盖地时，新闻传播能有力地促进企业的市场销售。原本在 iPhone 5 时形成的市场颓势也被彻底逆转。iPhone 5S 和 iPhone 5C 上市首个周末的销量创出新高——突破 900 万部，远远好于此前几次新机上市的表现，在中国内地的销量据称占总销量至少一半。而这背后，iPhone 本身并没有发生让人眼前一亮的革命性变革，除了多了几种颜色。

由此可以看出，只要网络新闻营销应用得当，它完全有能力让品牌在互联网数字时代成为一个极具影响力的响亮名字，而且所需的花费可能极低。尤其是与许多品牌为了造势动辄千万成本的一次性造势比起来，其性价比之高，令人咋舌。

当然，如果真正想靠网络新闻树立自己的品牌地位，并不需要花很多钱，因为网络具有与传统媒体完全不同的特质。你通过网络新闻传递出去的一则信息，可能化作蝴蝶效应，席卷整个网络，这个过程中，你或许什么都不需要去做。

从"土豪金"成功的营销中，可以看出网络新闻对于企业品牌树立的几大特点。

（1）塑造品牌形象，可以巧妙利用"负面"新闻。

（2）塑造品牌形象，可以"由表及里"。

（4）网络新闻具有极强的催化剂效果。

（5）社交网络+网络新闻=品牌效应的不断深化。

（6）突出个体项目优势、成功案例从而打开市场。

网络新闻已经成为一种优势资源，有越来越多的中国企业重视网络新闻在市场推广及品牌建设中的作用，许多企业成立了职能部门负责网络新闻市场推广、媒体宣传及企业形象建设。依靠网络新闻树立品牌形象将是数字化时代的必然趋势。

13.1.2 网络新闻主流受众需求分析

网络新闻的主要读者是什么样的呢？他们需要什么样的网络新闻？了解这些，将非常有助于企业有针对性地投入到网络新闻营销中，也将更有效地了解这一营销可能产生的实际好处。

网络新闻的读者群体来源于网民，又不同于网民，他们有着自己独特的特点，因此加强对受众构成的分析和阅读心理分析，可以让网络新闻营销事半功倍。毕竟"工欲善其事，必先利其器"。下面先看看网络新闻主流受众对新闻的心理需求是什么。从需求着手，就不难分析出网民对什么最感兴趣。

从根本上说，网络新闻受众的心理需求是多元的，某些行为是多种需求共同作用的结果。

根据美国朱比特公司的（Jupiter Media Metrix）调查，有 37% 的网民访问了色情网站。网络新闻受众对性话题的关注正是马洛斯在人的需求层次中的生理需求、爱和归属需求、自尊需求的综合体现。网络新闻受众的心理和行为是动态变化的，受多种因素影响。其中心理需求是引导网络新闻受众付诸行动的最有力的内在驱动力，互联网提供的新闻环境是其心理行为的外部条件。

也就是说，网络新闻受众和其他传媒受众一样，是一种受众追求自己的各种心理满足的需求。这些心理需求包括新奇心理、求知心理、求真心理、满足好奇心和获得知识的一些心理需求；也包括对美的追求产生的审美心理需求；还有受众作为社会的人对交往的各种需要，这种对交往的需求在一定程度上也满足了受众的接近心理需要；另外，受众还希望在逆反心理、得益心理等方面得到满足。

在这几个心理需求中，有关部门曾经通过发放调查问卷的方式进行了一些研究。通过对问卷数据进行整理和分析，我们发现，网络新闻受众的心理需求更突出地表现在新奇心理、逆反心理、求真心理等方面，求知心理有一定的表现，其他一些如得益心理方面的影响，表现并不强烈。这一点和传统媒体受众的心理需求是有本质区别的。

根据这一需求趋势，通过结合精密的调查数据和研究，网络新闻受众在具体新闻的感知程度和喜好程度上又呈现出以下这样的层次性。

网络新闻受众上网看新闻的第一兴趣是对生存信息的检索。

可以说对生存信息的心理需求源于生理需要，生理需要是人类持续生存繁衍的基本需求。在这个层次上，网络新闻受众更关心的是维持自身生存方面的信息，行为上表现为对网页中吃、喝、性等新闻信息的关注。有关百姓的衣、食、住、行等百姓生计方面的新闻内容通常有较高的浏览率。例如，网络受众通过网络查询各地方市场粮、油、蛋、肉、奶、菜价格的新闻资讯，关注房价涨势涨幅、房价问题的最新报道及国家宏观调控政策，铁路、公路、民航客运路线和价格调整等新闻资讯。根据这些信息，网民能够对他们关心的民生民计问题做科学合理的安排，并采取相应的应对措施。这一需求排在第一位，对我们为品牌和产品进行有效的网络新闻营销奠定了良好基础。因为绝大多数要进行的营销恰恰是生存信息所要呈现的。这也使得网络新闻受众能够很自然、很主动地接受我们所要传达的带有隐性广告性质的新闻。

位于网络新闻受众接触新闻类型第二位的是安全信息。

在网络资源空间里受众对安全信息的心理需求，使得网络受众在行为上表现为对安全相关新闻的高度关注，主要包括对生命安全、身体健康、生活稳定、远离战争、远离灾难等方面信息的需求。例如，"毒奶粉"、"禽流感"、"战争"、"海啸"、频频发生的矿难、重大的恶性刑事案件等有较高的点击率。网络受众对这类新闻资讯格外关注，点击、转载、留言的次数也远远超出其他的新闻资讯。百度 2009 年热点新闻搜索风云榜中 5 月的几个关键词可见一斑。排名第 2、第 3、第 4、第 5 位的分别是杭州飙车案、罗彩霞事件、邓玉娇案和 5·12 一周年，都是安全信息问题。这一"第二关注点"，在很大程度上和我们所说的网络新闻营销难以挂钩，但不要着急，并非说热点问题就不能进行营销，关键看你如何结合，比如前不久蒙牛和新浪进行了 24

小时牛奶安全生产直播，比如 2010 年第一场大雪，一些企业巧妙打出送货上门的服务，其实都是借力使力，通过读者关注的热点新闻进行自己的新闻营销活动。

由此可见，网络新闻受众的阅读需求在很大程度上和网络新闻营销有极大的契合点，也非常适合通过网络新闻推广产品和品牌，这一优势甚至是传统媒体广播、电视和报纸所不具备的。

13.1.3 制造新闻是网络营销的不二选择

新闻营销的出现注定跟互联网有着千丝万缕的联系，新闻传播的特性就是快，互联网将新闻传播的速度提高到极限。众所周知，如今网络媒体已位居四大媒体之列，与传统的电视、报纸、广播等媒体传播方式相比，网络广告具有广告形式新颖、全天候、全球性、互动性、快速传播、投资回报优异、广告效果可评估等显著优点。统计一下网络媒体的影响力，已经毫不逊色于传统媒体了。将一种传播媒体推广到 5000 万人级别的受众中，收音机用了 38 年，电视用了 15 年，而因特网仅用了 5 年。

这种强大的公关能力，也让很多企业对于在其中进行网络新闻推广有了浓郁的兴趣。那么这种推广到底有多大的能量呢？有关调查机构曾经进行过深入调查，并得出了以下 5 大方面的特点。

（1）读者接受度高，读者一般都会信任新闻，不爱看广告。

（2）传播覆盖率高，好文章会疯狂转载，广泛传播。

（3）费用低廉，网络新闻营销成本是广告的 1/5～1/10。

（4）效果好，网络新闻营销的效果是广告的 5 倍。

（5）网络新闻是永久性的，而广告是周期性的。

这几点其实很容易解释，一是可信度高。尽管从某种程度上讲，部分网站追求轰动效果，为满足受众追求新奇的心理传播假新闻。虚假新闻不是网络媒体的专利，但网络新闻媒体都有牵涉，这就造成受众对网络新闻媒体的不信任感，不能满足受众的求真心理需要。打开各主要新闻网站的社会新闻主页，格调低俗的新闻比比皆是。为满足逆反心理，网络媒体存在大量、过分的负面新闻报道。这都使网络新闻的可信度尚且无法和传统媒体相提并论，但经过多年的整顿，这种问题已经基本得到解决。同时，随着当今经济的迅猛发展及人们自身意识的不断提高，关注广告的人群越来越少，相反，人们更喜欢读些文章性质的东西。在互联网宣传中，广告的信任度很差，带有营销推广性质的新闻则不同，不仅覆盖面比广告大，更重要的是它可以于无形中提高企业的信任度和知名度，在网站上尤其各大门户网站上看到一篇或几篇有关某公司的报道，在客户的心里就会有一种安全感和信任感，从而给客户带来更大的投资信心。这都不是报纸广播和电视能够随时提供的。

更重要的是，这种新闻的留存几乎是永久的。要知道百度、谷歌、搜狗、必应，这几大搜索引擎每天的工作是什么？就是到各大网站上进行信息抓取，因为大的网站信息讲究实时性，具有真实性、信息丰富性的特点，我们发表上去的网络新闻就是它们抓取的对象。各个小的网站也会疯狂地转载这些好的文章，来填补它们在内容上的先天不足。综合以上，最后结果是什么？我们是站在巨人的肩膀上做事业，通过网络新闻传递信息，在互联网上将是铺天盖地的。

比如有人对我感到好奇，然后搜索引擎一搜"张书乐"，发现有百科、有数以百万计的网页，但总还是觉得不靠谱。毕竟网页谁都可以做，但如果检索下新闻，发现我的众多文章和一些媒体采访，这时候对我的认知也因为新闻的公信力因素而强化起来，并更加信任。

现在你需要知道网络新闻营销的主体、目的和表现形式。

（1）网络新闻营销的主体是企业，是企业站在自身的角度进行策划的。

（2）网络新闻营销的目的是有利于企业的某项要求，不达目的的新闻对企业没有意义。

（3）网络新闻营销中所写的新闻是以媒体的立场客观、公正地进行报道的，用事实造成新闻现象和新闻效应。

你是否还在想着继续在传统媒体上进行你的品牌新闻营销呢？如果你还有这样的想法，不妨看看随后的章节——对于网络新闻和传统媒体的全面对比。

【思考一下】

作为一个汽车厂商，举办一次汽车拉力赛来宣传自己的车辆性能是个很不错的选择，但有个突发情况，因为举办地遥远，可能是在敦煌，作为企宣人员的你，无法邀请媒体现场报道，但你又想做出新闻覆盖效果，除了给传统媒体通稿外，如何借助网络媒体的优势，将现场视频和活动花絮等做成专题报道呢？如何混搭效果最好呢？

13.2 超越传统媒体

【本节要点】

网络新闻可以为品牌制造最强大的公信力，尽管传统新闻媒介也能做到，且看似公信力更好，但网络新闻在传播范围上不受地域影响，时效性更强，且更加灵活机动，其效果也就更佳。

当认清网络新闻比传统新闻的强势之处时，相信任何人都有欲望开展这样一场成本低廉、效果永久且威力强大的网络新闻营销。下面让我们看看网络新闻区别于其他传统媒体的几大突出特征吧。

13.2.1 强悍的时效性

与传统媒体相比，网络的时效性是有目共睹的。纸质媒体的出版周期常以天或周计，杂志则是半月刊、月刊或季刊，电视、广播的周期以天或小时计算，一般还得根据不同时段的节目设置来安排，而网络新闻的更新周期却是以分钟甚至秒来计算的。通过互联网进行电子传播的网络媒体比通过传统的实质性载体进行物质级别传播的传统媒体的传输成本更低，速度也更快。

网络传播所需要的就是一台个人计算机，一台调制解压器，但却可以实时地把消息送上网络，而且网络传播是流动的，没有特定的出版时间，随时可以插播新的信息，这就决定了网络即时传播的可能。2008年5月12日的汶川大地震，给所有的中国人心上都留下了一道深深的伤痕。在汶川大地震中，我们可以看到，在地震发生以后，各大网站都反应迅速，5月12日14点46分，新华网最早发出快讯：四川汶川发生7.6级地震。15点02分央视播出了第一条地震消息，比网络慢了16分钟，而最快的报纸也只能是当天的晚报了。从时间的对比上可以看出，网络新闻确实在快速反应、即时更新方面有着传统媒体难以比肩的优势。

过去的通讯社也能达到超快的时效性，能够做到和时间同步，但绝对是一句话新闻、一条简讯，之后也很难迅速对内容进行填充。而网络新闻则不同，网络容量之大，任何其他媒介都无可企及。在传统的新闻媒体上，如报纸的版面，电视、广播的时间都是有限的，而面对这样一个信息爆炸的时代，传统版面的信息量是完全不能满足现代社会受众需要的。网络新闻就很轻松地解决了这一问题，网络新闻的超链接方式使网络新闻的内容在理论上具有无限的扩展性与丰富性。只要是信息，并且传播者觉得对受众有帮助，便可以将这一信息放在互联网上，而不需要受到别的限制。

13.2.2 猛烈的传播力

据新浪公布的数字显示，在"神六"发射当天，该网站所制作的专题浏览量达到4.5亿人次，超过当天所有国内报纸读者总和。值得注意的是，在这次新闻报道过程中，新浪网综合了几乎所有大众传媒信息传播手段，文字报道、视频、音频、手机短信，而不是像以前经常采用的单纯的文字滚动报道，进而大获成功。

这就是网络新闻的传播力，是任何报纸都无法达到的。网络媒体传播空间不分地域、没有疆界，可以说，全球互通互联的电子网络有多大，网络媒体的传播空间就有多大。传播空间的无限广阔是报纸等传统媒体望尘莫及的。迄今为止没有发行量达到这个数量的报纸，国内顶级大报发行量过百万，就算是《南方周末》这样的一直风行的媒体，其数百万发行量，外加其宣称的一份报纸传阅达5次，也至多不过千万而已。仅仅新浪网在一个专题上的影响力就足以媲美十多家主流大报，其传播力可见一斑。

而这种传播力甚至成就了一些传统媒体的辉煌，让他们在大本营的传统媒体上所没有获得的影响力，在网络上获得了。

【联合早报网络版比实体报影响力更大】

比较经典的是《联合早报》，作为新加坡和东南亚地区销量最大的华文日报，每天的发行量超过20万份。1995年电子版开始上网发行，至1997年9月电子版的月阅览次数突破1000万，成为新加坡第一份月阅览总数超过千万次的网上报纸。

美国媒体业权威杂志《多样化》发表的调查表明，网络新闻媒体阅读率直线上升，如 CNN 新闻网的收视率增加了 10 倍；日本《朝日新闻》1995 年 8 月 10 日上网，第一周浏览人数便达到 100 万，到 1997 年 1 月 13 日上网访问的人次累积已达 5 亿；我国的《电脑报》电子版自 1997 年 2 月 21 日开通以来，不到一个月，上网访问人数超过 2 万，现正以每天 500 人次以上的纪录往上攀升，成为网上颇有影响的中文电子媒体。有的报刊原先名不见经传，因为上了互联网，阅读率直线上升，知名度大大提高。

这种直接的对比几乎让传统媒体都自觉地向网络媒体的传播力投降，自叹不如。

13.2.3　不板着脸说话

与传统新闻比较，网络新闻更具可读性、知识性、趣味性，更平民化。这让网络新闻的读者要比传统新闻多，毕竟谁都愿意听朋友说话，多有趣多生活化啊，难不成你很喜欢一天到晚看着老师板着脸教导你这样做那样做吗？在潜意识里，我们会把网络新闻当朋友，而把传统媒体当老师，亲近程度自然不一样。

网络新闻在语言表述上更为口语化，轻松活泼，许多新闻幽默、犀利，可读性极强。网络新闻语言的这些特点的形成大致源于以下原因。

（1）网络新闻要求极快的更新速度，因而需要使用简明易读的语言。

（2）网络新闻的互动性与自主性，使得新闻语言的表达趋于口语化。

（3）与传统媒体点对面的单向传输不同，网络传播是点对点进行的，具有交互性。

要调动受众参与的积极性，就必须使新闻稿件的现场感增强，行文生动，可读性强，或较为口语化、幽默轻松，使受众有交流的渴望，愿意往各网站设置的论坛、博客上发帖子，写点博文，一吐为快。

 【魔兽世界免费？想都别想】

以经典网游《魔兽世界》为例，2013 年 11 月，动视暴雪 CEO Mike-Morhaime 对媒体表示："我们会根据具体的游戏来考虑商业模式，在《魔兽世界》上，前 20 级是免费的，但它一开始设计就不是免费游戏，我认为《魔兽世界》不会转变为免费游戏，不过我们也会考虑新的策略，让更多玩家接触到这款游戏。"

这一官方性较强的表态，由腾讯科技进行翻译后，其标题则变成《暴雪 CEO：魔兽世界免费？想都别想》这一冲击性较强的话语，这种极其犀利的言语，足以诱发网民的强烈反应，毕竟，这本身就是游戏玩家极为关心的话题。

而且，网络新闻与传统新闻相比，新闻信息的联结不再仅仅是线性的，而是网状的；新闻报道与写作的文本结构不再仅仅是线性文字的，而是超文本结构的，即它不仅有文字文本，而且有声音文本、图画文本、动画文本甚至影视文本。这使得网络新闻其实具备了报纸、电视、广播乃至动漫的色彩，是当之无愧的全媒体，可以全面兼容其他所有媒体的特征，化为己用，从而最大限度地满足所有读者的需求。如果你不想看文字，那么你可以看图说话，如果连图也不想看，可以考虑看看视频，要是连视频都不看，那还有其他选择，如果啥都不选，那你不是网络新闻的受众，也没必要被网络新闻照顾。不过这样的人要么不懂得用计算机，要么连传统媒体也不太关注。

虽然有时网络新闻不免泥沙俱下，也有这样或那样的缺憾或不足之处，但互联网的出现无疑给新闻的传播创造了一个前景极好的平台。

13.2.4 互动升级为"共生"

在传统媒体的新闻传播中，受众往往会受到各种限制，比如只能阅读报纸上既定的内容，电视广播都得按照其预定的时间收看、收听。网络就没有那么多限制，只要登录到互联网，就可以在任何一个网站看到想看的新闻，并根据自己的兴趣爱好自由地选择。读者不再被动地接受信息，而是自主地选择信息。同时，大家还可以对自己感兴趣的内容加以评论，与众多网友共同交流。

网络新闻具有良好的交互性，读者可以利用网站上的"读者""留言簿""网上杂坛"等栏目，加强各方面的相互交流，不再被动地看，而是可以主动参与。不少读者在读完网络新闻后，随即发来电子邮件，或在新闻后跟帖，而现在，由于社交媒介的发展，网民可以直接在看完新闻之后，将自己的读后感分享到微博、微信乃至其他各种网络渠道上，引发自己朋友圈中更大范围的讨论。

利用互动功能的，不仅有新闻网站，还有许许多多杀入网络新闻传播的传统媒体甚至是电视媒体，其中 CCTV 与其网站央视国际的互动更为突出。

 【央视新闻和网络互动带来更强扩散力】

从 2001 年起，央视国际多次实现了与电视节目的互动，其中包括中国加入世贸组织的特别报道、中央视国际与《东方时空》节目进行的网上互动直播、2002 年及 2003 年春节联欢晚会，以及央视国际与电视晚会的互动。在 2014 马年春晚上，这种互动更延伸到了官网和微博上。这种互动，让许多网民能在第一时间获得央视的最新动态。

然而，互动只能说明传播双方交流通道的畅通，在互动过程中，传播者仍然占主导地位，受众仍然是接收者与相对被动的反馈者。但是，从网络新闻发展的实践来看，在一定的场合下，网民不仅是信息的接收者与反馈者，同时也可能在一定程度上影响网络新闻传播者的传播意向与行为。有时，在一个新闻事件的传播过程中，网民与新闻网站的作用几乎是同等重要的，两者之间也渐渐融为一体，很难分出彼此，两者之间的沟通方式，已经不再是简单的反馈与交流，而是一种你中有我、我中有你的共同协作。

因此，网络受众观的第二次飞跃表现为将互动的关系进一步演化为"共生"的关系，即新闻引发互动，而互动再造新闻。

 【《今日网言》和《神吐槽》分打破网络、手机和新闻的间隔】

这其中，表现最为强烈的是 PC 版上新浪推出的言论栏目《今日网言》和移动端上搜狐新闻客户端推出的《神吐槽》。尤其是《今日网言》，其选自那些跟帖与某条当日热门网络新闻之后的回复或微博评论转发。

如评价 2013 年热播的《爸爸去哪儿》的相关新闻，有网友就留言称："不会做饭的模特不是好爸爸！"这样的言论一经《今日网言》选用，立刻对该则新闻本身未尽的话题进行了有效拓展，甚至超越了原有新闻本身，成为更多新闻媒体采用的新鲜话题，也从另一方面扩大了《爸爸去哪儿》的受众知晓面和观赏趣味性。

看到了网络媒体和传统媒体的优劣对比，还想什么，开始一场网络新闻写作和发布之旅吧！成为一个网络新闻达人，让你的品牌美誉度和网络新闻的特征更完美地结合起来！不过，你首先要明确一点，一个优秀的网络新闻的写作手法，在很大程度上与平时我们在报纸上看到的新闻不一样。随着网络技术的日趋成熟，网络新闻媒体迅速发展，其文、图、声、像兼备的优势和新闻信息的海量性对传统新闻媒体产生了极大的冲击。这一结构，让网络新闻的内涵具有电视+广播+报纸等多重复合体的形态，因此，哪怕你是一个好记者，也未必能够很好地驾驭网络新闻写作，更不要说在其中适当地添加一些营销的调味料了。新闻写作是一门实践的艺术，正统的教科书并不是学习的最佳素材，直接阅读网络新闻将是最有效的办法。

【思考一下】

继续上一个思考，现在你有了方案，但网络新闻是双向性的，你的拉力赛在新浪新闻上已经有了专题，并进行实时更新的追踪报道，也有许多网友正在新闻后面留言、讨论（其中许多都绑定了微博），你不是有官方微博吗？怎么跟进互动？

13.3 一定要有个好标题

【本节要点】

新闻界有句行话："标题是新闻的眼睛"，因为新闻标题不仅是一篇完整的新闻报道的重要组成部分，更对新闻信息的传递起着至关重要的作用。对于很多人来说，阅读报纸就是阅读标题，看到感兴趣的，才会去仔细看正文。网络新闻更是如此。

网络开创了"读题时代"。一则有创意的标题能化腐朽为神奇，并能带来极高的点击率。在这个网络容量无限、新闻信息爆炸的年代，网民如何找到自己关心的新闻和信息，新闻和信息如何才更吸引网民的"眼球"，在很大程度上取决于网络编辑的标题制作水平。为了紧跟"注意力经济"的步伐，很多网站在对一些平淡无奇的新闻进行编辑时，常常使用各种手段，制作吸引受众的新闻标题。

13.3.1 别发统一的标题

很多从事企业公关的媒介人员很喜欢干一件事，那就是每天给各个网络媒体群发稿件，先不说稿件的质量如何，仅看标题就知道成败了。因为如果你不研究网站特征，而是一个通稿发到底，就算你运气不错，编辑和你关系也不错，将你的文章发布在了网站新闻的重要位置，你也可能失败。为什么呢？因为你的标题都是一个模子。

一定要弄清楚网络媒体和传统媒体的区别，网络媒体在发展中形成了自身的标题制作特点。由于时效性的要求，制作时无法仔细斟酌，处于快速撰题实时发稿的状态；如果刊发后发现标题有问题或对标题表述不满意，可以再修改、再刊发；网站编辑对新闻标题制作的自主性相对传统媒体较高，审核机制不严格；另外，部分传统媒体图文新闻、标题本身存在问题，被网络编辑不加甄别、判断就直接转载采用。尽管存在不少问题，但网络新闻的标题依旧有着极强的特征。

毕竟对于网络新闻编辑来说，消息的条数太多了，展示起来不容易安排。由于网络上的新闻信息是以一种超文本的形式呈现的，读者对新闻的选择，首先是通过对一个个标题的浏览来实现的，标题是新闻发生作用的起点，是新闻信息为读者所接受的必经通道。读者总是先接触到作为阅读索引的标题，然后通过点击标题，看到相关的正文或图片。这种阅读程序决定了标题在网络传播中的作用，大大超过了它们在传统媒体传播活动中的作用。新闻标题已经成为网络受众认识新闻内容、判断新闻价值的第一信号，成为受众决定是否索取深层新闻信息的第一选择关口。

为什么不要发统一的标题呢？说个最简单的例子吧。打开网站新闻页，或许每个站点上都有一样标题的新闻，你在这个站点上不愿意去看，自然下一个站点你也不会打开，这是很正常的阅读心理，那么你的新闻登录了各大网站，但读者不想读，一样没人看。怎么解决这个问题呢？最简单的办法就是标题不同。

根据每个网站的不同特点，拟定不同的标题，这样就有了完全不同的效果。比如长虹出品等离子液晶显示屏，邀请奥运女孩林妙可做代言人。在新浪科技上的标题可为《国内首个等离子生产线落户长虹》、搜狐娱乐上的标题则是《林妙可靠等离子保护眼睛》、网易科技上的标题又可以为《长虹等离子技压国外电视》，人民网的读者比较关心国事，可以让标题变得正规一些，比如《中国首条等离子生产线投放生产纪实》……根据每个媒体每个频道投放的不同特点，重新拟题，读者东边不看，到了西边或许就会点击了，而且还可以深度开发科技读者和娱乐读者，乃至更多读者群落。网络新闻的受众群体在很大程度上比较分散，喜欢娱乐的未必喜欢科技，也不会去看科技，就看你如何开发利用了。

当然，一切都必须从源头做起，怎么写出一个能够吸引人去阅读的标题呢？其实并不复杂。

13.3.2 标题长度一定要适当

网络新闻的标题不同于报纸标题，报纸标题因为版面的原因，可长可短，有的标题甚至有一百多字，再加上有引题、正题和副题的区别，其标题写作的宽容度其实很大。而网络新闻则不同，它对标题有严格的字数限制。因为网页版面的整体布局是相对固定的，标题字数受到行宽的限制，既不宜折行，也不宜空半行。说白了，就是一个单行标题。在标题板块中，各题长短以接近一致为宜。一般而言，网络新闻标题字数以 16～20 个字为宜，且最好能以空白或标点分开，并控制在 7～10 个字组成一段文字。

在制作标题的时候要特别留意，不要太短，也不要太长，一定要按照规矩来制作。哪怕是你想到了一个惊世好题目，也要遵循这个规矩。原因很简单，你的标题全部被放置在页面上以后，你会发现，要是太短，整个版面不协调，要是太长，版面上发布时放不下，结果你要表达的意思就不能被网民看见。比如说你本来的标题是《国民网络游戏<2046>今日掀起公测狂潮 50 万玩家踩爆服务器引发宕机》，29 个字，如果放在新浪游戏的新闻版面上，至多 22 个字，而且通常会被拆开作为两个新闻的标题放置。

当然，编辑不会把这样的标题放上去，实在内容不错，也会改动你的标题，但这可能会偏离你想表达的意思。比如改成《<2046>今日掀起公测狂潮》，就将你要表达的新闻噱头弱化了。

这需要调查研究，进行一次分众传播，针对你要发布新闻的核心站点，多观察对方网站新闻标题的长度，比如新浪游戏频道的焦点新闻，比较偏好于 10～12 个字的新闻，那么你就要将你发给对方的新闻通稿标题设定在这个范围内，而腾讯游戏频道的焦点新闻则喜好16～20 个字的新闻，同样如此去设计。这样做可以节省编辑的时间，让他更好地推荐你发来的新闻。

小技巧：其实你可以一次性地在新闻通稿中设计 5～6 个不同长度但意义相同的标题，供编辑选择。

13.3.3　标题重实不重虚

很多人给标题取名字，往往特别空。报纸的新闻标题有虚、实之分，实题要交代新闻要素，虚题可以是议论或警句等。报纸新闻最大的特点就是题文一体，即使是虚题，只要看一眼导语，新闻中的主要事实也就清楚了，而网络媒体不行，虚题往往使读者不得要领，也就影响了"点击率"。因此网络新闻标题一定要抓住新闻事实中的一个或几个新闻要素，通过恰当组合，抓住"新闻眼"，吸引受众点击。

应当用最简洁的文字将新闻中最有价值、最生动的内容提示给网民。主要有以下几点：

1. 实题明义

比如这个标题《ThinkPad 将首用 AMD 处理器》，很明显，你一看标题就知道文章中的内容，这则新闻本身就很简短，就是告诉人们这款笔记本将第一次使用 AMD 处理器。就算读者不去点击这则新闻，对于联想而言，它所要告诉读者的信息也已经说得差不多了。

2．尽量使用主动语态

这一模式主要是要求你主动地揭开你要传达的信息的盖子，不能藏着掖着，比如有的标题乍一看很炫目《你也可以变成强壮男人》，看似很有吸引力，但太类似于广告，别人一看就觉得是药品广告而放弃点击。

3．语句以主谓结构为主

如标题《Android 不是 Ophone 的唯一选择》，很标准的语句，主谓鲜明，而不像某些人制作的标题，看不懂，以为是火星语，比如《购买寂寞的几个本子》。

4．强调动感，力求动态地揭示新闻

比如这样一个标题《华为任正非 2010 年新年致辞：春风送暖入屠苏》，让人一看就没有兴趣，没有冲击力；反之，标题《华为 2009 年销售额超 300 亿美元》是同一则新闻，从这则新闻中提炼出来的新闻标题不一样，对于读者来说影响力也不一样。"超过 300 亿美元"，一看标题，读者就会对华为这个企业的实力和品牌可信度有所认知。哪怕不点击新闻链接，也会在脑海里留下一定的印象。

5．尽量避免疑问句式

有很多人写新闻标题的时候特别喜欢用疑问式的口吻，这种模式不是不能用，一定要用得恰到好处，一般初学者很难驾驭。在写作新闻标题的最初阶段，要尽量避免疑问句式，因为你的疑问句如果做得不好，反而弄巧成拙，给自己的品牌添加负面效果，比如这样的标题《凡客诚品为何食言而非卖内衣？》，不看内容，还以为凡客诚品这个企业出了什么问题，以为是个负面报道，而实际上内容是说凡客诚品要开拓新的蓝海，打破过去自己一贯坚持的以男士衬衣为主的生产销售模式，在内衣市场上深度发力。

但网络新闻标题也不要过实、过细，让浏览者失去继续阅读的兴趣。这是基本原则，总体来说，就是让浏览者一眼看上去，就知道要说明什么，要介绍什么，要传递什么。

13.3.4 争夺眼球很重要

既然整齐划一了，要想像平常报纸那样，依靠醒目的字体或特大号标题吸引读者，几乎不可能。一整版的标题下来，有几百个，如何让浏览者立刻注意到你的标题呢？

我通过写作新闻标题，总结出了一个经验，那就是标题不仅要实在，更要学会留下悬念，当然留悬念并不是留个大大的问号，这两者要区分开来。很多人在阅读新闻的时候可能会有这样一个感觉，看到标题，其实我就知道这则新闻里要讲什么内容了，没什么值得好奇的。那样的标题是不会吸引人去浏览的。

网络标题要以简洁、精巧的文字设置悬念，紧扣关键性的一两个新闻要素，却有意断裂其因果关系，吸引浏览者继续点击。下面以产品新闻比较集中的数码频道新闻为例，逐一分析写作要点，如图 13-2 所示。

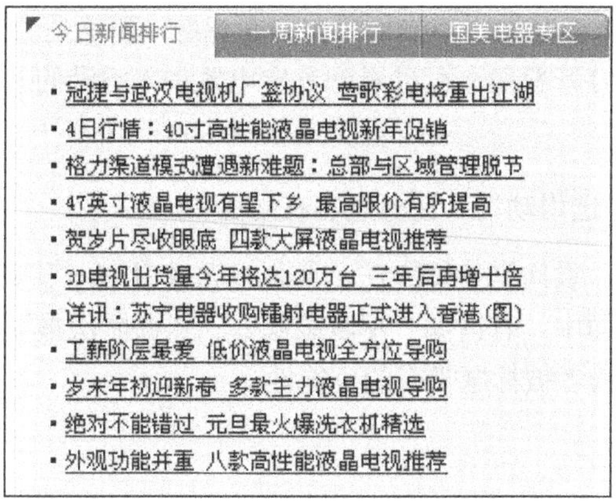

▼今日新闻排行	一周新闻排行	国美电器专区

- 冠捷与武汉电视机厂签协议 莺歌彩电将重出江湖
- 4日行情：40寸高性能液晶电视新年促销
- 格力渠道模式遭遇新难题：总部与区域管理脱节
- 47英寸液晶电视有望下乡 最高限价有所提高
- 贺岁片尽收眼底 四款大屏液晶电视推荐
- 3D电视出货量今年将达120万台 三年后再增十倍
- 详讯：苏宁电器收购镭射电器正式进入香港（图）
- 工薪阶层最爱 低价液晶电视全方位导购
- 岁末年初迎新奇 多款主力液晶电视导购
- 绝对不能错过 元旦最火爆洗衣机精选
- 外观功能并重 八款高性能液晶电视推荐

图 13-2　这些标题谁最抢眼球

1. 点出新闻中新奇、有趣的事实

什么是有趣的新闻呢？第一条关于莺歌彩电的新闻可以说是当日新闻中点击率和关注度最高的，同时它也是一个正宗的厂商新闻。这个标题为何能够抓住读者的心呢？因为 35 岁左右的人，头脑中都会有个印象，那就是莺歌彩电的广告。20 世纪 80 年代，武汉曾有四大家电品牌闻名全国，即莺歌牌彩电、南波希岛牌冰箱、鹦鹉牌录音机，以及荷花牌洗衣机。这不仅是开风气之先，且武汉在那时就有这样的成绩，应该说是非常厉害的，后来由于没有及时改进技术，不久就被淘汰了。现在说起家电，脱口而出的是青岛的海尔、海信，不会有人再记起这四大品牌。有人将此称为"莺歌哑了，希岛崩了，鹦鹉飞了，荷花谢了"。但大多数人都有怀旧情结，对这些昔日老牌子的命运有所关心，而更重要的是，它竟然能够重出江湖？可见冠捷在很大程度上利用这一心理，巧妙打出怀旧牌，让人们感到新鲜。

2. 紧扣新闻事件的最新进展

我们看看第五条新闻，即《贺岁片尽收眼底，四款大屏液晶电视推荐》。贺岁片是冬季网民最关注的几个关键词，也可以说是网民最关心的流行新闻事件，那么将大屏幕液晶电视和这个新闻联系起来，成为一个花絮，则可有效地为自己的产品进行营销。或许你会问，不是四款液晶电视吗？怎么会是广告呢？这就是撰文者的巧妙用心了。文中确实介绍了康佳、飞利浦、LG 和海信四款电视，但真正能够和大片联系起来的，就只有第一个介绍的康佳互联网电视，而且文字中也隐藏了技巧，比如说"康佳 LC55TS88EN 液晶电视是一款顶级产品"，而介绍到其他电视时，不过是最新、高端等字眼，内容厚此薄彼其实就是在潜意识中进行了营销。

3. 披露读者熟悉却并不详知的事件细节或内幕

这其实类似于揭谜性质的新闻，可以作为一种拓展阅读。这在上面的排行榜中也有出现，那就是《详讯：苏宁电器收购镭射电器正式进入香港（图）》，这个标题表面上看很像我之前说的那种一看标题就知道内容的新闻，确实也是如此，看了标题你会对文章内容有个大体了解，不过这则新闻具有两个特点，其一是之前说的进口新闻事件的最新进展，它显示了苏宁电器收购镭射电器之后的进一步动向和深度挖掘；其二它表现出了内幕式的特点。写作者很巧妙地用

379

了两个字让感兴趣的读者很自然地去点击而不是只看标题，那就是"详讯"，因为是详讯，所以绝对不会只是几句话，你打开新闻，可以看到苏宁电器进入香港的具体内容。这些都是消费者希望了解的。

4．尽量形象生动，多选用动词，使标题富有动感

可以使用拟人、对比、设问等修饰方法，增强标题吸引力，很多标题都在全力以赴地发挥这一点。如上面的热点新闻中，有诸如"尽收眼底"、"工薪阶层最爱"、"绝对不能错过"之类的词汇，从而进一步加强读者被标题吸引的可能性。

5．善于编写提要

这种方式主要用于传播特别重要的新闻。大多数做网络新闻的人通常就是"标题+正文"的模式，却没有考虑过"标题+新闻提要+正文"模式。这有点类似于论文写作，主要是考虑到有时候你的新闻有可能进入头条位置。单行网络标题最大的缺陷，是不能"一网打尽"全部精彩的新闻事实，留有遗憾。为了弥补这个缺陷，主要网络新闻媒体处理时，对于最重要的新闻往往会大量采用"标题+新闻提要"的模式，尽管现在还没有成为一种习惯，但可以预见这种模式将会成为重要新闻的核心表现形式。

这种新闻提要，就是排在标题下面的简短文字，辅助和解说标题中传达的最重要内容，很接近于新闻导语，但是通常比新闻导语更简练、浓缩，可使用户在只浏览主页及各分类新闻主页的情况下，就能对当日要闻了然于胸。其实它可以视为新闻标题的一个延伸阅读。

自己编写好提要，一方面可以让编辑在选择你的新闻作为重要新闻时，不再费第二遍工夫编辑新闻稿件，当然越能让编辑偷懒的新闻，对编辑来说越是好新闻，另一方面，编辑在看到你的新闻投稿时，也没那么多时间来阅读全文，标题是一个吸引点，但看看提要会让他对你的文章更了解，也更容易给你的新闻一个好位置。此外，长期坚持写提要，会让你在提要之风盛行之时，拥有更多的实践经验。

13.3.5 不要加盟"标题党"

很多人认为网络新闻就应该是"标题党"，越是诱惑性强就越好，很多人也是如此去做的，因为看起来，很卖弄、很夸张的东西往往能够吸引人去点击，也确实不乏成功的案例。这一点在论坛、博客这类个性化的营销推广方式中有生存的土壤，但是在网络新闻中，随着监管越来越严格，能免则免，毕竟网络新闻脱胎于传统新闻，尽管相对来说没那么严谨，但依旧要注意严肃性，特别是对企业来说，网络新闻塑造的是品牌形象，而不是毁掉它。

忌夸张媚俗。一是不要使用卖弄的、夸张的、过分渲染的词汇制作标题，因为在快速阅读中，这类标题难以让读者准确地了解新闻的真实内容，甚至会让读者不得其解。二是不要使用隐喻、暗喻、比喻在标题中"标新立异"，因为这样的标题可能会造成读者理解上的障碍，甚至误导读者。

下面的例子是"标题党"的典型做法。《嫦娥奔月》=《铸成大错的逃亡爱妻，射击冠军丈夫等你悔悟归来》，《牛郎织女》=《苦命村娃高干女——一段被狠心岳母拆散的惊世恋情》，《唐伯虎点秋香》=《我那爱人打工妹，博士后为你隐姓埋名化身农民工》，《秦香莲》=《三载漫漫上访路，结发妻终将重婚丈夫拉下马》，《杨玉环》=《公爹变丈夫，一缕香魂散——妖媚贵妇命断情孽纠缠》，《花木兰》=《震撼天地——孝顺女为父从军甘当魔鬼女大兵》，《白雪公主》=《苦命的妹子啊，七个义薄云天的哥哥为你撑起小小的一片天》，《小红帽》=《善良的女孩，你怎知好心指路采花的哥哥竟是黑心狼》，《海的女儿》=《痴心的少女，你甘为泡沫为何番》，《舒克与贝塔》=《过街老鼠发奋做飞行员和坦克手，低贱角色奏出生命最强音!》，《美女与野兽》=《爱慕虚荣的悔恨，心上人娶了我妹妹》，《西游记》=《浪子回头，善良的师父指引我重返西天求学之路》，《红楼梦》=《包办婚姻，一场家破人亡的人间惨剧》，《机器猫》=《只愿此生不再让你哭泣，让我穿越时空来拯救你》。

这样的标题或许会引起读者点击，但在网络新闻里行不通，读者一看内容，发现文不对题，就会兴致索然。特别是对于想要进行营销的企业来说，"标题党"会导致自己的品牌形象受损，越是用"标题党"吸引读者点击阅读，对品牌的形象损害越大。

最有名的网络新闻标题党是 2008 年年末的网瘾精神病事件。

【网瘾精神病事件是典型的标题党】

这是北京某医院专家论证出来的结果，其背后其实带有治疗网瘾的营利性质，为了更好地扩大收治网瘾的人群，某专家以多部门论证，以该医院名义发布了所谓网瘾精神病的《网络成瘾临床诊断标准》，然后模糊掉网瘾精神病不等于神经病的概念，结果舆论哗然。网络新闻发布和转载量极高，曝光度也高得吓人，但当事实被揭穿，过度的"标题党"和内容完全不符合，这种混淆概念的方式非但没给医院带来多大的利润，反而让医院臭名昭著，宣传效果适得其反。

如果你看到《张曼玉突然暴瘦，自言最爱梁朝伟》这样的标题，你会想到什么呢？点开正文才发现访谈内容是这样的"最默契的搭档是谁？张曼玉毫不避嫌、也毫不犹豫就脱口而出：梁朝伟。""最爱梁朝伟"原来是"最愿意与梁朝伟合作"。显然这条娱乐新闻的标题忽悠了读者。"标题党"现象严重误导受众。万一有公司想借助这样的标题来卖瘦身药，比如说张曼玉也是吃这个瘦身的，那结果将会如何？只怕被所有的读者当作娱乐看待，而公司的信誉度也会下降。

远离"标题党"也是未来网络新闻的一个趋势，随着行业自律，靠煽情的标题来吸引读者将越来越没有市场。不是说网络新闻站点不做标题党，而是真正被监管起来，做"标题党"所面临的处罚会很大。如果你投送一个"标题党"新闻给网站，编辑看是"标题党"而枪毙了你的稿子，岂不是更加冤枉。珍惜品牌，远离"标题党"，是必要的。

【思考一下】

继续拉力赛的故事，今天发生了一件事，一个赛车手在路上车子出了故障，然后下车检修的时候被蝎子咬了，之后另一位赛车手见状放弃了比赛，飞车穿过沙漠送他去急救，且开车去的路况非常复杂，而且按预想中的车辆进驶速度很难将车手及时送达急救点，这样的故事，你该如何拟订标题呢？

13.4　内容一定要有冲击力

【本节要点】

如果点击了标题，就必然进入内容页面，作为品牌宣传，你必须在内容上将客人留住，并让他们记住你，文字别太长，内容不妨多元化，有点图，有视频。关键还是要吸引人，本节将重点介绍内容的基本写作方法。

做网络新闻，必须以文字和图片为主原则。美国斯坦福大学和佛罗里达大学波伊特（Poynter）中心的一项研究表明，网络读者首先看的是文本。整个测试的结果是，新闻提要的注目率是 82%，文章本身的注目率是 92%，网页上出现的图片有 64% 的人关注。

新浪网在 2009 年 1 月 4 日"全国大部分地区遭遇寒潮袭击"的专题制作基本上体现了这一研究成果。专题将最重要的动态新闻消息和重要图片放在版面的最上部，充分吸引了受众的注意力。视频和 Flash 是动态的、转瞬即逝的，对于网络新闻的受众来说，虽然他们不太喜欢读长篇大论，但还是希望通过将新闻组合在一起，引发自己对社会、对生活、对现状更多的思考，文字报道依然是引导受众思考的主角，视频和 Flash 只是对文字和图片新闻的补充和装饰。

因此，在标题很不错的前提下，做好网络新闻的正文部分，将是另一番天地。

13.4.1　长篇大论没人看

网络新闻的体例和传统新闻并无二致，它们都是由消息、通信和深度报道组成的，只是相对于网络这一快餐结构来说，要想一次弄一个超长的文本，为你的品牌做一次全面的新闻营销的话，你可能费力不讨好。原因很简单，上网看新闻的人，很少有人会去阅读超过 1500 字的文章。

如果你的讯息确实很需要用长篇大论来完成，也不是不可以，将它分割成几大部分，做成一个新闻专题，然后以几个不同的小标题连接它。

像中国移动 G3 发布这样的大新闻，仅靠一篇千字左右的消息无法承载，所以我们可以将文字"切割成块"，如同报纸上几个版面组成一个专题一样，用若干篇幅在 1500 字左右的新闻组成，再辅以视频、图片和各种相关信息，从而形成一个供读者按照个人兴趣选择的自由专题页面。在单篇新闻之后加入超链接，作为拓展阅读，这样就可以让读者更全面地进行选择。可以说用超链接就可以对一些重要的人物、事件、背景或概念进行扩展。既可以用注释的方式出现，也可以直接链接到相关网页，这有助于读者接触新闻深层背景，获得丰富的相关信息。

当然这种模式，非重大新闻不用，而且使用专题的决定权也不在你，而在于网站的新闻编辑，任何个人至多提供信息和资料，而且除了类似中国移动这样的五百强级企业，中小企业和个人几乎没有机会使用这类模式。因此，本文不对此进行深度讨论，专注于最符合网络新闻、最符合中小企业营销，同时也是网络新闻中最有影响力且最难驾驭的网络新闻消息类写作。

那么网络新闻消息的体例是什么样的呢？和普通新闻一样，分为以下四部分。

标题。概括消息的主要内容。这个之前讨论过了，之后不再详论。

导语。导语是开头一段话，要求用极简明的话概括消息的最基本内容。

主体。主体是消息的主要部分，要求具体清楚，内容翔实，层次分明。

结尾。是对消息内容的小结，有些消息可无结尾。我一贯认为结尾留给读者，留下一个思考的尾巴为好，话不可说尽，说尽则缘分早尽，所以我的新闻观点是，无结尾的结尾是最好的结尾。

先从导语开始说起……

13.4.2　倒金字塔+导语写作

传统的文本写作总是在单一层面上完成的，所有信息与材料都是一次接触到。传统新闻写作方式中有"倒金字塔"的结构模式，也就是将整篇文章，从开头到结尾，信息的重要程度逐步递减，便于读者阅读。这种模式是新闻的常规模式，同时也是网络新闻的常规模式，因为这类模式最适合读者阅读。

然而网络新闻和传统新闻在使用倒金字塔模式上还是有一定区别的。适合于平面媒体刊载的新闻往往不适用于读者进行扫描式和跳跃式阅读。当读者必须用阅读印刷媒体文字新闻的方式按部就班甚至逐字逐句在网络上阅读这些新闻时，可能会感到疲惫，这会与他们在互联网上高速阅读新闻、主动选择新闻、深度索取新闻的需求发生种种冲突，从而限制了读者在网络新闻传播中应该拥有的主动权的实现，影响了阅读效率。

通过调查显示，有很多读者没有从头到尾阅读完这些信息，即对他们来说，有一部分信息属于冗余信息。对于网络新闻来说，要实现倒金字塔模式，最关键的就是如何让最有价值的信息处于文本的最前面，也就是文章的第一段，按照行话来说就是"导语"，用一两百字的内容，完美传递信息，让读者从最有价值的信息阅读起，从而避免疲惫，至于后面的辅助性信息，读者就算没有阅读，也不会有什么损失。

"导语"通俗来讲就是新闻中那些最突出、最新奇、最能吸引受众的部分，比如一场球赛刚刚结束，读者最想知道的是结果或某个球员的发挥情况，那就先从这里写起。

下面让我们看同一天网易科技上的几则有关视频网站新闻的导语。

新闻一：百度视频计划初露端倪：龚宇掌舵 3 月上线

网易科技讯 1 月 4 日下午消息，知情人士 4 日向网易科技独家透露了百度视频计划的部分内容：百度为进军视频注册了新公司，由百度控股，并将引入一家美国私募基金 6000 万美元的投资；12580 原 COO 兼总裁、搜狐原 COO 龚宇将出任新公司的 CEO，他本人亦有少量投资；百度视频预计在今年 3 月上线。

新闻二：网易视频频道正式上线 定位互联网电视台

网易科技讯 1 月 4 日消息，网易今日正式上线网易视频频道（http://v.163.com），同时宣布与激动网合作共同推出高清影视剧频道。自此，四大门户网站正式形成了以影视、电视节目为内容架构的互联网正版视频阵营。

新闻三：古永锵称优酷拟三年内实现赢利和海外上市

网易科技讯 1 月 4 日消息，据路透社报道，视频网站优酷网创始人兼 CEO 古永锵周一表示，虽然大量追加投入使其实现赢利的时间表尚不确定，但优酷网希望三年内能实现赢利和海外上市目标，理想上市地点包括美国和中国香港。

这三则新闻从标题上看，都是有关视频网站的新闻，分别是百度、网易和优酷。从价值取向上看，都是关于视频网站的最新动向，乍一看，你会发现有点类似于小学生写作文，其实新闻导语写作确实很像小学生作文，不讲究花哨，而是平实的叙述。小学生写作文通常会要求将时间、地点、人物、事件（起因经过结果）都涵盖进去。导语也是一样，就是要做到 5 个 "W"，最起码要涵盖其中的 3 个，即：

- What 事件（必备）：新闻一的事件是关于百度视频站上线计划，新闻二则是网易视频站正式开张，新闻三的导语体现的是优酷网的三年计划和构想。
- When 时间（必备）：三个新闻都是 1 月 4 日传递出来的。有时候，一些新闻的发生时间可能在发布时间之前，比如一些刚刚解密的新闻，如 1 月 4 日得到消息称，优酷网在 1 月 1 日已经正式启动上市计划，那么这个新闻的时间就是元月 1 日，而非发布消息的 4 日。
- Where 地点（可选）：之所以是可选的，是因为时下不少新闻本身并不具备地点特征，或者说地点特征并不明显。如上述三个导语中，如果硬要加上一个地点的话，只能是三个公司总部。
- Who 人物（可选）：同上一个条件一样，这三则新闻的导语中并没有明确的主人公，准确来说，真正可以算得上 "人物" 的，其实应该是百度、优酷和网易三个公司，这是三个公司在网络视频领域的最新动向。
- Why 原因（必备）：三则导语其实都呈现出同一原因，即深度植根互联网，进一步开发网络视频领域，同时计划赢利。

那么导语写作有什么明确的技法呢？除了上面这种比较平实的导语写法外，还有不少特别的技法，前人总结得已经非常完善了，这里综合一二。

1．一语破的法

好的新闻导语要做到 "抢耳"、"抢眼"，用最短的文字，一语破的，无疑会起到开门见山、立竿见影的效果。那么落到实处，该怎么做呢？历史上最有名的此类导语是杜鲁门宣告日本投降的新闻，五个字，干脆利落"日本投降了"。比如这样一段导语："iPhone 降价了，首破 5000 元，联通和苹果于今日一道宣传此项决定，并将在近期给 VIP 用户更多优惠"。

2．设置悬念法

在新闻导语上设置"悬念"，事情先不直说，吊起读者的胃口，"逼"得你不得不继续读下去。早前看到这样一篇报道，导语是这样写的："广交会上传说着这样一件事：一家 B2C 的职工，'救活'了两只鸳鸯，挽回了一大笔外汇。"为什么要"救活"鸳鸯？"救活"了两只什么样的鸳鸯？又怎样挽回了外汇？导语对此一概不提，要想知道就得往下读。

3．速写勾画法

新闻一开头，若能先给"五要素"中的人物和地点，描述几笔，勾勒出一幅图画，使读者如临其境，如见其人，如闻其声，那么，这条新闻的可读性就一定会大大增强。比如一则以介绍游戏学院为青年就业铺平道路的新闻，其导语可以是"走进教室，更像一个数码工作室，22 岁的小陈正在那里用计算机绘制着一个颇似指环王的原画，而他的同学小周则穿着动作模拟服，正在为游戏人物的动作设定，做最后的操作尝试"。

4．抑扬顿挫法

对报道对象的表现手法可多样化，或先抑后扬，或先扬后抑，一起一伏，峰回路转，使人读来耐人寻味。

如上面说到的游戏学院的新闻稿，可以将导语变化成这样："在这里，每一个学生都在玩游戏，每一个老师都符合网瘾精神病的标准，他们每天都超负荷地在游戏世界里打拼。然而，没有一个家长反对，因为这是一所学校，以教授学生制作游戏为内容的全新的技术培训型'大学'，学生在这里所做的一切都是为了完成学业。"

5．有意重复法

新闻导语最忌重复，颠三倒四地重复一句话，既浪费时间，又浪费版面，还会使读者云里雾里。然而，对于一些特殊的题材，有意识地重复一些关键词语，反而会收到一些意想不到的效果。

请看下面这条导语："500 万！500 万玩家正在翘首等待魔兽世界开服。500 万！历史上最多的游戏玩家正在同时寂寞着。"特意重复使用了两个带感叹号的"500 万！"加深了读者的印象。

导语是否成功将直接关系到读者是否阅读下去，所以加强导语写作是网络新闻写作者必须要锻炼的基本功。

补充一句，上面引用的网易科技的几则新闻有一个共同点，那就是"网易科技讯"，如果你要给网站编辑发邮件，那么导语上最好有个××讯，就如同过去给报纸投稿要记得加上本报讯一样。一来这样可以体现你对那个网站的尊重；二来可以显示你给这个网站的稿子不是群发，而是专门针对他们写的，哪怕你写给其他站点的稿子都是一模一样的。这是一个心理营销的小技巧，斟酌使用。

13.4.3　正文写作要有主次

网上读者阅读新闻的主要方式为扫描式阅读，在这种阅读方式下，要想保证读者能够容易、清晰、准确地捕捉新闻的核心内容，在写作上就要做到：将重要新闻因素用最清晰的文字方式描述出来，对重要新闻因素进行合理排列。

例文：

（标题）

联想发布首款智能本 Skylight 售价 499 美元

（导语）

北京时间 1 月 5 日下午消息，据国外媒体报道，联想今天发布了首款智能本 Skylight。该产品将于今年 4 月在美国上市，售价为 499 美元，高于多数上网本。

（正文）

该产品采用了高通的 Snapdragon 芯片，由于该芯片基于 ARM 架构，因此较 x86 芯片更为省电。ARM 芯片多用于智能手机领域，而 x86 芯片则在上网本市场占据主导地位。

Skylight 智能本配备 10 英寸显示屏，比绝大多数上网本都薄，重量仅为 2 磅（约合 0.9 千克），采用极具特色的贝壳设计，有蓝色和红色可选。该产品还内置 3G 和 Wi-Fi 模块。联想表示，将为用户提供无缝浏览体验。由于 CPU 能耗效率较高，因此能够提供超过 10 小时的续航时间。

Skylight 智能本配有 2 个 USB 接口，还提供 SD 和 micro-SDHC 卡插槽及 SIM 卡插槽，而且支持 mini-HDMI 接口。该产品提供 20GB 闪存，并提供 2GB 的联想云计算存储服务。

Skylight 将于今年 4 月在美国上市，售价为 499 美元，高于多数上网本，但联想并未公布与之合作的运营商。业内人士认为，运营商有可能会为 Skylight 提供补贴。该产品还将于今年晚些时候在欧洲和中国市场上市。

分析师认为，采用 ARM 架构的产品要获得普及，最重要的因素是操作系统，因为部分用户很难适应非 Windows 环境。联想则表示，虽然 Skylight 并没有使用 Windows 或 Ubuntu，但却搭配了定制的 Linux 操作系统。由于易用性得以提升，因此用户使用时不会产生与使用传统 Linux 一样的困扰。

以上面这则 IT 新闻为例，可以总结出几点网络写作新闻时正文部分需要特别注意之处。

1. 注意用一个段落描述一个主要内容，用另一个段落描述另一个内容

由于读者的注意力是跳跃的，甚至经常会进行超越段落的跳跃，因此他们很难在一个段落中同时注意到两个重点。上面这则新闻非常典型，每一段专门针对产品的某一方面，如正文第一段为芯片特征，第二段为外观特征，第三段是相关配置，第四段则为售价。一事一议，这样文章的结构非常清晰，读者也不至于被大量的资料和数据弄晕了头脑。更主要的是清楚的层次可以方便读者查看需要的信息，比如关心售价的读者，会直接从导语跳跃至第四段。

2. 要注意用最重要的实事或观察的结论作为一则新闻的开始

这其实是倒金字塔模式的进一步延伸，不仅导语要涵盖最重要的信息，在正文部分，一样要按照倒金字塔模式，从最想告诉读者的内容开始。

对于查阅此新闻的读者来说，大多数人首先关心的不是售价，因为在标题和导语中都提到售价，读者更关心售价低是否配置就低，而个中关键就在于芯片，所以作为新产品推出的新闻，就要第一时间给读者破除这种认识误区，在正文第一段告诉读者，这种芯片比常用芯片更好、更省电。第二段则相对较弱，也是用户比较关心的外观特征信息。至于售价，由于已在导语中提及，也没有更多信息要突出显示，所以放置在了第四段。第五段则援引专家的话语，基本上非 IT 产业人士或精通计算机技术之人，很难真正看到这段内容，所以受众最小，重要性也相对最弱。

3. 要高度简洁地表述最重要的事实

为了让读者在最短的时间内尽可能准确、完整地了解最重要的新闻因素，需要在网页的第一视觉区域内完成对重要新闻的精准概括、描述和引导。所谓"高度简洁"，就是要用最准确的信息征服读者，例文中，直接通过芯片对比，用所采用芯片比 x86 芯片更省电一句话进行概括，然后带出 x86 乃上网本主流芯片，两句话就说明了自身计算机的芯片足够强悍。

4. 将最重要的新闻要素置于段落的最前面

无论是写一篇新闻还是处理其中的一个段落，都要遵从重要者为先的原则。网络读者绝对不喜欢在文山字海中艰难跋涉，因此在任何时候都要把最重要的信息置于最前端。也就是说，你不仅要在段落之间按倒金字塔模式进行排列，就算是段落内部，也是如此。重要的信息放在段落开头部分。

在这则例文中，这一特征很明显，"该产品采用了高通的 Snapdragon 芯片"、"Skylight 智能本配备 10 英寸显示屏，比绝大多数上网本都薄，重量仅为 2 磅（约合 0.9 千克）"、"Skylight 智能本配有 2 个 USB 接口，还提供 SD 和 micro-SDHC 卡插槽及 SIM 卡插槽"、"Skylight 将于今年 4 月在美国上市，售价为 499 美元，高于多数上网本"、"分析师认为，采用 ARM 架构的产品要获得普及，最重要的因素是操作系统"。每一段的第一句话都是段落的核心。后面的文字都是为了予以更多的证明。

5. 要想方设法让读者感到你提供的信息对他们有用

读者往往没有足够的耐心，并且充满了怀疑态度与批判精神，他们不是为了你的杰出伟大而选择你撰写的新闻，而是要满足自己的某种需要才去访问的。因此如果你想要写好一则为企业营销服务的优质网络新闻，永远需要把"对读者有用"作为首要的诉求，而将"对企业品牌和营销有用"放在其次，让读者很快发现他们想要的信息。很多人在写此类新闻时，往往会习惯性地在文章中大肆吹捧自己的企业或产品，缺乏客观公正性，结果别人一看就是企业的新闻通稿，没有可信度。而上面这则消息，巧妙地用不带观点色彩的描述性文字对产品特征进行了一次叫卖，对企业则没有多少提及，恰恰取得了"不着一字，尽得风流之妙"的效果。

正文的写作，以上介绍的只是速成模式，每个人有各自的写作习惯，不一定非要按规矩办事。否则写成了新闻腔也不太好，比如国外的记者，写的新闻比较喜欢以故事开头，通篇都是故事性的内容，观点、议论夹杂其中，并没有倒金字塔模式的影子，同样读者甚众。可以这么说，这种倒金字塔模式是初学者窥探网络新闻门径的敲门砖和铺路石，是一般性规则，但不是绝对规则。在探究门径之后，就修行在个人了。

13.4.4　关键词写作要突出

起好了标题、写好了导语，完成了正文，是否就没有问题了呢？错，为了让你的网络新闻更具推广力，你要全面考虑推广因素，在关键词写作上下一番苦功。

处在网络新闻传播中的受众抛弃了对印刷媒体逐字逐句的阅读方式，开始在扫描中阅读，在快速扫描的过程中发现和感受对自己有用的信息。这种阅读带有极大的跳跃性、检索性、忽略性，如果新闻中没有醒目的关键词，没有清晰的提示与标识，没有引人注意的种种细节，就难以抓住读者飞速运行的眼球。

更重要的是，现在很多读者都借助搜索引擎完成他们对所需信息和新闻的检索。美国 SUN 公司研究机构的研究发现，至少超过半数的网络使用者依赖搜索引擎去发现自己需要阅读的网页。因此，让新闻更容易被受众检索和查询，是扩大新闻传播的影响范围、增强新闻的再度利用率的重要条件。

这就造成了一个局面，不仅标题要吸引人，导语和正文部分乃至图片上都要有强有力的关键词意识。导语上的关键词意识如何体现呢？我们以图 13-3 进行分析。

图 13-3　简要提示写得好和图片有冲击力在新闻搜索中胜算更高

388

从百度新闻搜索页面中可以看出，使用者往往通过在搜索引擎上呈现的这数十个字的描述去判断这则新闻信息与自己需求之间的关系。为实现这一目的，以下几方面的技巧需要引起大家注意。

1．使用能够引起人们注意的词汇和简洁的句式制作导语

比如第一个检索到的新闻，第一句话就是"500 万的寂寞，500 万人上瘾"。就这么个短语，就足以让大多数关注网络游戏特别是魔兽世界的网民"感冒"，而随后提出的"沉默的大多数"命题就会让读者禁不住点击阅读了。注意强调一些携带着重要信息的字词，避免强调整个句子或一个段落，因为扫描状态中眼睛一次只能掠取两三个词。

2．如果是长篇报道，则要做一个摘要，将其置于页面的最前端

在这个概要上设计链接，将读者引向报道的详细内容。这个摘要往往成为在一些搜索引擎中显示这页新闻内容的最为精要的提示。

3．导语和概要描述必须准确反映全文的内在联系及本质含义

我们再来关注一下有关"凡客诚品"的关键词新闻，如图 13-4 所示。

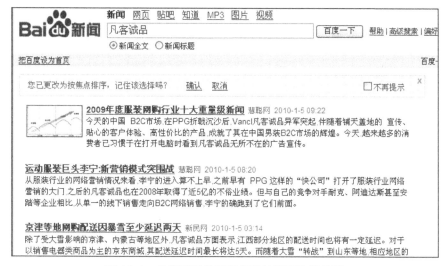

图 13-4　凡客诚品的新闻搜索让网民有信任感

不难发现在百度新闻检索页面上，凡客诚品很精明地在第一和第三条自己推出的新闻中将自己进行了重点突出，如"十大重量级新闻"，自己当之无愧地排行第一。同时又极其详尽地表明了自己这则新闻在标题和导语乃至内容上的一致性，从而巧妙地将品牌特征营销出去，让潜在消费者对凡客诚品的品牌形象和售前售后服务感到满意。

4．不要用夸张和浮华的语言描述导语和概要，把精力集中在事实上

在"凡客诚品"这个关键词的新闻检索中，第三条很明显地用了最朴实的话语来证明自己的品牌美誉度，结合当时大风雪天气这一焦点新闻，凡客诚品很主动地进行了一次营销公关和新闻推送，给消费者送了一份温暖。

5．概要描述应该控制在 150 字以内

无论是"榜样魔兽"还是"凡客诚品"，这两个搜索项所检索出来的每一个新闻所放送出的简略内容字数都很少，这就说明，无论是采取导语写作还是概要形式来形成关键词，都要严格控制字数，在 150 字以内，将你要传递的重要信息完整放送。

同时，要记住一个简单的道理，目前国际互联网上的大型搜索引擎一般是根据文章的前几十个字进行关键词语数据库信息的收集与编录的，如果不能严格遵守诸如"重要结论前置"、"重要关键词前置"这类网络新闻写作的基本要求，再重要的新闻也难以在浩如烟海的网络信息数据库中崭露头角，难以在信息的再度利用领域有所作为。

请记住，写网络新闻，并不是仅仅把文章写出来就可以了，一定要注意突出关键词，非常明确地强调它们。

很多时候，人们往往记住了用关键词来为自己的新闻搜索眼球效益加分，却忽视了图片。如果你自己看看"榜样魔兽"，会发现有图片的新闻，其图片也会做成缩略图呈现在读者的检索页面前。有冲击力的图片绝对会为你的新闻点击量加分不少，因此巧妙地给自己的新闻配上好图片，也将是一件很有讲究的事情。

13.4.5 专家点评很重要

我们来看下面这段消息。

伊莱克斯 2010 年一季度将于伦敦证交所退市

伊莱克斯董事会决定申请在伦敦证券交易所摘牌，预计将在 2010 年一季度生效。

据了解，伊莱克斯 B 股是在 1928 年于伦敦证券交易所上市的。伊莱克斯方面表示，在伦敦证券交易所上市是之前公司增加外资战略的一部分。目前，由于国际资本市场对管制的放松以及公司内外资股权的增加，伊莱克斯认为这项措施已不再具有必要性。

这则消息基本上是一面倒的新闻，全部都是伊莱克斯自说自话，伊莱克斯尽管对退市事件进行了澄清，却没有第三方意见，因此读者依旧会产生伊莱克斯出现了问题而选择退市这一潜在认识。

如果为树立企业品牌或推介产品而写作的新闻稿，能够适当引入第三方意见，将可以让读者感受到客观公正、可信，特别是援引业内知名人士或相关机构的观点，一方面可以避免让读者认为这则消息是企业的产品稿和软文，消除抵触情绪。另一方面可以让产品或品牌在一个客观公正的中立评价者的评论中，进一步进行营销。企业自行撰写的稿件，可以有选择性地寻找观点有益的专家。

新闻一：联通推出全球首款 WCDMA/GSM 双网双待 3G 手机

中国联通与宇龙酷派共同宣布，推出 WCDMA/GSM 双网双待机酷派 W700，标志着中国联通首款 WCDMA/GSM 双网双待机隆重上市。

中国联通宣布，继 10 月牵手苹果公司引入旗舰明星产品 iPhone（手机上网）手机后，本次携手宇龙酷派倾力打造又一款 3G 旗舰产品，这是其再次布局高端市场，以抢占中高端市场用户的重大举措。

业内人士分析中国联通争夺中高端 3G 用户，需要强势品牌和旗舰产品作为竞争筹码，酷派 W700 产品将与 iPhone 手机构成中国联通的两个拳头产品，丰富高端 3G 产品的多元化选择，成为中国联通 3G 市场竞争的"杀手锏"。

新闻二：20 世纪 80 年代知名电视品牌莺歌有望重返市场

阔别市场多年的"莺歌"电视将再度"放歌"的消息近日甚嚣尘上，而这一消息源于有报道称冠捷与武汉电视机厂达成重整"莺歌"的协议，重新面市的时间选在今年春天。

品牌专家许云峰认为，在武汉"莺歌"这一老品牌还具备很高的市场价值，冠捷重推"莺歌"这个品牌，这样的"情感牌"在特定区域会受到消费者的热捧。

家电分析师也认为，冠捷科技液晶电视项目已经开始启动，以冠捷的研发和生产优势，加上"莺歌"在武汉市场的影响力，"莺歌"电视也许真的能够"凤凰涅槃"，但对于全国市场的推广，还有待考验。

新闻三：谷歌 Android 平台广告展示次数两月翻番

据国外媒体今日报道，手机广告网络 AdMob 发布的最新数据显示，谷歌 Android 手机操作系统的广告展示次数在去年 10 月至 12 月期间增长了 97%，达到 10 亿次，几乎实现翻番。

根据 AdMob 的数据，这一增长主要来自摩托罗拉 Droid 手机。Droid 发布前，在 Android 的广告展示次数中，宏达电的产品占据 98%，但去年 12 月却降到 56%，摩托罗拉则占据 39%，三星占据 5%。

总体上来说，这三则网络新闻非常符合前面提到的各种规范，而且都选择了通过专家说法的方式强化产品优势的可信度。具体来说，三则新闻又有所不同，第一则新闻中专家没有姓名，仅为"业内人士"，这类以所谓"业内人士"、"消息灵通人士"、"接近某企业的人士"或"不愿意透露姓名的观察家"等出现的新闻稿，往往写作者本身就是这些业内人士，这一点早已为读者所熟知，这样的"援引"反而容易引起读者反感，加深其认为是产品稿和软文的印象。

第二条中则出现了专家姓名，尽管相对来说许云峰之名并不为读者所熟悉，但既然是有名有姓的专家，其说话也能够取得读者的信任。他可以说出冠捷作为企业想说而不方便去谈及的内容，比如通过情感牌来吸引消费者这样的话语，从而实现点题，这也是专家观点的一大好处，言厂商所不能言，从而给企业贴金。

第三条则用了权威行业网站的话语为企业的品牌形象直接进行宣传，通篇以数据说话，加上权威网站的招牌，让谷歌自己全面站在一个被评论者的角度，以完全客观公正的姿态被表扬和赞美，这样的模式是最不容易被察觉的，也最容易在读者心中植入品牌形象。

当然并非一定要让请来的专家完全说自己的好话，其实适当地说一些模棱两可或看似负面的话语，更能增强新闻的公正性和客观性，让读者更容易接受。当然，这种攻击建立在"小骂大帮忙"的基础上，以不触及根本为主。这一点在本书中还会有所提及，在此不进行详细介绍。

13.4.6　擅长使用超文本

由于网络传播的特征，我们在网络新闻写作时，不能仅局限于文本本身的写作，还可以在超文本概念上运用各种手段，极大地丰富新闻的价值。

1. 用超链接可以对一些重要的人物、事件、背景或概念进行扩展

既可以用注释的方式出现，也可以直接链接到相关网页。这有助于读者接触新闻深层背景，获得丰富的相关信息。这样做最大的好处是不给新闻本文本身添加负担，这是一种衍生性的阅读，如果想要传达的信息能够在一个页面上简洁而完整地呈现，就不要使用超链接。若使用超链接，不妨以三个为宜，多了读者也不会点击。通常意义上，三个超链接最好放置有关此新闻的相关信息，特别是之前的一些动态和评价。有的人认为，我又不是网站编辑，凭什么制作这种版面编辑级别的文稿。其实你作为新闻的发送方，你不做，版面编辑也要做，而且是用计算机自动为你的新闻匹配相关链接。如果你根据你发布新闻的不同网站，事先找好对自己有利的相关链接，可以节省网站编辑的时间，方便他发布新闻，而且可以在超链接层面上，为自己的营销做好导向工作。

2. 巧妙运用图片，让文字更生动，让新闻更有冲击力

经常看报纸的人都知道图片对报纸销量的力度，基本上畅销的报纸头版都是特大的特别有冲击力的图片。网络新闻在这一点上更加严重，网络受众一般具有重图片、轻文字、重直观、轻抽象的具象性思维方式，网络传媒的空前繁荣使得传播空间日益向公众化演变，受众呈现非群体化特征，选择性增强，个人趣味凸现，千篇一律、冗长乏味的新闻报道难以引起读者的兴趣。巧妙地以图片来化解读者的阅读疲劳，通过看图说话的形式来适应网络阅读快餐化的格局，营销自己的品牌。

当然图片的选择也是有技巧的，比如性感永远是吸引力极强的，漫画风格也不错。此外，如果是之前的那些关于产品发布的新闻，也可以考虑配合上产品的多张照片，多侧面展示产品款式。当然，照片上有人出现会更好。总之记住一点，如果可选择的图片很多，那么就凭借直觉选择一张你觉得最吸引你的图片吧！把自己当作一个读者，你喜欢的图片，读者也一定喜欢。

3. 适当的视频或 Flash 动画也是有益补充

在文本新闻上加视频和 Flash 动画的方法已经在单篇新闻报导中大量使用了，此外，随着微电影和短视频的传播，更具视觉冲击力的 7 秒短视频，完全可以由新闻信息源头方进行制作并提交相关媒体发布。目前，此类模式在微博上应用较广，在新闻上尚少见，但随着移动端的进一步普及和移动互联网速度的加快，适合移动端流量与速度需求的短视频将进一步融入网络新闻中。

4. 重视超文本对于搜索引擎也是极其必要的

可以这么说，超链接是网络写作成功的必要条件。那么图片和视频呢？当然也会有加分，之前提到，新闻搜索中会出现你这则新闻中所用图片的缩略图，它的好坏将直接影响读者是否选择点击链接进行阅读，因此选择好第一张图片是个关键。别忘记，现在的搜索引擎还有图片搜索和视频搜索，这两者都会为你的新闻再次被网民搜索到做好铺垫。毕竟你登上网站新闻页面的时间只有一天，而搜索引擎将成为这条新闻被再次发掘的至关重要的机会。

【思考一下】

继续本书 13.4 节提到的拉力赛赛车手受伤事件，你已经拟订了标题，现在该准备内容了，刚巧有人现场用手机拍了视频，而且中毒的赛车手已经转危为安，就是汽车坏了的这个问题有点棘手，或许会给品牌带来负面影响，那么你是报道还是不报道呢？怎么报道才能正面化呢？

13.5　多快好省网络新闻传播

【本节要点】

将新闻准确投放给目标受众是一门学问，这并不比写新闻轻松，而投放时间、投放地点、投放频率、投放技巧都很有讲究。另外，你并不是记者，所以你不用等新闻，你可以制造新闻。媒体只是新闻的记录者，而推广营销人员应该是新闻的制造者、记录者和传播者。

一般说来，网络新闻读者往往是浅阅读，只是在特定的选题下，才会深入阅读。据统计，网络新闻读者平均每次上网时间仅为 34 分钟；79%的读者阅读新闻是浮光掠影的。读者在网上阅读新闻时是限时的、无耐心的。

问题是，每天各个新闻网站上更新的各类新闻就有几百条，如何在短短的几十分钟内将你要传递的信息送到读者的脑海中呢？

13.5.1　不同新闻不同投放

正如传统媒体一样，作为新闻写作者，文章写好后，投稿其实是非常有讲究的。从概念上说，不同的新闻，投放的标准是不一样的，投稿的准确与否直接关系到你的稿子是否被采用，同时也关系到稿件被采用后的传播效率问题。

比如你是一个游戏企业的厂商，准备发布你的游戏邀请了当年"艳照门"主角阿娇作为新款足球网络游戏代言人，将和某中超球员一道出席游戏在上海举办的首发仪式晚会的新闻，如果你将这则新闻投稿给财经类网站或文化历史类网站，他们恐怕不关注。因为这些网站的受众可能对这则新闻并不性趣，同时就算网站予以发布，也可能放在并不醒目的位置上，哪怕是放在醒目位置上甚至头条，由于受众群体并不完全重叠，也会让传播效力大打折扣。

那么，这则新闻按照规矩应该投放到哪些媒体呢？首先是投放到综合门户类网站，既然你要突出的是游戏活动，那么针对这些游戏频道的投放可以用通稿，由于这则消息具有很多

393

其他类型的元素，所以你可以考虑对同一个门户进行一稿多投。当然，稿件的侧重点要有所改变，最好能写出不一样的稿件来，比如投放到娱乐频道的，突出阿娇复出甚至和神秘男嘉宾一道踢足球；投放到体育频道的，突出中超某球员，这样才能产生复合效应；还要同时覆盖许多专业媒体，即游戏类专业媒体、娱乐资讯类、体育资讯类媒体，甚至是计算机技术类媒体，同时鉴于该球员是上海某球队的，加上活动在上海举办，也要给上海的地方门户网站投稿，以扩大该新闻在当地的影响力，最起码可以为你增加不少现场观众，捧个人场。

以此案例为例，我们不难发现网络新闻投稿的几个要素。

1．做到有的放矢

绝不将稿件投给不相关的媒体。给不同媒体的稿件还要尽可能照顾到该媒体的特征，不要完全依赖新闻通稿。

2．多联系网络新闻站点的编辑部

尽可能掌握齐全各个网络媒体编辑部的电子邮件地址，包括具体收件人的姓名，然后一对一地发稿，千万别在投稿邮件上体现出一大堆发送和抄送邮件地址，这能体现对编辑的尊重程度。如果可能，尽可能获得对方的 QQ 号，进行逐一公关和沟通。

3．人情纽带作用很重要。

不管你承认与否，中国是人情社会，熟人好办事，同一篇稿子，你和编辑熟不熟，对于稿件是否被采用，乃至被采用到何种程度，被放置在哪个位置，是否醒目，有极大的关系。特别是企业投稿，这种情况更明显。人民网某频道编辑对笔者说过，他们每天早上打开邮箱，都有厂商发来的上百封新闻稿件，但每天的版面只有那么多，这个取舍就在于新闻是否重要，还有与发件企业和个人的关系是否融洽了。

投稿还是有捷径的，若你能够将稿件发布到新浪、搜狐、腾讯和网易四大门户网站的相关新闻频道上，那么你的稿件将不可避免地被转载，因为很多网站的编辑习惯从这些网站上转载所需要的新闻，甚至用机器自动抓取，因此投稿攻坚战的关键还是在门户网站上。

13.5.2　投放时间有讲究

给网站投稿有很多讲究，如果你在发稿时间上没有把握准确，会导致传播效率低下。这主要是网络新闻最显著的一个特征使然，即新闻具有时效性特征。下面我们不做新闻学理论的讨论，且看看网络新闻在投放时间上有哪些讲究。

1．重大新闻第一时间投放

所谓重大新闻，可以是你所在的企业目前正在发生的重大新闻，比如发布一款最新产品，给消费者提供最优惠的某项政策等，这些新闻非常有时效性，通常是结合新闻发布会一道发布。对于网络媒体来说，这类新闻比较有新闻价值，可以作为即时新闻或热点新闻随时发布。不过这类新闻最好事先写好新闻通稿，并和有关媒体进行先期联合和沟通。

比如《联通应用商城取名 UniStore 抢注域名者颗粒无收》这个例子就非常特别，完全实现了第一时间投放给媒体，第一时间发布，从更新时间上看，是凌晨 1 点，正是大家熟睡的时候，可因为新闻很重大，所以被第一时间发布。当然，联通肯定事先就和相关媒体进行了沟通，否则没有媒体编辑会在凌晨一点上网查看收稿情况。也正因为关系重大，这条稿子被放在了新浪科技首页的焦点位置上。

2．配合新闻抓住时机投放

所谓配合新闻，是指针对当时重大的新闻事件，由企业进行的配合性的新闻营销活动。比如之前提到的大雪封路，凡客诚品承诺配送，就是一条根据实事进行写作的即时新闻。这类新闻要抓住时机，最好是在热点新闻刚刚推出之初，急需相关配合稿件的前提下。毕竟热点新闻之所以热，是因为关注率很高，但由于太新颖，所以相关报道很少，这时候将企业品牌植入进去，做成相关新闻，将极为有力地给编辑"帮忙"，获得极好的推荐位置，同时也极有利于品牌营销。反之，晚一点，当新闻已经火热时再杀入，相关报道已经很多，也不缺你这一条有广告色彩的新闻。如图 13-5 所示，2010 年 1 月 6 日的大雪专题中就没有任何带有广告色彩的内容，因为这时稿件已经非常充足，无须你来填空，而且只怕相似的稿子很多，读者对此已经麻木，就算侥幸上榜，意义也没有之前的大。这其实和王老吉一亿元捐款有异曲同工之妙。抓住时机，抢先一步，你将永远是强者。

图 13-5　提前抢占新闻专题阵地很关键

3．常规新闻每日早上投放

至于常规新闻，其投放就没有那么多时效性限制，毕竟本身可能缺乏时效性。那么如何成功登上新闻页面呢？这就需要摸清楚编辑的习惯，非重要日子，他们当然也是正常时间上下班，所以休息时间就不要发稿子了。稿件最好在上班时间 8：00～10：00 送达编辑那里，因为那个时间段是他们编辑今日版面、上传各种新闻的时间，这时发送新闻，最好想法子和对方沟通一下，不然你的稿件可能被淹没在海量新闻通稿中，最好用 QQ 和 MSN，先和编辑打个招呼，然后问候两句，再将新闻传递过去，请对方斧正。

13.5.3　投放数量要控制

有的企业在网络新闻投放上投入了大量的物力、精力与财力，比如半年内投放上百篇文章，甚至数百篇文章，保持每天 1～3 篇或 3～5 篇的投放量，按照现有市场行情价而言，其成本在 10 万元左右。对于大多数中小企业而言，这个成本相对颇高，也无法彰显出网络新闻传播力大和费用低廉的特点。

其实网络新闻在投放上有很多讲究。在游戏媒体业内有一个真实的笑话，那就是，每天游戏网站负责新闻更新的编辑打开邮箱，总会看到来自盛大科技的稿件，少则十数封，多则几十封，内容五花八门，都是盛大旗下不同网络游戏项目组的宣传人员针对自己管辖的这块游戏的新闻公关稿。稿件太多，而且来自同一个公司，其结果就是还不用和其他公司的网络新闻竞争，自己就先自相残杀了一番。众多稿件确实包含了媒介人员的心血，可人家又不是盛大的官方网站，不可能整版都放置关于盛大的消息。因此最终杀出重围的可能就是一两个新闻，其他的则被自然淘汰。

这和投稿是一个道理，在一天的报纸上，通常你能够看到的有关某一个公司的消息（当然正好被热点聚焦的除外）也就一条，而且不会每天都有，总是隔一段时间出现一次。这涉及审美疲劳问题，作为一个企业或者个人，不管规模多大，名气多重，都不可能长期霸占新闻版面。就算是网络媒体有着几乎无限的容量，也不可能在一日之内，承载太多关于某个单一企业的新闻，除非是爆炸性新闻。而且，一个企业很难做到天天都有新闻发布，特别是中小企业，哪有那么多事情值得报道，真以为自己的企业和阿富汗或基地组织有一比吗？

可以这么说，除了后面将要讲的特殊情况外，在日常新闻上，正常的投放频率是每周一到两篇，以两篇为宜。最好的投放时间是周三和周五。当然这是指行业板块新闻，正规的焦点新闻还是会被编辑替换掉，不过如果是焦点新闻，啥时候发布的就不那么重要了。

选择周三的理由也很简单。经过一个周末，周一会有不少上周的稿件和周末的稿件挤压，需要一到两天的时间来消化，因此如果在周一上稿，一方面太挤了，不容易上，而且就算上了，要想在两三天的各种精华稿件中崭露头角也并非易事，而周二还有消化吸收的余地，放置在周三最为妥当。

一周只发一篇稿子，有利于积累新闻冲击力。既然不会每天都有大事，那么一周之内的大事多少就有点分量了，不要急于求成是最关键的。网络新闻营销讲究的是稳扎稳打，一口吃不成胖子，千万不要以为写得多写得勤，你就可以成功营销，换成你是编辑，有企业每天给你塞一篇稿子，内容上又不是很精彩，你会发布吗？只怕久而久之，你会感到很厌烦，最后对方给的任何稿子都不发布了。

13.5.4　巧妙制造新闻

新闻营销就是利用网友的注意力赢取经济的手段，俗指"注意力经济"，网络媒体在完成报道的同时也需要生存，因此他们对所报道的新闻事件也在进行筛选，新闻营销的主角应该学会制造新闻事件，并在制造好新闻事件之后，帮助记者提炼出你希望他报道的新闻点。

 【长安汽车制造漂移新闻】

成名于网络的"山寨漂移王"李涛，18 岁，家在贵州开阳双牛镇三河村，刚开始只是对汽车游戏非常痴迷，因为常跟开车的父亲一起送牛奶，结果学会了开车，并逐渐迷恋上了驾驶的感觉。因父亲对李涛的驾驶技术比较放心，后来就让他独自开着那辆花 2980 元买的长安小货车去送牛奶，因为送牛奶要经过的都是崎岖不平的山路，所以一来二去李涛就练就了一手好车技。在李涛看过《头文字 D》之后更是对拓海的漂移念念不忘，想不到 2006 年一次下雨天有惊无险的事故，使他顿悟漂移。于是一发不可收拾，刚开始家里极为反对，因为这很危险，但李涛的痴迷使家人开始支持他，网上出现的那款破旧长安后驱小货车是他改装的一部漂移"宝驾"。李涛平时对全国汽车拉力锦标赛（CRC）、世界越野拉力赛（WRC）非常关注，目前最大的目标就是拿到赛车手执照，成为一名真正的赛车手。

在吉源汽车公园，李涛驾驶着他那辆改装的破旧长安后驱小货车与被贵州赛车界誉为贵州拉力"未来之星"的专业赛车手王浪涛"一决高下"。经过绕桩、漂移入库、定点漂移，最后是专业车手王浪涛以微弱优势取胜。

这则新闻巧妙地结合了当时青年的热点运动——漂移，通过将其和汽车的连接，表面上追捧个人，其实却是在营销长安小货和长安这个品牌。这一成功的新闻营销在网络上引发了轰动。"山寨漂移王"李涛在家乡崎岖山路上开着长安小货漂移表演的报道和视频在网络上被各大新闻网站争相转载，视频内容是李涛驾驶自己的破旧长安微型货车，在狭长山道上演漂移、180°掉头停车等高难度车技。在百度输入"长安小货车漂移"，就有 4000 多篇链接，仅新浪网上这则"小货车漂移"的消息和视频点击率就超过 100 万次。长安小货的超强耐用性也通过这一新闻隐性传播成功。

对此新闻，长安小货并没有正面回应过炒作问题，这更引发人们的猜测。假设这是一次新闻营销，作为企业怎么来策划并进行新闻炒作呢？

推广主体：长安汽车品牌或长安汽车某一即将上市的新车型。

推广目的：在网络上造势，吸引更多人对长安汽车的关注。刷新消费者对长安汽车的原有认知，获取他们对长安汽车的品质与性能的信赖。

推广手段：制造一个话题人物，以人物为核心，车为辅助，用网络视频与论坛等网络工具进行病毒式传播，然后再通过网络媒体发现、发掘，形成正规报道，最终达到宣传的目的。

前期预热

第一步：借助正在流行的《头文字D》，树立一个"山寨漂移王"的概念，不体现产品信息，就是一个草根出身，但天赋异禀车技一流的传奇小子，穷小子的成功之路会非常吸引人。如果可能，在之后的炒作中，在不影响企业产品宣传效果的前提下，再加入一些美女追求的绯闻，也可以让其更具娱乐性。

第二步：制作大量的李涛驾驶长安小货玩漂移的视频发布到优酷、土豆、六间房等视频网站；制作大量的图文帖，发布到各大社区——完成最原始的信息扩散。这一步是根本，不管这些视频和文字的传播效率有多高，这将是后期网络新闻营销的一个依据。

第三步：通过各大论坛曝光李涛的传奇学车经历，这种论坛口碑营销式的前期预热可以是煽情的、知音体的，通过其自身的平凡甚至贫苦的成长经历与拥有一身高超车技形成强烈反差，让人更想去了解此人。同时通过驾驶破旧长安小货炫车技的出位行为，一改飙车族以豪华跑车为标志的常规模式，造成心理反差，最终引发网民的大面积关注。在论坛营销过程中，可以通过所谓草根之口，给其冠名"山寨漂移王"。

新闻发送阶段

第一步：通过企业沟通相关网站，发布稿件，援引论坛和视频网站上热炒的内容（即使不热炒也没关系，可以自己给自己戴上高帽子），新闻稿全部以客观地报道该新闻事实为主，只是在文章中稍微谈及驾驶的是旧长安小货即可，从而吸引主流媒体报道，增强客观公正性。

第二步：开始以专家解密的形式，以揭开山寨漂移王是怎样炼成为由头，融入长安小货的强劲能力，以及与顶级跑车不遑多让的漂移能力。能漂移就更安全，以引导读者的注意力向座驾本身倾斜。

第三步：引导另一种舆论，即在其他地方一些车手开始尝试用其他车辆进行山寨漂移，然后专家说法，其危险性太高，不宜效仿，同时引入车辆对比，从而凸显长安小货一直以来的安全性和可靠性特征。暗示另一新闻线索，即不仅仅是山寨漂移王成就了长安小货的曝光度，同时，长安小货的独特性能也成就了山寨漂移王的成功。

第四步：由主流媒体邀请，企业承办，由后起之秀"山寨漂移王"李涛驾驶着改装的破旧长安后驱小货车与专业赛车手一决高下，进行车技大PK，最终两人车技不相上下。专业车手及各专业人士对李涛赞不绝口，全民关注度达到高潮，李涛也与自己的爱车一举成名。现场可以安排网络媒体在线同步图文视频直播，从而进一步提高长安小货的曝光率。同时辅之以一些汽车博客的评论，从而将宣传引入高潮。

第五步：尾声部分可以是一系列带有营销品牌性质的软性网络新闻，如长安小货给予漂移王奖励奖金、邀请全国巡回、长安小货改装解密等一系列报道。尽管长安小货没有这样做，但我们不妨为其进行设计和策划，大体可以分为以下几步。

- 由长安汽车出面，赞助李涛进行长安小货玩漂移全国巡回表演与挑战赛。
- 长安汽车为李涛赠送真正改装的专业赛车，并资助李涛加入专业赛车队。

- 李涛的长安小货成为长安汽车的一种草根文化象征，代表长安汽车自我实现、个性张扬、品质优越等新品牌性格。
- 李涛正式成为长安汽车某款新车型的草根代言者。

这种新闻营销其实借助了多种力量，从论坛中出现，削弱了企业幕后操控的嫌疑，也颇吸引眼球，然后媒体发现并挖掘，进一步凝聚聚焦度，再反哺回企业产品的宣传，巧妙而不露痕迹地进行品牌形象的烘托。这就引发了另一层面的新闻营销手法，即跟踪报道和系列报道。总体来说，这种重视策划的网络新闻营销，可以视为部分企业在网络新闻营销上有步骤、有策划，并且在周期安排上都是层层递进的，既有围绕品牌推广做的新闻事件传播，又有围绕某个新上市产品或重点产品展开的网络新闻推广。

13.5.5　网络新闻要形成系列报道合力

可以这么说，在大多数情况下，企业进行网络新闻营销，每次的报道点是单篇的，一次性的。这是时下网络新闻集中呈现的特征。通过上面提到的山寨漂移王不难发现，一次成功的新闻策划，其实应该做成一场有轰动性的系列报道和追踪报道。这样的操作手法，不仅能通过报道提升品牌特征，从而有高效快速的眼球效益，造成轰动效应，而且对网站来说，也更倾向于进行这样的报道，来为网站提高流量。如果说每月三四篇简单的企业新闻是常规手段，保持自己的曝光度的话，那么系列报道就是非常规手段，用以提高自己的曝光度。对于中小企业来说，运用这一手段，花费比常规新闻投放少，成功率更高、影响力更大，可以说是中小企业利用网络新闻成功制造影响力的关键性法宝。

【最美代练女孩新闻的轰动效应】

　　我曾在博客上推出了一篇博文，名为《连陶宏开都该感动的最美代练女孩》，讲述了在某网络棋牌站点上给别人做代练的一个残疾女孩的感人事迹。这个消息我最早是从一个朋友那里得知，在论坛里看到的。随着这篇博文影响力的扩大，这个棋牌站点立刻随后跟进，通过网络媒体发布了一系列关于这个女孩的详细追踪报道，同时表示愿意吸纳该女孩成为自己网站的员工，提供帮助和优厚待遇，女孩也一再通过这个网站的官方发言人之口表达了对社会各界关心的感谢。借助这一公益新闻，该棋牌游戏网站成功地在玩家中树立了自己的品牌形象，而且后继不断有关于这个女孩和网站的系列追踪报道。

这种报道几乎不用花费任何代价，因为极具新闻价值，包括人民网游戏频道、湖南卫视早间报道、腾讯游戏频道和网易游戏频道都曾询问过我能否和这个女孩取得联系。当然，在我和网站取得联系之后，对方表示，这位女孩有点害怕过度曝光影响到自己的生活，现在这样的宣传已经开始让她有压力。因此，在我和网络媒体的沟通下，这次系列新闻报道停止。

由此可见，一个形成系列的网络新闻，其效果将不是单篇稿件 1+1=2 可以概括的。而现在的误区是，大多数开展网络新闻营销的企业在做网络新闻推广时，大部分都集中在发布企业的动态和活动新闻上，而在这种新闻点上也没有做深挖，仅仅是发布一两次新闻稿而已，没有跟踪性的报道，也没有配合性的评论，更没有业界和消费者对此关注的报道。相对来说，IT 企业在这方面走得比较远，他们往往针对一个产品，适时地运作出一些具有爆炸性特征的报道，比如久游网在"劲舞团"的宣传中，一直坚持以娱乐性社会新闻为主，每隔一段时间就曝出有玩家因为玩该游戏而发生一夜情的事件，当然表面上都是玩家自动爆料引发媒体关注，而久游网官方则总是适时地予以反驳，甚至辩解称这个游戏中有太多小姐所以导致一夜情……这一系列不间断的报道尽管给劲舞团戴上了"很黄很暴力"的头衔，让其被誉为"一夜情最集中的网游"，却也形成了其独特的营销特色，为其聚集了不少人气。反之，其他游戏也有过类似的新闻出炉，但却往往只是隔上一年半载才有一个，这不但让自己和"很黄很暴力"画上等号，而且没有效果，难以让玩家记住。尽管这种做法并不值得提倡，但也是系列报道巨大影响力的一个笔走偏锋的佐证。

现在一些行业也开始有了这样的意识，比较显著的是涂料行业，尤其是 3A 环保漆与立邦等品牌，在围绕一些活动或企业动态时，往往都做了新闻点的策划和挖掘，从而成功地在网络媒体上进行了周期很长的系列追踪报道，比如 3A 环保漆的"魅力宝宝秀"、"千县万镇创富大行动"，基本上在连续 6 个月中保持了每 1～2 天一篇报道的频率，有时候一天的报道次数就达数十次，参与报道的网站达到数十家，基本上覆盖了行业内的所有知名网络媒体；而立邦围绕打假、"净味 120"也做了大量的新闻推广，同时凭借其积累起来的品牌影响力，基本上每天都有相关的报道出现，有的是立邦主动组织的，有的则是网站或评论员方面引用和分析的。这些涂料企业还巧妙借势"29 岁市长周森锋"的名人效应，从开始到推进，不断有新闻点和爆料出现，同时还引进了观察者们的评论。立邦在产品推广上采用涂料产品测评的方式，这种引自 IT 产品和汽车营销的办法，预计会在涂料行业成为一种营销时尚。

运用系列报道的手法，可以突破新闻投稿数量的瓶颈限制，越是有影响力的事件，一日之内可以发布的信息就越呈几何级数增长。

从写作到发布，其实还有很多技巧，必须结合企业的特征，进行进一步细化。这一切都需要在实践中不断发掘。

以上所述都是基本手法，慢慢发现你的网络新闻营销的独特法门吧，成为一个网络新闻营销达人其实并不难，价格不贵还实惠。

【思考一下】

本章一直在思考拉力赛，既然赛车手脱离生命危险了，作为企业，能制造点什么新闻来延续传播甚至升级新闻吗？别用企业老总去探访受伤赛车手这样的老套剧情，那还不如抗日神剧和穿越剧呢，制造点有新闻价值的事件出来！

第14章
你的危机从哪里来

本章将解决下列问题：

- 网络危机会给企业带来多大影响？
- 网络危机高发的策源地在哪？
- 什么是网络危机公关的黄金8小时？
- 危机公关的几个误区是什么？
- 如何从容应对网络危机？
- "三说主义"可以解决危机吗？
- 什么是危机公关的"风林火山"？
- 如何建立最有效的网络危机预警机制？
- 舆情网络监控链条怎么建？

危机来了，2010年年末，腾讯和奇虎360之间的3Q大战震动全国，之后的山西陈醋勾兑、归真堂活熊取胆、皮革胶囊等企业网络舆情危机，加上从来没有间断过的奶制品企业食品安全问题网上热议，网络危机的爆发频率变得越来越快，而爆发规模则变得越来越大。面对危机，如何正确应对，一直没有一个明确的标准，结果当危机来了，企业慌了。

14.1 从3Q大战看危机公关的实质

【本节要点】

危机公关是有章法可循的。很多企业包括互联网企业，对于网络危机总是缺乏有效地处理方法，而最基本的原则是先发现危机的策源地，然后运用"三说主义"解决萌芽状态的危机，同时在黄金8小时内彻底解决危机，避免发酵。

2011年，我曾经在北京参加"诊断腾讯"论坛，与会的几位博主笑言这是一次"双规"，在规定的时间规定的地点交代腾讯的问题。当面对腾讯的两位副总和公关部门主管时，我针对他们提出的第一个议题："3Q大战中腾讯的对与错"，给出的回答是："错中有无奈，无奈在无为"。

我的回答主要集中在腾讯在此次 3Q 大战的危机公关问题上，在我看来，腾讯和 360 的那场斗争本身属于商战，无所谓对错，就如同古人说的那样"春秋无义战"。但是，从危机公关角度上来说，全球互联网企业排名第三的腾讯，这样一个庞然大物，一个中国互联网行业的佼佼者，却在这场危机公关中顾此失彼，且不论两者的产品是否真的有泄漏隐私和垄断嫌疑，仅仅腾讯在危机公关之中的得失成败，确实值得我们作为案例警钟长鸣下去。

3Q 大战的经过，其实一般网民都熟知。

【3Q 大战让腾讯很受伤】

最激烈的阶段是 2010 年 11 月 3 日晚，腾讯发布公告，在装有 360 软件的计算机上停止运行 QQ 软件。360 随即推出了"WebQQ"的客户端，但腾讯随即关闭 WebQQ 服务，使客户端失效，事件仍在紧张发展。11 月 10 日下午，在工信部等三部委的积极干预下，腾讯与 360 已经兼容。而 3Q 大战期间，双方的主战场是网络，在新闻、论坛、博客乃至弹窗大战中，面对 360 的指责，腾讯方面的回击显得非常苍白和无力，为什么会这样呢？

14.1.1　失去公信力是最危险的事

网络的力量无穷大，在整个大战中，腾讯基本处于一种守势，大战的结局其实可想而知，尽管腾讯守住了用户，却失去了口碑。

大战结束后，作为事后诸葛亮的我们，其实很有必要总结一下这场争斗中危机公关的成败得失。一位圈内人言之凿凿地告诉我，在 11 月"战斗"集中爆发前的两三个月，360 就已经预定了重要网络媒体的重要位置，以便大战一打响，立刻在媒体上形成强大的舆论攻势。反之，当腾讯在 11 月需要媒体来制造舆论时发现，没有什么重要的位置可供选择了。说这番话的时候，腾讯公关部门的主管也在场，一笑而过。在我看来，或许 360 之前确实有这样的布局，但大战真正打响时，其实没有人能够包下媒体，更没有媒体会错过发布双方攻守的公告和相关新闻。

那么腾讯失败在哪里呢？从浅层次看，我归纳的"错中有无奈，无奈在无为"可以做如下解释。

尽管是一场商战，但腾讯自视太高，最初并没有做太多解释，因此一步落后，步步落后。尽管腾讯应战多多少少有些无奈，但却不能作为其在危机公关中无所作为的托词。每次面对 360 的全新攻势，腾讯所采取的法则都是见招拆招，非常被动。被动就要挨打，这是铁一般的事实。

拥有强大媒体能量的腾讯，此刻其实优势已经变成劣势。腾讯网，作为国内人气最强的门户新闻站点，在对外部事物进行批评或褒扬的时候，其能量之强大是人所共见的。但具有媒体身份的腾讯，在面对外部对自身的责难时，反而会陷入尴尬的境地。正如和我一同参加"诊断腾讯"活动的魏武挥老师所言，在 3Q 大战中，腾讯网站一面倒地支持腾讯，看似无可厚非，就如 360 网站一面倒地支持 360 的公关策略一样，但本质上是有区别的，360 自己的网站，其实只是一个官网，不带有媒体性质，作为企业自身宣传的站点，全力支持自己的企业很正常，而腾讯网从本质上说却不是腾讯公司的官网，而是一个社会化媒体，作为媒体就必须践行其公信度，而不是借助自己媒体的传播力"仗势欺人"。

【魔兽争夺战中网易网站为何保持中立】

　　2009 年，网易与九城的《魔兽世界》代理转换事件处理得比较理性，面对众多非议，其网站一直保持对此事件尽可能少掺合的状态，即使不可回避，也尽可能引用外部媒体的报道，正反两面外加中立的评论，从而确保了自己的公正性，也为自己"小骂大帮忙"创造了机会。

　　而在应对外部关于腾讯涉嫌窥探隐私的问题上，腾讯的反应也是以慢打快，以添油战术进行危机公关，即对方指责一点，腾讯就回答一点，决不多回答，而且粉墨登场的发言人也不是腾讯的高层，更让人觉得腾讯拿这一问题不当大事，而等到对方再进一步提出新的指责，腾讯依然只是针对性地做出回答，且很多时候玩的是太极拳，并没有切中要害。而这些，都让外界产生了认识上的误解，并且让来自更多方面的指责和流言漫天飞舞，以至于到最后进入了不可收拾的境地——即到后期，腾讯做任何危机公关处理，外界都戴上了有色眼镜。

14.1.2　缺乏人情味的危机公关

　　整个 3Q 大战中，争斗纷繁复杂，如 360 动用水军、腾讯联手金山等，我们不一一叙述，仅仅选取两个公司在事件最火爆阶段发布的公开信进行比较。

　　一切积累到了最后阶段，即腾讯发布二选一公告，因为 QQ 是网民不可替代的工具，而 360 杀毒则有很多竞争对手，因此公告的内容无论写什么，其结果都是注定的。

致广大 QQ 用户的一封信

亲爱的 QQ 用户：

　　当您看到这封信的时候，我们刚刚做出了一个非常艰难的决定。在 360 公司停止对 QQ 进行外挂侵犯和恶意诋毁之前，我们决定将在装有 360 软件的计算机上停止运行 QQ 软件。我们深知这样会给您造成一定的不便，我们诚恳地向您致歉。同时也把作出这一决定的原因写在下面，盼望得到您的理解和支持。

　　一、保障您的 QQ 账户安全

　　近期 360 强制推广并胁迫用户安装非法外挂"扣扣保镖"。该软件劫持了 QQ 的安全模块，导致 QQ 失去相关功能。在 360 软件运行环境下，我们无法保障您的 QQ 账户安全。360 控制了整个 QQ 聊天入口，QQ 所有数据，包括登录账户、密码、好友、聊天信息都得被 360 搜查完，才送还给 QQ 用户，相当于每个用户自家门口不请自来的"保镖"，每次进门都被"保镖"强制搜身才能进自己家门。我们被逼无奈，只能用这样的方式保护您的 QQ 账户不被恶意劫持。

　　二、对没有道德底线的行为说不

　　360 屡屡制造"QQ 侵犯用户隐私"的谣言，对 QQ 的安全功能进行恶意污蔑。事实上 QQ

安全模块绝没有进行任何用户隐私数据的扫描、监控，更绝对没有上传用户数据。目前我们已经将QQ安全模块代码交由第三方机构检测，以证明我们的清白。

更甚的是，360作为一家互联网安全公司，竟推出外挂软件，公然站到了"安全"的对立面，对其他公司的软件进行劫持和控制，这些都是没有道德底线的行为。

三、抵制违法行为

任何商业行为，无论出于何种目的，都应该在国家法律法规的框架下进行，而360竟然采用"外挂"这种非法手段，破坏腾讯公司的正常运营。

360已经在用户计算机桌面上对QQ发起了劫持和破坏。我们本可以选择技术对抗，但考虑再三，我们还是决定不能让您的计算机桌面成为"战场"，而把选择软件的权利交给您。十二年来，QQ有幸能陪伴着您成长；未来的日子，我们期待与您继续同行！

腾讯公司

2010年11月3日

看完这封信，你有什么感觉？除了一味指责别人，其他的都是一些官方的套话，且没有一点人情味可言。外界的舆论并没有因为这个公告而停止。很快，腾讯认识到了这一问题，紧接着发布了第二封信。

亲爱的QQ用户：

这是一个无眠之夜，是我们腾讯人度过的最痛苦和最难过的十几个小时。我们知道，在做出那个艰难的决定之后，将要直面一些用户的吃惊与不解，指责，痛骂甚至背离。我们也知道，即使你们已经做出选择，仍然会心存疑问：腾讯的反应，何至用如此激烈的方式？在此，请听我们诚恳地再道一声歉，为所有可能给你造成的困扰和顾虑，这样的困局，我们同样难以承受。我们清楚地记得让用户有安全稳定服务的庄重承诺，也记得12年来为了产品进步而辛苦努力的日日夜夜。如今，我们宁肯背负可能的骂名，以如此激烈的方式来表达的原因，是因为任何的劝说、舆论、正义的声音都无法遏制360没有道德底线的破坏和窃取，是因为我们已经退无可退，让无可让，我们的身后，是悬崖万丈！

是因为，我们看到360肆无忌惮欺压同行的行为已经愈演愈烈，早已不是两家公司的恩怨，需要有大是大非的判断，需要引起整个行业乃至政府监管部门的高度关注，在朗朗乾坤下，回到以用户利益至上的互联网发展正道。否则，只会使整个行业陷入恶性竞争，而最终受损的是你，是他，是每个热爱我们，使用我们产品的用户，是整个在勃勃兴起，谋求健康发展的互联网行业。

而一切皆有缘起。

两年之前360安全卫士曾是腾讯公司尊重的产品，多年积累才进驻了2亿用户的计算机，由此形成一个庞大的"云查杀"网络。这种"云查杀"模式的指令来自服务器后台，在远程遥控安装在 2 亿台计算机里的 360 安全软件。这甚至是连微软、谷歌等国际互联网巨头也没有的超级能力。

但实际上，当 360 安全卫士的第一位创始人在 2008 年离职之后，360 就开始走向另一个极端：利用这种远程遥控的方式，破坏一切竞争对手的任何软件！它们的名字包括金山、瑞星、可牛、遨游、百度、阿里巴巴、卡巴斯基，以及腾讯 QQ。在过去几年内，这些公司都把 360 告上了法庭。

你自然要问，既然 360 有能够把这么多公司激怒的一系列恶行，为什么可以毫无忌惮，为什么可以逍遥法外？

回望中国互联网仅仅十余年的发展，整个行业的立法难免跟不上层出不穷的技术变革，结果有二：其一，没有权威的专业机构能对非法的技术手段做出快速的鉴定，比如 360 所使用的"云封杀"技术；其二，即使对于证据确凿的犯罪，也未能给予足够的惩罚。至今为止，中国互联网业的违规罚款都只在数百万元。试问，区区数百万元能够对收入动辄上亿元的企业有足够威慑力吗？难。

这也造就了敢于践踏法律的公司。流氓软件的始作俑者在运营 3721 的几年里，用臭名昭著的手法欺压同行并输掉好几起官司，但仍然顺顺当当以 1.2 亿美金出售。

作为一个安全软件，从技术角度讲，对整个系统拥有至高无上的控制力，正因如此，安全软件必须要做到绝对的公正、公平和正直，而我们忧心地看到在过去的一段日子里，360 利用自身安全软件对系统至高无上的控制力，不断利用技术手段恶意打击同行，践踏法律。不仅如此，360 更是欺骗那些对网络技术不够了解的网民，因为它的手法相当具有欺骗性。360 打着"安全"的名义，以"恐吓"的方式胁迫不明真相的用户卸载掉 360 竞争对手的软件。过去两年，国内几乎所有浏览器都遭到了 360 "感染木马"名义的恐吓，国内几乎所有杀毒软件都遭到 360 发出的"过期"、"安全隐患"的打击，360 杀毒因此一家独大。

现在，360 作为安全软件控制了整个 QQ 的聊天入口。QQ 的所有数据包括登录账户、密码、好友、聊天信息都得被 360 过滤之后才送还给 QQ 用户。这相当于每个用户自家门口不请自来的"保镖"，每次进门都被"保镖"强制搜身才能进自己家门，而且这个非法"外挂"在 360 安全软件的包庇下像病毒一样快速蔓延。

万般无奈，我们只能用躲避 360 的方式，才能保护 QQ 账号不被恶意劫持。亲爱的用户，您能明白吗？很多愤怒的网友指责我们"霸道"，很多信任的网友说我们"太笨"——亲爱的用户，我们今天面对您，道一道我们心底的苦衷。

我们只是在以一种最惨烈的方式，发起一次呼救。若没有这次呼救，6 亿 QQ 用户的隐私和网络财产，都将被劫持并掌握在一家没有道德底线的公司手里；若没有这次呼救，不仅 QQ 会像瑞星、金山、可牛、遨游、卡巴斯基那样无辜地倒下去，接下来，所有进入 360 战线的互联网企业都会倒下去；若没有这次呼救，不敢想象当 360 纯熟地利用法律的灰色地带控制着用户计算机每一个角落的时候，还有没有正义的力量可以再与之对抗！

"所过之处，寸草不生"，这股凶恶而蛮横的力量不仅是金山、瑞星和 QQ 们的噩梦，而且早已成为中国互联网产业的噩梦。请你相信，我们以如此惨烈的方式，不只是为了对抗一个公司的恶行，而是以自残的方式，引起全行业、全社会的关注，呼唤行业立法的加速和网民知情权的觉醒！所幸，你既然看到了这封信，就表明我们的目的正在达到；你既然发出了疑问，我们就对你的安全和这个产业的未来多一份信心！

最后，我们再次诚挚地呼吁 360 及时刹车，停止对行业中合法公司的侵犯，向全行业和用户道歉，并且承诺给用户一个公正、公平、安全和无干扰的环境来自由选择合法软件。尽管有用户一时对我们强烈质疑，但我们坚信邪不压正，时间最终会让用户明白真相，正义的信念必定让我们最终获得用户的支持和认可！

腾讯公司

2010 年 11 月 4 日

短短的一天，腾讯的公关策略有了极大的进步，在公开信中加入了许多带有情绪化和人情味的内容，尽管还是在攻击对手，尽管在内容上其实还是重复了上一封信的资料，但让用户能够耐着性子读下去了，为何要耐着性子呢？一来是因为弹窗出来的，有点兴趣，二来是实在太长了，让人读起来难受。我们不妨看看 360 的公开信是如何写的。

第一封公开信

11 月 3 日，我们与亿万互联网用户一起度过了中国互联网上最惊心动魄的一个不眠夜。360和腾讯之间由产品的争执上升到公司之间的对抗，继而又演变成了互联网用户必须做非此即彼选择的站队大战，这样的局面是任何人都不愿看到的。

11 月 4 日一早，腾讯又召开了一场新闻发布会，这场发布会始终将矛头指向了 360 公司的产品。对此，我们感到非常遗憾，360 公司的安全产品，包括 360 扣扣保镖的源代码，已经托管到中国信息安全测评中心，随时接受用户监督。同时，360 也率先发布了《360 用户隐私保护白皮书》，全面讲述了旗下产品的工作原理。对这场旷日持久的争议，360 也不愿再将亿万网民牵涉进去，但我们必须要对腾讯公司的新闻发布会作出两点回应。

第一，360 扣扣保镖根本不存在腾讯公司指称的后门程序。

第二，360 扣扣保镖根本没有窃取 QQ 用户隐私信息的软件行为。

在目前的情况下，我们将保持克制，但我们保留以法律手段追究腾讯公司诬蔑 360 安全产品的权利。

我们始终坚信用户是自己计算机的主人，中国互联网的发展始终是由每一个用户推动的。所以，我们本着为用户负责的精神，决定搁置公司与公司之间的争执。在这里，我们向每一位受这个事件影响的用户表示我们心中的歉意。

我们也在反思：我们推出一款产品，本着从用户出发的精神，希望能为用户创造价值。但是，如果因为各种原因，反而为用户造成了困扰，那我们必须为此承担责任。因此，我们决定召回 360 扣扣保镖。此举同样也是着眼于用户的利益，希望为用户创造一个安静的、健康的互联网环境，不用再作非此即彼的艰难选择。

同时，我们也愿意让中国互联网尽快恢复平静。我们希望经历过这个不眠之夜的互联网用户以理性、平静的心态对待此次突发事件。而且，我们坚信，是非曲直自有公道，事态平静下来之后再论是非为宜。

360 公司

2010 年 11 月 4 日星期四

第二封公开信发表于 11 日，也就是在工信部等三部委的积极干预下，腾讯与 360 已经兼容之后，360 再次弹窗。

弹窗内容如下。

QQ 和 360 已经恢复兼容，感谢有您！

在政府的干预下，QQ 和 360 已经实现兼容！

好消息，向亲朋好友传递！

不抛弃，不放弃，360 感谢有您！

只有经历了危难时刻，才知道谁是最值得信任的人。今天，我们给您寄来一封感谢信，所有能够接收到这封信的人，都是 360 最信任的人。

我们很高兴地通知您，在政府干预下，QQ 和 360 软件已经实现兼容。

我们感谢您，在 360 的危难时刻，不抛弃，不放弃！

360 在过去的几年里，细心地为您提供安全服务。然而，在过去的几天中，是您和亿万其他的 360 用户一起，用自己的双手保护了我们！

您和所有选择与 360 在一起的人，是我们最感恩的人，是 360 最宝贵的财富。

同样，我们希望您告诉您身边那些不得不卸载 360 的亲朋好友：风暴过去了，欢迎他们随时回来使用 360！

如果您发现 QQ 和 360 软件仍然有不兼容现象，请向 360 公司举报（我们会将用户举报及时转交给相关政府部门）。

对您的支持和鼓励，我们报答您的唯一方式，是加倍努力，把产品做好，把服务做好。

有 360 在身边，心里有底，安全有保证。

407

两相对比，优劣自见，且不说双方在事件争斗中谁更占理，同样用公开信的形式，腾讯的公开信除了指责就是硬邦邦的话语，尽管第二封信向对手学习有了人情味，但网民依然不受用。相较而言，长期在杀毒软件口水战中摸爬滚打成长起来的360，显然更能拿捏住网民的习惯。这一事件已经闹得全国沸沸扬扬，直接关系到亿万网民的网络生活，必须用不一样的方法处理，我初步归纳如下。

- 不纠缠。不多费口水纠缠于已经发生的事件，全文长度都控制在800字以下。要知道网民一般都是速食主义者，长过1000字的文章还不配图片，你就等着读者点关闭浏览器按钮吧。

- 多致歉。因为不兼容，在事实层面上，腾讯让360的装机量瞬间下滑了许多，并且有很多是从此就真正失去了的。但是360在公开信中依然保持低姿态，通过向用户致歉，十二万分的致歉，不停地致歉的方式，博得了用户的同情。显然腾讯的公开信中，没有相关内容。这一对比，高下立见。

- 常感恩。360祭出的法宝是感恩，在两封公开信中，都可以明显地看到感恩的字眼，通过感恩，不断向用户暗示，自己是和用户站在同一战线上的。这些是腾讯的公开信中没有的。通过360的强化，用户会自然而然地认为腾讯破坏了自己的用户体验。"不抛弃，不放弃，360感谢有您！"这句话甚至一度被网络广泛引用。

那么应该如何避免腾讯这样的失败公关呢？

14.1.3 "三说主义"让危机变机遇

在面对腾讯高管提出的"3Q大战中腾讯的对与错"这一提问时，我并没有去讨论产品的优劣或事件的是非曲直，而是仅仅从危机公关角度指出：腾讯危机公关之败，败在没有信奉危机公关的最高典范——快说、实说、全说，以至于步步落后，说的不快、说的不全、总在口水中绕圈。

在我看来，危机公关最首要的就是做到"三说主义"，如果做到了快说、实说、全说，其实危机就不再是危机，甚至有可能成为机遇，反而让自己能借助危机宣传自己的理念和产品。

1. 快说

"天下武功，无坚不摧，唯快不破"，这句话具体从哪里来的，我不清楚，我最深刻的印象这句话来自《功夫》中梁小龙饰演的火云邪神之口。对于危机公关来说，快一定是立足之本，那么如何快呢？当然，能够料敌先机，在危机还在萌芽状态之下，将其解决是其至高境界，但要在现实社会中做到这一点，非常之难。那么退而求其次，就必须在危机发生后的第一时间做出反应，在第一时间由官方做出新闻发布或应急处理，最大限度地遏制负面事态的扩张。很多企业在危机发生后，总认为只是星星之火，总想通过花钱删帖或任其自生自灭静观其变。尽管很多时候，一些小危机比如一些用户在论坛上的负面投诉会因为时间的推移而自动消失，但当大事件发生时，这些积累的怨恨都会爆发。

2. 实说

在第一时间做出反应后，无论危机的原因是自身问题所导致，还是来自竞争对手的恶意陷害，在第一时间进行新闻发布时，都必须说实话，希望用虚假的辩解蒙混过关，或许一次两次可以，但一旦网民开始较真，那时候，你将用一个又一个新的谎言去掩盖之前发布的谎言，最终陷入谎言之圈，彻底丧失网民和用户的信任，品牌美誉度也就彻底沦为负面，等到此时，你再想实说，别人就会把你当作狼来了，不再信任，三鹿的教训弥足深刻。

3. 全说

在 3Q 大战中，腾讯不仅仅说得慢，而且说得少，这其实就是一种危机公关的添油战术，就犯了兵家大忌。既然你选择了快说和实说，那么就将你所掌握的实情全部说出来，只有这样，才能杜绝猜测，将事件引导到你可以控制的一面，减少后期不断地堵漏洞的困惑，也能够在第一时间，真正用全部的实情，取得用户的谅解。设想一下，如果腾讯从 3Q 大战一开始，就将其在最后阶段才披露出来的 360 意图劫持 QQ，复制出一个 360 版的山寨 QQ 的企图，在第一时间发布出来，并且辅之以充足的证据，同时证明自己没有侵犯用户隐私，那么在其发布"二选一"公开信时，就不至于招致那么多网民的反感了。

而机遇则是，假设一个产品面对危机，无论是何原因，用最诚恳的态度、最全面的事件解析和完善的处理方法，在第一时间进行全面危机公关，其实无异于一场品牌塑造，通过媒体的免费发布，做一场免费的宣传，且效果更明显，之后将提到的暴风影音事件，就是一个非常好的例证。

14.1.4 你的危机从哪里来

要应对网络危机，你首先要知道网络危机最先爆发的地点会是哪里，会通过怎么样的途径进行传播，了解了传播途径，就能够在最初的传播过程中，提前预警，做好防范，甚至防患于未然。

1. 论坛被视为网络危机策源地

很多来自网络的品牌信任危机都是从论坛中起步的。原因很简单，因为论坛是草根网民最喜欢的聚集地，在这里通过分门别类，每个小论坛都是一个兴趣组，网民可以在里面都是讨论相近的话题，比如说用了某个化妆品之后脸上起痘，如果是个案还好说，万一这种不良体验有其他人表示发生在自己身上，那么就可能引起众多论坛网友的共鸣，不管用过与否，都会表达出自己的不平，甚至开始对外转帖。

由于论坛发声并不需要实名，也不需要任何所谓的媒体话语权，任何人都可以表达自己的意见，也随时可能通过其他网友的共鸣而扩大影响。一点星火，即可燎原。如一度沸沸扬扬的艳照门、铜须门、虐猫女等事件，其最初来源都是论坛。尤其是艳照门，甚至殃及池鱼。

【艳照门网上爆发迫使代言产品广告停播】

"艳照门"事件发生后，在网络论坛上，公众发布了大量抵制张柏芝等人所代言产品的"召集帖"，恩威制药聘请张柏芝代言洁尔阴产品并在电视媒体中播出广告，也受到了部分网民的不满和抵制。重庆一些平面媒体也接连收到读者的热线投诉，希望媒体呼吁停播该广告。迫于沉重的舆论压力，恩威集团无奈决定停播张柏芝版洗液广告。

所有"艳照门"明星代言的广告品牌都面临着考验与危机。百事可乐更换艺人陈冠希的形象广告、惠州某休闲品牌发"停用"陈冠希广告声明、迪斯尼也撤下了TWINS原有的广告片、女性洗液产品洁尔阴因为代言人张柏芝成为艳照门的主角，更是面临严重的舆论压力。这些品牌的形象也因为和艳照门主角的关联，遭到了一定程度的打击。

2．博客让企业很受伤

世界上最大的博客搜索引擎Technorati曾公布一份有关博客的报告称，全球目前平均每天新增博客12万个，即每秒新增1.4个；博客上每天新增文章150万篇，即每秒17篇；全球最受欢迎的100家网站中有22家为博客网站。调查显示，人们越来越倾向于从博客网站上获取信息，其可信度不亚于《纽约时报》这样的媒体网站。

一旦博客成了攻击品牌或他人、宣扬偏激思想与观点乃至发动大规模诋毁活动的终极武器，将可能在自己所影响的网民圈中制造出强大的负面口碑影响。而且，反击来自博客的攻击并不容易，通常被诽谤的对象根本没法揪出真凶是谁。在这个肆无忌惮的崭新传媒面前，任何组织或个人都可能被攻击。曾遭博客抨击的受害者中，包括鼎鼎大名的微软、宝洁、英特尔、戴尔等行业领军企业。

一个在博客圈里广为流传的事件显示了博客的力量。

 【戴尔如何被一篇博客文章打败】

在美国，戴尔公司因为拒绝更换和维修一个损坏的笔记本电脑而得罪了一个名叫Jeff Jarvis的消费者。Jeff是个资深媒体人，他利用自己的博客连续撰写抨击戴尔的文章，经过网络的疯狂转载之后，Jeff的这些博客文章给戴尔带来了很大的负面影响。

博客观点中，正面的表扬和赞许，往往得不到肯定。相反，针对企业运行或营销所存在的问题进行批评，往往能够获得极大的传播效果。意见领袖们不是跟着企业的步伐亦步亦趋地去表扬，而是要做对立者，进行批评，促进企业发展。在实际操作过程中，这种批评往往偏离了正常轨道，成为了恶意攻击。甚至一部分博客扮演了某些利益集团的打手，对这些利益集团的竞争对手进行不间断的攻击，最为典型的就是杀毒软件之间的相互攻击和口水战。

3．邮件传递不利信息

电子邮件其实是网络危机公关中长期被忽视被遗忘的角落。由于有了QQ、MSN等即时通信工具，通过电子邮件传递即时消息的功能被弱化了，然而电子邮件依然是一个极为有效地传递网络负面信息的载体。

【弗曼科斯公司被邮件门打得体无完肤】

　　网上曾曝出在沪外企中国员工与外国上司间的"邮件门"事件。一组通过互联网流传的邮件中，记录了来自西班牙的智能楼宇设备公司弗曼科斯电子有限公司财务经理马小姐，因向总部揭发公司总经理 Ricardo Ebri 从公司私自拿走 6000 欧元（约合人民币 7 万元）而被其开除。这些"惹是生非"的邮件包括：马小姐就被公司开除发出的两封公开信、写给公司总部的揭发信，以及其生产技术部和 IT 部等同事声援她的公开信等。从邮件中看出，在马小姐发出公开信的第三天，也就是 2 月 26 日，包括生产部门、技术部门、公司 IT 部门及北京分公司纷纷发出公开信声援马小姐并历数了该总经理的"累累劣迹"。这些邮件流传到网络上，对该公司的形象造成极大影响。

　　而另一种邮件门则更有破坏性，那就是所谓的内部邮件曝光，其影响力更大。每逢重大经济事件或企业高层结构发生变化，总会有若干的内部邮件被很快曝光到网上，给这些公司带来了极其负面的影响。

【江南春内部邮件暴露危机】

　　2009 年 4 月，一封被称为是分众传媒 CEO 江南春向全国的销售团队发送的内部邮件在网络上传播开来。邮件表示正在对分众楼宇广告的销售完成率进行考核，并制定了一套新考核标准。

　　网络曝光的江南春内部邮件中，新标准显示，第一季度的销售成绩出来后，未达到年度销售指标的 7.5% 的相关销售人员将被下调基本工资，降幅至少为 50%；若第二季度业绩未达到年度销售指标的 15%，将再次减少至少 50% 的基本工资；第三、第四季度以此类推。

　　事后尽管分众一再对媒体表示未听说过此内部邮件，但外界却普遍产生了分众出现危机的观点，对其营销能力产生质疑。

4．社交网络让危机影响面快速扩散

　　在社交网络形成规模之后，危机的爆发地，已经从传统的社交平台论坛，向社交网络如微博、微信和 SNS 上移动，且传播效率更高，影响力更大，特别是一些认证大 V 的传播，加快了危机在网民心中的真实度。

【认证微博关军爆料伊利乳粉汞含量异常】

　　2012 年 6 月 14 日 11 点，新浪微博上一个名为"关军"的网友爆料称，"求证：某国内最大乳企婴儿奶粉品牌出现严重汞超标事件，公司全国销售人员全天在市场全面悄悄收回：X 优 2、3、4 段，普装，因汞超标。"

　　随后，"关军"又连发两条微博向伊利集团副总裁靳彪、董事长潘刚发问，希望对方"回应质疑，粉碎'谣言'"。

　　由此，伊利乳粉汞含量异常事件进入网民视野，并在极短的时间内，掀起了连番热议。对面舆情，当天下午 5 点半左右，伊利方面终于在其官网上发布公告承认了汞含量异常的事实。伊利方面表示，该结果是 6 月 12 日国家食品安全风险监测机构发现的。

由此可见，社交网络让网络危机的扩散速度变得更快，甚至可以进入"秒级"。

【当当网李国庆调侃中国移动"收房子"】

2014 年春节前，当当网 CEO 李国庆在新浪微博上调侃到"如果晚上忘了关闭 4G 连接，一觉醒来，你的房子快成中国移动的了。"李国庆这一调侃不要紧，"房子归移动"的段子迅速在微信、微博中"红"了起来，这则更像是"开玩笑"的微博事件不断发酵、放大，最终演变成一场全民大讨论。

但网络危机真正的发酵点，并不一定在网络上。

5. 传媒介入直接催化危机变成风暴

上述伊利案例并没有就此画上句号。众多网络危机仅仅在网上传播，哪怕转发量极高、跟帖极密，也往往很快烟消云散。若媒体加入，危机将最大限度地被催化。

当伊利事件在社交网络上谈论得越来越多时，媒体也随之积极介入。几乎在第一时间，传统媒体和网络媒体都加入对此事件的挖掘和分析中，连篇累牍的报道更进一步加深了网络上的热议，网民也开始积极发掘新的猛料，各地伊利奶粉的下架信息、对伊利奥运牛奶的质疑、国内外汞含量标准问题、汞含量异常的危害，以及对其他奶制品企业的食品安全担忧都被网民用各种声音进行解读，也使得伊利遭遇空前的信誉危机。

乳粉汞含量异常事件恰恰反映出网络危机的常规化发展模式，即从网上爆料到网民热议，接着有媒体跟进挖掘，进而掀起更广范围的网络舆论热潮，并进而形成下一个网络危机深化的循环。

这种网络危机的发展模式并不一定完全固定，有时候危机的起源并不来自网络，而是直接由媒体爆料引发。即使在网络上起源，也不仅仅局限于微博，亦可能来自论坛、网络视频或其他网络载体，甚至是和网络不太沾边的短信。也不仅仅是由名人爆料，更多时候可能点燃导火索的是名不见经传的普通人。网络危机的产生，可能是偶然事件，也可能是来自竞争对手的恶意攻击。

截至目前，网络危机基本遵循着一个通用规律，即当媒体介入其中，由于媒体本身的公信力，而让整个事件获得了深层次的发酵。

由此可见，媒体是一般意义上网络危机的催化剂。尽管从新闻的角度来说，一个有价值的网络事件，本身就会受到媒体的关注。显然，有公信力的媒体在整个网络危机中，居于引导整个舆论走向的核心位置，只要不是"客里空"式的假新闻。

6. 企业形象被瞬间击破

关于企业的危机报道与负面信息是分散的，某一篇报道影响的只是特定时间、特定区域中的特定人群，而在搜索引擎助力下的网络时代，一切局限都被打破。阅读者不仅可以立即对危机报道做出评论，进行自我宣扬，更可以通过搜索技术将各种分散的信息统一起来，形成强大的舆论浪潮。

就如同三聚氰胺事件一样,在过去,这种负面信息的传递是非常缓慢且难以被读者完全消化吸收的。而现在,一个负面信息在网络上曝光出来,就可能引发读者的连环搜索。可以这么说,几乎每个爆发在其他网络传播途径之中的网络危机,最终的归属都会是搜索引擎,而且这个窗口还是永久打开的,任何时候被其他事件牵扯,随时可能因为网民使用搜索引擎,而再次被揭出来,再一次呈现出来。

当然还有很多其他的网络危机诞生地,比如网络视频和微博,随着手机摄像拍照功能的全面发展,偷拍已经不仅仅是记者或特工的专利,随时随地可以在网络上重演一次冠生园月饼门事件,此外网络游戏、IM 聊天工具乃至 SNS 都可能成为网络危机的下一个策源地。

【铜须门让魔兽世界服务坍塌】

君不见,当年铜须门的时候,尽管第一爆发地是猫扑论坛,但矛盾尖锐以后,无数玩家进入这个铜须门所指的网络游戏《魔兽世界》中,在那里集体静坐示威,而 2009 年中,因为魔兽开服之后服务不好,甚至不少玩家集体登录网易的几个游戏,让其服务器瘫痪,形成了一次比较恶劣的网络危机,让整个舆论对于网易在《魔兽世界》的运营问题形成了新一轮的关注。

此外,别以为案例所举的例子只是说明了网络危机公关只和大企业、大公司有关,相反,大公司可能在经历危机之后还能幸免,毕竟百足之虫死而不僵,而小企业则禁不起一次网络危机的打击。

【保罗国际 1.2 万元理个天价头】

2008 年 3 月一个网络论坛中出现天价头事件,两名 14 岁的女生在"保罗国际"店里剪发后,被要价 1.2 万元,两人借了十几个同学的生活费才交上这笔钱。4 月 1 日,全国各大媒体对此跟进报道。新闻在网络上发布后,网友启动"人肉搜索",公布出保罗国际的注册信息、固定电话、手机号码,以及汽车牌照等,进而发展为到店门口聚集并打出标语等。很快,郑州市地税局稽查局执法人员来到保罗国际,依法将其经营账目暂扣。最终,保罗国际被郑州有关部门责令停业整顿。

7. 正面推广也可能导致负面危机

有时候危机的由来很奇葩,一些公司在进行正面推广的过程中,往往没有料到竟然会成为网络危机的发端,特别是社交网络出现后,这种可能性变得更大。

【麦当劳故事变成肥胖吐槽】

2012 年 1 月,麦当劳出资在推特上发起了#McDStories(麦当劳故事)话题,搜集对麦当劳餐厅表达好感的帖子。但是,发表评论者却拿肥胖问题和糟糕的食物开玩笑,使得麦当劳不得不在发起话题不到两小时后,就草草结束了这一活动。

从这个案例中，可以清晰地看出，麦当劳完全没有料到一个情感话题的推广，最终出现如此负面的口碑。这是企划人员始料不及的，而这恰恰是正面推广出负面效果的一个绝佳例证。

在我们掌握了网络危机的形成之地后，等于抓住了网络危机的"七寸"，企业的网络危机公关的基本应对策略也就随之浮出水面。不过，苍蝇不叮无缝的蛋，除了竞争对手的恶意攻击和造谣外，大多数网络危机的根源其实还是在企业自身，无论是三聚氰胺还是躲猫猫，或是江南春内部邮件门事件，这些其实都是企业自身问题所映射到网络之上，尽管对企业来说，一些问题和影响不可避免，但尽可能避免内部问题和营销上的错误，才是真正抓住了解决问题的源头。

14.1.5 从狸猫换太子到黄金 8 小时

传统危机公关一般认为，事件发生后最初的 12～24 小时内，是消息传播最快、变形最严重的时段，也是受众最焦虑、最渴望信息、最惶惶不可终日的时段。当事组织的一举一动，都被媒体广泛报道，因此第一时间采取正确的传播手段传播正确的内容，几乎等于奠定了成功处理危机的胜局。

但这是基于传统媒体的传播速度而言，在传统媒体时代，事件从发生到发酵再到通过大众传媒进行传播，需要相当长的时间。在过去传播不发达的情况下，一个传播变形的过程可能更久。

【 狸猫换太子"变形"花了百年 】

传说中的包公最辉煌的功绩是审出了发生在宫中的一件大案——狸猫换太子案，替宋仁宗皇帝找回了自己的亲生母亲。故事的内容人们已经耳熟能详，这里就不再赘述，而可能许多人不知道的是，这个故事本身是有原型的。

据历史记载，宋仁宗既非皇后所生，也非皇妃之子，而是侍奉真宗刘德妃的宫女李氏所生。仁宗出生后，刘德妃将其收为己子，亲加抚养，后来在年幼时即继了皇位。这样，刘德妃就成了皇太后。由于仁宗年幼不能理政，乃由刘太后垂帘听政。仁宗并不知道自己生母是李氏，朝中大臣畏惧太后之威也不敢说，但刘太后仁慈厚道，当仁宗生母李氏病重时，刘太后将其由宫女晋升为宸妃。后来李氏病故，刘太后还以皇后之礼给予厚葬，这对一位宫女出身的人来说，也是备极哀荣了。过了若干年，刘太后逝世，仁宗左右有人奏明仁宗："陛下乃李宸妃所生，宸妃死于非命。"言下之意，宸妃乃刘后所害。究竟如何，仁宗自然要查清。好在宸妃灵柩尚在，于是仁宗亲自开启宸妃之棺察视。宸妃遗体由于有水银保护，故其肤色就像活人一般，并非被人害死模样。再看她的冠服，确如皇后。这就证明当初宸妃确实因病而死，刘太后也确实将宸妃按皇后礼安葬。仁宗看到这一切，感慨地说道："人言哪能相信啊！"

自宋朝以来，由于小说、戏剧等各种为人们喜闻乐见的艺术形式的演绎，仁宗生母之谜日益鲜活生动，备受世人关注。历朝历代增加、删改了不少或虚假或真实的内容，而且，戏曲和小说中情节也不尽相同。当然，最后也就变成了今日的狸猫换太子，加入了根本无关的男主角包拯。整个故事，逐步成型，花了百年。

由上述案例我们可以看出什么？即在通过口耳相传及小说、戏剧演绎的时代，舆论危机爆发的速度可能非常慢，在宋朝，整个以讹传讹的"狸猫换太子"根本够不上舆论危机，因此也谈不上需要危机公关。这是在当时的传播速度下的一种情况，当然也体现出了危机变形之后的可怕。

而在大众传媒时代，这个过程被大大缩短到了 12~24 小时。随着传播媒介的网络化、社交化，这个传递、发酵的时间变得更快了，危机传播和变形的速度达到了分钟级甚至是秒级。

这也给了危机中企业更大的考验。如果不能在事件发生后的第一时间，向媒体公布事件真相，企业就失去了控制事态恶化的最佳战机，以后的挽救，要花费百倍的努力。但真正做到完全同步快速反应，也不大现实，毕竟对于企业来说，也有一个调查、分析和解决的过程，这同样需要时间，因此我在此提出危机公关黄金 8 小时理论。

所谓危机公关黄金 8 小时，即网络危机爆发后 8 小时内这段时间被认为是危机传播最快，处理危机并获得成功的希望最大的时段。8 小时的极限时间过后，危机的发展已经难以控制，从危机中脱身的可能性就很小了。

但并非一定要在 8 小时内解决问题，因为平时不努力，临时抱佛脚，也往往只能眼睁睁地看着黄金窗口期流失，有苦说不出。平时多用社交网络和受众交朋友，关键时刻，朋友会给你更多信任票。

许多国外企业的危机公关要比中国企业更成熟。

【Xbox 日常社交维护让危机难以爆发】

微软 Xbox 的微博运营团队最近获得了一项吉尼斯世界记录——"推特上反应最快的品牌"。据一个记者统计，到 2011 年 3 月，@XboxSupport 已有粉丝 77 325 名，比 2010 年 7 月翻了一倍。用 Twazzup、Twitter Search 等工具搜索提及 @XboxSupport 的微博，每小时有上百条。Xbox 的推特团队坚持做到每条回复。这比国内的那些只会发布不会理人的铁面人微博强出无数倍。

从没有置之不理的微博。这是 Xbox 微博运营的铁律，尽管这个公司市值 580 亿美元，但对微软 Xbox 的客户服务部门来说，推特上就没有"可以置之不理的微博"这回事——不论有的微博语言多么粗俗。

这让危机在萌芽阶段就被消灭于无形了，而且用户发微博明显比打客服电话更快更便宜，特别是对正在玩游戏的 Xbox 玩家来说。微软找到了一个用户最合适最体贴的出气孔，而且他们还会在客户打电话、微博质询之前，利用推特的公告板通知粉丝们服务出了故障，自然危机少了很多。

【思考一下】

你所在的机构面临一次危机——网上所谓的揭黑师披露你所在机构面临资金链断裂，且看似言之凿凿。当然，机构本身确实存在问题，但没有危机说得那么严重，面对网上铺天盖地的质疑，以及来自不明真相的投资人的质疑，如何破？

14.2 网络危机无坚不摧，唯快不破

【本节要点】

"风林火山"是孙子兵法中的一段精要，而对于网络危机公关来说，其疾如风、其徐如林、侵略如火、不动如山这16个字，其实就包含了危机公关的处理顺序和解决原则。

在网络时代，交流权从未如此平等与顺畅，无处不在的信息交流途径使消费者在权威的危机公关新闻发布会举行之前已经通过各种途径初步了解事情的前因后果，并且对事件本身有了自己的看法，所以一切都必须依照网络时代的解决方案行事。

应对网络危机，就类似于绝地反击，任何公司和个人都应打起十二万分的精神，一着不慎，满盘皆输。而这场绝地反击战绝对要有战略级的考虑，企业应该第一时间贴上去，用尊重用户的方式，去了解问题的始末由来，态度诚恳地解决问题，切勿引起争辩。甚至于可以用敢于主动解决问题的方式，来提高企业品牌美誉度。以德服人，而不是以势压人，打压或者通过公关公司删除负面信息的方式，是绝不可取的。

14.2.1 删帖只会加剧危机

对大多数企业来说，在面对网络危机时，其采取的策略非常不尽如人意，归结惯常的企业网络危机公关应对策略，无外乎删和等两种。

删，指的是删帖。许多经历过网络危机的企业公关人员都有过类似的经历，当一个网络舆情出现时，上级主管或公司高层首先想到的是有没有办法直接断根，即将原始帖子删除。我接触过许多企业和个人，谈及网络危机公关，他们大多不屑地说，不就是删帖吗？删帖作为网络危机公关的主要手段，已经深入到人们的潜意识中。

确实，现在很多人把网络危机公关看得很简单，那就是去删几个帖子，说得和刘德华在《全职杀手》中和林熙蕾说："我去杀几个人就回来"一样轻松，可问题是，帖子岂是那么容易被删掉的。

要做到删帖，明面上的办法是第一时间和发帖人进行沟通，通过答疑解惑的方式取得对方的谅解，并最终将帖子删除或在帖子后跟帖公开表示对事件处理满意。这种办法是网络危机公关的正途，但难度系数也很大，特别是在网络危机并没有真正被引爆，还仅仅存在于网络之上时，企业对危机往往缺少足够的重视。当然，从舆情监控层面上来说，防患于未然很重要，但也确实很难做到第一时间快速反应，而且草木皆兵也会让公关人员疲于奔命，特别是有很多负面事件，原本就不是在第一时间能够得到彻底清查和解决的。

有大量的公关公司就是以直接删帖为生存资本，通过和一些网站管理员的人际关系，实现为其所服务企业直接删除负面帖子的目的；或者用灌水等方法，让负面帖子沉底，难以被其他网民发现。

现在如果在网络搜索引擎上输入"删除负面信息"或者"网络危机公关"，就可以找到无数关于"职业删帖"的相关信息。形形色色的职业删帖公司纷纷涌现，"删除网帖"成为他们的生财之道。我了解到的行情是，某公司删帖的价格大致是四五千元，操作方式是找网站内部人员操作删帖，私下给一些钱，而不是攻击网站。

【删帖公司透露社交媒体没法删】

我几个朋友所在的公关公司就经常为客户删除几大网站中有关公司的负面报道，其中包括新浪、搜狐等门户网站及天涯、猫扑等社区论坛。按照难易程度和网站的影响力，不同网站的删帖收费各异，像新浪等门户网站收费较高，一般为万元左右，而其他论坛等收费略低。这颇类似于我家乡的一些企事业单位面对传统媒体负面报道的处理手法，通过给记者塞红包或在媒体上打广告的方式，换取不上负面报道。但朋友也说，过去论坛还好办，但现在社交网络，人人都是自媒体，根本删不掉，除非对方的言论完完全全是错的，还可以通过正规申诉途径要求删除，但效率太低，等删掉，可能危及早已爆发。

"删帖"还包括割断搜索引擎，让你的关键词中不再显示负面内容，或者搜索不到有关负面信息。这种手段众多企业乐于采用，因为较之去沟通，这种手段来得更快更直接，特别是对缺少公共资源的普通网民的投诉来说，更加省事。但缺陷也很明显，这种手段治标不治本，网民有无穷尽的办法，可以突破网络封锁，达到发帖目的，删帖只会将矛盾积累下来，并最终激化。查克·布莱默在《点亮社群》一书中就指出"花钱是删不完负面消息的"，这句话直指要害。特别是删帖手段更多适用于论坛，而对于博客、微博等自媒体来说，除非确实是虚假信息，否则很难删除。

一个最简单的道理就是如果你发布在网络论坛上维权的帖子莫名其妙地被删除了，你会如何？如果换成是我，原本只是发一个帖子来表达一下不满，现在可能会被激怒，而选择在更多的网站论坛上发布帖子，网络不是传统媒体，只要我想发声，此处不留爷自有留爷处，根本无法真正删帖。而这一"删帖"罪证，如果善加利用，则可成为被批评者外强中干的又一例证。如果这类帖子是竞争对手所发，那么删帖的举动将成为给对手源源不断提供炮弹的最佳支持。在这一点上，三鹿已经用它的倒闭给所有想要通过删帖进行危机公关的企业上了生动一课。

【三鹿屏蔽不了的百度关键词】

2008 年 9 月 12 日，三鹿案发的第二日，一份三鹿集团的网络危机公关方案出现在天涯论坛。这份被推测来自于三鹿内部的"危机公关方案"提出，"百度作为搜索引擎，是所有网站的集结地，也是大部分消费者获取搜索信息的主要阵地，对三鹿来说将是公关环节的重量级媒体。强烈建议在此事还未大肆曝光的特殊时期，尽快与百度签订 300 万元的框架协议。"三鹿集团始终未对此"方案"的真伪表态，但 9 月 14 日，百度发表声明称，确实收到三鹿的代理公关公司类似要求的电话，但是当时就予以拒绝了。百度声明称，9 月 9 日晚，三鹿的代理公关公司致电百度大客户部希望能协助屏蔽最近三鹿的负面新闻，由于该提议违反公司规定及百度一贯坚持的信息公正、透明原则，大客户部在第一时间严词拒绝了该提议。

但作为当时高度关注这一事件的一名网友，我所知道和亲身搜索的信息并非如此，在最初阶段，确实难以通过百度搜索发现有关内容，恰恰如此，割断搜索引擎引发了网民的愤怒，毕竟天下没有不透风的墙，很快当事件揭发出来之时，一切都将两个公司推上了网络舆论的最前沿，也成为了三鹿心虚的最佳例证。

 【连网易都删不掉帖，你还删吗】

> 同样的事件也在其他公司身上上演，如2009年轰动一时的九城和网易在魔兽事件上的纷争，就曾经有公关公司借助此事件上位，利用九城和网易在进行攻击之时，有过互相删帖的事件做文章，伪造出一份所谓的九城在魔兽事件上危机公关的行动方案和价目表，从而让九城这个本身确实也进行了一定删帖行动的公司被网络舆论攻击。至于删帖一事，倒是实实在在发生过，不仅九城，网易也有行动，我在人民网上发表的一些关于魔兽事件的评论，确实也被网易通过公关行为要求删帖，只是未果罢了。

Web 2.0时代的网论甚至左右着传统媒体的方向。除非一个品牌有自信可以一夜之间让所有一级门户和所有论坛博客都为他说好话，并且封掉所有发表不利于它言论的IP，否则，就别轻易尝试删帖。

 【伊利修改关键词逃避危机让自己陷入难堪】

> 在三聚氰胺事件中，伊利也被国家质检总局曝出含有三聚氰胺。但在两个主要门户网站上关于此消息的新闻中，"伊利"两个字被加入空格。据研究网络的专家分析，此举的目的，便是为了避免公众通过搜索引擎，获知伊利卷进三聚氰胺事件的消息。而这一结果同样很快被网民发现，伊利不删帖，也不更改搜索引擎，却通过公关公司和网站之间的勾结，在关键词上耍花招想逃避危机，结果更把自己钉在了耻辱柱上。

总而言之，删帖只是下下之选，这种等而下之的行为或许在网络危机公关刚刚出现之时有过一定作用，是一剂特效药，但在时下网民已经非常了解这一下三滥招数之时，最好慎用，尽可能不用，否则可能引发更大的网络信任危机，三鹿不就是前车之鉴吗！

14.2.2　等等吧，危机公关的马奇诺防线

等，则是期待被新的网络舆情所掩盖。一部分企业往往在爆发网络危机之后，一言不发，耐心等待。一位企业公关人员告诉我："与其在处理网络危机的时候，不断暴露自己企业的若干不足，为危机的深化和媒体的探究提供更多弹药，不如等待其他企业出现网络危机，只要熬过这段时间，媒体和公众的关注度就会转移，而企业的网络危机也会随着时间流逝被人淡忘。"

这种等待和希望的方式出现的频率不低，郭美美事件、众多奶粉企业的负面信息、归真堂事件的最后阶段、皮革胶囊事件的集体沉默都可以视为"等"字诀的作用。然而真的能熬得过吗？奶粉企业一直在等，然而当伊利、蒙牛等奶粉企业再度"出事"之时，其他有过负面事件

的奶粉企业无一例外地在媒体和网民的声讨中"陪绑"了，甚至一个食品门类出现危机，整个食品行业中没有处理好危机的企业都要再次被网络舆论拉出来展示一二。

14.2.3　以快打慢的"风林火山"

真正意义上应对网络危机，做到危机公关，唯有一个快字，唯快不破。一旦企业因为网络危机公关无法实现快速反应，失去公信力，毁灭的将是整个企业苦心经营多年的品牌美誉度。

这个快字，可以诠释之前已经提到的"快说、实说、全说"三说主义，即面对网络危机，第一时间表态，说的必须是真相，而且在最短时间内调查清楚，将全部真相毫无隐瞒地说清楚。显然，之前提到的伊利事件，尽管做到了快说和实说，却没有做到无保留地全说，也因此给自己的后续危机公关应对留下了隐患。

反之，几乎和伊利事件同一时间爆发的古越龙山"致癌门"则做得相对较好。

【古越龙山直面香港消委会质疑破解危机】

2012 年 6 月 15 日，港媒报道称，香港消委会测试的 7 类黄酒、绍兴酒、糯米酒及梅酒等酒精饮品，共计 34 款，其中"古越龙山正宗绍兴陈年花雕（五年）"中可能致癌物氨基甲酸乙酯的含量最高。当网民热议尚未形成规模时，古越龙山立刻从正面对此事进行了回应，并以欧盟酒类的氨基甲酸乙酯含量、检测方式、国家黄酒权威机构的认定、黄酒中该类物质产生于自然发酵等客观事实和相关数据进行全面佐证，对香港消委会的检测标准提出疑问，从而引导媒体大量转载，并获得了网民一定程度的认可，从而成功化解危机。

在某种程度上，古越龙山确实有理有据能够让人信服，但"三说主义"是否适用于本身确实存在危害的企业负面舆情之上呢？

【欧瓦拉借助网络提供服务消解食物中毒危机】

1996 年 10 月，欧瓦拉果汁公司生产的一批苹果汁不慎被"0517"大肠杆菌污染后流入市场，导致 61 人中毒，其中一名儿童死亡。传媒竞相报道此事，该公司的良好形象受损。面对这突如其来的危机事件，公司决策层想到了强大的互联网。他们聘请网络专家在事故发生后 24 小时内架起了该公司的全球信息网站，并借助各类媒体广泛进行宣传，从而清楚地向公众传达了公司的道歉、声明及补救措施，并向顾客提供有用的网络资源，帮助焦急的消费者联系上相关的医药保健站，寻找有关大肠杆菌的最新医学信息，终于在很短的时间里将事件的危害性降到最低，从而避免了更大的负面影响。

这可以说是在互联网兴盛之初最成功的一次网络危机公关。从上述两个事件不难看出，危机攻关的关键就是反向借助网络危机催化剂的媒体，成功地将自己要传递出去的信息以最快最真最全的方式予以发布，依托媒体公信力，获得了对网络危机公关的主动权，也为企业摆脱负面影响所带来的危害赢得了最宝贵的时间。

如果认为这就是全部，那就错了。网络危机公关其实是场绝地反击，任何公司和个人都应打起十二万分的精神，一着不慎，满盘皆输。而这场绝地反击战绝对要有战略级的考虑，网络危机公关的战略级考量可以套用《孙子兵法·军争篇》中的"风林火山"一语，即其疾如风，其徐如林，侵掠如火，不动如山。"快说、实说、全说"其实正是其疾如风的具体表现。

14.2.4　其疾如风

其疾如风：指行动要反应迅速，犹如疾风掠过，以迅雷不及掩耳之势战胜敌方。

对于危机处理，Cymfony 的首席执行官安德鲁·伯恩斯坦建议企业要及早反应，否则事态的发展很快将超出人们能够掌握的范围，其他媒体也会跟进回应。公关危机一旦出现，能否在第一时间反应过来，是很关键的。因为这时影响还很小，容易控制，也容易把负面的东西引向正面。这也就是我之前提到的三说主义之一的快说。

　【广元橘子事件】

　　2008 年一条内容为"请告诉家人朋友今年暂时别吃橘子，四川广元的橘子在剥皮后的白须上发现小蛆状病虫。四川埋了一大批，还洒了石灰，看后请转发给你的朋友。"这样的消息不断地以网络跟帖和手机短信的形式在社会上传播，引起了很多人的恐慌。在互联网上输入"广元橘子"四个字，会找到数万个相关网页，其中绝大部分的网页都是关于广元橘子中发现蛆状病虫的，网友们讨论该不该吃橘子的帖子，很多人称，这会对他们以后吃橘子造成影响。

可这一事件刚开始蔓延时，并没有得到真正及时的注意，甚至于在整个事态中，都缺乏真正有效的危机公关，结果传播越来越厉害，让一个本来并不是问题的问题，变成了当地橘农的灾难。其实只要在最初通过一个专家说法就能解决问题，而直到最后，才有专家出来说话："大实蝇的幼虫主要危害果实和种子，离开了柑橘就不能存活，对果树和人类都没什么影响，防治起来也并不困难。"可此时为时已晚，网民已经不再相信这样的言论。由此可见网络危机公关之中快速反应的极端重要性。

一个最直接的早期预警手段就是利用搜索引擎。在危机刚刚开始时，可能消息只是在一个地方网站的三级以下页面或者某一个不知名论坛的某个板块出现，但正是因为企业没有很好的监测，而使得危机逐步升级，网友关注逐步升级，媒体报道也逐步升级。当网民没有发现它的时候，企业也确实很难发现它，但搜索引擎的功效此刻就可以显示出来。搜索引擎可以对你企业和产品的信息进行及时检索。或许你会说，检索出来的信息实在太多了，这本身就不是毕全功于一役的事情。现在的搜索引擎已经优化到极为人性化的地步，你可以通过在几个大的搜索引擎上注册新闻关键词订阅邮件，将有关你的新闻信息及时收入眼底，每天坚持在论坛搜索、博客搜索和视频搜索上花费一点点时间，这些搜索现在已经有不错的时间分类，可以选择一日、一周、一月的信息检索，方便你发现各种隐患。

当然，也不要灯下黑，很多企业都建立有自己的官网和论坛，在论坛里，其实就有很多最原始的投诉，这些投诉能否及时解决，也关系到投诉者是否会选择其他网站进行二次传播。这与上访颇为类似，如果你采取围追堵截的方式来压制上访者，或是对其不理不睬，原本上访者只是在你所在的单位进行上访，却因为问题得不到解决最终变成越级上访，又或因为你压制了本地媒体的负面舆论，而让投诉者找到更高级媒体进行投诉，结果反而加速了事态的恶化。

当你发现不利于你的信息、言论出现时，你应该尽可能在最短时间内和发帖人建立联系，和对方进行沟通和解释。不管能否和发帖人直接建立联系，都不要删帖，除非你有充分的理由证明这一帖子确实是恶意的诽谤。即使是这样，也请你不要首先想到删帖子，一来这会让其他看过帖子的网友误解；二来，你要找网站删帖也颇为麻烦，要提供可信的证据，当然那些非正规手段除外。

最好的解决办法是跟帖，在该帖子之后尽可能详尽地进行说明，本着有则改之、无则加勉的态度进行解释，以诚服人，这不仅是给发帖人的一个答复，而是给所有看到这个帖子的网友一个答复，表明你们的责任心和对消费者权益的关心，也同时体现你们的及时反应能力。在大多数情况下，网民对这些及时予以沟通且愿意沟通，而不是高高在上的企业是很买账的。不要因为一只蝴蝶扇动了翅膀，而任由事件扩大，变成颠覆整个王国的风暴。

所有的及时反应要建立在说真话的前提下，不能虚与委蛇，说一套做一套，别人提出了问题，错了，虚心接受，予以改正，知错能改，善莫大焉。有部分企业确实也做到了及时反应，特别在自己官方网站的论坛中，及时反应，及时解决，以免让更多自己品牌的用户寒心或形成集体意见，而且这种回复不能过于简单，部分企业喜欢留下诸如"请留下您的联系方式，或和我们某某客服电话联系"、"我们将及时对您的意见进行反馈"之类的简单话语，这都会让网民认为是一种拖沓。正确的做法是尽可能详细的解释，给予明确的解决方案，实在无法根据帖子情况予以解决的，或不能马上做出解决的，也要尽可能地予以安抚，尽可能不落下话柄，掌握危机公关的主动权。

 【舞美师的超女幕后黑手陷害为何毫无效果】

　　我自己就曾陷入过一次网络危机中，2006年超女长沙赛区进行比赛，职业爆料博客"舞美师"突然在其新浪博客上发布博文称我是超女张亚飞之堂哥和幕后推手，并将一些身份信息详细曝光在网上，顿时这一谣言快速传播，而且许多娱乐媒体都介入进来。我本身不从事娱乐，也不认识张亚飞。完全可以直接提供证据给新浪要求删除"舞美师"发布的博文，然而我选择了在当天晚上发布申明，逐字逐句地将"舞美师"制造的谣言予以澄清，并声明此为唯一一篇反驳言论，之后将不会再对此谣言予以理会和辩解，并于第二天和新浪方面联系，将博文推荐至新浪首页位置，从而让博文形成了极大转载量，当日博文访问量约为7万，各大论坛均予以转载。至此，此事烟消云散，再无任何流传。这其实也是一种快速反应，用真实的情况批驳流言，为自己赢得主动。

因此，尽一切努力避免企业陷入危机，一旦遇到危机，就应该接受它，化解它。IBM公司，将危机公关最基本的经验归为六个字——说真话，赶快说。

而社交网络的普及，则让这种快速反应，变得更容易，成本更低，且更高效。

【霸王洗发水连发微博求清白】

2010 年 7 月，霸王洗发水被报"致癌风波"。霸王在第一时间开启微博，通过官方微博发布 29 条信息做出相关说明。霸王通过微博公布信息，将媒体集中到微博上，减少了猜测，提高了危机公关的效率，其实是非常有借鉴意义的。

相反，在 3Q 大战之中，不少 IT 微博只要发布了个人对某产品的不满，立刻会发现自己这个可能平时都没什么关注和转发的微博，突然关注率极高，点评（不是转发）在一个极短的时间内爆发，而内容千篇一律是抨击，甚至上升为人身攻击，甚至点评的内容都是重复的，这是典型的水军作风，而对于微博用户来说，这种势大压人的方式，更强化了好恶感，也同时加剧损害了这个企业的品牌。

由上述案例，我们不难发现另一个关键点，即危机公关最忌讳压制意见，尽管一时能堵得住，但总有溃堤的一天，防民之口甚于防川，这句老话很有用。

14.2.5 其徐如林

其徐如林：当军队缓慢行军时，犹如静止的森林，肃穆、严整，不惊动敌人，不打草惊蛇。

 【东方航空面对临时返航危机反应快但很混乱】

2008 年 3 月 31 日，中国东方航空云南分公司的 14 个从昆明起飞至不同目的地的航班，在同一天出现了临时返航事件。14 个航班分别飞往大理、丽江、版纳、芒市、思茅和临沧等地，这些航班在到达目的地的上空后，乘客被告知无法降落并折回昆明，导致昆明机场更多的航班延误。被耽搁行程的旅客，在昆明机场对此表示极为不满，纷纷要求退票或改签。事发之后，东航坚称是天气原因让飞行员集体返航，但很快就被证明：这是一起飞行员以集体"罢飞"来维权的行为——飞行员不满公司现有的待遇，在与公司协商无效的情况下，采取了有组织、有预谋的以罢飞要挟公司管理层的极端措施。"返航"事件一石激起千层浪，铺天盖地的指责与批评从网络上汹涌而来，随后的媒体报道开始进一步深化之，一场重大的东航信任危机随即掀起。

或许在某种意义上，东航在应对此次危机上确确实实反应快速，但在返航事件发生的一周内，东航对外声明自我矛盾、危机管理混乱不堪：先是对外界的质问闭口不答，想蒙混过关，继而发现网民不依不饶，立刻改口称天气原因造成飞行员返航；而在央视新闻联播提出严厉质疑与批评之后，东航仍然以天气原因为由解释飞行员的返航事件，并由公司领导与飞行员达成统一口径，上下一条心对外隐瞒事实；在民航总局派员调查事件之后，东航终于承认错误，承认返航事件存在"人为因素"。在应对危机上，速度不错，可解决混乱，反而让人觉得东航缺乏诚意。

东航确实意识到了其疾如风的真谛，在危机萌芽伊始，就展开积极的危机公关，又是发表

《告全体员工书》，又是雨中宣誓，还专门成立了一个网络舆情监督小组 24 小时轮流值班监督控制网上的负面消息，予以答复，并主动与媒体沟通协调，尽量缩小影响范围。

有条不紊，其徐如林，就是要求在网络危机公关中，必须在最初阶段，就制定出一整套应对各种可能出现问题的解决方案，而不是头痛医头脚痛医脚，乱说一通。东航最大的错误就是不说真话，结果只能用一个谎言去掩盖之前的谎言。

说出真相，不让之前的星星之火形成燎原之势，用最稳健的解答在最快速的时间内给网民一个满意的交代，从而消弭风险。这就是其徐如林的关键所在。

因此，必须明确一点，对于危机事件，"疏"比"堵"更重要更有效，毕竟大多数危机都是因为企业自身存在这样那样的问题，堵是堵不住的，疏导才是根本，才能在危机中换来谅解。以下五大原则，可视为是在网络危机公关中，必须要纳入公关策略的根本性原则，唯有做到以下原则，才能在危机公关中有条不紊。

- 一是要善于抓住"软肋"，对事实不清的用事实说话，对缺乏鉴定的应引用权威裁决（如相关部门的检测和告示）。

- 二是要以退为进，先表示理解别人，再寻求大家谅解，以求息事宁人。

- 三是要拨开云雾，揭开事件真相。用事实和数据说话，举行媒体沟通会或者运作一些高质量的有影响力的正面报道。

- 四是有效利用公司的网站，快速更新。采取立场声明、FAQ、有说服力的事实、权威信息和数据、领导人访谈、最新新闻报道等方式消除消费者的顾虑，尽量使事件缩小化。

- 五是在组织内形成一致的声音，统一口径对内外宣传。

面对危机，必须有详尽地解决方案，尽可能在危机发生之初，予以解决，在自己能力控制范围内，有条不紊的化解危机。从而不惊动更多人，不让网络危机在网络上形成更强劲的风暴。

 【宝洁统一言论出口应对 SK－Ⅱ】

宝洁在 SK－Ⅱ 化妆品被检测出含有违禁成分后，公司始终抱着负责任的态度，坦诚面对事实，迅速召集法律、研发、品牌、公关等部门联合商讨对策，在网上公布产品成分及其解释；宝洁公司将周六周日不开通的消费者热线即时打开；宝洁公司的医生们则 24 小时开机，随时准备答疑。同时，总部还专门对柜员如何应对消费者的提问进行了标准化训练，并要求柜台不要接受记者访问。

要重视网络的有效传播。在传播的过程中，需要采取创意和媒体的有效结合来吸引和转移目标受众的注意力。这些行动都基本符合上述要求，从而让 SK－Ⅱ 品牌的覆灭，不至于伤及宝洁自身和旗下其他品牌，将影响面控制在 SK－Ⅱ 之中，以丢卒保帅的方式，化解危机。

其徐如林的策略，不仅应该体现在危机公关中，也适用于危机爆发的前后。许多公司在经历了网络危机之后，往往过了就忘，因此在下一次危机到来之时，往往再次陷入被动。其实，亡羊补牢，未为晚也。

【 捷蓝航空用微博道歉获得乘客谅解 】

2007年初，捷蓝航空因为天气问题取消大量航班，客户服务却没跟上，一些客户开始在推特上进行抱怨。捷蓝航空意识到了社交网络如推特的力量，用户想要说什么，你永远无法控制，如果不提升客户服务，公司的品牌和形象肯定要受损。捷蓝航空做出了正确的决定，CEO亲自出面道歉，发布了捷蓝航空的客户条例，允许客户在某些情况下获得赔偿。同时，捷蓝航空开始探索利用推特的可能性。捷蓝航空现在在推特上已经拥有超过160多万追随者。这家公司组织了一个由七位员工组成的团队轮流管理公司的推特账号，以便提供全天候客户服务。

社交网络其实是一个很不错的危机公关和品牌形象塑造的最佳地盘，在危机到来前，一个能够和大众平等沟通的社交平台，可以在第一时间将危机消弭于无形。而在国内，不少公司则有先见之明，熟练运用微博进行危机公关，已经成为了其网络营销的必修课。

14.2.6 侵掠如火

侵掠如火：当进攻敌人时，要如同燎原的烈火，以锐不可当的攻势结束战斗，取得完全的胜利。

在网络危机爆发时，往往会因为一个问题而带出许许多多问题，这往往让企业疲于应付，随着矛盾的不断激化，问题则不断凸显出来。

 【 康师傅的水源门事件 】

这个事件中，我们可以看到在面对负面舆论时，选择什么方式进行应对是多么的重要。2008年8月7日，一篇名为《康师傅：你的优质水源在哪里？》的网络文章，揭露康师傅矿物质水广告中声称的"选取的优质水源"竟是自来水。这篇帖子立即引来大量网友的热顶，很快红遍论坛。由于描述生动且细节具备，标题与故事都非常有吸引力，所以迅速成为各大网站上爆炸性的热门文章，传播力惊人。很快，网友的热顶与回帖引发了平面媒体的关注，而平面媒体的定调性报道，为事件发展掀开了高潮部分。

在第一篇网络帖子出来之后，康师傅对其随之引发的舆论批判狂潮预料不足，所以回应态度与控制策略明显做得不尽如人意。于是，"水源门"议题在多种因素的发酵下，被推变成为了一场网络的话题狂欢宴。每个人都争先恐后地对议题进行再诠释/再传播，而千千万万个"网络杀手"的汹涌而出，不仅针对水源问题，康师傅作为饮用水企业，作为方便面企业，作为饮料企业，它过去被消费者忽视的一个又一个问题再次被重新提了出来，如方便面的卫生、营养问题，饮料的添加剂问题，这些过去被忽视的问题都伴随着水源问题一起形成了一个巨大无比的拳头，使得康师傅"水源门"事件最终大规模爆发。

康师傅在网络危机中全无招架之功，今天辩驳水源、明天辩驳方便面，最后实在疲于应付了，干脆徐庶进曹营，一言不发了。对于"水源门"危机事件，虽然康师傅一直辩称只是广告诉求有错，但公众的心理认知逻辑却会沿此链条发展：广告夸大——品牌诚信缺失——产品有问题——拒绝购买，最终康师傅的诸多产品，特别是矿物质水在很长一段时间内一蹶不振。

康师傅败在哪里？就败在不知道该如何化解危机，特别是危机之中有太多太多的问题，它已经茫然之中分不清主次，不知道如何解决主要矛盾，甚至最后连完全可以解决的次要矛盾都无力解决。因此直击重点，避免两线作战，直接化解主要来犯危机，再对其他次要危机各个击破，是网络危机公关的关键所在。

与康师傅相对的是另一个食品企业肯德基在面临相似危机时的成功应对。

【肯德基"苏丹红"事件】

2005年3月15日，相关部门在对肯德基多家餐厅进行抽检时，发现多款调料中含有"苏丹红一号"成分。在轰轰烈烈的声讨"苏丹红"浪潮中，这显然是摆在肯德基面前的重大危机。因为有权威部门的检测，从一开始，肯德基就被钉在了道德审判台上，这较之康师傅的初始危机有过之而无不及，毕竟康师傅的最初危机是民间发现，还没有得到确凿证据，而肯德基确实已经被"官方认证"了，辩无可辩。如果是在过去，这类事件也就是在电视上被公示一下，再登个报，其实也不会有多大的波澜。多少知名企业被315打过，大多也安然无恙，然而网络时代的快速传播让肯德基不再拥有幸运。众多网站众多论坛开始疯狂攻击肯德基，网络上顿时一片哗然，而且关于肯德基卫生条件差，选用死鸡、病鸡之类的话题，也开始在网络上流传，一切和康师傅事件如出一辙。

辩无可辩的肯德基没有向康师傅那样以否认一切的形式开始危机公关。肯德基知道自己不占理，选择了更为精密的危机公关步骤，先是在不利消息发布的第二天，肯德基所属的百胜集团在上海发表公开声明，宣布国内所有肯德基餐厅即刻停止售卖检查中含有苏丹红成分的产品，同时销毁所有剩余调料。之后的动作则值得所有面临这一问题的企业效法，肯德基很精明地在网络上和传统媒体上发布了大量新闻，将危机区域从全国范围锁定为"北京朝阳"，并成功上演了一系列的"危机公关秀"，通过传统的新闻发布会，向公众交代事件来龙去脉及处理调查结果，消除公众疑虑；同时邀请网友和博客现场品尝肯德基食品，增强消费者信心，也通过网上意见领袖的话语，改变了大众对肯德基的抵触情绪；而对于"涉红"产品，肯德基做得稍微有点不厚道，通过进行大幅度降价促销，吸引消费，不过消费者似乎很受用，肯德基对消费者心理的研究看来入木三分。最后，危机过后，肯德基继续进行了新一轮的公关活动，如召开新闻发布会证明食品的安全性，大规模促销，推出新产品，推出新产品"猪排堡"这种市场应变能力其实也说明了其企业对处理危机的综合能力和处理速度，另一方面在餐饮行业都普遍不景气的背景环境下，肯德基反倒加大广告力度，配合事件营销，双管齐下，平稳地度过禽流感危机。

此外，在整个危机公关过程中，肯德基还耍了一个小花招，尽管事实无可辩驳，但却可以成功转移。肯德基一边向公众致歉，一边追查事件根源，在事件发生的第4天，肯德基就通过媒体和网站公布了"调查苏丹红的路径图"，成功地把媒体的注意力从肯德基产品转移到对"苏丹红"来源的关心上，将公众的视线引向对"苏丹红"的关注，而非肯德基本身。这一花招同样适用于其他品牌的危机公关，关键看如何去做。

从肯德基的案例中，可以看出，肯德基没有去和网民进行辩论，也没有在媒体上否认错误；相反，它选择了直击主要矛盾的方式，让网民的视线重新凝聚在苏丹红之上，主动承认错误，但却巧妙地将错误凝聚在一个较小的地区即北京朝阳区之上，让苏丹红这一消费者关注的主要矛盾成功从全国范围转移到了一个小点之上，再之后又再次转移矛盾，通过苏丹红传播路线图，引导网民和媒体视线从肯德基离开，转移到苏丹红根源上，从而将主要矛盾逐次化解，最终化于无形。与之类似的是"三鹿奶粉含三聚氰氨"事件曝光后，奶粉行业同样面临着严重的危机考验，危机是带有危害性的，对于企业来说是一种灾难，我国几乎所有的奶粉企业都一致采取肯德基的上述几个手法，公布奶源，加大宣传力度，声称其产品是经过多少道工序检验合格的，从而巧妙地化解了核心矛盾，让危机的影响降低到最小。

由此可见，抓住主要矛盾进行解决，倾尽全力对核心点进行迎战，要比两线作战乃至多点迎战、疲于奔命好得多。

14.2.7 不动如山

不动如山：当军队驻守时，要如同山岳一样，严阵以待，随时做好投入战斗的准备。

在网络危机公关中，不动如山的概念应该被改写，因为网络危机往往突如其来，不动如山应该是面对网络危机的侵袭，自身阵脚要坚固，行动上却并非全然不动，而是伺机而动，绝不打没有把握的仗。亚马逊和MSN这两个网络公司在应对危机时，所表现出来的，则非常有网络公司的风范，毕竟相对于传统企业来说，网络公司更懂网络。

【亚马逊差别定价危机】

为提高在主营产品上的赢利，亚马逊在 2000 年 9 月中旬开始了著名的差别定价实验。亚马逊选择了 68 种 DVD 碟片进行动态定价试验，试验当中，亚马逊根据潜在客户的人口统计资料、在亚马逊的购物历史、上网行为，以及上网使用的软件系统确定对这 68 种碟片的报价水平。名为《泰特斯》（Titus）的碟片对新顾客的报价为 22.74 美元，而对那些对该碟片表现出兴趣的老顾客的报价则为 26.24 美元。通过这一定价策略，部分顾客付出了比其他顾客更高的价格，亚马逊因此提高了销售的毛利率，但是好景不长，这一差别定价策略实施不到一个月，就有细心的消费者发现了这一秘密，通过在名为 **DVDTalk** 的音乐爱好者社区的交流，成百上千的 DVD 消费者知道了此事，那些付出高价的顾客当然怨声载道，纷纷在网上以激烈的言辞对亚马逊的做法口诛笔伐，有人甚至公开表示以后绝不会在亚马逊购买任何东西。更不巧的是，由于亚马逊前不久才公布了它对消费者在网站上的购物习惯和行为进行了跟踪和记录，因此，这次事件曝光后，消费者和媒体开始怀疑亚马逊是否利用其收集的消费者资料作为其价格调整的依据，这样的猜测让亚马逊的价格事件与敏感的网络隐私问题联系在了一起。

为挽回日益凸显的不利影响，亚马逊的首席执行官贝佐斯采取的措施显然是很有效的，一方面他执行了快速反应，即其疾如风，在最短时间内做出解释，他告诉消费者亚马逊的价格调整是随机进行的，与消费者是谁没有关系，价格试验的目的仅仅是测试消费者对不同折扣的反应，亚马逊"无论是过去、现在或未来，都不会利用消费者的人口资料进行动态定价。"贝佐斯为这次事件给消费者造成的困扰向消费者公开表示了道歉，并且直击重点，奔袭火火，亚马逊马上开始用实际行动挽回人心，亚马逊答应给所有在价格测试期间购买这 68 部 DVD 的消费者以最大的折扣，据不完全统计，至少有 6896 名没有以最低折扣价购得 DVD 的顾客获得了亚马逊退还的差价。最终，这些行动让消费者感到很满意，亚马逊在整个危机公关过程中，阵脚一直不乱，除了积极应对以外，通过积极稳健的对策，赢得了网民的信任，销售反而大增。

这揭示出一个道理，即面对网络危机时，不管采取何种措施，必须首先建立在自己阵脚稳固的基础上，不能因为一味追求快速反应而胡乱出招，也不一味拖延，对危机不理不睬，任由其扩大，而是在危机发生时，立刻研究解决方案，在最短时间内压制非议，同时保证面对危机，自己的阵营不至于被危机冲垮。如果连自己的阵脚都不稳，那将成为真正的灾难。亚马逊的成功之处在于，此后，其吸取了价格测试中的失误，重新修改了测试方案，将其作为一场试验，而且进一步完善了自己的价格体系，既不向价格测试过程中那样惹人非议，又不如过去那般完全一致，而形成了亚马逊的全新价格体系。实际上，正如贝佐斯向公众保证过的，亚马逊此后再也没有做过类似的差别定价试验，结果，依靠成本领先的平价策略，亚马逊终于在 2001 年第四季度实现了单季度净赢利，在 2002 年实现了主营业务全年赢利。从而让亚马逊的这一次风波成为了其成功的又一个奠基石，成为了绝地反击的一个成功范例。

另一种不动如山的方式是以行动而不是口水战来实现对危机的全面转化。这一方面，比较典型的案例来自 MSN，在短短两周的时间内，将一个可以让自己面临灭顶之灾的危机化解，并用一个让中国人都能接受的方式，重建信任甚至更甚从前。

 【MSN 用小小红心上演危机大逆转】

2008 年 4 月 7 日，在中国即将举行奥运会之际，MSN 在其英文官方网站上发起了一个关于是否应该抵制中国举办奥运会的投票。这一举动激起了中国公众极大的不满，纷纷在论坛上发帖表示抗议。

但是就在这种抗议活动刚刚兴起之际，有线新闻网络（CNN）于 2008 年 4 月 9 日播出的时事评论节目"Situation Room"中主持人 Jack Cafferty 在节目中发表了足以让所有中国人愤怒的反华言论；与此同时，藏独分子在世界各地对奥运火炬的传递进行阻挠，这些都极大地激起了中国公众的爱国热情，声讨藏独的声浪席卷全国。而在此之前的仅仅半个月（2008 年 3 月 14 日），西藏发生了藏独分子打砸抢事件。

这一背景下，MSN 势必非常被动，但仅仅靠发表声明来给自己正名，并不一定见效，之前家乐福也做过类似的事情，收效甚微，依然抵制不住人们的抗议热潮。然而 MSN 的战术是通过一个小动作来解决所有的问题，赢得人们的信任。从 2008 年 4 月 11 日起，MSN 上开始流行在用户签名前加上红心中国的标志。截至 4 月 17 日已经有超过 230 万的用户改了自己的签名，各大网站也都以"红心"、"爱国"等为主题发表文章，对 MSN 上的这项活动进行正面报道。对 MSN 抵制奥运投票的声讨也被这种正面的声音淹没了。

2008 年 5 月份发生了震惊世界的汶川大地震，MSN 推出了在签名前加彩虹的标志，寄托对灾区人民祝福的活动。这一活动，继"红心中国"后，又得到了大量正面报道。至此，MSN 发起抵制奥运投票的事件已经完全没有报道了，MSN 在公众中的形象也由反华转变为爱国。

虽然 MSN 拒绝承认"红心中国"和"彩虹寄托哀思"都是其进行的危机公关活动，但是数据却表明，这两项活动确实帮 MSN 转变了形象，挽回了声誉。可以说：MSN 在关于"抵制奥运"的报道和网民抵制 MSN 发生之后，立刻巧妙利用了当时的民族情绪，借助一个相当正面的"红心"事件，将媒体和大众的注意力从负面新闻上成功转移，在网民中树立了一个良好的形象。最后从天涯网民对"抵制"事件的关注程度上来看，MSN 在用"红心"转移大众对"抵制"的注意力方面所做的的确很成功。所以在类似事件中，在危机刚出现苗头时，可以马上采取注意力转移的方式，化危机为转机。

其实这就是不动如山的真谛，面对猛然之间来袭的网络危机，匆忙迎战往往会顾此失彼，认真分析，尽管 MSN 面对攻击表现得非常"麻木"，但其实它已经在行动，因为它知道，整个负面事件上，仅仅靠解释是无法获得谅解的，与其口笨舌拙地穷于应付，不如用行动来说话。在短短几天后，在矛盾还没彻底激化时，就靠一颗红心打破了僵局，之后又顺应时事，给红心加上一道彩虹，MSN 没有破费分文，就赢得了谅解，更赢得了支持。反观家乐福，全部都是靠口说，而没有真正意义上的实际行动。共同遭遇到相似境遇的两个企业，最终结果反差如此之大，恰恰是在网络危机公关的执行力上的差距所在，或许作为网络公司存在的 MSN 更懂网络吧。

千万别到此就认为网络危机公关处理的只是爆发于网络之上的危机。即使不是来自于网络的舆论危机，也可以用网络巧妙化解。

 【暴风雪中微博为 UnitedLinen 解决危机】

美国一家名为联合日用织品服务公司用微博实现了过去无法实现的任务。比如 2008 年年末，当一场暴风雪爆发时，@UnitedLinen 用推特警告客户，公司将延迟货物交付的时间。假若公司给每家餐厅打电话的话，一些客户可能就无法及时获悉这一问题了。

14.2.8 乾坤大挪移

网络危机来了，看起来气势汹汹，无坚不摧，然而如果企业运用策略得当，将"三说主义"和"风林火山"巧妙结合，以快打慢，通过结合媒体的传播力和公信力，用成功的危机公关预案，直击危机要害就可破解之，甚至以乾坤大挪移之法，在化解危机的同时，反向提高自己的品牌美誉度和公信力。

2009 年暴风影音被牵扯进 519 断网事件中，暴风影音的应对策略巧妙地反应出了一种可能性，即一个企业在熟悉了危机公关后，完全有可能通过一记组合拳化解危机，甚至通过危机，极大地提高品牌的正面形象和影响力。

【暴风影音的断网阴影】

2009 年 5 月 19 日晚，一个游戏"私服"网站（私服是未经版权拥有者授权，非法获得服务器端安装程序之后设立的网络服务器，本质上属于网络盗版，而盗版的结果是直接分流了运营商的利润）打算对它的竞争对手发动攻击，黑客从域名下手对国内最大的免费域名服务商 DNSpod 的服务器进行了狂轰滥炸，史无前例的大流量攻击导致了 DNSpod 的服务器瘫痪，运行在 DNSpod 免费服务器上的 10 万个域名无法解析。

然而，遭到攻击瘫痪的服务器正好也是在为暴风影音的某项服务提供域名解析。于是，号称 2.8 亿用户的暴风影音客户端，通过其安插在用户计算机里的后台进程悄悄访问暴风网站出现无法连接之后，便自动开始向电信的域名服务器疯狂提交查询，海量的数据信息最终导致了服务器资源耗尽，也引发全国网络出现大范围瘫痪。导致这一事件的根本原因是暴风影音用户不论是否开启软件只要在开机的状态下就会运行一个"stormliv.exe"进程，即使你关闭暴风影音也不会停止，并且用户在启动项中还看不到相关信息。基于暴风影音的庞大用户群，也让黑客有了非常多的"肉鸡"，正是数量庞大的"肉鸡"不断向电信 DNS 服务器发送数据，最终导致了网络瘫痪。

这几乎直接命中了暴风影音的命门，事件发生后，马上就有业内人士找到了事件的根源：暴风影音。同时从技术层面指出了暴风影音存在的问题，甚至一度指责他们在软件中"留后门"。这时的暴风影音是很危险的，一旦舆论的矛头指向它，它很可能会因此事被用户摒弃，而且还可能面临巨额赔偿。生存还是毁灭，这是一个摆在暴风影音面前必须要破解的问题。

此刻来自其竞争对手的攻击也出现了，一些受雇佣的"五毛党"开始到处煽风点火，开始攻击暴风影音其他方面存在的质量问题。其实不管是什么样的软件，哪个没有 BUG，不可能有完美的产品，否则还要升级功能干什么？可一旦问题被放大，暴风影音就将被视为是质量低劣的产品，不仅仅是后门这个问题。

暴风影音的主要成员来自金山，其对技术的追求让其很快明白了回应的方式方法，不在过于烦琐的问题上纠缠，直接在后门问题上来一场技术层面的辩论赛。

暴风影音的第一步是给自己定罪，承认错误，坦白从宽，抗拒从严，毕竟这件事不是暴风影音引起的，暴风影音顶多算是在不知情的情况下做了"从犯"，而且其他"主犯"、"从犯"还有一堆：黑客、DNSpod、公共域名系统等。暴风影音寻求的不是变成从犯，而是变成受害者。

暴风影音的解释让网民可以理解，毕竟后门的存在并不罕见，我们用的 Windows 系统也有很多后门，而暴风也是见好就收，标榜自己是受害者并不能自说自话，要转嫁"矛盾"，转嫁给谁？当然是没有任何翻身余地的黑客，一定要让公众有个指责和发泄的对象，一定不能让舆论落到暴风影音的头上。而引导舆论的最好工具就是媒体，于是暴风影音开始引导媒体声讨此次事件的始作俑者黑客，同时从技术角度分析本次网络故障发生是因为"相关机构对域名系统的重要性认识不足，重视程度不够，安全保障能力比较低。"在这个过程中，一点一点淡化了暴风本身的责任，同时进一步加深了其"受害者"的形象，暴风甚至还开始对黑客进行起诉，并要求 238 万元的经济索赔。这一举动当然再次被关注此事的媒体所广泛报道，结果通过免费宣传，让对暴风攻击的第一波矛盾顺利转移给了黑客。

同时面对其他网络媒体的拆台，暴风影音的做法看似有点流氓，但很有成效，毕竟暴风影音也有自己的网络新闻平台，一个类似 QQ 微型首页的页面。暴风在推荐页面上刊登了"网易博客沦为卖淫女招揽生意的平台"的文章，称网易是流氓网站，充满淫秽内容。这种互相攻击的结果是双方各让一步，没必要伤敌一万，自伤八千，而更重要的是其他网络媒体也因此放弃了对暴风影音的口诛笔伐，从网络新闻这一途径，很难在主流媒体上发现暴风影音的负面新闻了。暴风影音以主动出击快速解决了凸显出来的又一个矛盾。

当然，这样依旧难以彻底扭转局势，因为影响已经造成。与叫板网络媒体的高姿态不同，在应对公众不满上，暴风则是低姿态的。它们知道，不能仅仅解释，正如之前提到的诸多案例，仅仅靠空口说白话，许下一些空头支票是不能解决问题的。暴风选择了一条最有噱头但最不花成本的方式——召回。网络产品怎么召回？又不是汽车。其实暴风玩的就是概念战，偷换了概念，将产品升级变作召回，主动承认错误，当然就要改正错误。通过高调宣传召回，让用户知道暴风影音已经没有后门漏洞，可以放心使用。结果呢？暴风影音的装机量非但没有下降，反而比危机之前更多了。

通过暴风影音的案例不难看出，暴风影音成功消解矛盾，最重要的杀手铜在于巧妙利用媒体，通过媒体将自己打造成受害者，同时通过手段让媒体不再对自己进行攻击（尽管有点下作），最后又通过媒体广泛宣传自己的召回政策。

我们回到之前提到的当当网 CEO 李国庆调侃中国移动"收房子"的案例，看看中国移动是怎么应对的。

 【中国移动借"收房子"危机宣传 4G】

当"房子归移动"的段子在各种社交网络上被爆炒的时候，李国庆的微博转发量到了 5 万次，而中国移动在官方微博、官方微信立刻予以了回应，体现了其疾如风的特征。

回复也并非官样文章，而是直接引用了李国庆的微博，并同样以调侃的口气说明中国移动已为客户提前设置好了"双封顶"等多项服务举措，"房子还是妥妥地住哟"，以调侃的方式应对调侃，赢得非常得当，也让受众乐意接受，体现出说人话的风格，显然"其徐如林"已经深入其骨髓。

此后，2 月 10 日，针对外界的质疑，中国移动又立即举行了媒体沟通会对 4G 资费等用户关心的焦点问题进行了详细解释。很快，媒体上出现了大量《4G 资费单价比 3G 明显降低》、《被妖魔化的 4G》、《中国移动详解 4G 资费》等"答疑"文章，解释了中移动关于 4G 资费的"费用流量双封顶、主动提醒、自选套餐、流量加油包"等措施，排解了用户"怕贵不敢用 4G"的担忧。

这时候使用媒体进击，契合 4G 的宣传期，又借助热点话题进行发酵，中移动完全占据了主动，对负面舆论全面狙击，并科普 4G 概念，实现完胜。最后，故事的结局是，2 月 12 日晚，李国庆再次发送了一条微博，这次不再是吐槽，而是改为"4G 用户一觉醒来，房子还在车还在，中国移动为客户筑造四道防洪堤，费用流量双封顶、勤提醒、套餐组、加油包……"，李国庆也悄悄将微博签名改成"我口无遮拦，多有得罪，请海涵"。

由此可见，网络危机公关中媒体在事件的催化与弱化过程中都起了很重要的作用，在事件的处理上，如果组织能够正确地把握媒体动向，及时向媒体发布信息，引导媒体报道上的舆论方向，一方面能够将负面的社会情绪事件尽快推至议题弱化阶段，缓和负面情绪，缩短危机延续时间；另一方面组织能够利用事件所带来的情绪效应，将事件进行催化，利用危机制造知名度。

我们来看看《广告主》杂志报道过的一个案例。

 【玩游戏失明引发的《找你妹》公关】

2013 年 2 月底，标题为"男子疯玩手机游戏一夜，引发短暂失明"的新闻发迹于网络，短短 24 小时内在微博上引来众多大号的转发，矛头直指热门手机游戏《找你妹》。

《找你妹》官方说，这条新闻刚在网络上发布还没有被微博大号转发时，就引起了热酷的足够重视，首先是寻找新闻源，先找到了这条新闻的作者，最后又找到了新闻中的当事人——贵州的朱先生。朱先生一直喜欢《找你妹》这款游戏，他从 2 月 24 日晚一直玩到了 25 日中午才睡觉，不料一觉醒来发现左眼看不见东西。经医院检查朱先生左眼"中风"，医学上称为视网膜中央动脉阻塞，可能是长时间玩游戏所致。医生表示，这种眼部疾病多发于中老年人，不过年轻人生活不规律、长期熬夜，眼部得不到休息也会引起该病，长时间盯着手机屏，尤其是在关灯黑暗的环境中，玩任何游戏或者长时间看新闻等，都有可能导致身体产生不良反应。尽管如此，热酷依然对朱先生进行了热情的慰问；其次，热酷又加班加点，提前上线了《找你妹》的防沉迷版本。其实，这一版本本来就在找你妹产品功能更新的日程表内，只是这次公关事件加速了这一版本的推出。

这次事件后，很大一部分人都是在看到相关网络传播内容和新闻后直接下载了《找你妹》这款游戏。该游戏也快速冲至多个下载平台下载排行榜的首位。

在这个案例中，很显然，风林火山齐备，而且应时应景，让危机变成了机遇，尽管许多营销人认为这是《找你妹》自编自导的一次愚乐秀，但仔细想想，风险太大了点吧，这种玩火的模式，没玩好，就真的找你妹了。

【思考一下】

你面对网上对你公司某个产品存在质量问题的质疑，而且这个产品真的存在质量问题，现在高层要你将这次危机的破解和即将推出的新产品发布推广结合在一起，怎么做呢？

14.3　预警机前来护航

【本节要点】

危机公关需要有预警机制，不能等危机来了才动手。因此建立一个完备的预警体系很关键，通常，预警的作用在于发现苗头、及时遏制、长效监控，以及内部管理等多方面内容，这不是营销推广部门单方面的事，它必须是全企业都具备的职能。

无论从何种角度来说，越早发现网络危机，越早解决，越能够最大限度地防止危机可能带来的负面破坏力。毕竟不是每一个公司都能巧妙地化解危机，更别说把危机变成一种机遇。

我的朋友赛特公关的胡尔立在这方面非常有见地，他很早以前就开始和我讨论如何进行早期预警，并拿出了他们公司设计的一个《康师傅控股网络负面信息处理与网络舆情危机监控体系建设规划建议》供我参考，下面就让我们以这个案例来分析，如何建立一个危机早期预警机制。

14.3.1 找到危机策源地

要想全方位建立预警机制，首先要明确危机可能包含的关键词。对康师傅这样的水制品企业来说，水源、异物、游离态钾、假冒康师傅、商业贿赂、铅超标、员工斗殴、捐款、日资、抵制康师傅、虐待兼职这 11 个关键词，是经过康师傅网络舆情监控系统对康师傅以往负面信息的全方位搜索后总结得出的包含康师傅 92% 以上的负面信息"关键词"。

同时，通过过去发生的各类和康师傅有关的网络危机监测可以得出以下结论，即康师傅负面信息集中在论坛和新闻网站传播。康师傅负面信息传播范围的前三名为：论坛 65%、新闻 20%、博客（视频）5%。

通过这一结论，可以明确，在处理可能发生的康师傅网络负面信息时，重点范围首先确定在"论坛"、"新闻"、"博客"、"视频"等方面。以先后顺序作为预警的重点分布。

与此同时，建立一个依托于关键词搜索和重点危机策源地的信息检索平台。从图 14-1 可以发现，搜索将是点面结合的模式。

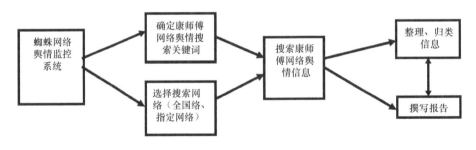

图 14-1　建立一个舆情监控系统

首先是全网络规格的搜索，即对互联网所有网站、社区、博客、论坛等进行监控、搜索。

其次是指定网络搜索，即对涉及食品安全管理、食品投诉、快速消费品行业、食品行业、知名门户、社区网站、论坛、视频网站进行特殊监控和搜索。

针对康师傅企业的特征，又可以将指定网络搜索明确为图 14-2 所示的重点区域（此方案在执行后期，已经将微博、微信和一些移动自媒体平台纳入其中）。

网站类型	网站范围
门户网站	新浪、搜狐、网易、腾讯、MSN、雅虎、TOM、人民网、新华网、中新网、千龙网，等等
行业网站	中国食品质量安全网、中华食品质量网、中国食品行业网、中国食品论坛、食品伙伴网、全国食品网，等等
论坛	天涯、西陆、西祠胡同、猫扑、TOM社区、搜狐社区、网易社区、Chinaren社区、腾讯社区、CCTV社区，等等
视频网站	新浪视频、搜狐视频、酷6视频、土豆视频、青娱乐视频、六间房视频，等等

图 14-2　明确重点监控区域

14.3.2　分析危机，寻找病因

建立了这样一个数据库之后，就可以有效地对过去曾经发生过的康师傅网络危机进行分析，从而发现康师傅在网络危机应急处理中存在的问题。

事件起源：2004 年 2 月 5 日在天涯社区，发布了"康师傅方便面惊现活虫"的消息，到 2007 年，各大网络媒体尤其是天涯等知名论坛、博客突然涌现出很多在康师傅食品或饮料中吃出各种异物的负面消息，导致一段时间内消费者人心惶惶，影响到消费者购买康师傅方便食品的消费心理。

传播趋势：其实此类在康师傅产品中吃出异物的事件，早在 2004 年就在天涯社区和西祠胡同社区中出现过，只不过当时并没有产生很大的影响和认同感，因此在之后的几年中类似的帖子也只是偶尔出现，没有形成相当的舆论趋势。在 2006 年天涯社区再次曝出一些吃到异物的帖子之后，此类吃出异物的帖子开始复苏。2007 年 8 月 22 日新民网正式刊登了康师傅方便面中吃到活虫的新闻后，此类消息便正式登上几大主流新闻网的平台——CCTV 网站、新浪网、腾讯网、中华网等。

传播影响：至 2008 年，此类消息声势更为浩大，一些沉寂很多年的帖子也被网民翻出，众多网友的加入讨论另该类型帖子成为热点，诸如"康师傅成为动物园"等帖子的大量传播，构成对企业形象的不利影响。

企业反应：康师傅分公司给予一定赔偿，康师傅总部并未给出正面回应。

事件结果：截至 2008 年 7 月 10 日，在康师傅中吃出异物的消息总量为 545 600 条，并且仍在广泛传播中，造成消费者对产品的恐惧及反感，使消费者对产品最根本的品质产生怀疑，从而极度损害企业及其旗下品牌的形象，从而对企业销售量造成巨大伤害。

那么，通过有效地分析过去发生的这次案例，不难看出由于康师傅一直没有对此次事件做出积极的正面回应，让这个 2004 年发生的案例不断被翻出来，成为每次类似事件中敲打康师傅的大棒。那么根据这样的模式分析康师傅过去发生过的诸如"游离态钾"、"惊人内幕"、"水源门"、"日资真相"等网络危机之时，不难得出以下结论。

（1）危机起源企业日资参股背景。康师傅控股负面信息最早爆发于 2003 年 5 月 10 日，由中华网论坛爆料"日资企业康师傅"。

（2）最大信息源头为政府监管和消费者投诉。调查发现，最多的网络负面信息源头为政府执法监管和网民投诉、维权在论坛上的发帖，该类负面信息数量占康师傅全部负面信息的 65%以上。

（3）负面信息的传播同时受传统媒体和新媒体影响。调查发现，一些负面信息长期在论坛传播（如惊人内幕），另外一些负面信息经过传统媒体报道后，影响面迅速扩大（如吃出异物）。

（4）企业应对负面信息处理措施不够。康师傅控股虽然已经对一些负面信息采取了一定的处理措施，然而，伴随 Web 2.0 时代的到来，越来越多的网民开始自主交流，很多负面信息的传播无法做到根本解决。

（5）负面信息影响重大。负面信息的大量传播，特别是在深层次网页的传播，使康师傅面临前所未有的品牌危机，一旦危机事件不能得到有效处理，就容易爆发信任危机。

（6）康师傅应该建立信息监控系统和应对机制。康师傅应该尽快、尽早对负面信息，特别是对网络负面信息进行有效监控和处理，促进企业发展，巩固和提高企业品牌形象和美誉度。

引入何种程度的危机预警和处理机制呢？这就分为一般程度的和全面程度的。

14.3.3　建立一般性危机处理机制

通过调查发现，康师傅的负面信息分类主要集中在产品质量、不正当竞争、误导宣传、企业性质引发的爱国情绪等方面。在对康师傅负面信息的传播现状和典型事件的分析上，我们不难发现，一些负面信息在很久之前已经发生，且一直在各大论坛流传，该类负面信息主要表现在产品质量、假冒伪劣产品等方面。其他负面信息的传播主要以网络媒体和平面媒体的互动传播为特点。为了更好地监控和处理康师傅负面信息，从以下几个环节入手可以进行一般性的常规处理。

1．确认消息源

负面信息发生后，首先要确定信息源的准确性，及时与企业和相关网站的负责编辑进行有效、耐心的沟通。要向对立的攻击者传递新闻信息或相关评论，及时做出回应或澄清。

2．舆情及时稀释

对于确有其事的信息，及时与发布者沟通，在同版面发布康师傅的正面信息。组织信息发布员在新闻更新后及时发布康师傅正面信息或公益活动消息，如"吃康师傅，参加**比赛""每吃一桶康师傅，即向灾区捐献 0.2 元"等。

3. 失实舆情及时制止

立即发布企业声明或企业律师函，制止负面信息扩大。同时，通过媒体网站或组织专题网页阐明事实真相和企业态度。建立重要的背景链接，介绍相关知识，讲解处理办法。

相比之下，社交网络时代，这种模式可以在企业官方的社交媒体上，更快速地予以解决。

【特斯拉电动车快速破解失实舆情】

　　一位国外车主在社交网络中分享了他的特斯拉体验，并提及一次充电的续航里程，并没有达到特斯拉官方宣称的长度，同时说了自己在不同的车速下，分别行驶的时间和最终的航程。对此，特斯拉官方迅速展开回应，在推特上贴出了这台车的行驶记录，一系列来自这部车的数据，显示车主根本不是按照他所宣称的那样行驶，做出了一次有力的驳斥。

在这个案例中，我们不难看出快速反应和全面解释的效果。当然，同时还达到了科普效果，特斯拉的领先技术（对每台设备的数据追踪）在此次危机公关中得到充分展示，而这比做正面报道，宣传效果还好。

4. 历史信息密切监控，有效引导

对于长期以来一直存在于论坛中的负面信息，要进行密切监控，同时在论坛中发布康师傅正面信息，有效引导舆论。第一时间与康师傅当地经销商、康师傅产品品质监测部门进行信息沟通，甄别事实真相。

5. 新近信息有效沟通、遏制传播

对于正在或刚刚发生的负面信息，要进行有效的沟通和处理。

6. 新闻报道信息转移视线传播

对于新兴网络传播形式如视频网站负面信息，要善于总结传播特点，同时发布康师傅正面信息的形象广告视频，通过在短时间内提高点击率，转移网民视线。

14.3.4　建立网络舆情监控链条

但上述方法依旧属于头痛医头脚痛医脚的模式，要想做到防患于未然，需要从高级层面上建立一整套网络舆情监控和应急处理机制。那么如何具体操作呢？

1. 建立舆情危机监测与预警机制

其目的是界定与梳理危机源头。所有的舆情危机都可能在不同时间不同流程发生，这就要求康师傅建立科学、有效的危机监测与预警机制，判断和梳理可能发生舆情危机的源头。这个机制可以分成两部分内容。

- 在集团内部建立监测点，组成立体化监测网络。建议康师傅建立"康师傅网蜘蛛网络信息监测系统平台"。

- 识别各类复杂舆情危机状况。根据舆情危机的表现形式，舆情危机信号主要分为潜在舆情危机信号、外显舆情危机信号，建立有效的舆情危机监测与预警机制，目的是能够正确分辨潜在危机信号、外显危机信号。

2. 建立新闻发言人机制

其目的是做好外部沟通，获得传统媒体权威支持，增加企业正面信息的影响力。一旦网络舆情危机出现，康师傅要最大程度地争取传统媒体的支持，利用传统媒体的公信力和权威性。同时，建立新闻发言人制度，通过新闻发言人，既向公众传递了权威信息，又将信息内容归口到"新闻发言人"这一权威信息源。

3. 建立内部协调机制

其目的是有效配置内部组织结构，协调内部矛盾。康师傅可建立核心内部协调部门，在公司领导层的支持下，充分发挥各职能部门的危机处理职责，建立有效的危机管理体系内部协调机制。同时，优化配置组织结构，有效配置康师傅集团的内部资源，按不同组织、部门的职能划分危机处理环节中的角色。

4. 舆情危机应急机制

其目的是及时对各类突发性舆情危机进行处理，可以分成两个部分。

（1）研究、调查康师傅发生危机的部门及环节，制定应急方案。详细而周密的预案，保证了在危机发生时有条不紊，获得最大程度的主动权。我们建议康师傅控股制定《康师傅集团网络舆情联动应急机制总预案》。

（2）借助建立舆情危机公关方式，化危机于无形。建立舆情危机应急机制的另一个重点是建立危机公关方式，要从建立舆情风险应急机制转化到建立舆情危机公关方式。

5. 舆情危机处理绩效评价机制

其目的是按舆情处理的结果评价各环节和部门。

评价目标：提高危机应对能力，培养危机意识，协调各职能部门，有效解决舆情危机。

评价标准：以舆情危机发生时舆情危机管理体系下的各部门的任务完成状况为标准。

评价主体：舆情危机管理体系下的集团全体员工。

评价程序：确定评价对象，下发评价通知书；成立评价组织机构和评价工作组；制定评价方案，选定评价指标，确定评价方法和评价标准；收集、核实数据并实施评价；撰写自评报告，并经危机管理主管处审核后，报统计评价处一份。

评价方法：实行由下而上，先个人后单位逐级考评的方法。

当然，具体到每一个企业都会有不同的特点，如何进行网络危机公关，如何进行绝地反击，其实是一门很细致的工作，这需要每一个处在网络中的企业和个人，都耐心细致地进行计划，危机没有发生时，要做好应对预案；危机发生后，不要慌张，要依据"风林火山"来进行绝地反击，危机过后，要细心总结，避免同样的悲剧再次重演。当然，最为关键的还是做好自己，别让外界有机会攻击你。

【思考一下】

结合你所在的公司，建立一整套完善的危机公关预警和解决机制吧，只不过，更靠谱的产品质量和真正有口皆碑的产品口碑，将会让危机难以发生且让黑公关们难以下手。

最完美的口碑雪崩

技术可以学习，创意无法复制。

如果你能将前面提到的网络营销战术运用起来，你的口碑影响力将会极其强悍，口碑雪崩也将会在你的召唤之下成就辉煌。这不需要去优化搜索引擎，绝对自然，没有半点用技术手段制造的虚假繁荣。

如果你将网络营销沦为一种技术，它将难以焕发光芒。如果你将网络营销单一归类于某一热门的营销形式，如微信营销、病毒传播或饥饿营销，它将走进死胡同。

网络营销走到今天，其只能是一种创意为王的舆论影响和控制学问，只有通过个性化定制出属于自己的口碑雪崩模型，只有通过一个又一个黄金般的创意去引爆网民的口碑，才能让网络营销达到化境。

很喜欢金庸先生书中独孤求败刻于石壁上的一段话，在此作为本书结尾，与君共勉。

凌厉刚猛，无坚不摧，弱冠前以之与河朔群雄争锋。

紫薇软剑，三十岁前所用，误伤义士不祥，悔恨无已，乃弃之深谷。

重剑无锋，大巧不工。四十岁前恃之横行天下。

四十岁后，不滞于物，草木竹石均可为剑。自此精修，渐进于无剑胜有剑之境。

案例索引

【在论坛发什么帖能让茶叶店有销路】 ·· 3

【为何"奥巴马奶奶内衣中国造"没被炒热】 ······························ 4

【周星驰如果在互联网上卖肉该如何】 ·· 5

【为何助听器多几个颜色就卖断货】 ·· 6

【为何扫地老太太能引发造句热】 ·· 8

【为何包装纸盒变牛皮袋就能刺激购物欲】 ································ 10

【为何奢侈品网购一小时就断货】 ·· 11

【明星怎么只说一句话就让降价家喻户晓】 ································ 11

【为何小众的 DIY 照片巧克力卖得如此火】 ····························· 12

【枯燥的嫦娥奔月数据科普也可以看图说话】 ·························· 14

【可口可乐的信息视频很酷很好看】 ·· 14

【106 万粉丝的海飞丝比 16 万粉丝的力士强在哪】 ················· 16

【海飞丝实力派靠游戏一个月增 57 万粉丝】 ··························· 17

【小米豆浆机如何诞生】 ·· 17

【eBay 谷歌广告一美元只能换回 25 美分】 ····························· 19

【为何网吧电脑上都是你的玉照,你却红不了】 ······················ 20

【为何跳舞机歌曲比 XP 示例音乐更畅销】 ····························· 20

【为何一本书在卓越上排名超前,在当当上却无人问津】 ········· 21

【为何好评如潮的减肥产品没人敢买】 ·· 22

【游戏名女人排名不容更改】 ·· 23

【印刷广告比社交营销对可口可乐的销路更有效】 ···················· 24

【"三只松鼠"微博问候"主人"】 ·· 25

【宝洁线上线下同步推流水席】 ·· 26

【把杜蕾斯送给"蝙蝠侠"】 ·· 27

【轰动一时的网上卖蚊子,只有眼球没有钱】 ·························· 28

【为何有人出新书就要出绯闻】 ·· 29

【互联网时代买吉他怎样货比三家】 ·· 29

【小龙女彤彤怎么靠 COS 成名】 ·· 30

【节日里发美女图怎么就宣传了企业】 ·· 32

【西单女孩上春晚助力《星辰变》营销】 ··· 33

【为何西单女孩上春晚会内置游戏营销】 ··· 34

【网易印象派印"错"台历】 ··· 37

【为何海底捞段子只火了几天】 ··· 42

【淘金梦如何一夜之间让铲子脱销】 ·· 48

【为什么朋友推荐的产品更容易被选择】 ··· 49

【Kellogg 微博商店只要点赞就能得到麦片】 ······································· 50

【雀巢用点赞为新款咖啡拉人气】 ·· 53

【"肥罗"真是金嗓子的代言人吗】 ·· 54

【易中天被网游代言了吗】 ··· 55

【没有企业宣布对"杜甫很忙"负责】 ··· 55

【小月月和贞操女神为何失败】 ··· 56

【招商银行打造公益社交】 ··· 57

【"留几手"一句话就让开心网 App 下载增长 10%】 ······························· 58

【《饥饿游戏》营销组 21 人潜伏两年造口碑】 ····································· 60

【哈利·波特主题公园开张宣传为何只邀请 7 个粉丝】 ··························· 61

【李厚霖送钻石给女孩的背后】 ··· 65

【哆啦 A 梦怎么玩二传手微博】 ··· 65

【目标老人的假牙洁净片怎么在年轻人的社交网络上卖】 ······················· 66

【眼睛渴了也卖糖吗】 ·· 66

【可以拨开吃的冰棍像香蕉】 ·· 67

【江南 Style 红透全球】 ·· 68

【井上织姬意外爆炒《甩葱歌》】 ·· 68

【各种 Style 制造不出口碑】 ··· 69

【"你怎么看"一夜爆红的元芳体】 ·· 70

【没人关注的暴走武侠漫画】 ·· 71

【很火、很无效的《非常真人》】 ·· 71

【惨淡的华硕、东风主题漫画营销】 ·· 71

【十万人参与中国银行微漫画征集】 ·· 72

【腾讯"大神赐画"手绘新生入学图】 ··72

【腾讯微漫画用萌风推游戏】 ···73

【千人求画，腾讯"大神"只给了十几幅】 ·······································73

【技嘉打造老 K 悬疑口碑】 ···75

【用美墅口碑来推广陶瓷】 ···76

【雪佛兰玩转越狱口碑】 ···77

【打折广告打来超强粉丝黏合】 ···78

【真人减肥示范 WII 口碑】 ···79

【现场直播手术你想看吗】 ···79

【南方航空的空客体验营销】 ···80

【博柏利用一个香吻"搭讪"所有人】 ···81

【手机 QQ 里的表情能萌、也能广告】 ···83

【老虎游戏的手套怎么引爆口碑】 ···84

【ThinkPad 用古怪桌子贿赂大 V】 ··84

【微信商家给朋友圈送个性生日礼物】 ···86

【500 万覆盖的淘宝店微博话题只成了 5 单】 ····································87

【MINI 魔图为何送给用户打印的 3D 人像】 ······································88

【肉眼看不见的广告推广偏光太阳镜】 ···89

【Nike+让跑步变成有趣的 O2O 营销】 ··90

【《榜样魔兽》精准定位魔兽玩家论坛】 ···92

【AMD 和英特尔的情人节】 ···95

【多米诺骨牌视频让雅阁一夜成名】 ···96

【沃尔沃为何播报小镇卖车新闻】 ···97

【舞蹈也能在游戏中杀敌吗】 ···97

【《星际争霸》是山寨变形金刚吗】 ···97

【"世上最好工作"为昆士兰拉来游客】 ···98

【小杜杜的微博"套子经"】 ···100

【不同的微博平台为何发不同的微博】 ···102

【杜蕾斯也能做鞋套吗】 ···103

【某品牌奶粉国内推广策略】 ···104

【创维为何要网友用"2008"作图】 ···107

【生日电邮让你的客户懂你】 ···107

【C 罗营销的波浪轨迹】 ··· 108

【网易如何用一副海报打动玩家之心】 ································· 110

【"大菠萝"引发的宇宙级悲剧】 ··· 111

【杜蕾斯为何调侃暗黑寡妇】 ·· 112

【从企业到政府都在社交网络上借"大菠萝"说事】 ············· 113

【疯狂猜图靠微信成功营销】 ·· 114

【用攻略搭《疯狂猜图》的便车做广告】 ······························· 114

【汉堡王小鸡游戏是口碑雪崩而非病毒传播】 ····················· 114

【冷试验让西门子植入广告】 ·· 116

【可以下载的《生存指南》】 ··· 116

【冰箱贴神马的最有爱了】 ··· 117

【红了"后宫优雅"输了"降龙之剑"】 ································· 118

【"凡客体"的成功是 80 后的成功】 ····································· 119

【蒙牛用社交平台全程展示食品安全】 ································· 122

【帮汪峰上头条的玄机】 ·· 123

【"百万富翁"活动的背后有多少推广渠道】 ························· 124

【东航凌燕是一群空姐】 ·· 134

【让杨柳青年画登录旅游局官微】 ·· 134

【52teas 微博聊茶经】 ··· 138

【《魔界》2 玩转回复营销】 ··· 138

【回答 16 万粉丝的每个问题有用吗】 ··································· 139

【麦当劳微博送甜筒】 ··· 140

【Olay 借力张曼玉打造"年轻十岁"话题投票】 ···················· 140

【KingCamp 感恩营销】 ··· 141

【茗卡通为何"贿赂"微博主】 ·· 143

【SMART 成功通过私信完成团购】 ······································· 143

【老字号内联升主动和陌生人搭讪】 ···································· 146

【有趣的搭讪让内联升微博转发率达到 89%】 ······················ 146

【评优衣库微博客降价】 ·· 148

【"玩转安吉"靠趣事】 ··· 148

【搜索《榜样魔兽》相关微博能干啥】 ································· 149

【HTC 每日三餐宣传手写笔】 ··· 149

【明星微博让 TNF 登山活动全程曝光】 ························· 150

【百思买数千蓝衫军一起"织围脖"】 ·························· 151

【兼职玩微博让新周刊吸粉百万】 ···························· 151

【金山为所有产品开个性不同的微博】 ························· 152

【搭车《步步惊心》的电话大头贴】 ·························· 152

【百威提醒别酒驾】 ··································· 153

【Zappos 首席执行官亲自上阵联系用户】 ······················ 153

【4399 网借力世界杯玩品牌】 ····························· 154

【"大象"公社微博不如微信粉丝多】 ························· 156

【在朋友圈里卖玉器】 ································· 156

【"马航事件"的微传播区别】 ····························· 158

【招商银行让其微信变成咨询中心】 ·························· 159

【社区里来了个美女环保师】 ····························· 160

【半天引来微信 500 粉丝，可能吗】 ························· 161

【K5 便利店找到朋友了吗】 ······················· 161

【基金奇葩二维码锁定客户】 ····························· 162

【飘柔的陪聊模式为何走不通】 ···························· 162

【真人陪聊让杜蕾斯不再单调】 ···························· 163

【杭州 KTV 的语音祝福】 ······················· 164

【"赞营销"为何沦为欺诈营销】 ··························· 168

【刘东标如何微信修车】 ····························· 169

【Olay 如何用老顾客带动新顾客】 ························· 170

【4 岁小男孩有个 42 驱宝马梦】 ··························· 172

【永和大王优惠+聊天玩微信】 ···························· 174

【名人微信自动回复语音很"丢粉"】 ························ 175

【国家博物馆的微信语音导游很自助】 ························ 175

【南航空姐在微信上服务大众】 ························· 176

【小米如何让微信群玩疯了】 ····························· 177

【安利为何用微信问卷调查爱情】 ··························· 178

【凯迪拉克玩转社交场景极品飞车游戏】 ······················ 179

【1 号店如何用"你画我猜"吸引用户】 ······················ 179

【66 号公路，像凯迪拉克一样去旅行】 ······················ 181

【Yoga翻转魔术师漫画为何微信比微博传播更好】 ⋯⋯⋯⋯ 182

【Yoga变漫画为视频激起探索魔术奥秘的冲动】 ⋯⋯⋯⋯⋯ 183

【土法米酒用微信销售每月5万元】 ⋯⋯⋯⋯⋯⋯⋯⋯⋯⋯⋯⋯ 184

【"书乐寓言"让朋友们印象深刻】 ⋯⋯⋯⋯⋯⋯⋯⋯⋯⋯⋯⋯ 186

【难加的觅你时空酒店微信号】 ⋯⋯⋯⋯⋯⋯⋯⋯⋯⋯⋯⋯⋯ 187

【社区推广体验设想】 ⋯⋯⋯⋯⋯⋯⋯⋯⋯⋯⋯⋯⋯⋯⋯⋯⋯⋯ 188

【招商银行的微信银行服务】 ⋯⋯⋯⋯⋯⋯⋯⋯⋯⋯⋯⋯⋯⋯⋯ 188

【南航微信可以坐飞机】 ⋯⋯⋯⋯⋯⋯⋯⋯⋯⋯⋯⋯⋯⋯⋯⋯⋯ 189

【广东联通微信查话费】 ⋯⋯⋯⋯⋯⋯⋯⋯⋯⋯⋯⋯⋯⋯⋯⋯⋯ 189

【维多利亚的秘密到底是什么】 ⋯⋯⋯⋯⋯⋯⋯⋯⋯⋯⋯⋯⋯⋯ 193

【最大的二维码草坪】 ⋯⋯⋯⋯⋯⋯⋯⋯⋯⋯⋯⋯⋯⋯⋯⋯⋯⋯ 194

【可以吃的二维码蛋糕】 ⋯⋯⋯⋯⋯⋯⋯⋯⋯⋯⋯⋯⋯⋯⋯⋯⋯ 194

【IBM用软盘拼出二维码】 ⋯⋯⋯⋯⋯⋯⋯⋯⋯⋯⋯⋯⋯⋯⋯⋯ 195

【玉米地也能变成二维码】 ⋯⋯⋯⋯⋯⋯⋯⋯⋯⋯⋯⋯⋯⋯⋯⋯ 195

【《玩手机》真的玩转二维码了吗】 ⋯⋯⋯⋯⋯⋯⋯⋯⋯⋯⋯⋯ 195

【以色列咖啡店的二维码"寻宝"】 ⋯⋯⋯⋯⋯⋯⋯⋯⋯⋯⋯⋯⋯ 196

【星巴克二维码让人听音乐】 ⋯⋯⋯⋯⋯⋯⋯⋯⋯⋯⋯⋯⋯⋯⋯ 197

【印度酒吧的二维码换个时间扫一扫就变样】 ⋯⋯⋯⋯⋯⋯⋯ 197

【车展模特身上的二维码很性感】 ⋯⋯⋯⋯⋯⋯⋯⋯⋯⋯⋯⋯⋯ 198

【纽约中央公园的个性化导游】 ⋯⋯⋯⋯⋯⋯⋯⋯⋯⋯⋯⋯⋯⋯ 198

【油电混合车的车贴二维码让极客们成为推销员】 ⋯⋯⋯⋯⋯ 199

【大众用箱子做成二维码】 ⋯⋯⋯⋯⋯⋯⋯⋯⋯⋯⋯⋯⋯⋯⋯⋯ 201

【动物状二维码售卖先锋艺术】 ⋯⋯⋯⋯⋯⋯⋯⋯⋯⋯⋯⋯⋯⋯ 201

【雷克萨斯的动感平媒海报】 ⋯⋯⋯⋯⋯⋯⋯⋯⋯⋯⋯⋯⋯⋯⋯ 202

【智能手机装在杂志里】 ⋯⋯⋯⋯⋯⋯⋯⋯⋯⋯⋯⋯⋯⋯⋯⋯⋯ 203

【海滨城市失败的卖房二维码】 ⋯⋯⋯⋯⋯⋯⋯⋯⋯⋯⋯⋯⋯⋯ 203

【喜力将二维码变成贴纸】 ⋯⋯⋯⋯⋯⋯⋯⋯⋯⋯⋯⋯⋯⋯⋯⋯ 203

【PPTV如何实现二维码追剧】 ⋯⋯⋯⋯⋯⋯⋯⋯⋯⋯⋯⋯⋯⋯ 204

【淘宝二维码送巨奖】 ⋯⋯⋯⋯⋯⋯⋯⋯⋯⋯⋯⋯⋯⋯⋯⋯⋯⋯ 204

【60万美元只买来扫码专业户】 ⋯⋯⋯⋯⋯⋯⋯⋯⋯⋯⋯⋯⋯⋯ 205

【E-mart超市隐形二维码】 ⋯⋯⋯⋯⋯⋯⋯⋯⋯⋯⋯⋯⋯⋯⋯⋯ 205

【美诺财富币用二维码发放】 ⋯⋯⋯⋯⋯⋯⋯⋯⋯⋯⋯⋯⋯⋯⋯ 206

【Verizon 二维码让销量增长 200%】 ······················ 206

【礼物里的二维码送上祝福】 ···························· 207

【品客如何用架子鼓吸引用户买更多薯片】 ·················· 207

【小小比萨的本城社交推广】 ···························· 210

【橱柜店为何发帖说吃夜宵】 ···························· 215

【创业故事引来天价订单】 ····························· 218

【锻造淘宝强帖靠分享真实经验】 ························· 218

【甲骨文服务器为何在博客上没影响力】 ···················· 240

【联想与韩寒合作】 ································ 244

【Windows 7 博客推广】 ···························· 245

【南非为何邀请名博去旅游】 ···························· 245

【戴尔笔记本事件】 ································ 246

【卖得掉博客，买不来嫦娥公主的粉丝】 ···················· 247

【"抚摸三下"和"带三个表"的魅力】 ···················· 249

【许晓辉怎么用博文与谢文唱和】 ························· 251

【胡林翼后人如何发文在易中天博客上】 ···················· 253

【从悼念钱学森的文章里脱颖而出】 ······················ 254

【公开博客收益赚更多的钱】 ···························· 260

【程苓峰用自媒体卖广告打广告】 ························· 261

【荷兰和可口可乐的博客招募计划】 ······················ 262

【Stormhoek100 瓶葡萄酒换千万广告】 ···················· 263

【九阳豆浆机的博主体验创造千万销售】 ···················· 263

【加入搜狗和腾讯口水战的博客被雪藏】 ···················· 265

【iPhone girl 事件】 ······························· 268

【腾讯手机 QQ 的情感营销】 ··························· 270

【凯美瑞的复合广告投放攻势】 ·························· 271

【百事可乐的兑奖瓶盖网络化】 ·························· 271

【奥巴马在"脸谱"上筹款】 ···························· 272

【一汽奔腾"让爱回家"征集团圆照】 ···················· 273

【碧生源广告轰炸为何失败】 ···························· 274

【巨人在报纸上打"网络广告"】 ························· 276

【盛大在金茂大厦做巨幅广告宣传游戏】 ···················· 276

【巨人的"圣斗士"微博模式】 ································ 278

【可口可乐"把快乐带回家"实现线上线下同步社交传播】 ·· 279

【LadyGaga地面广告实时展现粉丝推文】 ················ 280

【凌仕如何借力富豪征婚打广告】 ······················· 282

【Waze和塔可钟联手玩位置优惠】 ····················· 283

【地铁路《东区女巫》在盯着你】 ······················· 283

【在游戏中见到奥巴马】 ······························· 292

【罗恩保罗只身进入《魔兽世界》拉票】 ················· 293

【趣多多的超萌社交游戏广告引发37亿人次的关注】 ······ 293

【搜狗首页上的末日游戏】 ····························· 295

【Google吃豆人游戏让全球损失1.2亿美元】 ·············· 295

【你知道《买卖奴隶》里内置了广告吗】 ················· 296

【《捕鱼达人》七成收入来自广告】 ····················· 296

【《中粮生产队》自然融入品牌】 ······················· 297

【嘻哈猴靠社交游戏增数万脸谱粉丝】 ··················· 297

【康师傅寻宝游戏将线上线下连在一起】 ················· 298

【《周末画报》电子版和实体版大不一样】 ················ 306

【摩托罗拉用邮件奖励拉住客户】 ······················· 312

【服装老板库威尔如何让邮件订户数量半年增长5倍】 ······ 313

【如何让你的哆啦A梦网店吸引到一批订户】 ·············· 313

【垃圾邮件的产生黑幕】 ······························· 315

【因垃圾邮件而被定义为不受欢迎企业的小玩具厂】 ········ 315

【太平洋保险将枯燥的通知邮件变得很有趣】 ·············· 319

【国际足联怎么分类服务订户】 ························· 320

【DFS马年邮件精准祝福广东用户】 ····················· 320

【MY用"三八妇女节"吸引女顾客】 ···················· 321

【美国会计师协会如何让邮件打开率高达50%】 ············ 323

【《纸牌屋》大热背后的大数据邮件营销】 ················ 324

【东莞玩具商如何混搭邮件和社交】 ····················· 324

【一封心理测试私信引来35万粉丝】 ···················· 325

【安卓壁纸通过粉丝服务私信强化互动】 ················· 325

【马云内部邮件写给外面人看】 ························· 325

【牛排公司如何在成熟的电子邮件杂志上做广告赚来百万订户】 ……………326

【游船船票靠邮件杂志引发寻宝狂潮】 …………………………………………327

【《ET 外星人》让好时巧克力成为第一】 ……………………………………329

【耐克愿望视频的内容为何在网上和电视上有差异】 …………………………330

【靠唐伯虎小电影起家的百度】 …………………………………………………330

【恶搞视频让英国饮料销路大增】 ………………………………………………331

【后舍男生为何在传统影视毫无成就】 …………………………………………331

【《玩大的》为啥能征服 80 后的心】 …………………………………………332

【《老男孩》杂取种种人生，合成两个"男孩"】 ……………………………333

【大热视频为何赚了眼球却没赚到口碑】 ………………………………………336

【大切诺基内容植入优酷《老友记》】 …………………………………………336

【陆川指导一汽大众微电影】 ……………………………………………………338

【浴室歌后如何卖浴缸】 …………………………………………………………339

【帽子戏法其实很容易拍】 ………………………………………………………340

【真美运动的素颜变仙女视频】 …………………………………………………346

【松下用粗糙的滑稽视频做贴片广告】 …………………………………………347

【谁敢涂鸦空军一号】 ……………………………………………………………347

【"雪佛兰 MM"巧妙展示汽车性能】 …………………………………………348

【联想借口谢亚龙下课做广告】 …………………………………………………348

【把本田拆开也是视频营销】 ……………………………………………………349

【"唐伯虎"怎么为百度站台】 …………………………………………………350

【街舞大赛也能延伸出拍客秀】 …………………………………………………350

【让粉丝做导演，设计周杰伦】 …………………………………………………351

【搞笑动漫 COS 秀为何大获成功】 ……………………………………………351

【悬念式的三星手机视频广告主打网络语】 ……………………………………352

【刘谦街头魔术展示诺基亚神奇功能】 …………………………………………353

【亲情话题让电视机真的很有家】 ………………………………………………353

【缪缪全女人微电影《女人故事》的品牌价值】 ………………………………353

【何不试试真人版视频互动游戏】 ………………………………………………354

【多力多滋脆饼重奖征视频直击目标受众】 ……………………………………354

【蒙牛+优酷的娱乐 360 视频融合】 ……………………………………………356

【大话西游巧妙植入大众龙卡】 …………………………………………………356

【什么都能搅碎的神器机器】 ……………………………………………… 357

【六神萌视频超越刘翔代言】 ……………………………………………… 358

【脱衣圣斗士微视频让受众感觉很不适】 ………………………………… 359

【《把妹圣经》系列剧吸睛传口碑】 ……………………………………… 360

【星座连续剧成功曝光桔子酒店】 ………………………………………… 360

【桔子酒店的节目预告】 …………………………………………………… 362

【桔子酒店视频宣传的不仅仅是酒店】 …………………………………… 362

【中国邮政用"回家过年"提醒大家写信】 ……………………………… 363

【可口可乐带给孤独女孩的圣诞"动"礼物】 …………………………… 363

【土豪金风暴】 ……………………………………………………………… 367

【联合早报网络版比实体报影响力更大】 ………………………………… 372

【魔兽世界免费？想都别想】 ……………………………………………… 373

【央视新闻和网络互动带来更强扩散力】 ………………………………… 374

【《今日网言》和《神吐槽》分打破网络、手机和新闻的间隔】 ……… 375

【网瘾精神病事件是典型的标题党】 ……………………………………… 381

【长安汽车制造漂移新闻】 ………………………………………………… 397

【最美代练女孩新闻的轰动效应】 ………………………………………… 399

【3Q 大战让腾讯很受伤】 ………………………………………………… 402

【魔兽争夺战中网易网站为何保持中立】 ………………………………… 403

【艳照门网上爆发迫使代言产品广告停播】 ……………………………… 410

【戴尔如何被一篇博客文章打败】 ………………………………………… 410

【弗曼科斯公司被邮件门打得体无完肤】 ………………………………… 411

【江南春内部邮件暴露危机】 ……………………………………………… 411

【认证微博关军爆料伊利乳粉汞含量异常】 ……………………………… 411

【当当网李国庆调侃中国移动"收房子"】 ……………………………… 412

【铜须门让魔兽世界服务坍塌】 …………………………………………… 413

【保罗国际 1.2 万元理个天价头】 ………………………………………… 413

【麦当劳故事变成肥胖吐槽】 ……………………………………………… 413

【狸猫换太子"变形"花了百年】 ………………………………………… 414

【Xbox 日常社交维护让危机难以爆发】 ………………………………… 415

【删帖公司透露社交媒体没法删】 ………………………………………… 417

【三鹿屏蔽不了的百度关键词】 …………………………………………… 417

【连网易都删不掉帖，你还删吗】 ·· 418

【伊利修改关键词逃避危机让自己陷入难堪】 ························· 418

【古越龙山直面香港消委会质疑破解危机】 ····························· 419

【欧瓦拉借助网络提供服务消解食物中毒危机】 ····················· 419

【广元橘子事件】 ··· 420

【舞美师的超女幕后黑手陷害为何毫无效果】 ························· 421

【霸王洗发水连发微博求清白】 ··· 422

【东方航空面对临时返航危机反应快但很混乱】 ····················· 422

【宝洁统一言论出口应对 SK－II】 ·· 423

【捷蓝航空用微博道歉获得乘客谅解】 ······································· 424

【康师傅的水源门事件】 ··· 424

【肯德基"苏丹红"事件】 ··· 425

【亚马逊差别定价危机】 ··· 426

【MSN 用小小红心上演危机大逆转】 ··· 427

【暴风雪中微博为 UnitedLinen 解决危机】 ······························ 428

【暴风影音的断网阴影】 ··· 429

【中国移动借"收房子"危机宣传 4G】 ······································· 430

【玩游戏失明引发的《找你妹》公关】 ······································· 431

【特拉斯电动车快速破解失实舆情】 ··· 435

449